JN422436

한국 유교지식인의 이상과 실천

송인창(宋寅昌)

충남대학교 철학과를 졸업하고, 같은 학교 대학원에서 「선진유학에 있어서의 천명(天命)사상에 관한 연구」로 박사학위를 받았다. 현재 대전대학교 철학과 교수이자 대학원장, 동양문화연구소 소장으로 재직하고 있다. 한국동서철학회 회장, 새한철학회 회장, 한국주역학회 회장, 한국동양철학회 회장, 2008년 제22차 세계철학자대회 한국조직위원회 부의장, 한국철학회 회장 등을 역임하였다.

저서로는 『화해와 포용의 예학자 송준길』, 『천명(天命)과 유교적 인간학』, 『기호유학의 융화정신』(공저), 『주역과 한국역학』(공저) 등이 있으며, 주요 논문으로는 「주역에 있어서 '감통(感通)' 의 문제」, 「권시 공(公)사상의 철학적 체계와 융화정신」, 「퇴계 이발설(理發說)의 역학적 이해」, 「多夕 柳永模의 周易觀」 등이 있고, 시집으로는 『不仁한 칼』이 있다.

한국 유교지식인의 이상과 실천

초판 1쇄 발행일 2012년 12월 31일

지은이 | 송인창
발행인 | 최원필
발행처 | 심산출판사
주　소 | 서울시 은평구 불광동 219-7 예은 101호
전　화 | 02-357-0633
팩시밀리 | 02-357-0631
E-mail | simsan@korea.com
등록번호 | 제1-2114호(1996년 11월 28일)

ISBN 978-89-94844-20-6 93150

* 책값은 뒤표지에 표시되어 있습니다.

한국 유교지식인의 이상과 실천

송인창 지음

심산

머리말

65년, '살아온 세월만큼의 부끄러움'과 혼돈을 밟고 축복처럼 정년이 왔다. 뒤돌아보면 '무지의 어두운 눈에 불을 켜들고 비틀거리던 수많은 날들'이 소금밭처럼 빛나고 있다. 문득 『주역』 64괘 중 마지막 괘인 火水未濟괘의 낭패와 깊은 시름이 가슴을 치고 간다.

미제는 끝내야 할 일을 온전히 끝내지 못한 것을 상징하는 괘이다. 일을 끝내지 못했다는 것은 '하던 일을 이어서 마치지 못한 것(不續終)'을 의미한다. 그럼에도 불구하고 미제괘의 미완성이란 大業의 완성을 목표로 하는 미완성이며 미래에는 반드시 일이 성취된다는 이치와 믿음을 지닌 미완성이다. 이런 점에서 미제는 여섯 효가 모두 완벽하게 제자리를 얻고 있으며 이미 모든 일이 성취된 상태를 상징하는 旣濟괘보다 더 형통하고 길하다고 할 수 있다.

이러한 의미를 고려할 때 우리는 완성의 기제 속에 미완성의 미제가 숨어 있고 미완성의 미제 속에 완성의 기제가 숨어 있으며, 왜 『주역』 64괘가 건곤괘로 시작해서 기제, 미제로 끝을 맺고 있는지를 깨달을 수 있다. 겨울이 끝나면 반드시 봄이 오듯이 끝남이 있으면 시작이 있는 것이 만물의 이치이고 인간의 삶의 원리이다. 산풍고괘 단전의 말처럼 "마치면 시작이 있는 것이 하늘의 운행(終則有始天行也)"이기 때문이다. 그래서 우리는 항상 "두려워하는 마음으로 마침과 시작을 해야 한다(懼以終始)"는 「계사전」의 한 대목을 깊이 음미해 볼 필요가 있다.

미제는 인간 삶의 방식이자 세상사의 이치이며 풀 수 없는 영원한 수수께끼이다. 인간을 비롯하여 모든 존재는 미제와 씨름하다가 미제를 끌어안고 죽는다. 인간세상에서 기제는 실재하지 않는다. 그것은 하나의 꿈이고 희망이고 또 요청일 뿐이다. 이렇게 보면 나의 정년은 기제가 아니고 미제이고 새로운 大川을 건너기 위한 또 다른 도전일 뿐이다.

이 책은 정년을 코앞에 두고서도 무엇 하나 제대로 이루지 못하고 살아온 필자의 회한과 눈물의 소산이자 지적 방황의 무모함과 고단함의 기록물이다. 그리고 새로운 순례길을 준비하고 기획하면서 끝남이 곧 시작임을 투철하게 깨닫기 위해 자신을 스스로 혹독하게 매질하고 또 스스로 과대평가하여 얻은 결과물이기도 하다. 그런 점에서 이 책은 나만을 위한 지금까지의 삶을 정리하고 不家食(집에서 밥을 먹지 않음)하는 삶으로의 전환을 모색하기 위한 일종의 整理書이기도 하다.

여기 수록된 글들은 대학에 부임한 1982년부터 2012년까지 자의보다는 원고 청탁을 받아 쓰인 것들이 대부분이어서 애초부터 하나의 일관된 체계와 주제 아래 작성된 것들은 아니다. 그러나 수록된 글 전체를 보면 한국 유교지식인들이 신명을 바쳐 추구하고 구현하려고 했던 철학적 이상과 현실 대응의 문제가 주류를 이루고 있음을 알 수 있다. 그래서 책의 이름을 『한국 유교지식인의 이상과 실천』이라고 명명하여 보았다. 또 주제에 맞게 새로 논문을 쓰듯이 수정 보완했고 일부 논문의 제목을 수정하기도 하였다. 그런 점에서 이 책에 실려 있는 논문들은 새로 쓴 글이나 다름이 없다. 23편의 서로 다른 논문들을 한 권의 책으로 묶어 놓고 보니 필자의 주된 철학적 관심이 일관되게 도덕적 이상사회의 구현에 대한 천착이었음을 새삼 확인하게 되었다.

필자는 학부시절부터 철학과 인간의 사회적 실천이 불가분의 관계에 있고 올바른 이념이나 정신세계에 의해 이끌리지 않는 현실은 참된 현실이 아니라는 생각에 초점을 맞춰 철학을 공부해 왔다. 이 과정에서 만나게 된 것이 지와 행의 일치를 추구하면서도 현실보다는 이상세계를 더 중시하는 조선의 유교지식인들이었다. 당시 세속적 가치를 온전히 실현하는 것만이 참된 삶을 사는 일이라고 확신하고 있었던 필자에게 그들은 신선한 충격을 넘어 경이로움 그 자체였다. 이후 현실 역사를 외면하지 않으면서 이념과 하나 되는 삶을 고수했던 이들의 삶이 필자의 삶을 이끄는 훌륭한 교과서가 되었음은 물론이다.

이들이 필자에게 던져준 메시지에 따르면 인간은 독존할 수 없는 존재이고 철학은 실천과 가치의 진리를 추구하는 학문이며 인간의 주체적 자각과 행동만이 도덕적 대동의 세계를 구축할 수 있다는 것이다. 현실을 배제한 형이상학이나 현실을 주도해가지 못하는 철학은 공리공담일 뿐이다. 참된 철학자들은 경전이 가르치는 이념을 체득하여 부당한 현실과의 치열한 싸움을 마다 않고 민중에게 삶의 희망을 제시하면서 대동세계를 건설하기 위해 헌신하는 사람들이다. 그런 점에서 자기희생을 동반하지 않고 머리로만 철학하는 철학자는 허울 좋은 지식인 즉 鄕愿과 같은 존재일 뿐이다.

이러한 문제의식을 느끼고 필자는 이 책에서 조선시대부터 현대까지의 유교지식인들, 특히 기존 학계에서는 별로 연구되지 않았던 인물들의 철학적 이상과 실천 문제를 검증하고 그것이 오늘의 우리 삶에 어떤 보탬과 의미가 있는가를 규명하고자 하였다. 이 책의 바탕에는 참된 철학자라면 氣적 현실을 외면하지 않으면서도 理적 이상세계의 수립을 위해 자기 초월을 감행할 줄 알아야 하고 또 개아적 이기성을 극복하고 사회적 일체감을 확보해야 한다는 논리가 깔려 있다. 그러나 이 책은 대중들도 접근할 수 있도록 재편집되었기 때문에 학술적 전문성을 철저하게 갖추지는 못했으며, 연구사적인 관점에서도 유교지식인의 역사 전체를 두루 포괄하지 못했다는 점에서 미제의 연구서이다.

이 책은 보론을 합쳐 3부 23장으로 구성되어 있다.

1부에서는 기적 현실보다는 리적 이상세계를 더 중시했던 조선왕조 도학시대의 유교지식인들의 철학과 현실 인식이나 현실 대응 문제를 敬의 철학, 公의 철학, 直의 철학, 淸廉과 務實의 철학 등으로 나누어 살펴보았다.

2부에서는 한말, 일제강점기를 살았던 유교지식인들이 열강의 침략과 이민족의 정치적 폭압 앞에서 어떤 생각을 가졌고 또 어떻게 대처했는가를 주자학적 관점에서 고찰해 보았다.

3부에서는 유학을 시대에 역행하는 반동적 학문으로 이해하지 않고 유학사상을 근간으로 하여 서양의 문학, 종교, 과학 등을 수용한 유교지식인들의 철학과 현실관을 살펴보았다. 여기서는 유학의 전통을 준거로 하는 동서 문명의 만남이 강조되고 있다.

마지막으로 보론에서는 백제인의 삶 속에 내함되어 있는 유학의 도의정신과 正義에 대한 동서양의 견해를 유학적 관점에서 비교 고찰하였다. 그런 점에서 보론의 내용 역시 이 책의 큰 주제를 벗어난 것은 아니다.

미제의 연구서지만 이 책을 출판하게 된 것은 필자의 지금까지의 학자로서의 삶을 정리하며, 『주역』 산천대축괘 대상전에서 말한 "옛 성현들의 말씀과 행실을 많이 알아서(多識前言往行)" 덕을 쌓고 그것을 통해 패륜 행위가 만연된 이 답답한 시대의 잘못을 바로잡는 데 일조를 하고 싶다는 교수로서의 책무 때문이다. 이제 우리는 우리 사회의 중심 가치가 인간이 아닌 돈이 된 자본주의 병폐에 대하여 진지하게 고민하고 비판의 목소리를 내야 한다. 그리고 그것을 머리가 아닌 온몸으로 실천해야 한다. 참된 의미에서의 실천은 머리로 하는 것이 아니라 몸으로 하는 것이다.

책을 낼 때마다 많은 사람에게 큰 빚을 지고 있다. 오늘의 필자가 있기까지 학문적으로 많은 가르침을 주신 유남상, 신동호 두 분 선생님께 머리 숙여 감사드린다. 그 은혜는 저승에 가서도 갚을 수 없을 것 같다. 책을 낼 때마다 옆에서 거친 원고를 읽어주고 비판하고 일일이 교정을 보아준 증산도 상생문화연구소 양재학 박사, 대전대학교 도면회 교수, 건양대학교 김문준 교수가 없었더라면 이 책은 아마 세상에 빛을 보지 못했을 것이다. 그분들께 깊은 감사를 드린다. 또 여름 방학 내내 필자와 함께 원고를 다듬으며 혹독한 더위와 씨름한 제자 박태옥 교수와 이시우 강사, 그리고 류영하 조교에게도 마음속 고마움을 전한다. 특히 늘 필자의 삶의 부족한 부분을 메꿔주고 어려울 때마다 버팀목이 되어 준 아내 이미숙 교수에게 말로 표현할 수 없는 사랑을 전한다. 너무 일찍 유명을 달리 하신 부모님께 감히 이 책을 바친다. 저승에 계셔도 무척 기뻐하시리라. 또한 이 책을 출판하도록 강권하신 금강대도 사대교주 대종법사님의 변함없는 격려와 응원에도 깊은 감사를 드린다.

용운골에서 송인창

목차

1부

도학의 시대

1
경(敬)의 철학

퇴계 리발설(理發說)의 역학적 이해

1. 이끄는 말

퇴계 이황(退溪 李滉, 1501～1570)의 철학사상에 대해서는 지금까지 그 수를 헤아리기 어려울 정도로 많은 연구가 이루어졌고, 또 그의 易學思想에 대해서도 논의가 없지는 않았다. 하지만 퇴계의 역학사상을 그의 철학과 관련지어 체계적으로 면밀하게 검토한 연구는 별로 없는 것 같다.

필자는 퇴계철학의 독창성을 담보해 주는 리발설의 이론적 근거가 역학사상, 특히 河圖洛書의 체용론에 있다고 판단했다. 물론 하도낙서의 체용론만으로 퇴계철학의 특징을 다 설명할 수 있는 것은 아니지만, 적어도 리발설을 비롯하여 역학사상에서도 그 일단을 고찰할 수 있지 않는가 생각한다. 퇴계가 문인인 鄭子中에게 보낸 글의 한 대목 "하도낙서가 곧 理數의 근원임을 성인이 『周易』 繫辭에서 이미 분명히 말씀하셨으니, 이것을 버리고 易을 배울 수 없다는 것은 분명하다."[1]라는 말에서도 이러한 고찰

1) 『退溪全書』, 권25, 「書」, 答鄭子中別紙. "至於河圖洛書, 乃理數之原, 聖人於繫辭旣明言之, 其不可舍此而學易, 明矣."

의 타당성을 찾을 수 있을 것이다.

이 글은 퇴계 역학의 전모를 상세하게 분석하는 일을 목적으로 하지 않는다. 여기에서 중점적으로 살펴보려고 하는 것은 다음과 같은 물음으로 요약된다. 퇴계 역학사상의 기반과 그 내용과 특징은 무엇인가? 그것이 그의 현실 인식 또는 구현과 어떻게 관련되어 있는가? 또한 퇴계의 역학이론과 준엄한 현실 인식의 전개 과정에서 그가 지녔던 인간의 善意志에 대한 확고한 믿음과 尊理의식은 어디에서 기원하는가? 이 물음은 퇴계의 철학과 삶 전체를 올바로 이해하는 데 매우 중요하다. 이러한 문제들에 대한 고찰에서 얻어지는 성과에 따라 퇴계철학의 다른 국면들에 관해서도 보다 깊고 새로운 의미를 확보할 수 있기 때문이다.

이 과제를 달성하기 위해서 필자는 퇴계 역학사상의 기반, 내용, 특성 및 현실구현의 문제를 차례대로 논해 보고자 한다. 이 문제의 검증을 통해 우리는 퇴계 역학의 구조와 특성을 새롭게 조명하는 관점과 더 나아가 퇴계 리발설의 체용적 구조와 존리의식을 정밀하게 살필 수 있는 전망도 얻을 수 있으리라 생각한다.

2. 퇴계 역학사상의 기반

1) 의리역과 상수역의 종합

퇴계의 역학사상에 대한 본격적 논의에 앞서 먼저 주자의 易說을 간략하게나마 언급할 필요가 있다. 퇴계의 역설은 주자의 입장 · 해석의 기반을 고려하지 않고서는 온전하게 이해될 수 없기 때문이다. 그 내용은 기존의 연구 성과를 토대로, 본 연구의 진행에 필요한 최소한의 윤곽을 마련하는 데 그치고자 한다.

주지하다시피 易理를 파악하고 표현하는 데에는 두 가지 방법이 있다. 曆數論理와 卦象論理가 바로 그것이다. 역수논리는 역리의 본질적 내용인 '變化之理'를 수리적으로 표현한 것이고 괘상논리는 그것을 괘상으로 표현한 것이다. 물론 이 둘이 이원적인 것은 아니지만, 수리나 괘상은 하나의 표현 수단에 불과한 것으로서, 역리를 표현함에 있어서는 수리를 이용할 수도 괘상을 이용할 수도 있기 때문이다.[2] 여기에서 『周易』을 占筮의 책으로 보는 상수역학과, 사상과 철학의 책으로 보는 의리역학의 구별이 나오게 된 것이다. 주자는 이 둘을 兼全하여 역학 연구의 새로운 지평을 마련하였고, 또 이를 통해 宋代의 새로운 시대 이념과 윤리관을 정립하고자 하였다. 그 결과로 나타난 것이 다름 아닌 『易學啓蒙』과 『周易本義』라는 책이다. 『易學啓蒙』은 주자가 『주역』을 卜筮의 책으로 규정하고 정이천의 『易傳』에서 결여되었다고 보이는 象數易을 보완 · 강화시킨 것이고, 『주역본의』는 의리에 중점을 두면서도 圖書學과 象數學을 받아들여 정이천의 의리학을 발전시킨 책이다.

재언할 필요도 없이 주자는 기본적으로 卜筮의 시각에서 『주역』을 이해하였다. 다음의 예문들은 이를 입증하는 좋은 단서가 된다.

> 易은 본디 卜筮의 책이라서 후인들은 다만 복서에 그쳤다. 王弼에 이르러서는 (易을) 老莊의 학으로 풀이하였다. 그 뒤로는 사람들은 단지 리만을 위주로 하고 복서로는 여기지 않게 되었다. 이것은 역시 잘못된 일이다.[3]

---

2) 柳南相, 「正易의 圖書象數原理에 관한 연구」, 『논문집』, 제VIII권 제2호, 충남대학교 인문과학연구소, 1981, 184-185쪽 참조.

3) 『朱子語類』, 권66, 易二, 綱領上之下, 「卜筮」. "易本卜筮之書, 後人以爲止於卜筮, 至王弼用老莊解, 後人便只以爲理, 而不以卜筮, 亦非."

> 聖人이 상을 살펴서 괘를 긋고 시초를 셈하여 효의 이름을 지어, 천하의 후세 사람으로 하여금 모두 의심스러운 것을 해결하고 망설임을 결정하여 길한 것과 凶한 것, 후회함과 인색함에 미혹되지 않게 하였으니 그 공은 대단하다 할 것이다.[4)]

> 文王의 卦辭와 周公의 爻辭는 모두 卜筮를 위한 것이었다. 후대에 공자는 이 책이 있는 것은 반드시 어떤 이치가 있어서일 것이라고 보았다. 그래서 음양이 消長하고 盈虛하는 이치로부터 進退 存亡의 도리를 이끌어 내었다.[5)]

위에서 보듯이 주자는 『주역』을 복서의 책으로 인정하였고, 또 그것을 통하여 성인이 作易한 뜻과 우주의 생성변화 원리를 파악하고자 하였다. 주자에 의하면 복희가 作卦하고 문왕 · 주공이 卦爻辭를 짓고 공자가 十翼을 지었는데, 그것은 공자의 十翼을 빼고는 모두 占筮를 위한 것이다. 그래서 주자는 "내가 보기에 성인이 易을 지으신 것은 오로지 卜筮를 위해서였다. 후대의 선비들이 이것이 卜筮書임을 말하기 꺼리고 그것이 가진 卜筮의 뜻을 전적으로 추구하지 않음으로써 정력을 낭비하였던 것이다."[6)]라고 말하지 않을 수 없었던 것이다. 그렇다고 주자가 易이 가진 의리적 측면을 전적으로 무시하거나 배척하고 卜筮의 기능만을 강조한 것은 결코 아니다. 그가 괘효상과 괘효사로 이루어진 『역경』과 공자의 십익을 구분해야 한다고 하면서 "공자가 傳을 찬함에 이르러서는 한결같이 의리로서 가르

---

4) 『易學啓蒙』序. "聖人觀象以畫卦, 揲蓍以命爻, 使天下後世之人, 皆有以決嫌疑, 定猶豫, 而不迷於吉凶悔吝之途, 其功可謂盛矣."

5) 『朱子語類』, 권66, 「卜筮」. "文王周公之詞皆是爲卜筮, 後來孔子見得有是書, 必有是理, 故因那陰陽消長盈虛說出個進退存亡之道理來."

6) 같은 책, 권67, 「程子易傳」. "據某看得來, 聖人作易, 專爲卜筮, 後來儒者諱道是卜筮之書, 全不要惩他卜筮之意, 所以費力."

침을 삼게 되고, 복서만을 오로지 하지 않았다."[7]라고 한 말은 그 증거이다. 여기서 주자가 강조하고자 한 것은 易이 본래부터 지니고 있는 복서 기능의 회복과 그것의 철학화에 있다고 할 수 있다.

> 易이란 책은 본래 卜筮를 위해 지어졌다. 그러나 의리가 정미하고, 광대하게 모든 것을 갖추어 하나의 방법으로 논의할 수 없다. 대개 이 리가 있으면 이 象이 있고, 이 象이 있으면 이 數가 있으니 각각 묻는 자에 따라 뜻을 느껴서 통하게 해준다. 예컨대 '利涉大川'이란 말은 강을 건넌다는 의미일 수도 있고 혹은 험난을 헤쳐 나간다는 뜻이 될 수도 있다. 그러니 미리 고정시켜 설명할 수 없다.[8]

그런 의미에서 우리는 주자의 역 이해가 卜筮와 의리와의 종합을 시도하고 그것을 통하여 劃卦 作易한 성인의 참뜻을 밝히려고 한 데 있음을 확인하게 된다. 이 경우 의리가 체가 되고 복서가 용이 됨은 물론이다. 주자가 의리역의 입장에 서 있으면서도 "漢易 象數學을 배격하고 상수에 의해 점을 치는 풍조를 배척하여 『주역』을 점복술에서 해방시켰다."[9]는 정이천의 『역전』을 비판적으로 평가한 것도 이와 무관하지 않다. 그리하여 주자는 "역은 다만 하나의 빈 사물"[10]이고, 역을 읽을 때는 먼저 物象과 卦·爻辭와의 관계를 살펴 경문의 본래 의미를 파악해야 한다고 하면서 정이천 역학의 문제점을 아래와 같이 비판하였다.

---

7) 같은 책, 권66, 「卜筮」. "至於孔子之贊, 則又一以義理爲教而不專於卜筮也."

8) 『朱子大全』, 권56, 「書」, 答鄭子上. "易之爲書, 本爲卜筮而作, 然其義理精微, 廣大悉備, 不可以一法論, 蓋有此理卽有此象, 有此象卽有此數, 各隨問者意所感通, 如利涉大川, 或是渡江, 或是涉險, 不可預爲定說."

9) 廖明春 外, 『주역철학사』, 심경호 옮김, 예문서원, 1994, 373쪽.

10) 『朱子語類』, 권66, 「卜筮」. "若易只則是個空底物事, 未有是事." 참조.

程子는 '리는 형체가 없으므로 象을 빌려 뜻을 나타낸 것이다.'라고 하여 先儒의 고착되고 지루한 폐단을 깨뜨려 후학들이 卦爻辭와 占을 완미할 수 있는 방도를 열어 주었으니 매우 훌륭하다고 할 것이다. 그러나 그 풀어놓은 뜻을 살펴보면 직설적일 뿐 易에서 象을 취한 근거가 없어 『시경』의 比·興이나 『孟子』의 비유와 같이 여겼을 뿐이다. 그러나 만약 이와 같다면 「說卦傳」의 지음이 『周易』과 관계없는 것이 되고, '가깝게는 몸에서 취하고 멀게는 사물에서 취하였다.'라는 말이 또한 군소리가 되고 말 것이다.[11]

주자에 의하면 역의 괘효사는 '空說의 道理', 즉 추상적 의미이므로 『주역』의 해석은 반드시 象을 취한 근거에 따라 해석해야 한다는 것이다. 여기서 주자는 이천과 달리 卦變論과 十二辟卦論 및 互體 등의 兩漢 象數易學의 이론들을 卦爻辭 해석에 과감하게 수용하게 된 것이다.[12] 그렇다고 주자가 漢代 상수역 이론을 전부 받아들이거나 긍정적으로 평가한 것만은 아니다. 漢代 역학자들은 「說卦」의 物象에만 고집한 결과 역학과는 무관한 번쇄한 이론적 천착이라는 문제를 일으켜 역학의 본의를 왜곡시키고 말았다고 생각했기 때문이다.[13] 그리하여 주자는 漢代의 상수학자나 왕필 이후의 의리학자나 "둘 다 모두 한쪽에 치우쳐서 의심나는 것까지 억지로 해석하고자 한 병폐가 있다."[14]고 혹평하였다.

주자에게 있어서 『주역』은 복서이며, '역이란 하나의 비어 있는 사물' 일

11) 『周易傳義大全』, 「易說綱領」. "而程子亦曰, 理無形也, 故假象以顯義, 此其所以破先儒膠固支離之實, 而開後學玩辭玩占之方, 則至矣. 然觀其意, 又似直以易之取象, 無復有所自來, 但如詩之比興, 孟子之譬喩而已. 如此則是說卦之作, 爲无所與易, 而近取諸身遠取諸物者, 亦剩語矣."

12) 金永友, 「丁若鏞의 易學思想硏究」, 서울대 박사학위 논문, 2000, 36쪽 참조.

13) 『周易傳義大全』, 「易說綱領」. "然兩漢諸儒必欲究其所從, 則旣滯泥以不通." 참조.

14) 같은 책, 같은 곳. "二者, 皆失之一偏, 而不能闕其所疑之過也."

뿐이다. 주자는 이를 바탕으로 하여 특히 복서 기능에 대하여 비교적 합리적인 해설을 가하였고,[15] 또 점치는 방법에 대하여 남다른 관심을 기울였다. 그가 『주역』「계사전」에 근거하여 옛 筮法을 새롭게 복원시켜 이를 『역학계몽』「明蓍策弟三」에서 자세히 기술하고 있는 점은 그 좋은 예가 아닌가 생각된다. 이와 같은 주자의 관심과 노력이 물론 卜筮 그 자체에만 그치는 것은 아니다. 주자의 주된 관심사는 복서역이 내포하고 있는 철학적 원리를 해명하는 데 있었다. 그가 『주역』, 「계사전 상」 11장의 "신으로써 오는 것을 알고 지혜로써 지나간 일을 간직한다(神以知來, 知以藏往)."을 풀이하면서 다음과 같이 한 말에서도 이 점을 어느 정도 확인할 수 있다.

> 한 괘 속에는 무릇 爻卦에 실려 있는 성인이 말한 내용이 모두 이미 드러나 있다. 바로 그 도리가 곧 '지난 일을 온축함(藏往)'이란 말이다. 그리고 점쳐 이 卦를 얻어서 이 도리로 말미암아 미래의 일을 추리할 수 있다. 이것이 바로 '미래를 앎(知來)'이란 말이다.[16]

이처럼 주자는 역을 '비어 있는 사물'로 간주하고, 占辭 속에 숨겨져 있는 도리를 밝혀내는 작업을 통해 "『주역』에 온축된 추상적 도리로부터 자연법칙과 사회법칙에 관한 인식"[17]을 끌어내려고 노력하였다. 그래서 주자는 성인들이 易道를 드러내는 방법에는 시대적 상황에 따라 각각의 차이가 있지만 보편적 원리, 즉 도리를 말한 점에는 차이가 없다고 하였다.

---

15) 廖明春 外, 『주역철학사』, 517쪽.

16) 『朱子語類』, 권75, 「上繫下」. "一卦之中, 凡爻卦所載, 聖人所已言者, 皆具已見底道理, 便是藏往, 占得此卦, 因此道理以推未來之事, 便是知來."

17) 廖明春 外, 『주역철학사』, 517쪽 참조.

> 易이란 책은 세 분 성인을 거치면서 체재가 달라졌다. 복희씨의 象, 文王의 辭는 모두 복서에 의거하여 가르침으로 삼았으나 그 법은 각각 다르다. 공자가 傳을 찬함에 이르러서는 한결같이 의리를 가르침으로 삼게 되고, 복서만 오로지 하지 않았다. 세 분 성인이 어찌 고의로 달리한 것이겠는가. 세속의 순박함과 잡박함, 안정과 난리의 상태가 달랐으므로, 그 교법으로 삼는 내용도 달라지지 않을 수 없었던 것이다. 그러나 그 道는 같지 않음이 없다.[18)]

위의 예문을 통해서도 알 수 있듯이 易學을 연구하는 근본 목적은 괘효상과 괘효사에 갖추어져 있는 '사물에 보편적으로 적용되는 추상적 도리'를 밝혀내는 데 있다. 주자는 이 문제의 해결을 위해 劉牧의 圖書易과 소강절의 象數易을 자신의 역 철학 체계에 포함하고 그것을 심도 있게 탐구하였다. 그 바탕에는 易을 變易과 交易의 두 가지 뜻을 지닌 것으로 보는 주자의 역학관이 내재해 있다. 주자에 의하면 易은 변역이고 교역일 뿐이다. 변역이란 유행한다는 뜻이고, 교역이란 서로 상대한다는 뜻이다.[19)] 이 경우 流行變易이란 轉化를 가리키고, 待對交易이란 대립을 가리킨다. 『주역』을 논하면서 변역을 강조한 사람은 정이천이고, 교역을 강조한 사람은 소강절이다. 주자는 이 둘의 설, 즉 변역설과 교역설을 자신의 역학체계 안에 끌어들여 종합하였다. 주자의 河圖洛書와 先後天易에 대한 탐구 또한 이와 무관하지 않다. 이를 좀 더 부연한다면 주자는 이론적 배경을 달리하는 河圖洛書와 先後天易을 자신의 역학체계 안에서 통합하고 이의 연구를 통해 易道를 밝히고,[20)] 천하만물의 당위법칙과 존재법칙인 리를 우주 만물의 본

---

18) 『朱子語類』, 권66, 「卜筮」. "易之爲書, 更歷三聖而制作不同, 若庖犧氏之象, 文王之辭, 皆依卜筮以爲教, 而其法則異, 至於孔子之贊, 則又一以義理爲教而不專於卜筮也, 是豈其故相反哉, 俗之淳漓既異, 故其所以爲教法者不得不異, 而道則未嘗不同也."

19) 『朱子語類』, 권65, 「陰陽」. "易有兩義, 一是變易, 便是流行底, 一是交易, 便是對待底" 참조.

원이자 總則으로 보는 리학의 철학체계를 더욱 확고히 하고자 하였다.[21] 다음 장에서 살펴볼 퇴계 역학사상 역시 이 범위를 크게 벗어나지 않는다. "퇴계는 주자의 '상수'와 '의리'를 계승하여 이를 하나로 귀결시켰고, '交易'과 '變易'의 종합적인 역학사상을 터득하여"[22] 體用一源의 본체관[23]에 입각한 리발설을 주창하였기 때문이다.

2) 하도낙서의 체용관계

주자 역학의 특성은 그가 『주역』을 占筮의 책으로 인식하고 그 바탕 위에서 의리역과 상수역을 종합하여 易理를 해명하려고 노력한 데에서 찾을 수 있다. 이는 주자가 '상수'를 떠나 '의리'만을 고집하거나, 괘효상과 괘효사에 천착하여 역리를 견강부회하는 식으로 해석하는 태도 또한 찬성하지 않았음을 의미한다. 주자는 하도낙서와 선후천역의 연구를 통해 만물의 존재구조를 밝히고, 거기에서 리를 근본으로 하는 철학체계를 완성하고자 하였다. 이 글의 주제인 퇴계 역시 '理數學'[24]의 시각에서 만물의 존재구조를 밝히고, "리를 만물을 주재하는 至上의 입법자로 규정하는"[25] 철학체계를 수립하였다. 여기에서 '理數의 學'이란 상수와 의리를 종합한 學을 의미하며 혹은 數理學이라고도 불린다. 그러면 하도낙서에 대하여 퇴

---

20) 金永友, 「丁若鏞의 易學思想 硏究」, 38쪽 참조.

21) 廖明春 외, 『주역철학사』, 525쪽 참조.

22) 張立文, 「李退溪의 理數思惟略論」, 『퇴계학보』, 제67집, 퇴계학연구원, 1990, 12쪽.

23) 이 문제에 대하여서는 李光虎, 「李退溪 學問論의 體用的構造에 관한 연구」, 서울대 박사학위논문, 1993, 29-34쪽 참조.

24) 『啓蒙傳疑』, 「序」. "然而理數之學, 廣博微妙, 盤錯肯綮, 未易硏究."

25) 崔英辰, 「退 · 栗의 理氣論과 世界認識」, 『大東文化硏究』, 제28집, 성대 대동문화연구원, 1993, 272쪽.

계가 취한 기본적 태도는 무엇인가? 그의 『啓蒙傳疑』를 통해 이 문제를 풀어보기로 하자.

앞에서도 언급한 바 있지만 易道를 통찰하고 이를 표현하는 방법에는 두 가지가 있다. 曆數原理와 卦爻原理가 바로 그것이다. 이 중 역수원리는 "天之曆數의 시간적 생성변화원리를 推數論證하는 理數원리"[26]를 말하는데, 그것은 언제나 역수의 생성변화 관계를 통해서 표상된다. 이와 같은 역수원리를 음양적 측면에서 표상한 것이 다름 아닌 河圖洛書이다. 그런데 이 하도낙서가 『주역』에서는 성인의 劃卦作易의 근거 또는 준칙으로 제시되고 있으며, 천지변화와 인간세의 길흉을 표상하는 神物로서 규정되고 있다.[27] 오늘날 현존하는 하도낙서의 圖象이 완성된 것은 宋代의 주자와 蔡元定에 이르러 확정되었고, 그 결과물로 집적된 것이 소위 『易學啓蒙』이다. 주자는 여기에서 河圖十數說을 주장함으로써 기존의 洛書九數說과 더불어 易道의 數的 체계를 하도낙서와 연계시켜 정착시켰다. 주자는 특히 하도와 낙서를 體用 · 經緯 · 表裏 관계로 이해하고 이를 다음과 같이 요약하였다.

> 劉歆이 말하기를 복희씨가 天命을 계승하여 王이 되었을 때 하늘에서 내려주신 하도를 받아 이에 근거하여 그린 것이 八卦이며, 夏禹가 홍수를 다스릴 때 하늘이 주신 낙서를 받아 그것을 법칙으로 하여 펼친 것이 홍범구주이다. 하도와 낙서는 서로 經緯가 되며 八卦와 九章은 서로 표리가 된다.[28]

---

26) 이 장의 대부분은 柳南想의 논문, 「河洛象數論에 관한 연구(一)」(『논문집』제V권 제1호, 충남대 인문과학연구소, 1978)의 내용을 요약 정리한 것이다.

27) 『周易』, 「繫辭傳 上」, 11장. "河出圖洛出書聖人則之" 참조.

28) 『易學啓蒙』, 「本圖書弟一」. "劉歆云, 伏羲氏繼天而王, 受河圖而畫之, 八卦是也, 禹治洪水, 法而陳之, 九疇是也. 河圖洛書, 相爲經緯, 八卦九章相爲表裏."

> 하도는 다섯 개의 生數로서 다섯 개의 成數를 거느리며 같은 방위에 거처한다. 대개 이는 그 완전한 수를 들어서 사람에게 보여 그 일정함을 말하니 이는 數의 본체를 말한 것이다. 낙서는 다섯 개의 홀수로서 네 가지 짝수를 거느리며 각각의 방위에 거처한 것이니, 대개 양을 주로 하여 음을 거느리고 그 변화를 일으키니 이는 數가 작용하는 토대가 되는 것이다.[29)]

위의 예문에 의하면 하도낙서가 서로 통하므로 씨줄과 날줄이 되고, 팔괘와 구장이 서로 표리가 된다. 하도는 十數로서 체를 드러낸 것이며, 낙서는 九數로서 용을 드러낸 것이다. 이를 좀 더 부연한다면 하도는 체의 측면에서 시간성의 구조원리를 표상한 것이고, 낙서는 용의 측면에서 시간성의 작용원리를 표상한 것이다.

여기서 주자는 우리에게 易理는 하나일 뿐이며, 그 易理가 하도로도 표현될 수 있고 낙서로도 표현될 수 있음을 數의 체용관계를 이용하여 극명하게 보여주고 있다. 그러면서 주자는 하도는 둥근 것이며 그 수는 10이고, 낙서는 네모난 것이며 그 수는 9라고 하면서 하도의 구체적인 모습을 다음과 같이 말하고 있다.

> 하도의 자리는 1과 6이 함께 바탕이 되어 북쪽에 있고, 2와 7이 한 무리가 되어 남쪽에 있으며, 3과 8은 같은 길을 가며 동쪽에 있고, 4와 9는 벗이 되어 서쪽에 있으며, 5와 10은 서로 보살펴 가운데에 있다. 대개 그 수가 되는 것은 한 개의 음과 한 개의 양, 한 개의 홀수와 한 개의 짝수에 불과하니 음과 양, 홀수와 짝수 두 가지를 가지고 오행으로 했을 뿐이다.[30)]

---

29) 같은 책, 같은 곳. "河圖以五生數統五成數, 而同處其方, 蓋揭其全以示人, 而道其常, 數之體也. 洛書以五奇數統四耦數, 而各居其所, 蓋主於陽以統陰, 而肇其變, 數之用也."

30) 같은 책, 같은 곳. "故河圖之位, 一與六共宗而居乎北, 二與七爲朋而居乎南, 三與八同道

주자에 의하면 하도의 수는 한 개의 음과 양으로 되어 있고, 그 도상은 1에서 10까지의 수를 五分하여 四方과 중앙에 배치하고 있다. 주자는 또 낙서에 대해서는 비록 공자가 말한 바는 없으나 하도의 수와 낙서의 수는 서로 통한다고 하면서 그 구체적인 모습을 다음과 같이 말하고 있다.

> 낙서는 거북이 상에서 취했다. 그러므로 그 수가 9를 머리에 이고 1을 아래에 밟으며, 왼쪽에 3, 오른쪽에는 7, 그리고 2와 4는 양어깨에, 6과 8은 두 다리 쪽에 배치한다.[31)]

한마디로 하도 · 낙서는 역수원리를 음양적 시각에서 표상한 것이고, 그것은 서로 표리 · 경위 · 체용 관계에 있다.

3. 퇴계 역학사상의 내용과 특성

1) 하도낙서와 체용일원

주자는 하도낙서에서 괘상을 비롯하여 음양과 수 등이 모두 나왔다고 주장했는데, 퇴계 역시 주자의 이와 같은 주장에 동의하여 河十洛九說을 자신의 설로 체계화했다. 그뿐만 아니라 明堂제도와 井田法의 근거가 된 洛書까지도 수용하는 입장을 취했다.

퇴계가 『啓蒙傳疑』 「명당편」에서, "2 · 9 · 4, 7 · 5 · 6, 6 · 1 · 8은 석 자

而居乎東, 四與九爲友而居乎西, 五與十相守而居乎中. 蓋其所以爲數者, 不過一陰一陽, 一奇一耦, 以兩其五行而已."

31) 『周易本義』, 「易本義圖」. "洛書蓋取龜象, 故其數戴九履一, 左三右七, 二四爲肩, 六八爲足."

씩 잇대어야 마땅하다. 대개 낙서를 가로 잘라서 셋으로 나누어 말한 것이니, 九宮을 본떠서 明堂제도를 만드는 것이 마치 州의 井田을 그리는 것과 같다는 말이다."[32]라고 한 말에서도 이 점이 확인된다.

이처럼 주자의 이론을 대폭 수용한 퇴계는 하도의 수를 10으로, 낙서의 수를 9로 정의한 다음 그것을 통하여 하도낙서에 대한 체용론적 해명을 시도한다. 「八卦全不用十」을 풀이하면서 퇴계는 다음과 같이 말했다.

> 이 말은 하도를 괘로 그린 것이다. 그 중앙의 5와 10은 비워서 쓰지 않는 것이다. 5는 말하지 않고 10만 말한 것은 윗글의 본설에 '하도는 수 전체를 갖추었으나, 그 실은 10이 없으므로 여기서는 다만 10을 쓰지 않는다.' 고 하여 그 뜻을 끝맺은 것이다.…… 주자는 '하도의 偶는 靜하여 체가 되고, 낙서의 奇는 動하여 용이 된다.' 고 하였는데, 劉氏는 낙서의 나뉘어져 각기 제 곳에 있는 것을 체로 삼고, 하도의 합해져 같이 그 方所에 있는 것을 용으로 삼았다. 대개 유씨의 설도 한 뜻이 되니, 하도와 낙서가 서로 체와 용이 되는 것이 그러한 것이다.[33]

여기서 '체용' 이란 어떤 것(物)의 체가 있으면 바로 그 가운데 용이 있는 것을 가리킨다.[34] 퇴계는 이를 도리의 세계에서의 체용과 사물의 세계에서의 체용으로 나누어 설명한다. 도리의 세계에서의 체와 용이란 리의 본체와 작용을 말하고, 사물의 세계에서의 체용은 사물의 몸체와 작용을 의

---

32) 『啓蒙傳疑』, 「本圖書弟一」, 明堂篇. "二九四 七五三 六一八此語, 當以每三字聯續, 蓋橫截洛書爲三而言之, 謂法九宮爲明堂之制, 如畫州井地之爲也."

33) 『啓蒙傳疑』, 「本圖書弟一」, 八卦全不用十. "此言則圖以畫卦也, 虛其中五與十而不用也, 不言五, 獨言十者, 上文本說河圖備數之全, 而其實無十, 故此只言不用十, 以結其義耳. …… 朱子以圖之偶而靜爲體, 書之奇而動爲用, 劉氏以書之分而各居其所爲體, 圖之合而同處其方爲用, 蓋劉說亦是一義, 乃圖書相爲體用者然也."

34) 『退溪全書』, 권37, 「書」, 答李平叔. "凡謂體用者, 謂是物有是體, 卽其體而有其用耳."

미한다.[35] 퇴계는 이를 다음과 같이 논했다.

> 滉은 체용에 두 가지가 있다고 생각한다. 도리에 대하여 말한다면, 텅 비어 아무 조짐도 없는 가운데 萬象이 빽빽하게 갖추어져 있는 것이 체와 용이다. 사물에 대하여 말한다면, 배가 물 위에서 다닐 수 있고 수레가 육지에서 다닐 수 있는 것이 배와 수레의 체와 용이다.[36]

이처럼 체용에는 도리의 체용과 사물의 체용 두 가지가 있다. 퇴계에 의하면 체용의 체란 '텅 비어 아무 조짐이 없는 것'과 '배와 수레의 형상'을 말하고, 그 용이란 '체 가운데 만상이 빽빽하게 갖추어져 있는 것'과 '사물의 리가 발현되는 것'을 의미한다. 그렇다고 한다면 체용의 체란 근본적인 것, 제1차적인 것이고, 그 용이란 파생적인 것, 제2차적인 것을 가리키는 개념이라고도 말할 수 있을 것이다.[37] 이 둘은 물론 서로 없어서는 안 되는 상호의존적 관계이고, 또 서로 발하는 관계이다. 퇴계는 이러한 관계를 근원이 하나라는 의미에서 '體用一源'이란 말로 표현하였고, 그리고 그것으로 세계와 인간의 문제를 해명하는 논리적 도구로 삼았다. 그가 형이상의 세계와 형이하의 세계를 막론하고 체와 용 두 글자를 벗어날 수 있는 것은 아무것도 없다고 하면서 "대저 체와 용 두 글자는 살아 있는 것이지 죽은 것이 아니며, 원래 포함하지 않음이 없어서 묘(妙)함을 이루 다 말할 수 없다."[38]고 한 말에서도 이 점을 확인할 수 있다.

이처럼 퇴계는 체와 용 두 글자를 사용하여 하도낙서를 설명하고, 하도

---

35) 李光虎, 「李退溪 學問論의 體用的構造에 관한 연구」, 21쪽 참조.

36) 『退溪全書』, 권41, 「雜著」, 心無體用辯. "滉謂體用有二, 有就道理而言者, 如沖漠無朕, 而萬象森然已具, 是也, 就事物而言者, 如舟可行水, 車可行陸, 是也."

37) 島田虔夫, 『朱子學과 陽明學』, 김석근 · 이근우 옮김, 까치, 1986, 8쪽 참조.

38) 『退溪全書』, 권41, 「雜著」, 心無體用辯. "夫以體用二字, 活非死法, 元無不該, 妙不可窮."

낙서가 서로 '체용일원'의 관계에 있음을 분명히 하였다. 그가 參天兩地를 풀이하면서 "(生數와 成數) 두 말을 서로 합해야 그 뜻이 비로소 갖추어진다."[39]라고 한 말에서도 그 점을 확인할 수 있고, 또 『역학계몽』을 주석하면서 動靜, 奇偶, 圓方, 生成 등의 상호 대립적인 개념을 사용하여 하도낙서가 둘이면서 하나임을 밝히려고 많은 노력을 기울였던 것 또한 이와 무관하지 않다.

2) 리발설의 역학적 바탕

물론 체용논리를 바탕으로 하도낙서를 설명한 것은 퇴계만이 아니다. 가장 먼저 자신의 철학의 전범으로 삼았던 주자 역시 하도와 낙서를 체용의 개념으로 풀어내고 있기 때문이다. 이런 점에서 하도낙서에 대한 퇴계의 체용론적 이해는 주자와 별 차이가 없지만, 퇴계가 가졌던 입장은 보다 특이하고 대담한 점이 있는 듯하다. 퇴계는 체용논리로 하도낙서를 풀이하였을 뿐만 아니라, 특히 그것을 자신의 '리발설'의 철학체계와 연계시키고자 많은 노력을 기울였다.[40]

그가 苑洛子의 말을 이용하여 하도낙서가 서로 표리 체용관계에 있음을 애써 주장하면서 다음과 같이 한 말은 바로 이 생각의 또 다른 표현이었다고 할 수 있다.

---

39) 『啓蒙傳疑』, 「本圖書弟一」, 三同二異. "蓋朱子主生數而言, 胡氏主成數而言故也, 然要其歸, 兩說相須其義始備."

40) 퇴계에 의하면 理는 '能發, 能動, 能生, 能自到'하는 활동성을 갖고 있다. 崔英辰, 「退溪 理思想의 體用論的 구조」, 『조선조 유학사상의 탐구』, 여강출판사, 1988, 116-124쪽 참조.

> 대개 우주가 아득하고 만유의 형체가 없을 즈음에 55의 수가 벌써 15의 가운데 갖추어 있었다. 이것이 이른바 太極이다. 그 55의 수를 15의 밖에 얽히고 설키게 배치하니 이에 비로소 음과 양의 형상이 뚜렷하고 검고 흰 구별이 분명하여 1379는 양이 되며 2468은 음이 되니 이른바 兩儀이다. 대개 양의는 태극에서 생긴 것이다.[41)]

위에서 보듯이 퇴계는 天數와 地數의 합인 55와 태양수와 태음수의 합인 15는 서로 체용관계에 있고, 태극은 양의를 생하는 주체로 이해한다. 그는 이를 통해 체는 용을 통하여 드러나고 용은 체를 함축하고 있으며, 이 둘은 또한 분리될 수 없는 관계임을 확실히 하였다. 이와 같은 기본적 논리와 지향은 성리학적 철학체계를 집대성한 것으로 평가되고 있는 「天命圖說」에서도 그대로 유지되었다. 퇴계는 「천명도설」에서 元亨利貞 四德을 리로 규정하고, 그 사덕을 天이 만물을 생성시키는 이치로 파악한다.[42)] 이 경우 天 곧 리는 체가 되고, 사덕은 용이된다. 이러한 입장을 취할 때 용보다 체가 중시됨은 더 말할 나위가 없다. 퇴계가 「천명도설」에서 "음양과 오행이 유행할 때에 이 네 가지(四德)가 항상 그 안에 있어서 만물에게 명령하는 근원이 된다."[43)]라고 한 말은 그 단적인 예가 될 것이다.

이처럼 퇴계는 용보다는 체를 위주로 하여 체용관계를 논했고 또 그것을 바탕으로 하여 리를 절대시하고 리의 능동성을 강조하는 철학체계를

---

41) 『啓蒙傳疑』, 「本圖書弟一」, 苑洛子. "蓋沖漠無朕之祭, 五十有五之數, 已具於十五之中矣, 是所謂太極也, 及其五十有五之數, 形布互錯於十五之外, 於是陰陽之象燦然, 黑白之分明, 一三七九爲陽, 二四六八爲陰, 所謂兩儀也, 蓋兩儀太極之所生者也."

42) 『退溪全書續集』, 권8, 「天命圖說」. "天卽理也, 而其德有四, 曰元亨利貞是也, 四者之實曰誠, 蓋元者始之理, 亨者通之理, 利者遂之理, 貞者成之理, 而其所以循環不息者, 莫非眞實無妄之妙, 及所謂誠也, 故當二五流行之祭, 此四者常寓於其中, 而爲命物之源" 참조.

43) 같은 책, 같은 곳. "故當二五流行之祭, 此四者常寓於其中, 而爲命物之源."

수립하였다.[44] 이와 같은 생각은 『周易』에 대한 해석에도 그대로 반영되었다. 그가 經筵에서 宣祖에게 乾卦上九爻에 대한 강의를 통해 군왕의 독주를 제어하고 성리학의 통치론인 신하와의 共治를 주장한 것도 이와 무관하지 않다고 하겠다.[45] 주지하다시피 乾卦는 『주역』 64괘 중에서 첫 번째 괘이자 天을 상징하는 괘이며, 퇴계에게 있어서 天은 바로 리 그 자체이기 때문이다. 바로 여기에서 퇴계 역학사상의 특징이 유감없이 드러난다. 이렇게 이해할 때, 퇴계는 체용논리로 자신의 역학과 철학을 일관했고, 이를 토대로 삼아 '리발설'을 심화시키려 했던 것이 분명하다.

4. 퇴계 역학사상의 현실적 구현

1) 존리적(尊理的) 사유

퇴계 역학사상의 특성은 '체용일원'의 논리를 가지고 하도·낙서를 분석하고 그것을 통하여 '리발설'의 철학체계를 정립하고자 노력한 것으로 나타난다. 그러한 입장은 그가 『역학계몽』에 관한 禹景善의 問目에 조목조목 답한 글의 한 대목 "하도를 위주로 말하면 하도의 對待 관계가 '正'이 되고 낙서의 流行이 '變'이 되며, 낙서를 위주로 말하면 낙서의 유행이 '正'이 되고 하도의 대대가 '變'이 된다."[46]에서도 분명하게 확인된다.

---

44) 『退溪全書』, 권34, 「書」. 答鄭子中別紙. "蓋理動則氣隨而生, 氣動則理隨而顯" 참조.

45) 최영진, 「16세기 性理學者들의 經典 해석」, 『대동문화연구』, 제35집, 1999, 성균관대학교 대동문화연구원, 247쪽 참조.

46) 『退溪全書』, 권31, 「書」, 答禹景善問目(啓蒙). "主河圖而言, 則河圖之對待爲正, 洛書之流行爲變. 主洛書而言, 則洛書之流行爲正, 河圖之對待爲變."

퇴계의 이와 같은 역학적 입장은 주자와의 차이를 분명하게 방향 지었고, 또 그 차이에 의해 철학적 성격을 더욱 뚜렷이 부각시키는 틀을 마련하기도 했다. 理優位論的 理氣二元論에 바탕을 두고 리를 '自發 · 自動 · 自到 · 能生 · 先動'하는 活物로 긍정하는 철학체계[47]가 바로 그것이다.

그리고 그것은 그의 현실 인식 또는 구현에도 반영되었다. '君主된 이의 한 마음(一心)'과[48] 君主의 內聖的 修身을 강조하는 그의 道學政治사상 또한 이 문제를 크게 벗어날 수가 없다. 이는 그의 정치사상의 근본 성격이 '용'보다는 '체'를, 사회구조적인 문제보다는 개인의 도덕적 차원을 더 중시하는 데 있음을 잘 보여주는 것이다. 퇴계가 즉위한 지 얼마 안 되는 宣祖에게 "天下의 일이 君位의 一統보다 더 큰 것이 없다."[49]고 하면서 "繼統을 중시하여 仁孝를 온전하게 할 것"과 "聖學을 돈독히 하여 정치의 근본을 세울 것"[50]을 권면한 것은 그 좋은 예증이다. 단적으로 말해서 그의 현실 인식 또는 구현은 바로 이러한 관점을 사회 현실에 적용 · 발전시킨 것이다. 그런 점에서 퇴계의 '理尊氣賤' 사상이라던가 '理發而氣隨之'는 당시의 거듭되는 정쟁과 士禍 속에서[51] 사회적 부조리가 극성을 부리던 혼란된 현실과 시대적 상황에 대한 답변이었다고 할 수 있다.

이러한 각도에서 퇴계의 철학적 사유를 검토할 때, 가장 두드러지게 눈에 띄는 것은 기의 가치에 대한 경시와 리를 실재하는 活物로 보고 그것을 절대화하는 태도이다. 그가 우경선과의 문답에서 "易傳에 한번 음이 되고

---

47) 尹絲淳, 『退溪哲學의 硏究』, 고려대학교 출판부, 1980, 159쪽.

48) 『退溪全書』, 권7, 「箚」, 進聖學十圖箚. "人主一心, 萬幾所由, 百責所萃, 衆欲互攻" 참조.

49) 같은 책, 권6, 「疏」, 戊辰六條疏. "天下之事, 莫大於君位之一統."

50) 같은 책, 같은 곳. "其一曰, 重繼統, 以全仁孝, …… 其三曰, 敦聖學, 以立治本."

51) 退溪는 士禍期에 생애 대부분을 살았다고 볼 수 있다. 그의 나이 4세 되던 해에 갑자사화가 일어났고, 19세 때에는 기묘사화, 그리고 45세 때에는 을사사화를 경험하였다.

한번 양이 되는 것을 도라 한다고 하였으니, 음양은 도가 아니다. 한번 음하고 한번 양하게 하는 소이로서의 리가 곧 도이다."[52]라고 한 말이나, 李達·李天機에게 "태극에 동과 정이 있는 것은 태극이 스스로 動靜하는 것이며, 天命이 流行하는 것은 천명이 스스로 유행하는 것이다."[53]라고 한 말에서도 이 점을 분명하게 확인할 수 있다. 바로 여기에서 퇴계의 역학사상과 현실 인식 사이의 특성이 드러난다.

퇴계는 태극 곧 리를 "절대적 실체와 같은 명사적 의미와 그 실체의 존재의 자발적인 발의와 자기표현으로서의 현행과 같은 동사의 기능을 다 가진 것"[54]으로 파악했다.

> 리는 지극히 虛하면서도 지극히 實하고 지극히 無하면서도 지극히 有하다. 動하면서도 동이 없고, 靜하면서도 정이 없다. 맑고 깨끗하여 터럭만큼이라도 첨가할 수 없고 터럭만큼이라도 덜 수도 없다. 음양오행과 만물·만사의 근본이 되면서도 음양오행과 만사·만물의 안에 얽매이지도 않는다.[55]

이런 관점에서 리는 한갓 개념적이고 관념적인 존재가 아니라, 모든 사물의 존재와 운행과 생성의 실재적인 근원자가 되는 것이다. 다음의 예문 역시 마찬가지 각도에서 음미할 만하다.

---

52) 『退溪全書』, 권32, 「書」, 答禹景善問目. "易曰一陰一陽之謂道, 陰陽非道, 所以一陰而一陽之理卽道."

53) 같은 책, 권13, 「書」, 答李達李天機. "太極之有動靜, 太極自動靜也, 天命之流行, 天命之自流行也."

54) 김형효, 『退溪의 사상과 그 현대적 의미』, 한국정신문화연구원, 1997, 83쪽.

55) 『退溪全書』, 권16, 「書」, 答奇明彦論四端七情第二書別紙. "此個物事, 至虛而至實, 至無而至有, 動而無動, 靜而無靜, 潔潔淨淨也, 一毫添不得, 一毫減不得, 能爲陰陽五行萬物萬事之本, 而不囿於陰陽五行萬物萬事之中."

> 태극도는 이미 하늘이 생물에게 리를 명해 줌을 위주로 하였으니, 도식의 윗면은 바로 上帝가 性을 내려주는 최초의 源頭로서 만물 근저의 극치가 된다.[56]

여기에서 퇴계는 리를 이상적 현실, 즉 마땅히 있어야 할 현실의 전범으로 생각하고, 그와 상대되는 기는 언제나 리의 主宰하에 있어야 한다고 믿었다. 그에 따르면 리에는 '至極'의 뜻만이 아니라 '標準'의 뜻도 있다.[57] 그래서 그는 "무릇 세상에서 마땅히 행해야 할 것은 리요, 마땅히 행하지 말아야 할 것은 리가 아니다."[58]라고 말하지 않을 수 없었던 것이다. 그가 奇高峯과의 논변을 통하여 마음을 체와 용으로 나누고, 純理와 兼氣를 원리적으로 엄격하게 구별하려고 한 것은 이러한 맥락에서 나타난 논리적 귀결이었다.[59] 이로써 퇴계는 리를 上帝와 같은 인격적 개념으로 이해하여 李達·李天機에게 "리는 본래 존귀하여 상대가 없어서 物에게 명령하고 物에게서 명령을 받지 않는다."[60]라는 말까지 하기에 이르렀다.

그래서 퇴계는 命物者를 '上帝'니 또는 '皇'으로 표현한 바 있다.[61] 이는 리를 인격적 존재로 생각하는 종교적 신앙이 없이는 불가능하다. 그런 의미에서 우리는 리에 대한 퇴계의 관점이 단순히 자연계의 원리적 차원에만 머물지 않고 종교적 차원으로까지 승화되고 있음을 확인할 수 있다.[62]

---

56) 『退溪全書』, 권41, 「雜著」, 天命圖說後敍. "太極圖, 既以命物爲主, 則其圖之上面, 乃是上帝降衷之最初源頭, 而爲品彙根柢之極致."

57) 같은 책, 권14, 「書」, 答南張甫. "然極之爲義, 非但極至之謂, 須兼標準之義" 참조.

58) 『言行錄』, 권4, 「論理氣」. "凡天下所當行者理也, 所不當行者非理也."

59) 『退溪全書』, 권16, 「書」, 與奇明彦. "四端之發, 純理故無不善, 七情之發, 兼氣故有善惡" 참조.

60) 같은 책, 권13, 「書」, 李達李天機. "理本其尊無對, 命物而不命於物."

61 같은 책, 권44, 「箴銘」, 靜存齊箴 참조.

62) 이 문제에 대하여는 김형효, 『退溪의 사상과 그 현대적 의미』, 26-29쪽과 최영진, 「退·栗의 理氣論과 世界認識」, 272-273쪽 참조.

퇴계가 경연에서 地水師卦 上六爻의 '大君有命'의 大君을 天子로 해석한 것이라던가,[63] '聖其合德'을 乾卦 文言傳의 '聖人與天地合其德'으로 풀이한 것을 상기할 때 이 점은 분명한 것 같다.[64]

2) 리발의 실현

그러면 그의 존리설적 사유 속에서 현실의 바람직한 모습이란 무엇인가? 퇴계의 경우 그것은 '理發而氣隨之'하는 세계로 집약된다. "좋아함과 미워함으로 서로 공격하고, 강하고 약함으로 서로 다투어, 孝悌忠信의 길이 막히어 행하지를 못하고, 禮義와 廉恥를 버리는 것이 날로 심해져서 오랑캐나 금수로 돌아가는"[65] 혼돈의 시대, 신뢰할 만한 어떤 가치도 존재하지 않는 "간흉의 사나운 기운/ 태산처럼 솟기만 하는"[66] 상황에서 그는 오로지 '能發能生'하는 命物者 · 主宰者로서의 리에 합치되고 따르는 현실만을 자신의 참된 현실로 인정하였다. 이를 좀 더 구체적으로 표현하면 "(임금의) 덕화가 향기롭게 풍기어 안과 밖이 융화하고, 조정에는 敬 · 讓이 지켜지고, 가정에는 孝 · 悌가 행해지며, 선비는 學을 알고 백성은 의리를 알게 되는"[67] 세계라고 할 수 있다. 따라서 퇴계에게 있어서 참된 현실이란 인위적 욕망 때문에 왜곡되지 않고 리가 유감없이 발용되는 道心 그 자체의 세계였다. 그런 의미에서 그가 이해한 마땅히 있어야 할 현실이란 인간

---

63) 『退溪全書』, 권7, 「經筵講義」, 西銘考證講義. "大君, 易師卦, 大君有命, 大君, 指天子言也."

64) 같은 책, 같은 곳. "聖其合德, 易乾卦文言, 聖人與天地合其德."

65) 같은 책, 권42, 「序」, 鄉立約條序. "好惡相功, 强弱相軋, 使孝悌忠信之道, 或尼而不行, 則棄禮義捐廉恥日甚, 流而爲夷狄禽獸之歸."

66) 李家源, 『退溪詩譯注』, 정음사, 1987, 183쪽에서 재인용.

67) 『退溪全書』, 권6, 「疏」, 戊辰六條疏, 第四條. "德化薰蒸, 內外融徹, 朝敬讓而家孝悌, 士知學而民知義."

삶의 본원성이자 절대적 표준이 되는 리가 사사로운 人慾을 극복하고 스스로 자기 모습을 온전히 드러내는 도덕적 · 윤리적 가치의 세계였다.[68] 그래서 그는 선조에게 "효는 모든 행위의 근본이니 한 가지 행동이라도 흠절이 있으면 純孝가 못 되는 것이며, 仁은 모든 선의 우두머리이니 한 가지 선이라도 불비함이 있으면 全仁이 못 되는 것입니다."[69]라고 말했던 것이다.

이에 의하면 퇴계의 '理發而氣隨之'를 궁극 목적으로 한 존리적 사고는 어지러운 시대를 근심하고 바른 도리가 실현되기를 희구하는 충정의 표현이며, 기가 理發의 현존화를 저해하지 않도록 인위적 욕망을 주체적으로 다스리어 하늘이 사람에게 부여해준 바 天理의 純善함을 회복하고 그 천리에 대한 종교적인 외경심을 함양하도록 하는 것에서 크게 벗어나지 않는다. 즉, 이 말은 자기 원인을 갖는 公的인 실체이고, 活物인 리가 私的이며 악한 인욕을 다스리고 변화시켜 하늘로부터 품부받은 순선한 '本然之性'을 최대한 확충시켜 "敬과 誠으로써 上帝를 받들어 빛나게 하는"[70] 인간의 삶의 궁극적 경지를 가리킨다. 이 점은 「天命圖說後敍」에서 선명하게 나타난다.

> 천지의 性에는 인간이 가장 중요하다. 『周易』에 이르기를 '하늘의 道를 세움은 陰과 陽이요, 땅의 道를 세움은 柔와 剛이요, 사람의 道를 세움은 仁과 義이다.'라고 하였다. 이는 인간이 人極을 세우면 천지와 더불어 참여됨을 말한 것이다.[71]

---

68) 퇴계에 의하면 사사로움은 모든 악의 근원이며 인간의 마음을 병들게 하고 또 망치는 좀도둑과 같은 것이다. 『退溪全書』, 권7, 「箚」, 戊辰經筵啓箚(二) 참조.

69) 『退溪全書』, 권6, 「疏」, 戊辰六條疏, 第一條. "孝爲百行之原, 一行有虧, 則孝不得爲純孝矣, 仁爲萬善之長, 一善不備, 則仁不得爲全仁矣."

70) 같은 책, 같은 곳. "克敬克誠, 以昭受上帝者, 無不盡其道矣."

퇴계에게 있어서 현실과 이상은 기와 리의 관계와 같다. 이상은 능동적으로 현실을 주도하고, 현실은 이상의 실현을 위한 도구적 장치가 되기 때문이다. 따라서 이상과 현실은 차등의 관계를 유지하면서 '本源的 現實'을 구성하는 두 요소가 된다. 이러한 생각이 그의 '체용 일원적 철학세계'에 근거한 것임은 더 말할 필요도 없다. 다음의 예에서도 이 점을 어느 정도 확인할 수 있다.

> 사람이 하늘에서 명을 받으매, 四德의 리를 갖추어 한 몸의 주재자로 삼으니 마음이요, 사물이 마음속을 감동시켜 선악의 기미를 따라 한마음의 용이 되는 것은 情과 意이다. 그러므로 군자는 이 마음이 靜한 단계에서는 반드시 존양함으로써 그 체를 보전하고, 情과 意가 발한 단계에서는 반드시 성찰함으로써 그 용을 바르게 해야 한다.[72)]

그러므로 퇴계의 '理發而氣隨之'하는 세계란 우리가 논리 전개상 분할한 이상과 현실 사이의 上下的 秩序 즉 차등적 관계의 실현으로만 성립한다. '본원적 현실'은 이 관계가 부서지지 않는 구도로 유지되고 더욱 힘 있는 것으로 발전하는 정도에 따라 이루어진다. 따라서 우리는 퇴계의 이와 같은 이상과 현실의 차등적 관련을 무시하고 그것을 단지 상대적 또는 대립적 관계로만 보아서는 안 될 것이다. 이 경우 현실을 현실답게 만들고 이끌어 가는 주체는 물론 '창조적 근원'으로서의 이상세계이다. 그래서 퇴

---

71) 같은 책, 「雜著」, 天命圖說後叙. "天地之性, 人爲貴, 易曰立天之道曰陰與陽, 立地之道曰柔與剛, 立人之道曰仁與義, 此言人極之立與天地參也."

72) 『退溪全書續集』, 권8, 「雜著」, 天命圖說. "人之受命于天也, 具四德之理, 以爲一身之主宰者心也, 事物之感於中也, 隨善惡之幾, 以爲一心之用者情意也. 故君子於此心之靜也, 必存養以保其體, 於情意之發也, 必省察以正其用."

계는 “기가 능히 리를 따를 때는 리가 스스로 드러나며, 기가 만약 리를 反하면 리가 숨어버린다.”[73]라고 말하였던 것이다. 그는 물론 리와 기를 엄격하게 구별하여 氣隨보다 理發의 세계를 중요시했고, 이를 통해 義와 不義, 正과 邪를 밝히고 正道를 수호하고자 하였으며 당위로서의 ‘본원적 현실’을 추구하였다. 이러한 논리를 바탕으로 하여 그는 ‘善의 완전한 실현’과 당대의 바람직한 삶의 길이 理發의 활성화에 있다고 믿었다. 가령 성학을 돈독케 하여 정치의 근본을 세워야 한다는 퇴계의 다음과 같은 주장은 이를 연상하기에 충분하다.

> 신은 바라옵건대 성상께서는 오직 하늘의 밝은 命을 돌보시고 몸을 공경되이 하여 南面의 자리를 지키시고 腹心에게 정성을 미루시고, 눈을 밝히고 귀를 열어 백성에게 中을 세우시고, 위에서 표준을 세우십시오. 터럭만 한 私意도 그 사이에 끼어들어 흔들지 못하게 하십시오.[74]

이처럼 존리적 관점에서 모든 문제를 보았기 때문에 퇴계는 기가 리에 순응해서 리의 명령을 따라야 한다고 생각했고, 또 인간 본성의 도덕 창생력을 적극 인정했다.[75] 여기에서 이른바 ‘理的世界’의 참다운 의미를 현실적으로 구현할 수 있는 “세계 · 존재의 理法 및 인륜의 이법의 성립을 인간 주체에 있어서 가능하게 하는 근거인”[76] 敬이 문제가 되고, 경을 통한 인간의 실존적 주체성의 확립이 강조되는 것이다. 그래서 퇴계는 “경으로서

73) 『退溪全書』, 권13, 「書」, 李達李天機. “氣能順理時, 理自顯, …… 氣若反理時, 理反隱.”

74) 『退溪全書』, 권6, 「疏」, 戊辰六條疏, 第五條. “聖上唯當顧諟天之明命, 恭己南面, 推誠腹心, 明目達聰, 建中于民, 建極于上, 不以分毫私意, 撓壞於其間.”

75) 같은 책, 권25, 「書」. “故必有事而勿忘, 不容毫髮安排, 故須勿正與助長, 然後心與理一, 而道體之在我, 無虧欠無壅遏矣” 참조.

76) 高橋 進, 『李退溪와 敬의 哲學』, 안병주 · 이기동 역, 신구문화사, 1986, 248쪽.

主宰를 세울 수 있다."[77]고 하면서 "군자는 학문을 하여 기질이 편벽된 것을 교정하여 物慾을 막고 덕성을 높여 가장 바르고 지극히 옳은 道에 돌아가는 것이다."[78]라고 말했던 것이다.

이렇게 볼 때 퇴계의 理發에 대한 강조는 義와 利가 상충하고 正과 邪가 심각하게 갈등하여 피를 부르는 士禍期의 극한적 정치상황 속에서, "인심과 인욕이 주인노릇을 하는 氣發의 세계를 바로잡고" 이를 통해 "理發이 빛나는 내면의 왕국을 잘 건설하고자"[79] 하는 그의 愛君憂國의 간절한 충정의 산물이라고 할 수 있다. 퇴계는 특히 이 문제를 理發 그 자체이기도 한 治者[80]의 높은 도덕성에서 찾으려고 하였다. 이 점은 그의 「경연강의」에서 좀 더 소상하게 볼 수 있다.

> 上九는 자리가 이미 亢極하기 때문에 '귀하나 자리가 없고 높아도 백성이 없다'고 했으니 亢龍有悔의 상입니다. 人君이 만약 숭고함으로써 자처하여 어진 이를 소홀히 여기고, 스스로 성스럽다고 여겨 혼자만의 지혜로 세상을 다스리려고 하고, 아래로 내려가려는 뜻이 없다면, 이 상과 마찬가지로 궁한 재앙이 있게 될 것입니다. 반드시 겸허하고 묻기를 좋아하여 같은 덕으로 서로 구제하여야 亢龍의 재앙을 면할 수가 있을 것입니다.[81]

---

77) 『退溪全書』, 「言行錄」, "敬可以立主宰."

78) 같은 책, 권13, 「書」, 答李達李天機. "君子爲學, 矯氣質之偏, 禦物欲而尊德性, 以歸於大中至正之道."

79) 김형효 외 『퇴계의 사상과 그 현대적 의미』, 한국정신문화연구원, 1997, 136쪽.

80) 같은 책, 같은 곳. "比如王者本尊無對" 참조.

81) 李德弘, 「周易質疑」, 『한국경학자료집성』, 易經二, 성균관대학교 대동문화연구원, 1996, 726쪽. "上九位已亢極, 故曰貴而無位, 高而無民, 有亢龍有悔之象, 人君若以崇高自處, 簡賢自聖, 獨智馭世, 無下下之意, 則应此象而有窮之災也, 必須謙虛好問, 同德相濟, 乃免亢龍之災也."

당시는 理發의 이념이 다른 어느 때보다도 더 긴급하게 필요한 시대였다. 또한 理發의 존립을 유례없이 위협하는 국면이 전개되고 있었다. 이로써 퇴계의 존리설은 독특한 전개의 길을 걷게 되었던 것이다. 天理가 날로 소멸하여 氣隨가 理發을 억압하고 소인배가 君子儒를 구축하는 본말이 전도된 시대에 처하여, 이를 바로잡고 극복할 수 있는 유일의 지표가 理發의 활성화를 통한 의리의 확립이라고 퇴계는 생각했다. 그가 金惇叙에게 보낸 답신의 한 대목 "思慮가 이미 발한 때(理發時)에는 의리가 밝게 드러나서 物欲이 물러간다."[82]는 이 모두를 간명하게 집약할 만하다.

유의할 것은 그의 이러한 존리적 사고가 숭고한 도덕적 의미를 담은, 보편적이고 가치 있는 삶에 대한 희구인 동시에, "이 세상과의 잦은 교섭을 될 수 있는 대로 피하면서 道心의 정신들이 순수하게 사는 理性의 王國"[83]을 구현하고자 했던 한 인물의 필연적인 자기 확신이라고 해야 할 것이다. 그러한 까닭에 퇴계는 宣祖에게 다음과 같이 말하지 않을 수 없었던 것이다.

> 더욱 자신을 가지고 힘을 써서, 참(眞)이 많이 쌓이고 노력이 오래되면 자연히 마음과 이치(리)가 서로 함양되어 모르는 가운데 融會貫通하게 됩니다. 그리고 習과 일이 서로 익숙해져서 차츰 모든 행동이 순탄하고 자연스러워짐을 알 것입니다. 처음엔 각각 하나를 전공하였지만, 이제는 하나의 근원에서 만나게 될 것입니다.[84]

---

82) 『退溪全書』, 권28, 「書」, 答金惇叙. "及其思慮已發也, 義理昭著, 物欲退聽."

83) 김형효 외, 앞의 책, 132쪽.

84) 『退溪全書』, 권7, 「箚」, 進聖學十圖箚. "尤當自信而益勵, 至於積眞之多用力之久, 自然心與理相涵, 而不覺其融會貫通, 習與事相熟, 而漸見其坦泰安履, 始者各專其一, 今乃克恊于一."

충분한 분석이 이루어졌다고 할 수는 없으나, 우리는 이러한 일련의 검토를 통해 퇴계는 '체용일원'의 논리로 리발설을 정당화하려고 했으며, 또 그것이 그의 현실 인식 또는 구현과 밀접한 상호관계가 있음을 확인하였다. 그 핵심을 요약한다면 현실의 삶과 실천을 긍정하면서 이 인간세에서 리의 절대성을 추구하고 구현하고자 하는 지향이다.

5. 맺는 말

이상의 논의를 통해 필자는 퇴계의 역학사상을 퇴계의 철학과 관련지어 퇴계 역학사상의 기반, 퇴계 역학사상의 내용과 특성, 퇴계 역학사상의 현실적 구현 등의 문제로 나누어 살펴보았다. 이를 요약하여 정리하면 아래와 같다.

1) 퇴계 역학사상은 주자의 입장 · 해석의 기반을 고려하지 않고서는 온전하게 이해될 수 없다. 주자는 『주역』을 占筮의 책으로 인식하고 그 바탕 위에서 의리역과 상수역을 종합하였다. 그리고 주자는 이론적 배경을 달리하는 河圖洛書와 先後天易을 자신의 역학체계 안에서 통합하고 이의 연구를 통해 易道를 밝히고 천하만물의 소이연 법칙과 당연법칙인 리를 우주 만물의 본원이자 總則으로 보는 理學의 철학체계를 수립하였다.

2) 퇴계는 '體用一源'의 논리를 바탕으로 하도와 낙서를 분석하고, 그것을 통하여 '리발설'의 철학체계를 정립하였다. 퇴계의 이와 같은 역학적 입장은 주자와의 차이를 분명하게 방향지었고, 또 그 차이에 의해 철학적 내용이나 성격을 더욱 뚜렷이 부각하는 틀을 마련하였다. 理優位論的 理氣二元論에 바탕을 두고 리를 '自發 · 自動 · 自到 · 能生 · 先動'하는 活物로 규정하는 철학체계가 바로 그것이다. 그리하여 퇴계는 용보다는 체를 앞

세우는 체용관계를 정립했으며 또 그것을 바탕으로 하여 리를 절대시하고 리의 능동성을 강조하는 尊理철학을 수립하였던 것이다.

3) 퇴계의 현실 인식 또는 구현은 그의 존리철학을 사회 현실에 적용 · 발전시킨 것이다. 다시 말해서 퇴계의 理尊氣賤 사상이라던가 '理發而氣隋之'는 당시의 거듭되는 당쟁과 士禍 속에서 사회적 부조리와 비본래적 상황이 극성을 부리던 혼란된 현실과 정치적 상황에 대한 해석에서 비롯된 것이었다. 이로써 퇴계는 '能發能生'하는 命物者 · 主宰者로서의 리에 합치되고 따르는 현실만을 자신의 참된 현실로 인정하였다. 퇴계에게 있어서 참된 현실이란 인위적 욕망 때문에 조작되거나 굴절됨이 없는 理가 유감없이 발용되는 道心 그 자체로서의 세계였고, 인간 삶의 본원성이자 절대적 표준이 되는 리가 사사로운 인욕을 극복하고 스스로 자기 모습을 온전히 드러내는 도덕적 · 윤리적 가치의 세계였다. 여기에서 리의 참다운 의미를 현실적으로 구현할 수 있는 수양의 문제, 즉 경을 통한 인간의 실존적 주체성의 확립이 문제가 되는 것이다. 이러한 존리적 사고에서 퇴계 역학사상의 특징이 유감없이 드러난다고 하겠다.

이상의 고찰을 통해 본 연구가 원용하고자 했던 퇴계 리발설의 역학적 이해는 종래의 퇴계 철학연구에서 미비하게 다루어졌던 여러 문제 양상들의 재검토에 일단은 유용하였다고 생각되나 충분한 것이라고는 할 수 없다. 퇴계 역학 전반에 대한 연구의 축적이 빈약한 원인으로 말미암아 얼마간은 무리한 추론을 감행하지 않을 수 없었던 것은 이 글의 한계라 할 수 있다. 다만 이 글은 퇴계 역학 연구에 대한 가설적 접근을 마련하고, 그 가능성을 검증하는 통로를 제공한 일 이상의 것으로 자처할 수 없다고 생각된다.

동춘당 송준길 철학사상의 퇴계학적 이해

1. 이끄는 말

이 글은 동춘당 송준길(同春堂 宋浚吉, 1606~1671)의 철학사상을 퇴계학적 관점에서 분석, 검토하는 데에 그 목적이 있다. 통상 기호학파라고 하면 율곡학파의 계보에 연결되는 것으로 취급되는 한국 학계의 상황에서 동춘당 사상을 퇴계학적 관점에서 검토하는 것은 어불성설이라고 할 수 있다. 하지만 이 글의 목적은 지금까지 퇴계학파 · 율곡학파라는 이분법적 도식으로 진행된 조선 성리학사 연구 경향에 일정한 수정을 가하고자 하는 것이다.

즉 지금까지는 조선시대의 성리학사를 논함에서, 퇴계학파와 율곡학파를 흔히 주리파와 주기파로 분류한다. 이는 퇴계가 四端, 七情을 논하면서 "사단은 리가 발하는 것이고 칠정은 기가 발하는 것이다."라고 구분한 데에서 비롯되었다. 이후 이러한 구분은 학계 통설로 굳어져 왔다. 그리하여 주리파와 주기파, 퇴계학파와 율곡학파, 영남학파와 기호학파라는 도식화는 심지어 각각을 관념론과 유물론으로 규정하고, 조선시대 철학사를 정치적 이념투쟁 도구의 역사로 간주하는 데까지 이르렀다. 그뿐만 아니라 이와 같은 도식화는 상층계급과 하층계급, 반동과 보수라는 계급사관으로까지 오도되고 있는 것이 오늘의 실정이다. 유물론과 관념론, 보수와 반동이라는 도식화는 성리학의 근본 취지에 결코 맞지 않을 뿐만 아니라 한국사상사의 본질을 호도하는 이해방식이다. 따라서 조선 성리학에 대하여 퇴계학파, 율곡학파라는 이분법적으로 이해하는 방식은 근원적으로 재검토되어야 마땅하다.[1)]

그런 점에서 동춘당 사상의 연구는 다음 두 가지 점에서 매우 중요한 의의를 가진다. 첫째, 지금까지 동춘당 송준길은 기호학파의 적통을 이어받은 정통 주자학자로서 조선 후기의 대표적인 예학자이고 山林세력을 주도해 간 산림학자로만 인식됐다. 그러나 동춘당에 대한 인식은 아직 개론적인 수준에 머물고 있으며, 그 철학적 구조와 그것이 현실적으로 전개되는 과정에 대한 깊이 있는 탐구는 필자의 단독 저술과 한남대 충청학연구소가 펴낸 호서명현학술총서[2)] 외에는 거의 이루어지지 않고 있으며, 특히 그 철학적 사유구조 속에 내재한 영남유학과의 연계성에 관해서 구체적으로 연구된 바가 매우 소략하다. 따라서 퇴계학적 관점에서 동춘당 철학사상의 내용을 분석, 검토하고 그 특징을 밝혀내고자 하는 본 연구는 17세기 기호유학의 유형과 특징을 구명할 뿐만 아니라, 영남유학과의 매개점을 모색하는 데에 큰 도움을 줄 것이라고 생각한다.

둘째, 17세기의 예학시대에서 동춘당이 차지하는 비중은 매우 크다. 당시의 제반 현실적 모순과 사상적 문제에 대해 그가 보여준 통찰력과 당파를 초월하여 의리를 추구한 학문 태도와 正直剛大한 삶의 자세는 당시의

1) 이 문제에 대하여는 최영진, 「조선조 유학사상의 분류방식과 그 문제점」, 『한국사상사학』, 제8집, 한국사상사학회, 1997 참조.

2) 졸저, 『화해와 포용의 예학자 송준길』, 성균관대학교 출판부, 2009. 한남대충청학연구소편, 『동춘당 송준길 연구』, 경인문화사, 2007.

많은 이들에게 깊은 감동을 주었고 오늘날에도 선비정신의 모범으로 일컫게 한다. 『현종개수실록』의 "동춘당의 장례식에 여기저기서 모인 자들이 거의 1천 인이었다." (현종 13년 12월 5일조)는 기사의 한 대목은 그 단적인 예이다. 그는 '師儒之席'이라 하여 山林에게 있어서 최고의 영예직인 祭酒에 처음으로 임명을 받은 명망 있는 교육자였고, 또한 復讐雪恥를 위해서는 '養兵'보다 '養民' 정책이 우선되어야 함을 주장한 민본주의 정치가였다. 그뿐만 아니라 그는 당쟁의 와중에서는 無偏無黨한 입장에서 자신의 예학적 신념에 따라 소신 있는 禮說을 개진한 예학자였다.

그러므로 동춘당의 철학사상을 기호학파라는 관점에서만 파악하면 이러한 불편부당한 입장에 서 있는 동춘당의 삶 자체에 대한 이해가 불가능하다. 따라서 그의 사상을 퇴계학적인 관점에서 파악하는 일은 조선후기 지성계에 관한 올바른 인식을 위해서나 한국 성리학의 독자적 성격을 규명하기 위해서도 매우 중요하다고 본다. 그러나 지금까지의 동춘당 철학사상 연구는 율곡학적인 관점에서만 이루어져 왔을 뿐, 퇴계학적인 측면에서의 탐구는 시도조차 되지 않고 있다. 본 연구는 한국 철학사상에서 조화와 융화를 강조하는 하나의 흐름이 있음을 명백히 밝혀 한국성리학의 본질과 특징을 해명하는 데 새로운 논리를 제공하고자 하는 것이다.

이러한 과제를 달성하기 위해 필자는 동춘당 철학사상의 학문적 기반, 동춘당 철학사상의 퇴계학적 검토, 동춘당 철학사상의 특성과 현실 대응 등의 문제를 차례대로 논하고자 한다.

2. 동춘당 철학사상의 학문적 기반

동춘당은 우암 송시열(尤菴 宋時烈, 1607~1689)과 同門同學의 인물로서

靜菴→栗谷→沙溪→愼獨齋로 이어진 기호학파의 적통을 이어받은 철저한 주자의 문도였다.[3] 그는 어려서부터 榮川 郡守를 지낸 아버지인 청좌와 송이창(淸坐窩 宋爾昌, 1561~1627)의 엄격한 지도로 주자학을 중심으로 하는 성리학에 입문하여 孔子·朱子·栗谷의 학문을 익혔고, 또한 7세조 쌍청당 송유(雙淸堂 宋愉, 1389~1446)의 도학정신을 배우고 따르도록 가르침을 받았다. 쌍청당은 『어려서부터 武藝를 좋아하였고 서울에 從遊하면서 官階가 있었다. 얼마 후에 뜻이 내키지 않아 마침내 벼슬을 버리고 고향으로 돌아가 아름다운 자질을 가진 채 스스로 절개를 지키며 살다가 생을 마친" [4] 인물이다. 이에 따라 동춘당은 주자와 율곡을 정통으로 받들어 자신의 학문적 목표와 기준으로 삼고 이를 심화시켜 나갔다. 그가 「寫進春官先賢格言屛幅跋」이라는 題跋에서 주자를 가리켜 '道統의 마지막 전승자'[5]라고 단언한 것이나, 현종에게 "우리나라는 본래 程子·朱子의 정맥을 유지하여 왔습니다." [6]라고 한 말에서도 이 점은 확인된다.

이후 동춘당은 자신의 表從叔인 사계 김장생(沙溪 金長生, 1548~1631)의 문하에서 공부하였다.[7] 사계는 율곡의 高弟로서 성리학으로 예학의 바탕을 마련하고 정밀하게 禮를 고증하는 데 힘써 예에 대한 관심을 학문적인 연구 단계로까지 끌어올린 인물이다.[8] 그에 의하면 학문이란 "성현의 말을 토론하여 그 의리의 치밀함을 탐구하고 몸에서 체득하고 사실에서 증험하여 …… 公私·義利를 분별 성찰하여 私心을 극복하고 善을 확립하

---

3) 현상윤, 『조선유학사』, 민중서관, 1949, 173쪽 참조.

4) 세종대왕기념사업회, 『국역 국조인물고』, 11, 2002, 221쪽.

5) 『同春堂文集』(이하의 주에서는 『문집』이라고 약칭함), 권20, 題跋, 「寫進春官先賢格言屛幅跋」, "道統之傳, 始自伏羲, 終於朱子, 朱子之後, 又無的傳."

6) 『국역 현종개수실록』, 현종 6년 6월 10일.

7) 『同春堂續集』, 권6, 「연보」(이하의 주에서는 「연보」로만 표기함), 18세조 참조.

8) 최영성, 『한국유학사상사(III)』, 아세아문화사, 1995, 155쪽 참조.

는 일"[9]이며 그 기본 텍스트가 다름 아닌 『小學』·『家禮』이다. 사계는 주로 사상과 처세의 면에서 동춘당에게 많은 영향을 끼쳤던 것으로 짐작된다. 당색을 초월하여 公道와 禮義를 지키는 정신, 시속과 타협하지 않는 기개와 溫厚和平하고 剛大한 삶의 자세는 그의 전 생애를 지배한 것으로, 이 시기에 그가 스승인 사계로부터 받은 유산이라 할 수 있다. 그중에서도 특히, '예'를 통한 덕성의 함양을 강조하는 사계의 가르침은 동춘당에게 春秋大義 정신과 독자적인 禮說을 확립할 수 있는 기초를 마련해 주었다. 그 결과 그는 스승인 사계에게서 "이 사람이 훗날 반드시 禮家의 宗匠이 될 것이다"[10]라는 말을 듣기에 이르렀다.

동춘당은 스승의 가르침인 이 '예' 한 자를 종신토록 받들어 그것을 힘써 체득하고 정치에 반영시키고 구현하는 일에서 자기 정체성을 확인하였다. 그가 예와 의리를 준거의 틀로 삼아 현실사회를 해석하고 '大義의 성취와 대의의 지킴'을 위해서 신명을 바쳤던 것도 또한 여기에 근거한다. 따라서 우암이 「墓誌」에서 "스스로 尊周의 의리와 復讐의 뜻을 자신의 평생의 임무로 삼았다"[11]라고 쓴 것은 이런 문맥에서 이해되어야 한다. '예'는 동춘당에게 있어서 人道를 구현하는 데 있어서 가장 핵심이 되는 개념이다. 그것은 또한 孔子·朱子·栗谷·沙溪의 사상을 계승한 것으로 동춘당의 삶과 철학사상의 출발점이자 귀착점이기도 하다.

이미 지적했듯이 동춘당의 학문적 기초는 주자·율곡으로 대표되는 주자학의 세계였고, 이는 젊은 시절에 율곡의 학통을 계승한 사계 부자의 문하에서의 주자학 전공을 통하여 더욱 심화 발전되었다. 그뿐만 아니라 이

---

9) 『沙溪全書』, 권43, 「年譜」. "學問之道無佗, 討論聖賢之言, 求其義理之情, 必須體之於身, 驗之於事…… 察其公私, 義理之分, 克私猶恐不猛, 擴善猶恐不廣."

10) 「연보」, 18세조 참조.

11) 『宋子大全』, 권182, 「묘지」. "自以尊周之義, 復讐之志爲己任."

때의 주자를 근간으로 한 孔孟之學에 대한 심도 있는 이해는 그로 하여금 주자의 학문과 인생을 참다운 학문의 정도이자 전범으로 생각하게 하였고, 또한 국난극복의 정신적 지주로 믿게 하였다. 그 이유는 바로 주자가 공맹의 도통을 잇고 그것을 다시 세상에 새롭게 밝힌 성인이며, 따라서 正學을 공부하는 데는 주자를 尊信함보다 앞설 것이 없다고 생각했기 때문이다. 이렇게 볼 때 그가 주자를 존숭하였던 일은 표면상의 명분에만 그치지 않는 실질적인 의미가 있었던 것이다. 그가 우암과 더불어 『近思錄釋疑』를 校正한 일이라든가,[12] 경연에서 효종에게 "주자는 主上에게도 스승이 되는 분"[13]이라고 단언한 것만 보아도 이 점은 분명하다. 그런데 그것은 동춘당 자신이 처해있던 학풍과 역사의 상황 안에서 형성되고 조건 지어진 것임을 부정할 수 없다.

이와 같은 동춘당의 주자에 대한 존숭은 그가 자신의 시대를 북방 여진족인 金나라에 의해 비참하게 유린당하고 稱臣屬國을 서약했던 주자의 시대와 같은 것으로 인식했기 때문이다. 이를 우리는 '哲學的 同時性'이라는 개념으로 표현할 수도 있다.[14] 다시 말하여, 주자가 본 남송의 현실이 동춘당이 본 조선의 현실이었으며 동시에 그것은 우리가 보는 오늘날의 현실이라는 의미이다. 철학자는 다른 시대, 다른 사회에 살고 있으면서도 앞 시대의 철학자들과의 통시적 공동체험을 통해 자신이 당면한 시대문제 내지 현실문제 해결의 답을 찾아내고자 한다. 동춘당이 52세 때 효종의 召對에 응하여 箚子를 올리면서 다음과 같이 말한 것은 그 단적인 예가 된다.

---

12) 「연보」, 43세조 참조.

13) 『同春堂別集』, 권1, 「경연일기」(이하의 주에서는 「경연일기」로만 표기함), 己丑十一月六日. "若程朱於主上亦師也."

14) 백도근, 「주자학의 근간」, 『철학논총』, 제8집, 영남철학회, 1992, 332쪽 참조.

> 신이 주자와 眞德秀의 문집을 보았는데, 임금에게 箚子를 올리는 規法이 있고, 신의 스승 金長生이 또한 일찍이 이러한 사례가 있음을 引用한 바가 있습니다. 이제 臣은 감히 이 일을 본받고자 합니다.[15]

그가 북벌론과 尊周論을 제시하고 또 그것을 국가 대의의 핵심과제로 삼아야 함을 강조한 것도 바로 여기에 기인한다.

이처럼 학문과 삶의 정도를 얻고 구현하는 데 있어서 절대적 표준이 된다는 동춘당의 주자관은, 그가 당면한 17세기의 정치 · 사회 · 사상적 혼돈에 대한 위기의식으로 더욱 절실한 것으로 제창되었다. 동춘당의 판단에 의하면, 당대는 모든 가치질서가 붕괴하여 "아첨하는 무리만 횡행하고 정직하고 성실한 선비는 날로 멀어져서 君道가 날로 오만해지고 政事가 갈수록 비루해지는"[16] 상황이었다. 여기에서 동춘당은 이를 극복할 수 있는 현실적 논리를 찾고자 하였고, 자신이 모색하는 사상의 근원 또는 그 정당화의 근거로서 주자학이라는 기반을 필요로 하였다. 이 경우 주자학이란 현실의 모순이 극대화되는 시기에 처하여 사회기강을 새롭게 확립하는 정신이며, 신념상실의 시대를 헤쳐가면서 自己正位를 확인하려는 행동의 지표가 된다. 闢異端精神을 구현하고 正學을 밝히는 데는 주자를 尊信함보다 앞설 것이 없으며, "주자의 功은 성인보다 못하지 않다"[17]고 믿었기 때문이다. 다시 말해서 그는 "小人이 매양 邪說을 퍼뜨리고"[18], "公利가 다 없어져"[19], "마치 사람이 병도 없이 점점 죽어가는 것과 같은"[20] 현실에서 주

15) 『別集』, 권1, 「經筵日記」, 丁酉十月二十五日. "臣見朱子及眞德秀文集有殿上奏劄之規, 臣師金長生亦嘗用比例, 今臣敢欲效之."

16) 「연보」, 59세조. "諂諛日進, 而直諒日遠, 君道日亢, 而政事日卑." 참조.

17) 「경연일기」, 丁酉 10월 20일. "朱子之功不下於聖人矣."

18) 「연보」, 56세조. "小人每每鼓動邪說."

19) 위의 책, 53세조. "今公私俱竭."

자학 수호와 중흥에 역사적 사명을 부여함으로써 자신의 세계내적 존재의미를 새롭게 확인하였던 것이다. 이와 같은 그의 태도는 "朱夫子가 後學에게 가르친 아름다운 뜻을 내 지금 봉행하리라"[21]고 한 선언으로 간명하게 집약되었다. 이러한 관점은 무엇보다 是非와 正邪를 칼로 자르듯이 구분하는 춘추대의 정신의 순수한 발로로서, 다음에 살펴볼 그의 철학사상 또는 철학사상의 특성과 호응관계를 이룬다.

3. 동춘당 철학사상의 퇴계학적 검토

동춘당 학문의 기초는 朱子 · 栗谷 · 沙溪로 대표되는 주자학의 세계였고, 經世的 實踐에의 관심 또한 宋代의 주자가 가졌던 '仁政'의 理想을 계승하는 것이었다. 그러나 그의 철학사상이 주자 · 율곡학의 단순한 연장선상에만 있지는 않다. 동춘당의 철학사상에서, 두드러지게 눈에 띄는 것은 주자에 대한 존신과 沙溪 · 愼獨齋 父子와 愚伏의 학문적 영향이라고 할 수 있다. 주지하다시피 沙溪 · 愼獨齋는 기호학파의 예학 종장으로서 율곡의 학설을 계승한 인물이고, 愚伏은 영남학파의 예학 대가로서 퇴계의 학설을 계승한 인물이다. 장인인 우복 정경세(愚伏 鄭經世, 1563~1632)가 동춘당에 끼친 영향은 매우 크다.[22] 우복은 퇴계의 嫡傳을 이어받은 서애 류성룡(西厓 柳成龍, 1542~1607)의 제자로서 주자학 전반에 조예가 깊었지만 그중에서도 특히 예학에 정통하여 사계나 한강 정구(寒岡 鄭逑, 1543~1620) 등과 함께 17세기의 대표적인 예학자로 일컬어지는 인물이다. 그는 정주

---

20) 『국역 현종개수실록』, 현종 1년 3월 13일.

21) 「연보」, 50세조. "朱夫子嘉惠後學之意, 今司以行矣."

22) 『文集』, 권17, 祭文, 「祭愚伏鄭經世」 참조.

학의 상징인 '性卽理'의 명제를 긍정하고,[23] 리기론에는 퇴계의 주리론의 관점과 이론을 충실하게 계승한 성리학자이다. 따라서 그는 리기이원의 관점에서 理發을 긍정하고,[24] 리가 氣生의 '所從出'이라고 하면서 理先氣後를 주장한 바 있다.[25]

그런 점에서 동춘당 철학사상 속에는 기호·영남의 양대 학풍을 조화시키려는 노력과 의지가 녹아있다고 볼 수 있다.[26] 퇴계학은 리기심성론에 있어서 주자가 부정한 리의 능동성을 이론적으로 체계화시키고 수양론에 있어서 "敬에 의한 인간의 실존적 주체성의 확립"[27]을 누구보다도 강조하였다. 이런 문제에 유의하면서 동춘당의 철학사상을 살펴보기로 한다.

동춘당은 리기심성론의 철학적 입장에서는 대체로 율곡의 학설을 따라 퇴계의 리기호발설을 부정하였다. 그가 우복의 從弟인 鄭景式에게 '舍陶取栗(퇴계의 설을 버리고 율곡의 설을 취함)'을 해명하는 답신에서 퇴계의 설을 비판하면서 "율곡의 설은 진실로 백세를 기다려도 미혹됨이 없을 것입니다."[28]라고 한 말이나, 대강의 자리에서 효종에게 "李珥가 리를 논한 대목은 고명하고 탁월하여 미치기 어려운 점이 많습니다."[29]라고 한 말은 이 점에서 참고할 만하다. 그래서 그는 우주 만물을 형성하는 시원적 존재로서의 리·기를 동시에 인정하면서 리와 기의 妙合관계를 특히 강조하고 중요시했다. 그가 자신의 빙부인 우복에게 "妙合이란 리기가 본래 混融無

---

23) 『愚伏集』, 권13, 「答宋敬甫問目」. "大抵性字從心從生, 與理字不同, 理墮在氣中者, 方謂之性, 故曰性卽理也." 참조.

24) 같은 책, 권11, 「答曹汝益」. "七情自七情, 四端自四端, 恐不相合也." 참조

25) 『愚伏集別集』, 권2, 「思問錄」. "蓋以理爲氣之所從出." 참조.

26) 유남상, 「여말 선초의 유학과 대덕」, 『대덕군지』, 대덕군지편찬위원회, 1979, 495쪽 참조.

27) 高橋 進, 『이퇴계와 경의 철학』, 안병주·이기동 역, 신구문화사, 1986, 252쪽.

28) 「연보」, 30세조. "栗谷此論, 眞可謂百世以俟而不惑."

29) 『국역 효종실록』, 효종8년 10월 19일.

間함을 말하는 것입니다."[30]라든가, 현종에게 "리기가 서로 합하여 사람이 되는데 이것이 바로 妙合而凝이라고 하는 것입니다."[31]라고 한 말을 상기할 때 이 점은 명백하다. 그에 의하면 리는 기 가운데 떨어지고 기가 능히 用事함에 만물이 化生하는 것이다.[32] 따라서 리·기는 혼융하여 사이에 틈이 없으며, 서로 떨어져 있지 않다. 그러므로 리 없는 기나 기 없는 리는 생각할 수 없다는 것이다. 이러한 논리를 바탕으로 동춘당은 先後도 없고 離合도 없는 불가분적이고 동시적으로만 성립하는 리·기 관계를 다음과 같이 해명하였다.

> 무릇 사람의 마음은 반드시 느낌이 있은 뒤에 發하는 것입니다. 發하는 것은 기요 發하게 하는 소이는 리이기 때문입니다. 따라서 리·기는 선후도 없고 離合도 없는 것입니다. 그러니 리기가 互發한다고 말할 수는 없는 것입니다.[33]

그러나 동춘당은 다른 한편으로 리와 기의 妙合을 인정하면서도 리를 더 강조하는 가치 지향성을 갖는다.[34] 모든 존재가 리와 기로 이루어진다

---

30) 『愚伏集』, 권13, 「答宋敬甫問目」. "妙合云者, 理氣本混融無間也."

31) 「연보」, 63세조. "理氣相合而爲人, 爲所謂妙合而凝矣."

32) 「경연일기」. 乙丑 11월 20일, "理墮氣中, 氣能用事而化生萬物."

33) 「경연일기」, 戊戌 12월 17일. "大抵人心必有感而後發, 發之者氣也, 所以發者理也, 無先後無離合, 不可道互發也."

34) 그것은 동춘당의 철학적인 입장이 윤리적인 데에 있기 때문일 것이다. 동춘당의 문집을 검토해 보면 그의 주된 관심사는 어떻게 하면 인간의 순정한 道心(=理)을 存養하며, 어떻게 하면 짐승과 구별되는 인간의 존엄성을 유지하는가 하는 문제에 있었다. 따라서 그에게 있어서는 무엇을 아느냐 하는 문제보다는 어떻게 사느냐 하는 문제가 더욱 절박하고 중요한 것이었다. 이와 같은 생각이 퇴계로부터 받은 바 영향임은 재언을 요하지 않는다. 왜냐하면 尤庵의 말대로 동춘당은 동방의 선현 중에서 퇴계를 가장 尊慕하였기 때문이다. 우리는 그의 철학도 이러한 각도에서 접근하고 재음미해야 할 것이다. 『별집』, 권9, 부록 「宋時烈遺事」 참조.

는 점에 있어서는 하나이지만 각기 고유한 특성이 있어서 양자는 가치론적으로 서로 구별이 된다. 이러한 생각에서 그는 '無所不在'[35]의 리가 바로 道이며, 形而上의 이치로서의 道는 形而下의 기와는 본질적으로 다르다고 하였다.

> 易大傳에 말하기를, 形而上者를 일컬어 道라 하고 形而下者를 일컬어 기라 했으니, 器는 바로 기요 道는 바로 리입니다. 道와 器를 나누는 것이 진실로 이와 같아서 子思도 道라는 글자 하나를 가지고 일관되게 費隱 二字를 설명한 것입니다. 道는 본래 形而上의 이치이므로 형이하의 기와는 섞일 수 없는 것입니다.[36]

이처럼 리를 道로, 기를 器로 해석하고, 道는 진실로 형이상의 리이므로 형이하의 기와는 섞일 수 없는 것이라는 입장은 그가 가치론적 의미에서의 理先을 긍정하고 이를 토대로 근원존재로서의 리가 형이하적 존재로서의 기 활동의 바탕이며 기준임을 분명하게 보여주고 있음을 시사한다. 이 점에서 동춘당의 리기설은 기보다 리를 더 중시하고 우위에 두는 퇴계의 理貴氣賤說의 영향을 많이 받은 것으로 생각한다.

예컨대 동춘당이 경연에서 효종에게 "形이란 기이고 性이란 리이니, 이른바 有物有則이 바로 이것입니다. 리를 비유하면 사람과 같고, 기를 비유한다면 말(馬)과 같습니다."[37]라고 한 말이나, "講學이라고 하는 것은 이른바 리를 밝히는 것으로 앞에서 인도하는 것이고, 定計는 이른바 기를 기르

---

35) 『文集』, 권10, 書, 「上愚伏鄭先生」.

36) 「경연일기」, 乙丑 11월 20일. "易大全曰, 形而上者, 謂之道, 形而下者, 謂之器, 器卽氣也, 道卽理也, 道器之分, 固如是, 子思旣以一道字串費隱說, 則道固形而上之理也, 非雜以形而何之氣也."

37) 위의 책, 乙亥 11월 24일. "形者, 氣也, 性者, 理也, 所謂有物有則是也, 理譬則人也, 氣譬則馬也."

는 것으로서 뒤에서 감독하는 것이다."[38]라고 한 말을 상기할 때 그러하다. 그렇다고 동춘당의 리기론이 율곡의 입장을 완전히 벗어나고 있는 것은 아니다. 그가 리·기 관계를 不相雜보다는 不相離의 측면에서[39] 파악한 것은 리기의 妙合의 원칙을 견지하는 율곡의 관점에 부합하고 있기 때문이다. 그가 리·기 관계를 가리켜 "묘하게 합하고 엉기는 것(妙合而凝)"[40]이니 "이와 기는 원래 분리될 수 없는 것(理與氣元不相離)"[41]이라 말하고, 기를 작위하는 것, 리를 작위하는 원인[42]으로 규정한 것에서 이 점은 단적으로 드러난다. 그래서 그는 理發·氣發 互發說을 주장하는 퇴계의 입장에 반대하고 율곡의 氣發理乘一途說을 지지했던 것이다.[43]

그러나 동춘당은 율곡의 설을 절대화하여 추종하였던 것 같지는 않다. 그가 율곡의 리기설을 계승하여 그것을 자신의 논리로 부연하여 철학의 근본문제로 삼고는 있지만, 위에서 살펴본 바처럼 가치론적 측면에서의 리의 일차성, 우위성을 어느 정도 인정함으로써 리를 대단히 중시하는 입장을 취했기 때문이다. 이와 같은 사실은 그의 학문적 태도와 무관하다 할 수 없으니, 그의 평생에 걸친 퇴계에 대한 존숭과 사모 또한 이 문제에 관련된다. "동춘당은 本朝의 선현인 文純公 李滉을 종신토록 스승으로 생각

---

38) 『文集』, 권16, 雜著, 「寫進 春官先賢格言屛幅跋」. "講學, 所以明理而道之於前, 定計所以養氣而督之於後."

39) 이 문제에 관한 蔡茂松 교수의 다음 말은 시사하는 바가 매우 크다. 채무송, 『退溪·栗谷哲學의 비교연구』, 성균관대학교 출판부, 1995, 16쪽. "이제 退栗 二家의 사상을 비교해 보면, 그 철학체계의 골자는 모두 朱子의 「理氣不相離不相雜」의 설을 계승했으나, 퇴계는 不雜의 면에 강점을 두었고, 율곡은 不離의 면에 강점을 두었다."

40) 『同春堂 別集(이하의 주에서는 『별집』이라 약칭함)』, 권3, 書. 「上愚伏鄭先生」.

41) 「경연일기」, 己亥 11월 24일.

42) 「경연일기」, 戊戌 12월 17일. "發之者, 氣也, 所以發者, 理也, 無先後無離合, 不可道互發也." 참조.

43) 『文集』, 권12, 書, 「答鄭景式景華」. "所謂氣發而理乘之者, 非特七情爲然, 四端亦然云云, 先師常以栗谷之說爲從" 참조.

하였다.”[44]고 한 『현종개수실록』의 동춘당 卒去記事와 동춘당이 진퇴문제에 있어서 매양 거론하고 모범으로 삼은 인물이 퇴계였다는 사실에서[45] 이를 확인할 수 있다. 다음의 예는 이를 좀 더 분명하게 설명하여 준다.

> 선생이 사계의 문하에서 수업하시고 더욱 퇴계의 학문을 좋아하시었다. 남의 병풍을 써 주실 때에 항상 퇴계의 箴과 銘을 많이 쓰시었다. 일찍이 꿈에 퇴계를 뵈옵고 시를 지었는데, “평생에 퇴계 선생을 우러러 흠모하였더니/ 세상을 마치도록 정신이 오히려 감통하였네. /오늘 밤 조용히 가르쳐 주신 말씀을 이어받고/ 깨고 나니 산의 달빛만 창살에 가득 비치었네”라고 하였다.[46]

속단하기는 곤란하나 이러한 관점은 리 · 기를 가지고 ‘인간은 무엇인가’라는 성리학의 중심과제를 해명하려는 분야인 심성론[47]에도 그대로 적용되어 나타났다. 그가 經筵에서 “天理는 物의 체로써 무소부재한 존재”[48]라든가, “사계절의 功이 다르다고는 하나 봄의 리가 그 사이에 언제든 행해지고 있는데 이는 人性의 仁이 義 · 禮 · 智를 겸하고 있는 것과 같습니다.”[49]라고 말한 것은 이에 기인한 것이다.

그리하여 동춘당은 聖學은 곧 ‘心學’이라고 전제하고, ‘심학’은 본원을 밝히는 일이라고 하여 자신의 심성론을 전개하였다. 그가 효종에게 “심학 공부로 말하면 『심경』만한 것이 없다.”[50]고 한 진언이 여기에 참고가 된

---

44) 『국역 현종개수실록』, 현종 13년 12월 5일.
45) 『국역 효종실록』, 효종 9년 12월 19일.
46) 남궁원, 『동춘선생 언행록』, 송창준 역, 향지문화사, 1999, 7쪽.
47) 蒙培元, 『성리학의 개념들』, 홍원식 외, 예문서원, 2008, 343쪽 참조.
48) 「경연일기」, 戊申 11월 16일. “天理爲物體而無所遺.”
49) 『국역 효종실록』, 효종 9년 12월 19일.
50) 「경연일기」, 丁酉 10월 13일. “然切實工夫, 則莫如心經” 참조.

다. 그에 따르면 心의 미발은 性이고 已發은 情이며 心이 발한 다음에 그것에 관해 經營하고 商量하는 것은 意이다. 이 점에서 그는 주자나 율곡과 다르지 않다. 그는 心을 合理氣의 구조를 가진, 虛靈知覺하고 衆理를 갖추어 萬事에 대응하는 존재로 파악하고,[51] 心・性・情을 총괄하여 일체적인 것으로 해석했고,[52] 그것을 통하여 道心의 내용구조를 밝히려고 했다. 그리고 그는 '心統理氣說'로써 이를 명료하게 정식화했다. 동춘당에 의하면 心統理氣說이란 心을 리와 기의 통일적 존재로 파악하면서도 리와 기를 엄격히 나누어 보고자 한 것이 그 요지이다.[53] 이 경우 리・기는 도심과 인심이라고 하는 체와 용의 경계를 이루면서 虛靈知覺한 心 속에 포괄된다. 그 핵심 내용을 우리는 다음의 예에서 볼 수 있다.

> 心은 虛靈知覺한 것으로서 리와 기를 합하여 이름 한 것입니다. 血氣에서 나온 것을 일컬어 人心이라 하고 義理에서 나온 것을 일컬어 道心이라 합니다.[54]

> 인심과 도심은 公私와 義利의 구분보다 판이하게 구분되니 이 두 가지 사이는 터럭 하나라도 용납할 틈이 없는 것입니다. 반드시 지극히 정밀하게 살펴 흑백과 같이 구별해야 합니다.[55]

---

51) 「경연일기」, 戊申 11월 21일. "虛靈知覺, 皆心體, 其曰具衆理而應萬事" 참조.

52) 같은 책, 戊申 12월 16일. "曰程子言心是兼已發未發, 橫渠言心統性情, 朱子言心者性情之主, 心爲已發則心但統情而非統性也" 참조.

53) 「경연일기」, 丁酉 10월 19일. "心者, 虛靈知覺, 合理氣而名者也" 참조.

54) 같은 책, 같은 곳. "心者, 虛靈知覺, 合理氣而名者也, 出於血氣之謂人心, 發於義理之謂道心."

55) 「경연일기」, 丁酉 10월 14일, "人心道心, 判於公私義利之分, 二者之間, 不容毫髮, 必須察之極其精, 如白黑之辨別也."

그는 이를 바탕으로 마음의 본원인 도심을 지키고 다스리는 '工夫'를 강조하였다. 그러면 그가 말하는 '도심을 지키고 다스리는 공부는 무엇인가? 그것은 '敬'이라는 한마디로 압축할 수 있다.[56)]

'경'은 인간이 지녀야 할 최상위의 가치, 즉 인격형성의 근원이 되는 덕목이다. 동춘당은 자신이 마음속 깊이 사숙하였던 퇴계의 경사상을 충실하게 계승하고 그 바탕 위에서 독자적인 경사상을 구축한 인물이다. 기호학파의 대표적인 예학자인 동춘당의 경사상을 퇴계의 경사상과 연계시켜 논하는 일이 어쩌면 무리라고 생각할 수 있으나, 동춘당의 문집을 정독해 보면 퇴계에 대한 존숭과 퇴계를 배우고자 하는 마음은 남다른 것이었음을 알 수 있다. 따라서 동춘당의 경사상은 "경의 철학을 확립함으로써 신유학을 더욱 개성적인 실천철학으로서 체계적으로 집대성한 사상가"[57)]라는 평가를 받고 있는 퇴계의 입장을 견지하였다. 그런 점에서 동춘당의 경사상은 퇴계의 경사상에 뿌리를 두고 있으며, 긴밀한 내적 연관성을 가지고 있다고 추론할 수 있다. 동춘당이 夕講의 자리에서 효종에게 "근본이 청명하지 않으면 일을 접할 적에 어찌 이치에 합당할 수 있겠습니까. 그러므로 선유들은 항상 경이라는 한 글자로 주를 삼았습니다."[58)]라고 한 말에서도 이 점을 확인할 수 있다.

이렇게 일상생활에서 경을 지니도록 애쓰는 목적은 내 마음에 내재한 진리를 보존하고 나를 비롯한 뭍 생명들의 생명성을 위배하는 사리사욕을 제거하여 천리의 공정함과 일체가 되려는 '存天理 去人慾'의 경지에 도달하려 하기 때문이다. 경은 이러한 삶을 위하여, 마음이 발동하기 전(已發之

---

56) 『경연일기』, 丁酉 10월 14일. "持心之法惟敬是巳" 와 『文集』, 권24, 諡狀, 「沙溪先生諡狀」. "治心之要, 莫先於敬" 참조.

57) 高橋進, 앞의 책, 24쪽.

58) 『국역 효종실록』, 효종 8년 10월 14일.

前)에 存養하여 심중의 性을 지키고 이미 발동한 이후(已發之後)에 성찰하여 그 마음의 中和 상태를 얻을 수 있는 모든 治心法의 근본적인 방도이다. 마음을 하나로 집중함(主一)은 몸가짐을 整齊하게 하는 방법이며, 반대로 몸가짐을 整齊하게 하는 것은 마음을 主一하게 하는 방법이다. 퇴계는 몸가짐의 整齊는 靜坐가, 마음가짐의 整齊는 省察이 중요하다고 하면서, 마음가짐과 행동의 內外 表裏를 일치시켜 진실한 삶을 살고자 했다.

그러면 경을 어떻게 해야 하는가? 퇴계는 경의 방법 가운데에서 '整齊嚴肅'을 초학자의 입문처로 권장했다. 먼저 몸과 마음을 정돈하여 가지런히 하고 엄정하게 하여 조용하게 하는 '整齊嚴肅'을 오래도록 하면 정신이 집중(主一無適)되고, 정신이 집중되면 자연히 정신이 항상 맑게 깨어 있고(常惺惺), 잡념이 없어지게 되어(心收斂無容一物), 視聽 言動 容貌 辭氣 등이 가지런하고 엄숙하게 된다.

이처럼 경이란 외부로 치닫는 마음을 수습하여 거두어들이고 항상 맑게 깨어 있도록 하고, 외부의 사물을 대함에 마음을 그것에 오로지 집중하여 대응하는 것이라고 할 수 있다. 그렇게 지속해서 노력하면 자기 마음의 어진 본성이 다시 밝아져서 사물을 대함에 어질고 바르게 대할 수 있게 된다는 것이다. 이러한 점에서 경은 예학사상의 매우 중요한 전제조건이 되기도 한다. 경은 사람과 사람의 관계를 성스럽고 경건하게 만들어 주고, 사람으로 하여금 땅적인 삶에서 하늘적인 삶으로 올라서게 해주는 그 자체이기 때문이다.[59)]

퇴계가 경에 의한 인간의 실존적 주체성의 확립을 강조하고, 또 경을 지와 행을 통일하는 원리로 파악하였던 것처럼 동춘당도 역시 "始終을 꿰뚫고 上下로 통하며 動靜을 갖추고 內外를 합하는"[60)] 원리로 敬을 풀이하였다.

59) 졸고, 「同春堂 哲學에 있어서 禮의 問題」, 『동양철학연구』 제18집, 1998, 23쪽.

대개 敬은 내외를 합하고, 동정을 겸하고 시종을 일관하고 상하에 통달하는 것이므로 단지 이 한 글자로써 학문에서 잃을 것을 보충할 수 있다고 한 것입니다. 성현의 학문은 그 처음에 경이 아니면 처음이 될 수 없고, 그 마침도 경이 아니면 마칠 수 없는 것입니다. 글자는 매우 간략하나 뜻은 매우 정묘하고, 공부는 매우 간단하나 효과는 매우 넓습니다.[61]

동춘당은 聖學의 가장 근본이 되는 것이 경이고 성학의 처음과 마지막을 성립시켜 주는 근본 과제라고 인식했다. 따라서 경은 인간의 자기 형성, 즉 인격적 · 도덕적 주체의 확립에서 그 중심자리를 차지하는 덕목이었다. 그것은 도덕성의 내적 기준이며 참다운 삶의 길을 구하는 직접적 · 역동적 목표로서, 사람이 마땅히 성취해야 할 절대적 윤리 도덕규범의 근거이자 공동선의 실현을 목표로 삼는 정치적 이상이기도 했다. 동춘당이 "경은 한 나라의 存亡을 결정짓는 근본 요인이다."[62]라고 말하고, 또한 "성학이 경으로써 근본으로 삼으니, 戒愼恐懼는 곧 持敬하는 방법이다."[63]라고 말한 것은 이런 문맥에서 이해되어야 한다.

이 점에서 그가 말한 '경'이란 개인적 심성 수양만을 뜻하지는 않는다. 그것은 개인적 덕성함양을 통한 治國 · 平天下라고 하는 넓은 의미의 사회적 정의를 실천하기 위한 '制度로서의 儀'까지도 포함한다. 물론 그 강조의 초점은 사회관계에 앞서 개인적 윤리세계에서의 덕성의 함양, 즉 타인과의 관계 속에서 차지하는 자신의 時位와 정체성을 확인하는 일에 있다.

---

60) 『국역 현종개수실록』, 현종 9년 10월 26일.

61) 「경연일기」, 丁酉 10월 13일. "蓋敬者, 合內外兼動靜貫始終通上下, 故只此一字可補其失學也, 聖賢之學, 其始非敬, 則無以成, 始其終非敬, 則無以成終, 文字甚約, 其義甚精, 工夫甚簡, 而效甚博也."

62) 「경연일기」, 辛丑 4월 7일. " 觀其怠敬, 國以存亡者, 乃古之言也."

63) 「경연일기」, 丁酉 8월 19일. "從古聖學未有不以敬爲本, 戒愼恐懼即所以持敬之方也."

그가 孝宗에게 自治와 함께 孝와 敬을 더욱 돈독히 하여 달라고 요청한 일이라든가[64], 경을 "오직 敬畏하는 것"[65]이라고 풀이한 참뜻이 여기에서 드러난다. 이 경우 경은 다만 인욕의 사사로움을 극복하여 天理의 공정함과 일체가 된다는 의미이며, 마음을 스스로 지키고 다스리어 자기 마음의 주인이 된다는 뜻이다. 주자가 "경은 사람을 붙들어 주고 경계하여 채찍질해 주는 도리"[66]라고 하면서 "유학에는 특별한 요점이 없다. 철두철미 오로지 경이라는 글자가 있을 뿐이다."[67]라고 말한 것도 이러한 인식의 소산일 것이다. 한마디로 경은 곧고 바름을 지향한다는 의미로서, 마땅히 실현하지 않으면 안 되는 당위원리이자 삶의 궁극목적 그 자체라고 할 수 있다.

> 敬하면 곧 마음이 하나로 됩니다. 마음이 하나가 된 즉 誠하게 됩니다. 誠이라는 말은 實일 뿐입니다. 진실한 마음을 가지고 진실한 일을 행하여서 한 터럭의 私意라도 그 사이에 섞여들 여지가 없으면 그것이 곧 하나로 오로지 함(主一)이며 다른 데에 감이 없음(無適)입니다.[68]

경에는 두 가지 의미가 있는데, 하나는 개인적 윤리 세계에서의 덕성함양의 요체이고, 다른 하나는 사람들 사이의 사회관계 속에서 나타나는 正義의 근거가 되는 경이다. 동춘당이 侍講의 자리에서 경의 문제를 '尊德性·道問學'과 연계시켜 말한 것도 이와 무관하지 않다.[69] 그러면 경의 참

---

64) 『文集』 권3, 「疏箚」, 〈榻前面奏官禁事箚〉 참조.

65) 「경연일기」, 戊戌 정월 15일. "此所謂敬者, 惟外爲近之者最爲明白" 참조.

66) 『心經附註』, 권3. "敬是箇扶策人底道理."

67) 『朱子大全』, 권41, 「書問答」, 〈答程允夫〉. "是知聖門之學, 別無要妙, 徹頭徹尾, 只是箇敬字而已."

68) 「경연일기」, 丁酉 10월 25일. "敬則心便一, 一卽誠, 誠之言實而已矣, 以實心行實事, 無一毫私意, 參錯於其間, 便是主一, 便是無適."

된 의미는 무엇인가? 그것은 '사회적 존재로서의 인간 존재방식이자 天命에 뿌리를 둔 도덕 주체의 당위 의식'이라고 정의할 수 있을 것이다. 동춘당은 '한마음의 주인인 경'[70]을 핵으로 하는 인간의 실존적 주체성의 확립과 인간 사회의 질서화에 기여하는 참된 도덕적 의미를 추구하고자 하였다. 동춘당이 경이란 내면세계를 스스로 곧게 하는 일이라고 하면서[71] 天德에 도달하는 방법을 묻는 효종에게 "안으로 경할 수 없으면 밖으로 의를 행할 수 없습니다. 경과 의가 서로 바탕이 되고 안과 밖이 서로 닦여지게 되면 천덕에 이르는 것도 스스로 이루어지게 됩니다."[72]라고 말한 것도 이 때문이다. 그 결과 그는 경을 가지고 禮와 義理를 해석했고 또 그것이 유감없이 발용되는 사회구현을 일생의 과제로 삼았던 것이다. 그가 進善을 사직하면서 효종에게 올린 상소의 한 대목은 이 모두를 뒷받침한다.

> 전하께서도 스스로 교화의 근원을 맑게 하고 상하를 감동하게 하기를 꾀하시어 깊은 물에 임한 듯이 엷은 얼음을 밟은 듯이 더욱 엄숙하고 敬畏하는 정성을 독실히 하시어, 행하기를 진실로써 하고 형식으로써 하지 마시며 지키기를 장구히 하고 잠시만 하지 마시고, 반드시 인심을 복종시키고 국운을 연장해 祖宗을 빛내고 후손을 편안하게 할 것을 목표로 삼으소서. 그리하여 堯舜의 세상이 다시 밝아진다면 하늘과 귀신도 노여움을 거둘 것이고 백성도 기뻐하지 않는 자가 없을 것입니다.[73]

---

69) 「경연일기」, 乙巳 6월 10일 참조.
70) 「경연일기」, 丁酉 10월 19일. "蓋主一身者心, 而主一心者敬也" 참조.
71) 위의 책, 丁酉 10월 13일. "蓋能敬則內自直" 참조.
72) 위의 책, 丁酉 11월 12일. "內不能敬, 而外能義者未之有也, 蓋義與敬相資, 內與外交修, 則自能上達天德也."
73) 『국역 동춘당집』, 권1, 35쪽.

여기서 동춘당이 문제 삼은 바는 개인적 덕성의 함양이 곧 治國·平天下의 근본이며, 存心養性의 결과는 궁극적으로 세상을 바로잡는 데까지 미친다는 논리이다. 이는 敬을 一心의 主宰요 만사의 근원으로 보아 사회적 실천에 앞서 개인의 내면적 성찰과 완성을 강조하는 당연한 표현이라 하겠다. 그리하여 그는 객관적 타당성이나 도덕적 합당성보다 개인의 내면적 도덕성에 바탕을 둔 공동체 내에서 구성원 상호 간의 화합과 인륜적 질서의 확립을 더 중시하였다. 동춘당에 의하면 경은 성학의 근본이며, 후천적 기품과 外物의 유혹으로부터 인간다움을 유지케 하고, 인간이 도덕주체가 되어 타인과 조화롭게 어울려 살 수 있도록 하는 유일무이한 길이다. 그가 敬을 가리켜 "스스로 안을 곧게 함",[74] "스스로 길을 만들어 감",[75] "(스스로) 열어서 밝힘",[76] "戒懼恐懼하는 일"[77] 등으로 풀이한 것은 이 점을 단적으로 드러내기에 충분할 것이다.

이렇게 이해할 때 경은 인간이 자신의 실존적 자각에 기초한 주체성을 확립하는 내적 원리이자, 하늘로부터 받은 본연의 性을 회복하여 남김없이 실현하는 內聖外王의 도덕원리가 된다. 따라서 경은 사람이 천리와 하나가 되게 하는 근원적 힘이면서[78], 이론과 실천, 안과 밖, 有爲와 無爲의 통일을 가능하게 하여 주는 어떤 원리로서 인위적 조작이나 통제를 떠난 본원적 자발성 또는 본질의 세계에 대한 궁극적 관심 또는 '실천적 행위 속에 통합된 全一性' 등으로 이해할 수 있다.

---

74) 「경연일기」, 丁酉 10월 13일. "敬則內自直" 참조.

75) 위의 책. "主敬則自能造道也."

76) 위의 책. "主敬則能開明也."

77) 위의 책, 丁酉 8월 19일. "戒愼恐懼卽所以持敬之方也" 참조.

78) 위의 책, 己巳 6월 8일. " 上帝臨女敬也" 참조.

이 마음을 안으로 수렴하면 그 가운데 저절로 天地와 하나가 될 수 있고, 밖으로 발산하면 만사에 응하여 끝이 없는 것입니다. 方寸(마음)에 수렴하는 것은 체이고 만사에 발산하는 것은 용입니다. 반드시 본말이 구비되고, 겉과 속이 한결같이 된 연후에 온갖 변화하는 상황에 대응하더라도 어긋나는 일이 없을 것입니다. …… 마음을 지키는 법은 오직 敬뿐입니다. 그러니 신령스런 거북같이 보배롭고 벽옥처럼 받들어야 할 것은 경이니, 경으로써 마음을 기르면 잡는 것은 간단하나 베푸는 것은 넓으니 敬의 공이 크다고 할 것입니다.[79)]

동춘당은 경의 의미를 개인의 심성수양과 사회적 윤리의 근본 바탕이 되는 것으로 생각하였고, 특히 정치·사회 문제에서 그러하였다. 그런 뜻에서 그가 경의 체용관계에서 경과의 用的 의미구조를 갖는 예를 중시하고, 그것을 통해 현실 세계를 인식하고 바르게 대응하고자 한 것은 매우 자연스러운 일이다.

敬은 안을 主一하게 하고 義는 밖을 바르게 하는 것이니, 경과 의는 서로 도우며 天德에 도달하게 하는 것입니다. 안을 경하게 하지 못하면서 밖을 의롭게 하는 자는 아직 없었습니다. 대개 의와 경이 서로 바탕이 되니 내외를 서로 수양하게 되면 저절로 天德에 이르게 될 것입니다.[80)]

여기에서 비로소 경으로 내외를 일관했고, 그것의 성취를 일생의 과제

79) 위의 책, 丁酉 10월 14일. "此心斂之於內則其中自有一天地, 發之於外, 則應萬事而無窮, 斂之方寸體也, 發之萬事用也, 必須本末俱備表裏如一, 然後酬酌萬變可無謬戾之事矣. …… 持心之法, 惟敬是已, 若寶靈龜, 若奉拱璧, 卽敬也, 敬以養心, 則所操者約, 而所施者博, 敬之功可謂大也."

80) 위의 책, 丁酉 11월 13일. "敬主於內, 義方於外, 敬與義相爲夾持, 以達于天德, 內不能敬, 而外能義者未之有也, 蓋義與敬相資, 內與外交修, 則自能上達天德也."

로 삼았던 동춘당 경사상의 참뜻이 분명하게 드러난다. 그가 기보다 리의 가치성을 중시하는 사고에 따라 경과 의를 강조하고, 天理와 人欲을 엄격하게 나누면서 인욕보다 천리를 애써 높이려 했던 것도 이에 기인한 것이다. 바로 여기에서 퇴계를 자신의 삶의 교과서로 삼아 기호유학과 영남유학의 양대 학풍을 조화 통일시켜 집대성하려고 했던 동춘당 철학사상의 특징이 유감없이 드러난다. 그것은 그의 현실 대응과 도덕 이상을 통하여 극명하게 표출되고 전개되었다.

4. 동춘당 철학사상의 특성과 현실 대응

앞에서 살펴본 바와 같이 동춘당 철학사상의 특성은 가치론적 측면에서 기보다 리를 중시하는 사고에 따라 '경'을 강조하고 '경'을 통한 의를 인간세에 구현하려고 노력한 데에서 찾을 수 있다. 그리고 그것이 퇴계의 철학사상에 근거를 두고 있으며, 또 긴밀한 내적 연관성을 가지고 있음도 아울러 확인하였다. 이는 동춘당의 철학사상이 주자학을 가장 정통적으로 수용 · 이해했고 다시 이를 발전시킨 퇴계의 철학사상을 떠나서는 올바로 해명될 수 없음을 시사하는 것이기도 하다.

동춘당에 의하면 경은 인간이 마지막까지 지니고 있어야 할 최상위의 가치로서 '자신을 닦고서 남을 다스리는 학'의 중추를 이룬다.[81] 그것은 "하루를 경하게 하면 하루의 효과가 있고, 한 달을 경하게 하면 한 달의 효과가 있기 때문이다."[82] 경은 인간이 자신의 實存的 自覺에 기초한 주체성

81) 高橋進, 앞의 책, 242쪽 참조.

82) 『국역 현종개수실록』, 현종 12년 11월 19일.

을 확립하는 內的原理이자, 인간이 하늘로부터 받은 '착한 본성'을 자각하고 구현하는 실천원리이기 때문이다. 그런 의미에서 우리는 동춘당의 철학을 '主敬의 철학'이라 명명할 수도 있을 것이다. 그리고 그것은 동춘당의 現實認識과 그 대응에도 반영되었으니, 그의 華夷의식에 입각한 北伐大義精神 또한 이 문제에 관련된다. 그가 '大敬義立'을 강조하고, 그것을 '闢異端存儒術'[83]과 崇明伐淸과 같은 대의정신의 기초나 근거로 삼은 사실이 그것이다.[84] 그런 점에서 동춘당의 철학사상은 40여 년 간격으로 일어난 壬辰倭亂(1592)과 丙子胡亂(1636)으로 인한 전쟁의 후유증의 극복과정 속에서 국가의 운명이 바람 앞에 놓인 등불처럼 매우 위태롭고 급한 상황에 대한 나름의 정직한 진단의 결과라고 할 수 있다.

이러한 각도에서 동춘당의 철학사상을 검토할 때 가장 두드러지게 눈에 띄는 것은 主敬의 궁극적 목적인 '存天理'에 대한 강조이다. 英祖 때의 문인 趙正萬(1656～1739)이 朝講의 자리에서 英祖에게 나라를 다스리는 데 있어서 무엇보다 중요한 것이 私慾의 防止라고 하면서 "臣이 일찍이 宋浚吉에게 受學하였는데, 송준길이 '遏慾存理'라는 네 글자를 써서 신에게 주었습니다."[85]라고 한 말은 이러한 입장을 무엇보다 극명하게 보여주는 예일 것이다. 바로 여기에서 우리는 동춘당 현실 인식의 특이한 양상, 즉 일상적 현실이 至善의 세계가 아니라고 하는 믿음과 만나게 된다.

그러면 그의 의를 전제로 한 主敬的思惟構造 속에서 현실의 바람직한 모습이란 무엇인가? 그것은 "君臣上下가 스스로 닦고 스스로 힘써서"[86] "위

---

83) 「연보」, 54세조 참조.

84) 정옥자 교수의 다음의 말은 시사하는 바가 매우 크다. "북벌론과 존주론은 사실상 동전의 앞뒤라 할 수 있었다. 북벌론은 시간이 경과함에 따라 內修外攘論으로 전환하고 있었으며, 17세기 후반부터 조선사회가 自强의 방안을 강구하는 방법이었다." 정옥자, 『조선후기 역사의 이해』, 일지사, 1993, 125쪽.

85) 『국역 영조실록』, 영조 10년 4월 20일.

로는 天心에 합하고 아래로는 民心에 순응하여"[87] "德業이 날로 일어나고 敎化가 날로 융성하는"[88] 세계로 집약된다. "天心이 기뻐하지 않아 災異가 거듭되고, 國事가 날로 잘못되어 밖으로는 (오랑캐의) 업신여김을 당하고 안으로는 우환이 끊이지 않아"[89] 비유하자면 큰 병이 든 사람이 원기가 점차 다해 백 가지 증세가 한꺼번에 일어나 가슴 속의 숨결 하나만이 간신히 남아 있는 것과 같은 상황[90]에서 그는 오로지 보편적 가치의 준칙이자 행위규범인 대의에 합치되고, 근본을 따르는 현실만을 자신의 참된 현실로 인정했던 것이다. 이를 좀 더 구체적으로 표현하면 天下의 大本을 세우고 天下의 達道를 행하여 道心을 회복하여 "사람이나 귀신으로 하여금 각자의 위치에서 편안하게 있도록 하는"[91] 세계라고 할 수 있다.

따라서 동춘당이 지향하는 참된 현실이란 욕망 때문에 왜곡되지 않는 보편적이고 윤리적 원칙이 엄격히 적용되는 禮義實現의 세계였으며, 그것은 또한 평화와 문화가치를 존중하는 사회이기도 했다. 즉 인간 삶의 본원성이자 절대적 이념으로서의 예의를 전제로 하는 '경'이 사사로운 인욕을 극복하고 스스로 자기의 모습을 드러내는 인간존재의 가치론적 존엄성이 확보되는 세계였다. 예컨대 上疏文에서 그가 "백성의 숨은 고통을 살펴 도와주시고 인욕을 다스리어 善道를 좇아갈 것 같으면 곧 나쁜 풍습이 사라지게 될 것이고 멀고 가까이에서 바른 풍습이 나타날 것입니다."[92]라고 말

---

86) 「연보」, 63세조, "君臣上下汲汲遑遑自修自强."

87) 「경연일기」, 丁酉 10월 19일. "上合天心下順民情."

88) 『국역 효종실록』, 효종 즉위년 11월 16일.

89) 『文集』, 卷5, 「疏箚」, 辭左參贊兼陳進修振作之義疏. "天心未豫, 災異荐榛, 國事日非, 外侮內憂."

90) 『국역 현종실록』, 현종 6년 9월 24일.

91) 『국역 현종 개수실록』, 현종 7년 9월 24일.

92) 『文集』, 卷1, 「疏箚」, 應旨兼辭執義疏. "變通以救民隱, 克己以從善道, 則弊習可祛, 而遠邇風動矣."

한 것이나, 경연에서 "人心을 道心으로 삼는 것은 마치 鐵을 銀으로 만들고 賊을 자식으로 삼는 잘못과 같다."[93]라고 말했을 때에도 이 점은 명백하게 확인된다.

동춘당의 禮義를 전제로 한 主敬的 思考는 어지러운 시대를 근심하고 바른 도리가 실현되기를 희구하는 충정의 표현이며, 인위적인 욕망을 주체적으로 다스리어 하늘이 사람에게 부여해준 바 天理의 純善함에로 돌아가게 하는 교화론적 의미를 지닌다. 즉, 이 말은 惡한 人欲을 다스리고 변화시켜 자신의 본래성을 유감없이 회복하여 대의를 구현해 가는 인간 삶의 궁극적 경지를 가리킨다. 따라서 '敬以直內, 義以方外'라든가 '存天理遏人欲'은 現實對應 理解의 핵심적 디딤돌이 된다. 이와 같이 동춘당이 도덕과 정치의 연속적 논리에 기초하여 도덕적 수양을 통한 공적 질서를 이루어내고자 한 사상과 실천은 물론 유자들의 가치관과 동일하며 멀리는 주자, 가까이는 퇴계에까지 소급되는 것으로 도학의 근본정신에 투철한 것이었다. 그가 孝宗에게 道統의 책임자가 될 것을 강력히 권면하고,[94] 顯宗에게 『心經』의 句讀을 교정하여 바친[95] 참뜻이 여기에서 드러난다.

동춘당은 천리와 인욕을 엄격하게 구별하여 인욕보다 천리가 발용된 본연의 세계를 중요시했고, 이를 통해 義와 不義, 正과 邪, 中華와 夷狄을 明辨하고 邪說을 물리치고 정도를 지키고자 했으며, 당위로서의 '本源的 現實'을 추구하였다. 그래서 그는 천리의 公心이 인욕의 사심을 이겨 도심이 항상 일신의 주인이 되게 할 것[96]을 말하지 않을 수 없었던 것이다. 이러한 관점은 민족의 자주정신 확립과 국권회복의 노력으로 이어져 '內修

93) 「경연일기」, "以人心爲道心者, 比如喚鐵作銀, 認賊爲子之類."

94) 『국역 효종실록』, 효종 즉위년 11월 16일 참조.

95) 「연보」, 63세조 참조.

96) 「경연일기」, 丁酉 10월 14일 "天理之公 以勝夫人慾之私. 而能使道心常爲一身之主矣."

外攘의 논리와 독창적 禮說의 전개로 간명하게 표출되었다. 다시 말하여, 동춘당은 예의와 염치의 실현과 中華를 존중하고 夷狄을 물리치는 길이 天理의 완전한 회복에 있으며, 그것이 또한 상처받은 민족적 자존심을 회복하고 춘추대의를 확립하는 유일한 길이라고 믿었던 것이다.

이것은 결국 내면적 성찰과 완성을 강조하는 이념의 필연적 결과요 그 표현이라 하겠다. 그래서 그는 "안으로 공경할 수 없으면 밖으로 의로울 수가 없다. 경과 의가 서로 바탕이 되고, 안과 밖이 서로 닦아질 것 같으면 하늘에까지 능히 上達이 이루어진다."[97]라고 말하였던 것이다. 이러한 논리를 바탕으로 하여 그는 도덕적 세계의 새로운 가능성과 인간 존엄성의 확보가 주경적 삶을 통한 천리의 주체적 자각 및 구현에 있다고 믿었다.

> 신이 듣건대, '天道는 회복하기를 좋아하므로 강약의 형세를 타기가 쉽다'고 하였으니, 하늘에 국운의 장구를 비는 것도 또한 사람의 노력에 달린 것입니다. 그런데 어찌 먼저 自强의 계책을 버리고 한갓 목전의 고식적인 계책만을 추구하면서, 하늘의 마음을 감동하게 해 되돌리고 종묘사직을 굳건히 안정시킬 근본은 생각지 않으십니까… 전하께서는 어찌 마음과 생각을 청정하게 하여 이성으로 감성을 통제하며 환관 궁첩을 물리치고 어진 사대부들을 자주 접견하심으로써 성정을 수양하고 元氣를 調攝하는 방도로 삼지 않으십니까. 嗜好가 날로 없어지고 원기가 날로 왕성해지면 밖에서 들어온 사기가 자연스레 물러갈 뿐만 아니라 천리가 보존되고 큰 근본이 확립되어 천하의 일에 미루어 행하여도 뜻대로 되지 않는 것이 없을 것입니다.[98]

---

97) 「연보」, 52세조, "內不能敬, 則外便不能義, 義與敬相資, 內與外交修, 則自能上達天德也."
98) 『국역 동춘당집1』, 민족문화추진회, 1997, 6쪽.

이처럼 '存天理遏人欲'의 관점에서 현실의 제반 문제를 보았기 때문에 사람이 자신의 본래성을 회복하고 확충해 나갈 것 같으면 누구나 다 堯舜과 같은 성인이 될 수 있다[99]고 믿었고, 인간 본성의 도덕 창생력을 적극 인정했다. 여기에서 이른바 인간의 정치적·사회적 행위를 설명하는 중요한 준거의 틀로 천리로서의 예의가 문제가 되고, 정치사회의 질서를 확립하면서 인간의 내면적인 도덕성과 그 수양이 강조되는 것이다. 이와 같은 태도는 동춘당의 현실대응에서 '內修外攘'으로 집약되어 나타났다. 그는 이를 통해 민족이 당한 수모와 치욕을 씻고, 야만화한 사회를 바로잡아 正學에 입각한 '道德의 王國'을 건설하고자 했다. 그가 「應旨兼辭執義疏」에서 孝宗에게

> 대저 道라고 하는 것은 무엇을 이름 한 것이옵니까. 바로 그것은 日用之間과 動靜之際에 일의 이치를 잘 살펴서 진실로 그 中道를 얻는 것을 말합니다. 이로써 德을 이룸을 일컬어 修己라 하고, 이로써 敎化를 베푸는 것을 일컬어 治人이라 하고, 수기와 치인의 참됨을 극진히 하는 것을 일컬어 傳道라고 하옵니다. 堯·舜·禹가 서로 전한 것도 단지 이와 같은 것일 따름입니다. 그래서 道統은 임금에게 있다고 하는 것입니다.[100]

라고 하면서 君主의 修身을 강조하고, 인재등용의 문제점, 예의의 문란, 풍속의 타락, 기강의 해이, 異端·邪學의 성행 등을 비난한 것은 이러한 맥락

---

99) 『文集』, 卷5, 「疏箚」, 辭憲職兼陳所懷疏. "常以堯舜至治, 望於殿下, 聖賢道統, 期於殿下." 참조.

100) 『文集』, 卷1, 「疏箚」, 應旨兼辭執義疏. "夫所謂道者, 何謂也, 卽其日用之間動靜之際, 精察事理, 允得其中, 以此成德, 謂之修己, 以此設敎, 謂之治人, 盡修己治人之實者, 謂之傳道, 堯舜禹之相傳, 只如此而已, 是故道通在於君相."

위에서 이해되어야 한다. 그런 점에서 천리로서의 예의는 시대 현실의 변화 및 그 속에서의 正과 邪, 中華와 夷狄, 王道와 霸道를 분별하고 비판하는 典範 또는 秩序賦與의 가치 의미를 지닌다.

이렇게 볼 때 동춘당의 '存天理'에 대한 강조는 '道統이 失傳'하여 義와 利가 상충하고, 正과 邪가 뒤섞여 나라가 멸망할지도 모르는 심각한 위기의 상황 속에서[101] 어지러운 세태와 정치적 타락을 바로잡고, 이를 통해 바람직한 公道의 확립에 기여하는 올바른 도덕적 의미를 밝히고자 하는 그의 愛君憂國의 간절한 충정의 소산이라 할 수 있다. 다음의 예문도 같은 의미로 이해될 수 있는 것이다.

> 지금 國事가 진작되지 않아 민생은 나날이 피폐해지고 있습니다.…… 외적을 물리치고자 한다면 먼저 안을 잘 닦아야 하고, 국방을 튼튼히 하고자 한다면 먼저 養民에 힘을 써야 합니다. 안이 잘 닦여지지 않으면 외적을 물리칠 수가 없고, 백성이 양육되지 않으면 국방을 튼튼히 할 수가 없습니다. 매사에 그 요령을 얻어서 시종일관 게을리하지 않으면 어찌 성공하지 않음이 있겠습니까.[102]

여기에서 비로소 동춘당이 당시 권세를 휘두르고 淸朝에 아부하여 朝廷을 어지럽히던 친청파 김자점 일파를 탄핵하여 그 시비를 가린 일이라던가,[103] 死六臣 중의 한 사람인 성삼문(成三問, 1418~1456)과 박팽년(朴彭年, 1417~1456)을 위한 祠堂 건립을 請한 일,[104] 顯宗 즉위년에 일어난 제1

---

101) 『文集』, 卷6, 「疏箚」, 遺疏. "邪正益淆, 朝著愈亂終至於滅亡而後已也." 참조.

102) 「경연일기」, 戊戌 2월 20일. "今國事未有振作, 民生日就凋弊, …… 欲外攘必先內修, 欲治兵必先養民, 內不修則不能外攘, 民不養則不能治兵, 每事得其要領, 終始不懈, 則寧有不成."

103) 「연보」, 40세조 참조.

104) 같은 책, 52세조 참조.

차 己亥禮訟에서 우암과 함께 朞年說의 대표적 主張者로서의 입장을 분명히 한 일,[105] 그리고 모든 疏章에 淸國의 年號를 쓰지 않고[106] 병자호란 당시 강화도에서 의리를 지켜 순절한 사람들의 追崇 건의에 대한 남다른 노력을 기울인 일 등의 의미가 선명하게 드러난다. 太學士 황경원(黃景源, 1707~1787)이 저술한 『皇朝陪臣傳』의 "先王이 밤낮으로 정신을 가다듬고 마음을 새롭게 해서 한결같이 仁義에 근거하여 오로지 北伐에만 힘을 쏟고 그 뜻을 굳게 지켜나갈 수 있었던 것은 선생의 힘이었다."[107]는 한 대목은 이 모두를 증명하고도 남는다.

천리가 날로 소멸하여 인욕이 천리를 해치고 小人儒가 君子儒를 내모는 '禮의 파괴가 극심한 시대'[108]에 처하여 동춘당은 이를 바로잡고 극복할 수 있는 유일의 지표가 '存天理遏人欲'을 통한 인간 본래성의 회복과 主敬을 바탕으로 하는 禮義의 확립이라고 생각했다. 유의할 것은 동춘당의 이와 같은 主敬的 道義思想이 숭고한 도덕적 의미를 담은 문화적 삶에 대한 희구인 동시에 압도적인 역사의 어둠의 무게를 온몸으로 지탱하면서 '聖學과 聖德을 밝히고'[109] '도통을 전하고' '대의의 밝힘과 실현을 향해'[110] 곧게 나아가고자 했던 溫厚和平하면서도 '正直剛大'[111]한 한 인물의 우환의식이라고 해야 할 것이다. 이러한 의미에서 그는 孝宗에게 "만약 학문을

---

105) 己亥禮訟에 관한 문제는 鄭玉子, 「17세기 思想界의 再編과 禮論」, 『韓國文化』, 제10집, 서울대학교 한국문화연구소, 1989와 李迎春, 「朝鮮後期 王位繼承의 正統性論爭 研究」, 한국정신문화연구원 한국학대학원 박사학위논문, 1994 참조.

106) 『국역 현종 개수실록』, 현종 13년 12월 5일.

107) 『文集』, 「附錄」, 皇朝陪臣傳. "王日夜勵精更始, 一反於仁義而北伐之志益固者, 先生之力也."

108) 「경연일기」, 戊戌 10월 27일. "今之禮壞固已甚矣."

109) 「경연일기」, 庚戌 4월 21일. "唯願聖體日蘇, 聖學聖德, 漸至高明也" 참조.

110) 「경연일기」, 己亥 11월 1일. "明大義於天下."

111) 『宋子大全』, 卷182, 「墓誌」, 同春堂宋公墓誌.

통해서 氣質을 변화시키지 못한다면 학문을 하지 않음과 무엇이 다르겠습니까?"[112]라 하고, 현종에게 "희로애락이 중도에 맞지 않음은 진실로 학자의 병통입니다만, 임금이 중도를 잃게 되면 그 병통이 더욱 큰 것입니다. 천지를 자리 잡게 하고 만물을 기름은 中和의 효험입니다."[113]라고 말하면서 治者의 主敬·講學을 통한 正心의 확립과 中道的 삶의 實踐의 중요성을 進言했던 것이다.

여기에서 비로소 敬으로 內外를 일관했고, 퇴계와 율곡의 철학을 조화 또는 절충을 시도하면서 그것의 성취를 일생의 과제와 목표로 삼았던 동춘당 철학의 특성이 분명하게 드러난다. 그가 顯宗에게 임금의 德을 논하면서 "대개 紀綱이 서는 것은 威嚴과 强猛에 있지 않고 다만 克己하여 사사로움이 없어서 사람들로 하여금 비방하여 논할 일이 없게 만드는 데에 있을 뿐입니다."[114]라고 한 말에서 이 문제가 동춘당에게 얼마나 절실하고 중요한 것이었는가를 알 수 있다. 그가 기보다 리의 가치를 더 중시하는 사고에 입각하여, 경과 의를 강조하고, 천리와 인욕을 엄격하게 나누면서 천리를 애써 높이려 했던 것도 이에 기인한 것이 아닌가 한다.

5. 맺는 말

필자는 이상에서 동춘당 철학사상을 퇴계학적 관점에서 이해하기 위하여 동춘당 철학사상의 학문적 기반, 동춘당 철학사상의 퇴계학적 검토, 동

---

112) 「경연일기」, 戊戌 정월 16일. "若學而不能變化氣質, 與不學何異."

113) 『국역 현종개수실록』, 현종 9년 12월 7일.

114) 『文集』, 卷5, 「疏箚」, 辭憲職兼論君德疏. "夫紀綱之立, 不在於威强嚴猛, 而只在於克己無私, 使人無所非議而已."

춘당 철학사상의 특성과 현실 대응 등의 문제로 나누고 이를 통해 동춘당 철학사상의 본래적 의미와 그 핵심적 내용이 무엇인지를 규명해 보고자 하였다. 이제 이 글을 마무리하면서 그 요점을 아래와 같이 정리해 보았다.

첫째, 동춘당의 학문적 기초는 주자, 퇴계, 율곡으로 대표되는 주자학의 세계였고 이는 젊은 시절에 율곡의 학통을 계승한 沙溪 부자와 퇴계의 학통을 계승한 愚伏 문하에서의 주자학 전공을 통하여 더욱 심화 발전되었다. 그런 점에서 동춘당 철학사상 속에는 기호 · 영남의 양대 학풍을 조화 통일시키면서 율곡의 철학과 퇴계의 철학을 조화 또는 절충시키려고 하는 노력과 의지가 녹아있다고 할 수 있다.

둘째, 동춘당 철학사상의 퇴계학적 측면은 그가 가치론적 측면에서 기보다는 리를 중시하고 리의 일차성 · 우위성을 어느 정도 인정하였다는 점이고, 그것을 통해 '경'을 인간의 구체적 삶 속에서 실현하려고 노력한 데에서 찾을 수 있다. 퇴계학은 리기심성론에 있어서 리의 일차성과 우위성을 주장하고 수양론에서는 경을 강조한 특징이 있다. 따라서 동춘당의 학문은 퇴계의 철학사상에 뿌리를 두고 있으며, 또 긴밀한 내적 연관성을 가지고 있다고 할 수 있다. 그런 면에서 동춘당 철학사상에 대한 올바른 이해는 주자학을 가장 적극 수용 · 이해했고 다시 이를 발전시킨 퇴계의 철학사상을 떠나서는 얘기될 수 없다고 보인다.

셋째, 동춘당 철학사상의 특성은 기보다 리의 가치적 우위성을 인정하는 사고에 입각되어 '경'을 강조하고 '경'을 통한 '예의'의 현실적 구현에 있다. 경이란 인간의 존재방식이자 인간에게만 특별히 허락된 삶의 자세이다. 따라서 '경'은 인간이 마지막까지 지니고 지켜야 하는 최상위의 가치로서, 자신을 닦고서 남을 다스리는 '學'의 궁극을 이루는 덕목이다. 그래서 우리는 동춘당 철학사상을 '主敬'의 철학이며, 절충 · 조화의 철학적 표현이라고 명명하게 된 것이다. 동춘당 철학사상은 主敬에 바탕을 둔 개인적 덕성의 함양과 그것의 사회 · 정치적 구현의 문제로 집약된다. 그것은 주로 천리와 인욕을 엄격하게 변별하여 천리를 만천하에 밝히는 일과 禮說의 정립 및 경연과 서연 활동을 통한 교육 분야에서의 많은 활약으로 나타났으며, 복수설치를 위한 북벌대의 정신을 통해 확고하게 표출되었다. 또한 위로는 天心에 순응하고, 아래로는 民心을 따르는 治民原則으로 간명하게 집약되었다. 이 경우 경은 외부로 치닫는 마음을 수습하여 거두어들이고 항상 맑게 깨어 있도록 하고 외부의 사물을 대함에 마음을 그것에 오로지 집중하여 대응하는 노력이라고 할 수 있다. 그렇게 될 때 자기 마음의 어진 본성이 다시 밝게 되어 사물을 대함에 어질고 바르게 대할 수 있게 된다. 이러한 점에서 경은 동춘당의 예학사상에 있어서 매우 중요한 전제조건이 되는 것이다.

한마디로 동춘당은 '경'으로 내 · 외를 일관하여 자아완성과 시대의식을 잘 조화시켰던 인물이며, 그의 철학사상은 그가 몸담았던 시대와 역사에 주체적으로 참여하여 대의를 밝히고자 하는 실천행위의 일환이었다. 또한, 자신의 삶에 대해 온몸으로 묻고 대답하는 자기 성찰 · 자기구원의 엄정한 종교행위와 같은 것이었다. 그런 면에서 명재 윤증(明齋 尹拯, 1629~1714)이 「祭文」에서 "동춘당은 평생 경으로써 즐거움으로 삼고 그것을 예로서 실천하는 삶을 살았다."[115]라고 한 말이나, 전라도 유생 정민하 등이 동춘당을 문묘에 종사시켜 줄 것을 청한 상소문의 한 대목 "(동춘당은) 『소학』을 篤信하여 오로지 內向의 공부만을 힘썼기 때문에 훌륭하게 덕을 이룬 君子가 된 것입니다."[116]라고 한 말을 긍정하지 않을 수 없다.

본 연구가 목적한 동춘당 철학사상의 퇴계학적 이해는 조선 성리학이

---

115) 宋正熙 편저, 『德恩家乘』, 송창준 역, 향지문화사, 1998, 129쪽.

116) 『국역 숙종실록』, 숙종 43년 11월 19일.

본질적인 측면에서 서로 소통되는 고리를 가지고 있다고 하는 점을 발견하였다는 점에서 일단 성과를 얻었으나, 자료의 부족과 퇴계학·율곡학 전반에 관한 연구 축적이 너무 빈약한 까닭에 소략한 논의 전개에 그쳤다는 아쉬움이 있다. 남겨진 과제들은 앞으로의 심도 있는 탐구를 통하여 더욱 충실하게 해명되고 보완돼야 할 것이다. 특히 동춘당 철학사상 형성에 심대한 영향을 주었다고 보이는 우복 정경세의 철학사상에 관한 심도 있는 이해는 동춘당의 학문과 사상 연구에 주목할 부분이라고 생각한다.

늑천 송명흠의 낙론(洛論)과 경사상

1. 이끄는 말

늑천 송명흠(櫟泉 宋明欽, 1705～1768)은 同春堂 宋浚吉의 현손으로 洛論學派의 핵심적 인물이자, 『영조실록』의 한 대목 "송명흠은 송준길의 현손으로서 일찍이 가정의 학문을 이어받았으며, 글을 읽고 몸을 닦아 사람의 추앙하는 바 되었다."[1]라는 말처럼 당대의 존경을 한몸에 받던 산림이었다. 그뿐만 아니라 그는 18세기 중반 조선사회가 정치·사상·경제 등 다양한 부분에서 전환기적 특성을 드러내면서 산림이 쇠퇴하고 주자학이 지배이념으로서 존립의 위기에 처하자 이를 보위·구현하는 데 앞장섰던 老論界의 정치적 대변자이기도 하였다.[2] 그런 점에서 늑천에 관한 연구는 조선 후기에 살았던 한 성리학자라는 범위에만 머무르지 않고, 18세기 조선 지식인들이 궁극적으로 지향하고자 했던 이념의 본질과 성격 및 삶의 태도 등을 구명하는 데도 긴요한 의의를 가진다.

---

1) 『국역영조실록』, 영조 39년 3월 5일.

2) 이 문제에 대하여는 李政祐, 「18세기 중반 老論山林의 '위상'과 '反蕩平' 활동」, 『호서사학』, 26집, 호서사학회, 1999 참조.

이러한 전제 위에서 이 글은 늑천의 洛論과 敬사상을 논함으로써 그의 철학이 지닌 기본 입장, 주요 내용, 특질 등을 밝히는 데 기여하고자 한다. 이 과제를 달성하기 위하여 필자는 늑천 학문의 연원, 늑천의 낙론, 늑천의 경사상과 현실 대응의 문제들을 순차적으로 검토할 것이다.

2. 늑천 학문의 연원

늑천 송명흠은 恩津人으로 字는 晦可이고 이름은 明欽이다. 늑천은 그의 호이다. 군수인 堯佐의 아들로 1705년(숙종 31년) 10월 21일 축시에 서울 濟生洞에서 태어났다. 16세 때에 잠곡 김육(潛谷 金堉, 1580～1658)의 현손인 金道洽의 여식과 혼인하였다. 그는 재주가 뛰어나 20세를 전후에서부터 士林의 중망을 받았으나 정쟁을 피하여 낙향하는 부친 요좌를 따라 옥천의 도곡 · 송촌 등지로 내려가 살았다. 늑천의 학문은 동춘당 송준길로부터 전해진 家學의 전통과 도암 이재(陶庵 李縡, 1680～1746)의 영향에 힘입은 바 크다.

그는 17세기의 대표적인 예학자이고 山林勢力을 주도했던 동춘당의 4대손으로서 尤庵 → 農巖 → 陶庵으로 이어진 기호학파의 적통을 이어받은 철저한 주자의 門徒였다.[3] 그는 어려서부터 부친 默翁 宋堯佐의 엄격한

3) 李政祐는 "송명흠의 학문은 '송시열-김창협-이재-송명흠' 으로 이어지는 학통과 '송준길-민유중-민진원-민우수-송명흠' 으로 이어지는 학통이 형성되어, 그의 학문에는 송시열과 송준길의 正學이 공통적으로 녹아들고 있음을 확인할 수 있다."(「18세기 중반 老論 山林의 '위상' 과 '反蕩平' 활동」, 『호서사학』, 제26집, 호서사학회, 1999, 30쪽)고 말하면서 늑천이 도암뿐만 아니라 蟾村 閔遇洙도 스승으로 모셨다고 주장하고 있으나, 늑천의「年譜」나 鹿門 任聖周가 찬한 늑천의「墓誌銘」에서는 이에 대한 기록이나 단서를 발견할 수가 없다. 따라서 蟾村과 관련하여 늑천의 학통을 이해하는

지도로 유가의 基本 경전과 역사서 및 성리서를 두루 배우고 익혔으며, 매사에 예의를 극진히 하고, 춘추대의 정신을 갖도록 가르침을 받았다.[4] 이에 따라 늑천은 가학을 정통으로 받들어 자신의 학문적 목표와 기준으로 삼고 이를 심화시켜 나갔다. 따라서 그에게 참다운 학문이란 가학의 뿌리인 동춘당을 철저히 계승하고 체득하는 일이었고, 그것은 또한 공맹·주자를 배우고 성현의 뜻을 수호하는 유일한 길이었다. 그가 37세 때에 종숙부 權火赫에게 동춘당 年譜의 重刊을 건의한 일과, 임종 3개월 전에 문경 병천에서 동춘당 문집을 수리하고, 같은 달 상주 홍암에서 동춘당 문집의 간행을 지휘한 일만 보아도 이 점은 명백하다.[5]

이후 늑천은 사단칠정논쟁과 더불어 조선 성리학의 2대논쟁으로 꼽히는 湖洛論爭에서 洛論學派의 중심적 인물이었던 陶庵 李縡의 문하에서 공부하였다.[6] 도암은 의리론을 들어 영조의 탕평책에 반대한 老論峻論의 대표적 인물이며, 洛論의 우두머리인 외암 이간(巍巖 李柬, 1677~1727)의 인물성동론을 계승하여 자신의 철학사상으로 전개한 성리학의 대가이다. 그가 56세 되던 해 병계 윤봉구(屛溪 尹鳳九, 1683~1767)와 벌인 聖凡心同不同논쟁은 호락논쟁과 더불어 조선 성리학사상 유명한 것이다.[7] 그에 의하면 인의예지의 性은 하나의 理로써 금수는 물론 모든 사물이 똑같이 그것을 품부받았다. 따라서 인성과 물성은 차이가 있을 수 없다. 이러한 도암의 주장은 늑천의 '理爲氣主'·'心合理氣而主理'에 바탕을 둔 인물성동론의 세계관 형성에 지대한 영향을 끼쳤다. 이 점에 관하여 늑천과 도암 사

일은 아직 요청되는 과제로 남아 있다고 하겠다.

4) 『櫟泉集』, 권19, 「附錄」, 「年譜」, 6세조·9세조 참조. (이하 「年譜」라고 약칭함)

5) 「年譜」, 37세조·64세조 참조.

6) 「年譜」에 의하면 늑천이 도암을 처음 찾아보고 問學한 것은 23세 때의 일이고, 修業을 받은 것은 30세 때의 일이다. 「年譜」, 23세조·30세조 참조.

7) 최영성, 『한국유학사상사IV』, 아세아 문화사, 1995, 40-41쪽 참조.

이에는 별 차이가 없다.

그러나 늑천으로 하여금 『小學』을 강조하고, 이론 탐구보다는 實踐躬行을 통한 인격적 완성과 '한결같이 敬을 주로 하는 삶'을 살도록 계기를 마련해 준 것은 역시 동춘당을 뿌리로 하는 가학이었다. 그중에서도 '경'을 통한 덕성의 함양과 治者의 솔선수범을 더욱 중시한 철학을 제창하였던 동춘당의 가르침은 늑천에게 善惡, 正邪, 是非를 분명히 밝힐 줄 아는 정신과 독자적인 철학사상을 확립할 수 있는 기초를 마련해 주었다.[8] 늑천이 영조에게 올린 疏의 한 대목은 이를 입증하는 좋은 단서가 된다.

> 대개 人君이 높디높은 자리에 거처하고 億兆의 민생에게 군림하여 하루에 萬機를 처리하매 숱한 사욕이 앞에서 엇갈립니다. 따라서 반드시 그 마음을 넓게 가지고 안목을 높고 크게 하되, 항상 한량없는 마음의 본체를 알아서 취하여 천지와 더불어 流通되게 하고, '敬'이란 한 글자에 마음을 가라앉혀 힘써야 할 것입니다. 그것이 채 발동되기 전에는 '敬'으로 이 마음의 본체를 보존하고 그것이 이미 발동해서는 '敬'으로 이 마음의 쓰임을 살펴, 나의 마음을 항상 卓然하게 光明灑落한 곳에 두고 털끝만큼이라도 私吝·偏滯의 뜻이 없게 하소서.[9]

늑천은 가학의 가르침인 '경' 한 자를 종신토록 받들어 그것을 힘써 체득하고 구현하는 일에서 자기 정체성을 확인하였다. 그가 '경'을 준거의 틀로 삼아 현실사회를 해석하고, 또 그것을 통해 자신의 도덕적 지향과 시

---

8) 『鹿門集』, 권24, 「墓誌銘」, 「姨兄櫟泉宋公墓誌銘」. "然遇事辯論, 斷以義理, 則却嚴確峻正, 截然不可犯, 其爲學一遵朱門成法, 知行雙進, 動靜相資, 而一主乎敬" 참조.

9) 『櫟泉集』, 권4, 「疏」, 「出城後更陳筵對未畢之懷疏」. "蓋人君處崇高之位, 臨億兆之衆, 一日萬機, 衆欲交前, 必須恢蕩其心胸, 高大眼目, 常認取此無限量之心体, 使與天地流通, 而潛心用力於敬之一字, 其未發也, 則敬以存之, 使此心之体, 其已發也, 則敬以察之, 使此心之用, 使我方寸之間, 常卓然處乎光明灑落之地, 而無一毫私吝偏滯之意."

대의식을 조화시키기 위해 신명을 바쳤던 것도 여기에 근거한다. 따라서 녹문 임성주(鹿門 任聖周, 1711~1788)가 「墓誌銘」에서 "(늑천)은 마음을 세우고 학문을 하는 것으로부터 집에 있거나 조정에 나아가서 의논을 가지고 일을 措處함에 이르기까지 거의 하나도 (동춘당)이 끼친 법도에 합하지 않음이 없었다."[10]라고 쓴 것은 이런 문맥에서 이해되어야 한다. '경'은 늑천에게 있어서 인간이 지니고 행하여야 할 최고의 가치, 즉 道의 개념에서 그 중심 자리를 차지한다. 또한, 그것은 늑천의 삶과 철학사상의 출발점이자 도착점이기도 하다. 이와 같은 입장은 그의 현실 인식 내지 경세사상에서 다시 한 번 선명히 볼 수 있다.

늑천의 학문적 기초는 동춘당으로 대표되는 가학이었고, 이는 젊은 시절에 도암 문하에서의 성리학 공부를 통하여 더욱 심화·발전되었다. 그뿐만 아니라 이 과정에서의 가학을 바탕으로 한 공맹학에 대한 실천적 이해는 그로 하여금 가학, 즉 동춘당을 참다운 학문의 전범으로 생각하게 하였고,[11] 아울러 주자학을 절대적인 표준으로 믿게 하였다.[12]

이렇게 볼 때 늑천이 동춘당을 존숭하였던 것은 표면상의 존숭에만 그치지 않는 실질적인 의미가 있었던 것이라고 할 수 있다. 이러한 늑천의 동춘당에 대한 존숭은 그가 임종 직전까지 『同春堂文集』의 간행을 독려하고 지휘한 일에서도 잘 나타나고 있다.

이처럼 늑천은 학문과 삶의 正道를 얻고 구현하는 데 있어서 동춘당의 遺訓과 가르침을 절대 표준으로 삼았고, 그가 당면하고 있었던 18세기의

---

10) 『鹿門集』, 권24, 「墓誌銘」, 「姨兄櫟泉宋公墓誌銘」. "自其立心爲學, 以至居家立朝, 持論處事, 殆無一不合於遺規焉."

11) 같은 책, 같은 곳. "殆無一不合於遺規焉" 참조.

12) 『櫟泉集』, 권5, 「書」, 「上息影窩從季父」. "朱子陳敎導東宮, 必以懋聖學爲先務者, 其義甚精" 참조.

정치 · 사회 · 사상적 혼돈에 대한 위기의식 하에서 더욱 절실한 것으로 받들고 그 가르침을 제창하였다. 늑천은 당대의 모든 가치질서가 붕괴하여 "기강이 날로 쇠퇴하고 풍속이 날로 무너지고, 의리는 캄캄하게 막히고 倫常은 썩고 끊어지며, 亂賊이 꼬리를 물고 발생하는"[13] 상황을 우려했다.

늑천은 이를 극복할 수 있는 현실적 방안과 그 논리를 찾고자 하였고, 자신이 모색하는 사상의 근원으로서, 또는 그 정당화의 근거로서 '경'의 이념을 중시하였다. 이 경우 '경'이란 현실의 모순이 극대화되는 시기에 처하여 무너진 道를 새롭게 일으켜 세우고 태평한 시대를 열 수 있는 유일한 정신이며, 偏私를 제거하고 天理의 공변됨을 회복할 수 있는 수양의 유일한 지표가 된다. 따라서 경이란 늑천의 철학이나 현실 대응에서 가장 중요한 덕목이요 가치의 근거라고 할 수 있다. 그래서 그는 書講의 자리에서 英祖에게 "나라를 다스림에는 마땅히 경으로써 근본으로 삼아야 한다."고 하면서 춘추대의 정신의 회복을 간곡히 진언하였던 것이다.[14]

이와 같은 그의 태도는 동춘당이 그러했던 것처럼 동궁 보도에 대한 남다른 관심과 儒生을 지도하는 '山林의 山長'으로 표출되었다.[15] 따라서 그의 철학사상은 동춘당과의 관계를 고려하지 않고서는 제대로 이해할 수 없는 부분이 있음을 확인하게 한다.

물론 이와 같은 특징과 가능성에도 그가 동춘당과는 다른 시대, 즉 산림이 쇠퇴하고 주자학의 사회적 기능이 현저하게 떨어지면서 實學과 邪學이 부상되는 18세기[16]의 주자 중심의 성리학자였다는 사실은 부정할 수 없

---

13) 『국역 영조실록』, 영조 32년 4월 14일.

14) 「年譜」, 59세조, 庚申, 承命, 入侍書講 참조.

15) 이 문제에 대해서는 李政祐, 앞의 논문 참조.

16) 趙光, 「조선후기사상계의 전환기적 특성」, 『한국사 전환기의 문제들』, 지식산업사, 1993 참조.

다. 늑천의 경을 강조하는 입장은 4장에서 살펴볼 것이거니와, 그것은 그의 현실 대응과 긴밀한 호응관계를 이루고 있다. 是非와 公私를 엄정하게 구분하고, 이론 탐구보다는 實踐窮行을 통한 인격적 완성과 治者의 솔선수범을 중시하는 늑천의 敬思想은 그대로 그의 철학사상과 현실 인식의 형성에 이어지고 현실 대응에 반영되었다.

3. 늑천의 낙론

늑천은 동춘당에 뿌리를 둔 가학적 전통과 도암의 인물성동론을 충실하게 계승하고 그 바탕 위에서 자신의 독자적인 학문세계를 구축한 인물이다. 따라서 그의 철학체계는 대체로 동춘당의 설과 같이 기보다는 리의 가치 지향적인 면을 더 강조하고[17], 인성 · 물성의 同異문제에 있어서는 스승인 도암을 좇아 인성과 물성이 같다는 洛論의 입장을 견지하였다. 아래의 예는 이 점을 이해하는 데 중요한 단초를 제공한다.

> 대개 리는 원래 서로 떠나지 않는다. 따라서 리 없는 기가 있지 않고, 기 없는 리 또한 있지 않다. 그 선후로 말하면 판단하기가 매우 어렵지만, 人과 物에 부여되는 실마리를 찾는다면 모름지기 먼저 리가 있고서 기가 그것을 이어받게 된다. 人과 物이 생성되는 체에 근거한다면 모름지기 기가 모여서 形體를 이루고 리가 거기에 의탁함이 있다.[18]

---

17) 동춘당의 철학사상에 관하여는 拙著, 『화해와 포용의 예학자 송준길』, 성균관대학교 출판부, 2009 참조.

18) 『櫟泉集』, 권10, 「書」, 「答陳聲伯」. "蓋理氣元不相離, 未有無理之氣, 亦未有無氣之理, 其言先後, 亦難硬判, 原人物賦與之初, 則須先有理, 而氣有承受, 據人物生成之体, 則氣聚成

위의 인용문에서 본 것처럼 늑천은 우주 만물을 형성하는 궁극적 존재로서의 리·기를 동시에 인정하면서도 理에 더 근원적인 의의를 부여한다. 사람과 사물을 포함한 모든 존재가 리와 기로 이루어진다는 점에는 하나이고 그 선후를 말하기는 매우 어렵지만. 이 둘은 각기 고유한 특성에서 논리적으로 서로 구별이 된다. 이러한 생각에서 그는 하나의 본체로서의 리가 천지 만물을 생성하고 이 하나의 리는 陰陽二氣와 五行만물을 생성시키는 존재라고 하였다.[19] 그가 호락논쟁에서 자신의 주 활동 지역인 湖論의 입장보다는 서울·경기 지역의 洛論의 입장을 취한 것도 이와 무관하지 않다. 그가 녹문 임성주에게 한 다음의 말에서 이 점을 분명하게 확인할 수 있다.

> 대개 天命을 太極으로 삼고 性으로부터 超出했다고 한다면, 이것은 陰陽으로써 性을 삼는 것이다. 이는 주자가 이른바 '태극은 性이며 動靜陰陽은 마음이다'라고 한 말과는 현격한 차이가 날 뿐만 아니라 우암이 또한 '性의 體는 仁義禮智이다'라고 한 말과도 차이가 있다. 따라서 仁義禮智는 곧 리인데, 어찌 기와 함께 나란히 말하겠는가.[20]

늑천은 '성의 체는 인의예지이다'라는 우암의 말을 인용하면서까지 '성의 본연으로서의 리'의 중요성을 강조한다. 그에 의하면 기의 제약을 벗어난 것이 성의 본연, 즉 리이다. 이 근원존재로서의 리는 보편성·주재성을

形, 而理有寄."

19) 같은 책, 권8, 「書」, 「答金仲陟」. "天地生物, 一本而已, 一理生二氣, 二氣生五行, 五行生萬物" 참조.

20) 『櫟泉集』, 권7, 「書」, 「答任仲思」. "蓋以天命爲太極, 而超出於性, 則是以陰陽爲性也, 與朱子所謂太極性也, 動靜陰陽心也者, 不啻徑庭, 尤翁亦云性之體, 仁義禮智也, 仁義禮智卽是理也, 安得幷與氣而爲說乎."

가지며 형이하적 존재로서의 기활동의 바탕이 된다. 예컨대 그가 '理弱氣强'에 대하여 질문한 房汝良에게 '리가 모든 것의 주인이 된다'고 하면서, 기의 힘이 득세하여 한때는 惡이 善을 이길지 모르나 결국 惡이 善을 이길 수 있다고 확신하여 대답한 것을 상기할 때 그러하다.[21]

그러나 늑천의 리기설이 기호학파의 입장을 완전히 벗어나고 있는 것은 아니다. 그가 리・기 관계를 不相雜보다는 不相離의 측면에서 파악하고 표현한 것은 리기의 妙合의 원칙을 견지하는 율곡의 관점에 부합하고 있기 때문이다. 특히 리기관계를 '理氣渾融'[22]이라든가 '理氣元不相離'[23]라고 표현한 것에서 이 점은 단적으로 나타난다. 이러한 면에서 늑천의 리기설은 율곡의 리기설과 크게 다르지 않다.

그렇다고 늑천은 율곡의 설을 묵수하며 추종하였던 것 같지는 않다. 그가 율곡의 리기설을 계승하여 자신의 논리로 부연하여 철학의 근본 주제로 삼고는 있지만, 위에서 살펴본 바처럼 性卽理를 주장하여 리의 일차성・우위성을 인정함으로써 리를 대단히 중시하는 입장을 취했기 때문이다. 이와 같은 사실은 그의 학문 태도와 무관하다 할 수 없으니, 그의 평생에 걸친 先祖 동춘당에 대한 존숭[24]과 '理爲氣主'를 바탕으로 '인물성동론'을 주장하는 스승 도암의 영향[25] 또한 이 문제에 관련된다. 이러한 늑천의 관점은 심성론에서도 그대로 반영되어 나타났고, '인물성동론'을 주장

---

21) 『櫟泉集』, 권11, 「書」, 「答房汝良」. "所詢理弱氣强之說", "極言其本, 則理爲之主, 蓋人身之善少而惡多, 世道之治少而亂多, 莫非氣强勝理, 然畢竟變惡爲善" 참조.

22) 같은 책, 권7, 「書」, 「答任仲思」. "蓋天地之間至大至小, 有形無形, 何莫非理氣渾融之物" 참조.

23) 註18) 참조.

24) 『국역 영조실록』, 영조 39년 3월 5일.

25) 『도암집』, 권 10, 「答尹瑞膺」, "要之聖賢千言萬語, 都不於理爲氣主四字矣, 孟子之功, 莫大於道性善一言, 蓋於氣質之中, 坫出性字, 使人知人與堯舜之本無二性, 今高明之論, 則許多辨說專以氣爲主, 使天下至靜至潔之理, 全然墮在氣窩中去了." 참조.

한 洛論의 지지와 계승으로 표출되었다.

주지하다시피 인성과 물성이 서로 같음을 주장하는 '인물성동론'은 기보다 리를 더 중시하고 보편적 근원으로서의 本然之性을 강조한다. 이는 인성·물성의 문제를 다루면서 '본연지성'을 하나의 보편적 근원(一原)으로 보고 氣質之性은 각기 서로 다른 개체(異體)로 보는 입장이다. 그 요점은 '본연지성'으로 말하면 인성·물성은 서로 다르지 않지만 '기질지성'으로 보면 인성·물성이 서로 다름은 물론 모든 개체의 성들도 서로 다르다는 것이다.[26] 바로 여기에서 심의 본체를 리로 파악하고, 심의 未發 상태는 오직 순수한 리로서의 선이라고 하는 주장도 나오게 된 것이다. 늑천이 인성·물성의 서로 다름을 주장하는 湖論의 '性卽氣質說'의 부당함을 지적하면서 "이른바 性惡이란 것은 性이 발현될 때에 그 기가 혹은 剛하고 혹은 柔하여 발현하되 中節을 하지 못한 것이요, 또한 아직 발현되기 전에는 善과 서로 대립하는 것이 아니다."라든가 "아직 발현되기 전에는 善만 있고 惡은 없다."[27]라고 말한 데에서도 이 점은 명백하다.

이와 같은 그의 입장은 성이란 '본연지성'이고 리이며 人과 物이 모두 五常의 전부를 구비하고 있으므로 인성·물성이 같다고 하는 洛論과 상통한다. 그가 "대개 사람의 타고난 바는 곧 오행의 지극히 빼어난 기요 그 심은 또한 빼어난 기중의 精英이다. 아직 발하지 않았을 때(未發)에 이 정영한 본연은 湛一虛明하고 五性을 구비하였을 뿐이다. 비록 기질에 찌꺼기(査滓)가 조금 있다하더라도 이때에 스스로 관여하지 못하니, 이는 기질에 구속되지 않는 까닭이며 사물이 관여할 것이 아니다."[28]라고 말한 것도 마

26) 윤사순, 「인성 물성의 동이 논변에 대한 연구」, 『한국유학사상사론』, 예문서원, 1997, 316-321쪽 참조.

27) 『櫟泉集』, 권7, 「書」, 「答任仲思乙卯」. "所謂性惡者, 亦是於發時, 隨其氣之或剛或柔, 而發之不中, 亦非於未發之前與善相對立也…… 而未發之前, 有善無惡矣."

찬가지 생각의 표현이다. 이렇게 볼 때 인물성동론인 洛論은 리에 치중하고 심의 본체에 역점을 두면서 '未發'을 순수한 리로서의 선으로 보는 주장임을 알 수 있다. 그런 점에서 늑천이 말하는 인물성동이란 人과 物이 모두 오상의 전부를 구비하고 있다는 의미에서의 인물성동이며, 인과 물의 오상이 질적 차이가 전혀 없다는 의미에서의 인물성동은 아닌 것이다.[29] 늑천은 이런 의도와 관련하여 다음과 같이 말한다.

> 그 인의예지의 성은 人·物에 따라서 타고난 질이 절대로 같지 않다고 한 것은 이른바 기질을 겸하여 설명한 것이다. 이미 기질을 겸하였다고 한다면 비단 人과 物만 다를 뿐 아니라 성인과 凡人의 성도 또한 천차만별이다. 만약 그 理만 말한다면 성인과 범인이 본래 동일한 성일 뿐 아니라 인과 물 역시 性은 같은 것이다.[30]

위의 예에서도 확인되듯이 인성과 물성의 질적 차이는 氣稟에 의한 것이며, 순수한 리만을 가지고 본다면 인과 물의 구별은 본래 없는 것이다. 늑천은 이를 기반으로 하여 마음이 곧 明德임을 밝히고 있다. 즉, 그는 마음을 명덕이라고 보아서 마음의 도덕적 주재기능을 강조하고 그것을 근거로 하여 자신의 심성론을 전개하였고, 인물성동론을 정당화하였다. 그에 의하면 心은 허령불매한 것이고, 性은 衆理를 모두 갖춘 것이고 情은 만사

---

28) 『櫟泉集』, 권10, 「書」, 「答李君範」, "蓋人之所稟, 卽五行至秀之氣, 而其心則又秀氣中之精英, 氣未發也, 則此精英本然湛一虛明, 而五性具焉而已, 雖其氣質有些查滓, 自不干於此際矣, 此所以不囿於氣質, 而非物之所得與者也"

29) 이상익, 『기호성리학연구』, 한울, 1998, 234-236쪽 참조.

30) 『櫟泉集』 권9, 「答徐元禮」, "其仁義禮智之性, 隨人物稟質, 而絶然不同者, 卽所謂兼氣質說, 旣兼氣質說, 則非但人與物異, 聖凡之性, 亦千差萬別, 若單言其理, 則不獨聖凡之本同一性, 人與物亦同是此性矣."

에 응하는 것이다.[31)]

이 경우 心은 一身의 주재자로 良心 · 本心 · 仁義之心과 상통하는 개념으로 주자가 말하는 바 光明正大함이며, '明德' 그 자체이다.[32)] 그래서 늑천은 '명덕'에 관해 묻는 尹士晦에게 '명덕'이라고 하는 것은 心과 性을 합한 존칭으로서 仁義의 양심과 같은 것이며, 情欲利害의 心과는 본질적으로 다른 것이라고 말했던 것이다.[33)] 이 점에서 그는 南塘 · 屛溪 등 주기론적 인성론을 전개한 江門學士 등에 대항하여 인간심성에서의 리의 주도적 위치와 역할을 주장했던 스승 陶庵의 입장과 다르지 않다.

이렇게 볼 때 明德은 본체적 의미가 있는 말로서 인간 본래성의 전체이며, 인간이 지녀야 할 절대적인 가치, 즉 인간의 삶에서 그 중심자리를 차지하는 윤리적 덕목의 근거가 되는 개념이다. 그것은 도덕성의 근본원리이자 자기완성의 내적 기준이며 修己 · 治人의 궁극적 · 역동적 목표이다. 그가 '明明德'의 明이 자신을 밝히는 일인가 아니면 다른 사람까지 밝혀주는 일인가라는 질문을 받고 나를 포함해서 天下 사람 모두의 明德을 밝히는 일이라고 대답한 것은[34)] 그 단적인 예가 될 것이다.

이처럼 '明德'은 明德心體이며 실천성을 담보한 당위적 성격이 매우 강한 포괄적인 개념이라 할 수 있다. 늑천이 '明德의 實'을 天命을 밝히는 일로 풀이한 것도 이와 무관하지 않다.[35)] 이런 면에서 사람을 사람 되게 해주

---

31) 「年譜」, 51세조, 小朝連送春坊, 敎召入侍書筵, "虛灵不昧, 是心, 具衆理是性, 應萬事是情" 참조.

32) 『櫟泉集』 권9, 「書」, 「答黃士傅」. "方可謂明德, 朱子所謂光明正大者, 卽指統性情之心也."

33) 같은 책, 권11, 「書」, 「答尹士晦」. "明德者, 合心性之尊稱, 卽所謂仁義之良心, 若情欲利害之心, 非心之本體" 참조.

34) 『櫟泉集』, 권11, 「書」, 「答詞舜諧」. "明明德於天下, 己之明德歟, 人之明德歟. 必曰明明德於天下者, 欲其知平天下之實, 不過使天下之人, 皆明其明德也" 참조.

35) 같은 책, 같은 곳. "明命, 卽明德之實" 참조.

는 德 그 자체인 명덕은 개인의 내적 자기완성의 토대가 된다는 의미와 함께 사람들 사이의 사회관계 속에서 나타나는 경세적 실천의 궁극적 목표라는 의미가 함축되어 있다고 하겠다. 이렇게 이해할 때 명덕은 근원적 온전함을 그대로 보유한 心中의 보편적 도리로서[36] 사람이 마땅히 성취해야 할 절대적 윤리 규범의 근거이고 인간의 내적 초월의 지평이며 그 도덕적 지향점이다. 그가 명덕을 천리와 심성이라는 이원적 본질이 하나로 합해지며 밝게 自在하는 場[37]으로 이해한 것도 마찬가지 생각의 표현일 것이다. 그 결과 늑천은 명덕을 리와 기로 나누어 보는 입장을 반대하고, 명덕은 자기 이외의 다른 것에 의해 쉽게 설명되지 않으며 分屬할 수 없는 개념이라고[38] 주장하게 되었던 것이다. 이렇게 본다면 '명덕'이란 심의 본체로서 인간과 금수의 차이를 결정짓는 근거라고 할 수 있다.

이와 같은 생각은 그가 書筵에서 東宮에게 맹자의 '存心'을 다음과 같이 설명한 데서도 발견된다. 이 경우 '존심'의 心은 심의 본체를 가리키는 것으로 명덕과 같은 의미의 개념이다.[39]

> 存心이라고 하는 것은 存養의 存이 아니고, 귀에 들어온 것을 마음에 깊이 새긴다는 存 입니다. 君子가 능히 仁과 禮로써 마음에 새겨 그것을 잊지 아니하면 愛·敬人하는 베풀음이 있을 것입니다. 애인·경인을 할 수 있으면 곧 사람들이 항상 애인하고 공경하는 효과가 있을 것입니다.[40]

---

36) 같은 책, 권10, 「書」, 「答李君範」. "明德是心中之理, …… 其虛灵洞徹考是心, 以是心具是理, 乃所謂明德也" 參조.

37) 같은 책, 권10, 「雜著」, 「玉溜講錄」. "合天理人心, 謂之明德" 참조.

38) 『櫟泉集』, 권9, 「書」, 「答黃士傅」. "明德二字, 不可分屬, 蓋心性本自渾融, 分開不得" 참조.

39) 『櫟泉集』, 권10, 「答李君範」, "主於一身者, 謂之心, 有得於天而光明正大者, 謂之明德" 참조.

40) 「年譜」, 59세조, 甲寅入侍 書筵. "存心者, 非存養之存, 乃入乎耳存乎心之存, 君子能以仁禮存於心而不忘, 則有愛人敬人之施, 能愛人敬人, 則有人恒愛人敬人之效."

늑천은 이를 바탕으로 하여 '偏私를 제거하고 明德心體를 회복하는 工夫'를 강조하였다. 그러면 그가 말하는 '편사를 제거하고 명덕심체를 회복하는 공부'란 무엇인가? 그것은 '경'이라는 한마디로 답할 수 있을 듯하다.

4. 늑천의 경사상과 현실 대응

늑천은 인간 심성에서 리의 주도적 역할을 강조하는 시각에서 '본연'과 '기질'을 엄격하게 나누고 그것을 바탕으로 인성과 물성의 같음을 주장하는 洛論의 견해를 철저히 고수하였다. 또한 그는 인간 善의 가능 근거가 되고 도덕을 도덕 되게 하는 원리인 '명덕'을 심의 본체로 이해하고, 거기에 기반을 둔 '경'을 통해 인간이 도덕적 주체이자 도덕실천의 주체임을 분명하게 밝히려고 하였다. 따라서 '경'은 명덕 본체를 자각하고 그것을 현실적으로 드러내는 궁극의 목표이며, 인간이 인욕을 제거하고 도덕적 인격을 확립하는 가장 효과적인 방법이기도 하다. 이처럼 경을 중시하는 뜻은 그가 영조에게 올린 다음의 疏에서도 간명하게 읽을 수 있다.

> 항상 한량없는 마음의 본체를 알아서 취하여 천지와 더불어 流通되게 하고, '敬'이란 한 글자에 마음을 가라앉혀 힘써야 할 것입니다. 그것이 채 발동하기 전에는 '敬'으로 이 마음의 본체를 보존하고 그것이 이미 발동해서는 '敬'으로 이 마음의 쓰임을 살펴, 나의 마음을 항상 卓然하게 光明灑落한 곳에 두고 털끝만큼이라도 私吝·偏滯의 뜻이 없게 하소서.[41]

---

41) 『櫟泉集』, 권4, 「疏」, 「出城後更陳筵對未畢之懷疏」. "常認取此無限量之心體, 使與天地流通, 而潛心用力於敬之一字, 其未發也, 則敬以存之, 使此心之體, 已發也, 則敬以察之, 使此心之用, 使我方寸之間, 常卓然處乎光明灑落之地, 而無一毫私吝偏滯之意."

늑천이 말한 '경'이란 물론 개인적 심성수양 만을 뜻하지는 않는다. 그것은 개인적 덕성 함양을 통한 치국·평천하라고 하는 넓은 의미의 사회적 실천까지도 포함한다. 그가 강조하는 초점은 사회적 삶의 실천을 배제하지 않으면서도 개인적 윤리세계의 덕성 함양을 보다 더 중시하는 태도이다. 그가 동궁에서 학문은 기질을 변화시키는 것이라고 하면서 '경'의 중요성을 설파한 일이라든가,[42] 영조에게 덕성 함양 공부에는 경을 사용하는 것보다 좋은 일이 없다고 한[43] 참뜻이 여기서 드러난다. 따라서 경은 인간이 지녀야 할 하나의 영원한 가치로서 '수기·치인의 學'의 중추를 이루는 개념이다. 이런 점에서 늑천의 철학은 '主敬의 철학'이라고 해도 좋을 것이다.

이와 같은 의미가 있는 '경'이 유가철학의 중심개념으로 자리 잡게 된 것은 宋代에 성리학이 발전하면서부터이고, 그 대표적 인물은 정이천과 주자이다. 정·주에 의하면 경이란 심신을 안으로 거두어 방종하거나 산만하지 않도록 한다는 收斂, 내심을 늘 경외의 상태로 유지시킨다는 謹畏, 용모를 단정히 하고 몸가짐을 엄숙히 하여 망령스럽게 경거망동하지 않는다는 整齊嚴肅, 한 가지 일에 정신을 집중하여 다른 데로 마음이 흩어지지 않게 한다는 主一無適, 항상 정신을 또렷이 깨어있게 하여 昏昧하지 않게 한다는 常惺惺 등의 의미로 규정된다.[44]

이를 통해서도 알 수 있듯이 경은 "인간에게 있어서의 자기 형성, 즉 인격적·도덕적 주체의 확립을 목표로 하는"[45] 공부방법의 요체라고 할 수 있다. 주자가 "敬이라는 글자는 聖學의 처음과 끝을 이루는 것"[46]이라고

42) 「年譜」, 51세조, 小朝連送春坊敦召入侍書筵 참조.
43) 「年譜」, 59세조, 入侍書講. "涵養須用敬, 進學在致知也" 참조.
44) 陳來, 『송명성리학』, 안재호 옮김, 예문서원, 1997, 259-261쪽 참조.
45) 高橋進, 『이퇴계와 경』, 안병주·이기동 역, 신구문화사, 1986, 241쪽.

하면서 "경 공부야말로 聖門의 가장 중요한 것으로서 처음과 끝을 관통하여 잠시라도 멈출 수 없는 것이다."[47]라고 한 말은 이를 단적으로 요약해 준다.

이렇게 규정된 경의 의미는 그 방법과 목표에서 철저하게 개인주의적 · 내면주의적 분위기를 띠게 된다. 그러나 모든 당위규범의 근거가 되는 경에는 순수한 개인 윤리적 차원으로만 귀속시킬 수 없는 사회 윤리적 의미도 지니고 있다. 『주역』「곤괘 · 문언전」의 한 대목 "敬으로서 내면을 곧게 하고, 義로 외면을 바르게 한다(敬以直內, 義以方外)."라는 말은 이 점에서 많은 참고가 된다. 이때의 경은 인간의 행동방식이 아니라 삶의 태도로서 義와 불가분의 관계에 있으며, 그 둘의 관계는 상보적이다. 그중에서 근본이 되는 것은 물론 경이다. 늑천이 書講의 자리에서 영조에게 "나라를 다스림에는 마땅히 敬을 근본으로 해야 하고 信을 주안으로 해야 하고 절용을 요체로 해야 한다."[48]라고 한 말을 통해서도 확인할 수 있다.

이렇게 볼 때 경은 늑천에게 가장 중요한 철학적 근본문제이자 진리에 도달할 수 있는 유일한 길이라고 할 수 있다. 이때의 경은 진실한 마음과 집중하는 마음을 가지고 항상 맑은 정신으로 일을 행하여서 한 터럭의 私意라도 끼어들지 않도록 한다는 의미이며, 사람들이 마땅히 이루어야 하고 따라야 하고 밝혀야 할 것으로 된다.

> 마음을 바르게 하는 방법은 한마디로 편벽된 사사로움을 버리고 天理의 공변됨을 회복하는 길뿐입니다. 대개 이 마음이 본래 스스로 廣大 無限量하여 하늘 · 땅과 더불어 그 본체가 동일한데, 한번 私意에 굽히게 되면 협소함을 면치

---

46) 『大學或問』, "敬之一字, 聖學之所以成始而成終者也."

47) 『朱子語類』, 권12, "敬字工夫, 乃聖門一義, 徹頭徹尾, 不可頃刻間斷."

48) 『櫟泉集』 권19, 「年譜」, 59세조. "治國當以敬爲本, 以信爲主, 以節用爲要."

못하게 됩니다. 진실로 능히 하루아침에 그 私意를 버리고 (마음을) 확충한다면 광대 무한량한 나의 本體가 스스로 다시 온전하여져서 天地와 더불어 그 功用이 같아질 것입니다.[49]

이와 같은 시각에서 바라볼 때 '명덕심체'와 '경'을 강조하고 한 나라의 存亡·安危와 밀접한 관련이 있는 '天理의 公'과 私意를 엄격하게 변별하는 일은 지극히 자연스러운 일일 것이다. 당연한 귀결로서 늑천은 천리를 중시했고 강조했다. 그가 왕세자에게 "마음을 깨끗이 하는 요점은 경에 있으니, 마땅히 氣質이 편벽된 곳을 생각해 보고, 嗜慾이 깊은 것을 먼저 다스려야 합니다."[50]라고 말한 것은 이러한 인식의 소산이다. 그리하여 그는 경을 통하여 기질을 바꾸고 '천리 그 자체인 명덕'[51]을 회복하고 밝힐 것을 주장하였다.

이에 따라 그는 경을 군주가 '淸心寡欲'하는 수양의 요체로서, '內修外攘'에 의해 달성되는 심성수양의 궁극적 경지를 가리키는 것으로 이해했다.[52] 그는 경을 가지고 개인적 덕성함양을 말하였을 뿐 아니라 仁政을 행하고 '汎愛衆'하는 근본문제를 또한 말하였기 때문이다.[53] 따라서 그가 생각한 '경'은 천리로서의 明德心體를 회복하고 그것을 통하여 私意를 없애고 公道를 넓히는 일이며 의리를 확립하는 방법이었다. 그는 영조에게 다음과 같이 말하였다.

---

49) 『櫟泉集』 권4, 「疏」, 「出城後更陳筵對未畢之懷疏」. "正心之道, 一言以蔽之, 曰祛偏私, 以復天理之公而已, 蓋此心, 本自廣大無限量, 與天地同體, 一爲私意所局, 不勉狹小, 苟能一朝祛其私意而擴充之本體, 自當復全於我與天地同其功用矣."

50) 『국역 영조실록』, 영조 31년 8월 17일.

51) 『櫟泉集』 권12, 「玉溜講錄」, "合天理人心, 謂之明德." 참조.

52) 「年譜」, 59세조, 甲寅入侍 書筵. "所謂敬者, 主一之謂, 而無處不在者也" 참조.

53) 「年譜」, 59세조, 庚申承 命入侍書講. "治國當以敬爲本, …… 四海之內, 皆吾同胞" 참조.

> 대개 하늘은 살리는 것으로 마음을 삼기 때문에 살리기를 좋아하면 기뻐하고 죽이기를 즐기면 노여워하며, 하늘은 建實한 것을 道로 삼기 때문에 부지런하면 기뻐하고 게으르면 싫어하며 天理는 淸潔하고 精微하기 때문에 齋戒하여 마음을 깨끗이 하면 그와 더불게 되고 여러모로 즐기며 놀기만 하면 그를 버리며, 하늘의 덕은 지극히 성실하여 관련됨이 없으므로 독실하고 純一하면 복을 누리게 되고 남이 보지 않는 곳과 남이 보는 곳을 구분해서 두 가지 행동하면 그와는 어긋나게 되는 것입니다.[54]

여기에서 이른바 敬을 통해 선천적 본래성으로 주어진 '명덕', 즉 명덕심체를 투철하게 자각하고 또 그것을 바탕으로 개인적으로는 편사를 제거하여 천리를 회복하고, 사회적으로는 '汎愛衆'의 정신을 가지고 춘추대의를 실천하려고 했던 늑천의 현실 대응의 이론적 근거가 드러난다.

이러한 각도에서 늑천의 철학사상을 검토할 때, 가장 두드러지게 눈에 띄는 것은 明德心體의 구체적 표현인 '天理의 公'에 대한 강조이다. 늑천의 다음 말에서 이 점을 선명히 볼 수 있다.

> 어진 사람만이 능히 좋아하기도 하고 미워하기도 한다는 말은 마땅히 仁字와 能字에 주목하여 보아야 합니다. 仁이란 것은 純然한 天理로써 한 터럭의 私意도 없는 것을 말한 것이고, 能이란 것은 至公無私하여 좋아하고 미워함이 이치에 맞게 하는 것을 말한 것입니다. 만약 그 마음이 빈 거울과 평평한 저울과 같지 않으면, 거기에서 발한 좋아하고 미워하는 것이 또한 粹然히 天理의 公으로부터 나오지 못하게 됩니다. 그렇게 해서 혹 한 터럭의 私意의 혼잡이라도 있게 될 것 같으면 어찌 능히 좋아하고 미워한다고 말할 수 있겠습니까.[55]

---

54) 『국역 영조실록』, 영조 37년 7월 5일.

명덕의 현실태인 '天理의 公'은 비본래적 존재로부터 본래적 자기 존재에로의 귀환을 가능하게 해주는 인간의 존재 원리이자 당위 원리이다. 그것은 인도의 절대적 표준이며 가치판단의 절대적 근거로서 인간의 내적 초월을 가능하게 해주는 本然的 存在方式이다. 그것을 올바로 깨닫는 것이 이른바 天命의 주체적 자각이고 수양이다. 바로 여기에서 늑천의 철학사상과 현실 대응 사이의 긴밀한 관련이 나타난다.

그러면 명덕심체를 강조하고 경을 모든 가치의 총체로 인식하는 늑천의 主敬的 사유방식과 생활양태 속에서 현실의 바람직한 모습이란 무엇인가? 그것은 "人欲을 싹트지 못하도록 막고 天理를 존속시켜서"[56] 儒賢을 높이고 道를 중히 여기며,[57] "집집마다 風樂이 울리고 마을마다 글 읽는 소리가 들리는"[58] 세계로 집약된다. 구체적으로 표현한다면 天下의 大本을 세우고 天下의 達道를 행하여 '天理의 公의 바탕인' 명덕심체를 회복하고 사람마다 孝·悌·慈의 온전한 닦음을 통하여 스스로 堯舜을 기약하는[59] 세계라고 할 수 있다. 따라서 늑천에게 참된 현실이란 形氣가 빚어내는 私慾을 극복하고 명덕심체로서의 天理가 유감없이 발용 되는 原理實現의 세계였으며, 그것은 또한 평화와 문화 가치를 존중하는 사회이기도 했다.

결국, 그가 지향하는 세계는 '경'에 의하여 '天理의 公'이 온전히 실현되고 인간 존재의 본질인 인의예지와 같은 純善하고 도덕적인 것들이 스스

55) 「年譜」, 59세조, 戊申 早詣 闕下入侍景賢堂講中庸. "仁人能好惡者, 當於仁字能字上著眼看, 仁者純然天理, 無一毫私意之謂也, 能者至公無私, 好惡中理之謂也, 其心若不能如鑑空衡平, 其發爲好惡者, 亦不能粹然, 一出於天理之公, 而或有一毫私意之雜, 則豈可謂之能好惡乎."

56) 『국역 정조실록』, 정조대왕 행장 1.

57) 「年譜」, 59세조, 玉堂陳箚伸救. "列聖朝崇儒重道之事."

58) 『국역 영조실록』, 영조 32년 4월 14일.

59) 「年譜」, 59세조, 小朝連送春坊 敦召入侍書筵 참조.

로 자기 모습을 드러내고 밝히는 세계이다. 그가 왕세자에게 『대학』의 삼강령팔조목을 설명하면서 "情은 經이고 意는 緯이며, 情은 公이고 意는 私이니 情의 不善함은 意의 罪입니다. 그러므로 意의 善함을 좋아하고 惡함을 미워하는 곳에 그 實한가 實하지 아니한가의 기미를 깊이 살피시어서 반드시 스스로 자기의 良心을 속이지 말 것입니다."[60]라고 말했던 것에서도 이 점은 명백하게 확인된다.

그런 점에서 늑천의 명덕심체에 바탕을 둔 主敬的思考는 패덕한 시대를 근심하고 주자의리론이 실현되기를 희구하는 충정의 표현이며, 私意를 주체적으로 다스리어 하늘이 사람에게 부여해준 바 '天理의 公'에로 돌아가게 하는 교화론적 의미가 있는 것에서 크게 벗어나지 않는다. 즉, 이 말은 公的이며 純善한 절대적 본체로서의 天理가 私的이며 惡한 인욕을 다스리고 변화시켜 자신의 명덕심체를 유감없이 회복하고 그것을 통하여 대의를 구현해 가는 인간의 도덕적 삶의 궁극적 경지를 가리킨다. 따라서 '明德'이나 '天理之公' 및 '敬'과 같은 말들은 늑천의 철학사상이나 현실 인식 또는 현실 대응 이해의 핵심적 디딤돌이 된다.

이처럼 늑천이 도덕과 정치의 연속적 논리에 기초하여 도덕적 수양을 통한 公的秩序를 이루어 내고자 한 사상과 실천은 물론 유가 전반의 공통 논리라 하더라도 그 조화로운 관계 및 현실적 합일에 대한 낙관과 그 학문적 탐구는 그 이전의 유가들과 비교하여 유의할 만한 차이를 가진다고 하겠다. 그가 근원적인 본체(理)에로 향하고자 하는 정신을 바탕으로 명덕심체의 보편성과 순수성에 대한 확신을 하고 英祖에게 戒懼謹獨하는 수양을 통하여 天地化育에 동참할 수 있는 帝王다운 제왕이 될 것을 권면한 것은[61]

60) 같은 책, 같은 곳. "情經而意緯, 情公而意私, 情之不善, 意之罪也, 故須於意之好善惡惡處, 審察其實與不實之幾, 必自慊而毋自欺也."

그 단적인 예가 될 것이다.

늑천은 天理와 人欲을 엄격하게 구별하여 인욕보다 천리가 발용 되는 본연의 세계를 중요시했고, 이를 통해 義와 不義, 正과 邪, 君子와 小人, 中華와 夷狄을 明辨하고 邪說을 물리치고 正學을 지키고자 했으며, 당위로서의 '本源的 現實'을 추구하였다. 그가 「蔡五峯遺蹟序」에서 "대저 君臣과 父子의 윤리는 하늘과 땅의 불변하는 강령이며 華와 夷, 正과 邪를 엄격하게 판별하는 일은 춘추대의이니 혹시라도 이것은 잃어버릴 수가 없는 것이다."[62]라고 한 말은 이를 밝히는 유력한 단서를 제공한다.

이러한 관점은 늑천의 "우리 생활 문화에 대한 주체적 인식과 우리 문화에 대한 자긍심의 실천"[63]과 국권회복의 노력으로 이어져 '內修外攘'의 논리와 道學精神의 제고로 간명하게 표출되었다.[64] 다시 말하여, 늑천은 예의와 염치의 실현과 中華를 존중하고 夷狄를 물리치는 길이 '天理의 公'의 완전한 회복에 있으며, 그것이 또한 상처받은 민족적 자존심을 회복하고 춘추대의를 확립하는 길이라고 믿었던 것이다. 그가 머리 모양을 어떻게 하는 것이 좋은가를 묻는 申元發에게 중국식으로 딴 머리모양의 華髮을 비판하고, 따지 않고 묶어 올린 모양의 조선식 상투인 朝髮을 적극 권장한 것이나,[65] 明의 神宗·毅宗 두 황제를 함께 大報壇에 향사하는 것은 百世를

---

61) 「年譜」, 59세조, 戊申 早詣 闕下入侍景賢堂講中庸. "自戒懼謹獨, 以至參天地贊化育, 則豈不美哉" 참조.

62) 『櫟泉集』, 권13, 「序」, 「蔡五峯遺蹟序」. "夫君臣父子之倫, 天地之常經, 華夷邪正之辨, 春秋之大義, 有或失此."

63) 李政祐, 앞의 논문, 37쪽.

64) 이 문제에 관한 다음의 말은 시사하는 바가 매우 크다. "17세기 국가 대의로 제창된 북벌론의 실현 가능성이 희박해지고, 그 기치하에 국민적 단합을 이룩하였던 국민정신이 해이해지자, '복수설치' 라는 대청복수론 보다는 內修外攘을 위한 大明義理論이 강조되면서 존주론이 성립되었고, 구체적 장치로서 나타난 조처가 대보단이었던 것이다." 정옥자, 『조선 후기 조선 중화사상연구』, 일지사, 1998, 107쪽.

기다려도 의혹되지 않는 일이라고 영조에게 주청한 것[66]은 그 단적인 예가 될 것이다.

이것은 결국 '爲己之學'을 통한 주체의 확립을 강조하는 이념의 필연적 결과요 그 표현이라 하겠다. 그래서 그는 영조에게 "천하만사의 근본은 人主의 마음에 달린 것이니, 마음이 진실로 바르지 못하다면 어떻게 나라를 다스릴 수 있겠습니까? 마음을 바로 하는 도리를 한마디 말로 포괄하여 말한다면, 偏私를 제거하고 天理를 회복하는 것일 뿐입니다."[67]라고 말할 수 있었던 것이다. 이러한 논리를 바탕으로 하여 늑천은 도덕적 세계의 새로운 가능성과 인간 존엄성의 확보가 天命의 주체적 자각과 그것을 통한 '명덕심체'의 온전한 구현에 있다고 믿었다.

> 道란 것은 천지 사이에 가득 차 있는 것이니, 사람은 '도'를 떠날 수 없고 '도' 또한 능히 사람을 떠날 수 없습니다. 따라서 지극한 덕이 아니면 지극한 '道'가 응집되지 아니하고 또한, 사람을 기다려 행해짐을 볼 수 있습니다. 사람이 나면서부터 아는 것이 아니라면 반드시 학문에 힘입어야 하니 '德性을 높이고 問學하는 데 말미암는다'고 한 것은 '道'로 나아가는 절차를 말한 것입니다.[68]

이처럼 '天理의 公'의 관점에서 현실의 제반 문제를 보았기 때문에 사람이 자신의 명덕심체를 회복하고 확충해 나갈 것 같으면 누구나 다 堯舜과 같은 성인이 될 수 있다고 확신하였고,[69] 인간 본성의 도덕 창생력을 적극

---

65) 『櫟泉集』, 권9, 「書」, 「與申元發」 참조.
66) 『국역 영조실록』, 영조 25년 3월 14일.
67) 『국역 영조실록』, 영조 39년 3월 5일.
68) 『국역 영조실록』, 영조 39년 2월 26일.

인정했다. 여기에서 이른바 인간의 사회적·정치적 행위를 설명하는 중요한 가치기준으로 '天理의 公'이 문제가 되고, 정치사회의 질서를 확립하면서 敬을 통한 인간의 내면적인 도덕성의 확충과 그 수양이 강조되는 것이다. 이와 같은 태도는 늑천의 현실 대응에서 '內修外攘'의 정신으로 간명하게 집약되었다. 그는 이를 통해 도덕 능력의 본원적 근거를 확보하려고 하였고, 야만화한 사회를 바로 잡아 正學에 입각한 '道德의 王國'을 건설하고자 하였다.

> 교화보다 앞서는 것은 없고, 풍속을 바꾸는 데 교화를 세우고 두터이 하는 데는 학교보다 앞서는 것이 없으며, 학교를 세우고 스승을 두는 데는 현명하고 덕이 있는 사람을 높이고 본받는 것보다 앞서는 것이 없다 하였습니다. 이런 까닭으로 三代의 盛時로부터 우리나라의 列聖에 이르기까지 모두 이 도리로 말미암았던 것입니다. 주자가 郡縣을 다스림에도 맨 먼저 그 遺賢을 찾아 비록 한 가지 절행을 가진 선비라 할지라도 반드시 褒揚하고 사당을 세웠던 것이니, 이는 쇠퇴한 세상을 위하는 뜻이었던 것입니다.[70)]

그런 점에서 늑천이 강조하는 '天理의 公'은 시대 현실의 변화 및 그 속에서의 正과 邪, 中華와 夷狄, 王道와 覇道를 분별하고 비판하는 典範 또는 가치판단 기준의 의미를 지닌다. 여기에서 비로소 늑천이 '理通'의 입장에서[71)] '인물성동'을 주장하고, '본연지성'이 지닌 善의 본연적 절대성을 강조하는 사고에 입각하여 시비선악을 가리지 않고 당쟁을 조정하여 保合蕩平을 이루고자 하는 영조의 탕평책에 반대한 일이라던가, 『소학』 공부를

69) 「年譜」, 51세조, 小朝連送春坊 敦召入侍書筵 참조.

70) 『국역 영조실록』, 영조 32년 4월 14일.

71) 이 경우 理通이란 말은 栗谷의 학설인 '理通氣局說'의 理通을 가리킨다.

강조하고 학문의 실천성을 『소학』에서 찾아 평생토록 檢身과 律己에 힘썼던 일,[72] 그리고 동궁 보도에 남다른 관심과 노력을 기울인 일[73] 등의 의미가 선명하게 드러난다. 녹문 임성주가 찬술한 「墓誌銘」에서 "일을 만나 변론하는 데는 단연코 義로써 하였고, …… 학문하는 것은 한결같이 朱門의 成法을 따라서 知와 行이 나란히 나아가고 動과 靜이 서로 의뢰했으며, 한결같이 敬을 주로 하였다."[74]는 한 대목은 이 모두를 간명하게 집약한 것이다.

여기에서 비로소 경으로 안과 밖을 일관했고 그것의 성취를 일생의 과제와 목표로 삼았던 늑천의 참뜻이 분명하게 드러난다. 그가 영조에게 帝王의 학문은 匹庶와 다르다고 하면서 "妖孼은 장차 망하려고 하는 나라에는 발생하지 아니하고 다스릴 만한 세상에 발생하는 것입니다. …… 성상께서 다만 마땅히 실질로써 하늘의 경고에 응답하시고 敬惕과 修省에 열중하신다면 사람의 힘으로 (하늘의) 조화를 빼앗을 수 있으니, 그 轉移하는 기틀은 人主에게 있는 것입니다."[75]라고 한 말에서 이 문제가 늑천에게 얼마나 절실하고 중요한 것이었는가를 알 수 있다. 그가 기의 形氣的 특성, 즉 '氣局'의 측면을 지나치게 강조하여 인성과 물성의 다름을 주장하는 湖論의 입장에 반대하고 '理通'과 '性卽理'의 사고에 입각하여 명덕심체에 바탕을 둔 '天理의 公'을 수양과 학문의 근본 목표로 삼으려 했던 것도 이에 기인한 것이 아닌가 한다.

이렇게 해서 확립된 '명덕심체'와 '경'을 강조하는 사유체계는 늑천으

72) 「年譜」, 63세조에 의하면 늑천은 자신이 생을 마감하기 1년 전까지 『小學』 강의에 열중했다고 한다.

73) 『국역 영조실록』, 영조 39년 2월 29일 참조.

74) 註 10) 참조.

75) 같은 책, 영조 39년 2월 20일.

로 하여금 주자학적 도학의 정통을 자임하면서 남다른 도덕적 지향과 현실성에 투철한 삶을 살게 하였다.[76] 그러므로 『영조실록』의 늑천의 卒記에서 "송명흠은 天資가 粹美하고 踐履가 純篤하여 젊어서는 중한 명망을 가졌는데, 중간에 임금의 돈독한 부름으로 인하여 도성에 나아가서 筵中의 대답과 상소로 전달한 것은 모두 사람들이 감히 말하지 못한 것이었다."[77] 하고 한 사후의 평가를 긍정하지 않을 수 없는 것이다.

5. 맺는 말

지금까지 늑천 송명흠 철학의 특성을 해명하기 위해 그의 철학의 근본 문제라고 할 수 있는 '洛論'과 '敬思想'을 고찰하였다. 그 결과 그의 철학은 기보다 리를 더 중시하는 입장에서 一原으로서의 '본연지성'에 초점을 맞추어 인성·물성의 상동을 주장하고 그 바탕 위에서 경을 강조하였음을 발견할 수 있었다. 그런 면에서 주경의 철학이라고 명명해도 좋을 것이다.

늑천의 학문은 평생 '경'에 매진한 동춘당부터 내려온 가학적 전통과 인물성동론을 주장한 낙론의 대표적 학자 도암 이재의 영향에 기반을 두고 있다. 늑천 철학의 특성은 리보다는 기에 더 치중하는 湖論의 性卽氣質說에 반대하여 性卽理說의 입장에서 명덕심체의 도덕적 주재 기능을 강조

---

76) 이 점과 관련하여 『영조실록』의 다음과 같은 기사의 한 대목은 많은 참고가 될 것이다. "송명흠은 先正臣 문정공 송준길의 손자로서 학문에 힘쓰고 徵召에 나아가지 않았다. 임금이 그의 이름을 듣고 반드시 불러 보고자 하여 항상 말하기를 儒賢을 대하는 것이 어찌 大臣과 다름이 있겠는가? 하고 항상 이름을 부르지 않고 관직을 일컬었으며, 연달아 서찰로 부르기를 거의 열 번이 넘었는데, 말씀이 더욱 간곡하고 정성으로 예를 다하기를 힘썼다." 『국역 영조실록』, 영조 38년 12월 11일.

77) 『국역 영조실록』, 영조 44년 7월 13일.

하고 그것을 인간의 본래성이자 당위의 道德律인 경을 통해 현실적으로 구현하려고 노력한 데서 찾아진다. 이 경우 '경'이란 개념은 늑천이 생각한 바 인간이 마지막까지 지켜야 할 최상위의 가치이자 국가를 다스리는 근본이 된다.

늑천은 또 어지러운 세상의 현실에 대하여 명덕심체에 근거한 內修外攘과 知行幷進을 추구하는 삶을 통해 개인적으로는 偏私를 제거하여 天理를 회복하고, 사회적으로는 "四海之內가 다 나의 동포임을 자각하고 誠心으로 서로 더불어 아름답고 착하게 사는" 세상을 만들려고 노력하였다.

그런 점에서 늑천은 명덕과 경으로 안과 밖을 일관했고 그것을 통해 자신의 도덕적 지향과 시대의식을 잘 조화시켰다고 할 수 있다. 늑천의 이와 같은 태도는 노론의 대표적인 산림으로서 英祖의 정국운명의 한 방책인 蕩平政治에 대한 反蕩平 활동으로 나타났고, 도학과 의리를 온몸으로 보여준 '山林의 예우받는 신하'이자 儒生을 지도하는 '書院의 山長'으로 표출되었다.

이렇게 볼 때, 늑천의 학문과 철학사상은 그가 몸담았던 시대와 역사에 주체적으로 참여하는 실천행위의 일환이었으며, 또한 자신의 삶에 대해 온몸으로 묻고 대답하는 자기 해명과 자기 구원의 엄정한 종교 행위와 같은 것이었다고 할 수 있다. 그래서 그는 영조에게 '아버지가 아들을 죽이는 것은 옳지 못하다(論父不可殺子)'고 하면서 다음과 같이 말할 수 있었던 것이다.

> 부자는 天性에 타고난 것입니다. 그리하여 손을 끌고 다니는 아이나 匹庶의 천민도 자기의 어버이를 사랑할 줄 모르는 자가 없는데, 더구나 저하께서는 지극한 정성과 순수한 조행이 어렸을 때에도 나타나셨으므로 어찌 이에 미진한 바가 있겠습니까? 이는 大朝께서 잘못한다고 노여워 내리신 분부에 대하여 엄

한 두려움을 갖고 소인들이 이간하는 말에 의혹을 품는 데에 지나지 않습니다. 대신들은 韓琦처럼 誠敬 두 가지를 곡진하게 하지 못하였고, 言者는 주자처럼 심성의 근본 된 바를 밝히지 못하여 더욱더 의심하고 망설이게 되어 이에 이르게 된 것일 뿐입니다. …… 요컨대, 좋은 일을 하면 반드시 상서롭고 착하지 못한 일을 하면 반드시 殃禍를 받으며, 어질면 반드시 흥왕하고 포악하면 반드시 멸망한다는 것입니다.[78]

78) 『국역 영조실록』, 영조 37년 7월 5일.

사우당 송국택의 도학정신

1. 이끄는 말

17세기 조선 후기 사회는 한국유학사에 있어 주자의 義理精神을 재발견하여 철학적으로 심화시켰다는 면에서 볼 때 가장 주목할 만한 시기이다. 주자와 주자학을 절대 신봉하고 그 사상체계 안에서 조선 문화의 자존심과 국가의 자주권을 회복하고 새로운 사회질서를 수립하겠다는 노력이 본격화된 것은 이와 밀접한 관계가 있다. 이와 아울러 극도로 경직화된 名分論과 禮訟 그리고 치열한 권력투쟁은 17세기 조선 후기 사회가 지닌 또 하나의 중요한 시대적 조건이었다.

이와 같은 여러 요인이 중첩된 상황에서 사우당 송국택(四友堂 宋國澤, 1597~1659)[1]은 어떤 철학을 했고 어떤 삶을 살았는가? 그의 道學精神의

1) 宋國澤의 字는 澤之이고 號는 四友堂이며 본관은 恩津이다. 宋希命의 둘째 아들로 태어났으며 16세 때 宋夢寅에게 양자 갔다. 宋浚吉·宋時烈과 함께 沙溪 金長生의 문하에서 수학하였다. 1619년 生員試에 합격하고 1624년 식년 문과에 급제하여 承文院 正字·博士를 역임하였다. 1627년 丁卯胡亂 때에는 號召使로 김장생의 휘하에 있다가 천거로 藝文館 檢閱이 되었다. 이어 司諫院 正言 등을 지내고 司憲府 持平으로 있을 때 仁祖의 生父인 元宗의 추종을 반대하여 좌천되었다. 후에 재기용되어 文川郡守 등을 지내고

기반과 특성은 무엇이며, 그것이 현실 인식과 어떻게 관련되고 있는가? 그리고 그의 도학정신과 준엄한 현실 인식의 전개 과정에서 그가 지녔던 신념의 탁월함과 불굴의 정신은 어떻게 나타나고 있는가? 이 물음들은 사우당의 철학과 삶 전체를 올바로 파악하는 데 매우 중요하다. 여기서 얻어지는 성과 여하에 따라 사우당의 다른 국면에 관해서도 더욱 깊이 있고 새로운 전망을 확보할 수 있을 것이다.

이러한 문제에 유의하면서 우선 사우당 사상의 도학적 기반과 그 배경을 살피고, 이어서 사상적 체계를 개관하여 그 특징을 밝히며, 나아가 그의 현실 인식이 지닌 독특하고 주된 흐름이 무엇인가를 분석한 후, 그것이 도학정신과 어떤 유기적 관련이 있으며 또 그것이 구체적으로 어떻게 전개되는가를 구명하고자 한다. 이 문제의 검증을 통해 우리는 선비의 내적 자기완성과 엄격한 명분의 실천을 위해 평생을 바치고자 했던 사우당의 도학정신을 새롭게 이해하는 관점을 얻게 될 것이며, 나아가서는 지나치리만큼 원칙에 충실하고 부조리한 현실과 타협하지 않았던 17세기 유학자들의 현실감각 및 정치의식을 보다 정밀하게 살필만한 전망도 확보할 수 있을 것으로 기대한다.

2. 사우당 사상의 도학적 기반

사우당 송국택의 철학사상을 올바로 이해하기 위해 우리는 우선 그가 서 있었던 개인적 · 역사적 位相을 검토할 필요가 있다. 인간은 자신의 의

1636년 병자호란 때에 강화도에서 昭顯世子의 아들을 탈출시킨 공으로 通政大夫에 올랐다. 그 뒤에 병조참의를 거쳐 승지 · 예조참의를 지냈다. 좌천성에 추증 · 회덕의 靖節書院에 제향되고 저서에는 『四友堂集』이 있고, 시효는 孝貞이다.

지와 선택으로 삶을 살아가는 자율적 존재이지만, 그 의지와 선택은 이미 주어진 사회적 · 문화적 조건과 상황에 대응하여 현실화하는 것이기 때문이다. 사우당은 宋希命(1572~1656)의 둘째 아들로 懷德에서 태어났으며 동춘당 송준길(1606~1672) · 우암 송시열(1607~1689)과 동시대의 인물로서 栗谷—沙溪—愼獨齋로 이어진 기호학파의 적통을 이어받은 주자학자였다. 그는 어려서부터 동춘당의 아버지인 宋爾昌의 엄격한 지도로 주자학을 중심으로 하는 성리학에 입문하여 孔子 · 朱子 · 栗谷의 학문을 익혔다. 이에 따라 사우당은 주자와 율곡을 정통으로 받들어 자신의 학문적 목표와 기준으로 삼고 이를 심화시켜 나갔다. 따라서 그에게 참다운 학문이란 주자를 배우고 주자의 뜻을 현실적으로 구현하는 일이었다. 그가 「四子名字說」이라는 雜著에서 주자를 가리켜 "後孔子"[2]라고 말한 것만 보아도 이 점은 명백하다.

이후 그는 율곡의 高弟이며 예학에 밝은 사계 김장생(1548~1631)의 문하에서 동춘당 · 우암과 함께 배웠다.[3] 사계는 주로 사상과 처세의 면에서 사우당에게 심대한 영향을 미쳤던 것으로 짐작된다. 죽음도 불사하고 대의를 추구하는 정신, 시속과 타협하지 않는 淸苦한 삶은 그의 전 생애를 지배한 것으로 이 시기에 그가 스승인 사계로부터 받은 유산이라 할 수 있다. 그리고 그중에서도 '八字符'를 통한 덕성의 함양을 강조하는 사계의 가르침은 사우당에게 춘추대의 정신을 확립할 수 있는 기초를 마련해 주었다.

澤의 나이 십팔구 세 때에 김 선생을 좇아 배웠는데 일찍이 한 말씀으로서 이

---

2) 『四友堂集』(恩津宋氏 孝貞公 四友堂派宗中, 1986) 上, 「雜著」, 〈四子名字說〉. "晦翁後孔子也, 後孔子而願學者, 捨晦翁奚以哉."

3) 『四友堂集』 下, 「年譜」, 19歲條 참조.

몸이 다하도록 행하여갈 要言을 선생에게 물었더니 선생이 한참 동안 잠잠이 있으시다가 말씀하시기를 '네가 일찍이 『周易』을 읽었다고 들었다. 『주역』 坤卦 六二에 공경으로써 안을 곧게 하고 의로움으로써 밖을 바르게 한다는 말은 주자께서 말씀하시기를 학문하는 요점은 이 말 밖에 다른 말이 없다고 하였으며' 또 말씀하시기를 '만일 실지로 잡아 공부하여 가는 데는 다만 이 여덟 개의 글자를 일생 사용하더라도 궁진하지 않을 것이다.'라고 하시었다. '옛 사람이 不遠復으로써 三字符를 하였으니 지금 네가 또한 이것으로 八字符하여 終身토록 服膺하는 것이 옳지 아니하겠는가'라고 하시었다.[4)]

사우당은 스승의 垂訓인 이 '八字符'를 종신토록 받들어 그것을 힘써 체득하고 구현하는 일에서 자기 정체성을 확인하였다. 그가 의리를 바탕으로 현실세계를 인식하고 '대의의 성취와 지킴'을 위해서 평생 진력하였던 것도 또한 여기에 근거한다. 따라서 청음 김상헌(淸陰 金尙憲, 1570～1652)이 사우당에게 준 詩에서 "맑은 명성은 우리(郵吏)도 복종하고/높은 절의는 士林이 추앙하였네/金石 같은 평생의 뜻/(그 속에서) 그대는 잠시도 떠나지 못하리라 나는 잘 아네"[5)]라고 노래한 것은 이런 문맥에서 이해되어야 한다. 특히 『주역』 곤괘 「문언전」의 "경으로써 안을 바르게 하고, 의로써 밖을 바르게 한다(敬以直內, 義以方外)."는, 여덟 글자는 사우당에게 있어서 인간이 지녀야 할 최상위의 가치, 즉 道의 개념에서 그 중심을 차지한다. 그것은 또한 孔子·朱子·栗谷·沙溪에게서 받은 것으로 사우당 도학

---

4) 『四友堂集』 上, 「雜著」, 〈八字符序〉. "澤, 年十八九歲時, 從金先生學, 嘗問一言, 可以終身行之之要, 先生, 默然良久, 曰聞汝嘗讀易矣, 易坤之六二, 敬以直內, 義以方外, 朱子以爲, 爲學之要, 無以易此, 而又曰若實把做功夫, 只此八箇字, 一生用之不窮, 古人以不遠復, 爲三字符, 今汝亦以此爲八字符, 而終身佩服可乎."

5) 『四友堂集』 下, 「師友錄」, 〈淸陰金文正公〉. "有淸名郵吏服, 高節士林推, 金石平生志, 知君少別離等句."

정신의 출발점이며 도착점이다. 이와 같은 입장은 그의 춘추대의 사상과 反清的 北伐大義論에서 다시 한 번 선명히 볼 수 있다.

이미 지적했듯이 사우당의 학문적 기초는 주자 · 율곡으로 대표되는 주자학의 세계였고, 이는 젊은 시절에 율곡의 학통을 계승한 사계 부자의 문하에서 주자학 전공을 통하여 더욱 심화 · 발전하였다. 이 과정에서 주자를 근간으로 한 孔孟之學에 대한 새로운 이해는 그로 하여금 주자의 학문과 인생을 참다운 학문의 전범이자 정도로 생각하고 또 믿게 하였다. 그 이유는 바로 주자가 공맹의 도통을 잇고 그것을 세상에 새롭게 밝힌 성인이며, 따라서 正學을 공부하는 데는 주자를 尊信함보다 앞설 것이 없다고 판단했기 때문이다. 이렇게 볼 때 그가 주자를 존숭하였던 일은 표면상의 명분에만 그치지 않는 실질적이며 강력한 의미가 있는 것이라고 하겠다. "晦翁(朱子)은 後孔子이시니 공자 뒤에 태어나서 배우기를 원하는 사람이라면 晦翁을 제쳐놓고 어찌하겠는가?"[6]라고 한 말이나, "인류가 이 세상에 나온 이래로 공자와 같은 성인은 없었으며, 공자 후에 태어난 사람으로서 주자와 같은 성인은 있지 않았다."[7]라는 말을 상기할 때 이 점은 분명하다.

그런데 그것은 사우당 자신이 처해있던 학풍과 역사의 상황 안에서 형성되고 조건 지어진 것임을 부정할 수 없다. 여기에는 당대의 주자주의적 사상풍토, 그리고 그의 가문의 학풍 및 沙溪 父子로부터의 영향 등의 문제가 관련된다. 이와 같은 사우당의 주자에 대한 존숭은 그가 자신의 시대를 北方女眞族인 金나라에 의해 비참하게 유린당하고 稱臣屬國을 서약했던 주자의 시대와 유사한 것으로 파악 · 인식하고 있었다는 점에서도 알 수 있

6) 註)2 참조.

7) 『四友堂集』 上, 「書」, 〈答外從兄李都事義吉〉. "自生民以來, 未有若孔子之聖. 而後孔子而作者, 又未有若朱子之賢."

다.[8] 壬申年(36세) 3월 그가 司憲府持平을 제수받고 崔有海를 論啓한 글에서도 이를 확인할 수 있다.

> 崔有海가 감히 막중한 나라의 典禮를 사사로이 華人에게 問難하는 것도 이미 이것이 無嚴한 짓이옵고 또 宋憲은 비록 말하기를 天朝의 宰臣이라고 하나 역시 程朱의 定論과 서로 어긋남이 심하옵니다. 저들이 이에 감히 한마디 말로 변론하여 排斥하지 못하고 도리어 그 글을 중국으로 보내게 하였으니 이것은 天下의 聖聰을 속이고 가리는 일이며 국가와 斯文의 수치가 되는 일이기도 합니다. 하옵건대 崔有海를 하루속히 仕板에서 제적하도록 명령을 내리옵소서.[9]

그가 '崇明義理'와 '伐淸雪恥'의 北伐論을 실천하려고 한 것도 바로 여기에 기인한다. 그리고 그것은 丁卯胡亂(1627) 때 沙溪의 參謀官으로 전쟁에 참가한 일이라던가, 淸의 年號를 배척하여 벼슬을 버린 일 등의 형태로 집약·표현되었다.

이처럼 주자는 학문과 삶의 正道를 얻고 구현하는 데 있어서 절대적 표준이 된다는 사우당의 주자관은 그가 당면했던 17세기의 정치·사회·사상적 혼돈에 대한 위기의식에서 더욱 절실하게 제창되었다. 사우당의 판단에 의하면 당시는 "是非가 얽혀서 분분하고 公論이 밝혀지지 않아 人心은 답답하기만 하고 和氣가 펴지지 않아, 어진 신하와 바른 선비들이 모두 머리를 움켜쥐고 몸을 감추는"[10] 상황이었다. 여기에서 사우당은 이를 극

8) 은진송씨 사우당효정공파 종중, 『四友堂實記 略抄輯』, 「肅宗備忘記」, 향지문화사, 1992, 38쪽 참조.

9) 『四友堂集』 上, 「啓辭」, 〈兩司論崔有海啓〉. "崔有海之敢以莫重典禮, 私相問難於華人, 已是無嚴, 而且宋憲雖曰天朝宰臣, 亦是程朱後學, 今其爲說, 與程朱定論, 相悖甚矣, 彼乃不敢以一辭辨斥, 而反使移書本國, 欺蔽聖聰, 其爲國家斯文之差, 請崔有海亟命削去仕板."

복할 수 있는 현실적 논리를 찾고자 하였고, 자신이 모색하는 사상의 근원으로서 또는 그 정당화의 근거로서 주자학이라는 기반을 필요로 하였다. 그에 의하면 주자는 孔孟之學의 정통을 얻은 분이며, "지금 춘추대의를 온 세상의 사람들과 후세에 크게 밝히고자 하는 데 있어서 무엇보다 필요한 존재"[11]였다. 이 경우 주자학이란 사회적 모순이 극대화되는 시기에 처하여 천리를 밝혀 무너진 질서를 새롭게 일으켜 세우는 정신이며 "선을 닦고 악을 물리치면서 자신을 곧고 방정하게 하려는"[12] 수양의 궁극 목표 내지 행동의 지표가 된다.

이러한 논리를 바탕으로 사우당은 당대의 사회적 · 정치적 모순의 해결에 가장 바람직한 길이 주자학의 적극적인 수호에 따른 사특한 논설의 배격에 있다고 보았다. 그에 의하면 사특한 논설의 배격이란 "장차 망하려는 나라를 존속시키도록 하는 일이며, 장차 짐승이 되려고 하는 사람들로 하여금 사람 구실을 할 수 있도록 하는 일이었다."[13] 그것은 또한 "耳目의 구실을 하는 관리들로 하여금 길이 가로막히는 일이 없도록 하는 일이며, 위아래가 서로 그 성실함이 통하고 和氣가 祥瑞를 이루게 하는 일"[14]이기도 했다. 이러한 관점은 무엇보다 是非와 正邪를 칼로 자르듯이 구분하는 춘추대의 정신의 순수한 발로로서, 다음에 살펴볼 그의 현실인식과 호응관계를 이룬다.

이처럼 이단의 폐해로부터 주자학을 지키고, 의리에 따라 명분을 바로잡고 나라의 自尊을 지키고자 했던 사우당의 도학정신은 그대로 그의 철

---

10) 『四友堂集』 上, 「疏」, 〈應旨兼辭參議疏〉. "由是而是非紛紜, 公論不明, 人心拂鬱, 和氣不舒, 賢臣正士, 皆捧頭竄身."

11) 『四友堂集』 上, 「書」, 〈答李重卿〉 참조.

12) 『四友堂集』 上, 「詩」, 〈和陶四言奇松溪道座〉. "修攘道方, 聞紫陽風" 참조.

13) 『四友堂集』 上, 「疏」, 〈辭掌令疏〉. "而以攻邪說, 以存將亡之國, 以人將獸之人耶."

14) 『四友堂集』 上, 「疏」, 〈應旨兼辭參議疏〉. "毋使耳目之官壅遏, 而上下交孚, 和氣致祥."

학사상과 현실 인식의 형성에 반영되고 이어졌다. 그의 학문적 기초는 주자 · 율곡으로 대표되는 정주학의 세계였고, 經世的 실천에의 관심 또한 宋代의 주자가 가졌던 '仁政'의 이상을 계승하는 것이었다. 그렇다면 우리는 다음 장에서 사우당 철학의 중요 내용과 특성을 검토하면서 이 점에 관하여도 제한된 범위에서나마 검토할 기회를 가질 수 있을 것이다.

3. 사우당의 사유체계

조선조 사상사는 대략 다음 두 가지의 기본적 패턴으로 전개되었다. 그 하나는 우주와 인간의 문제를 리에 비중을 두고 해명하는 것이고, 다른 하나는 기에 두고 해명하는 입장이다. 조선조의 오랜 철학적 논쟁을 통해 理發 · 氣發이나 主理 · 主氣 등의 대립적 개념을 둘러싸고 거듭되어 온 논의에서 이 점을 확인할 수 있다. 이 두 관점은 통합을 위한 반복적인 노력에도 늘 조화롭지만은 못했으며 때로는 분화되고 혹은 날카롭게 대립하였다. 이에 관하여 특히 전형적이라 할 만한 예가 조선 후기 철학계가 양분되어 退溪學派 · 栗谷學派, 嶺南學派 · 畿湖學派, 主理派 · 主氣派[15] 등으로 불리는 학파를 형성한 일이다.

성리설이 원초적으로 '리와 기' 이분법의 사고 위에서 출발하는 만큼, 일원론은 말할 것도 없지만, 심지어 리기의 균형 · 조화를 전제한 이원론도, 궁극적으로는 양자 중 어느 한 편에 치우치기 마련이다. 리와 기는 아무리 相補 · 對待의 관계임을 강조하더라도 근본적으로는 그것들이 서로

15) 主理와 主氣에 관한 문제는 裵宗鎬, 「韓國思想史에 있어서의 主理와 主氣의 문제」, 『韓國思想史學』 第2輯(韓國思想史學會, 1988), 17-19쪽과 尹絲淳, 『한국의 성리학과 실학』(열음사, 1987), 14-18쪽 참조.

對比 · 反對되는 의미로 상정되는 개념인 만큼, 二律背反을 배제하는 형식 논리의 체계가 엄수되는 한 양립할 수 없다. 이와 같은 성리설이 리 또는 기 중의 어느 한 편에 치우쳐 치중하는 형식을 갖는 데서 '주리' · '주기'의 문제가 대두된 것이다.[16)]

위에서도 언급한 바 있듯이 사우당의 철학적 입장은 전반적 내용으로 보아 율곡의 설을 충실히 따랐다고 할 수 있다. 그가 제자들에게 "율곡은 우리 동방의 주자이시다."[17)]고 한 말이나, 孝宗이 하사한 『소학』을 받고 陳奏한 상소문에서 "李珥가 결정한 註說을 經筵에서 강론케 하여 바람이 불면 풀은 따라서 나부끼는 그러한 효과를 거두어들이도록 하옵소서"[18)]라고 간청한 바를 상기할 때 이 점은 명백하다. 그렇게 본다면 栗谷은 사우당의 철학에서 절대적 표준이자 출발점이 된다. 그래서 사우당은 우주 만물을 형성하는 始原的 存在로서의 리 · 기를 동시에 인정하면서 리와 기의 妙合 관계를 특히 강조하고 중요시한다.

> 리와 기는 진실로 섞여 있지도 않고 또한 서로 떨어져 있지도 않다. 天地의 性이나 氣質의 性에서 性이라는 글자는 오직 똑같다. 다만 기질 가운데서 기질과 섞여 있지 않은 관점에서 말한다면 天地의 性이라 하고, 기질을 떠나지 않은 관점에서 말할 때에는 기질의 성이라고 하는 것이다. 그렇다고 하여 두 가지 종류의 성이 있다는 것은 아니다. 그러므로 (리와 기, 天地之性과 氣質之性) 두 가지가 있다고 말하는 것은 결단코 옳지 않다.[19)]

---

16) 尹絲淳, 「朝鮮末期 主理派 思想의 意義」, 『第2回東洋文化國際學術會議論文集』(성균관대학교 대동문화연구원, 1980), 169쪽 참조.

17) 『四友堂集』 上, 「雜著」, 〈先蹟補遺〉. "又訓子弟, 曰栗谷我東方考亭."

18) 『四友堂集』 上, 「疏」, 〈謝特賜小學疏〉. "幷以李珥所定註說, 進講於經筵, 以收風行草偃之效焉."

그에 의하면 리와 기는 서로 섞이지 않는 (不相雜) 관계와 서로 떠나지 않는 (不相離) 관계가 있다. 따라서 리 없는 기나, 기 없는 리는 생각할 수 없다.

그러나 사우당은 리와 기의 妙合의 측면을 인정하면서도 순선무악한 리에 더 근원적이고 본질적인 의미를 부여한다. 모든 존재가 리와 기로 이루어진다는 점에는 하나이지만 각기 고유한 특성이 있어서 兩者는 논리적으로 서로 구별이 된다. 이러한 생각에서 그는 리에는 必然 · 能然 · 當然 · 自然이 있고 所以然이 있으며, 所當然과 所以然은 費隱에 분배하여 볼 수 있다고 하였다.

> 리에서는 必然과 能然과 當然과 自然이 있다. 그리고 또 所以然이라고 하는 한 단계가 있으니 이것이 곧 리의 본체이다. 沙溪 선생이 일찍이 말씀하시기를 '栗谷 선생은 所當然과 所以然을 費隱에다 분배하여 보셨다' 고 하였다.[20]

이러한 입장은 그가 논리적 의미에서 理先을 긍정하고 이를 토대로 본원존재로서의 리가 물질성과 감각성 및 특수성을 지닌 기 활동의 바탕이며 기준임을 분명하게 보여주고 있음을 시사한다. 이로써 판명되듯이, 사우당이 리 · 기의 관계를 不相雜보다는 不相離로 파악하고 리기의 妙合의 원칙을 견지하는 율곡의 관점을 따르고는 있지만, 율곡의 說을 묵수하여 추종하였던 것 같지는 않다. 그가 율곡의 리기설을 계승하여 그것을 자신

---

19) 『四友堂集』 上, 「書」, 〈答李重卿〉. "理氣固不相雜, 而不相離, 天地之性, 氣質之性, 兩性字只是一般, 而就氣質中, 以其不離乎氣質者言, 則曰天地之性, 以氣不離乎氣質者言, 則曰氣質之性, 性非有兩種也, 故曰二之則不是."

20) 同上. "理有必然能然當然自然, 而又有所以然一般, 卽理之體也, 沙溪先生, 嘗言栗谷以所當然所以然, 分配費隱有云矣."

의 논리로 부연하여 철학의 근본문제로 삼고는 있지만, 리의 일차성 · 우위성을 인정함으로써 율곡보다 더 리를 중시하는 입장을 취했기 때문이다. 그가 "하늘과 사람을 一理로 분석하였도다."[21]라고 노래한 「傳道則可仕則不可賦」의 한 대목에서 이 점은 단적으로 드러난다. 속단하기는 곤란하나 이러한 입장과 논리 전개방식은 그의 심성론에도 그대로 적용되어 나타났다.

> 性에 物이 있는 것이 아니라 다만 하나의 道理가 내 마음 안에 갖추어져 있을 뿐이다. 이로써 미루어 본다면 耳目口鼻나 四肢나 어느 것 하나도 性이 없지 않다는 것을 알 수 있다. 마음속에 갖추어져 있다고 하는 것은 몸의 太極을 통솔하는 관점에서 말한 것이다.[22]

그리하여 사우당은 '心'을 핵심 논거로 자신의 심성론을 전개하였다. 그는 心을 虛靈不昧하고 衆理를 갖추어 만사에 대응하는 존재로 파악하고, 心 · 性 · 情을 총괄하여 일체적인 것으로 해석했고, 그것을 통하여 明德의 내용 구조를 밝히려고 했다. 그리고 그는 장횡거 이래 전승되어 온 心統性情論으로 이를 명료하게 定式化 했다.[23] 이처럼 心 · 性 · 情을 분리하지 않고 총체적으로 보는 논법은 性과 情을 단지 心의 두 가지 다른 양태로 보면서도 性에 더 무게를 두는 것을 뜻한다. 여기서 性은 본체이며 도리라고 하는 경계를 이루면서 心 속에 포괄된다. 이 경우 심은 사유와 의식 활동의 총체적 범주를 상징하는 개념이다.[24]

---

21) 『四友堂集』 上, 「賦」, 〈傳道則可仕不可賦〉. "析天人於一理."

22) 『四友堂集』 上, 「書」, 〈答李重卿〉. "性非有物, 只是一箇道理之在我者也, 以此推之, 則耳目口鼻四肢, 無一物之無性, 可知矣, 具於心云者, 以統體之太極言之耳."

23) 同上. "心統性情者也" 참조.

사우당이 "心은 性과 情을 통솔하는 것이다. 단지 虛靈의 지각만을 지키고 천리의 참됨에 어두우면 이것은 곧 진실로 그 반만을 얻고 그 반은 잃어버린 것이다. 그러므로 釋氏가 마음을 알았다고 하는 것은 진실로 마음에 대하여 다 알았다고는 할 수 없다."[25]라고 言明한 데서도 이 점은 분명히 드러난다. 그리하여 그는 이를 바탕으로 하여 마음 기르는 공부를 강조하였다.

그러면 마음 기르는 공부란 무엇인가? 사우당이 이 문제에 대하여 자세한 설명을 하지 않았기 때문에 우리는 우회적 검증을 통해 이를 규명할 수밖에 없다. 「周子言敬」을 논거하면서 그는 '無欲'하는 것을 마음 기르는 첫 번째 공부라고 했다.

> 밝게 꿰뚫고 널리 통하면 성인이다. 밝게 꿰뚫고 널리 통하고자 하면 반드시 고요할 때 虛心하게 하고 움직일 때는 곧아야 한다. 고요할 때는 허심하게 되고 움직일 때는 곧고자 하거든 모름지기 無欲해야 한다. 無欲케 하는 요점은 精一한 데 있으며, 精一은 聖을 이루는 시초가 된다. 그러나 고요하여 허심하면 一은 靜 위에 있고, 움직여서 곧으면 一은 動 위에 있다. 밝게 꿰뚫고 널리 통하면 一은 明通 위에 있고, 널리 통하면 一은 公溥 위에 있다. 그러므로 一은 聖을 이루는 마침이다. 주자가 이르기를 敬은 聖學의 시초를 이루며 또 마침을 이룬다고 하였고, 程子가 이르기를 一을 주로 하는 것(主一)은 敬이라 한다고 했다.[26]

24) 陳來, 『송명성리학』, 안재호 옮김, 예문서원, 1997, 254쪽 참조.

25) 『四友堂集』 上, 「書」, 〈答李重卿〉. "心統性情者也, 只守虛靈之識, 而昧天理之眞, 則是眞所謂得其半, 而失其半者也, 故釋氏識心, 不可謂眞識得心也."

26) 同上. "明通公溥則聖也, 欲其明通公溥, 則必須靜虛動直, 欲其靜虛動直, 則又須是無欲, 無欲則又在乎一, 一其成聖之始乎, 然靜虛則一在靜上, 動直則一在動上, 明通則一在明通上, 公溥則一在公溥上, 一其成聖之終乎, 朱子謂敬者, 聖學之成始成終, 而程子謂主一之謂敬."

이와 같은 주장이 '無欲'을 강조한 주렴계의 수양론에 바탕을 두고 있는 것임은 더 말할 필요도 없다. 여기서 사우당은 敬과 無欲을 인간의 최고 이상인 성인이 되는 지름길로 보고, 그것을 인간의 본질로써 자각하여 當爲의 道德律로 제시하고 있다. 그에 의하면 敬을 통한 無欲은 靜虛, 動直의 경지에 도달하고 또 義를 구현하는 유일한 지름길이다. 이렇게 볼 때 敬이란 개념은 사우당의 수양론에서 가장 중요한 기준이요 모든 가치의 근거가 된다고 할 수 있다. 그래서 그는 '敬과 義의 공부를 기다려 근본이 세워지는 것'[27]이라고 했다. 이 때 경이란 주자가 말한 몸과 마음을 純一하게 하여 放縱하지 않도록 한다는 의미이며,[28] 맹자의 存心·養心·求放心의 要訣로서[29] 사람들이 이루어야 하고 따라야 하고 밝혀야 할 것으로 된다. 그 핵심을 다른 말로 표현하면 안으로 경하고 밖으로 의하는 일이라고 할 수 있다. 그가 "단지 잠자코 앉아서 마음을 깨끗하게 하는 것만으로는 얻는 바가 없다. 모름지기 천리를 體認해야만 비로소 얻는 바가 있다. 만약에 단지 마음을 깨끗하게 할 뿐이라면 虛靈의 감각을 지키는 것과 아무런 차이가 없다."[30]라고 말한 것은 이런 문맥에서 이해되어야 한다.

그런 점에서 사우당이 문제 삼은 경은 의를 목적으로 하는 인간 존재의 고유한 존재원리요 당위법칙이라고 할 수 있다. 의를 궁극 목적으로 하는 경은 "미발과 리발을 관통하고, 동정과 내외의 과정 전체를 관통하는"[31] 덕목이기 때문이다. 이 경우 경은 천리와 동일한 개념으로 公的이며 善과 같은 것으로 이해할 수 있다.

---

27) 『四友堂集』 上, 「賦」, 〈內修外攘如直內方外賦〉. "敬義須而本立."

28) 『朱子語類』 卷12, 「持敬條」 참조.

29) 『四友堂集』 上, 「疑」, 〈孟子言心不同疑〉. "必以敬一字爲存心養心求放心之要訣焉."

30) 『四友堂集』 上, 「書」, 〈答李重卿〉. "只默坐澄心也不得, 須是體認天理始得, 若只澄心, 則使與守虛靈之識者無異矣."

31) 陳來, 앞의 책, 259쪽.

이와 같은 입장을 취할 때 '경과 의를 강조하고, 한 나라의 治亂·興亡과 밀접한 관련이 있는 천리와 인욕을 엄격하게 변별하는 일은 오히려 자연스러운 일일 것이다.[32] 당연한 논리적 귀결로서 그는 인욕을 막고 천리를 보존하는 길을 강조했다. 그가 "사람도 진실로 속일 수 없겠거늘/하늘을 속이는 일을 어찌하고자 하는가/군자가 그 마음을 지키는 도리라고는/至誠을 간직하고 사특함을 막는 일일세."[33]라고 노래한 것이라든가, "사람은 진실로 천리의 근본이 善함을 알아서 堯舜의 영역에 이르도록 힘써 나가야 할 것이다. …… 요순과 같은 것에는 나아가서 행하고, 요순과 같지 아니한 것은 버리어 행하지 말아야 한다. (그렇게만 한다면) 요순이 또한 나요, 내가 또한 요순이니, 어찌 요순의 지위에 이르지 못함을 근심하겠는가?"[34]라고 말한 것도 이러한 인식의 소산일 것이다. 그래서 그는 "경을 주로 하면 체가 정직해지고, 그 의를 닦으면 용이 방정해진다."[35]고 하면서 경을 통한 인욕의 사사로움의 구속에서 벗어나 천리를 회복하고 그것을 현실적으로 밝힐 것을 주장하였다. 이 때 경은 "안과 밖을 먼저 닦아"[36] 근본을 확립하고 또 그것을 통해 인욕을 막고 천리를 보존하여 '內修外攘'하는 것을 가리킨다.

그런데 그것은 개인적인 심성의 수양에만 그치지 않고, 나라를 다스리는 근본문제로서[37] 사회 정치적인 의미가 특히 강하다. 그가 "의리는 복수

---

32) 『四友堂集』 上, 「疑」, 〈孟子言心不同疑〉. "遏欲, 存理者也" 참조.

33) 『四友堂集』 上, 「詩」, 〈萊府有感〉. "人固不可欺, 欺天奈欲何, 所以君子心, 存誠而閑耶."

34) 『四友堂集』 上, 「疑」, 〈附尤庵課作〉. "人苟知是理之本善, 而務至於堯舜之域, ……, 就其如堯舜者而爲之, 去其不如堯舜者而不爲, 則堯舜亦我也, 我亦堯舜也, 夫何患不到, 堯舜之地位乎."

35) 『四友堂集』 上, 「賦」, 〈內修外攘如直內方外賦〉. "主乎敬而體直, 修厥義而用方."

36) 同上. "貴先修於內外."

37) 同上. "念內外之修治" 참조.

하는 것이 第一이다."[38]라고 한 말이 그것이다. 따라서 그가 생각한 '敬以直內'의 直은 안과 밖을 닦아 私意를 없애고 公道를 넓히는 일이며 의리를 확립하는 일이었다. 또한, 그것은 당시의 현실적 모순에 대한 절박한 비판의 칼날이기도 했다. 그러하기 때문에 그는 "눈으로 임금의 과실을 보면서 잠자코 말을 하지 않는 것은 臣이 차마 하지 못하는 바입니다."[39]라고 말할 수 있었던 것이다. 여기에서 이른바 淫邪를 배척하고 伐淸雪恥의 꿈을 실현하려고 했던 사우당의 華夷意識에 따른 춘추대의 정신이 극명하게 드러난다. 그가 잠곡 김육(1580～1658)에게 "소생도 또한 청나라를 정벌하는 날이 오기만을 기대하여 거기에다 마음을 붙여 자신을 위로하고 있습니다."[40]라고 써 보낸 편지의 한 대목을 상기할 때 이 점은 명백하다.

이렇게 해서 확립된 경과 의를 강조하는 사유체계는 사우당으로 하여금 남다른 도덕적 지향과 현실성에 투철한 삶을 살게 했고, 그것의 경지가 바로 "몸을 곧게 하고 바른길을 지키어"[41] "춘추대의로 中華를 존중하고 夷狄을 排攘하는 일"[42]이었다.

> 오직 스스로 다스리는 지극한 功力과 토벌하여 복수하는 策謨를 혹시나 하루라도 소홀함이 없음이며 마땅히 幷進하여 깊이 體認하리로다.[43]

이와 같은 의식의 바탕에는 '遏人欲存天理'와 '內修外攘'을 철학의 핵심

---

38) 同上. "義第一於復讐."

39) 『四友堂集』 上, 「疏」, 〈應旨兼辭參議疏〉. "目見君父之過, 而含默不言, 則臣之所不忍爲也."

40) 『四友堂集』 上, 「書」, 〈上潛谷金相公〉. "小生亦以晝獅之猶有所奇, 爲自慰己矣."

41) 『四友堂集』 下, 「年譜」, 36歲條 참조.

42) 『四友堂集』 下, 「賜祭文」, 〈賜祭文顯宗庚子十二月初六日〉. "大義存攘" 참조.

43) 『四友堂集』 上, 「賦」, 〈內修外攘如直內方外賦〉. "惟自治之極功, 與討復之丕謨, 毋或忽於一日, 宜深體於幷進."

으로 여기는 기본전제가 깔렸다. 그런 뜻에서 사우당의 이러한 사유체계는 결국 天命自覺 주체로서의 인간이 인간으로서 마땅히 인간답게 걸어가야 할 도리와 命法으로서 부여된 義를 궁극목적으로 하는 경이 인간 사회에서 구현되어야 한다는 價値志向의 정신과 순수논리 이전의 요청된 당위성에 정향된 시도로 보아 마땅한 것이다. 이것이 바로 사우당 철학의 특성이며, 주자와 율곡을 충실히 계승하면서도 이들을 한 발 넘어서고자 노력했던 사우당의 지고한 뜻이 아니겠는가?

4. 사우당의 현실 인식

사우당 철학사상의 특성은 경을 통한 修己와 의을 통한 安人의 합일을 현실적으로 구현하려고 노력한 데에서 구해진다. 그런 점에서 사우당의 철학사상을 敬義의 철학이라고 命名해도 좋을 것이다. 이는 현실 인식에도 반영되었는데, 그의 華夷意識에 따른 춘추대의 정신 또한 이 문제에 관련된다. 그가 '敬以直內, 義以方外'를 강조하고, 그것을 '崇正學闢異端'과 '尊中華攘夷狄'과 같은 춘추정신의 기초 또는 근거로 삼은 사실이 그것이다. 그런 점에서 사우당의 철학은 임진왜란과 병자호란으로 말미암은 전쟁의 후유증 극복과정 속에서 사회적 모순과 부조리가 극성을 부리던 혼란한 현실과 시대적 상황의 응답 결과라고 할 수 있다.

이러한 각도에서 사우당의 사상체계를 검토할 때 가장 두드러지게 눈에 띄는 것은 敬의 마지막 도달점인 無欲에 대한 강조이다. "고요할 때 虛心하게 되고 움직일 때 直하고자 하거든 모름지기 욕심이 없어야 한다."[44)]

44) 註)26 참조.

라고 한 말이나, 경을 인욕의 사사로움을 극복하여 천리의 공정함과 일체가 되는 것으로 보는 태도는 이러한 정황을 무엇보다 극명하게 보여주는 예일 것이다.

그는 경의 본체를 人欲과 邪私를 없애고 인간의 본래성을 회복하는 수양의 要訣로 파악했다.[45] 이 경우 경은 물론 인간 존재의 존재방식이면서 동시에 '올바른 도리'로서의 당위법칙의 의미이다. 그리하여 그는 일신의 시비·득실과 국가의 치란·안위에 결정적인 영향을 미치는 천리와 인욕을 엄격하게 구별하고, '內敬'와 '外義', 즉 內修外攘을 통한 천리의 체득·구현을 강조했다. "경을 주로 하면 체가 되고, 의를 닦으면 용이 방정하게 된다."[46]라고 말한 것은 그 단적인 표현이다. 이런 관점에서 사우당이 천리에 근본하면서 천리를 해치고, 私的인 것이기 때문에 百事의 병폐가 될 수 있는 인위적인 욕망을 억제하고, 인간 존재의 존재원리이자 당위원리인 경에 隨順할 것을 강조하고 있음은 명백하다.

그는 우선 경을 이상적 현실을 근거 지어 주는 전범으로 생각하고, 인욕은 언제나 경의 主宰下에 있어야 한다고 믿었다. 경은 바로 인간의 본래성을 자각하고 인간이 올바르게 걸어갈 수 있는 길로써의 의를 구현하는 덕목이기 때문이다. 그가 경을 가리켜 "尊養之妙"[47]라든가, "聖學의 처음과 끝"[48]으로 표현한 것은 이를 단적으로 요약해 준다. 그가 경과 의를 심성 수양의 핵심 개념으로 주목한 것이라든가 「和陶四言寄松溪道座」라는 詩에서 "善을 닦고 惡을 물리쳐서 곧고 방정하니 주자의 풍도를 들은 것이로

---

45) 『四友堂集』 上, 「疑」, 〈孟子言心不同疑〉. "而存養之妙, 亦不離乎其中也, 雖然要不出徹頭徹尾底, 敬字上工夫而已矣."

46) 註)34 참조.

47) 『四友堂集』 上, 「疑」, 〈孟子言心不同疑〉.

48) 『四友堂集』 上, 「書」, 〈答李重卿〉. "敬者, 聖學之成始成終."

다."[49]라고 노래한 것도 이러한 인식의 소산일 것이다. 그러면 그의 경과 의의 합일을 강조하는 사유구조 속에서 현실의 진정한 모습이란 무엇인가.

사우당의 경우 그것은 "상하가 서로 믿고 화기애애하여" "天時와 人事가 하나로 되는"[50] 세계로 집약된다. "사특한 논설이 불같이 일어나서 인심이 의심하고 두려워하고, 옳고 그름이 밝아지지 아니하여 어진 선비와 바른 선비들이 모두 머리를 움켜쥐고 몸을 감추는"[51] 어지러운 세태와 윤리적 패란으로 인해 "사람과 짐승의 구별이 모호하여진 위망스러운 화가 코앞에 박두한 상황"[52]에서 그는 오로지 보편적 가치로서의 준칙이자 행위규범인 敬義에 합치되고, 근본을 따르는 현실만을 참된 현실로 인정했던 것이다. 이를 구체적으로 표현하면 "하늘의 떳떳한 법칙이 드러나 세상에 널리 퍼져 나가고, 성인의 도학이 다시 환하게 빛을 발하는"[53] 세계라고 할 수 있다. 따라서 사우당에게 참된 현실은 人慾에 의해서 좌지우지됨이 없는 天理·道心으로서의 '理的世界'였다. 다시 말해서 인간의 존재 근거이자 절대적 이념으로서의 義를 전제로 하는 '敬'이 사적인 욕망을 극복하고 스스로 자기의 모습을 드러내는 도덕적 가치의 세계였다. 예컨대 「匪風下泉居變風之終賦」에서 그가 "이미 혼란된 가운데 있으면서 治世를 사모함이여/이치가 어찌 한번 가면 돌아옴이 없으리오./ …… /人心이 治世를 싫어함을 보겠음이여/天理가 治世로 돌아옴을 엿보겠도다."[54]라고 노래했

---

49) 『四友堂集』 上, 「詩」, 〈和陶四言寄松溪道座〉. "修攘直方, 聞紫陽風."

50) 『四友堂集』 上, 「疏」, 〈應旨兼辭參議疏〉. "天時人事, 一而二, 二而一者也" 참조.

51) 同上. "人心之疑懼, 是非之不明, 從此益深, 而訛言日起, 世情多變, 將來之憂, …… 賢臣正士, 皆捧頭竄身."

52) 『四友堂集』 上, 「疏」, 〈辭掌令疏〉. "而以攻邪說, 以存將亡之國, 以人將獸之人耶."

53) 『四友堂集』 上, 「賦」, 〈劉氏基業在於祀孔子賦〉. "天彝顯而乃敍, 斯道在而復光."

54) 『四友堂集』 上, 「賦」, 〈匪風下泉居變風之終賦〉. "旣居亂而慕治, 理豈往而無來, …… 看人心之厭亂, 覘天理之回治."

을 때도 이 점은 명백하게 확인된다. 사우당의 경과 의의 합일을 강조하는 사고는 어지러운 시대를 근심하고 바른 도리가 실현되기를 열망하는 충정의 표현이며, 하늘이 사람에게 부여해준 창조의 근원으로서의 천리의 純善함을 회복하게 하는 교화론적 의미를 지닌다. 즉, 이 말은 公的인 것이며 순수하고 고귀한 天理가 私的인 것이며 惡한 人慾을 다스리고 변화시켜 자신의 본래성을 유감없이 회복하여 敬義를 실천해 가는 인간의 삶의 궁극적인 경지를 가리킨다. 따라서 '敬以直內 · 義以方外'라든가 '存天理遏人欲'이란 말은 사우당 현실관 이해의 핵심 명제가 되는 것이다.

사우당에게 있어서 '氣的現實'과 '理的理想'은 결코 모순 · 대립하는 두 항이 아니다. 기적현실은 언제나 리적이상이 구현되는 지평이고, 기적현실은 리적이상을 통해 그 정당성을 인정받기 때문이다. 다시 말하면 리적이상은 기적현실에 의해 완성되며, 그것 속에서 역동적인 상호교섭을 통해 자신의 역사적 실체를 획득하며 전개한다. 그런 점에서 리적이상과 기적현실은 별개의 것이 아니라 '太極的 現實'[55]을 구성하는 두 요소일 뿐이다. 이와 같은 태도는 그의 수양론에서 '內修外攘'의 논리로 간명하게 표현되었다. 리적이상은 기적현실에 의해서 진정한 자기 모습을 드러낼 수가 있고, 기적현실은 또한 리적이상의 主宰에 의해서만 끊임없이 새롭게 변모되면서 '태극적 현실'이라는 하나의 통일적 전체로써 생성활동을 유지해 나갈 수 있다. 그래서 사우당은 "이지러지고 차는 것에서 지극한 의리를 밝게 본다."[56]라고 말하였던 것이다. 그러므로 '存天理遏人欲'의 세계란 논리 전개상 분할한 리적이상과 기적현실 사이의 살아있는 통일적 또는 역동적 관계의 실현으로만 성립한다. '태극적 현실'은 이 관계가 부서

---

55) 여기서 말하는 '태극적 현실'이란 氣的 현실과 理的 이상이 妙合된 인간의 이상적 세계를 가리킨다.

56) 同上, 〈匪風下泉居變風之終賦〉. "目制至義於虧盈."

지지 않는 구도로 유지되고 더욱 힘 있는 것으로 발전하는 정도에 따라 이루어진다. 사우당도 말했듯이 "理致의 참다운 모습은 끊임없는 變轉의 운동이기 때문이다."[57] 그는 물론 천리와 인욕을 엄격하게 구별하여 인욕을 막고 천리가 발용된 세계를 중요시했고, 이를 통해 義와 不義, 正과 邪, 中華와 夷狄을 明辨하고 邪說을 물리치고 正道를 지키고자 했으며, 당위로서의 '태극적 현실'을 추구하였다. 이러한 논리를 바탕으로 그는 良知와 良能의 온전한 회복과 당대의 바람직한 삶의 길이 私慾을 멀리하고 天理를 보존함에 있다고 확신했다.[58] 그리하여 그는 宋尤庵의 말을 빌려 "대저 어찌하여 세상 사람들은 蕩蕩한 덕이 오직 唐虞시대의 堯舜에게 있는 것만 알고 堯舜의 道가 내 마음 가운데 있다는 것은 알지 못하는가?"[59]라고 개탄하기도 했다.

이처럼 '存天理遏人欲'의 관점에서 현실의 제반 문제를 보았기 때문에 사우당은 "사람이 다 堯의 道를 본받아 능히 효성하고 능히 공경하여 자신의 본성을 회복할 것 같으면 사람은 누구나 다 堯와 같은 성인이 될 수 있다."[60]고 믿었고, 인간이 天命으로 받은 도덕 창생력을 적극 인정했다. 여기에서 이른바 인간의 정치적, 사회적 행위를 설명하는 중요한 기준으로 敬儀가 문제가 되고, 정치 사회의 질서를 확립하면서 인간의 내면적인 도덕성이 강조되는 것이다. '內修外攘' 또한 이 문제에 관련된다. 그런데 이 경우 敬義는 시대현실의 변화 및 그 속에서의 개인과 국가의 是非·正邪·善惡·中華와 夷狄을 판별하는 전범이나 가치의 근거가 된다.

---

57) 『四友堂集』 上, 「疑」, 〈陽貨貌類孔子盜跖壽優顔子疑〉. "理有常變之不同" 참조.

58) 同上, 〈孟子言人皆爲堯舜疑〉 참조.

59) 同上, 〈附尤庵課作〉. "夫何世之人, 惟知蕩蕩之德, 在於唐虞之堯舜, 而不知堯舜之道, 在吾方寸之中."

60) 同上, 〈孟子言人皆爲堯舜疑〉. "人敬法堯之道, 而克孝克悌, 乃復其性, 則人皆可以爲堯也."

이렇게 볼 때 사우당의 천리에 대한 강조는 "의리가 이미 어두워져"[61] 義와 利가 상충하고 正과 邪가 심각하게 갈등하는 긴장된 상황 속에서 그릇된 사회 정치적 현실을 바로잡고 이를 통해 바람직한 公道를 확립하고자 하는 그의 愛君憂國의 간절한 충정의 소산이라 이해할 수 있다. 그가 이조판서로 부임하는 宋尤庵에게 준 서신에서 "오늘날 오랑캐를 물리치는 근본적인 대책은 위로는 王權을 강화하고, 아래로는 굶주리는 백성을 잘 살피는 일"[62]이라고 한 말은 이를 단적으로 요약해 준다. 여기에서 비로소 사우당이 金尙憲(1570~1652)과 더불어 교우하고 정치적 입장을 같이한 일이라든가,[63] 병자호란 때 죽음을 무릅쓰고 강화도에서 元孫을 탈출시킨 일,[64] 그리고 광주목사로 있을 때에 인조의 誕日을 축하하는 箋文에 淸의 年號를 쓰지 않아 파직당한 일[65] 등의 의미가 선명하게 드러난다. 肅宗 丙子年 賜祭時에 내린 「備忘記」의 "만약에 주자가 이것(사우당의 행적)을 보았다면 그에게 忠義大節을 허락했을 것이다."[66]는 한 대목은 이 모두를 간명하게 집약할 만하다.

사우당은 자신이 처한 시기가 다른 어느 때보다도 더 긴요하게 경의를 필요로 하는 시대이면서도 경의가 존립하기 어려운 국면이라고 판단하였다. 그는 '天理가 날로 소멸하여', 인욕이 천리를 억압하고 小人儒가 君子儒를 구축하는 본말이 전도된 시대에 처하여, 이를 바로잡고 극복할 수 있는 유일의 지표는 '存天理遏人欲'을 통한 '敬과 義'의 합일이라고 확신했다. 유의할 것은 사우당이 이와 같이 경과 의의 합일을 강조한 것은 숭고

61) 『四友堂集』 上, 「賦」, 〈春王正月賦〉. "惕義理之已晦."
62) 『四友堂集』 上, 「書」, 〈答宋英甫〉. "今日修攘之本, 莫急於上保聖躬, 下活飢民."
63) 『四友堂集』 下, 「師友錄」, 〈淸陰金文正公〉. "丙丁以後, 出處尊攘之義, 無不相關" 참조.
64) 『국역 인조실록』, 인조 15년 2월 18일.
65) 『국역 인조실록』, 인조 19년 11월 7일.
66) 『四友堂集』 下, 「備忘記」, 〈肅宗丙子賜祭時〉. "若使朱子, 見此則其許之以忠義大節."

한 도덕적 의미를 담은 가치 있는 삶을 수호하고 동시에, "大統을 천지간에 세우고"[67] 大義의 실현을 향해 곧게 나아가고자 했던 淸風高節한 한 인물의 자기 확인이라고 해야 할 것이다.

사우당이 살던 17세기는 현실적 상황으로나 그 자신의 주관적인 의식으로나 심각한 위기였고, 지식인들로 하여금 현실에서 도피하거나 외면할 수 없게 한 격동기였다. 당시 조선사회의 역사적 상황은 수차에 걸친 外患과 內憂, 天災地變 등으로 현실의 모순이 극대화되는 시기였다. 대외적으로는 明·淸 交替와 같은 국제질서의 큰 변화가 있었고, 대내적으로는 "상호의 비판과 견제를 기본원리로 하는 붕당정치[68]가 변질하면서 사회 기강과 禮俗이 해이해지고 民生이 극도로 피폐하게 된 상황이었다. 그러한 까닭에 사우당은 당시의 위기적 현실과 시대상황에 대하여 도피하거나 또한 무관심하지 않았다. 오히려 그는 당대의 제반 현실적 모순에 대해 심각한 우려를 표명했고 치밀한 대응책을 강구하기에 고심했다. 이와 같은 그의 태도는 內修外攘의 정신으로 집약되었고, 尊明排淸의 의리를 통해 극명하게 표출되었다. 사우당이 瀋陽을 여행하면서 그 회포를 노래했다고 하는 다음의 詩에서도 같은 생각을 엿볼 수 있다.

큰 파도는 내 앞에 흐르고 있고/깎은 듯한 산은 내 뒤에 솟아있네/기구한 바다 섬 사이를 갈 때/때로는 부질없이 무릎을 치기도 하네/몇 달 뒤에 조정에 돌아오니/만조백관이 하례하고 기뻐하네/나라를 위하는 일 분수에 마땅하니/어찌 감히 적은 공로 기록됨을 바라겠는가/바다로 뛰어드는 것은 이미 실행하지 못했으니/문 닫고 세상 등짐 스스로 맹세하네/ 어찌하여 오늘의 나의 이 여행/

67) 『四友堂集』 上, 「賦」, 〈春王正月賦〉. "立大統於天地."

68) 李泰鎭, 『朝鮮儒教社會社論』, 지식산업사, 1989, 131쪽.

머리를 숙이고 치욕을 참겠는가/통곡하며 요하 땅을 바라보니/우리 春宮 거동 수고롭기 끝이 없으리.[69)]

이러한 현실 인식은 敬義의 철학에 근거한 것이며, 군주의 正心과 民生의 安定, 그리고 근본의 바름을 중시하는 儒教的 德治主義와 긴밀한 관계를 맺는다. 이는 오늘날에도 매우 중요한 의미가 있다. 이와 같은 그의 현실 인식은 모든 정치의 근원을 君主의 一心에 두고, 그것을 바르게 하는 것으로 급선무로 삼은 것이라는 점에서, 또한 봉건제도의 본질적인 폐해에 대해 비판이라기보다 현상적인 폐해에 대한 비판이라는 점에서 그 논리의 틀은 퇴행적 · 복고적 인식태도라는 것을 부인할 수는 없다.

우리는 이러한 일련의 검토를 통해 사우당의 敬義의 철학과 현실인식 사이에 긴밀한 연속과 상호 조명의 관계가 있음을 확인하였다. 그 핵심을 요약한다면 氣的 현실의 삶과 理的 이상을 二分化 시키지 않으면서 이 세계에서 '맑은 지조와 높은 절의'를 지키고 추구하고자 하는 지향이다.

5. 맺는 말

이상의 논의를 통해 사우당의 학문적 기반은 주자 · 율곡 · 사계로 대표되는 주자학이고, 사우당 철학의 특성은 '理氣不相離'의 입장을 고수하면서도 기보다 순선무악한 리를 중시하고 그것을 바탕으로 경과 의의 합일과 무욕을 철학적으로 해명하는 데 있음을 확인하였다. 그런 점에서 사우

69) 『四友堂集』 上, 「詩」, 〈瀋行記懷〉. "鰐浪我前流, 刀山我後峙, 崎嶇海島間, 有時空拊髀, 數月乃還朝, 搢紳相賀喜, 爲國分所宜, 微功敢望紀, 蹈海旣不能, 閉戶永自矢, 胡爲今日行, 低頭又忍恥, 痛哭望遼河, 春宮勞玉趾."

당의 철학은 敬義의 철학이라 할 수 있다. 사우당에게 있어서 인식된 참된 현실은 人欲에 의해서 흔들리지 않는 리적 세계로서 또한 그것은 敬義哲學과 긴밀한 연속과 상호조응의 관계에 있음도 살펴보았다. 여기서 얻어진 결론은 사우당의 도학정신이 참다운 도리의 깨달음을 통해 그가 살았던 시대와 역사에 능동적으로 참여하는 행위이면서 또한 자신의 삶에 대해 정직하게 묻고 대답하는 자기성찰 · 자기구현의 엄정한 행위였다는 점이다. 그는 결코 현실감각이 모자라거나 시대착오적인 관념을 가지고 은둔처세하는 단순한 道學君子는 아니었다.

그는 도학자로서 또는 청렴결백한 선비로서 평생 춘추대의를 밝히고 사회의 기강을 바로 세우고자 죽음도 불사한 '행동하는 양심'이기도 했다. 그가 「應旨兼辭參議疏」에서 "눈으로 임금의 과실을 보면서 잠자코 말을 하지 않는 것은 신이 차마 하지 못하는 바입니다."[70]라고 한 말은 이를 단적으로 증명해 준다. 그의 이와 같은 투철한 삶의 태도와 정신적 높이가 敬義의 철학에 바탕을 둔 것임은 물론이다. 사우당이 자신의 시대를 "가을 하늘에 독수리가 판을 치고 있고, 외로운 봉황은 해 뜨는 동쪽 산(朝陽)에 숨어 있는"[71] 시대로 파악하면서도 끝내 절망에 머무르지 않고 평생을 "논의가 勁切하고 是非가 명백하며 몸을 곧게 하고 바른 것을 지키어 스스로 믿음에 의심이 없었던"[72] 삶을 살 수 있었던 것은 인간을 객체적 도덕규범에 의해 강요되며 주조되는 존재가 아니라 도덕의 명실상부한 주체로서 이해하고, '內修外攘' 또는 '直內外方'의 양면에 걸친 道를 모순 없이 통일적으로 體認하고 실천하였음에 힘입은 것이 분명하다. 그리고 비록 그 가능성이 주자학적 기반에 의거하여 이루어졌다 할지라도 그것을 自得 · 具

70) 註)38 참조.

71) 『四友堂集』 上, 「詩」, 〈次黃周卿世楨寄光兒韻〉. "秋天有一鶚, 朝陽有孤凰."

72) 同春 撰, 「行狀」, 『四友堂集』 下. "論議勁切, 是非明白, 直己守正, 自信無疑."

現하고 하나의 시대적 사명으로서의 힘을 거기에 부여한 것은 다름 아닌 사우당 자신의 至公無私한 정신과 나라에 대한 충성심 그리고 겸허한 구도자적 자세에 의한 것이란 점에 우리는 주목해야 한다. 그러기에 "내가 三朝의 은혜를 입고도 물방울이나 티끌만치의 보답함이 없었으니 장차 九泉에 가더라도 눈을 감지 못하리라."[73]고 한 사우당의 임종 때의 말을 전폭적으로 긍정하지 않을 수가 없다.

여기에서 우리는 자신의 道德的 當爲와 정치이상을 일치시키고자 진력했던 정신이 진실로 생사를 초탈하는 신념에서 사욕을 멀리하고 그 본래의 충정을 다 바쳐 나라와 백성을 사랑한 유교지식인의 뜨거운 눈물을 만나게 된다. 이점에서도 고종 13년 사우당에게 내린 賜祭文의 한 대목 "지조를 삼가하여 清苦한 생활을 엄숙히 하고, 백성을 교화하여 풀 위에 바람과 같이 하였도다. 효도를 옮겨 충성을 하되, 늙을 때까지 돈독히 하였도다. 고난과 위험한 처지를 연속 만났으나, 마음의 밝고 바른 것이 더욱 나타났도다."[74]라는 말은 오늘을 사는 우리에게 새롭게 음미하고 계승해야 할 소중한 유산이 아닐 수 없다.

73) 『四友堂集』 下, 「年譜」, 六十三歲條. "恩三朝, 涓埃無報, 目將不瞑於泉下矣."

74) 『四友堂實記 略抄輯』, 78쪽.

2
공(公)의 철학

탄옹 권시 공(公)사상의 철학적 체계와 융화정신

1. 이끄는 말

이 글은 17세기 조선의 禮學과 정치사에 적지 않은 영향을 미쳤던 湖西山林 중의 한 사람인 탄옹 권시(炭翁 權諰, 1604~1672)의 公思想이 가진 기본 입장, 주요 내용, 논리 체계 등을 구명하여 그 속에 내포된 融和精神을 밝혀내고자 하였다. 아울러, 이 문제가 어떤 역사적 바탕에 기인한 것인가를 특히 정치현실에 대한 인식에 초점을 맞추어 검토하고자 한다.

'公'은 일반적으로 義와 利, 公과 私를 구분하는 대립가치로 인식하여, 公은 좋은 것으로 추구해야 할 대상으로 긍정하고, 반면에 私나 利는 나쁜 것으로 배제해야 할 대상으로 부정한다. 이러한 이분법적 논리는 오늘날에도 그대로 통용되고 있다. 그런데 이 글에서 다루고자 하는 탄옹의 公개념은 이와는 다른 방식으로 이해하는 독특한 면모를 보여주고 있다. 탄옹은 公과 私, 義와 利를 상반된 관계로 보지 않고, 公을 통해 이 둘을 감싸 안으면서 오직 私利와 自私만을 배척하고 있기 때문이다.

그런 점에서 탄옹의 '公'에 대한 인식과 실천의 문제를 올바로 이해하는 일은 그 자체로서 가치 있는 과제일 뿐 아니라 17세기 기호유학의 유형과 특징을 구명하기 위해서도 매우 중요하다. 더욱이 경화된 명분론과 예송으로 얼룩진 17세기 후반의 사상계와 정계의 상황을 고려할 때, 학문에서 체득과 실천을 중시하고, '진리의 주체적인 자각을 통한 자기완성과 세계적 완성'을 기약한 탄옹의 公사상이 갖는 의의는 크다고 하지 않을 수 없다.

17세기의 '당쟁시대'에 탄옹의 철학이 차지하는 비중은 결코 가볍지 않다. 당대의 제반 현실적 모순과 사상적 문제에 대하여 그가 보여준 '생에 대한 준엄함과 정신의 결백성',[1] 그리고 기존의 권위나 당파적 이해를 초극하여 '實地에서 至善을 찾는 求是精神'[2]과 '好生의 덕을 실현함이 곧 仁政이요 王道政治'[3]라는 주장은 당시의 많은 이들에게 깊은 감동을 주었고 오늘날에도 선비정신의 모범으로 삼을 만하다. 『현종실록』에 "권시는 젊어서부터 몸가짐이 구차하지 않고 언론이 편벽되지 않아 벗들에게 추앙을 받았다."[4]는 기사의 한 대목과 우암이 「墓表」에서 "時論을 당하여 두 마음을 먹는 세상에서도 赤子의 마음을 잃지 않고 항상 大道와 함께하였다."[5]라고 평한 것은 그 단적인 증거이다.

탄옹은 어떤 철학을 했고 어떤 삶을 살았는가? 그의 公사상의 기반과 특성은 무엇이며, 그것이 그의 철학 이론과 어떻게 관련되고 있는가? 그

---

1) 『家狀』의 다음 말은 이를 입증하는 하나의 단서가 될 수 있을 것이다. "평생에 항상 사치스럽고 화려한 옷을 입지 아니하시었고, 집은 풍우를 가리지 못하되 마음에 두고 생각하지 아니하시었으며, 방안에서는 항상 화락하고 화목한 것을 주로 하시었다." 『국역 탄옹문집 下』, 「부록 · 가장」, 480쪽.

2) 『炭翁集』, 권3, 「疏」 〈工曹佐郎謝恩後疏〉. "臣自幼少, 聞諸臣父曰, 義利之辨, 乃爲人之第一義也" 참조.

3) 같은 책, 권5, 「書」 〈與宋英甫時烈〉. "好生之德, 洽于民心, 可論王政" 참조.

4) 『국역 현종실록』, 현종13년 1월 24일.

5) 『宋子大全』, 권197, 「炭谷權諟墓表」. "蓋當時論携貳之世, 有不失赤子心, 常以偕之大道."

리고 그의 公사상과 준엄한 현실 인식의 전개 과정에서 그가 지녔던 신념의 탁월함과 無偏無黨한 태도는 어떻게 나타나고 있는가? 등의 문제에 주목하면서 탄옹의 公사상과 그리고 그 속에 내포된 融和精神을 살펴보고자 한다.

이 과제를 달성하기 위하여 이 글은 유가 公思想의 기본 성격을 고찰하여 유가 公사상의 본질을 규명하고, 이를 토대로 『炭翁集』과 『조선왕조실록』을 주 자료로 하여 탄옹 公사상의 내용과 특성을 밝히며, 나아가 그 속에 담긴 融和精神을 차례로 논하고자 한다. 그동안 탄옹에 관한 연구가 많이 축적되었으나,[6] 탄옹 철학사상의 참모습을 公思想에 설정하고 이를 심도 있게 분석한 연구가 전혀 없는 상황에서 이 글의 시도가 무의미하지는 않을 것이다.

2. 유가 공사상의 기본성격

탄옹 公思想에 대한 본격 논의에 앞서 正統 儒家 人間觀의 기본구조 및 성격을 간략하게 살펴보고 또한 그 특징이 어디에 있는가를 밝히고자 한다. 논의의 전개에 따라 분명해지겠지만, 탄옹의 공사상은 先秦時代 根本儒學이 제기했던 인간의 본성이나 인간 자체의 존재구조 등에 대한 문제, 즉 인간관의 기반을 고려하지 않고서는 온전하게 이해될 수 없기 때문이다. 탄옹이 工曹佐郞을 제수받고 仁祖에게 올린 謝恩疏의 한 대목에 "신은 인간이 태어나면서 받은 命은 仁과 義일 뿐이며, 仁이 아니고 義가 아니면

6) 탄옹가의 학문을 기려 설립한 道山 學術硏究院의 학술논문집인 『道山學報』가 2008년까지 11집이 발간되었다는 사실은 그 예가 될 것이다.

인간다운 인간이 될 수 없다고 들었습니다. 그러므로 사람은 반드시 '天命之仁'을 체득하고 義利之卞을 밝혀야 하는 것입니다."[7]라고 한 말은 그 단적인 예가 될 것이다.

정통 유가의 인간관에 의하면 사람이란 인의예지 사덕을 주체적으로 자각하는 天의 所生者로서, 인간은 하늘로부터 몸의 형체와 함께 인간으로서 마땅히 지키고 행하지 않으면 안 될 도리와 命法을 생래적으로 부여받은 존재이다.

> 하늘이 뭇 백성을 내시니 모든 사물에 법칙 있게 하셨도다. 백성들이 常道를 지녔는데, 이 아름다운 덕을 좋아하도다.[8]

> 훌륭하신 上帝가 下民들에게 올바름을 내려주어 떳떳한 性을 소유하였으니, 능히 그 道에 편안하게 하는 이는 군주인 것이다.[9]

> 하늘이 賦命한 것을 性이라 이르고 이 性을 따른 것을 일컬어 道라고 한다. 이 道를 닦는 것을 일컬어 가르침이라고 한다.[10]

이처럼 정통 유가에서 말하는 인간의 본질은 하늘이 부명한 덕성으로서, 모든 사람에게 있어서 '自我에 고유한'[11] 본래의 自性이고, 생과 더불어 가지게 되는 인격적 본질이며 도덕법칙임을 확인할 수 있다. 이때 사람

7) 『炭翁集』, 권3, 「疏」〈工曺佐郎 謝恩後疏〉. "臣聞人生受命, 仁義而已, 非仁非義, 無以爲人, 故人必體 天命之仁, 明義利之卞."

8) 『時經』, 「大雅 · 烝民」. "天生烝民. 有物有則. 民之秉彝, 好是懿德."

9) 『書經』, 「商書 · 湯誥」. "惟皇上帝, 降衷于下民, 若有恒性, 克綏厥猷, 惟后."

10) 『中庸』, 제1장. "天命之謂性, 率性之謂道, 修道之謂教."

11) 『孟子』, 「告子章句上」. "仁義禮智, 非由外鑠我也, 我固有之也."

(人)이란 개념은 일상적인 자기 망각 속에 빠져 그저 그렇게 살아가는 한 개인이 아니라 자기와 더불어 다른 존재자의 존재가치까지도 함께 드러내 밝혀주는 天道具現의 주체적 참여자로서의 인간을 의미한다. 『주역』의 다음 자료가 이런 생각을 선명하게 보여준다.

> 무릇 大人은 하늘과 땅과 더불어 그 덕을 합하고, 日月과 더불어 그 밝음을 합하고, 四時와 더불어 그 질서를 합하고, 귀신과 더불어 그 길흉을 합한다. 先天에서는 하늘이 그를 어기지 않으며, 後天에서는 그가 天時를 받든다. 하늘도 또한 어기지 않는 (존귀한)존재이니 하물며 사람이 어기겠는가, 귀신이 어기겠는가.[12]

그러면 사람다움의 본질로서의 인간의 덕성은 구체적으로 무엇이며, 그리고 또 그 주축이 되는 덕목은 어떤 것인가? 『周易』 乾卦 卦辭에는 '乾, 元亨利貞'이라 하여 天의 성정인바 乾에는 만물의 生 · 長 · 收 · 藏의 원리인 元 · 亨 · 利 · 貞의 四象이 내재하여 있음을 말하고 있다. 그리고 「문언전」에는 乾의 四德, 즉 인간에게 있어서 衆善의 단초로서의 仁, 衆美를 회통하는 禮, 衆物의 分限으로서의 義, 衆事를 주관하는 智 등이 인간의 심성에 내재함으로써 자아의 인격적 본질인 덕성을 구성하고 있음을 설명하고 있다.[13] 인간 덕성의 본질 구조를 이루고 있는 인의예지 사덕은 건의 원형이정 사상에 상응하는 것으로서 인간 본래의 자기 인격성과 천도의 진리

12) 『周易』, 「乾卦 · 文言傳」. "夫大人者, 與天地合其德, 與日月合其明, 與四時合其序, 與鬼神合其吉凶, 先天而天弗違, 後天而奉天時, 天且弗違, 而況於人乎, 況於鬼神乎."

13) 같은 책, 같은 곳. "元者, 善之長也, 亨者, 嘉之會也, 利者, 義之知也. 貞者, 事之幹也, 君子體仁, 足以長人, 嘉會, 足以合禮, 利物, 足以和義, 貞固, 足以幹事, 君子行此四德者, 故曰乾元亨利貞" 참조.

성이 본질에서 일치하고 있음을 알게 된다. 다시 말하면 하나의 존재원리가 천도적 측면에서는 元亨利貞 四象으로, 인도적 측면에서는 인의예지 사덕으로 나타난 것이라 하겠다.

인간이 참으로 인간다운 이유는 인간이 생래적으로 인격적 본질인 德性을 갖추고 있다는 점과 또한 인간의 생명이 전체로서의 우주의 생명과 상호 교통하고 있다는 데에 있다. 그것은 인간이 태어나면서부터 건의 원형이정 사상에 상응하는 인의예지 사덕을 갖추고 있기 때문이다. 그런 점에서 인간은 자기완성의 주체일 뿐만 아니라 세계의 완성을 기약하고 책임져야 하는 "생명의 창조적 개척자"[14]이기도 하다. 그래서 『주역』 건괘 상전에서는 "하늘의 운행이 강건하니 군자는 이것을 본받아 스스로 힘써 쉬지 않는다."[15]라고 하였고, 맹자는 「공손추장구 상」에서 인간에게 보편적인 도덕원리, 즉 측은지심, 수오지심, 사양지심, 수오지심의 사단이 없으면 인간이 아니라고까지 단언하였던 것이다.[16]

그러면 인간 덕성의 본질구조를 이루고 있는 인의예지 사덕은 서로 어떠한 관련을 맺고 있으며, 또한 그 상호관계에서 주축이 되는 덕은 어느 것인가? 앞에서 『주역』의 「문언전」에 의거하여 乾의 元亨利貞 四象이 사람에게 있어서는 衆善의 근본으로서의 仁, 衆美를 회통하는 禮, 衆物의 分限으로서의 義, 衆事를 주관하는 智 등 '사람됨'의 네 가지 근거로 주어져 인간의 심성에 구유함으로써 인간의 사덕을 이루는 것임을 밝힌 바 있다. 그런데 여기서 주목할 점은 衆善의 근본으로서의 仁과 衆美를 회통하는 禮가, 그리고 衆物의 分限으로서의 義와 衆事를 주관하는 智가 직접 상호 관련이 된다

14) 方東美, 『中國人의 生哲學』 정인재 역, 탐구당, 1983, 15쪽.

15) 『周易』, 乾卦, 象傳. "天行建, 君子以自彊不息."

16) 『孟子』, 「公孫丑章句上」." 孟子曰人皆有不忍人之心, …… 無側隱之心, 非人也, 無羞惡之心, 非人也, 無辭讓之心, 非人也, 無是非之心, 非人也." 참조.

는 사실이다. 즉 仁은 동시에 衆美의 근본이기도 한 것이며, 義는 동시에 衆事의 分限이기도 한 것이다. 그런 점에서 仁은 예를 실천하는 근본정신일 뿐만 아니라 동시에 智가 추구하는 궁극적인 목표이며, 義는 사물을 인식하고 사리를 분변하는 智의 정당성의 기준일 뿐만 아니라 동시에 예가 행위규범으로서 타당성을 확보할 수 있는 근거가 된다.[17] 맹자가 "仁의 핵심은 어버이를 섬기는 데 있고, 義의 핵심은 형을 따르는 데 있고, 智의 핵심은 이 두 가지를 알아서 버리지 않는 것이며, 禮의 핵심은 이 두 가지를 조리에 맞게 하는 것이다."[18]라고 한 말에서도 이를 쉽게 짐작할 수 있다.

이처럼 유가는 사덕에 있어서 뿐만 아니라 그 밖의 수많은 덕목 가운데서도 인과 의를 人道의 가장 주축이 되는 덕목으로 인식하고 중요하게 취급한다. 그것은 인의가 사람과 짐승을 구별하는 본질적 징표이자, 인간의 최고 경계인 성인이 되게 하는 근거이며, 인륜 세계의 모든 선이 이로부터 나오기 때문이다.[19] 그런 점에서 『주역』「설괘전」의 "인간의 도는 인의로 드러난다."[20]라는 말이나, 맹자의 "인에 살고 의를 따른다."[21]라는 말은 이러한 뜻을 잘 요약하고 있다고 할 수 있다.

이렇게 이해할 때, 유가의 사덕 즉 인의예지는 그 내용과 본질에서 인의로 집약되고, 그것이 또한 인간의 근본적인 가치이며, 정통 유가의 윤리관을 지탱하는 중요한 두 개의 디딤돌이 됨을 알 수 있다. 인의는 물론 예지를 포괄하고 사덕을 대표하는 개념으로서[22] 인간이 마땅히 행하고 따라야

---

17) 신동호, 『동양철학사상논고』, 충남대학교 출판원, 2012, 347쪽 참조.

18) 『孟子』, 「離婁章句上」. "仁之實, 事親是也, 義之實, 從兄是也, 智之實, 知斯二者, 弗去是也, 禮之實, 節文斯二者是也."

19) 蔡仁厚, 『孔孟荀哲學』, 천병돈 옮김, 예문서원, 2000, 69쪽 참조.

20) 『周易』, 「說卦傳」, 제2장, "立人之道曰仁與義."

21) 『孟子』, 「盡心章句上」, "居仁由義, 大人之事備也."

22) 羅光, 『中國哲學思想史(先秦篇)』, 학생서국, 대북, 1982, 461쪽 참조.

만 하는 올바른 도를 가리킨다. 그런데 이 인의가 현실적으로 구체화하는 것은 '衆物의 分限으로서의 義'에 의해서이다. 이는 곧 인의가 옳고 그름을 판별하는 지식의 기준이 되는 '의'를 통해서만 인간의 이상적 가치로 발현된다는 것을 뜻한다.[23] 그런 점에서 인의의 인은 체가 되고 의는 그 용이 된다고 할 수 있다. 그래서 공자도 "세상으로부터 숨어 살면서도 제 뜻을 추구하고, 의를 행하여 자신의 도를 달성한다."[24]고 하였고, 또 "충과 신을 주로 하며 의로 옮겨가는 것이 덕을 높이는 것이다."[25]라고 말하였던 것이다.

이처럼 사덕을 대표하는 인의는 의를 통하여 현실적으로 구현되고, 그 의는 인을 체로 하여 인간의 참된 존재 방식이 되는 것이다. 그러니까 『주역』「설괘전」 2장의 '立人之道曰仁與義'라는 말은 의의 근본 바탕이 되는 것은 인이고, 인은 의가 의로서의 구실을 제대로 할 수 있게 해주는 원동력임을 표현한 것이다. 따라서 의는 인을 떠날 수 없고, 인 또한 의를 떠날 수 없는 것이 된다. 여기서 "의의 작용은 여러 덕을 지도하고 절제하고 관통해서 덕이 진정한 덕이 되도록 하는 데 있으며, 의의 임무는 덕을 이루는 데 있기 때문이다."[26] 이 점은 『주역』 곤괘 「문언전」의 한 대목에 "경으로 내면을 곧게 하고, 의로 외면을 바르게 한다."[27]라는 말에서도 발견된다. 그것은 경으로써 본심을 곧게 하고, 의리를 지킴으로써 행동거지를 절도에 맞게 한다는 뜻이다.[28]

이에 대해 주자는 경은 본체를 지키는 것이고, 의는 재단해서 제어함을 말한 것이라고 주해한 바 있다.[29] 이는 경과 의가 동전의 양면처럼 불가분

---

23) 陳大齊, 『孔子學說』, 正中書局, 台北, 1977, 130쪽 참조.
24) 『論語』, 「季氏」, "隱居以求其志, 以達其道."
25) 같은 책 , 「顔淵」, "子曰, 主忠信, 徙義 崇德."
26) 陳大齊, 앞의 책, 169쪽.
27) 『周易』, 「坤卦 · 文言傳」. "敬以道內, 義以方外."
28) 같은 책, 같은 곳, 程子註. "君子主敬, 以道其內, 守義以方其外" 참조.

의 관계에 있으며, 그 둘이 다 같이 인간의 본래적 덕성인 사덕을 주체적으로 자각하고 현실적으로 구현하는 하나의 방법임을 언표한 것이다. 즉 도덕 주체로서의 나를 자각하고 지키는 일이 敬이라면, 그것을 밖으로 드러내어 이치에 합당하게 실천하는 일은 의라는 것이다.[30] 그런 점에서 敬은 내적이고 個我的이며, 義는 外的이고 사회적이라 할 수 있다. 程子가 의를 가리켜 시와 비를 분별하는 것으로 풀이한 일이나,[31] 來知德이 人事의 사사로움을 제거하는 일로 의를 설명한 것[32]은 역시 같은 의미일 것이다.

그런 입장에서 볼 때, '衆物의 分限으로서의 의'란 말속에는 無私로서의 公의 의미도 들어있다. 정이천이 義·利의 문제를 논하면서 "義와 利는 다만 일종의 公과 私이다."[33]라고 한 말은 이를 입증하는 좋은 단서가 된다. 원래 公은 "물건을 고루 나누어 가지다.", "私를 등진다."[34]는 뜻을 갖는 개념이지만, 가장 일반적인 의미는 公共性·公平性·公正性이다. 그래서 공자는 "너그러우면 대중을 얻고 신의가 있으면 백성들이 신임하며, 민첩하면 공을 이룰 수 있고, 公正하면 기뻐한다."[35]고 말했던 것이다.

이러한 公개념이 윤리도덕 철학의 핵심적 주제가 된 것은 宋代의 성리학 발전 이후의 일이고, 그 대표적인 인물은 정자와 주자이다. 다시 말하여 단지 개인적 생활덕목으로 사용되던 公개념이 정주에 의해 천리·인욕과 연계되면서 '천리의 公'과 '인욕의 私'라는 짝(對)개념을 낳게 되었으

---

29) 같은 책, 같은 곳, 朱子註. "正謂本體, 義謂裁制, 敬則本體之守也" 참조.

30) 『周易折中』, 권16, 「문언전」. "敬只是持己之道, 義便知有是有非, 順理而行, 是爲義也" 참조.

31) 같은 책, 같은 곳. "義便知有是有非" 참조.

32) 來知德, 『易經來註圖解』, 惠文出版社, 대북, 1976, 169쪽 참조.

33) 『二程集』, 「粹言」, 권1, 論道篇. "義與利, 只是個公與私也."

34) 李樂毅, 『漢字正解』, 박기봉역, 비봉출판사, 1994, 69쪽, 참조.

35) 『論語』, 「堯曰」. "寬則得中, 信則民任焉, 敏則有功, 公則說."

며, '存天理去人欲'이라는 구호가 철학계의 근본 명제로 자리 잡게 되었다는 것이다.[36] 이는 私와 대비되어 단지 개인의 구체적 특수성만을 나타내던 公이 도덕성의 내적 기준이며 참다운 삶의 길을 구하는 목표로서, 사람이 마땅히 성취해야 할 절대적 윤리도덕의 규범이자 정치적 이상으로 확대 · 심화하였다는 것을 의미한다. 程子가 "仁의 道를 요약하면 단지 하나의 公字라고 말할 수 있다."[37]라든가, "公은 仁의 이치이고, 恕는 仁의 베풂이고, 愛는 仁의 작용이다."[38]라고 말한 것이나, 주자가 마음에 사사로운 주장이 없는 것이 공이라고 하면서[39] "오직 公하면 천지 만물과 일체가 되고 愛하지 않는 바가 없다."[40]라고 말한 것을 통해서 분명하게 확인된다.

程 · 朱에 의하면 公이란 마음에 물욕이나 사사로움이 없는 상태이며, 仁의 본질을 파악하고 仁에 도달하여 만물과 일체가 되는 유일한 방법이다. 그래서 程子도 "公을 사람의 본체로 삼아야 한다."[41]라고 말했던 것이 아닌가 생각한다. 그런 점에서 公은 '천리의 마땅한 바이며 當然인 義'와 상통하는 것이며,[42] 사덕을 대표하는 인의는 公을 통하여 현실화된다고 볼 수 있다. 따라서 公은 인간의 자기 형성 및 실현, 즉 도덕 주체의 자각과 구현을 목표로 하는 공부방법의 요체일 뿐 아니라 平天下 구현의 궁극 목표이기도 하다. 주렴계가 公은 성인이 반드시 갖추어야 할 기본요건이라고 하면서 "움직일 때 直하면 公하고, 公하면 넓어진다. 밝고 통하며 公하고 넓으면 거의 (성인에)가깝다."[43]라고 한 말이나, 炭翁의 아버지 晩悔가

---

36) 日原利國 編, 『中國思想史典』, 研文出版, 日本, 1984, 113쪽 참조.
37) 『二程集』, 「遺書」, 권15, 入關語錄. "仁之道, 要之只消道一公字."
38) 같은 책, 粹言, 권1, 論道篇. "公者仁之理, 恕者, 仁之施, 愛者仁之用."
39) 『朱子語類』, 권72, 「易八 · 咸」. "獲者不以怨, 如此方是公正無私之心" 참조.
40) 『朱子大全』, 권32, 「答張欽夫」. "惟公, 則視天地萬物皆爲一體而無所不愛也."
41) 『二程集』, 「遺書」,권15, 入關語錄. "公而以仁體之."
42) 『北溪字義』, 「義理」. "天理所宜是公, 人情所欲是私" 참조.

"義利之辨은 孟子 一書의 開卷 第一意이다."라고 하면서 "군자가 욕구하는 바 利는 공변되게 천하를 이롭게 함이라. 그러므로 의라 이르며, 소인이 욕구하는바 利는 사사로이 이롭게 함이라. 그러므로 다만 利라고 이를 수 있을 뿐이다."[44]라고 한 말은 이를 단적으로 요약해준다.

이렇게 규정된 '公'은 그 내용과 목표에서 철저하게 내면적이면서도 외면적이고, 個我的이면서도 사회적이라는 양면적 의미가 있다. 따라서 모든 당위규범의 근거나 기준이 되는 公에는 개인윤리의 차원을 넘어서 사회윤리의 성격을 강하게 지니고 있다. 윤사순 교수가 '의'와 일치되는 公利를 논하면서 "無私를 전제하는 公은 일종의 衆의 성격을 띠지만, 그것은 단순한 다수 성격의 衆을 넘어 共存·共生의 성격을 지닌 衆이다. 이런 의미로 해서 公은 공공생활을 위하여 모인 집단을 가상할 때 있게 되는 개념이다."[45]라고 한 말은 그런 점에서 매우 적절하다. 탄옹이 인조에게 올린 사은소의 한 대목에 "大公을 확실하게 하시어 功利를 물리치고 인의를 밝히는 것이 천하를 위하는 부름이요, 백성을 위하는 선결과제입니다."[46]라고 한 말을 통해서도 이 점은 더욱 분명하게 확인된다. 그러면 탄옹 公사상의 내용은 무엇이고 그 특성은 어디에 있는가.

---

43) 『通書』, 「聖學」, 20장. "動直則公, 公則溥, 明通公溥庶矣乎."

44) 『晩悔集』, 「僭疑」, 권4, 〈孟子 梁惠王上〉. "君子之利, 公天下以爲利, 故謂之義, 小人之利, 自私其身以爲利, 故只得謂之利."

45) 윤사순, 「儒學의 '公利' 추구 의식」, 『전통과 현대』,제7호, 1999봄호, 219쪽.

46) 『炭翁集』, 권3, 「疏」. 〈工惠佐郎謝恩後疏〉. "殿下廓然大公, 確乎不拔, 必黜公利利明仁義, 爲天下倡, 爲百姓先焉."

3. 탄옹 공사상의 내용과 특성

앞에서 우리는 인의예지 사덕은 그 내용과 본질에서 인의로 집약되고, 그 인과 의가 모든 덕목을 총괄하고 대표하는 핵심 덕목이며, 유가의 윤리관을 지탱하는 두 개의 디딤돌임을 살펴보았다. 그리고 인의가 현실적으로 구현되는 것은 衆物의 分限으로서의 義에 의해서이고, 이 의 속에는 모든 덕을 지도하고 절제하고 통관시키는 작용과 無私를 전제하는 '公'의 의미가 내함되어 있음도 아울러 확인하였다.

그러면 탄옹 公思想의 내용은 무엇이며 그 특성은 어디에 있는가? 탄옹의 公사상의 경우, 正邪·善惡의 가치기준을 리와 기, 義와 利로 양분하여 고착시키는 이원론적 사고방식을 배제하고, 리일원론적 입장에서 '物我一體'와 '人我竝立'을 강조하는 公사상으로 전개하였다는 것이 두드러진 점이다. 그가 人心과 道心을 별개의 독립된 두 마음으로 파악하는 잠야 박지계(潛冶 朴知誡, 1573~1635)의 논점을 비판하면서 "人心과 道心은 하나입니다. 人心의 理致는 道心 전체 속에 구비되어 있습니다. 따라서 五性 또한 혼연한 一理일 뿐입니다."[47]라고 한 말은 그러한 특징을 잘 드러내고 있다. 그래서 그는 晩悔가 "하늘과 땅 사이에 가득 차 있는 것은 리일 뿐이다. 혼돈한 始初에 아직 天地가 갈라지지 아니하고 渾融하여 아무런 조짐도 드러나지 아니하며 어떤 형상도 있지 아니한데 먼저 이 리가 있었다."[48]라고 말한 것처럼, 우주 만유의 궁극적 시원은 리일 뿐이라고 주장하여 인심과 도심, 사단과 칠정을 대립적으로 파악하려는 태도를 거부한다. 그가 "氣稟

---

47) 『炭翁集』, 卷11, 「閑居筆舌」, 〈朋友見警識〉. "人心道心一也, 人心之理, 具於道心之全體也, 五性亦渾然一理耳."

48) 『晩悔集』, 「別册」, 卷2, 〈執事策〉. "盈天地之間者, 理而已, 混沌之初, 玄黃未剖, 渾渾融融, 兆朕未先, 未有是形, 先有是理."

의 性과 理賦의 性은 가리키는 바가 비록 다르지만, 처음에는 각기 다른 性은 아니었다. 따라서 人心과 道心의 理致는 혼연하여 본래 하나일 뿐이요 二體는 아니다."[49]라고 한 말을 상기할 때 이 점은 명백하다.

탄옹에 의하면 사람을 비롯하여 이 세계의 모든 존재가 천리에 근원하고 있는 것처럼 인심과 도심의 이치도 본래 하나의 근본을 지니고 있을 뿐이다. 따라서 인심과 도심을 리와 기로 분속 시켜 이원적으로 이해하는 관점은 잘못된 것이다. 이러한 논리를 바탕으로 그는 인심과 도심은 근본에서는 하나의 心이지만, 그 一心이 현실적으로 전개되는 과정에서 인심·도심이라는 두 가지 별개의 마음으로 나타날 가능성이 있음을 다음과 같이 해명하였다.

> 리가 사람에게 있으며, 몸의 主人인 것을 心이라고 한다. 道心과 人心의 이치는 모두 心에 갖춰져 있다. 그러므로 心은 오직 하나일 뿐이라고 말하는 것이다. 털끝만큼이라도 어긋남이 있으면 不善이 되는 것이다. 그러므로 善과 惡은 모두 天理라고 하는 것이니 이른바 惡이라고 하는 것은 본래 惡이 아니고, 다만 지나치고(過) 미치지 못함(不及) 만이 있을 뿐이다.[50]

위의 예문에서 볼 수 있듯이 인심과 도심은 본래 두 마음이 아니다. 善과 惡이 모두 천리에 그 뿌리를 두고 있는 것처럼 心은 본디 하나의 리일 뿐이다. 따라서 인심과 도심은 단지 동일한 心의 두 측면이고, 善惡의 분계선은 인심의 中節 여부에 달려있다. 그러므로 인심과 도심을 이원화해서

---

49) 『炭翁集』, 卷11, 「閑居筆舌」, 〈朋友見警識〉. "氣稟理賦之性, 所指雖異, 初非二性, 人心道心之理, 渾然一體, 不是二體."

50) 『炭翁集』, 같은 곳. "理之在人, 而主於身曰心, 道心人心之理, 皆具於心, 故曰心一而已矣, 毫釐有差, 卽爲不善, 故曰善惡皆天理, 所謂惡者本非惡, 但過與不及便有是耳."

천리와 인욕에 분속 시킨다던지, 또한 그것을 대립적 관계로 대비시켜 파악해서도 안 된다. 탄옹은 사단과 칠정의 경우에서도 마찬가지라고 생각하였다. 그래서 그는 사단이든 칠정이든 그것은 다 같은 情이라고 하면서 "四端의 愛惡와 七情의 愛惡가 본래 한 가지이다."[51]라고 말했던 것이다. 이 점은 다음의 예에서도 선명하게 나타난다.

> 대저 옷을 입고 음식을 먹고 싶어하는 마음은 人心이요, 의롭지 않은 것은 입지도 먹지도 않으려고 하는 마음은 道心이니, 따라서 心은 하나이고, 知覺 역시 하나일 뿐입니다. 단지 (그것이) 義理의 공변됨을 지각하면 道心이라 이르고, 形氣의 사사로움을 지각하면 人心이라고 일컫는 것입니다. 人心은 진실로 形氣之欲으로 말미암아 發하는 것인데, 어찌 이 마음 밖에 따로 이른바 人心이 있어 形氣之欲을 발동시키며, 어찌 人心 밖에 따로 이른바 道心이라 하는 것이 있어서 義理之心을 발동시키겠습니까?[52]

이처럼 주장할 수 있는 근거는 그가 심성론에 있어서도 晩悔의 리일원론적 관점[53]을 충실히 따르고 있기 때문이다. 晩悔에 의하면 인심과 도심은 근본에는 하나의 마음으로 서로 차이가 없다. 그러나 그 발함에서 의리에 근원한 것은 도심이 되고, 形氣에 의거해서 節制함이 없는 것은 人心이 된다.[54]

---

51) 『炭翁集』, 같은 곳. "四端之愛惡, 七情之愛惡, 一也."

52) 『炭翁集』, 卷5, 「書」, 〈上潛冶先生書〉. "盖欲衣欲食之心, 人心也, 不爲不義之衣食之心, 道心也, 心一而已也, 其知覺亦一而已矣, 但覺於義理之公, 則謂之道心, 覺於形氣之私, 則謂之人心, 人心固由形氣之欲而發, 豈於此心之外, 別有所謂人心者, 而發形氣之欲, 豈於人心之外, 別有所謂道心者, 而發義理之心乎."

53) 晩悔의 心性論에 관해서는 申東浩, 「權晩悔의 理一元論的 哲學體系」, 『道山學報』, 제4집, 도산학술연구원, 1995 참조.

탄옹의 이러한 논점은 그의 수양론에도 그대로 적용되어 나타난다. 단적인 예로 그가 心의 未發·已發의 상태에서 그 근본(天理)의 함양이 무엇보다 중요함을 우암 송시열에게 역설하면서 "知覺하여 보고 듣기 이전에 지각하고 보고 듣는 理致를 구비하고 있는 것이 바로 坤卦에도 陽이 없는 것이 아닌 理致이다."[55]라고 말한 것이 바로 그것이다. 「隨感自警識」의 "사람에게 心이 있는 것은 마치 나무에 뿌리가 있는 것과 같다. …… 主一하는 것은 그 뿌리를 기르는 것이다."[56]라는 발언 역시 이에 비롯된 말이다. 여기에서 탄옹이 말한 '主一'이란 개념은 그의 철학 전체를 일관하고 있는 핵심적인 원리이다. 이 경우 主一한다는 것은 形迹이 없으므로 過·不及이 없기 때문에 사사로움이 없는 오직 공변된 리 그 자체로 돌아간다는 의미이다. 이것은 理一에 근원하여 본다면 인심과 도심·사단과 칠정·선과 악은 본래 둘이 아니다. 그 결과 탄옹은 이 세계의 모든 존재가 모두 같은 天의 所生者라는 인식에 도달하게 되었고, 자신의 기본 입장을 "每事必求是, 無落第二義(모든 일에 반드시 옳음을 추구하여 차선의 의리에 떨어지지 마라)"[57]라는 열 글자로 정립하였던 것이다.

이와 같은 생각은 天이 天이 되고 사람이 사람됨이 모두 一理에 근원한 것으로서 天·人은 一理라고 주장한 아버지 晩悔의 관점[58]에 정확하게 일치한다. 그에 의하면 天地의 마음과 나의 마음 그리고 萬物의 마음이 서로 응한다는 것이다.[59] 그래서 탄옹은 자식들에게 "仁이란 것은 천하의 공평

54) 『晩悔集』, 卷4, 「雜著」, 〈睽義〉 참조.

55) 『炭翁集』, 卷5, 「書」, 〈與宋英甫〉. "未知未睹未聞而有知見聞之理, 正是坤卦不爲無陽之理."

56) 『炭翁集』, 卷11, 「閑居筆舌」, 〈隋感自警識〉. "人之有心, 猶木之有根, …… 主一者也者, 養其根也."

57) 『炭翁集』, 卷5, 「書」, 〈與眉叟〉.

58) 『晩悔集』, 「別冊」, 卷2, 〈執事策〉, "天之爲天, 人之爲人, 皆原於一理, …… 是故天人一理也" 참조.

한 이치이다."라고[60] 하면서 "하늘과 땅은 부모이고 백성은 나의 동포이니 남이 나를 모함한다고 해서 나도 남을 주살하면 舜임금과 象(순의 아우)이 장차 똑같아지는 것이 아니겠는가?"[61]라고 말하지 않을 수 없었던 것이다.

탄옹은 '매사에 가장 至善하고 至公한 길'을 찾기 위한 工夫를 강조하였다. 그러면 그가 말하는 工夫란 어떻게 하는 것인가? 그것은 '求是를 통한 義의 확립' 즉 공의 투철한 인식과 실천이라고 할 수 있다. 이때의 의란 물론 사덕의 하나로서 인을 체로 하면서 '是'와 '公'과 '善'을 함축한 개념이며 그 뜻은 "마음이 미워하는 바를 굽히지 아니하고 능히 절제하여 (매사를)마땅하게 처리하는 것"[62]을 가리킨다.

이렇게 보면 의란 인간이 지녀야 할 가장 중요한 가치로서 인간의 삶에서 그 중심 자리를 차지하는 덕목인 동시에 사람이 마땅히 성취해야 할 도덕적 · 정치적 이상이며 이념적 지표라고 할 수 있다. 그가 공자의 '殺身成仁'과 맹자의 '舍生取義'를 풀이하면서 "차마 할 수 없는 마음은 仁이요 불의를 부끄러워하고 불선을 미워하는 마음은 義이다. 仁義는 一體요 一理이다."[63]라고 말한 것이나, 효종에게 올린 사은소의 한 대목은 이런 생각을 선명하게 보여준다.

臣은 어려서부터 臣의 아버지에게서 '義와 利의 分辨이 곧 사람됨의 첫 번째

---

59) 『晩悔集』, 같은 곳. "蓋天地之心, 卽吾之心也, 吾之心, 卽萬物之心也, 故求之吾心, 而天地萬物之心, 皆應焉" 참조.

60) 『炭翁集』, 권7, 「書」, 〈寄惟兒〉, "仁者, 天下之公理."

61) 같은 책, 같은 곳, 「答惟兒」. "乾坤父母, 民吾同胞, 人搆陷我, 我誅殺人, 舜象將無同耶."

62) 같은 책, 권10, 「雜著」, 〈殺身成仁舍生取義何別說〉." 不屈其心之所惡, 而能制處宜則曰取義."

63) 같은 책, 같은 곳, "不忍之心, 仁也, 羞惡之心, 義也, 仁義一體耳, 一理耳."

조건이다'라는 말을 들었습니다. 臣의 아버지는 항상 後生을 이끌어 말씀하시기를 '매사에 반드시 옳은 것을 구하여 第一義를 잃지 말아야 한다'고 하셨습니다. …… 臣이 사사로이 생각건대 오늘 전하께 맡겨진 가장 시급한 일은 무엇보다도 먼저 '義와 利의 分辨'을 밝히시고 帝王의 孝를 확충하시어 모름지기 하면 된다는 뜻을 확실하게 세우는 일입니다.[64]

탄옹이 강조한 인을 체로 하는 '의'란 인간 행위의 도덕성을 정당화하는 기준이자, 물질적 재화나 육체적 욕망의 충족에 대한 집착을 억제하는 節制機能의 의미가 있다.[65] 그래서 그는 의가 모든 덕의 기초이자 근거라고 생각하여 孝宗에게 "廓然大公하고 確乎不拔해서 반드시 功利를 몰아내고 인의를 밝히시면 천하를 위해 노래 부름에 백성들이 앞장설 것입니다."[66]라고 강조하였던 것이다. 이 점은 물론 인의에 바탕을 둔 왕도정치를 추구하는 선진유가적 관점으로써 공맹의 근본정신과도 상통한다. 예컨대 공자가 "이익을 보면 의로움을 먼저 생각하라."[67] 하고 "이득을 보거든 의를 생각하라."[68]한 것이 바로 그것이다.

이처럼, '의'는 탄옹의 '公'사상에서 '인'과 더불어 가장 중요한 가치판단의 기준이요 원리라고 할 수 있다. 왜냐하면 사람이 태어나면서부터 하늘로부터 받은 바 命은 인의이고, 사람이 사람답게 사는 것은 인의가 있기

64) 『炭翁集』, 卷3, 「疏」,〈工曹佐郎謝恩後疏〉. "臣自幼少, 聞諸臣父曰, 義利之卞, 及爲人之第一義也, 故臣父恒言, 誘掖後生, 必曰每事必求是, 毋失第一義, …… 臣竊惟今日殿下之責, 時務之急, 莫如先明義利之卞, 而擴帝王之孝, 須立有爲之志."

65) 陳大齊는 선진유학에서 말하는 義에는 지도 작용, 절제 작용, 일관 작용 등 세 가지 종류의 기능이 있다고 했다. (진대제, 앞의 책, 125쪽 참조.)

66) 『炭翁集』, 卷3, 「疏」, 〈工曹佐郎謝恩後疏〉. "殿下廓然大公, 確乎不拔, 必黜功利而明仁義, 爲天下倡, 爲百姓先焉."

67) 『論語』, 「憲問」, "見利思義."

68) 『論語』, 「季氏」, "見得思義."

때문이다. 따라서 사람은 천명으로서의 인을 투철하게 자각하고 그것을 의를 통하여 인간세에 구현해야 한다.[69] 이 경우에도 물론 의는 公과 같은 의미가 있다.

여기에서 탄옹의 이른바 당쟁의 와중에서도 당색을 초월하여 도덕적 합당성을 추구하여 至善의 길을 모색하고자 했던 '求是' 정신과 至公無私의 이론적 근거가 드러난다. 그가 書筵에서 王世子에게 "王과 覇에 관한 말은 이미 실로 많았습니다. 그러나 대개 公과 私 두 글자가 王 · 覇를 구분 짓는 소이입니다. 天下를 공변되게 하려고 仁을 행하는 것은 王者의 마음이고, 사사로이 자기 한 몸만을 이롭게 하고자 하는 것은 覇者의 마음입니다. 모두 다 같이 하늘과 땅 사이에서 생겨났으니 사람은 서로가 형제와 같은 존재입니다. 그런데 자기만 홀로 좋고 남들은 좋지 않은 것이 어찌 마음 편한 일이겠습니까?"[70]라고 한 말을 상기할 때 이 점은 분명하다. 그가 하늘과 땅의 큰 덕은 다름 아닌 '生'이라고 하면서 "평생토록 행한 길고 짧은 모든 言辭가 군자다운 군자를 도모하지 않은 바가 없었고, 오직 '公'이란 한 글자를 성취하고자 하는 생각뿐이었다."[71]고 한 만년의 고백을 겸허하게 받아들이지 않을 수 없다. 이는 '仁의 道는 단지 公 한 자로 집약된다'고 한 부친 晩悔의 정신을 충실하게 계승한 것임은 더 말할 필요도 없다.

69) 註)7 참조.

70) 『炭翁集』, 卷4, 「書筵講義」, 〈講王霸之辨〉. "王覇之言, 固已多矣, 大槪公私二字, 王覇之所以分, 公天下而爲仁, 王者之心也, 私一己以爲利, 覇者之心也, 並生天地之間, 人之與人, 猶兄弟也, 己獨好而彼不好, 豈可安於心哉."

71) 『炭翁集』, 卷7, 「書」, 〈寄惟兒〉. "仁者天下之公理, …… 平生千言萬言片言隻辭, 無非爲君子謀思欲成就一箇公字."

4. 탄옹 공사상의 융화정신

이제까지 논의한 바, 탄옹철학의 특성은 리일원론적 시각에서 세계와 인간을 해석하고, 모든 도덕의 기초이자 근거이며 도덕을 도덕되게 하는 원리라고 할 수 있는 인의를 통해 '公'을 현실세계에서 구현하려고 노력한 데에서 찾을 수 있다.

그것은 탄옹의 현실적인 삶에 반영되었다. 그가 尹善道의 상소 뒤에 벼슬을 버리고 물러나는 동춘당을 적극 만류한 일[72]이라든가, 書筵에서 『논어』의 「管仲知禮章」을 강론하면서 '지극히 공변된 마음이 治國·平天下의 근본'[73]이라고 역설한 것은 그 대표적인 예이다. 그런데 여기서 유의해야 할 사실은 탄옹이 강조한 '公'이 유가 최고덕목인 인의와 일맥상통하는 개념이면서 "나를 넘어서는 無私와 전체를 위하여 부분화를 배격하는 불편부당의 특성"[74]을 강하게 지니고 있다는 점이다. 탄옹이 '義利之辨'을 중시하고 그것을 통해서 인간 사회의 질서화(公道)의 기초나 근거로 삼은 사실이 바로 그것이다.[75]

이미 살펴본 바와 같이 탄옹은 리일원론적 시각에서 세계와 인간을 해석하고, 그것을 모든 도덕의 기초이자 근거인 의를 통해 至公無私한 현실사회를 구현하려고 하였다. 원래 의란 일체의 사사로움이나 조작이 가해지지 않은, 인간의 본원적 심성에 근원한 '天理之公'을 뜻한다. 탄옹이 "대저 하나의 無辜한 이를 죽이고 한 번의 불의를 행하여 천하를 얻는다 하여

---

72) 『炭翁集』, 卷5, 「書」, 〈與宋明甫〉 참조.

73) 『炭翁集』, 卷4, 「書筵講義」, 〈講論語管仲知禮章〉. "是所謂修身齊家治國平天下之道, 至公爲心, 非一毫私也, 是卽王者之道也" 참조.

74) 尹絲淳, 앞의 논문, 220쪽.

75) 『炭翁集』, 卷3, 「疏」, 〈工曹佐郎謝恩疏〉. "義利之卞, 乃爲人之第一義也" 참조.

도 (그러한 일을) 해서는 안 되며, 그것을 하면 살 수 있고, 하지 않으면 죽는다 하더라도 더욱더 (그러한 일은) 하지 않는 법입니다."[76]라고 한 말에서도 그 대체적인 내용을 짐작할 수 있다. 이런 의미에서 탄옹의 철학을 '主公의 철학'이라고 이름을 붙일 수 있는 것이다. 그 公은 물론 사덕의 집약체인 인의를 현실화하는 개념으로서, 또 '平'이나 '正'과도 통하는 객관적 타당성과 도덕적 합당성을 추구하는 기준이자 治民의 大要이다.

> 王과 覇에 관한 말은 이미 실로 많습니다. 그러나 대개 公 · 私 두 글자가 王 · 覇를 구분 짓는 소이입니다. …… 그러므로 君子가 마음을 씀에는 자기가 서고자 하면 다른 사람을 세워주고 자기가 도달하고자 하면 다른 사람을 도달하게 하며, 자신이 원하지 않는 것은 남에게 베풀지 않습니다. 살아도 다 함께 살고 善을 행하되 다 함께 행하며, 자신을 미루어서 남에게 미치게 하고(推己及人), 修己하여 백성을 편안케 하는 것(修己安百姓)은 王者의 사업이고, 단지 자기만을 이롭게 하는 것은 알고 남을 사랑할 줄 모르고, 天下를 얻고도 자기만의 욕심을 채우려고 하는 것은 覇者의 사업입니다.[77]

탄옹에 의하면 公은 모든 사회의 정치 원리를 꿰뚫는 근본으로서 인간이 마땅히 지녀야 할 최상의 덕목, 즉 개인의 내면적 수양과 사회의 도덕적 실천에서 그 중심을 차지하는 개념이다. 그는 公을 가치기준의 근거로 하여 王道와 覇道를 구분하였을 뿐 아니라, '推己及人'이나 '修己安百姓'을 公과 같은 의미로 이해하였다. 이 경우의 公은 모든 특수한 개별적 德目들을

76) 『炭翁集』, 卷3, 「疏」, 〈工曹佐郎謝恩後疏〉. "夫殺一無辜, 行一不義, 而得天下, 有所不爲."

77) 『炭翁集』, 卷4, 「經筵講義」, 〈講王覇之辨〉. "王覇之言, 固已多矣, 大概公私二字, 王覇之所以分, … … 故君子用心, 己欲而立人, 己欲達而達人, 生必俱生, 善不獨善, 推己及人, 修己以安百姓者, 是王者之事也, 徒知利己, 不知愛人, 取天下濟己之欲, 是覇者之事也."

통일지우고 종합하는 包括的인 德이다. 그가 仁은 "貪慾을 제거한 것(仁者去其貪)"[78]이라고 하면서 仁을 "至公無私하며 至誠惻怛의 뜻을 갖는 것"[79]으로 풀이한 것은 이를 단적으로 요약해 준다. 그런 점에서 탄옹은 公만이 인간의 인격적 본질을 구현할 수 있고, 도덕적 이상을 달성할 수 있는 궁극적 목표이자 유일한 방법이라는 믿음을 가졌던 것이다. 이러한 그의 견해는 리일원론적 논리체계에 근거한 것임은 더 말할 필요도 없다.

물론 公의 이념으로 인간과 사회를 이해하고 고민한 것은 탄옹만이 아니다. 멀게는 선진시대까지 소급할 수 있고 가까이는 퇴계·율곡·만회에게서도 찾아볼 수 있다.[80] 『書經』「周官」편[81]과 『禮記』「孔子閒居」편[82]에서는 성인의 道를 至公한 것으로 풀이하여 公이 公平無私의 뜻을 내포하고 있음을 보여주고 있다. 그것은 또한 "성인의 道는 지극히 公正할 뿐이다."[83]고 한 주렴계의 『通書』에서도 명료하게 확인된다. 그뿐만 아니라 『春秋左傳』 僖公九年條[84]와 『忠經』「天地神明章」에서는 公을 忠으로 해석하여[85] 公이 인간성정의 순수한 발로이자 인간의 당위적 실천 원리임을 제시하고 있다. 이러한 관점은 公을 仁이나 忠과 연계하여 天下大公의 道라고 한 程·朱에게서도 그대로 발견된다.[86]

---

78) 『炭翁集』, 卷11, 「閑居筆舌」, 〈朋友見警識〉.

79) 『炭翁集』, 卷4, 「經筵講義」, 〈講仁無內外精粗之殊〉. "仁者, 心之全德具存, 至公無私, 至誠惻怛之意."

80) 이 문제에 대하여는 김기현, 「유교사상에 나타난 公과 私의 의미」, 『동아시아 문화와 사상』, 제9호, 열화당, 2002; 백운기, 「朱子의 公에 관하여」, 『범한철학』, 제16집, 범한철학회, 1998 참조.

81) 『書經』, 「周書·周官」. "以公滅私, 民其允懷" 참조.

82) 『禮記』, 「孔子閒居」. "孔子曰, 天無私覆, 地無私載, 日月無私照, 奉斯三者以勞天下, 此之謂三無私" 참조.

83) 周濂溪, 『通書』, 公第三十七章. "聖人之道, 至公而已矣."

84) 『春秋左傳』, 「僖公九年條」. "公家之理, 知無不爲, 忠也" 참조.

85) 『忠經』, 「天地神明章」. "忠者, 中也, 至公無私" 참조.

한마디로 公은 인간의 본래성을 실천하는 구체적 방법이며, 유학이 가졌던 德治의 궁극적 이상인 大同社會를 성취하는 근본적인 바탕이다. 『禮記』「禮運」편에서는 이 점을 곧바로 드러내어 '大同'은 天下를 公器로 삼는 사회라고 정의하고 있다.[87] 따라서 유학자들은 公의 이념을 내세워 세상을 바로 잡고 구제하려고 하였음을 알 수 있다.

탄옹 역시 유학자로서 公을 다른 어떤 덕목보다 중시하고 역설하였다. 公에 대한 탄옹의 가치관은 다른 유학자들의 입장과 별 차이가 없지만, 탄옹이 가졌던 公의 이해방식이나 태도는 보다 특이하고 파격적이다. 그는 公으로 유가 도의사상의 要諦인 인의를 풀이하였고, 특히 公을 私와 배척관계로 보지 않고 그것을 드러내고 밝히는 데 많은 공력을 기울였기 때문이다. 다시 말해서 탄옹은 사사로움이 없고 따라서 過不及이 없는, 오직 公된 천리 자체로 돌아가는 삶을 긍정했고, 그리고 그것을 통해 王道社會를 건설하려고 하였다. 그가 人君은 天地의 마음으로 백성을 다스려야 하고 그것이 곧 옛 성인들이 相傳한 仁義之學이라고 하면서 아래와 같이 말했다.

> 人君이 天地의 마음으로 마음을 삼는 것은 하늘이 (만물을) 덮어주고, 땅이 (만물을) 실어주는 것과 같습니다. 대저 피와 기운이 있는 사람은 누구든 仁의 울타리 안에 들어오지 않겠습니까. 백성들에게 널리 은덕을 베풀고 많은 사람들을 구제하고자 노심초사했던 것이 堯와 舜임금의 큰 걱정거리였습니다. 그렇게 (堯와 舜임금은) 天下에 큰 은택을 내려주고자 하였는데, 하물며 이 백성들로 하여금 굶주려 죽게 할 수 있겠습니까.[88]

---

86) 『二程全書』, 「外書」, 卷27, 〈朱公掞錄拾遺〉. "忠者天下大公之道, 恕所以行之也"와 『朱子語類』 권95 참조.

87) 『禮記』, 「禮運」. "大道之行也, 天下爲公, 選賢與能, 講信修睦" 참조.

88) 『炭翁集』, 卷3, 「疏」, 〈請恤災傷疏〉. "人君以天地之心爲心, 則天之所覆, 地之所載, 凡有

> 仁義가 본성을 이루고 生을 좋아하는 德이 백성의 마음에 흡족하게 되면 죽인다는 글자 하나도 진실로 한 생각 안에 들어가지 아니할 것입니다. 한번 노하여 악을 제거하고 大勇之志를 잘 길러, 陰陽合德하는 이 두 가지를 아울러 행하여 결코 어기지 말아야 합니다. 이것이 곧 옛 성인들이 서로 전한 仁義之學입니다.[89]

위에서 보듯이 탄옹이 말한 公은 私와 대립하는 일반적 의미인 公이 아니라 存在論的 原理의 의미가 있는 公이다. 그것은 "안팎을 초월하여 혹은 안팎을 통일적으로 보는 公"[90]이라고 할 수 있다. 그는 이를 통해 객관적 표준에의 합치나 규범적 당위보다는 자아의 자율성에 바탕을 둔 생명의 자기 확대를 더 중시하였다. 그가 書筵講義에서 存養의 工夫方法을 묻는 世子에게 衆善의 우두머리요 萬事의 뿌리인 心의 性情, 즉 至公하고 진실하며 망령됨이 없고 삿됨이 없는 마음을 잘 보존하여 잃어버리지 않는 일이라고 한 답변[91]에서 특히 선명하게 나타난다.

따라서 탄옹에게서 公은 平天下할 수 있는 가능 근거이자, 人慾이나 物慾 등 일체의 私慾과 대결할 수 있는 삶의 본질태로서 모든 德의 기초이자 근거이며 德을 德되게 하는 원리가 된다.[92] 그래서 "그릇이 적은 자가 公을 알지 못하는 것은 天下로써 마음을 삼지 않기 때문이다."[93]라고 말하였던

血氣者, 孰非至仁之所囿乎, 故博施齊象, 堯舜病之, 而必欲澤被天下, 況可以使斯民, 飢而死乎."

89) 『炭翁集』, 卷3, 「論書筵文義及鄭之問疏」. "仁義成性, 好生之德, 洽于民心, 殺之一字, 誠不入於一念, 一怒除惡, 善養大勇之志, 陰陽合德."

90) 島田虔次, 『朱子學과 陽明學』, 김석근 · 이근우 옮김(까치, 1986), 67쪽.

91) 『炭翁集』, 卷4, 「書筵講義」, 〈講存養之工〉. "世子問, 存養之工, …… 對曰, 存養之工, 其說長試物以言之, 至公眞實, 無妄無私, 惻怛慈愛, 不忍之心, 是心之性情, 衆善之長, 萬事之根也, 常保此心, 敬而無失" 참조.

92) 『炭翁集』, 卷4, 「書筵講義」, 〈講論語管仲知禮章〉. "是所謂修身齊家治國平天下之道, 至公爲心, 非一毫私也, 是卽王者之道也" 참조.

것이다. 그가 物我一體的 思考에 입각하여[94] '他者와의 連帶意識'을 바탕으로 차별과 대립이 해소된[95] 참다운 公天下를 실현하려고 진력했던 것도 여기서 비롯된 것이다. 여기에서 비로소 公으로 내·외를 일관했고 그것의 성취를 일생의 과제로 삼았던 炭翁 融和精神의 참뜻이 분명하게 드러난다. 이 경우 융화정신이란 『주역』「건괘·단전」의 "保合大和(크나큰 조화를 지키고 모은다)"의 정신과 상통하는 것으로, 개별 주체들이 자신의 타고난 본래성을 잘 간직하여 이지러뜨리지 않으면서도 타자와 함께 전체적 조화를 이루는 정신을 뜻한다.[96] 거기서는 차이와 다양성이 유지되고, 격렬한 대립보다 평화로운 공존이 더 중시된다. 한 마디로 그것은 회통과 조화를 추구하는 정신이며 相生을 바탕으로 상호공존하고 번영케 하는 원리이다.

이런 뜻에서 공자도 『주역』 咸卦 九四爻辭를 풀이하여 "天下가 무엇을 생각하고 무엇을 염려하겠는가. 천하가 돌아가는 곳은 같으나 그 길은 다르다. 이치는 하나이나 생각은 백 가지이니 천하가 무엇을 생각하며 무엇을 염려하겠는가."[97]라고 말했고, 또 同人卦 九五爻辭를 풀이하여 "두 사람이 마음을 같이 하니, 그 날카로움이 쇠라도 끊을 수 있다. 마음을 함께 하는 말은 그 향기가 마치 난초와 같다."[98]라고 말하였던 것으로 보인다. 그런 점에서 융화정신이란 대화와 협력을 바탕으로 대립자 상호 간의 조화를 도모하고, 交感 相應하는 정신이다. 地天泰卦의 彖傳에 "천지가 교통하

93) 『炭翁集』, 卷4, 「經筵講義」, 〈講大學衍義〉. "臣曰, 所以小器者, 不知公, 天下以爲心."
94) 『炭翁集』, 卷4, 「經筵講義」, 〈講大學衍義〉. "乾称父, 坤称母, 民吾同胞, 物吾與也" 참조.
95) 『炭翁集』, 「附錄」, 〈家狀〉. "其與鄕人處, 各盡其歡情, 不以貴賤老少而有異" 참조.
96) 朱熹, 『周易本義』, 「乾卦·彖傳」. "大和, 陰陽會合冲和之氣也, 保合者, 全於已生之後." 참조.
97) 『周易』, 「繫辭傳 下」 5장, "子曰 天下何思何慮, 天下同歸而殊塗, 一致百慮, 天下何思何慮."
98) 『周易』, 「繫辭傳 上」, 8장. "二人同心, 其利斷金, 同心之言, 其臭如蘭."

니 만물이 통하고 상하가 교통하니 그 뜻이 같다."[99]라고 한 말이나, 火澤睽卦의 彖傳에 "하늘과 땅이 어긋나 다르지만 그 일은 같고, 남녀가 어긋나 다르지만 그 뜻은 통하고, 만물이 어긋나 다르지만 그 일은 비슷하니 睽의 때와 쓰임이 위대하다."[100]라고 한 것이 바로 그것이다.

탄옹이 "王道라는 것은 物과 나를 하나로 보고 자신을 이루고 物을 이루게 하여 자신이 서고자 하면 먼저 남을 세워주고, 자신이 통달하고 싶을 때 남도 통달하게 하는 것"[101]이라고 정의한 데서 이 점은 명료하다. 바로 여기에서 탄옹 公思想의 융화정신의 특징이 유감없이 드러난다.

이렇게 볼 때, 탄옹이 公으로 內·外를 일관하고, 이를 통해 도덕적 합당성과 객관적 타당성을 추구했으며, 그 속에서 확고한 주체 확립과 사회적 실천을 도모하려 했던 것이 명백하다. 『顯宗實錄』의 "탄옹은 젊어서부터 몸가짐이 구차하지 않았고 언론이 편벽되지 않아 벗들에게 추앙을 받았다."[102]는 대목과 『顯宗改修實錄』의 "탄옹은 불우하게 지낼 때에도 끝까지 그 일로 유감을 품거나 신세를 한탄하는 말을 하지 않았으니. 대개 그의 성품이 무던하고 모나지 않았던 까닭이었다."[103]는 기사의 한 대목을 상기할 때 이 점은 분명하다. 그렇다면, 구차하지 않으면서도 편벽되거나 모나지 않았다고 하는 평은 탄옹 公思想의 특성을 잘 요약했다고 볼 수 있다. 탄옹은 그러한 마음가짐을 바탕으로 每事에 至善하고 至公한 길을 모색하였으며, 求是를 통한 義를 확립하고자 하였던 것이다.

---

99) 『周易』, 「地天泰 彖傳」, "天地交而萬物通, 上下交而其志同也."

100) 같은 책, 「火澤睽 彖傳」. "天地睽而其事同也, 男女睽而其志通也, 萬物睽而其事類也, 睽之時用大矣哉."

101) 『炭翁集』, 卷4, 「經筵講義」, 〈講大學衍義〉. "王者物我一視, 成己成物, 己欲立而立人, 己欲達而達人."

102) 『국역 현종실록』, 현종 13년 1월 24일.

103) 『국역 현종개수실록』, 현종 13년 1월 24일.

그래서 그는 尹宣擧에게 "의리는 정한 격식이 없고 이치는 活法이라고 생각합니다. 그러니 사람마다 같지 않고 일에 따라 차이가 있는 것입니다. 행하고 그침이 어찌 상도가 있겠습니까. 오직 옳은 대로 할 뿐입니다."[104] 라고 말했던 것이다. 바로 여기에서 炭翁이 정치적으로 黨色을 멀리하고 중립을 지켜 항상 옳다고 여긴 바를 행한다든지, 養民의 측면에서 백성들을 수탈하는 기존 정책들을 廢棄나 改善할 것을 강력하게 주장한 일[105] 등의 의미가 명료하게 드러나는 것이다.

5. 맺는 말

필자는 탄옹 권시의 철학사상의 진면목을 제대로 이해하기 위한 하나의 기초연구로서 탄옹의 公사상을, 유가 공사상의 기본성격, 탄옹 公사상의 내용과 특성, 탄옹 公사상의 융화정신 등으로 나누어 그 존재론적 해명을 시도하였다. 위에 검증한 사항들을 간추리면 다음과 같다.

유가의 인간관에 의하면 인간은 사덕을 주체적으로 자각하고 구현할 수 있는 도덕적 주체이다. 이 사덕은 인의로 요약되고, 그 인의는 公으로 현실화된다. 이때의 公은 단지 私와 상반되는 일반적 의미인 公이 아니라 인의와 동질의 의미가 있는 존재론적으로 이해할 수 있는 公으로써 마음에 사욕이나 사사로움이 전혀 없는 상태를 가리킨다. 그런 점에서 공은 객관적 타당성과 도덕적 합리성을 추구하는 기준이자 治民의 大要이자, 인욕

---

104) 『炭翁集』, 권6, 「書」, 〈答尹吉甫〉. "愚意義無處體, 理是活法, 隋人不同, 遂事有異, 行止何常之有, 惟其是而已."

105) 炭翁의 養民論에 관해서는 李泰鎭, 「炭翁 權諰先生의 養民論」, 『道山學報』, 創刊號(道山學會, 1992) 참조.

이나 물욕 등 일체의 사욕과 대결할 수 있는 삶의 본질태로써 모든 덕의 기초이자 근거가 되는 것이다.

탄옹은 '公'으로 내외를 일관하고 이를 통해 大義가 천하에 유감없이 밝혀지는 '保合大和'의 세상을 꿈꾸었으며, 그 속에서 사사로움이 없으므로 과불급이 없는, 오직 천리 자체로 돌아가는 삶을 긍정했고 자아의 자율성에 바탕을 둔 생명의 자기 확대를 강조하는 삶을 추구하려고 하였다.

탄옹 공사상의 특성은 正邪, 善惡의 가치 기준을 리와 기, 義와 利로 양분하여 고착시키는 이원론적 사고방식을 배제하고 리일원론적 입장에서 '物我一體'와 '人我竝立'을 주장한 데 있고, 또 그것을 통하여 대화와 협력을 바탕으로 대립자 상호 간의 조화를 도모하고, 교감상응하는 王天下를 구현하려고 한 데서 찾을 수 있다. 그런 의미에서 탄옹의 철학은 主公의 철학이며 융화정신의 체계적이며 구체적인 표현이라고 할 수 있다. 여기서 말하는 융화정신이란 『周易』 乾卦 象傳의 '크나큰 조화를 가지고 모은다'는 정신과 상통하는 개념으로써, 회통과 조화를 추구하는 정신이며, 상생을 바탕으로 하여 상호공존하고 번영케 하는 원리를 뜻한다. 그가 평생 강조하고 실천하려고 애썼던 '每事必求是'니 '民吾同胞' 같은 말은 이 점을 가장 단적으로 드러내 주고 있는 말이다.

그가 자신의 시대를 "주린 백성과 빈 밭에 稅穀을 책임지게 하고 썩은 뼈와 강보에 싸인 아이에게 포목을 거두는"[106] 시대로 파악하면서도 끝내 절망하지 않고 公義를 실천하고자 했던 것은 인간을 객체적 도덕규범에 의해 강요되며 주조되는 존재가 아니라 道德의 명실상부한 主體로서 이해하고 '每事必求是' 또는 '물아일체'의 정신을 모순 없이 통일적으로 體認하고 실천하였음에 힘입은 것이 분명하다.

106) 『炭翁集』, 권3, 「疏」, 〈再論災傷疏〉. "而乃欲責稅於飢民空田, 收布於朽骨襁褓."

이러한 일련의 검토를 통해 우리는 탄옹의 '主公철학'과 현실 대응 사이에는 긴밀한 연속성과 상호관계가 있음을 확인하였다. 그 핵심은 자신의 개체적 삶을 역사적 국면의 삶으로 확장함으로써, 이 人間世에서 '民吾同胞'와 '保合大和'의 정신에 바탕을 둔 公義의 정신을 지키고 추구하고자 하는 일관되면서도 성실한 노력이라 할 수 있다.

탄옹과 동춘당 도의사상의 비교

1. 이끄는 말

조선조 후기의 山林을 주도해 간 山林處士이자 예학자인 탄옹 권시(炭翁 權諰, 1604~1672)와 동춘당 송준길(同春堂 宋浚吉, 1606~1672)은 17세기의 한국 유학사에서 무시할 수 없는 자취의 하나로 살아있다. 兩人의 생애는 한 시대의 思想的 摸索과 고민, 그리고 調和와 時中을 중시하는 유가적 인간상의 모범을 극명하게 보여준다. 黨色을 달리했으면서도 평생에 걸쳐 나눈 兩人의 敦篤한 友誼가 이를 잘 말해준다. 따라서 그것을 바르게 究明하는 일은 우리의 과거와 오늘의 삶에 대한 적극적 인식을 추구하는 한 방식이자, 우리 사상사의 폭을 넓히는 일이기도 하다. 확실히 兩人은 남다른 삶과 철학을 지니면서 그것을 놀라운 통합으로 昇華 · 具現시킨 분들이었다. 兩人은 激變하는 역사적 상황 속에서 외부의 혼란과 압박에 굴복하지 않고 동시에 자기 내부의 고뇌와 치열하게 대결하면서 '聖學의 宗旨'를 전 생애를 통하여 참되게 알고 실천한 위대한 도학자들이었다.

이 글은 탄옹과 동춘당의 도의사상을 비교 · 검토하고, 그것이 兩人의 리기심성론과 어떤 관계를 맺고 있는가, 또 兩人의 도덕관의 특성은 무엇인가를 살펴보고자 한다.

그러자면 우선 인·의로 요약되는 유가 도의사상의 기본구조와 성격을 살펴보아야 할 것이다. 그리고 다음으로 탄옹과 동춘당의 도의사상의 기반이 무엇이고 그 핵심적 지향처가 어디인지를 파악해야 할 것이다. 그렇게 할 때만이 비로소 탄옹·동춘당 도의사상의 변별적 특성과 차이점을 분명하게 드러낼 수 있을 것이며, 또한 그 사상사적 의의에 관하여도 편견 없는 省察力을 가질 수 있을 것이다.

2. 유가 도의사상의 기본성격

탄옹·동춘당 兩人의 도의관에 대한 본격적 논의에 앞서 먼저 유가 도의사상의 기본구조 및 성격을 간략하게 개괄하고 또한 그 특징이 어디에 있는가를 밝히고자 한다. 兩人의 도의관은 先秦時代의 根本儒學이 제창했던 윤리도덕의 기반을 고려하지 않고서는 온전하게 이해할 수 없기 때문이다.[1)]

유가에 의하면 인간은 인의예지 사덕을 자각하고 구현할 수 있는 天의 所生者다. 하늘은 인간에게 몸과 함께 인간으로서 마땅히 지키고 행하지 않으면 안 될 도리와 命法을 生來的으로 부여하였다.[2)] 공자가 스스로 "하늘이 나에게 德을 주셨으니, 桓魋가 감히 나를 어떻게 하겠는가?"[3)]라고 自負한 말에서도 이를 확인할 수 있다.

---

1) 여기서의 서술 대부분은 졸고 『천명(天命)과 유교적 인간학』, 심산, 2011, 66-106쪽을 요약한 것이므로 일일이 그 출처를 밝히지 않는다.

2) 『詩經』, 「大雅」, 「烝民」 참조.

3) 『論語』, 「述而」.

하늘이 부명한 하늘의 덕성은 모든 사람에 있어서 "自我에 고유한"[4] 본래적인 自性이다. 그것은 생과 더불어 가지게 되는 欲求의 충동 또는 그 근원이 아니라 내가 본래적으로 참 사람됨, 그리고 자신이 日常的인 自己妄却에서 벗어나 참으로 사람다움을 회복할 수 있는 可能根據로서의 人格的本質이며 命法이다. 따라서 사람이 참으로 사람다운 所以는 인간 본래의 도덕성에 있는 것이고, 사람이 사람답게 사는 길은 바로 자기의 본래적인 덕성을 남김없이 드러내어 이를 윤리 · 도덕적으로 구현하는 데 있는 것이다. 이때 '사람답다'라는 말은 사람이 다른 존재자와 구별되는 자신 만의 특성, 즉 인격적 본질을 本有하고 있음을 뜻하는 것이기도 하지만, 그것은 또한 사람이 自己와 더불어 다른 存在者의 존재가치까지도 함께 드러내 밝혀주는, 천도구현의 주체적 참여자임을 의미하는 것이기도 하다. 예컨대 참으로 사람다움에 관하여 『중용』은 다음과 같이 논했다.

> 오직 천지간에 매우 지극한 정성을 가진 사람만이 그 자신이 가지고 있는 본성을 온전히 발휘할 수 있다. 자기 본성을 온전히 발휘할 수 있게 되면 다른 사람의 본성 또한 온전히 발휘할 수 있게 된다. 다른 사람의 본성을 온전히 발휘할 수 있게 되면 뭇 사물의 본성 또한 온전히 발휘할 수 있게 한다. 뭇 사물의 본성을 온전히 발휘할 수 있게 하면 천지의 변화와 양육을 도울 수 있다. 천지의 변화와 양육을 도울 수 있으면 그러한 사람은 하늘과 땅과 더불어 삼재적 인간이 된다.[5]

『중용』에 의하면 사람의 心性에 內在한 인간의 존재근거요 그 원리로서

---

4) 『孟子』, 「告子章句上」.

5) 『中庸』, 第二十二章.

의 덕성은 선천적이며 선험적인 것으로서 사람은 누구나 다 그것을 具有하고 있다. 이러한 의미를 전제할 때 비로소 하늘과 사람, 사람과 誠의 관계가 선명하게 드러난다. 이때 문제가 되는 것은 물론 천명 자각의 주체인 인간의 性과 命이다. 이를 본래 하나로서 밝히는 일이 천명의 자각이고 또한 인간의 본래적 사명인데, 그것은 오직 인간의 '誠之'를 통해서 만이 가능한 현실로 된다. 즉 天이 사람에게 부여한 것이 '命'이고, 사람이 그것을 부여받은 것이 人性인데, 이 둘을 하나 되게 하는 것이 다름 아닌 인간의 '誠之'하는 노력이다.

이렇게 볼 때 인간의 참다운 모습은, 天으로부터 이미 주어져 있는 不動의 본질인 善性을 깨닫고 그것을 극진히 발휘하여 天地化育에 능동적으로 참여하는 것으로 된다. 따라서 여기에서는 천도를 본받고 그것을 나의 일로 밝히기 위한 인간의 철저한 자아반성과 본성의 온전한 보존과 확충을 위한 '至誠'만이 있을 뿐이다. 때문에 맹자도 "誠 그 자체는 하늘의 길이고, 誠해지려고 생각하는 것은 사람의 길이다."[6]라고 말하였던 것이다.

그러면 사람다움의 본질로서의 인간의 본성은 구체적으로 어떠한 내용을 담고 있는가? 또한, 그렇게 형성·전개하는 데 중요한 역할을 한 天과는 어떠한 관계를 맺고 있는가? 이러한 물음들이 중요한 관심사이다. 『周易』乾卦의 卦辭 '乾, 元亨利貞'이라 하여 天의 性情인 바 '乾'에는 萬物의 '始·長·遂·成'의 원리인 元·亨·利·貞 四德이 내재되어 있음을 말하고 있다. 그리고 文言傳에는 乾의 四德, 즉 인간에게 있어서 衆善의 端初로서의 '仁', 衆美를 會通하는 '禮', 衆物의 分限으로서의 '義', 衆事를 主幹하는 '智' 등이 인간의 본성에 內在함으로써 自我의 人格的 本質인 德性을 構成하고 있음을 설명하고 있다.[7] 人間德性의 내용을 이루고 있는 인·의·

6) 『孟子』, 「離婁章句上」.

예 · 지 사덕은 乾의 원 · 형 · 이 · 정 사상에 상응하는 것으로서 우리는 이를 통하여 인간의 본래적 자아로서의 人格性과 天道의 眞理性이 궁극에 하나로 일치하고 있음을 알게 된다. 다시 말하여 하나의 존재원리가 천도적 측면에서는 원 · 형 · 이 · 정 사상으로, 인도적 측면에서는 인 · 의 · 예 · 지 사덕으로 나타난 것이라 하겠다. 이러한 논리에 따라 宋學을 集成한 주자도 "원형이정은 천도의 떳떳한 이치요, 인의예지는 인성의 벼리이다."[8] 라고 하여 元亨利貞과 仁義禮智는 宇宙와 人間의 本來的 存在原理임을 강조하였다.

상술한 바 있듯이 인간이 참으로 인간다운 所以는 인간이 자기동일성으로서의 인격적 본질인 덕성을 具有하였다는 점과 또한 인간의 생명이 전체로서의 우주적 생명과 상호 교통하고 있다는 데에 있다. 인간은 생래적으로 乾의 원형이정 사덕에 상응하는 인 · 의 · 예 · 지의 사덕을 갖추고 있기 때문에 인간의 사람됨이나 세계의 완성을 실현할 수 있게 된다. 그러므로 인간의 善함을 밝힘으로써 인 · 의의 구체적 실현이 인간 본성의 도덕적 구현이라는 점을 강조하였던 맹자는 인간에게 보편적인 도덕원리, 즉 惻隱, 羞惡, 辭讓, 是非之心의 四端이 없으면 인간이 아니라고까지 極言하였던 것이다.[9] 사단이란 인간의 관심이 外的인 對象과 接觸하게 될 때에 仁 · 義 · 禮 · 智의 心性에 內的 感應이 일어남으로써, 그것이 知 · 情 · 意의 活動으로 발현되는 도덕적 정서작용을 의미하는 것이다.

仁은 그것이 心理作用으로 표현될 때 '惻隱之心' 또는 '不忍人之心'이 되는 것이다.[10] 이렇게 볼 때 仁이란 보편적 인간본질로서 생명에 대한 외경

7) 『周易』, 乾卦, 「文言傳」 참조.

8) 朱子, 『小學集註』. "元亨利貞, 天道之常, 仁義禮智, 人性之綱"

9) 『孟子』, 「公孫丑章句上」.

10) 『孟子』, 「梁惠王章句上」과 「公孫丑章句上」 참조.

심이나 인류애를 의미한다. 그것은 사사로운 자기가 부단히 거부되는 가운데, 의지의 자유와 주체의 독립성을 통해서 이룩되는 지속적이고 포괄적인 사랑을 뜻한다고 할 수 있다. 따라서 仁의 시초 내지는 발단으로서의 惻隱之心은 私的인 것이 아니라 公的이며, 개별적인 것이 아니라 전체적인 의미가 있다. 義의 德이 심리작용으로 발현될 때는 '羞惡之心'이 되는데, "羞란 자신의 不善함을 부끄러워하는 것이고, 惡란 다른 사람의 不善함을 미워하는 것이다."[11]라고 한 주자의 말처럼 不善·不義에 대한 냉철한 비판정신, 말하자면 정의감을 뜻한다. 그리고 禮의 德은 '辭讓之心'으로 나타나는데, 이는 『論語』에서 "자기가 서고자 하면 다른 사람을 도와 서게 하고, 자기 뜻을 이루고자 할 때는 다른 사람을 도와 이루게 해준다."[12]라 한 바와 같은 것으로서 자신의 好惡를 통하여 他人을 이해하고 자신을 겸양하는 이른바 推己及人의 忠恕精神, 즉 인간관계에 있어서 사회질서를 바로잡는 도덕적 행위규범을 의미한다. 智의 德이 심리작용으로 발현될 때는 '是非之心'이 되는데, 이는 "是란 옳은 것을 옳다고 판단하는 것이고, 非란 그른 것을 그르다고 판단하는 것"[13]으로서 正·邪·善·惡을 정확히 분별할 줄 아는 知的 能力이나 그 활동을 뜻하는 것이다.

그러면 인간덕성의 중심내용을 이루고 있는 인·의·예·지 사덕은 서로 어떠한 관련을 맺고 있으며, 또한 그 상호관계에서 근본이 되는 것은 어느 것이며 그 까닭은 무엇인가?

앞에서 『周易』의 文言傳에 의거하여 乾의 四德이 사람에게 있어서는 衆善의 根本으로서의 仁, 衆美를 회통하는 禮, 衆物의 分限으로서의 義, 衆事를 主幹하는 智 등, '사람됨' 혹은 '참된 사람'의 네 가지 근거로 주어져 인

11) 『孟子』, 集註大全, 「公孫丑章句上」, 朱子註. "羞, 恥己之不善也, 惡, 憎人之不善也."
12) 『論語』, 「雍也」. "己欲立而立人, 己欲達而達人."
13) 『孟子』, 「公孫丑章句上」, 朱子註. "是, 知其善而以爲是也, 非, 知其惡而以爲非也."

간의 본성에 具有함으로써 인격적 본질인 바 덕성을 이루는 것임을 살펴보았다. 이에 유의하여 사덕을 다시금 살펴보면 인과 예가, 그리고 의와 지가 직접 서로 관계가 있음을 보게 된다. 달리 표현하면 衆善의 근본인 仁은 동시에 衆美의 근본이기도 한 것이며, 衆物의 分限인 義는 또한 衆事의 分限이기도 한 것이다. 그러므로 仁은 禮의 根幹이 되고 義는 智의 基準이 되는 것이다. 환언하면 禮는 仁에 의해서, 智는 義에 의해서 深化되고 完成되는 것이다. 즉 참된 禮는 仁에 근거함으로써만 실천 가능한 것이 되고, 마찬가지로 올바른 智는 義에 準據함으로써만 본래의 제구실을 다할 수 있는 것이다. 따라서 자아본질의 전체이며 "끊임없이 낳고 또 낳는 보편 생명의 흐름(流行)인 인"[14]은 예를 실천하는 근본정신일 뿐만 아니라 동시에 智가 추구하는바 궁극적인 목표가 된다. 세계와 자아를 통일시키는 원리이기도 한 의는 사물을 인식하고 사리를 분변하는 지의 정당성의 기준일 뿐만 아니라 동시에 예가 행위규범으로써 타당성을 가질 수 있는 근거가 된다.

공자가 "뜻있는 선비와 仁한 사람은, 生을 추구하기 위하여 仁을 해치는 일은 없고, 자신을 버려서라도 仁을 이룩한다."[15]고 한 말이나, 맹자가 "生도 내가 바라는 바이고, 義도 내가 바라는 바이나, 두 가지를 한꺼번에 할 수 없다면, 生을 버리고 義를 취하겠다."[16]고 한 闡明은 이를 단적으로 요약해 준다. 이처럼 유가는 사덕에 있어서 뿐 아니라 그 밖의 수많은 덕목 가운데서도 인과 의를 인도의 가장 중요한 본질로 인식하고 높이 평가한다.

이 점은 맹자가 "인의 핵심은 어버이를 섬기는 데 있고, 의의 핵심은 형을 따르는 데 있고, 지의 핵심은 이 두 가지를 알아서 어기지 않는 것이며,

14) 『周易』, 「繫辭下」, 第一章. "天地之大德曰生, 聖人之大寶曰位, 可以守位曰仁" 참조.

15) 『論語』, 「衛靈公」.

16) 『孟子』, 「告子章句上」.

예의 핵심은 이 두 가지를 조리에 맞게 하는 것이다."[17]라고 한 말에서도 쉽게 짐작할 수 있다. 이로써 판명하듯이 맹자가 논한 인간의 인격적 본질로서의 사덕, 즉 인의예지는 그 내용과 근본에서 인의로 집약되고, 그것은 또한 유가 철학을 지탱하고 있는 중요한 두 개의 디딤돌이기도 하다. 그러므로 맹자가 告子의 '仁內義外'說을 비판하고 인의가 모두 선천적이며 本然하다고 역설한 것이나,[18] "舜임금은 여러 가지 사물에서 그 이치를 밝게 살피시고, 사람에게서 그것을 살피시었으니, 인의로부터 행하신 것이지, 인의를 행하신 것은 아니다."[19]라고 한 말은 이 문제를 밝히는 데 유력한 단서를 제공한다. 이와 같은 논법은 "인은 사람의 본성이고 의는 사람이 마땅히 걸어가야 할 길"[20]이며, "인에 거하고 의를 따른다면 大人으로서 할 일이 구비된다."[21]라는 맹자의 말이나, 『주역』 說卦傳 2장의 "사람의 도를 세워 그것을 인과 의라고 한다."[22]라는 말에서 다시 한 번 선명히 볼 수 있다.

사실 어느 사회에서나 도덕의 요체는 사랑(仁)과 정의(義)에 있고 그것의 조화로운 실천에 있다 하겠다.[23] 그런 점에서 인은 사람다운 삶의 기반인 사랑의 원리이고 우주적인 완전한 포괄적 사랑이다. 또한 인은 사랑의 이치이며 마음의 덕이고[24] 모든 생명체의 주어진 生을 실현·완수하게 하는 생명의 원리이기도 하다.[25] 따라서 인은 사람이 사람일 수 있는 까닭의

17) 『孟子』, 「離婁章句上」.
18) 『孟子』, 「離婁章句下」.
19) 『孟子』, 「告子章句上」.
20) 『孟子』, 「告子章句上」.
21) 『孟子』, 「盡心章句上」.
22) 『周易』 「說卦傳」 2장 "立人之道曰仁與義"
23) 羅光, 『中國哲學的精神』(臺北: 學生書局, 1990), 155쪽 참조.
24) 『論語』, 「學而」, 朱子註.
25) 戴東原, 『原善』 戴東原先生文集(臺北: 文化書局, 1978), 776쪽, "生生仁也" 참조.

본질이면서 인류의 主宰者가 갖추고 있는 덕이며,[26] 맹자의 '측은지심'과 다를 바 없는 '悲惻之感'으로서의 도덕적 심령(moral mind)이라고도 할 수 있다.[27]

이처럼 인은 인·의·예·지 사덕을 내포한 인생 최고의 덕목으로 대인 관계에서는 '측은지심'으로, 對物 관계에서는 '好生之德'으로 표출된다. 그러므로 仁은 我와 非我를, 內와 外를, 主와 客의 이분적 구조를 타파하여 그것을 하나로 통일시키고, 더 나아가서는 인간으로 하여금 모든 구분적 경계를 뛰어 넘어 혼연하게 우주와 한몸이 되게 하여 天地化育에 능동적으로 참여할 수 있게 하는 역동적 근거가 된다. 맹자의 性善을 논할 때 흔히 인용되는 구절인 "仁은 하늘이 준 가장 높은 벼슬이며 사람의 가장 편안한 집이다."[28]와 『주역』의 "천지의 큰 덕을 생이라 하고, 성인의 큰 보물을 位라고 한다. 무엇으로 자리를 지킬 수 있는가. 仁이다."[29]는 여기에 참고할 만하다.

그리고 인과 체용적 관계가 있는 의는 一切의 德行으로 하여금 그 올바름을 잊지 않게 하는 인간의 생활준칙을 가리킨다.[30] 그것은 또한 成德의 因素로서 諸德을 一貫하는 기능[31]이며, 권리와 의무의 정당한 관계 속에서[32] 사람이 마땅히 믿고 지켜나가야 할 사회법칙이기도 하다.[33] 이렇게

---

26) 范壽康, 『中國哲學史綱要』(臺北: 開明書店, 1964), 28쪽 참조.

27) 牟宗三, 『中國哲學的特質』(臺北: 學生書局, 1978), 29-30쪽 참조.

28) 『孟子』, 「公孫丑章句上」. "夫仁, 天地尊爵也, 人之安宅也."

29) 『周易』, 「繫辭下」, 第一章. "天地之大德曰生, 聖人之大寶曰位, 何以守位曰仁."

30) 朱伯崑, 『先秦倫理學概論』, 55쪽 참조.

31) 陳大齊, 『孔子學說論集』(臺北: 國立政治大學出版部, 1969), 58쪽 참조.

32) 張豈之는 權利와 義務라는 문제를 가지고 孔孟의 人間觀의 차이를 요약했다. 孔子는 사람의 의무만을 중시하고 권리를 등한시함으로써 진정한 의미에서의 인간의 인식에는 도달하지 못했고, 孟子는 이와 달리 의무와 권리를 상대적 관계로 파악함으로써 中國儒學史에서 최초로 진정한 의미에서의 人間을 인식하고 발견하게 되었다는

이해할 때 의는 객관적인 측면에서는 '마땅함'을, 주관적인 측면에서는 '올바름'을 의미하는 것으로서, 한마디로 사람 된 자 마땅히 따르고 실현해야 할 인생의 바른 길이라고 할 수 있다. 『중용』에 "의란 마땅함이다."[34] 라하고 『맹자』에 "의는 사람이 걸어가야 할 가장 바른 길이다."[35]라 한 것이 그 좋은 例라 할 수 있다. 그래서 주자도 의를 "마음의 지음이고, 일의 마땅함이다."[36]라고 풀이한 것으로 보인다. 이렇게 보면 인과 의는 대립한다 할 것이다. 인은 보편적인 사랑을, 의는 分限과 差別的인 宜의 裁制를 의미하기 때문이다. 그러나 『주역』 說卦傳에 "사람의 도를 세워 그것을 인과 의라고 한다."[37]라 하고, 『예기』에 "인은 의의 근본이고 의는 인의 節度이다."[38]라 한 것을 보면 인과 의는 대립적이라기보다는 상보적이다. 즉, 의는 인을 근거로 하여 그것을 구체적 현실의 질서와 차별에 分節한 것이라 할 수 있다. 그래서 맹자가 인의를 兼稱하고 그것을 유가의 가장 중요한 덕목으로 내세우고자 했다는 데에는 의문의 여지가 없다.[39] 인의는 물론 "크게 공정하고(大公) 지극히 올바름(至正)을 힘써 추구하려는 정의와 公道"[40] 라고 하는 의미까지도 함축한다. 따라서 인의란 다름 아닌 사랑을 바탕으로 '공동선'을 실현하기 위한 사회적 정의로써 전체 속에서 彼此를 상호존

것이다. 張豈之主編, 『中國儒學思想史』(西安: 陝西人民出版社, 1990), 77-80쪽 참조.

33) 張其昀, 『中國思想의 根源』, 中國文化硏究所譯(문조사, 1984), 119쪽.

34) 『中庸』, 第二十章. "義者, 宜也."

35) 『孟子』, 「告子章句上」. "義, 人之正路也."

36) 『孟子』, 「梁惠王章句上」, 朱子註.

37) 『周易』, 「說卦」, 第二章. "立人之道曰仁與義."

38) 『禮記』, 「禮運」. "仁者, 義之本也, 義者, 仁之節也."

39) 自然的인 人情을 바탕으로 한 사랑의 德이 仁이고, 사람과 사람의 사귐에 있어서 현실적인 위치에 따라 거기에 適合한 태도를 결정하는 德이 바로 義라고 정의하는 金谷治의 주장은 매우 示唆的이다. 金谷治, 『孟子』(東京: 岩波書店, 1966), 39쪽 참조.

40) 張基昀, 『孔子學說의 現代的 意義』, 華岡校友會譯(형설출판사, 1981), 101쪽.

중하고 공평하게 하는 인간 최고의 준칙이라 하겠다.

3. 탄옹 도의사상의 기반

지금까지 사람이 참으로 사람다운 근거라 할 이른바 인간의 인의예지 사덕은 선천적이고 인간의 고유한 내적원리요 존재원리라는 것을 살펴보았다. 그리고 사덕 즉 인의예지는 그 내용에서 인의로 요약할 수 있으며, 또한 유가 도의사상에서 가장 중요한 위치를 점유하고 있다는 사실도 아울러 살펴보았다. 그것은 바로 "인간의 보편적인 類的 本質"[41]이며 동시에 "宇宙와 道德의 實體"[42]인 사랑이요, 공동선의 실현을 위한 인간다운 삶의 방식인 정의이다. 인간은 누구나 이러한 '사랑'과 '정의'를 알고 실천할 수 있는 능력을 본래적으로 具有한 존재이며, 또한 내적으로 주체성을 확립하여 천명을 자각할 수 있으며, 天人合德의 최고 경계까지 나갈 수 있는 存在이기도 한 것이다. 子思가 『중용』의 첫머리에 "하늘이 賦命한 것은 性이라 하고, 性에 따르는 것을 道라 이른다."[43]고 한 것이라든지, 맹자가 "자신의 마음을 다하는 者는 자기의 본성을 깨닫게 될 것이니, 본성을 깨달음은 곧 하늘을 깨닫는 것이다. 마음을 보존하여 본성을 기름은 하늘을 섬기는 것이다."[44]라는 말은 바로 이와 같은 사실을 단언하고 있다.

그러면 탄옹의 철학사상에서는 도의와 철학이론이 어떠한 내적 연관성을 지니고 있는가를 살펴보기로 한다. 탄옹의 성리설의 경우, 正邪 · 善惡

41) 楊國榮, 『유교적 사유의 역사』, 황종원 외 옮김, 성균관대학교 출판부, 2006, 62쪽.
42) 같은 책, 93쪽.
43) 『中庸』, 第一章.
44) 『孟子』, 「盡心章句上」.

의 가치 기준을 리와 기, 義와 利로 양분하여 고착시키는 이원론적 사고방식을 배제하고, 리일원론적 입장에서[45] '物我一體'와 '公'을 강조하는 도의사상으로 전개되었다는 점이 주목해야 할 특징이다.

잘 알려졌다시피 탄옹은 父親 만회 권득기(晩悔 權得己, 1570~1622)의 가학을 충실하게 계승하고 그 바탕 위에서 독자적인 학문세계를 구축한 인물이다. 따라서 그의 철학체계는 대체로 家親의 說을 좇아 리일론적 입장을 견지하였다.[46] 그가 인심과 도심을 별개의 독립된 두 마음으로 파악하는 잠야 박지계(潛冶 朴知誡, 1573~1635)의 논점을 비판하면서 "인심과 도심은 하나입니다. 인심의 이치는 도심 전체 속에 구비되어 있습니다. 따라서 五性 또한 혼연한 一理일 뿐입니다."[47]라고 한 말에서 이 점은 분명하게 드러난다. 그는 만회가 "하늘과 땅 사이에 가득 차 있는 것은 리일 뿐이다. 혼돈한 시초에 아직 천지가 갈라지지 아니하고 渾融하여 아무런 조짐도 드러나지 아니하며 어떤 형상도 있지 아니한데 먼저 이 리가 있었다."[48]라고 말한 것처럼 우주 만유의 궁극적 시원은 리일 뿐이라고 주장한다. 그는 또 이를 바탕으로 하여 인심과 도심, 사단과 칠정을 대립적으로 파악하려는 태도를 배격한다. "氣稟의 性과 理賦의 性은 가리키는 바가 비록 다르지만, 처음에는 각기 다른 性은 아니었다. 따라서 인심과 도심의 이치는 혼연하여 본래 하나일 뿐이요 二體는 아니다."[49]라고 한 말이 바로

45) 『炭雍集』, 附錄, 墓表(尤菴 宋時烈 撰) 참조.

46) 이 문제에 관해서는 申東浩, 「權晩悔의 理一元論的 哲學體系」, 『道山學報』, 第4集(道山學術硏究院, 1995) 참조.

47) 『炭翁集』, 卷11. 閑居筆舌, 朋友見警識. "人心道心一也, 人心之理, 具於道心之全體也, 五性亦渾然一理耳."

48) 『晩悔集』, 別册, 卷2, 執事策.

49) 『炭翁集』, 卷11, 閑居筆舌, 朋友見警識. "盈天地間者, 理而已, 混沌之初, 玄黃未剖, 渾渾融融, 兆朕未先, 未有是形, 先有是理."

그것이다.

탄옹에 따르면 인간을 비롯하여 이 세계의 모든 것들이 천리에 근원하고 있는 것처럼 인심과 도심의 이치도 본래 하나의 근본을 지니고 있을 뿐이다. 그런 점에서 인심과 도심을 리와 기로 분속시켜 이원적으로 파악해서는 안 된다. 인심과 도심이 근본에 있어서는 하나의 마음일 뿐 서로 차이가 없지만, 그것이 현실적으로 전개되는 과정에서 인심·도심이라는 두 가지 별개의 독립된 마음으로 나타나기 때문이다.

> 리가 사람에게 있으며, 몸의 主人인 것을 心이라고 한다. 道心과 人心의 이치는 모두 心에 구비되어 있다. 그러므로 心은 오직 하나일 뿐이라고 말하는 것이다. 털끝만큼이라도 차이가 있으면 不善이 되는 것이다. 그러므로 善과 惡은 모두 天理라고 하는 것이니 이른바 惡이라고 하는 것은 본래 惡이 아니고, 다만 지나치고(過) 미치지 못함(不及) 만이 있을 뿐이다.[50]

이처럼 인심과 도심은 본래 두 마음이 아니다. 선과 악이 모두 천리에 그 뿌리를 두고 있는 것처럼, 마음은 본디 하나의 리일 뿐이다. 따라서 인심과 도심은 단지 동일한 마음의 두 측면이고, 선악의 분계선은 인심의 中節 여부에 달려있다. 그러므로 인심과 도심을 이원화해서 천리와 인욕에 분속 시킨다던지, 또한 그것을 대립적 관계로 보아서도 안 된다. 사단과 칠정의 경우에도 마찬가지이다. 그래서 탄옹은 사단이든 칠정이든 그것은 다 같은 情이라고 하면서 "四端의 愛惡와 七情의 愛惡가 본래적으로 한가지이다."[51]라고 말했던 것이다.

---

50) 같은 책, 같은 곳.

51) 앞의 책, 같은 곳.

대저 먹고자 하는 마음이나 입고자 하는 마음은 人心이요, 의롭지 않은 것은 먹지도 입지도 않으려고 하는 마음은 道心이다. 따라서 心은 하나일 뿐이고, 知覺 역시 하나일 뿐이다. 단지 (그것이) 義理의 공변됨을 지각하면 道心이라 이르고, 形氣의 사사로움을 지각하면 人心이라고 일컫는 것이다. 人心은 진실로 形氣之欲으로 말미암아 發하는 것인데, 어찌 이 마음 밖에 따로 이른바 人心이 있어 形氣之欲을 발동시키며, 또한 어찌 人心 밖에 따로 이른바 道心이 있어 義理之心을 발동시키겠습니까.[52]

이를 보면 탄옹은 심성론에 있어서도 父親 晩悔의 리일원론적 관점[53]을 충실히 따르고 있다. 만회에 따르면 인심과 도심은 근본에는 一心으로 서로 차이가 없다. 그러나 그것이 발용함에 있어서 의리에 근원한 것은 도심이 되고, 形氣에 의거해서 節制함이 없는 것은 인심이 된다.[54] 이 점에서 탄옹과 만회는 별 차이가 없다. 그렇지만 탄옹은 만회와는 달리 자신의 학문적 입장을 사회적 실천으로 구체화하는 데 더 많은 시간과 노력을 기울인 것 같다. 그가 52세부터 57세까지 약 5년 동안의 짧은 出仕를 제외하고는 벼슬길을 멀리하고 오직 학문과 수양에만 몰두한 선비였음에도 학술적인 저술을 거의 남기지 않고 있기 때문이다.[55]

탄옹의 이러한 입장은 수양론에도 그대로 적용되어 나타났다. 그가 心의 未發·已發의 상태에서 그 근본(천리)의 함양이 무엇보다 중요함을 우암에게 역설하면서 "知覺하여 보고 듣기 이전에 지각하고 보고 듣는 이치

---

52) 『炭翁集』, 卷5, 書, 上潛冶先生書.

53) 晩悔의 心性論에 관해서는 申東浩, 앞의 논문 참조.

54) 『晩悔集』, 卷4, 雜著, 睽義 참조.

55) 권정안, 「권시의 도학사상과 근대정신」, 충남대학교 유학연구소 편저, 『기호학파의 철학사상』, 예문서원, 1995, 407쪽 참조.

를 구비하고 있는 것이 바로 坤卦에도 陽이 없는 것이 아닌 이치이다."[56]라고 말한 것이 그 단적인 예이다. 〈隨感自警識〉의 "사람에게 마음이 있는 것은 마치 나무에 뿌리가 있는 것과 같다. 主一하는 것은 그 뿌리를 기르는 것이다."[57]라는 대목은 이러한 논리에 비롯된 발언이다. 탄옹이 말한 '主一'이란 개념은 그의 철학 전체를 일관하고 있는 핵심적인 원리이다. 이 경우 主一한다는 것은 形迹이 없으므로 過・不及도 없고, 따라서 사사로움이 없는 오직 공변된 리 그 자체로 돌아간다는 의미이다. 理一에 근원하여 본다면, 인심과 도심・사단과 칠정・선과 악은 본래 둘이 아니기 때문이다. 그 결과 탄옹은 이 세계의 모든 존재가 모두 같은 天의 所生者라는 깨달음에 도달하게 되었고, 자신의 기본 입장을 "每事必求是, 無落第二義(모든 일에 반드시 옳음을 추구하여 차선의 의리에 떨어지지 마라)"[58]라는 열 글자로 정립하였던 것이다. 이와 같은 생각은 天이 天이 되고 사람이 사람됨이 모두 一理에 근원한 것으로서 天・人은 一理라고 주장한[59] 만회의 관점에 정확하게 일치한다. 그에 의하면 天地의 마음과 나의 마음 그리고 萬物의 마음이 서로 응한다는 것이다.[60]

이를 바탕으로 탄옹은 '매사에 가장 至善하고 至公한 길'을 찾기 위한 工夫를 강조하였다. 그가 말하는 工夫란 어떻게 함을 말하는 것인가? 그것은 '求是를 통한 義의 확립'에 있다고 할 수 있다. 탄옹에게 의란 인간이 지녀야 할 가장 중요한 가치, 즉 인간의 삶에서 그 중심자리를 차지하는 덕목이다. 그것은 또한 사람이 마땅히 성취해야 할 도덕적・정치적 이상이

56) 『炭翁集』, 卷5, 書, 與宋英甫.
57) 『炭翁集』, 卷11, 閑居筆舌, 隋感自警識.
58) 『炭翁集』, 卷5, 書, 與眉叟 참조.
59) 『晩悔集』, 別册, 卷2, 執事策. "天之爲天, 人之爲人, 皆原於一理, …… 是故天人一理也" 참조.
60) 같은 책, 같은 곳.

자 이념적 지표이기도 했다. 탄옹이 효종에게 올린 謝恩疏의 한 대목은 이런 생각을 선명하게 보여준다.

> 臣은 어려서부터 臣의 아버지한테 '義와 利의 分辨이 곧 사람됨의 첫 번째 조건이다'라는 말을 들었습니다. 臣의 아버지는 항상 後生을 이끌어 말씀하시기를 '매사에 반드시 옳은 것을 구하여 第一義를 잃지 말아야 한다'고 하셨습니다. …… 臣이 가만히 생각건대 오늘 전하께 맡겨진 가장 시급한 일은 무엇보다도 먼저 '義와 利의 分辨'을 밝히시고 帝王의 孝를 확충하시어 하면 된다는 뜻을 확실하게 세우는 일입니다.[61]

탄옹이 강조한 '의'란 인간 행위의 도덕성을 정당화시켜주는 기준이자, 물질적 재화나 육체적 욕망의 충족에 대한 집착을 억제하는 절제기능의 의미이다.[62] 그래서 그는 의가 모든 덕의 기초이자 근거라고 생각하여 孝宗에게 "廓然大公하고 確固不拔해서 반드시 功利를 몰아내고 인의를 밝히시면 천하를 위해 노래 부름에 백성들이 앞장설 것입니다."[63]라고 말했다. 이 점은 물론 의를 중시하는 유가의 도덕론과 상통한다. 예컨대 공자가 "見利思義"[64]하라 하고 "見得思義"[65]하라 한 것이 바로 그것이다.

따라서 의란 개념은 탄옹의 도덕론에서 가장 중요한 가치판단의 기준이요 원리라고 할 수 있다. 탄옹의 "사람이 태어나면서 命으로 받은 것은

---

61) 『炭翁集』, 卷3, 疏, 工曹佐郎 謝恩後疏.

62) 陳大齊에 의하면 先秦儒學에서 말하는 義에는 세 가지 종류의 機能이 있는데, 指導作用, 節制作用, 一貫作用이 바로 그것이다. 陳大齊, 『孔子學說』(臺北: 國立政治大學, 1977), 125쪽 참조.

63) 『炭翁集』, 卷3, 疏, 工曹佐郎謝恩後疏.

64) 『論語』, 「憲問」.

65) 『論語』, 「子張」.

인과 의일 뿐이다. 인이 아니고 의가 아니면 사람이 될 수 없다. 그러므로 사람은 반드시 천명으로서의 인을 체득하고 의리의 辨을 밝혀야 한다."[66] 라는 말을 상기할 때 이 점은 명백하다. 이 경우 義는 公과 긴밀한 관계를 가진다.

여기에서 이른바 당쟁의 와중에서도 당색을 초월하여 도덕적 합당성의 추구를 통한 至善의 길을 모색하고자 했던 탄옹의 '求是' 정신과 至公無私의 이론적 근거가 선명하게 드러난다. 그가 書筵에서 王世子에게 "王과 覇에 관한 말은 이미 실로 많습니다. 그러나 대개 公과 私 두 글자가 王·覇를 구분 짓는 소이입니다. 천하를 공변되게 하려고 仁을 행하는 것은 王者의 마음이고, 사사로이 자기 한 몸만을 이롭게 하고자 하는 것은 覇者의 마음입니다. 모두 다 같이 하늘과 땅 사이에서 생겨났으니 사람은 서로가 형제와 같은 존재입니다. 그런데 자기만 홀로 좋고 남은 좋지 않은 것이 어찌 마음 편한 일이겠습니까?"[67]라고 한 말은 여기에 많은 참고가 된다. 그러니 우리는 그가 "인이란 것은 천하의 公理이다. …… 평생토록 행한 길고 짧은 모든 言辭가 군자다운 군자를 도모하지 않은 바가 없었고, 오직 '公'이란 한 글자를 성취하고자 하는 생각뿐이었다."[68]고 한 만년의 고백을 긍정하지 않을 수 없는 것이다. 이런 탄옹의 견해가 "仁의 道는 단지 公 한자로 요약된다."[69]고 한 부친 만회의 說을 계승한 것임은 재언을 요하지 않는다.

66) 『炭翁集』, 卷3, 疏, 工曹佐郎謝恩後疏. "臣聞人生受命, 仁義而已, 非仁非義, 無以爲人, 故人必體天命之仁, 明義理之卞."

67) 『炭翁集』, 卷4, 書筵講義, 講王霸之辨.

68) 『炭翁集』, 卷7, 書, 寄惟兒.

69) 『晩悔集』, 僭疑, 卷3, 近思錄, 論爲學大要.

4. 동춘당 도의사상의 기반

이제까지 논의한 바로는 탄옹 도의사상의 특성은 그가 리일원론적 관점에서 세계와 인간을 해석하고 그것을 모든 도덕의 기초이자 근거이며, 도덕을 도덕되게 하는 원리라고 할 수 있는 의를 통해 현실적으로 구현하려고 노력한 데에서 찾아진다. 그런 점에서 우리는 탄옹의 철학을 '求是의 철학 또는 主公의 철학'이라 할 수 있을 것이다. 이는 그의 현실적인 삶에도 반영되었으니, 그가 尹善道의 상소 뒤에 벼슬을 버리고 물러나는 동춘당을 적극 만류한 일[70]이라든가, 書筵에서 『論語』의 「管仲知禮章」을 강조하면서 '지극히 공변된 마음이 治國·平天下의 근본'[71]이라고 역설한 것은 그 단적인 예가 된다.

여기서 우리가 주목할 점은 탄옹이 강조한바 '公'이 유가 최고덕목의 하나인 '의'와 일맥상통하는 개념으로서, 사회윤리적 의미가 특히 강하다는 것이다. 그 公은 '객관적 타당성과 도덕적 합당성'을 추구하는 기준이자 治民의 大要이기 때문이다. 탄옹이 '義利之辨'을 중시하고 그것을 통해서 인간 사회의 질서화(公道)의 기초나 근거로 삼은 사실이 그것이다.[72] '公'의 관점에서 모든 문제를 생각하는 것은 물론 탄옹만의 독자적인 입장은 아니다. '公'이란 말은 주자도 사용했고, 퇴계와 栗谷 그리고 여기서 살펴볼 동춘당도 되풀이했다. 그러나 그 말은 같아도 그것을 이해하는 방식과 태도는 똑같지 않다. 이 문제를 동춘당의 도의사상과 연계시켜 검토해 보기로 한다.

동춘당의 도의사상은 그의 철학이론과 긴밀한 내적 연관성을 지니고

70) 『炭翁集』, 卷5, 書, 與宋明甫 참조.

71) 『炭翁集』, 卷4, 書筵講義, 講論語管仲知禮章.

72) 『炭翁集』, 卷3, 疏, 工曹佐郎謝恩疏 참조.

있다. 理氣心性論은 形而上과 形而下, 天理와 人欲, 公과 私를 엄격히 구분하고 敬과 存天理를 강조하는 道學的 經世思想으로 전개되었다. 그가 顯宗에게 "理欲의 큰 한계를 밝히고 人心의 향배를 알고 자신의 公利를 가리고 뭇 신하의 邪正을 살펴서, 한결같은 뜻으로 오래 지속하여 게을리하지 않으신다면 상제와 귀신이 위엄과 노여움을 도로 거두어 뭇 백성이 다 함께 복을 받을 수 있을 것입니다."[73]라고 한 말을 상기할 때 이 점은 분명하다.

동춘당은 철학은 대체로 율곡의 학설을 따랐다. 그가 우복 정경세(愚伏 鄭經世, 1563~1633)의 從弟인 鄭景式에게 '舍陶取栗'을 해명하면서 "율곡의 說은 진실로 百世를 기다려도 미혹됨이 없을 것입니다."[74]라고 한 말은 이 점에서 많은 참고가 된다. 그래서 그는 리 · 기를 동시에 인정하면서 리와 기의 妙合關係를 강조하는 리기론을 전개하였다. 그가 자신의 聘父인 우복에게 "妙合이란 리기가 본래 混融無間함을 말하는 것입니다."[75]라든가, 顯宗에게 "리기가 서로 합하여 사람이 되는데 이것이 바로 妙合而凝이라고 하는 것입니다."[76]라고 한 말을 통해서도 이 점은 확인된다. 그에 의하면 리 · 기는 混融하여 사이에 틈이 없고 서로 떨어져 있지 않으며 운동하는 것은 오직 기일 뿐이다. 이러한 논리를 바탕으로 理氣互發의 불가함을 다음과 같이 논했다.

> 무릇 사람의 마음은 반드시 느낌이 있은 뒤에 發하는 것입니다. 發하는 것은 기요 發하게 하는 소이는 리이기 때문입니다. 따라서 리 · 기는 선후도 없고 離合도 없는 것입니다. 그러니 리기가 互發한다고 말할 수는 없는 것입니다.[77]

---

73) 『국역 현종 개수실록』, 현종 12년 9월 17일.

74) 『同春堂先生續集』(이하의 註에서는 『續集』이라 약칭함), 卷6, 「연보」, 30세조.

75) 『우복집』, 卷13, 答宋敬甫問目.

76) 『續集』, 卷10, 「연보」, 63세조.

그러나 동춘당은 다른 한편으로 리기호발을 부정하면서도 理의 존재성보다 가치성에 더 근원적인 의의를 부여하였다. 모든 존재가 리와 기로 이루어진다는 점에는 하나이지만 각기 고유한 특성이 있어서 兩者는 논리적으로 서로 구별이 된다고 보았기 때문이다. 이러한 생각에서 그는 "無所不在"[78]의 리가 바로 道이며, 形而上의 이치로서의 道는 形而下의 기와는 본질적으로 다르다고 하였다.[79]

이러한 입장은 그가 논리적 의미에서의 理先을 긍정하고 이를 토대로 근원 존재로서의 리가 形而下的 존재로서의 기 활동의 바탕이며 기준임을 분명하게 보여주고 있음을 시사한다. 예컨대 그가 經筵에서 孝宗에게 "形이란 기이고 性이란 리입니다. 리를 비유하면 사람과 같고, 기를 비유한다면 말(馬)과 같습니다."[80]라고 한 말을 상기해 볼 때 그러하다. 그러나 동춘당의 리기론이 율곡의 입장을 완전히 벗어난 것은 아니다. 그가 리 · 기 관계를 不相雜 보다는 不相離의 측면에서 파악하고 표현한 것은 리기의 妙合의 원칙을 견지하는 율곡의 리기설에 부합하고 있기 때문이다. 그렇다고 동춘당이 율곡의 說을 墨守的으로 받아들인 것 같지는 않다. 그가 율곡의 학설을 계승하여 자신의 철학의 근본 바탕으로 삼고 있지만, 리의 일차성 · 우위성을 어느 정도 인정함으로써 리를 대단히 중시하는 입장을 취했기 때문이다.

이와 같은 사실은 그의 학문적 태도와 무관하다 할 수 없으며, 그의 평생에 걸친 퇴계에 대한 尊崇과 思慕 또한 이 문제에 관련된다. "동춘당은

---

77) 『同春堂先生別集』, 卷3, 經筵日記(이하의 주에서는 「경연일기」로 약칭함), 무술 12월 7일.

78) 『同春堂先生文集』(이하의 註에서는 『문집』이라 약칭함), 卷10, 書, 上愚伏鄭先生.

79) 卷1, 「經筵日記」, 기축 11월 20일.

80) 위의 책, 己亥, 기해 11월 24일.

本朝의 先賢인 文純公 李滉을 종신토록 스승으로 생각하였다."[81]고 한 『현종개수실록』의 동춘당 卒去記事와, 그가 서거하던 해 지었다는 〈記夢詩〉에서,[82] 그리고 동춘당이 進退문제에서 매양 거론하고 모범으로 삼은 인물이 퇴계였다는 사실에서[83] 이를 확인할 수 있다.

이렇게 표명된 관점은 그의 심성론과 수양론에 그대로 적용되어 나타났다. 단적인 예로 그가 經筵에서 "모든 일은 반드시 먼저 그 이치를 안 뒤에야 비로소 행할 수 있기 때문에 격물치지를 誠意보다 먼저 하는 것입니다."[84]라고 말한 거라든가, "인심이 비록 형기에서 나오지만, 도의로써 제재하면 끝내 도심으로 돌아갑니다."[85]라고 말한 것은 이에 비롯된 것이다.

그리하여 동춘당은 '경'을 핵심 논거로 자신의 심성론과 수양론을 전개하였다. 그에 의하면 心의 미발은 性이고 已發은 情이며 心이 발한 다음에 그것에 관해 經營하고 商量하는 것은 意이다. 그런데 그 心은 合理氣의 구조를 가진, 虛靈知覺하고 衆理를 갖추어 萬事에 대응하는 心이다. 그는 '心統理氣說'로서 이를 명료하게 정식화했다. 心統理氣說이란 心을 리와 기의 통일적 존재로 파악하면서도 理의 가치, 즉 도심에 더 무게를 두는 것이 그 요지이다.[86]

그리하여 동춘당은 이를 바탕으로 하여 '본원을 먼저 닦는(先修本源) 마음 工夫'를 강조하였다. 과연 그가 말하는 '본원을 먼저 닦는 마음 工夫'란 무엇인가? '경'이라는 한마디로 답할 수 있을 듯하다.[87] '경'은 인간이 지

81) 『국역 현종 개수실록』, 현종13년 12월 5일.
82) 『續集』, 卷6, 「연보」, 67세조 참조.
83) 『국역 효종실록』, 효종9년 12월 17일.
84) 「경연일기」, 무신 11월 16일.
85) 같은 책, 같은 곳.
86) 「경연일기」, 정유 10월 19일.
87) 「경연일기」, 정유 10월 14일 참조.

녀야 할 최상위의 가치, 즉 인간의 삶에서 그 중심을 차지한다. 그것은 도덕성의 내적 기준이며 참다운 삶의 길을 구하는 직접적 · 역동적인 목표로서, 사람이 마땅히 성취해야 할 절대적 윤리 규범이자 정치적 이상이기도 했다. 동춘당이 "경은 한 나라의 存亡을 결정짓는 근본 요인이다."[88]라든가, "敬義 공부가 모두 성인이 되기를 바라는 중요한 공부이지만 경이 의의 근본입니다."[89]라고 말한 것은 이런 문맥에서 이해되어야 마땅하다. 그렇다고 '경'은 개인적 심성수양에 한정되지 않는다. 그것은 개인적 덕성함양을 통한 治國 · 平天下라고 하는 넓은 의미의 사회적 실천까지도 포함한다. 그러나 그 강조의 초점은 다른 데 있다. 사회관계를 배제하지 않으면서도 개인적 윤리세계에서의 덕성의 함양을 보다 중시하는 태도가 그것이다. 그가 孝宗에게 自治와 함께 효와 경을 더욱 돈독히 할 것을 요청한 일과 경을 가리켜 "內 · 外를 합하고 動 · 靜을 겸하고, 始終을 일관하고 上 · 下를 꿰뚫는"[90] 것으로 풀이한 참뜻이 여기서 드러난다.

따라서 경이란 개념은 동춘당의 수양론에서 가장 중요한 덕목이요 모든 도덕적 가치의 근거라고 할 수 있다. 그래서 그는 "성인의 학문은 敬으로써 안을 곧게 하는 데 있고, 의로써 밖을 바르게 하는 일은 賢人의 학문을 말하는 것입니다. '敬以直內'를 비유한다면 거울과도 같고, '義以方外'를 비유한다면 (거울의) 비침과도 같습니다. 따라서 敬은 체가 되고 의는 용이 되는 것입니다."[91]라고 말했던 것이다. 이때의 경이란 항상 깨어 있는 마음을 가지고 또 진실한 일을 행하여서 한 터럭의 私意라도 그 사이에 參錯함이 없도록 한다는 의미이며,[92] 이른바 二程子가 강조한 '誠'이나 '主

88) 「경연일기」, 신축 4월 7일.
89) 「경연일기」, 정유 12월 4일.
90) 「경연일기」, 정유 10월 13일.
91) 「경연일기」 무신 10월 18일.

一'과 같은 것으로서,[93] 사람들이 마땅히 밝혀야 하고 따라야 하고 이루어야 할 것으로 된다. 동춘당이 '마음 다스리는 법'에 대해 묻는 孝宗에게 "경으로 안을 直하게 하여 奸邪함을 막고 참됨을 잘 보존하는 것이 다름 아닌 마음공부의 要訣입니다."[94]라고 대답한 데서 이 점은 특히 선명하게 드러난다.

이와 같은 입장을 취할 때 '敬과 義'를 강조하고, 한 나라의 存亡·安危와 밀접한 관련이 있는 천리와 인욕을[95] 엄격하게 변별하는 일은 오히려 자연스러운 일일 것이다. 당연한 논리적 귀결로서 그는 인욕보다 천리를 중시했고 의보다 경을 앞세웠다. 그가 "천리라고 하는 것은 반드시 存養해야 하는 것이요, 인욕이라고 하는 것은 반드시 克去해야 하는 것이다."[96]라고 말한 것이라든가, "마음을 지키는 방법은 오직 경뿐입니다. 그러니 신명스러운 거북같이 보배롭고 벽옥처럼 받들어야 할 것은 경입니다."[97]라고 말한 것은 이러한 인식의 소산일 것이다.

그리고 그는 "천리와 인욕이 行은 같으나 그 뜻은 다르게 나타난다."[98]고 하면서 경을 통해 인욕의 사사로움의 구속에서 벗어나 천리를 회복하고 道心이 항상 한몸의 주인이 될 수 있도록 할 것을 주장하였다.[99] 따라서 경은 "先修本源"[100]하는 수양의 요체이며, '內修外攘'에 의해 달성되는 심

---

92) 『續集』, 卷7, 「연보」, 52세조.

93) 程顥는 『遺書』卷1에서 敬을 誠으로 정의했고, 程臣頁는 『二程粹言』卷1에서 敬을 主一이라고 정의했다.

94) 『續集』, 卷7, 「연보」, 52세조.

95) 『文集』, 卷1, 疎箚, 陣情辭識兼陣所懷疎. "遏人欲所以捍邊境, 存天理所以安社稷" 참조.

96) 「경연일기」, 무신 11월 16일.

97) 「경연일기」, 정유 10월 14일. "持心之法, 惟敬是已, 若寶靈龜, 若奉拱璧, 卽敬也."

98) 같은 책, 같은 곳.

99) 「경연일기」, 을사 6월 10일.

100) 「경연일기」, 정유 8월 24일.

성수양의 궁극적 경지인 것이다. 그는 경을 가지고 개인적 덕성의 함양과 심성의 수양을 말하였을 뿐 아니라 "人政을 행하고 人心을 수습하는"[101] 근본문제를 또한 말하였기 때문이다. 그가 "天下萬事의 근본이 다만 人主의 마음 하나에 달려 있습니다. 그러니 마음 다스리는 功力을 어찌 소홀히 할 수 있겠습니까?"[102]라고 한 말이 그것이다. 따라서 그가 생각한 '敬以直內'의 直은 敬으로써 마음을 곧게 하여 私意를 없애고 公道를 넓히는 일이며 義理를 확립하는 일이었다. 그러하기 때문에 그는 孝宗에게 다음과 같이 말할 수 있었던 것이다.

> 임금이 항상 放肆하지 않고 戒愼 · 恐懼한다면 무슨 일인들 이루지 못하겠습니까. 예로부터 聖學은 敬을 근본으로 삼지 않은 적이 없었었는데, 계신 · 공구가 바로 持敬하는 방법입니다. 전하께서 과연 이 일에 중단함이 없이 힘쓰신다면 어찌 뜻이 서지 않고 일이 이루어지지 않을 걱정이 있겠습니까.[103]

이렇게 해서 확립된 주경적 사유체계는 동춘당으로 하여금 주자학적 도학의 정통을 자임하면서 남다른 도덕적 지향과 현실성에 투철한 삶을 살게 했고, 그리고 그것은 "편파적인 것을 막고 간사함을 물리쳐 대의를 밝히는"[104] 정신과 태도로 집약되어 나타났다. 그러니 우리는 孝宗이 "동춘당은 마음을 잡아 지킴이 지극히 공변되어 사사로이 한쪽으로 편벽되는 법이 없다."[105]라고 한 말이나, 돈암서원에 동춘당을 배향하면서 올린 "선

---

101) 같은 책, 같은 곳.

102) 「경연일기」, 무술 정월 15일.

103) 「경연일기」, 정유 8월 19일.

104) 송내희 편저, 『국역 동춘당 가장』, 선비박물관, 2006, 327쪽.

105) 『續集』, 卷7, 「연보」, 52세조.

생의 道는 때와 더불어 형통하였다."라고 한 「同春堂終享奉安文」의 한 대목을 긍정하지 않을 수 없는 것이다.

이러한 의식의 밑바탕에는 '遏人欲存天理'와 '內修外攘'을 철학의 궁극목표로 여기는 기본전제가 깔렸다. 동춘당의 이러한 논리는 결국 天命自覺주체로서의 인간이 인간으로서 마땅히 행하여야 할 도리와 命法으로 주어진 사랑(仁)과 정의(義)가 인간 사회에서 반드시 활짝 꽃필 수 있고, 또 지속적인 영향력을 미쳐야 한다는 가치지향의 정신과 그 요청적인 당위성에 정향된 시도로 보아 마땅하다.

5. 탄옹 · 동춘당 도의관의 비교검토

동춘당 도의사상의 특성은 기보다는 리의 가치성을 더 중시하는 관점에서 心의 主宰機能을 강조하고 그것을 인간의 본래성이자 당위의 도덕률인 '경'을 통해 현실적으로 구현하려고 노력한 데에서 찾을 수 있다. 이때 '敬'의 의미는 개인적 심성수양의 문제만이 아니라 치국평천하라고 하는 넓은 의미의 사회적 실천까지도 포함된다. 따라서 우리는 탄옹의 철학을 '主公의 철학'이라고 이름을 지어 붙인 것처럼, 동춘당의 철학을 '主敬의 철학'이라고 할 수 있다. 여기서는 동춘당의 '主敬의 철학'이 人間世의 實踐的 場 속에서 어떻게 표출되었으며 그것이 탄옹의 '主公의 철학'과는 어떤 변별적 특성을 갖고 있는가를 살피기로 한다.

이 문제에 유의하면서 兩人의 도의관을 비교 · 검토해 보고 그 의미에 대한 종합적인 철학적 성찰을 시도하고자 한다. 탄옹 도의사상의 특성은 그가 리일원론적 시각에서 세계와 인간을 해석하고, 그것을 모든 도덕의 기초이자 근거인 의를 통해 至公한 현실사회를 구현하려고 한 데에서 찾을 수 있다. 의란 일체의 사사로움이나 조작이 가해지지 않은, 인간의 본원적 심성에 근원한 '天理之公'을 뜻한다. 탄옹이 "대저 하나의 無辜한 이를 죽이고 한 번 不義를 행하여 天下를 얻는다 하여도 (그러한 일을) 해서는 안 되며, 그것을 하면 살 수 있고, 하지 않으면 죽는다 하더라도 더욱더 (그러한 일은) 하지 않는 법입니다."[106]라고 한 말에서도 그 대체적인 내용을 짐작할 수 있다. 그런 점에서 탄옹의 철학을 '主公의 철학'이라고 명명한 것이다. 그 公은 물론 유가 최고 덕목의 하나인 의와 상통하는 개념으로서, 사회 윤리적인 의미가 특히 강하다. 즉, 객관적 타당성과 도덕적 합당성을 추구하는 기준이자 治民의 大要로서의 공이다.

> 王과 霸에 관한 말은 이미 실로 많습니다. 그러나 대개 公·私 두 글자가 王·霸를 구분 짓는 소이입니다. …… 그러므로 君子가 마음을 씀에는 자기가 서고자 하면 다른 사람을 세워주고 자기가 도달하고자 하면 다른 사람을 도달하게 하며, 자신이 원하지 않는 것은 남에게 베풀지 않습니다. 살아도 다 함께 살고 善을 행하되 다 함께 행하며, 자신을 미루어서 남에게 미치게 하고(推己及人), 修己하여 백성을 편안케 하는 것(修己安百姓)은 王者의 사업이고, 단지 자기만을 이롭게 하는 것은 알고 남을 사랑할 줄 모르고, 天下를 얻고도 자기만의 욕심을 채우려고 하는 것은 霸者의 사업입니다.[107]

여기서 公은 모든 사회·정치적 원리의 근본으로서, 인간이 마땅히 추구해야 할 최상의 덕목, 즉 개인의 내면적 수양과 사회의 도덕적 실천에서 그 핵심을 차지하는 개념이다. 탄옹은 公을 기준으로 하여 王道와 霸道를

106) 『炭翁集』, 卷3, 疏, 工曹佐郎謝恩後疏.
107) 『炭翁集』, 卷4, 經筵講義, 講王霸之辨.

구분하였을 뿐 아니라, '推己及人'이나 '修己安百姓'을 公과 마찬가지 의미로 이해하였다. 公은 모든 특수한 개별적 德目들을 통일 지우고 종합하는 포괄적인 덕이다. 그가 仁은 "貪慾을 제거한 것(仁者去其貪)"[108]이라고 하면서 仁을 "至公無私하며 至誠惻怛의 뜻을 갖는 것"[109]으로 풀이한 것이 바로 그것이다. 이렇게 보면 탄옹은 公만이 인간의 인격적 본질을 구현할 수 있고, 도덕적 이상을 달성할 수 있는 궁극적 목표이자 유일한 방법이라는 믿음을 가졌다. 이러한 생각이 그의 리일원론적 논리체계에 근거한 것임은 더 말할 필요도 없다.

이러한 公의 이념으로 모든 문제를 생각한 것은 탄옹만이 아니다. 『書經』「周官」편[110]과 『禮記』「孔子閒居」편[111]에서는 성인의 道를 至公한 것으로 풀이하여 公이 公平無私의 뜻을 내포하고 있음을 보여주고 있다. 그것은 또한 "성인의 道는 지극히 公正할 뿐이다."[112]고 한 周濂溪의 『通書』에서도 확인된다. 『春秋左傳』 僖公九年條[113]와 『忠經』「天地神明章」에서는 公을 忠으로 해석하여[114] 公이 인간 성정의 순수한 발로이자 인간의 당위적 실천 원리임을 제시하고 있다. 이러한 관점은 忠을 天下大公의 道라고 한 정이천에게서도 발견된다.[115] 公은 인간의 본래성을 실천하는 구체적 방법이며, 유학이 가졌던 德治의 궁극적 이상인 대동사회를 성취하는 근본

---

108) 『炭翁集』, 卷11, 閑居筆舌, 朋友見警識.

109) 『炭翁集』, 卷4, 經筵講義, 講仁無內外精粗之殊. "仁者, 心之全德具存, 至公無私, 至誠惻怛之意."

110) 『書經』, 「周書, 周官」. "以公滅私, 民其允懷" 참조.

111) 『禮記』, 孔子閒居. "孔子曰, 天無私覆, 地無私載, 日月無私照, 奉斯三者以勞天下, 此之謂三無私" 참조.

112) 周濂溪, 『通書』, 公第三十七章. "聖人之道, 至公而已矣."

113) 『春秋左傳』, 僖公九年條. "公家之理, 知無不爲, 忠也" 참조.

114) 『忠經』, 天地神明章. "忠者, 中也, 至公無私" 참조.

115) 『二程全書』, 外書, 卷27, 朱公掞錄拾遺. "忠者天下大公之道, 恕所以行之也" 참조.

적인 바탕이다. 그래서 『禮記』 「禮運」편에서는 천하를 公器로 삼는 사회가 바로 '大同'이라고 정의하고 있다.[116] 따라서 유학자들은 公의 이념을 내세워 세상을 바로 잡고 구제하려고 노력하였던 것이다.

탄옹 역시 유학자로서 公을 다른 어떤 덕목보다 중시하고 역설하였다. 이런 점에서 公에 대한 탄옹의 입장은 다른 유학자들과 별 차이가 없지만, 탄옹이 가졌던 公의 이해는 독특한 점이 있다. 그는 公을 가지고 유가 도의 사상의 要諦인 인의를 풀이하였고 특히 그것을 드러내고 밝히는 데 많은 공력을 기울였기 때문이다. 다시 말해서 탄옹은 사사로움이 없으므로 過不及이 없는, 오직 公된 리 자체로 돌아가는 삶을 긍정했고, 그리고 그것을 통해 王道社會를 건설하려고 하였다. 그가 「請恤災傷疏」에서 人君은 天地의 마음으로 백성을 다스려야 한다고 하면서 다음과 같이 한 말은 바로 이 생각의 절실한 표현이었다.

> 人君이 天地의 마음으로 마음을 삼는 것은 하늘이 (만물을) 덮어주고, 땅이 (만물을) 실어주는 것과 같습니다. 대저 피와 기운이 있는 사람은 누구든 仁의 울타리 안에 들어오지 않겠습니까. 백성들에게 널리 은덕을 베풀고 많은 사람들을 구제하고자 노심초사했던 것이 堯와 舜 임금의 큰 걱정거리였습니다. 그렇게 (堯와 舜임금은) 天下에 큰 은택을 내려주고자 하였는데, 하물며 이 백성들로 하여금 굶주려 죽게 할 수 있겠습니까.[117]

탄옹이 말한 公은 私와 대립하는 일반적 의미의 公이 아니라 천리로서의 의미가 있는 公이다. 그는 이를 통해 객관적 표준에의 합치나 규범적 당

116) 『禮記』, 禮運. "大道之行也, 天下爲公, 選賢與能, 講信修睦" 참조.

117) 『炭翁集』, 卷3, 疏, 請恤災傷疏.

위보다는 자아의 자율성에 바탕을 둔 생명의 자기 확대를 더 중시하였다. 그가 書筵講義에서 存養의 工夫方法을 묻는 世子에게 衆善의 우두머리요 萬事의 뿌리인 心의 性情, 즉 至公하고 진실하며 망령됨이 없고 삿됨이 없는 마음을 잘 보존하여 잃어버리지 않는 일이라고 한 답변[118]에서 이 점을 특히 선명하게 본다.

따라서 탄옹에게 公은 平天下할 수 있는 가능근거이자, 人欲이나 物欲 등 일체의 私欲과 대결할 수 있는 삶의 본질태로서 모든 德의 기초이자 근거이며 德을 德되게 하는 원리가 된다.[119] 그런 뜻에서 그는 "그릇이 적은 자가 公을 알지 못하는 것은 天下로써 마음을 삼지 않기 때문이다."[120]라고 말하였던 것이다. 그가 物我 一體的 思考에 입각하여[121] '他者와의 連帶意識'을 바탕으로 차별과 대립이 해소된[122] 참다운 公天下를 실현하려고 진력했던 것도 이에 기인한 것이다. 바로 여기에서 탄옹 도의사상의 특징이 유감없이 드러난다.

이렇게 볼 때, 탄옹이 公으로 內·外를 일관하고, 이를 통해 도덕적 합당성과 객관적 타당성을 추구했으며, 그 속에서 확고한 자기 세계를 구축하려고 했던 것이 명백하다. 『顯宗實錄』의 "炭翁은 젊어서부터 몸가짐이 구차하지 않았고 언론이 편벽되지 않아 벗들에게 추앙을 받았다."[123]는 대목과 『顯宗改修實錄』의 "탄옹은 불우하게 지낼 때에도 끝까지 그 일로 유감

---

118) 『炭翁集』, 卷4, 書筵講義, 講存養之工. "世子問, 存養之工, …… 對曰, 存養之工, 其說長試物以言之, 至公眞實, 無妄無私, 惻怛慈愛, 不忍之心, 是心之性情, 衆善之長, 萬事之根也, 常保此心, 敬而無失" 참조.

119) 『炭翁集』, 卷4, 書筵講義, 講論語管仲知禮章. "是所謂修身齊家治國平天下之道, 至公爲心, 非一毫私也, 是卽王者之道也" 참조.

120) 『炭翁集』, 卷4, 經筵講義, 講大學衍義. "臣曰, 所以小器者, 不之公, 天下以爲心."

121) 『炭翁集』, 卷4, 經筵講義, 講大學衍義. "乾称父, 坤称母, 民吾同胞, 物吾與也" 참조.

122) 『炭翁集』, 附錄, 家狀. "其與鄕人處, 各盡其歡情, 不以貴賤老少而有異" 참조.

123) 『국역 현종실록』, 현종 13년 1월 24일.

을 품거나 신세를 한탄하는 말을 하지 않았으니. 대개 그의 성품이 무던하고 모나지 않았던 까닭이었다."[124]는 기사의 한 대목이 많은 참고가 된다. 특히 구차하지 않으면서도 편벽되거나 모나지 않았다고 하는 평은 탄옹 도의사상의 특성을 잘 요약했다고 볼 수 있다. 탄옹은 그러한 마음가짐을 바탕으로 매사에 至善하고 至公한 길을 모색하였으며, 求是를 통한 의를 확립하고자 하였던 것이다. 바로 여기에서 탄옹이 尹善道의 상소 뒤에 벼슬길을 버리고 물러나는 동춘당을 적극 挽留한 일이라던가,[125] 養民의 측면에서 백성들을 수탈하는 기존 정책들을 廢棄 또는 改善할 것을 강력하게 주장한 일[126] 등의 의미가 명료하게 드러난다.

탄옹의 사상이 '公'을 중시하는 도의사상이라고 한다면, 동춘당 도의사상은 '경'을 강조하는 데에서 그 특성을 찾을 수 있다. 동춘당은 기보다는 리의 가치를 더 중시하고 그것을 인간의 본래성이자 당위의 법칙인 '경'을 통해 人間世에 구현하려고 노력하였다. 그것은 참다운 삶의 길을 구하는 直接的·力動的 목표로서, 인간이 마땅히 성취해야 할 도덕적·정치적 이상이자 이념적 지표이기도 했다. 그가 孝宗에게 "근본이 청명하지 않으면 일을 접할 적에 어찌 이치에 합당하게 할 수 있겠습니까. 그러므로 선유들은 항상 경이라는 한 글자로 主를 삼았습니다."[127]라고 말한 데서 이 점은 명료하다. 이렇게 이해할 때 경은 인욕의 사사로움을 극복하여 천리의 공정함과 일체가 된다는 의미이며, 마음을 스스로 지키고 다스리어 자기 본마음의 주인이 되는 일로 된다. 주자가 "경은 사람을 붙들어 주고 경계·

---

124) 『국역 현종개수실록』, 현종 13년 1월 24일.

125) 『炭翁集』, 卷5, 書, 與宋明甫書와 『국역 현종실록』, 현종 원년 4월 24일 참조.

126) 炭翁의 養民論에 관해서는 李泰鎭, 「炭翁 權諰先生의 養民論」, 『道山學報』, 創刊號(道山學會, 1992) 참조.

127) 『국역 효종실록』, 효종 8년 10월 14일.

채찍질해주는 도리"[128]라고 하면서 "유학에는 특별한 요점이 없다. 철두철미 오로지 경이라는 글자가 있을 뿐이다."[129]라고 말한 것도 이러한 인식의 소산일 것이다.

> 敬하면 곧 마음이 하나로 됩니다. 그 하나는 誠이고, 誠은 實을 말하는 것입니다. 진실한 마음을 가지고 진실한 일을 행하여서 한 터럭의 私意라도 그 사이에 섞여들 여지가 없으면 그것이 곧 主一이며 無適이라고 하는 것입니다.[130]

> 일이 이르지 않았는데도 망령된 생각으로 추측하거나 일이 이르지 않았는데도 고집스럽게 일에 응대하지 않거나 일이 이미 지나갔는데도 마음이 그 일을 따라가거나 하는 것은 모두 敬이 아닙니다.[131]

이와 같은 입장은 주자나 퇴계의 이론에 바탕을 두고 있음이 분명하다. 동춘당 역시 경을 학문의 방법이나 수단으로만 보지 않고, 인간의 최고 이상인 성인이 되는 지름길로 보고 그것을 심신의 수련을 위한 공부의 요결로 삼았다. 그러나 경을 "세계 · 존재의 理法 및 人倫의 理法 성립을 인간주체에서 가능하게 하는 근거"[132]로만 보지 않고, 治人의 근본원리로까지 이해하는 그의 입장은 주자와 다를 뿐 아니라 퇴계와도 일정한 차이가 있다. 그러면 그가 생각한 경의 참된 의미는 무엇인가? 그것은 '內聖外王'의 근본 바탕이 되는 當爲의 도덕률'이라고 표현할 수 있다.

---

128) 『心經附註』, 卷3. "敬是箇扶策人底道理."

129) 『朱子大全』, 卷41, 書問答, 答程允夫. "是知聖問之學, 別無要少, 徹頭徹尾, 只是箇敬學而已."

130) 「경연일기」, 정유 10월 25일.

131) 「경연일기」, 기해 2월 18일.

132) 高橋 進, 『李退溪와 敬의 철학』, 안병주 · 이기동 역, 신구문화사, 1986, 248쪽.

위에 보이듯이 동춘당은 "한마음의 주인인 경"[133]을 핵심으로 삼아 인간의 실존적 주체성의 확립과 인간 사회의 질서화에 기여하는 참된 도덕적 의미를 추구하고자 하였다. 동춘당이 경이란 내면세계를 스스로 곧게 하는 일이라고 하면서[134] 天德에 이르는 방법을 묻는 孝宗에게 "안으로 경할 수 없으면 밖으로 의를 행할 수 없습니다. 경과 의가 서로 바탕이 되고 안과 밖이 서로 닦여지게 되면 天德에 이르는 방법도 스스로 이루어지게 됩니다."[135]라고 말한 것도 이 때문이다. 그 결과 그는 경으로 유가 도덕사상의 핵심인 인의를 해석했고, 그것이 유감없이 발용 되는 사회 구현을 위해 평생의 공력을 바치기에 이르렀다. 다시 말하여 동춘당은 인의의 바탕이 되는 敬의 성취를 일생의 과제로 삼았던 것이다. 그가 大司憲職을 물러나면서 顯宗에게 올린 다음의 上疏의 한 대목이 이를 뒷받침한다.

> 학문을 닦는 데에는 병이 조금 낫다고 하여 폐하거나 추위나 더위 때문에 그만두는 일이 없도록 하시고 절차탁마하여 반드시 그 알짬을 실천하도록 하십시오. 그리하여 밝은 덕을 계속하여 빛나게 하고 공경한다는 공부에 진력할 것이며, 일에 임하여서는 반드시 義理를 주로 하되 굳셈과 성실성을 바탕으로 용기 있게 결단할 것이며 혹여라도 느리고 게으르고 방자하여 해이한 뜻을 그 사이에 섞이게 하지 마십시오. 그래서 一語·一默·一動·一靜을 순수하게 하여 성인의 事業을 스스로 기약해서 오랜 세월을 두고 쌓고 쌓아 조금도 끊어짐이 없도록 하여야 합니다. 이와 같이 하고서도 德業이 날로 進暢되지 않고, 치적이 날로 나타나지 않고, 天心이 흠향하지 않고, 백성의 생업이 이루어지지 않는다면 臣은 마땅히 망령된 말을 한 죄로 誅殺되어야 할 것입니다.[136]

---

133) 「경연일기」, 정유 10월 19일. "蓋主一身者心而主一心者敬也" 참조.
134) 「경연일기」, 정유 10월 13일. "蓋能敬則內自直" 참조.
135) 「경연일기」, 정유 11월 12일.

여기에서 동춘당이 문제 삼은 것은 개인적 덕성의 함양이 곧 치국·평천하의 근본이며, 存心養性의 결과는 궁극적으로 세상을 바로잡는 데까지 미친다는 논리이다. 이는 敬을 한마음의 主宰요 萬事의 근원으로 보아 安人에 앞서 修己를 더 강조하는 동춘당 생각의 당연한 표현이라 하겠다. 그래서 그는 객관적 타당성이나 도덕적 합당성보다 개인의 내면적 도덕성을 더 중시하였다.

동춘당에 의하면 경은 영원불변한 리의 참다운 의미를 밝히고 구현하는 성학의 요체이며, 후천적 氣稟과 外物의 유혹으로부터 인간을 지키고, 인간을 도덕적으로 자유스럽고 완전하게 하는 데 있어서 유일무이한 길이다. 그가 경을 "스스로 안을 곧게 함",[137] "스스로 길을 만들어 감",[138] "(스스로) 열어서 밝힘"[139] 등으로 풀이한 것은 이 점을 단적으로 드러내기에 충분할 것이다. 이렇게 이해할 때 그 경은, 인간이 자신의 실존적 자각에 기초한 주체성을 확립하는 내적원리이자, 인간이 하늘로부터 받은 착한 본성을 자각하여 남김없이 구현하는 실천원리가 된다.

> 오직 精一執中과 至誠赤心으로 마음을 가지며, 털끝만치라도 치우쳐 얽매이지 말고, 시세와 도리에 맡겨 사물 다스리는 마음을 그 사이에 섞어서 순수하게 옛 성인의 마음가짐과 일을 처리하는 것으로 준칙으로 삼으시면 …… 국가와 신민에게 매우 다행이겠습니다.[140]

---

136) 『文集』, 卷4, 疏箚, 辭憲職兼陳所懷疏.
137) 「경연일기」, 정유 10월 13일. "敬則內自直" 참조.
138) 같은 책, 같은 곳. "主敬則自能造道也" 참조.
139) 같은 책, 같은 곳. "主敬則能開明也" 참조.
140) 『국역 현종개수실록』, 현종 즉위년 6월 5일.

성현의 학문은 시작할 때 경이 아니면 시작을 이룰 수 없고 마칠 때 경이 아니면 그 마침을 이룰 수 없습니다. 문자는 매우 간략하지만, 뜻은 매우 정미하며 공부는 매우 간략하지만, 효과는 매우 넓습니다.[141)]

동춘당은 경의 문제를 주로 安人보다 修己의 측면에 집중하였고, 특히 정치문제에서 그러하였다. 그런 뜻에서 그가 경과 상통하는 의미가 있는 直을 중시하고, 그것을 통해 일상적 현실세계를 인식하고 바르게 대응하고자 한 것은 매우 자연스러운 일이다. 여기에서 비로소 경으로 內外를 일관했고, 그것의 성취를 일생의 과제로 삼았던 동춘당의 참뜻이 분명하게 드러난다. 그가 顯宗에게 임금의 덕을 논하면서 "대개 紀綱이 서는 것은 威嚴과 强猛에 있지 않고 다만 克己하여 사사로움이 없어서 사람들로 하여금 비방하여 논할 일이 없게 만드는 데에 있을 뿐입니다."[142)]라고 한 말에서 이 문제가 동춘당에게 얼마나 심각한 학문적 고민거리이었는가를 알 수 있다. 그가 기보다 보편적이고 근원적인 리를 더 중시하는 사고에 입각하여, 경을 통해 인욕의 발출을 억제하고 천리가 밝게 구현되는 세상을 염원했던 것도 이에 기인한 것이 아닌가 한다.

이렇게 볼 때, 동춘당이 경으로 안과 밖을 일관하고 이를 통해 대의가 천하에 밝혀지고 天理가 유감없이 드러나는 세상을 꿈꾸었으며, 그 속에서 '몸소 깨달음'과 '몸소 행함'의 삶을 살고자 했던 것은 확실하다. 『年譜』의 "동춘당은 일생 예학에 침잠하여 몸으로 행함과 人君을 섬기는 것이 하나도 예에서 벗어나지 않았다."[143)]는 대목과 『辭憲職兼陳所懷疏』의 "평

141) 「경연일기」, 정유 10월 13일. "聖賢之學, 其始非敬則無以成始, 其終非敬則無以成終, 文字甚約而義甚精, 工夫甚簡而效甚博也."

142) 『文集』, 卷4, 疏箚, 辭憲職兼論君德疏.

143) 『續集』, 卷8, 「연보」, 54세조.

생 기약한 것이라고는 분수를 지키고 타고난 바 미흡한 德을 길러서, 옛 가르침을 造化하려고 했을 뿐입니다. 진실로 털끝만 한 여념이라도 다른 곳에 미칠 겨를이 없었습니다."[144]는 上疏의 한 대목은 아마도 이 점을 가장 단적으로 표현해주고 있는 증거일 것이다.

동춘당은 그러한 마음가짐을 바탕으로 매사에 겸손하고 도덕적으로 완전한 인간이 되고자 간단없이 노력했으며 '內外를 合하고 動靜을 겸하고 始終을 일관하고 上下를 꿰뚫는 경' 중심의 체계적 철학을 확립하고자 하였던 것이다. 바로 여기에서 동춘당이 顯宗에게 "탄옹과 같은 사람은 끝내 버려두어서는 안 될 사람입니다. 비록 그 심지가 굳지 않고 식견이 확실하지는 못하나, 임금을 진심으로 사랑하는 한 생각은 끝까지 해이해지지 않을 사람입니다. 이러한 사람은 마땅히 거두어 써야 합니다."[145]고 한 進言과 孝宗에게 "인재를 등용하는 방법은 단지 어진지 간사한지를 살펴보고 등용하거나 물리칠 따름이요, 黨論을 가지고 미리 아래 사람들을 의심해서는 안 됩니다."[146]고 한 進言의 참뜻이 명료하게 밝혀진다.

6. 맺는 말

이상에서 비교 · 검토한 것을 종합해 볼 때, 탄옹 · 동춘당 兩人은 각기 公과 敬으로 유가 도의사상의 요체인 인의를 해석했고, 또 그것을 통하여 평천하를 구현하려고 했음을 알 수 있다. 따라서 兩人이 이해한 공이나 경의 문제는 개인적 덕성의 함양과 사회 · 정치적 실천의 요결로 집약된다.

---

144) 『文集』, 卷4, 疏箚, 辭憲職兼陳所懷疏.

145) 『국역 현종실록』, 현종 13년 5월 11일.

146) 『국역 효종실록』, 효종 8년 8월 19일.

이를 좀 더 자세하게 말하면 탄옹은 '安人'을 근본 삼아 公을 생각하였고, 동춘당은 '修己'를 근본 삼아 敬을 생각하였다. 이 경우 탄옹에게서 강조되는 것은 사람들 사이의 사회관계 속에서 나타나는 객관적 타당성이나 외적 규범성의 문제이고, 동춘당에게서 강조되는 것은 개인의 내면적 수양이나 도덕성의 문제이다. 탄옹이 아버지 만회의 遺訓인 '每事必求是 毋落第二義'를 종신토록 받들어 그것을 힘써 체득하고 구현하는 일에서 自己定位를 확립한 일이나, 동춘당이 천리와 인욕을 엄격하게 분변하고 인욕보다 천리를 중시하면서 '부모에게 효도하고 집안을 다스리는 일'에 남다른 관심을 기울인 일[147] 등은 그 단적인 예이다. 여기에서 兩人 도의관의 차이와 특성이 분명하게 드러난다. 이처럼 탄옹 · 동춘당 도의관의 차이와 특성이 兩人의 철학체계에 근거한 것임은 물론이다.

탄옹 도의사상의 특성은 그가 리일원론적 시각에서 세계와 인간을 해석하고, 그것을 모든 도덕의 기초이자 근거인 의를 통해 至公한 현실세계를 구현하려고 한 데에서 찾을 수 있다. 그런 의미에서 탄옹의 철학을 '主公의 철학'이라고 규정할 수 있다. 공은 유가 최고덕목의 하나인 의과 상통하는 개념으로서, 사회 윤리적 의미가 강하며, 객관적 타당성과 도덕적 합당성을 추구하는 기준이자 治民의 大要이다. 이를 바탕으로 탄옹은 '공'으로 內 · 外를 일관했고, 그것의 성취를 위해 일생을 기울였던 것이다.

탄옹의 사상이 '공'을 중시하는 도의사상이라고 한다면, 동춘당 도의사상은 '경'을 강조하는 데에서 그 특성을 찾을 수 있다. 동춘당은 기보다는 리의 가치를 더 중시하고 그것을 인간의 본래성이자 당위의 도덕률인 '경'을 통해 人間世에 구현하려고 노력했던 것이다. 여기에서 우리는 동춘

147) 『국역 현종실록』, 현종 13년 12월 5일. "어버이에게 효도하고 집안을 다스리는 일에는 각기 그 도리를 다하여 모두 모범이 될 만하였다." 참조.

당의 철학을 '主敬의 철학'이라고 명명한 것이다. 이 경우 경은 『論語』의 '人之生也直'[148]이라는 의미로서, 사회 윤리적 의미보다는 개인적 심성수양의 의미가 특히 강하다. 따라서 敬은 인간이 지녀야 할 최상위의 가치이면서 덕목이다. 그래서 동춘당은 '경'으로 안과 밖을 일관했고, 그것을 통해 도덕적 지향과 시대의식을 잘 조화시킬 수 있었던 것이다.

이상에서 우리는 탄옹과 동춘당의 도의사상을 公思想과 敬思想으로 특징화하여 살펴보았다. 여기서 유의할 것은 유가 도의사상에서 공과 경이 상호 모순되거나 따로 輕重이 있을 수 있는 개념이 아니라는 점이다. 경은 유가 도의사상에 있어서 인간 본유의 덕성, 즉 인의에 바탕을 둔 愛·敬之心의 자연스러운 발로 및 그 자각적 확충이라는 점이다. 그러므로 공과 경은 인간생활의 내적 기반인 개인윤리와 외적 기반인 사회윤리의 근간이 되는 것이다. 『周易』 坤卦 文言傳의 '敬以直內 義以方外'라는 말도 그 한 예가 될 것이다.

따라서 유가 도의사상에 있어서, 공과 경은 인간이 천명을 주체적으로 자각하고 도덕적으로 구현하는 데 있어서 결코 그 어느 한쪽도 빠뜨리거나 가벼이 할 수 없는, 새의 양 날개와 같은 핵심적인 덕목이다. 그런 점에서 公과 敬은 불가분의 상관관계를 이루게 되는 것이다. 경이 결여된 공은 자칫 功利主義로 흐를 수 있고, 공의 정신이 결여된 경은 姑息的인 我執과 지나친 개인주의에 매몰될 수 있기 때문이다.

그럼에도 필자는 탄옹·동춘당 兩人의 도의사상을 공과 경으로 특징화하여 밝히고자 하였다. 주지하다시피 의리 혹은 도의사상은 내적 도덕성과 외적 합리성·합당성이 상호 융화 속에서 통합되는 경지를 이루고자 하는 것이지만, 그것을 실현하는 방도는 얼마만큼의 차이가 있을 수 있다.

148) 『論語』, 「雍也」.

여기에서 이른바 내면적 도덕성을 보다 강조하는 입장과 외적 합당성을 보다 강조하는 입장의 차이가 나타난다. 이런 점에서 탄옹 · 동춘당 兩人의 도의사상이 각기 공과 경의 측면에서 도의를 힘써 체득하고 실현하려 한 것이었다고 조망해 보았던 것이다. 그러나 그것은 어디까지나 현실상의 실천방도의 차이에 불과한 것이고, 兩人의 도의사상은 결국 개개인의 도리를 실천해 가고 궁극적으로 왕도로써 대동사회를 이루고자 하는 유학자로서의 뜨거운 열정과 기상을 지니고 있었다고 하는 점에서는 다를 바가 없다. 그러므로 탄옹과 동춘당은 黨色을 달리하였으면서도 평생 서로 존경하며 道義之交를 맺을 수 있었던 것이다.

이렇게 볼 때 탄옹 · 동춘당 兩人의 도의사상은 이 윤리 실종의 시대에 인간의 품위와 도덕공동체 의식을 한층 높여줄 수 있는 철학과 이상적인 인간상을 정립하는 데에 긴요한 배경적 사실로써, 그리고 때로는 직접적인 구성 부분으로서의 가치를 충분히 지닌다고 할 수 있다.

창주 김익희의 경세사상

1. 이끄는 말

유학의 이념은 修己와 治人의 양면을 다 완수하는, 즉 內聖의 공부와 外王의 정치의 합일을 궁극의 목적으로 하고 있다. 여기에서 내면적 도덕과 사회적 정치가 상호 회통하기를 바라는 도덕정치론이 나오게 된 것이다.[1] 수기가 치인으로 외연을 확장할 때 그 진정한 가치가 획득되는 것이라면, 창주 김익희(滄洲 金益熙, 1610~1656)의 경세사상에 대한 연구는 그의 철학사상 못지않게 중요한 탐구과제가 아닐 수 없다.

'經世'라는 말은 '濟民'과 함께 '經世濟民'으로 사용하는데, 이는 '세상을 잘 경영하여 백성을 구제한다'는 뜻으로[2] 오늘날의 '정치'를 의미한다. 유학에서는 治者가 천하를 다스리기 위해서는 먼저 자기 자신을 다스려야 한다고 가르쳤고, 자기 수양은 세상을 구제하는 일로 연계되어야 진정한 유자라고 하였다. 치자는 경세의 술수를 배우기보다는 먼저 자기의 마음

1) 김형효 외, 『퇴계의 사상과 그 현대적 의미』, 한국정신문화연구원, 1997, 6쪽 참조.

2) 韋政通, 『中國哲學辭典』, 臺北: 大林出版社, 1978, 692쪽 참조.

을 어질고 바른 마음이 되도록 다스려야 한다고 했다. 왜냐하면, 경세란 자기의 어질고 바른 마음을 세상에 펼치는 일이기 때문이다. 그런 점에서 경세란 자기 자신의 명예나 행복을 위한 것이 아니라, 세상과 백성을 교화하고 구제하는 일에 최선을 다할 수 있을 때 그 본래적 의미가 확보되는 개념이다. 탕쥔이(唐君毅)의 다음 말이 많은 참고가 된다.

> 儒者들은 역사를 배우고 문학을 배우고 또 철학을 배운다. 이것들은 지식의 학문이다. 그러나 이를 숭상하는 것은 그리 중요한 일이 아니다. 이보다 중요한 것은 사람의 아들로서 孝를 배우고, 아버지로서 慈愛를 배우고, 형으로서 友愛를 배우고, 동생으로서 공경을 배우는 일이다. 각종의 인륜 관계 속에서 학문하는 일은 윤리의 道를 완성하는 것에서 그 목적을 다하는 것이다. 그러나 유자들은 여기에 그쳐서는 안 된다. 치국, 평천하를 배우고 백성을 위하여 정치, 경제, 사회, 법률의 제도를 배워야 한다.[3)]

이처럼 유학에서 경세란 수신 못지않게 중요한 일이며, 유자라면 누구나 관심을 두지 않을 수 없는 분야이기도 하다. 그래서 주자는 三綱五常을 이론 토대로 삼는 仁正사상으로 경세사상을 제시했고[4)] 창주는 도학의 사회적 실천이라는 문제로 그것을 표출하였다. 창주가 인조에게 올린 「甲申封事」에서 도학을 가리켜 "한 나라의 풍속을 바로 잡는 일이며, 사람으로 하여금 窮理盡性하고 修己治人하는 일"[5)]이고, "신하 되어 충성하고 자식 되어 효도하도록 마땅히 지켜야 할 규범을 다하도록 가르치는 일에 지나

---

3) 唐君毅, 『中國人文精神之發展』, 臺北: 學生書局, 1979, 374쪽.

4) 曹德本, 『중국봉건사회의 정치사상』, 김덕균 옮김, 동녘, 1990, 88-89쪽 참조.

5) 『滄洲遺稿』, 권8, 封事, 「甲申封事」. "夫所謂崇道學以正風俗者, 何謂學, 使人窮理盡性, 修己治人者是已." 이후부터 『창주유고』는 『유고』로 줄여 표시한다.

지 않을 뿐"[6]이라고 한 말은 이 모두를 간명하게 집약하고 있다.

이 글은 정묘호란과 병자호란 때의 '斥和 十一人' 중의 한 사람으로서[7] 평생을 도덕적 당위와 정치적 이상을 하나로 통합하고자 노력한 창주의 경세사상을 검토하고 그것이 그의 현실 인식이나 현실 대응과 어떤 내적 연관성을 지니고 있는지, 또 그 특성이 무엇인지를 고찰해 보고자 한다. 이를 위해서 창주 경세사상의 연원, 창주 경세사상의 철학적 기반, 창주 경세사상의 현실적 적용 등의 문제를 차례로 논하고자 한다.

2. 창주 경세사상의 학문적 연원

창주의 철학사상과 학문 세계는 다른 철학자들과 마찬가지로 시대 상황에 대응하여 현실적 문제를 고민하는 가운데 형성된 것이다. 창주의 경세사상을 고찰하는 데 그의 삶의 배경과 학문 연원을 이해하는 일이 선행되어야 하는 이유가 바로 여기에 있다.

이를 위해 먼저 창주의 생애와 학문적 연원을 간략하게나마 언급하고 또한 그 특징이 어디에 있는가를 밝히고자 한다. 논의의 전개에 따라 분명해지겠지만 창주의 경세사상은 동전의 양면처럼 그의 학문적 연원과 밀접한 관계가 있다.

滄洲의 이름은 益熙이다. 光山人으로서 字는 仲文이고, 시호는 文貞이며 창주는 그의 호이다. 조선조 광해군 2년(1610) 11월 20일에 아버지 참판공 虛舟 槃과 어머니 徐氏 부인의 여섯 아들 가운데 둘째로 태어났다. 증조는

---

6) 같은 책, 같은 곳. "學問之道, 無他, 不過敎爲臣忠爲子孝, 盡其當然之則而已."

7) 정옥자, 『조선후기 조선중화사상연구』, 일지사, 1998, 179쪽 참조.

대사헌을 지낸 黃岡公 繼輝이고 할아버지는 당대의 儒宗이었던 사계 김장생이다. 「행장」[8]에 의하면 참판을 지냈고 뒤에 영의정을 추증받은 아버지 槃은 심지가 남달리 굳고 행실이 돈독하여 당시 선비들의 추앙을 받았고, 학문을 통하여 깨달은 바를 몸소 실천하는 따뜻한 인품의 소유자였다. 어머니 서씨 부인은 일생 남편을 내조하고 아이들을 기르는 일에 조금도 소홀함이 없었고, 병자호란 때에는 강화도로 들어가서 자녀들(一子一女)과 같이 殉節하여 나라에서 旌門을 세워 그 貞烈을 표창한 인물이었다.[9]

창주는 어려서부터 총명하고 뛰어남이 남다른 데가 있어서 할아버지 사계로부터 매양 큰 그릇이 될 것이라는 소리를 들으면서 『소학』, 『가례』 등을 배웠고,[10] 공자 · 주자의 학문을 익혔다. 주지하다시피 사계는 율곡 이이의 高弟로서 성리학으로 예학의 바탕을 마련하고 정밀하게 禮를 고증하는 데 힘써 예에 대한 관심을 학문적인 연구 단계까지 끌어올린 인물이다.[11] 그에 의하면 학문이란 "성현의 말을 토론하여 그 의리의 치밀함을 탐구하고 몸에서 체득하고 사실에서 증험하여 …… 公私의리를 분별 성찰하여 私心을 극복하고 善을 확립하는 일"[12]로서 그 기본 텍스트가 다름 아닌 『소학』과 『가례』이다. 그는 학문하는 순서는 『소학』 · 『가례』부터 시작해야 한다고 말하면서 "학문을 하는 데에는 반드시 『소학』을 먼저 해야 한다. 대체로 『소학』은 인륜과 일용에 매우 절실하며 강령도 매우 좋다."[13]라고 하였던 것이다. 그 결과 사계는 개인적 덕성 함양이 『소학』을 떠나서

8) 『유고』, 권17, 附錄, 「行狀」. 이후부터 「行狀」은 그냥 「행장」으로 표시한다.

9) 「행장」. "徐夫人, 梱則甚修, 丙丁虜變, 入江都, 與一子一女殉節, 旌閭" 참조.

10) 같은 책. "文元公每称以大器, 首教以小學家禮等書" 참조.

11) 崔英成, 『한국유학사상사 III』, 아세아문화사, 1995, 155쪽 참조.

12) 『沙溪全書』, 권43, 「年譜」. "學問之道無佗, 討論聖賢之言, 求其義理之情, 必須體之於身, 驗之於事, …… 察其公私, 義利之分, 克私猶恐不猛, 擴善猶恐不廣."

13) 같은 책, 권10, 「筵席問對」. "凡爲學必以小學爲先, 蓋小學甚切於人倫日用, 綱領甚好."

는 결코 실현될 수 없다고 간주하고 그것을 평생의 준칙으로 삼아 실천하기에 이르렀다. 이에 따라 창주는 할아버지 사계를 학문의 정통으로 받들어 자신의 학문적 목표와 기준으로 삼고 이를 심화시켜 나갔다. 따라서 참된 학문은 『소학』을 배우고 실천하는 일이었고, 그것은 또 공맹과 주자를 배우고 성현의 뜻으로 나가는 길이었다.

이후 창주는 사계의 문인이며 李廷龜 · 申欽 · 李植과 함께 조선 중기 漢文 四大家의 한 사람으로 꼽히던 계곡 장유(谿谷 張維, 1587~1638)와, 고문과 예학에 두루 밝았던 기암 정홍명(畸庵 鄭弘溟, 1592~1650)으로부터 시와 고문을 배웠다.[14] 특히 계곡과 기암은 문장과 경학으로 창주에게 많은 영향을 끼쳤다.

> (익희는) 사람됨이 총명하여 일찍이 재능과 명망을 지녔으며 文詞를 잘하였는데 疏章에 더욱 능하여 붓을 잡으면 그 자리에서 완성하였고 奏對할 때마다 경전과 사기를 인용하였으므로 상이 총애하고 신임하였다.[15]

이처럼 창주가 經史에 해박하고 문장에 능하여 '붓을 잡으면 그 자리에서 疏章 하나를 완성하는' 실력을 갖추게 된 것은 분명히 이 시기에 계곡과 기암으로부터 받은 유산이라 할 수 있다. 그가 18세에 진사 시험에 합격하고 24세에 과거에 급제하여 玉堂官으로 재직할 당시 時務를 논한 일이 수천 언에 이르렀고,[16] 글을 지을 때는 매양 經史를 근본으로 하고 韓愈와 歐陽修를 참작했다는 사실[17] 또한 이와 무관하지 않다. 이렇게 볼 때 계곡과

14) 「행장」. "又受杜詩於鄭畸庵, 韓文於張谿谷, 俄而, 博洽經史" 참조.
15) 『국역 효종실록』, 효종 7년 12월 9일조.
16) 『국역 국조인물고 5』, 세종대왕기념사업회, 2001, 243쪽 참조.
17) 「행장」. "其爲文也, 本諸經史, 參之韓歐" 참조.

기암은 창주의 삶과 학문 형성에 매우 중요한 한 요인으로 작용하였음이 확실하다.

그러나 창주의 사상과 처세 및 학문에 결정적인 영향을 미친 것은 다름 아닌 할아버지 사계 김장생이다. 이 점은 우암이 찬한 碑銘의 한 대목 "공이 배운 바는 집안에 뿌리를 두었는데 諸家의 학설에 널리 통하여 드나들며 거칠 것이 없었다."[18]라는 말이나, "공이 封事를 올려 天德과 王道의 학문을 논한 바 있는데, 老先生(사계)의 규모를 공이 귀로 듣고 눈으로 보아 熟習되었음을 알 수 있다."[19]라는 말을 통해서도 분명하게 확인된다. 죽음도 불사하고 公道와 大義를 지키는 정신, 시속과 타협하지 않고 私意에 얽매이지 아니하는 대범한 인품은 그의 전 생애를 지배한 것으로 그가 할아버지인 사계로부터 받은 영향이 아닐 수 없다. 그리고 『소학』을 통하여 예의 실천을 강조하고, 『近思錄』을 통하여 敬과 愼獨을 바탕으로 公道의 중요성을 강조하는 사계의 가르침은[20] 창주에게 '예의와 의리'를 중시하고 '명분과 실리의 일치'를 추구하는 지공무사한 삶을 수 있는 기초를 마련해 주었다. 그가 仁祖妃인 仁烈王后 장례 때에 일개 司書로서 服制가 古禮가 아니라고 상소한 일이라든가,[21] "일찍부터 집안의 가르침을 받아 하찮은 일에 얽매이지 아니하였고, 大體에 卓然하였다."[22]고 하는 「비명」의 한 대목을 상기할 때 이 점은 분명하다.

그리하여 창주는 할아버지의 가르침인 '예의와 의리'를 중시하고 公道를 강조하는[23] 삶의 태도를 종신토록 받들어 그것을 힘써 체득하고 경세

18) 『국역 국조인물고 5』, 251쪽.

19) 같은 책, 248쪽.

20) 沙溪에 의하면 학문하는 순서는 『소학』·『가례』에서 시작하여 『심경』·『근사록』에서 끝난다. 『사계전서』, 권48, 「行狀」. "其授書次弟, 則始以小學家禮, 次以心經近思" 참조.

21) 『국역 국조인물고 5』, 244쪽 참조.

22) 같은 책, 249쪽.

에 반영시키고 구현하는 일이 자기의 본분이고 사명임을 확인하였다. 그가 현실사회에서 대의를 중시하고 그것의 성취를 위해서 신명을 바치고자 했던 것도 또한 여기에 근거한다. 따라서 초려 이유태(草廬 李惟泰, 1607~1684)가 「輓詞」에서 "문장과 도덕은 3대에 전하고 절의와 충정은 한 가문을 크게 빛냈도다."[24]라고 쓴 것은 이런 문맥에서 이해되어야 한다. 또한, 창주가 말하는 '대의'는 인간이 체득하고 구현해야 할 가장 좋은 덕목으로서 공자 · 주자 · 율곡 · 사계의 사상을 계승한 것으로 창주의 삶과 경세사상의 출발점이자 귀착점이기도 하다. 그가 옥당관으로 있으면서 동료와 연대하여 인조에게 오랑캐, 즉 청나라를 배척하고 그 의를 끊어야 함을 강력하게 주청한 글에서 "올봄 화의를 거절한 일은 실로 대의를 밝히고 一統을 높인 데서 나온 것이니, 애당초 전쟁의 성패와 국가의 존망은 계산하지 않았던 것입니다. 삼가 바라건대 전하께서는 대의가 있는 곳을 생각하고 대중이 함께하는 것을 인하여 확고한 단안을 내려 화의를 거절하며 몸소 와신상담하여 三軍을 격려하시어 황칙의 장려하신 뜻을 잊지 말고 속히 신사의 행차를 중지시키소서."[25]라고 한 말은 그 단적인 예이다. 효종에게 일대 경장책을 진언한 글인 「갑오봉사」의 다음 대목도 이를 입증하는 하나의 단서가 될 수 있다.

> 신이 삼가 보건대 오늘날 국사가 이 지경에 이른 것은 위아래 모두가 일개 私字를 타파하지 못해서 그렇습니다. …… 신의 어리석은 생각으로는 이 폐단을 바로잡고 공을 이룩하고자 함에는 지공한 마음으로 기강을 정돈하고 지엄한

---

23) 『사계전서』, 권2, 書, 「與李玉汝金冠玉張持國崔子謙」, "自上而下以至四方, 無一不出於公正" 참조..

24) 『유고』, 권18, 「輓詞」. "文章道德傳三世, 節義忠貞萃一門."

25) 『국역 인조실록』, 인조 14년 11월 21일조.

태도로 명분과 실제를 명확히 밝히는 것만 한 것이 없습니다. 기강이 이미 바로 잡히면 사람들이 법을 두려워할 줄 알게 되고, 명분과 실제가 분명히 밝혀지게 되면 매사에 허위가 없게 될 것이니, 나라가 어찌 다스려지지 않겠습니까.[26)]

이미 지적했듯이 창주의 학문적 기초는 주자 · 율곡 · 사계로 대표되는 주자학이었다. 이는 어린 시절에 율곡의 학통을 계승한 할아버지의 가르침, 계곡과 기암에게서 배운 문장과 경학 공부를 통하여 더욱 심화 · 발전되었다. 그뿐만 아니라 창주는 이 과정에서 주자를 근간으로 한 '孔孟之學'에 대한 철저한 도덕적 이해를 통하여 주자의 학문과 인생을 참다운 학문의 正道이자 전범으로 생각하였고, 또한 국난 극복의 정신적 지주로 삼았다. 우암이 그를 가리켜 "實錄廳 堂上을 제수하자 공은 부득이하게 임금의 부름에 나아갔다. 다시 역사의 일을 장려하여 힘쓰게 하고 총애하자, 공은 특별히 區劃 지어 하는 일을 재촉하여 마쳤다. 대체로 주자가 남긴 법을 따른 것이다."[27)]고 한 말은 이를 단적으로 설명해 준다. 이렇게 볼 때 창주가 주자를 존숭하였던 일은 이념적인 명분에만 그쳤던 것이 아니라, 구체적인 삶의 실천에서도 믿고 따라야 할 실제적인 규범 그 자체였다. 그가 "洛閩의 문자를 가지고, 마음 깊이 보고 연구하여 책자를 비치하고 마음에 자득한 점을 기록한 일"[28)]이라든가, 여행할 때에도 반드시 『근사록』을 휴대하고 다녔다는 사실[29)]만 보아도 이 점은 분명하다.

그런데 그것은 창주 자신이 처해있던 학풍과 시대적 상황 안에서 형성

---

26) 『유고』, 권8, 封事, 「甲午封事」. "伏見今日國事之至此者, 皆由上下不能打破一個私字, …… 故臣愚以爲欲救此弊, 奮起事功者, 莫如以至公而整頓紀綱, 以至嚴而綜核名實, 紀綱既正, 則人知畏法, 名實既核, 則事無虛僞, 其國豈有不治乎."

27) 『국역 국조인물고 5』, 246쪽.

28) 「행장」. "取洛閩文字, 潛心玩繹, 置册子, 劄記其得於心者."

29) 「행장」. "而近思錄一帙, 則雖行役, 亦必自隨."

되고 조건 지어진 것임을 부정할 수 없다. 여기에는 당대의 주자학 일색이 다시피 한 조선 후기의 일반적 사상 풍토, 그리고 가문의 학풍과 할아버지 사계로부터 받은 영향 등의 문제가 관련된다. 이처럼 창주의 주자에 대한 존숭은 그가 자신의 시대를 북방 여진족인 금나라에 의해 비참하게 유린당하고 稱臣屬國을 서약했던 주자의 시대와 비슷한 것으로 인식하고 있었다는 점에서도 알 수 있다.

> 공은 『宋朝名臣錄』을 가장 좋아하였는데, 언제나 本朝의 풍속이 당시와 흡사하다고 생각하였다.[30)]

> 또 말하기를 "北宋이 남방으로 쫓겨날 때 의론하는 자들이 너무 안정에만 치중하므로 주자가 책망하기를 '大承氣라는 병의 증세에는 理中湯을 써야 한다'고 하였으니 오늘날의 시세가 어찌 이와 다르리오."라고 했다.[31)]

창주는 주자의 학문과 사상을 삶의 정도로 여기고 그것을 자신의 삶의 절대적 표준으로 삼았다. 이와 같은 학문관은 그가 당면하고 있었던 17세기의 정치 · 사회 · 사상적 혼돈에 대한 위기의식에서 더욱 절실한 것으로 제창하였다. 당시는 모든 가치질서가 붕괴하여 "士習은 날이 갈수록 투박해지고 민속도 날이 갈수록 악화되어 국사가 수습할 수 없는 지경에 다다른"[32)] 상황이었다. 창주는 이를 극복할 수 있는 현실적 논리를 찾고자 하였고, 자신이 추구하는 사상의 근원으로서, 또는 그 정당화의 근거로서 주

---

30) 『국역 국조인물고 5』, 249쪽.

31) 「행장」. "又曰, 宋之南渡, 時論過於鎭靜, 朱夫子譏其大承氣證, 用理中湯, 今之時勢何以異此."

32) 『국역 효종실록』, 효종 1년 7월 25일조.

자학을 통한 '대의' 정신의 확립이 필요하였다. 원래 주자학이란 현실의 모순이 극대화되는 시기에 처하여 민족의 자주와 국가의 주권을 확보할 수 있는 학문적 토대이며, 당시 신념 상실의 시대를 극복할 수 있는 자기 정위의 지표가 된다. "나라를 다스려서 국가의 운명을 영원하게 할 수 있는 것과, 육체를 잘 길러서 오래 살 수 있는 것과, 배움을 통해서 성인에 이르는 길"[33]은 주자학을 공부함보다 앞설 것이 없으며, 주자가 남긴 법을 따르는 것보다 더 좋은 일은 없다고 믿었기 때문이다. 이와 같은 태도는 "큰 공을 세우기 쉬우나 본심은 보존하기 어려우며 오랑캐는 축출하기 쉬우나 사심은 제거하기 어렵다."[34]고 한 주자의 말을 가슴 속에 깊이 새기고, 대의에 입각하여 명분을 바로 잡고 상처받은 나라의 자존심을 회복하고자 한 노력으로 나타났다.

3. 창주 경세사상의 철학적 기반

공맹에 따르면 인간은 천명으로 인의예지 사덕을 부여받은 존재이다. 사덕은 인간 본유의 덕성이고, 인간이 인간답게 사는 것은 그것을 주체적으로 자각하여 남김없이 현실세계에 구현하는 데 있다. 그런 의미에서 인의예지 사덕은 선천적이며 인간의 고유한 존재원리라고 할 수 있다. 그리고 사덕은 그 내용에서 인과 의로 요약되며, 또한 유가 사상에 있어서 가장 중요한 덕목으로서의 위치를 차지한다. 그래서 맹자도 "인이란 사람이 편안하게 사는 집이며, 의란 사람이 걸어가는 올바른 길이다."[35]라고 말했

33) 『국역 인조실록』, 인조 13년 8월 3일조.

34) 「행장」. "尤致意於朱夫子所謂大功易立而本心難保, 寇虜易逐而私意難除之說."

35) 『孟子』, 「離婁上」. "仁, 人之安宅也, 義, 人之正路也."

던 것이다. 인이란 자아의 본질이자 예를 실천하는 근본정신으로서의 '사랑'이고, 의란 지의 사리분변의 기준으로서 공동선 실현을 위한 인간다운 삶의 방식인 정의이다.[36] 인간은 누구나 이러한 '사랑과 정의'를 알고 실천할 수 있는 능력을 선험적으로 갖추고 있으며, 또한 천명을 주체적으로 자각하여 '천인합덕'의 경지를 성취할 수 있는 존재이다. 子思가 『중용』 첫머리에 "하늘이 賦命한 것을 본성이라 하고 본성을 따르는 것을 도라 이른다."[37]라고 한 것이라든지, 맹자가 "자신의 마음을 다하는 자는 자기의 본성을 깨닫게 될 것이니, 본성을 깨달음은 곧 하늘을 깨닫는 것이다. 마음을 보존하여 본성을 기름은 하늘을 섬기는 바 되는 것이다."[38]라는 말은 바로 이와 같은 사실을 단언하고 있다.

이미 밝혔듯 창주는 사계로 대표되는 가학 즉 주자학을 충실하게 계승하고 그 바탕 위에서 계곡·기암으로부터 배운 바 문장과 경학을 더하여 이론적인 탐구보다는 도덕적 실천을 더 강조하는 학문체계를 구축하였다. 즉 그는 기호유학의 정맥을 계승하여 정암·율곡·사계의 학설을 배우고 지키는데 진력하였으며, 특히 할아버지 사계의 가르침에 따라 『소학』을 중시하고 그 참된 뜻을 밝히고 실천하는 일을 자신의 평생의 임무로 삼은 인물이다. 따라서 그의 학문세계는 대체로 사계의 뜻을 좇아 리기심성론과 같은 사변적인 문제보다는 '經世的 실천'의 문제에 더 관심이 많았고, 경세론의 측면에서 "반드시 정대하고 반드시 공평무사하다(必正必公)."[39]는 입장을 견지하였다. 효종이 창주가 올린 「갑오봉사」를 읽고서 "나는 평소에 경을 尋常한 일개 명사로만 알았는데, 시무에 이렇게 밝을 줄은 미처

36) 이 문제에 관하여는 졸저, 『천명과 유학적 인간학』, 심산, 2011, 82-106쪽 참조.

37) 『中庸』, 제1장. "天命之謂性, 率性之謂道, 修道之謂教."

38) 『孟子』, 「盡心上」. "盡其心者, 知其性也, 知其性, 則知天矣, 存其心, 養其性, 所以事天也."

39) 『유고』, 권10, 「辭大司諫疏」.

헤아리지 못하였다."[40]라고 한 말이나, 우암이 찬한 碑名의 "공이 숭상한 바는 宋朝의 여러 어진 이들이었는데, 그 한 몸이 다하도록 이것에만 힘을 쏟았다."[41]라고 한 말을 상기할 때 이 점은 분명하다.

창주는 大義와 公道를 가치 기준으로 삼아 현실사회를 해석하고 또 그것을 통해 "천리를 밝히고 민심을 바로 잡아서 만세의 법을 세우고자"[42] 노력하였다. 이때 '대의' 곧 '의리'란 말은 일상생활에서 자주 사용하는 '義理人情'이나 '경박한 세태 속의 의리'라는 뜻은 아니다. 그것은 일체 사물의 존재 이유나 사물의 이치 또는 원리라고 하는 의미까지도 함축하고 있는,[43] 다의적 개념이다. 그 핵심은 인간 심성에 내재한 천리를 구체적 현실 속에서 '올바름'과 '마땅함'으로 드러내는 데 있어서, 그것을 "개인·윤리적 차원을 넘어서 사회·역사적 차원의 윤리문제로까지 확대하는 것"[44]을 뜻한다. 『주역』 곤괘 「문언전」의 "군자는 경으로써 안을 곧게 하고 의로써 밖을 방정하게 한다."[45]라는 말이나, 『논어』 「계씨」편의 "의를 행하여 그 도를 통달한다."[46]라는 말은 이를 단적으로 요약해 준다. 따라서 '대의'란 인간만이 보편적으로 갖는 당위원리, 즉 인간이 마땅히 따라야 할 가장 가치 있는 도리라고 할 수 있다. 그래서 창주는 인조에게 다음과 같이 말하지 않을 수 없었던 것이다.

---

40) 『국역 효종실록』, 효종 5년 11월 16일조.

41) 『국역 국조인물고 5』, 251쪽.

42) 「행장」. "將以明天理正民彝, 爲萬世立則, 唯我府君" 참조.

43) 金谷治, 『주역의 세계』, 김상래 옮김, 한울, 1999, 18쪽 참조.

44) 오석원, 「19세기 한국 도학파의 의리사상에 관한 연구」, 성균관대학교 박사논문, 1992, 88쪽.

45) 『周易』, 坤卦, 「文言傳」. "君子, 敬以直內, 義以方外."

46) 『論語』, 「季氏」. "行義以達其道."

> 天理를 따르면 이 마음이 공변되고 바르며, 人欲을 따르면 이 마음이 사사롭고 삿되게 되는 것입니다. 공정한 마음은 편안하면서도 날로 훌륭하고, 사사로운 것은 수고로우면서도 날로 옹졸해집니다. 날마다 쓰는 사이에 둘이 서로 이기고 지고 하니 한 개인의 시비 득실에서 나라의 치란 안위가 거기에 달려있지 않음이 없습니다. 그러므로 위대하신 舜임금께서는 精一執中의 가르침이 있으셨고, 공자께서는 克己復禮爲仁이라고 설하셨던 것입니다. 이것은 다 나의 이 마음을 바르게 함으로써 天理가 人欲에 흐르거나 인욕이 천리에 섞이지 않게 하고자 함이었습니다. 이것이 옛날 聖王들이 자신을 바로잡고 세상을 다스리던 큰 단서였습니다.[47]

창주는 한 나라의 存亡·安危와 밀접한 관련이 있는 천리와 인욕을 엄격하게 변별하고, 인욕의 사사로움의 구속에서 벗어나 천리를 회복하여 대의를 만천하에 밝힐 것을 권면하고 있다. 그런데 천리와 인욕이 본래 두 마음이 아니라고 하는 점이다. 왜냐하면 "한마음 가운데 반드시 천리가 있지만 또한, 인욕이 거기에 끼어있기 때문이다."[48] 따라서 천리와 인욕은 단지 心의 작용으로서의 心의 두 측면이고 그 둘의 나뉨은 마음의 다스림 즉 수양 여부에 달려있다. 그러므로 人心을 잘 살피고 다스려서 천리와 인욕을 엄별하여야 한다. 그래서 그는 "천리와 인욕의 기미를 살펴서 만약 인욕이라면 그 싹이 일어나기 전에 막고 끊어야 하며, 만약 천리라면 잘 미루고 확충해야 한다."[49]라고 말했던 것이다.

---

47) 『유고』, 권9, 「求言應旨疏」. "循天理則此心公而正, 循人欲則此心私而邪, 公而正者, 逸而日休, 私而邪者, 勞而日拙, 日用之間, 二者迭爲勝負, 而一身之是非得失, 與國家治亂安危, 莫不係焉, 故大舜有精一執中之說, 孔子有克復爲仁之說, 皆所以正吾此心, 不使天理得以流於人欲, 人欲得以雜乎天理, 此古昔聖王治己御世之大端也."

48) 같은 책, 같은 곳. "盖一心之中, 固必有天理而亦必有人欲以間之."

49) 같은 책, 권10, 「辭大司諫疏」. "審其天理人欲之幾, 如人欲也, 遏絶於未萌, 如天理也, 善

대저 내면으로는 내 몸에 있는 이치를 궁구하고 외면으로는 사물에 있는 이치를 궁구하여 賢愚邪正을 합당하게 분별하고 是非得失을 합당하게 살피는 것에 이르기까지 학문 아님이 없습니다. …… 기질의 병통을 克己로써 다스리되, 지나치게 부드러운 병통은 강함으로 바로 잡고 나약한 것은 굳은 의지로 바로 잡으며, 사나운 병통은 온화한 것으로 구제하고 성급한 병통은 너그러움으로 구제하며, 욕심이 많으면 깨끗이 하여 淸淨한 데 이르게 하고 私心이 많으면 바로 잡아서 大公에 이르게 하며, 쉬지 않고 스스로 힘써 밤낮으로 해이함이 없게 하는 것 역시 학문 아님이 없습니다.[50]

이처럼 주장할 수 있는 근거는 그가 할아버지 사계의 철학적 입장을 충실히 계승하고 있기 때문이다. 사계에 의하면 리기는 원래 '混融無間'하여 서로 떨어질 수 없는 존재이고,[51] 사단과 칠정은 모두 心의 작용에 지나지 않는다.[52] 그가 인심과 도심은 心의 작용으로 나타난 결과라고 하면서 "心은 하나이다. 어찌 둘이 있겠는가. 다만 主로 하여 發하는 것에 이름이 있을 뿐이다."[53]라고 한 말은 이 점을 단적으로 요약해 준다. 사계의 이러한 논점은 창주의 철학사상에도 그대로 반영되어 나타나고 있다. 그가 주렴계(1017~1073)의 「太極圖說」을 논한 시에서 "만물은 원래 한 근원에서 통일되고, 음양은 본디 시작이 없으며, 동과 정이 서로 뿌리가 된다."[54]라고 노래한 것이 여기에 많은 참고가 된다. 그가 인조에게 "전하께서는 마음을

推而充廣."

50) 『국역 인조실록』, 인조 13년 8월 3일조.

51) 『沙溪全書』, 권11, 「經書辨疑」. "理氣元不相離, 本混融無間" 참조.

52) 같은 책, 권3, 「答金巘」. "四端七情皆是心之用" 참조.

53) 같은 책, 권17, 「近思錄釋疑」. "心一也, 豈有二乎, 特以所主而發者有名耳."

54) 『유고』, 권4, 七言律詩, 「讀周子太極圖說」. "上天之載謂詳論, 萬物從來統一元, 欲識陰陽本無始, 須看動靜互爲根."

간직하고 성찰함에 조금이라도 태만하심이 없게 하고, 천리가 드러나기 전에 확충하시고 인욕이 싹트려고 할 때 막으십시오."[55]라고 한 말이나, 효종에게 마음을 잘 다스리는 것이 나라 다스림의 요체라고 하면서 "항상 학문을 절실하게 힘쓰시고 병통을 다스려 바로 잡으시어 항상 의리로 가슴속을 깨끗이 씻어냄으로써 기질에 의해서 하는 일이 적고 학문하는 공력이 많게 하십시오."[56]라고 진언한 것도 이에 기인한 것이다.

여기에서 창주가 말한 '대의' 곧 '의리'란 말은 그의 경세사상을 일관하고 있는 핵심적인 개념이다. 여기서 '대의'란 자신의 마음을 잘 다스려 과불급도 없고 사사로움도 없는, 오직 공변된 삶 그 자체로 돌아간다는 의미이다. 그런 점에서 창주 경세사상의 특성은 마음공부를 통한 대의정신의 확립에 그 궁극적인 목표가 있다고 하겠다. 주지하다시피 대의는 인의예지 사덕에 있어서 智의 사리 분변의 기준일 뿐만 아니라 동시에 예가 행위규범으로서의 타당성을 가질 수 있게 하는 근거이기 때문이다.[57] 이때 예는 단순한 행동규범으로서의 儀禮만을 가리키는 것이 아니고 인간의 본성과 천리에 뿌리를 둔, 대의와도 상통하는 개념으로서 객관적 타당성과 도덕적 합당성을 추구하는 기준이다.[58] 창주가 인렬왕후의 장례 때에 古禮를 들어 복제가 잘못되었음을 지적한 상소의 한 대목을 통해서도 이 점을 어느 정도 짐작할 수 있다.

---

55) 『국역 인조실록』, 인조 13년 8월 3일조.

56) 『유고』, 권10, 「辭大司諫兼陳所懷疏」. "殿下切實典學, 矯治病痛, 常以義理澆灌心胸, 使氣質之用少, 學問之功多."

57) 申東浩, 「先秦儒學에 있어서의 人本思想의 展開」, 『새마음논총』, 충남대학교부설 새마음연구소, 1977, 68-69쪽 참조.

58) 본고에서 깊이 다룰 성질의 문제는 아니지만『禮記』편의 다음 말은 이를 입증하는 하나의 단서가 될 수 있을 것이다. "先王之立禮也, 有本有文, 忠信, 禮之本也, 義理, 禮之文也, 無本不立, 無文不行."

대저 복제는 뚜렷이 일정한 격식이 있어 一毫라도 덧붙일 수도 줄일 수도 없습니다. 이번 衰服을 13일간 입고 白衣를 30일간 입는 제도는 이미 古禮가 아니며, 또 『五禮儀』에 실려있는 바도 아닙니다. …… 무릇 3천3백의 예가 어느 것이나 하늘이 펴서 정한 윤리나 질서가 아니겠습니까마는, 先王의 신중하신 뜻은 특히 喪禮에 더욱 조심스럽게 하였습니다. 대개 死喪의 변은 실로 천리와 인정에 있어 소홀히 할 수 없기 때문입니다. 그 厚薄의 등급과 降殺의 절차는 마치 천지의 經緯와 같아서 어지럽힐 수 없는 것입니다.[59]

창주에 의하면 예란 '하늘이 펴서 정한 윤리나 질서'로서 인간이 인간다운 삶을 살기 위해서 마지막까지 포기해서는 안 되는 덕목이며, 인간 생활의 내적 기반인 가족윤리와 외적 기반인 사회윤리의 근간이 되는 덕목이다. 따라서 그것은 '천지의 경위'와도 같아서 함부로 어지럽히거나 마음대로 조작할 수 있는 그 무엇은 아니다. 이와 같은 태도는 그의 대의정신 안에서 "비방이 일어나는 것에 아랑곳하지 아니하고 외톨이가 되는 것도 돌아보지 않으면서, 단지 맡아서 담당하는 것만 한결같이 하는"[60] 처세 원칙으로 간명하게 집약되었다. 그가 헌납으로 있을 때에 인조가 장령 송희진을 私情으로 국사를 처리한다고 오해하여 벌주려 하자 이를 강력하게 변호하여 철회케 한 일이라든가,[61] 대사간 재직할 때에 효종이 臺臣들을 욕설로 꾸짖자 그 부당함을 매우 간절하게 개진한 일[62] 등은 이를 뒷받침

59) 『유고』, 권9, 「論喪禮疏」. "夫服制截然有一定之式, 添一毫不得, 減一毫不得, 今此衰服十三日, 白衣三十日之制, 既非古禮, 又非五禮儀所載, …… 夫三千三百, 孰非天敍天秩, 而先王愼重之意, 特於喪禮, 尤拳拳焉, 蓋死喪之變, 實天理人情之所不容忽者, 其厚薄之等, 降殺之節, 如天經地緯之不可以亂."

60) 『국역 국조인물고 5』, 250쪽.

61) 『국역 인조실록』, 인조 14년 7월 7일조.

62) 『국역 국조인물고 5』, 247쪽 참조.

할 수 있는 좋은 증거이다.

이처럼 창주는 자신이 옳다고 생각하는 일에 대해서는 한 치의 양보도 없이 직언을 마다치 않는 매우 강직한 성품과 투철한 관료의식을 지녔던 인물이었다. 그래서 그는 인조에게 "전하의 학문에 진보가 없어서 本源이 깨끗해지지 못하며, 기강은 해이해져 사람들이 법을 두려워하지 않게 되고 사치스러운 풍속이 날로 심해져서 그 피해가 수재나 화재보다 심하며, …… 仕路가 혼탁해져서 公道가 시행되지 않고 士習이 투박해져서 지향하는 바가 바르지 않으며, 백성들은 근심과 탄식이 생겨나 국가의 근본이 무너지고, 軍政은 무너져서 변방의 방위가 텅 비게 되었습니다."[63]라고 말하였고, 효종에게는 "사치의 폐해는 天災보다 더 심한 것인데, 근래 閭閻 사이의 일들이 모두 법제를 무시하고 있어 재물을 허비하고 풍속을 파괴하는 것이 지금보다 더 심한 적이 없었습니다. 의당 法府로 하여금 엄하게 금단을 가하게 해야 할 것은 물론, 성상께서도 마땅히 검약을 숭상하시어 몸소 솔선해서 인도해야 합니다."[64]라고 말할 수 있었던 것이다. 이렇게 볼 때 창주가 말하는 대의는 천리에 바탕을 둔 것이지만 그렇다고 현실과 유리된 별개의 것이 아니라 구체적 사건 속에서 '必正必公'의 정신과 행동으로 나타나는 '마땅함'과 '올바름'의 원리이다.

자신을 반성하여 덕을 닦는 도리는 빈말로만 해서는 안 되는 것입니다. 임금의 한마음은 반드시 上帝를 대한 듯이 하여 心術의 은미한 즈음에서부터 정신의 運用과 政令을 시행하는 사이에 이르기까지 사사로운 마음을 끊어버리고 한결같이 하늘의 뜻을 따라야 합니다. 그런 연후에야 하늘과 사람의 이치(리)가 하

63) 『국역 인조실록』, 인조 13년 8월 3일조.
64) 『국역 효종실록』, 효종 4년 2월 12일조.

나이고, 顯微에 간격이 없게 되는 것을 알게 되는 것입니다. 그렇게 되면 仁愛스런 하늘이 저절로 감응할 것인데, 어찌 해소되지 않을 재변이 있겠습니까.[65]

이처럼 대의적 삶을 산다는 것은 마음을 다스려 하나의 이치(一理)로 돌아가 천리와 인욕, 公과 私, 正과 邪의 경계를 명확하게 분석 · 구분하여 자기의 본래성을 잃어버리지 않도록 하는 일이고, 그것은 또한 이 세계의 모든 존재가 모두 같은 天의 所生者라는 인식에 도달하는 일이다. 이러한 생각은 "인간과 사물이 생길 때 다 함께 하늘과 땅의 리기를 얻었다."[66]고 하면서 "인간이 인간의 소임을 다하는 까닭은 착한 인간의 본래성을 잃어버리지 않는 데 있는 것이다."[67]고 한 사계의 관점에 정확하게 일치한다. 창주는 이를 바탕으로 '사심을 버리고 근본을 확립하는 공부'를 강조하였다.

그러면 '사심을 버리고 근본을 확립하는 공부'란 무엇인가? 한마디로 천리를 따라 의리를 확립하는 일, 즉 공적인 삶을 사는 일이라고 답할 수 있다. 그런 점에서 공적인 삶을 추구하는 일은 창주가 생각한바 인간이 체득 · 구현해야 할 가장 좋은 덕성 함양의 공부 방법이다. 그것은 또 공부의 체와 용을 연결하여 一元으로 만드는 고리이자 대의적 삶의 길을 구하는 직접적 · 역동적 방법으로써 사람 된 자 마땅히 지키고 좇아야 할 도덕 수양의 궁극처이다. 그가 인조에게 "한 생각이 일어날 때 반드시 삼가 살피어서 그것이 천리이면 반드시 경으로써 확충시키시어 조금이라도 막히지 않게 하시고, 판단한 결과 인욕이라면 반드시 경으로 그것을 이기셔서 조금이라도 응체되지 않도록 하십시오."[68]라고 말한 것이나, 효종에게 "전

---

65) 같은 책, 같은 곳.

66) 『沙溪全書』, 권11, 「經書辨疑」. "人物之生同得天地之理氣."

67) 같은 책, 권5, 「先憂錄序」. "人之所以爲人者, 不失秉彝之性也."

68) 『유고』, 권9, 「求言應旨疏」. "一念之萌, 則必謹而察之, 果天理也, 則必敬以擴之, 不使其

하께서는 항상 학문을 절실하게 힘쓰시고 병통을 다스려 바로 잡으시어 항상 의리로 가슴속을 깨끗이 씻어 냄으로써 기질에 의하여 하는 일이 적고 학문하는 공력이 많게 하소서"[69]하고 말한 것은 그 단적인 예가 될 것이다. 여기서 창주가 말한 '대의' 곧 '의리'란 그의 경세 사상에 핵심적인 개념이자 도덕적 이상 사회를 구축하는 데 있어서 치자나 피치자가 반드시 성취해야 할 덕목으로서, 인간 행위의 도덕성을 정당화하는 기준이자, 물질적 재화나 육체적 욕망의 충족에 대한 집착을 억제하는 절제기능이기도 하다.[70]

이 점은 그가 "나라 다스리는 도는 본말의 소재를 밝혀서 먼저 근본을 세우는 일"이라고 하면서 인조에게 올린 상소에서 극명하게 나타난다.

> 천하의 일은 천변만화하여 그 단서가 무궁하나 한 가지도 임금의 마음에 근본을 두지 않은 것이 없습니다. 인주의 마음이 바르면 천하의 일이 어느 한 가지도 正에서 나오지 않는 것이 없게 되고, 인주의 마음이 바르지 않으면 천하의 일이 어느 한 가지도 正에서 나오지 않는 것으로, 이는 자연적인 이치입니다. 그러나 이 마음의 본체는 처음에는 모두 혼연하고 순수한 것이지만, 정과 부정의 다름이 있습니다. 이는 대체로 이 마음 가운데에는 본디부터 반드시 천리도 있고 인욕도 있는데 이것이 서로 뒤섞여 있어서, 천리를 따르면 이 마음이 공변되고 바르며 인욕을 따르면 이 마음이 사사로워지고 간사해집니다. 그래서 날마다 사용하는 사이에는 두 가지가 번갈아 이기고 지고 하는데, 한 몸의 시비 득실과 국가의 치란 안위가 여기에 달려있지 않은 것이 없습니다.[71]

小有壅遏, 果人欲也, 則必敬以克之."

69) 『국역효종실록』, 효종 4년 1월 24일조.

70) 의리에는 지도작용, 절제작용, 일관작용 등 세 종류의 의미를 내함하고 있다. 진대제, 『공자학설』, 臺北: 正中書局, 1977, 125쪽 참조.

여기서 창주가 말한 '대의' 곧 '의리'란 진실한 마음을 가지고 공적인 일을 행하여서 한 터럭만큼의 私意라도 그 사이에 끼어들거나 섞이지 않도록 한다는 의미이다. 따라서 '대의'는 개인적 심성수양의 한 방법만을 가리키지는 않는다. 그것은 개인적 도덕의 완성을 통한 공적 삶의 확립과 치국·평천하라고 하는 넓은 의미의 경세적 실천까지도 포함한다. 그가 「玉堂論災異箚」에서 "자신을 완성하고 사물을 완성함이 진실로 여기에 달렸으며, 天地의 化育을 돕는 경지에 이르는 것도 여기에 달려있어 時事도 구제할 수 있고 天災도 해소할 수 있을 것입니다."[72]라고 한 말을 통해서도 이 점을 확인할 수 있다.

그런 점에서 창주의 천리의 회복을 통한 대의적 삶의 확립이란 구체적 현실 속에서 인간이 마땅히 성취해야 할 도덕적·정치적 이상이자 자기 개혁의 지표이며 실천 그 자체였다. 이러한 입장을 취할 때 개인의 도덕적 완성이나 이론 탐구보다 사회적 실천이나 행동적 결단을 더 중시함은 지극히 자연스러운 일일 것이다. 그의 문집에서 성리학의 근본 주제인 리기심성론 같은 순수철학이론이 담긴 글을 한 편도 발견할 수 없다는 사실이 그 단적인 예가 될 것이다. 그렇다고 그의 경세사상이 사회적 비판의식만을 강조하고 개인의 내면적 성찰과 완성을 무시하거나 배제한 것은 결코 아니다. 유학에서의 경세는 인간 본래성의 회복과 그 도리를 자각하고 그것을 바탕으로 하여 지속적인 자기 개혁과 사회 비판의식을 가지면서 구체적 현실 속에서 '마땅함'과 '올바름'을 실천하는 것을 그 궁극의 목표로 삼기 때문이다.[73] 그가 인조에게 "평정한 마음으로 이치를 살피어 옳고 그름을 변별하시고 儒術을 높이어 교화를 돈독히 실행하시어 士習이 저절로

71) 『국역인조실록』, 인조 14년 5월 4일조.

72) 같은 책, 같은 곳. "成己成物, 亶在於是, 參贊化育, 亦在於是, 時事庶可救而天災庶可弭矣."

73) 오석원, 앞의 논문, 68-70쪽 참조.

바르게 되고 元氣가 저절로 왕성하게 하십시오."[74]라고 말한 것도 이에 기인한 것이 아닌가 한다.

여기에서 이른바 僞學과 淫邪를 배격하고 '伐淸尊明'의 꿈을 실현하려고 했던 창주의 북벌 대의 정신과 엄정한 자기실현의 이론적 근거가 드러난다. 이렇게 해서 확립된 경세사상은 창주로 하여금 할아버지 사계의 학통을 충실히 계승하면서 남다른 도덕적 지향과 관료로서의 투철한 삶을 살게 했고, 그리고 그것은 민생과 국가의 이익을 위한 정책을 실행하는 데 일익을 담당하고자 한 노력으로 집약되어 나타났다. 그런 점에서도 우암이 찬한 「비명」의 한 대목 "효종이 장차 천리를 밝히고 사람의 마음을 바로잡는 도리로써 근본이 되는 법칙을 세우려 하자 공은 마음을 다하여 성취되도록 도왔다."[75]라고 한 말과, 「행장」의 한 대목 "매양 국가의 일에 반드시 요령을 잡아서 긴요한 곳을 맞춰 반드시 經訓과 古誼에 근본 했으며, …… 正과 邪를 변별함에는 엄격해서 깊고 밝은 知鑑은 남보다 우뚝했다."[76]라고 한 말은 시사하는 바가 매우 크다고 하겠다.

이렇게 볼 때 창주는 천리의 회복을 통해서 대의적 삶, 즉 공적인 삶을 확립하고 추구하는 것으로 안과 밖을 일관했고 이를 통해 자신의 경세적 실천의 정당성과 그 속에서의 도덕적 합당성을 지켜내려고 했던 것이 분명하다. 창주의 이러한 논리는 결국 天의 소생자로서의 인간이 인간으로서 마땅히 인간답게 걸어가야 할 도리와 命法으로 부여된 천리를 인간 사회에 구현해야 한다는 가치지향의 정신과 순수논리 이전의 '실천이성'의

---

74) 『유고』, 권12, 「玉堂論災異箚」. "殿下平心察理, 辨別是非, 尊尙儒術, 敦行敎化, 使士習自正而元氣自壯."

75) 『국역 국조인물고 5』, 250쪽.

76) 『유고』, 권17, 「행장」. "每於國家事, 必掣其要領, 中其肯綮, 而亦必本之於經熏古誼, …… 旣嚴於邪正之辨. 而淵識明鑑絶人."

요청에서 정향된 시도로 보아야 마땅하다. 이처럼 대의적 삶과 도덕적 수양을 무엇보다 중시하는 관점은 그의 현실 인식 또는 현실적 적용을 통하여 극명하게 표출되고 전개되었던 것이다.

4. 창주 경세사상의 현실적 적용

창주 경세사상의 특징은 '理氣混融無間'의 사유체계 안에서 '必正必公'의 정신을 통해 천리와 인욕을 엄격하게 변별하고 그것에 바탕을 두어 안으로는 근본을 확립하고 밖으로는 인륜과 대의가 살아 숨 쉬는 세계를 구축하려고 노력한 데에서 찾을 수 있다. 이때 하나의 수양 방법이기도 한 '필정필공'이란 "마음을 비워 사물을 대하는 경지로써 사사로움에 얽매이거나 한쪽으로 치우치는 잘못은 있을 수 없는"[77] 태도를 뜻하는데, 그것은 그가 현실에서의 변화에 대응하는 방식에도 반영되었다. 창주의 "오랑캐만을 원수로 여기는 마음"에 입각한 북벌 대의 정신이나,[78] "대중의 비난과 일신상의 환란을 돌보지 않고 반드시 할 말을 다해서 숨김이 없는" 直諫의 태도[79] 또한 이 문제에 관련된다. 그런 점에서 창주의 경세사상은 임진왜란과 병자호란이라는 양란으로 말미암은 전쟁 후유증의 극복 과정에서 야기된 사회적 모순, 갈등 및 불의가 극성을 부리던 당시의 현실상황을 해결해 보고자 한 고민의 결과라고 할 수 있다. 또한, 그가 『갑신봉사』에서 "극기복례가 천하만사의 근본이 된다."[80]라고 한 말이나, "조정의 백관

---

77) 『국역 국조인물고 5』, 248쪽 참조.

78) 『국역 국조인물고 5』, 251쪽 참조.

79) 「행장」. "事苟可言, 不顧衆人之咻, 一身之患, 必聲竭無隱."

80) 『유고』, 권8, 「甲申封事」. "克己復禮, 爲天下萬事之本者也."

과 六軍 및 만민이 하나라도 바른 것(正)에서 나오지 않은 것이 없다."[81]라고 한 말은 이러한 정황을 무엇보다 극명하게 보여주는 예일 것이다. 그가 인조에게 "조정에 있는 신하 중에 누가 군자고 누가 소인인지 모르겠다."고 하면서 다음과 같이 한 자조 섞인 말도 이를 입증하는 하나의 단서가 될 수 있을 것이다.

> 나랏일에 마음을 다하고 이해를 돌아보지 않는 자는 반드시 군자이고 사심을 영위하고 제 몸만을 이롭게 하여 염치를 알지 못하는 자는 반드시 소인일 것입니다. 임금의 안전에서 바른말을 하면서 꺼리지 않고 임금의 허물을 바로잡고자 하는 자는 반드시 군자이고, 아첨하면서 잘못된 대로 따르며 총애만을 차지하려고 힘쓰는 자는 반드시 소인일 것입니다.[82]

이렇게 표명된 관점이 '필정필공'의 정신에 근거하고 있음은 재언을 필요로 하지 않는다. 창주에 의하면 군자는 사심에서 해방되어 대의적 삶을 사는 사람이고, 소인은 사심의 감옥에 갇혀 '예의와 의리'를 망각하고 사는 사람이기 때문이다. 바로 여기에서 '필정필공'의 정신을 통해 대의의 가치를 확립하고 또 그것을 바탕으로 하여 이 인간세에서 '천리를 밝히고 민심을 바로잡아서 만세의 법을 세우려고 했던'[83] 창주 경세사상의 특성이 나타난다. 앞에서 살폈듯이 대의란 치국평천하에 기여하는 '올바름'과 '마땅함'을 추구하는 당위적 규범윤리이며, 사회적 존재로서의 인간이 인간다울 수 있고 짐승과 구별되는 삶을 사는 데 꼭 필요한 도덕법칙이며 행

81) 같은 책, 같은 곳. "則朝廷百官六軍萬民無一不出於正."

82) 『유고』, 권9, 「求言應旨疏」. "盡心國事, 不顧利害者, 必君也, 營私肥己, 不知廉恥者, 必小人也, 犯顔不諱, 欲匡君過者, 必君子也, 阿意曲從, 務占榮寵者, 必小人者也."

83) 註 38) 참조.

위의 준거이다. 그가 옥당으로 있을 때에 전쟁의 성패나 국가의 존망보다도 대의 정신을 더 소중한 가치로 생각하여 청나라와 화의를 극력 반대하는 차자를 올린 것은 이 점을 이해하는 데 도움을 준다.[84] 이처럼 대의는 마음속에 있는 인욕을 끊고 천리를 따를 때 비로소 얻을 수 있는 경지이므로 이해득실과는 아무런 상관이 없는 것이다.

그러면 리기혼융적 사유체계 안에서 대의 정신을 확립하고 또 그것을 구현하는 데 평생을 걸었던 창주가 생각한 현실의 바람직한 모습은 무엇인가. 그것은 '반드시 정대하고 반드시 공평무사하다(必正必公)'는 세계로 집약된다. "기강이 해이해져 사람들이 법을 두려워하지 않게 되고 사치스러운 풍속이 날로 심해져서 그 피해가 수재나 화재보다 심한"[85] 정치사회의 기강이 문란한 시대, 신뢰할 만한 어떤 척도도 존재하지 않아 "姑息에만 힘쓰다 혹 먼 미래를 위해 경영하는 데에는 소홀히 하며, 자잘한 일에만 세밀히 살피다 혹 그 대강을 빠트리며, 그럭저럭 지내다 오늘에 이르는"[86] 절박한 상황에서 그는 오로지 대의적 삶만이 인간의 보편적 가치이자 행위규범이라 믿었고, 또 그것을 구현할 수 있는 현실만을 자신의 참된 현실로 인정했다.

이를 좀 더 부연한다면 기강이 확립되고 명분과 실제가 명확히 밝혀져 사람들이 "다만 밝고 맑은 본원만을 보고 사욕에 얽매이지 않고 대의를 추구하는"[87] 세계라고 할 수 있다. 따라서 창주에게 있어서 참된 현실이란 天理·公心이 아름답게 발휘되는 본원적 현실의 세계였으며, 그것은 또한 하늘을 공경하고 학문과 윤리가 존중되어 사람과 귀신을 감동을 주는 사회

84) 註 23) 참조.

85) 『국역 인조실록』, 인조 13년 8월 3일조.

86) 같은 책, 같은 곳.

87) 『국역 인조실록』, 인조 14년 5월 4일조.

이기도 했다. 그가 執義시절 변통과 경장의 필요성을 강조하면서 인조에게 제시한 아홉 가지 방책은 이점을 단적으로 드러내기에 충분할 것이다.

> 첫째는 인재를 얻어 어떤 일을 오로지 담당하도록 책임지게 할 것, 둘째는 벼슬길을 맑게 하여 名器를 중히 할 것, 셋째는 贓物에 관한 법규를 엄하게 하여 염치를 면려할 것, 넷째는 수령을 잘 가려서 임명하여 나라의 근본을 중히 할 것, 다섯째는 대동법을 시행하여 백성의 힘이 펴지게 할 것, 여섯째는 군대에 관한 제도를 잘 다스려서 국가의 방어를 튼튼히 할 것, 일곱째는 제사지내는 禮典을 삼가 행해서 귀신과 사람을 감동하게 할 것, 여덟째는 공평한 도리를 넓혀서 나라의 기강을 진작시킬 것, 아홉째는 도학을 숭상해서 풍속을 바르게 할 것 등이었다.[88]

창주가 이해한 당위적 현실은 명분과 실제가 일치하고, 군신 상하가 모두 자기 개인이나 가정의 사사로움만을 위주로 하지 않는 도덕적 · 윤리적 가치의 세계였다. 그가 백성의 세 부담을 경감시키고 防納의 폐단을 해결하기 위해 대동법의 시행 주장한 일이나,[89] "근원이 맑지 않으면 하류가 깨끗할 수 없고, 모양이 단정하지 않으면 그림자가 바를 수 없다."고 하면서 "조정에서 公道가 행해지지 못하면 벼슬아치들 사이에서는 사욕이 멋대로 횡행하여 뇌물이 성행하고 청탁이 앞다투게 되어, 죄가 있는 자는 모면할 길을 도모하고, 공이 없는 자가 상을 훔쳐서 받게 되는 것입니다."[90] 라고 말한 것은 이런 문맥에서 이해되어야 한다. 이에 의하면 창주의 '필

88) 같은 책, 인조 22년 8월 12일.

89) 『국역 인조실록』, 인조 22년 8월 12일조 참조.

90) 『유고』, 권12, 「玉堂論災異箚」. "源之不淸, 流不能潔, 表之不端, 影之不能直, 故朝廷之上, 公道不行, 搢紳之間, 私欲橫流, 關節盛行, 請託爭先, 有罪者圖免, 無功者濫賞."

정필공'의 정신을 통한 대의적 가치의 추구는 "교화가 쇠퇴하고 풍속이 크게 무너져 막대한 강상의 변이 역사서에 계속 오르는"[91] 시대를 근심하고, "군신 상하가 마음을 크게 각성하여 여러 가지 계책이 다 모이고 아름다운 말이 숨겨지지 않기를"[92] 바라는 충정의 표현이며, 外物의 작용에 따라 악해질 수도 있는 인욕을 주체적으로 다스리어 천리를 회복하고 그것을 통하여 공자의 "근본이 서야 道가 생겨난다(本立而道生)."[93]는 정신을 구현하고자 한 데서 크게 벗어나지 않는다. 따라서 창주의 현실 인식에서 '반드시 정대하고 반드시 공평무사하다.'는 말과, "근본이 단정하지 못하면 체용이 전도되어 사물의 변화에 대응할 수 없다."[94]고 하는 주장은 매우 중요한 전제조건이 된다.

이러한 점에서 창주가 강조한 '필정필공'과 '본립이도생'이란 말은 '大義'라는 확고한 기준으로 현실사회를 해석하고 또 그것을 통하여 義와 不義, 正과 邪, 중화와 이적을 명변하고 사설을 물리치고 정학을 지키는 데 있어서 가장 중요한 덕목이 된다. 그런 점에서 그의 경세사상은 도학적 경세론의 범주에 속한다고 할 수 있을 것이다.[95]

> 전하께서는 진실로 賢·邪와 시비를 알아서 분변하지 못하고 계시며, 성냄을 억누르고 이기기를 좋아하는 마음을 경계하지 못하고 계십니다. 이를 일일이 점검해 보면 私慾의 얽매임에 근본하지 않는 것이 없습니다. 대저 知言과 知人에 있어서는 요순도 어렵게 여겼습니다. 참으로 총명이 요순에 미치지 못하는

91) 『국역 인조실록』, 인조 21년 8월 19일조.
92) 『국역 효종실록』, 효종 4년 2월 12일조.
93) 『論語』, 「學而」. "君子務本, 本立而道生."
94) 『유고』, 권8, 「甲申封事」. "盖本不端則體用顚倒, 無以應事物之變."
95) 김용흠, 『조선후기 정치사 연구1』, 혜안, 2006, 378쪽 참조.

데 또 한 몸의 사사로움으로 好惡의 公心을 침범당한다면 忠을 가지고 邪라 하고 不肖를 가지고 賢이라 하며 非를 是라 하고 是를 非라 하는데 이르지 않을 자가 거의 드물 것입니다.[96]

여기서 창주는 천리와 인욕을 엄격하게 변별하여 사욕에 얽매이지 않는 일, 곧 公心을 확립하는 일이 이른바 예의와 의리를 구현하는 일이며 나라를 다스리는 유일한 방안이자 희망임을 밝히고 있다. 이것은 결국 예의와 염치의 실현을 비롯하여 중화를 존중하고 이적을 물리치는 길이 천리의 완전한 회복이며, 또한 상처받은 민족적 자존심을 치유하고 춘추대의를 확립하는 유일한 방도임을 천명한 것이라 하겠다. 그래서 그는 인조에게 "전하께서는 지금부터 척연하게 두려워하시고 두려운 듯이 修省하시어 모든 동작과 행하시는 일이 반드시 천도에 합치되기를 힘써 추구하십시오."[97]라고 말하였던 것이다.

창주는 이러한 논리를 바탕으로, 도덕적 세계의 새로운 가능성과 인간 존엄성의 확보가 지공무사한 天道의 주체적 자각을 통한 애민 정신의 현실적 구현에 있다고 믿었다. 그것은 충과 효를 강조하는 학문관으로 표출되었고,[98] 평생 '필정필공'의 정신을 체득하고 몸소 실천하는 삶으로 집약되었다.

하늘의 마음은 지극히 어지니 전하께서도 역시 仁으로 그것을 체득하시고,

96) 『유고』, 권9, 「求言應旨疏」. "殿下誠不能識賢邪辨是非矣, 誠不能懲忿懥戒好勝矣, 而一一點檢來, 無不本之於私欲之係累也. 夫知言知人, 堯舜以爲難, 苟聰明不及於堯舜, 而又以一己之私, 侵削乎好惡之公, 則其不至於以忠爲邪, 以不肖爲賢, 是其所非, 非其所是者幾希矣."

97) 『유고』, 권12, 「玉堂論災異箚」. "殿下繼自今惕然恐懼, 瞿然修省, 凡有動作施爲, 必求務合於天."

98) 같은 책, 권8, 「甲申封事」. "學問之道無他, 不過敎爲臣忠爲子孝" 참조.

하늘의 이치는 지극히 공변되니 전하께서도 역시 公으로 그것을 체득하시며, 하늘의 도는 지극히 정성스러우니 전하께서도 역시 誠으로 그것을 체득하시고, 하늘의 운행은 지극히 강건하니 전하께서도 역시 강건함으로 그것을 체득하십시오. 전하의 덕이 하늘과 더불어 그 큼(大)을 같이 하신다면 中和位育의 공이 이에 극진하게 될 것입니다.[99]

이처럼 창주는 인간이 천도 자각의 주체라는 관점에서 인간과 세계를 보았기 때문에 인간이 자신의 본래성을 주체적으로 자각하고 그것을 현실적으로 확충해 나갈 것 같으면 누구나 다 天地의 化育을 돕고 천지와 더불어 三才가 될 수 있다고 믿었고, 인간 본성의 선함과 귀함을 적극 인정했다. 여기에서 이른바 인간의 정치적 · 사회적 행위를 설명하는 중요한 가치기준으로 천리에 근거한 '대의'가 문제가 되고, 정치사회의 질서를 확립함에서 인간의 내면적인 수양과 그 도덕원리가 강조되는 것이다.

이와 같은 창주의 경세사상은 '본립이도생'의 정신과 '필정필공'의 논리로 간명하게 압축되었다. 그가 효종에게 "임금이 지극히 공적이고 바른 것으로써 위에서 표준을 세워 아래에 있는 자로 하여금 보고 감동하고 두려워 복종하는 바가 있게 한 연후에 위엄 있는 명령이 펴질 수 있고 등급과 한계가 밝아질 수 있습니다."[100]라고 말한 것에서 이 점을 선명하게 볼 수 있다. 그는 이를 통해 민족이 당한 수모와 "正論이 모두 꺾이고 異議가 제멋대로 행하여지고"[101] "상하 모두가 일개 私字만을 추구하는"[102] 사회

99) 같은 책, 같은 곳. "天之心至仁, 殿下亦以仁體之, 天之理至公, 殿下亦以公體之, 天之道至誠, 殿下亦以誠體之, 天之運至健, 殿下亦以健體之, 殿下之德, 旣與天同其大, 則中和位育之功, 於是乎盡矣."

100) 『국역 효종실록』, 효종 6년 7월 21일조.

101) 『유고』, 권12, 「玉堂請勿送信使箚」. "是以正論摧盡, 異議肆行."

102) 『국역 효종실록』, 효종 5년 11월 16일조.

를 바로잡아 正學에 입각한 '도덕의 왕국'을 건설하고자 하였다. 그는「玉堂論災異箚」에서 인조에게 자신 뜻을 다음과 같이 밝혔다.

> 이로써 聖志를 확립하시어 聖學으로 나아가고, 이로써 무너진 기강을 진작시키어 검소한 덕을 밝히시며, 이로써 벼슬길을 맑게 하여 선비들의 습속을 바르게 하며, 이로써 백성의 숨은 고통까지 구휼하여 軍政을 닦으며, 고르고 가지런하고 방정히 하여 治世와 道를 함께하신다면, 하늘의 위엄과 노여움이 변하여 돌봄과 사랑이 될 것이며, 백성의 근심과 탄식도 변화하여 성덕을 구가하게 될 것입니다.[103)]

治道의 요체란 다른 것이 아니라 근본을 확립하고 正學을 숭상하여 나라의 기강을 바로잡는 일이며, 백성을 위해서 정대하고 공평무사한 정책을 시행하는 일이다. 다시 말하면 먼저 대의 정신을 확립하고 그 위에서 '필정필공'의 세계를 만들어 나가는 일이라 하겠다. 그런 점에서 '대의'는 시대현실의 변화 및 그 속에서 사욕과 사리를 비판하여 공익과 공심을 세우는 "보편성으로서의 원리적 義"[104)]의 뜻을 지닌다. 이렇게 볼 때, 창주의 '存天理'와 대의에 대한 강조는 정론이 모두 꺾이어 "아래로는 교화가 점차 쇠퇴해지고 의리가 어둡고 막혀서 사람들은 선을 향하지 않고 선비들은 학문에 뜻을 두지 않아, 방탕하고 편벽된 습관이 하루하루 더욱 심해가는"[105)] 위기 상황 속에서 어지러운 세태와 정치적 타락을 바로잡고, 이를

103) 같은 책, 권12,「玉堂論災異箚」. "以之立聖志而進聖學, 以之振頹綱而昭儉德, 以之淸仕路而正士習, 以之恤民隱而修軍政, 均齊方正, 與治同道, 則天之威怒者, 變而爲眷愛, 民之愁歎者, 變而爲謳歌."

104) 오석원, 앞의 논문 74쪽.

105) 같은 책, 같은 곳. "近年以來, 敎化陵夷, 義理晦塞, 人不向善, 士不志學, 放僻偏詖之習, 日甚一日."

통해 나라의 근본을 바로 세우고 '필정필공'의 도리를 확립하고자 하는 그의 愛君憂國의 간절한 충정의 소산이라 할 수 있다. 그가 「구언응지소」에서 "인주의 마음이 바르면 천하의 일이 바름에서 나오지 않은 것이 없고, 인주의 마음이 바르지 않으면 천하의 일이 하나도 바름에서 연유할 수 없습니다."[106]라고 말한 것이나, 효종에게 "정치를 함에는 구차히 편안한 것에 안주하지 말고 更張하는 것을 기탄하지 말며, 정벌의 도모와 다스리는 방법을 강구하여 유실함이 있지 말아서 잘못하고 망설이는 실수를 경계하소서. …… 절도를 넘는 것을 금지함에는 임금이 지극히 공적이고 바른 것으로써 위에서 표준을 세워 아래에 있는 자로 하여금 보고 감동하고 두려워 복종하는 바가 있게 된 연후에, 위엄 있는 명령이 펴질 수 있고 등급과 한계가 밝아질 수 있습니다. 그런데 그 방법은 마땅히 존귀한 이와 가까운 사람으로부터 시작해야 합니다."[107]라고 한 말에서도 이 점은 분명하게 드러나고 있다.

이러한 창주의 경세사상은 그가 옥당으로 있을 때 동료와 함께 차자를 올려 오랑캐와 화의를 배척한 일이라던가,[108] 병자호란 시에는 피신하는 인조를 따라 남한산성으로 들어가서 督戰御史로 활약한 일,[109] 강원감사로 재직할 때 단종의 묘소를 정비하고 율곡의 사당을 신축한 일,[110] 萬言疏를 올리어 大同法 실시를 주청한 일[111] 등으로 선명하게 드러난다. 우암이 찬술한 「비명」의 한 대목 "효종이 장차 천리를 밝히고 사람의 마음을 바로잡

---

106) 같은 책, 권9, 「求言應旨疏」. "人主之心正, 則天下之事, 無一不出於正, 人主之心不正, 天下之事, 無一得由於正."

107) 『국역 효종실록』, 효종 6년 7월 21일조.

108) 『국역 인조실록』, 인조 14년 12월 21일조 참조.

109) 『국역 국조인물고 5』, 244-245쪽 참조.

110) 『행장』, "修魯山墓, 新栗谷祠" 참조.

111) 『국역 인조실록』, 인조 22년 8월 12일조 참조.

는 도리로써 근본이 되는 법칙을 세우려 하자 공은 마음을 다하여 성취하도록 도왔다."[112]라고 한 말과 「행장」의 "근본 성품이 담박해서 집안 살림살이에는 일절 마음을 기울이지 않았고, …… 모든 간청과 뇌물을 끊어 평생 寒士의 지조를 고치지 않았다."[113]라는 한 대목은 이 모두를 간명하게 집약할 만하다.

5. 맺는 말

이제까지 살펴본 창주 김익희의 경세사상은 치자가 수양을 통해 '반드시 정대하고 반드시 공평무사(必正必公)'한 정신을 회복하고 애민정신의 각성을 통해 무사지공한 사회를 구현하는 데 그 특성을 지니고 있다. 그런 면에서 그의 경세사상은 도덕교화가 근본이 되는 도학적 경세관에서 크게 벗어나지 않는다. 그리고 그것은 그의 철학체계와 긴밀한 호응관계에 있으며 그 전반적 내용과 성격에서 할아버지 사계의 경세사상[114]과 일맥상통하고 있다.

이러한 창주의 경세 사상은 "持論이 지나치게도 엄하고 성질 또한 급하고 편협했다"[115]고 평가를 받기도 하는 한 인물의 준엄한 자기 확인이라고 할 수 있다. 또한 그것은 숭고한 도덕적 의미를 담은 가치 있는 삶에 대한 희구의 반영이었다. 그것은 동시에 '오랑캐를 원수로 여길 수밖에 없는'

112) 『국역 국조인물고 5』, 250쪽.
113) 「행장」. "性本澹泊, 不以產業經心, …… 門絶干請饋遺, 終身不改寒士志操."
114) 사계 김장생의 경세사상에 관해서는 정재훈, 『조선시대의 학파와 사상』, 신구문화사, 2008 참조.
115) 『국역 효종실록』, 효종 7년 12월 9일조.

절박한 시대적 상황에서 '대의'를 밝히고 민심을 바로 잡아서 만세의 법을 세우려 했던 실천적 지식인의 정신적 편력이기도 했다. 따라서 그가 인조에게 "대체로 군자가 서로 다투는 것은 公이므로 事理의 曲直만을 살펴야 할 것이요, 반드시 이길 수 있는 것만을 구해서는 안 됩니다."[116]라고 한 말을 긍정하지 않을 수 없는 것이다.

지금까지 살펴본 창주의 경세사상은 다음의 세 가지로 요약할 수 있다.

첫째, 창주의 학문적 기초는 주자 · 율곡 · 사계로 대표되는 정통 주자학이었다. 그의 학문은 율곡의 학통을 계승한 할아버지 김장생의 가르침과 계곡 · 기암 양인에게서 받은 문장과 경학 공부를 통하여 더욱 심화 · 발전되었다. 창주는 주자의 학문과 사상을 삶의 정도로 여기고 그것을 실천의 절대적 표준으로 삼았으며, 그가 당면하고 있었던 17세기의 혼돈에 대한 위기를 극복할 방안으로 주창하였다.

둘째, 창주의 경세사상은 이론적인 탐구보다는 도덕적 실천을 더 강조하는 특성을 보여주었다. 창주는 '대의'를 준거의 틀로 삼아 현실사회를 해석하고 또 그것을 통해 "천리를 밝히고 민심을 바로 잡아서 만세의 법을 세우고자" 노력하였다. 이를 위하여, 창주는 천리와 인욕을 엄격하게 변별하고, 인욕의 사사로움의 구속에서 벗어나 천리를 회복하여 대의를 만천하에 밝히고자 하였다. 즉 '필정필공'의 정신을 통하여 인욕을 초극하고 천리를 확충시키고 또 그것을 바탕으로 위학과 음사를 배격함으로써 '伐清尊明'을 실현하고자 하였다.

셋째, 창주 경세사상의 특성은 철저하게 현실을 주체적으로 인식하고 대응하려는 실천적 노력으로 이어졌다. 그리고 그것은 大義적 삶을 실현하는 것을 궁극 목표로 하여 '본립이도생'과 '필정필공'의 경세 사상으로

116) 『유고』, 권9, 「爲人所誣自列疏」. "大槪君子之所爭者公, 觀理曲直, 無求必勝可也."

구체화 되었다. 또한 이러한 정신을 바탕으로 근본의 확립과 명분과 실제를 명확하게 밝혀 “사람들이 법을 두려워할 줄 알게 되고 매사에 허위가 없게 되는” 세상을 이룩하고자 했다. 따라서 창주는 천리와 인욕을 엄격하게 변별하여 公心을 확립하는 일이 바로 예의와 의리를 구현하는 일이며 나라를 다스리는 유일한 방안이라고 생각하여 예의와 염치의 실현과 중화를 존중하고 이적을 물리치는 일로써 천리 회복을 도모하고자 하였다. 창주는 이것이 상처받은 민족적 자존심을 치유하고 춘추대의를 확립하는 유일한 길이라고 확신하였다.

일생을 통하여 천리를 추구하고 사욕을 멀리하려는 ‘필정필공’의 일관된 태도를 견지하면서 선비의 책무를 다하고자 한 창주의 경세사상은 주자학을 바탕으로 한 경세론의 전형을 잘 보여 준 것이었다. 이와 같은 창주의 삶과 사상은 물질세계만이 참된 세계이고 세속적 가치가 가치 전부인 것처럼 믿는 현대인들, 특히 자기 이익만을 위한 실리추구와 권모술수를 최고의 미덕으로 여기는 이 시대의 정치인들에게 참된 정치인의 전범을 보여주고, 우리 삶에 있어서 도덕가치의 순수한 아름다움을 다시 한 번 온몸으로 느끼게 해줄 것이다. 그런 점에서도 우리는 그가 효종에게 진언한 “일을 이룸은 백 년으로도 부족하지만, 실패는 하루로도 충분합니다.”[117] 라고 한 말을 가슴 깊이 새겨야 할 것이다.

117) 『국역 효종실록』, 효종 6년 10월 26일조.

3
직(直)의 철학

우암 철학의 인간학적 이해
– 직(直)사상을 중심으로

1. 이끄는 말

우암의 학문 연원은 靜庵→栗谷→沙溪→愼獨齋로 계승된 기호학파의 적통을 이어받았다. 그는 어려서부터 부친 수옹 송갑조(睡翁 宋甲祚, 1574~1628)의 지도로 정주학을 중심으로 하는 성리학에 입문하여 공자·주자·율곡의 학문을 익혔고, 또한 趙光祖(1482~1519)의 도학정신을 배우고 金時習(1435~1493)을 흠모하도록 가르침을 받았다.[1] 이에 따라 우암은 주자와 율곡을 정통으로 받들어 자신의 학문적 목표와 모범으로 삼고 이를 심화시켜 나갔다. 그가 제자인 權尙夏에게 써 보낸 편지에서 "내가 평생토록 존숭한 분은 주자와 율곡이다. 그러니 위로 상천에 묻더라도 부끄러울 것이 없으며 사문에도 또한 할 말이 있는 것이다."[2]라고 한 대목을 상기할 때 이 점은 명백하다. 따라서 그에게 올바른 학문이란 주자와 율곡

---

1) 『宋子大全』(이하 『大全』이라 함) 附錄, 卷2, 年譜, 12歲條 참조.

2) 『大全』, 卷89, 書, 與權致道, 己巳三月七日條. "吾所主者, 朱子也, 栗谷也, 則上質皇天而無愧矣, 亦庶乎有辭於斯文矣."

을 배우는 일이었고, 그것이 바로 공·맹을 배우고 성현의 뜻으로 나아가는 지름길이었다. 이후 그는 율곡의 고제이며 예학에 밝은 沙溪 金長生(1548~1631)의 문하에서 『근사록』·『심경』·『가례』·『소학』 등을 배우면서 '檢身'과 '義理'를 내용으로 하는 예학을 습득함과 동시에 주자설을 바탕으로 하여 格物致知와 心·性·情·意 등 성리학의 철학적 의미를 탐구하였다.[3)]

이 글에서 중점적으로 살펴보려는 것은 이러한 우암 철학사상의 인간학적 기반과 특성이다. 우암이 지녔던 신념의 탁월함과 불굴의 정신, 그리고 주자 존숭의 의의는 무엇인가? 이 물음은 우암의 철학과 삶 전체를 올바로 파악하는 데 매우 중요하다. 여기서 얻어지는 성과에 따라 우암에 관해 보다 깊이 있고 새로운 전망을 확보할 수 있기 때문이다. 이러한 문제에 유의하면서 먼저 우암철학의 기본입장과 배경을 살피고, 이어서 우암의 리기론·심성론의 특성과 현실 인식을 규명하면서, 直사상을 중심으로 우암을 인간학적으로 이해하는 지평을 밝히고자 한다.

2. 우암 직사상의 기반

주지하다시피 사계 김장생은 사상과 처세 면에서 우암에게 큰 영향을 끼쳤다. 죽음도 불사하고 是非曲直을 가리는 강직한 정신, 時俗과 절대 타협하지 않는 기개와 정대한 품격은 우암의 전 생애를 일관한 것으로 그가 스승인 사계로부터 받은 학문과 정신의 유산이다. 그리고 그중에서도 특히 '直'을 통한 덕성의 함양을 강조하는 사계의 가르침은 우암에게 直철학

3) 『大全』, 附錄, 卷2, 年譜, 24歲條와 같은 책 卷14, 語錄, 李喜條錄 참조.

을 확립할 기초를 마련해 주었다. 다음의 자료는 이를 좀 더 분명하게 설명하여 준다.

> 내(사계) 평생에 행한 바가 비록 불선함이 있으면 다른 사람에게 고하지 않음이 없었고, 비록 발하여 밖에 드러나지 않았어도 진실로 불선함이 있으면 다른 사람에게 말하지 않음이 없었으니, 너(우암)는 모름지기 이 마음을 체득하여라. 이 '직' 한 자는 진실로 주자가 공자의 '사람의 삶은 직해야 한다. 직함이 없이 사는 것은 요행히 화나 면하고 사는 것이다' 한 것과, 맹자의 '스스로 반성해서 옳다고 생각되면 천만인의 앞이라 할지라도 나는 겁내지 않고 할 것이다' 한 것과 그 호연지기를 논하여 '그것을 직으로 길러 해치지만 않는다면 하늘과 땅 사이에 가득 찰 수 있다' 한 것에서 받은 것이니, 주자가 공자와 맹자의 도통을 이은 것은 오직 이 直 한 자뿐이니라.[4]

우암은 스승의 垂訓인 '이 直 한 자'를 종신토록 받들어 힘써 체득하고 구현하고자 했다. 그가 의리를 통하여 세상을 읽고 '대의의 성취와 대의의 지킴'을 위해서 노력했던 것도 또한 여기에 근거한다. 따라서 그의 문인 권상하가 『墓表』에서 "공자·맹자 이래 相傳한 것은 오직 이 直 한 자뿐이다. (우암은) 이를 종신토록 받들어 지니고 실행하셨다. 그래서 행동과 언행일체가 환하게 밝은 대낮같이 광명정대하였다."[5]라고 쓴 것은 이런 문맥에서 이해되어야 한다. 따라서 '직'은 우암에게 있어서 인간이 지녀야

---

4) 『大全』, 卷136, 雜著 4, 贈李景和說. "吾平生所爲雖有不善, 未嘗不以告人, 雖發於心而未見於外者, 苞有不善, 未嘗不以語人, 汝須體此心. 此一直字, 朱子實有所受, 孔子曰人之生也直, 罔之生也幸而免, 孟子曰自反而縮雖千萬人吾往, 其論浩然之氣, 曰以直養而無害, 則塞乎天地之間, 朱子之實承孔孟之統者, 唯一字而已."

5) 『大全』, 附錄, 卷13, 表. "孔孟以來相傳者, 惟是一直字, 以此爲終身服行之符, 是以其動靜言爲, 正大光明如青天百日, 人得以見之."

할 최상위의 가치, 즉 人道의 개념에서 그 중심을 차지한다. 그것은 또한 공자 · 맹자 · 주자 · 사계에게서 받은 것으로 우암철학의 출발점이자 귀착점이기도 하다. 이와 같은 논거는 그의 춘추대의 사상과 존왕양이 정신으로 직결되어 나타난다.

그러다가 사계가 세상을 떠난 후에 우암은 다시 그의 아들인 신독재 김집(1574~1656)을 스승으로 섬기면서 주자학을 심화시켜 나갔다. 우암이 주자의 철학과 삶에 대한 절대적인 공감에서 학문태도와 방법 및 그 생활규범 일체를 한결같이 주자의 법대로 준행했던 것은 대략 이 무렵인 듯하다.[6] 이에 따라 주자의 문도로서 주자를 존숭하고 주자와의 일체화를 꿈꾸는 우암의 모습은 뚜렷하게 부각되었다. 그가 뒷날 제자에게 "말씀마다 옳은 분은 주자이고 일마다 마땅함을 얻은 분도 주자이다."[7]라고 한 것이나 "하늘이 공자를 이어서 주자를 낳은 것은 실로 만세의 도통을 위해서라고 나는 생각한다. 주자 이후로 어느 한 이치도 드러나지 않은 것이 없으며, 어느 한 책도 밝혀지지 않은 것이 없다."[8]라고 말한 데서 이 점은 분명히 드러난다.

이미 지적했듯이 우암의 학문적 기초는 우암 · 율곡으로 대표되는 주자학의 세계였고, 이는 젊은 시절에 율곡의 학통을 계승한 사계 부자의 문하에서 주자학 전공을 통하여 더욱 성숙하였다. 그뿐만 아니라 이 과정에서의 주자를 근간으로 한 孔 · 孟之學에 대한 심도 있는 이해는 그로 하여금 주자의 학문과 인생을 참다운 학문의 典範으로 생각하게 하였고, 또한 절대적인 正道로 믿게 하였다. 그 이유는 바로 주자가 공 · 맹의 도통을 잇고

6) 『大全』, 附錄, 卷2, 年譜, 25歲條 참조.

7) 『大全』, 附錄, 卷17, 語錄. "先生每言曰, 言言而皆是者朱子也, 事事而皆當者朱子也."

8) 『大全』, 卷78, 書, 答韓汝碩, "愚以爲天之繼孔子而生朱子, 實爲萬歲之道統也, 自朱子以後, 無一理不顯, 無一書不明."

그것을 다시 세상에 새롭게 밝힌 성인이며, 따라서 正學을 공부하는 데는 주자를 尊信함보다 앞설 것이 없다고 확신했기 때문이다. "맹자 이후 선비들이 모두 마치 꿈속을 헤매고 있는 사람들만 같았는데 주자가 나온 이래 도학이 비로소 분명하게 밝혀지고 남김없이 드러나게 되었다."[9]고 한 말이나, "내가 배운 것은 단지 『朱子大全』뿐이다. 감히 배운 것을 버리고 어떻게 다른 학문을 한단 말인가?"[10]라는 우암의 말을 상기할 때 이 점은 분명하다.

이처럼 주자와 자신을 동일시하고, 주자설을 불가침의 권위로 존숭한 우암은 마침내 주자의 생애를 자신의 것으로 追體驗하여 온전히 본받고자 노력하였으며,[11] 주자 尊信의 입장을 천명하면서 주자가 중시한 도통 전수 관념을 바탕으로 異端邪說을 척결하는 일에 더욱 철저히 매진하였다. 闢異端이란 갖가지 부정적인 힘과 '적'으로부터 자신의 明澄性을 지켜내고자 하는 준엄한 정신의 결단이었다. 그것은 "바른길이 막혀서 성인의 문이 닫히고 폐색되는"[12] 일이 없도록 하기 위한 자신의 신명을 바친 구국의 행위이면서, 또한 도가 무너져 자아의 존재에 의미를 부여한 질서가 송두리째 흔들리는 위기 상황에서 자신을 구제하는 최종적 행동이었다. 이러한 관점은 무엇보다 시비와 정사를 칼로 자르듯이 구분하는 춘추대의 정신의 순수한 발로로서, "솔직함과 정직함이라는 주체적 삶의 근본원리인 동시에 우주만유의 본질과 생명을 의미하는"[13] 그의 '直' 철학과 호응관계를

9) 『大全』, 卷75, 書, 答李彛中. "自孟子以後爲士者, 都如夢中人, 由朱子以來闡發道學, 無復餘蘊."

10) 『大全』, 卷77, 書, 與金遠明. "愚之所學, 只一部 朱子大全而已. 其敢捨所學, 而經營於他術耶, 必不然也."

11) 三浦國雄, 「17세기 조선에 있어서의 정통과 이단」, 175-176쪽 참조.

12) 『大全』, 卷131, 雜著, 看書雜錄. "蓋異言不距則正路榛蕪, 聖門閉塞."

13) 安晉吾, 「宋尤庵의 철학사상」, 『우암사상 연구논총』, 사문학회, 1992, 117쪽.

이룬다.

이처럼 이단의 폐해로부터 주자학을 지키고, 의리에 입각하여 명분을 바로잡고 나라의 자존을 지키고자 했던 우암의 강직한 衛道정신은 그대로 그의 철학사상과 현실 인식의 형성에 반영되고 이어짐으로써, 그의 철학사상이 주자 · 율곡학의 단순한 연장선 상에만 있지는 않음을 확인하게 한다. 이미 지적했듯이 그의 학문적 기초는 주자 · 율곡으로 대표되는 정주학의 세계였고, 경세적 실천에의 관심 또한 송대의 주자가 가졌던 '인정'의 이상을 계승하는 것이었기 때문이다.

3. 우암 직사상의 철학적 특성

주지하다시피 우암은 우주 만물을 형성하는 시원적 존재로서의 리기를 동시에 인정하면서 리와 기의 '不相離'나 묘합의 관계를 특히 강조하고 중요시했다. "기가 아니면 리가 의지할 곳이 없고 리가 아니면 기가 뿌리를 둘 곳이 없다. 그러므로 한 번 동하고 한 번 정하는 것은 기이고 동하게 하고 정하게 하는 것은 리이다."[14]라든가, "대개 도는 바로 리이고 器는 바로 기인데. 리기가 묘합하여 엉겨서 만물의 형체를 이루는 것이다."[15]라는 그의 말을 상기할 때 이 점은 명백하다. 그에 의하면 리 · 기는 混淪하여 사이에 틈이 없으며 서로 떨어져 있지 않다.[16] 따라서 리 없는 기나 기 없는 리

14) 『大全』, 卷136, 雜著, 一陰一陽之謂道, "非氣則理無所依著, 而非理則氣無所根柢, 故一動一靜者氣也, 而動之靜之者理也."

15) 『大全』, 卷130, 雜著, 朱子言論同異攷. "蓋道則理也, 器則氣也, 理氣妙合而凝, 以生萬物之形."

16) 『大全』, 卷104, 書, 答金直卿 丙辰. "蓋理與氣, 本是混淪無間之物" 참조.

는 생각할 수 없다. 이러한 논리를 바탕으로 그는 先後도 없고 離合도 없는 불가분적이고 동시적으로만 성립하는 리 · 기의 관계를 '一而二 · 二而一'로 파악하고[17] 리기의 불상리와 '理氣之妙'의 원칙을 견지하는 율곡의 관점에 동의했다. 그러나 우암은 율곡의 리기설을 계승하고 그것을 자신의 논리로 부연하여 철학의 근본 문제로 삼고는 있지만, 리의 일차성 · 우위성을 인정함으로써 율곡보다 더 리을 중시하는 입장을 취하기도 했다.[18] 그러나 우암은 율곡의 리기론을 충실히 계승하여, 리의 능동적 발동을 부정하고 율곡의 '氣發理乘一途說'을 지지 · 옹호하였으며, 퇴계의 '理發氣隨說'은 크게 잘못되었다[19]고 비판하였다. 리는 무형하여 선후가 없고 따라서 情意 · 運用 · 造作이 없는 존재이기 때문이다.[20]

이렇게 한편으로 우암은 주자와 율곡의 리기설을 충실히 계승하면서 다른 한편으로는 그들이 분명하게 규정하지 못했던 理 · 氣 · 形의 문제에 관하여 체계적인 검토의 해석을 시도하였다. 그가 말한 바 理 · 氣 · 形 三件物事說이 바로 그것이다. 여기서 리와 기는 형상을 나타낸 현상적 존재의 내용이 되고, 형은 리 · 기를 내용으로 하는 형상 자체로 이해된다.[21] 그는 이 설을 바탕으로 퇴계와 자신의 스승이었던 사계의 리기설을 그대로 받아들이지 않고 비판하기도 했다.[22] 리기형 삼건물사설을 준거원리로 한

17) 『大全』, 卷105, 書, 答沈明仲. "蓋理氣只是一而二, 二而一者也, 有從理而言者, 有從氣而言者, 有從源頭言者, 有從流行言者, 如不能活看, 則節節泥滯也."

18) 정성철, 『조선철학사 2』, 156쪽 참조.

19) 『大全』, 卷130, 雜著, 朱子言論同異攷. "退溪理發而氣隨之, 此一句大誤." 참조.

20) 같은 곳. "理是無情意運用造作之物" 참조.

21) 柳南相, 「우암의 심성이기론과 의리사상에 관한 연구」, 『우암사상 연구논총』, 사문학회, 1992, 155쪽 참조.

22) 『大全』, 卷130, 雜著, 朱子言論同異攷. "形而上形而下, 退溪沙溪二先生所釋, 殊不甚安, 故嘗以爲當以形字爲主, 而處道字器學於形之上下, 以形道器, 爲三件物事, 則所釋井井, 無難見矣, 二先生則以形與道爲二, 而以形與器爲一, 以與孔子本旨不合矣, 蓋道則理也, 器則

입장과 논리 전개 방식은 그의 심성론에도 그대로 적용되어 나타났다. 우암은 '心'을 핵심 논거로 하여 자신의 심성론을 전개하였다. 그에 의하면 심의 미발은 '性'이고 기발은 '情'이며 心이 발한 다음에 그에 관해 經營하고 商量하는 것은 意이다. 이 점에서 그는 주자나 율곡과 다르지 않다. 그럼에도 심성론적 체계를 수립함에서 우암의 논법은 상당히 뚜렷하다. 그는 일단 "人心有覺 道體(性)無爲"라는 말을 써서 심과 성을 설명하고, 그 위에서 心性情意의 기능, 작용, 상호관계를 해명하는 데서 출발하였다. 그에 의하면 심은 성과 정을 통합하는 존재로서[23] 虛靈不昧하며[24] 기의 精髓로 이루어져 있다.[25] 이런 생각에서 그는 "허령한 운용으로 배부른 것과 배고픈 것, 더위와 추위를 식별하는 것은 심의 작용인데, 이것은 周子와 程子가 말한 지각이다 …… 대개 심은 기이고, 지는 성이며, 성은 곧 리이다."[26]라고 했다. 여기에서 이른바 '心是氣'의 문제가 제기된다. 이때의 심은 주자의 말처럼 허령불매하고 衆理를 갖추어 만사에 대응하는[27] 인간의 지각능력을 가리킨다. 우암이 말한 '心本是活物'[28]이란 바로 이러한 의미이다. 이에 따라 그는 심을 기로 해석했다. 즉, 심은 虛靈不昧하지만 지각작용을 하는 까닭에 유위·유욕적인 기로 볼 수 있다는 것이다. 그 결과 그는 "대개

氣也, 理氣妙合而凝, 以生萬物之形, 故中庸首章註, 天以陰陽五行, 化生萬物, 氣以成形, 理亦賦焉, 語類亦曰, 形而上全是天理, 形而下只是那查滓, 至於形又是查滓至濁者, 是皆以理氣形三者, 分別言之矣, 旣以理氣形三者, 分別言之, 則當以道爲形而上, 器爲形之下矣, 如此看, 未知如何."

23) 같은 책, "大抵心統性情" 참조.

24) 『大全』, 附錄, 卷15, 語錄, 金幹錄. "幹曰, 然則心之虛靈, 分明是氣 , 先生曰, 分明是氣也." 참조.

25) 같은 책. "人之一身五臟百骸, 莫非氣之所成, 而唯心也尤是氣之秀" 참조.

26) 『大全』, 卷131, 雜著, 看書雜錄. "其虛靈運用識飢飽寒煖者, 心之用也, 此周程所謂知覺也 …… 蓋心氣也, 智性也, 性則理也."

27) 『大學』 經1章의 明明德에 대한 朱子의 註. "而虛靈不昧, 以具衆理而應萬事者也." 참조.

28) 『大全』, 附錄, 卷15, 語錄, 金幹錄. "先生曰, 心本是活物故也." 참조.

심은 기에 속하고 성은 리이니, 리기는 一理二요, 二理一인 것이다." [29]라는 주장을 세우기에 이르렀다. 그뿐만 아니라 그는 철저하게 이를 심성론에 연결했다. 물론 여기에는 심을 心之理로서의 성을 담는 그릇이나 성의 의착처로서 이해하는 기본전제가 놓여있다. 이러한 관점에 따를 때, 심은 다만 기능적 의의를 중심으로 인식되며, '지각운동'의 역할이 더욱 부각된다. 그러나 그는 이 때문에 심의 虛靈性을 낮게 평가하거나 배척하지는 않았다. 그 대신 그는 "비어있고 영활함은 심의 본체요, 지각은 심의 작용이다(虛靈心之體, 知覺心之用)." [30]라고 하여 심을 체와 용으로 나누어 설명했다. 그래서 그는 심의 허령과 성정, 이 둘을 관련지어 논할 것을 주장하였다.[31]

그는 심 · 성 · 정을 각각 그릇과 그릇에 담긴 물, 그리고 그릇에서 瀉出하는 물에 비유하여 설명하고, 본성의 보존과 情意의 정대한 운용 또한 심의 소관임을 분명히 하면서 이를 인간의 인격적 본질인 명덕에 의거하여 풀이하였다. 그가 "이른바 명덕이라고 하는 것은 심성정을 총괄하여 이름한 것이다(所謂明德者, 是心性情之總名也)."라고 말한 것은 그 한 예이다. 이에 따라 그는 심 · 성 · 정을 총괄하여 일체적인 것으로 해석했고, 그것을 통하여 명덕의 내용구조를 밝히려고 했다. 그리고 그는 장횡거 이래 전승되어 온 심통성정론으로 이를 명료하게 정식화했다.[32] 그에 의하면 심통성정론이란 심을 성 · 정의 통일적 존재로 파악하는 것이 그 요지이다. 그런데 심 · 성 · 정을 분리하지 않고 총체적으로 보는 논법은 성과 정을

29) 『大全』, 卷90, 書, 答李汝九, 壬子別紙. "大抵心屬氣, 性是理也, 理氣是一而二, 二而一者也."

30) 『大全』, 卷104, 答金直卿.

31) 같은 책, 答金直卿仲固. "蓋心如器, 性如器中之水, 情如水之自器中瀉出者也, 只言虛靈而不言性情, 則是無水之空器也, 只言性情而不言虛靈, 則是水無盛貯之處也, 是三者缺一, 則終成義理不得, 豈得謂之明德乎 …… 所謂明德者, 是心性情之總明也."

32) 주 24) 참조.

단지 심의 두 가지 서로 다른 양태로 이해 · 표현하는 것을 뜻한다. 이 경우 성은 체라고 하는 경계를 이루면서 心 속에 포괄된다.

이와 같은 관점은 심 · 성 · 정 一路를 주장한 율곡의 견해[33]와 본질적으로 차이가 없다. 우암이 "성과 정이 이름은 다르나 그 이치는 하나이다."[34]라고 언명한 데서도 이 점은 분명히 드러난다. 사단칠정의 문제에서도 그는 율곡의 입장을 그대로 따랐다. 그리고 율곡이 제시한 氣發理乘一途說을 합당한 원리로 승인하였고 이를 바탕으로 하여 퇴계의 리기호발설을 비판하였다. 그가 율곡의 말을 원용하여 "퇴계의 '리발기수'의 잘못은 태극설로 보면 더욱 분명하다. 태극이 음양을 타고 유행한다는 말은 들었어도 음양이 태극을 탄다는 소리는 듣지 못하였다."[35]라고 한 것은 그 단적인 표현이다. 본체요 근원으로서의 리는 情意 · 運用 · 造作이 없으며, 기는 리를 포함하면서 작용을 하는 것으로 이해된다. 따라서 발하게 하는 것은 기요, 그렇게 되도록 하는 소이는 리이다. 기가 아니면 발현할 존재가 없고 리가 아니면 발현될 존재가 없다.

그러나 이렇게 동의하면서도 그는 四端을 純善한 것으로 인식하는 율곡의 입장에는 동의하지 않았다. 우암은 사단에도 不善이 있음을 주자의 말을 원용하여 밝혔는데, 그 논거는 '氣發理乘一途說'이다. 이것은 그가 사단의 문제에 대하여 일단 기를 위주로 하여 접근하였음을 뜻한다. "발하는 때에 그 기가 청명하면 리 또한 순선하고, 그 기가 분잡하면 리 또한 가려져 불선하게 된다."라고 단언한 데서 이 점은 명료하다. 그렇다고 할 때 사단이란 순선 자체는 아니며, 더구나 기발의 영향으로부터 벗어날 수는 없

33) 『栗谷全書』, 卷14, 雜記. "須知性心情意, 只是一路, 而各有境界, 然後可謂不差矣."

34) 『大全』, 附錄, 卷15, 語錄, 金幹錄. "性與情命名殊而其理則一."

35) 『大全』, 卷130, 雜著, 朱子言論同異攷. "退溪理發氣隨之誤, 以太極說觀之, 則尤曉然, 聞太極乘陰陽而流行, 未聞陰陽乘太極而行也."

다. 즉, 분잡한 기에 덮이고 인욕의 사사로움에 이끌릴 때 사단은 불선한 것이 된다. 따라서 선을 보존하고 지키기 위하여 사람들은 이들의 유혹에 빠지지 않도록 하여야 하며, 사단은 기발하기 이전의 본디 순수성으로 돌이켜져야 한다. 이렇게 사단에서 선·불선의 문제를 기발에 의한 것으로 보았기 때문에 우암은 마음 기르는 공부를 누구보다도 강조하였다.[36] 그리하여 그는 율곡의 養氣說[37]을 바탕으로 養心論을 주창하기에 이르렀다. 다시 말하여 우암은 기의 본연을 호연지기로 이해한 율곡의 說[38]에 공감하면서 '復其氣之本然'을 수양론의 이상적 전형으로 받아들였던 것이다. 이 점에서 그의 양심론은 율곡의 양기설과 별반 차이가 없다고 단정할 수 있다.

그러면 그가 말하는 '양심'이란 무엇인가? 그 자신 이 문제에 대해 자세한 개념 규정은 하지 않았기 때문에 우회적 검증을 통해 이를 규명할 수밖에 없다. 맹자의 호연지기를 註解하면서 그는 경으로써 內心을 곧게 하고 직으로써 기를 함양하는 것을 양심이라고 했다.[39] 바꿔 말하면 형기에 덮이고 인욕의 사사로움에 이끌리기 쉬운 마음을 바르게 다스리어 천리의 넓고 빛남(廣大光明)을 일상생활 속에서 유감없이 드러내는 가치원리가 곧 양심이라는 것이다.[40] 그것은 '양기'와도 상통하는 것으로, 기 본연의 회복을 통해 진실무망한 성의 순수성과 정대성을 체득하고 확립하는 데 특히 적절한 요점이 된다. 이 경우 우암의 양심론에서 '直'은 매우 중요한 전제조건이자 궁극목표가 된다. 다음의 예는 이 점을 단적으로 드러내기

36) 『大全』, 卷136, 雜著, 一陰一陽之謂道. "然則君子之學豈有以加於養心乎." 참조.

37) 이에 관해서는 『栗谷全書, 卷21, 聖學輯要3, 修己 제7장, 養氣 참조.

38) 『栗谷全書』, 卷10, 書2, 答成浩原. "聖賢之千言萬言, 只使人撿束其氣, 使復其氣之本然而已, 氣之本然者浩然之氣也." 참조.

39) 『大全』, 卷135, 雜著, 李頤字說. "以敬以直內, 以直養氣." 참조.

40) 『大全』, 卷5, 封事, 己丑封事. "故欲正其心者, 必去物欲之蔽, 然後自無不正, 而其本體之廣大光明者, 卓然星露於日用之間矣." 참조.

에 충분할 것이다.

> 하늘은 높고 땅은 낮으며 음은 내려가고 양은 올라간다. 이 모두가 리의 直이 아닌 것이 없다. 직의 도가 또한 위대하지 아니한가? 그러니, 학문하는 자가 종사할 바는 오로지 그 가깝고도 지극히 긴요한 것을 구하는 데 있으니 무엇보다 먼저 경으로써 마음을 곧게 하고 직으로써 기를 기르고자 힘쓰는 일이다. 그러한 뒤에는 내 마음과 몸이 직하게 되고, 내가 하는 일이 직하게 되어 마침내는 모든 것이 직하지 않음이 없게 된다. 그리하여 生直의 리를 버리는 일이 없게 될 것이다.[41]

이와 같은 주장이 『맹자』의 호연장에 근거한 것임은 더 말할 필요도 없다. 우리는 여기서 그가 우주만유와 그 자체의 생성변화 현상을 직으로 보고 그것을 나의 본질로써 자각하여 당위의 도덕률로 제시하였음을 본다. 그에 의하면 '敬以直內'는 心身, 身直, 事直, 無所不直의 경지에 도달하는 유일한 방법이다. 이렇게 볼 때 '직'이라는 개념은 우암의 수양론에서 가장 중요한 규준이요 가치의 근거라고 할 수 있다. 이때 '직'이란 증자가 말한 '스스로 돌이켜 보아서 떳떳함(自反而縮)'의 의미이며,[42] 맹자의 이른바 '호연지기로서'[43] 사람들이 이루어야 하고 따라야 하고 밝혀야 할 것으로 된다. 그 핵심을 다른 말로 표현하면 도와 의라고 할 수 있다. 그가 '以直養'에 대하여 "직으로써 기른다는 것은 도로써 기름을 말한 것이다."[44]라

41) 『大全』, 卷135, 雜著, 李頤字說. "天尊地卑, 陰降陽升, 亦無非理之所直也, 直之道, 顧不大歟, 然而學者之所從事者, 必以其近而至要者生, 蓋亦以敬以直內, 以直養氣者爲先哉, 然後自吾心直而吾躬直, 吾事直以至於無所不直, 而以無負生直之理矣."

42) 『大全』, 卷130, 雜著, 浩然章質疑. "此直字, 則上文曾子自反而縮之意." 참조.

43) 『大全』, 卷131, 雜著, 看書雜錄. "孟子養浩然以直之意也." 참조.

44) 『大全』, 卷130, 雜著, 浩然章質疑. "上文所謂以直養者, 以道養之之謂也."

든가 "以直養의 直字는 道義이다. 이미 도의로써 이 호연지기를 함양한 뒤에는 이 호연지기가 또 저 도의를 扶助하게 되는 것이니, 이것을 이른바 配義與道라 한다."[45]라고 말한 것은 이런 문맥에서 이해해야 한다. 이렇게 해서 그는 직을 도의로 규정하고, 호연지기와 도의가 相生·互進하는 유기적 관계에 있음을 분명히 했다. 그에 의하면 直卽道義는 호연지기의 바탕이자 호연지기를 생하게 하는 본질이며, 호연지기는 도의를 扶助하여 심화시키는 운동의 실제적 기능이다. 이러한 상호관계 및 작용은 물론 '配義與道'의 논리에 근거를 두고 있다. 따라서 우암이 문제 삼은 직은 도리와 의리를 본질로 하는 인간존재의 고유한 내적 원리요 존재원리이자 가치의 표준이라고 할 수 있다.[46] 직은 성과 정, 리와 기의 통일적 존재로서의 심 안에 그 자체의 실체적 근거가 있기 때문이다. 여기에서 직은 천리와 동일한 개념으로 공적이며 선 내지 의로운 도(義道)로 이해된다.

이와 같은 입장을 취할 때 '存心'을 강조하고,[47] 한 나라의 治亂·興亡과 밀접한 관련이 있는 천리와 인욕을[48] 엄격하게 변별하는 것은 오히려 매우 합당한 일이다. 당연한 논리적 귀결로서 그는 인욕보다 천리를 보다 중시했다. 그가 "학자는 천리와 인욕에 대한 분별을 알지 않으면 안 된다."[49]라고 말한 점도 이러한 인식의 소산일 것이다. 그리하여 그는 "이른바 直으로 기른다는 것은 다만 私意를 없애기 위함이다."[50]고 하면서 인욕의 사

45) 『大全』, 부록, 卷14, 語錄, 李喜明錄. "以直養之直卽道義, 而旣以道義養成此氣之後, 則又便扶助他道義, 此所謂配義與道者他."

46) 金吉煥, 「宋時烈의 哲學思想」, 韓國哲學會 편, 『韓國哲學史(中)』, 東明社, 1987, 365-367쪽 참조.

47) 『大全』, 卷130, 雜著, 浩然章質疑. "按此先生, 又以存心爲養氣之本." 참조.

48) 『大全』, 卷5, 封事, 己丑封事. "二者迭爲消長, 而一身之是非得失, 國家之治亂安危, 無不由之矣." 참조.

49) 『大全』, 卷96, 書, 答李同甫. "蓋於朱子前後兩說, 亦可見天理人欲之辨, 學者不可不知也."

50) 『大全』, 卷130, 雜著, 浩然章質疑. "所謂以直養者, 但欲其無私義耳."

사로움의 구속에서 벗어나 천리를 회복하고 밝힐 것을 주장하였다. 이 때 직은 도리의 의미로서 인욕을 막고 천리를 보존하여 正心을 구하는 자기 수양의 불가결한 일부로 인정된다. 그러나 그것은 개인적인 심성의 수양에만 그치지 않고, 사람들 사이의 사회관계 속에서 나타나는 정의의 문제와도 관련된 것으로서, 사회 정치적 혼란과 비리에 대한 비판의 規準이자 질서를 주는 가치의 틀이라는 의미가 특히 강하다. 따라서 직은 "私意를 없애고 公道를 넓히는 일"[51]이며, "詖行과 邪說을 막는 일"[52]이었다. 그것은 또한 당대의 현실적 모순에 대한 절박한 비판의 칼날이기도 했다. 이 점은 무엇보다 직을 인생의 근본으로 여기는 공자 · 맹자 · 주자적 가르침의 계승으로서, 요순 이래 聖統을 따라 전수된 聖人之道와 상통하는 것이라 하겠다. 그렇다고 할 경우 우암의 행위는 도와의 관계에서 나타난 소명적 의식이라 하지 않을 수 없다. 여기에서 이른바 異端邪說詖行을 물리치려는 강직한 衛道精神과 진정한 자기실현의 맥락이 드러난다. 그가 죽음을 앞두고 자손과 제자들에게 "천지가 만물을 낳고 성인이 만사에 응하는 까닭은 직일 뿐이다. …… 그러므로 우리 사문의 가르침은 오직 직일 뿐이다."[53]라고 경계한 말을 상기할 때 이 점은 명백하다.

이렇게 해서 확립된 直의 사유체계는 우암으로 하여금 남다른 도덕적 지향과 현실성에 투철한 삶을 살게 했고, 그것의 경지가 바로 "주자의 도를 閑衛하고 詖淫을 물리치는"[54] 일이었다. 이와 같은 의식의 바탕에는 물론 '遏人慾在天理와 明天理正人心'을 철학의 근본으로 여기는 기본전제가

---

51) 『大全』, 卷16, 疏箚, 請去私意恢公道仍論追錄諸勳箚. "去私意恢公道之謂也."

52) 『大全』, 卷68, 書, 與朴和叔. "豈不以不自量力, 而妄以距詖行息邪說."

53) 『大全』, 附錄, 卷11, 年譜. "天地之所以生萬物, 聖人之所以應萬事, 直而已 …… 吾師門之教, 如此而已."

54) 『大全』, 卷56, 書, 答金久之. "猶有閑衛朱子之道, 而斥去詖淫."

깔렸다. 우암의 이러한 논리는 결국 천의 소생자로서의 인간이 인간으로서 마땅히 인간답게 살아가야 할 법칙성으로서 부여된 바 직이 인간 사회에서 구현되어야 한다는 가치지향의 정신과 순수논리 이전의 '실천이성'의 요청에서 정향된 시도로 봄이 옳을 것이다. 이것이야말로 우암철학의 특성이자, 주자와 율곡을 충실히 계승하면서도 이들을 한 발 넘어서게 한 우암의 근본주의적인 태도가 아니겠는가?

4. 우암의 직사상과 현실 인식

지금까지 논의한 바로는 우암철학의 특성은 '直'을 강조하고 '직'을 철학적으로 해명한 데에서 구해진다. 다시 말하여, 우암은 理氣不相離의 입장에서 리기설에서는 '理氣形三件物事說'을, 심성론에서는 '心是氣'와 '心統性情'에 근거한 양심설을 주장하고 그 안에서 '직'을 인간존재의 존재근거·존재법칙이자 사회규범의 원리로 해석하였던 것이다. 따라서 우리는 우암의 철학을 直哲學이라 이름을 붙일 수 있을 것이다. 그리고 그것은 현실 인식에도 반영되었으니, 그의 춘추대의 정신 또한 이 문제에 관련된다. 그의 이와 같은 철학적 특성은 주자·율곡과의 차이를 분명하게 방향 지웠고, 또 그 차이에 의해 성격이 더욱 뚜렷이 드러나기도 했다. 물론 여기에서 말하는 차이란 세계와 현실을 인식하는 사고방식 및 태도의 상이점을 의미한다. 그의 현실 인식은 바로 이러한 관점을 사회현실에 적용·발현시킨 것으로 볼 수 있다. 그가 直을 道와 義로 규정하고, 그것을 崇正學闢異端과 尊中華攘夷狄과 같은 춘추정신의 기초 내지 근거로 삼은 사실이 그것이다. 그런 점에서 우암의 직철학은 "17세기 후반 예송과 환국의 정쟁과 그 사이에 일어난 노론·소론의 노선분립"[55] 속에서 나타난 사회적 부조리와 각종 모순이 극대화된 상황에서 혼란한 현실과 시대의 불행을 극복하고 무너진 사회질서를 바로잡고자 한 의지의 결과라고 할 수 있다.

이러한 각도에서 우암의 철학적 사유를 검토할 때 가장 두드러지게 눈에 띄는 것은 직의 실제적 내용인 無私邪에 대한 강조이다. "직이 아니면 生의 道의 근원을 잃게 되어 죽음을 면치 못한다."[56]라고 한 말이나, 직을 인욕의 사사로움을 극복하여 천리의 공정함과 일체가 되는 것으로 보는 태도는 이러한 정황을 무엇보다도 극명하게 보여주는 예일 것이다.

그는 직의 본체를 人欲과 私邪가 없는 인간의 본래성이자 그 경지를 회복하는 방법으로 파악했다. "직의 體段은 사욕이 淨盡하여 洞然히 통달하니, 內外 · 上下 · 遠近 · 邊際의 간격이 없다."[57]라고 그가 말한 것은 그 단적인 표현이다. 직은 원래 인간존재의 존재방식이면서 동시에 '올바른 도리'로서의 당위법칙을 뜻한다. 그리하여 그는 일신의 시비 · 득실과 국가의 치난 · 안위에 결정적인 영향을 미치는 천리와 인욕을 엄격하게 구별하고, 主敬과 講學을 통한 광대광명한 본체의 회복을 강조했다.

> 마음을 바르게 하려는 자는 반드시 物慾之蔽를 제거해야 한다. 그런 연후에 마음이 스스로 바르지 않음이 없고 그 본체의 광대하고 광명함이 日用之間에 뚜렷이 드러날 것이다. 그러나 학문의 공이 아니면 어떻게 이와 같이 되겠는가? 이른바 학문이란 다른 것이 아니라 主敬으로써 (마음을) 견지하고 講學으로써 밝히어 虛閒 · 靜一한 속에서 조용히 함양하고 學聚 · 問辨의 사이에서 幾微를 분석하는 일이다.[58]

---

55) 정옥자, 「조선후기 조선중화사상 연구」, 일지사, 1998, 62쪽.

56) 『大全』, 卷135, 雜著, 李頲字說. "不直則失其所以生之之道, 而將不免於死矣."

57) 『大全』, 卷97, 書, 答李同甫. "蓋直之體段, 私慾淨盡, 洞然通達, 無有內外上下遠近邊際之間隔矣."

우암이 생각한 학문의 효용은 主敬과 講學에 의한 道의 도야, 더 자세하게 말해서 감각기관과 외물의 작용에 따라 악으로도 흐를 수 있는 사적인 인욕을 다스리어 공적인 천리 즉 '直其心'으로 돌아가게 하는 '克己正心'[59]의 기능으로 집약된다. 그래서 그는 "인욕을 분변하여 극복하는 것은 강학의 요점이고, 천리를 밝히어 회복시키는 것은 主敬의 功效이다."[60]라고 말했던 것이다. 우암이 "천리에 근본하면서 천리를 해치고"[61] 사적이기 때문에 百事의 病이 될 수 있는 인욕을 억제하고,[62] 우주만유의 본질이자 인간존재의 존재원리인 직에 隨順할 것을 강조하고 있음은 명백하다.[63] 그는 우선 직을 이상적 현실의 전범으로 생각하고, 인욕은 언제나 직의 主宰하에 있어야 한다고 믿었다. 직은 바로 인간의 본래적 삶이며,[64] 인간이 올바르게 걸어갈 수 있는 길로서의 의이기 때문이다.[65] 그가 직을 가리켜 '道義'[66]라든가 '直之道'[67]로 표현한 것은 이를 단적으로 요약해 준다.

이런 의미에서 우암의 '직'은 한 개체가 그의 존재됨상 거부할 수 없는, 실현되지 않으면 안 되는 존재원리이며, 행위의 준거 또는 규범적 당위로서의 주체적 진리라고 이해할 수 있다. 그가 '경'과 '직'을 심성수양의 핵

---

58) 『大全』, 卷5, 封事, 己丑封事, "故欲正其心者, 必去物欲之蔽, 然後自無不正, 而其本體之廣大光明者, 卓然呈露於日用之間矣, 然非學問之功, 何以與此, 而所謂學問者無他, 主敬以存之, 講學以明之, 從容涵養於虛閒靜一之中, 剖析幾微於學聚問辨之際."

59) 같은 책, "然不能克己正心, 則所耽者, 皆私耶貨利之事耳." 참조.

60) 같은 책, "辨人欲而克之者, 講學之要也, 明天理而復之者, 主敬之功也."

61) 같은 책, "則實本於天理, 而害天理."

62) 『大全』, 附錄, 卷9, 年譜, 77歲, 癸亥, 正月. "若流於人欲, 則便爲私邪, 私之一字, 百事之病." 참조.

63) 김길환, 앞의 논문, 365쪽 참조.

64) 『論語』, 雍也. "人之生也直." 참조.

65) 『孟子』, 告子章句上. "義人之路也." 참조.

66) 『大全』, 附錄, 卷14, 語錄, 李喜朝錄 참조.

67) 『大全』, 卷135, 雜著, 李頲字說 참조.

심개념으로 주목한 것이라든가, 「己丑封事」에서 효종에게 "便佞을 멀리하고 충직을 가까이 하라"[68]고 권면한 것도 이러한 인식의 소산일 것이다.

그러면 그의 理氣不相離에 근거를 둔 直的사유구조 속에서 현실의 진정한 모습이란 무엇인가? 그것은 우암이 "진실로 屋漏의 은밀한 곳에서부터 환히 밖에 드러나는 處事에 이르기까지 한 가지로 天理之公을 따르고 人慾之事에 섞이지 않는"[69]이라고 표현한 세계로 집약된다. "세상이 쇠퇴하고 道術이 미약하여 詖淫·遁邪가 한꺼번에 떠들고 일어나 하늘에 닿고 길을 막는 지경에 이르는"[70] 혼돈의 시대, 신뢰할 만한 어떤 척도도 존재하지 않는 "하늘이 노하고 사람도 원망하여 危亡스러운 화가 코앞에 박두한"[71] 상황에서 그는 오로지 보편적 가치로서의 준칙인 '직'에 합치되고 근본을 따르는 현실만을 자신의 참된 현실로 인정했던 것이다. 이를 좀 더 구체적으로 표현하면 "(임금이) 사욕을 막고 선을 좇는 것으로 극기의 실상으로 삼고, 賦斂을 덜고 이익을 멀리하는 것으로 백성을 보호하는 근본으로 삼아"[72] "음기는 걷히고 양기가 신장하여 인의 지극함이 세상에 흘러넘치게 되는"[73] 세계라고 할 수 있다.

따라서 우암에게 참된 현실은 인욕 때문에 '직'이 변형되지 않는 천리·도심으로서의 원리적 세계였다. 그런 의미에서 그가 이해한 본래적 현실이란 인간 삶의 본원성이자 '절대적 이념'이며 최고의 가치기준이기도 한 '직'이 사적인 인욕을 극복하고 스스로 자기의 모습을 드러내는 도

68) 『大全』, 卷5, 封事, 己丑封事. "所謂遠便佞, 以近忠直者." 참조.

69) 『大全』, 卷135, 雜著, 獨樂亨記後說. "苟自屋涙之隱, 以至事爲之著, 一循乎天理之公, 而不雜乎人欲之私."

70) 『大全』, 卷68, 與朴和叔. "只以世衰道微, 詖淫邪遁, 幷旣交馳, 以至於滔天而塞路."

71) 『大全』, 卷16, 疏劄, 請去私意恢公道仍論追錄諸勳劄. "目今天怒人怨危亡之禍迫在朝夕."

72) 『大全』, 卷6, 疏, 辭職仍陳戒疏. "窒慾從善, 以爲克己之實, 省斂遠利, 以爲保民之本."

73) 『大全』, 卷7, 疏, 辭職仍論微濤等事疏. "陰慘陽舒, 至仁流布."

덕적 가치의 세계였다. 그런 점에서 우암의 主直的 사고는 어지러운 시대를 근심하고 바른 도리가 실현되기를 희구하는 충정의 표현이며, 氣稟과 외물의 작용에 따라 악해질 수도 있는 인욕을 다스리어 하늘이 사람에게 부여해준 천리의 순선함을 자각하고 그것을 현실적으로 구현하는 교화론적 의미를 지닌다.

따라서 우암에게 현실과 '직'의 세계는 상극의 세계가 아니다. 참된 현실은 '직'이 어떤 방해를 받음이 없이 자신을 구현하고 현실은 그 '직'의 세계를 통해 정당성과 객관성을 보장받기 때문이다. 그런 점에서 '직'은 현실과 별개의 것이 아니라 '本源的 現實'을 구성하는 두 요소일 뿐이다. 그래서 우암은 "인욕은 본래 천리에 근본을 두었으나 천리로부터 조금이라도 어긋나면 인욕에 떨어진다."[74]라고 말하였던 것이다. 그리고 '存天理遏人欲'의 세계란 우리가 논리 전개상 분할한 '직'과 현실 사이의 살아 있는 통일적 또는 연속적 관계의 실현으로서만 성립한다. '本源的 現實'은 이 관계가 부서지지 않는 구도로 유지되고 더욱 힘 있는 것으로 발전하는 정도에 따라 이루어진다. 따라서 우리는 우암의 이와 같은 '직'과 현실 사이의 동적 관련을 무시하고 상극적으로 그것을 보아서는 안 될 것이다. 그는 물론 천리와 인욕을 엄격하게 구별하여 인욕보다 천리가 발용된 '직'의 세계를 중요시했고, 이를 통해 義와 不義, 公과 私, 正과 邪를 明辨하고 사설을 물리치고 정도를 지키고자 했으며 당위로서의 '본연적 현실'을 추구하였다. 이러한 논리를 바탕으로 그는 "예의와 염치의 완전한 실현"[75]과 당대의 바람직한 삶의 길이 천리의 회복에 있다고 믿었다.

이처럼 '存天理遏人欲'의 관점에서 현실의 제반 문제를 보았기 때문에

74) 『大全』, 卷5, 封事, 己丑封事. "蓋人欲本於天理, 故由天理而少差, 則流於人欲矣."

75) 『大全』, 附錄, 卷9, 年譜, 五六年癸亥(先生 77歲). "又曰禮義廉恥, 國之四維, 無此則不可爲國." 참조.

우암은 천리를 실현함에 있어서, 천리에 근본하면서도 도리어 천리를 해치는 인욕이 항상 천리의 지시를 받아야 한다고 생각했고,[76] 인간이 천명자각의 주체임을 적극 인정했다. 여기에서 이른바 인간의 정치적 · 사회적 행위를 설명하는 중요한 원칙으로 의리 즉 直이 문제가 되고, 정치사회의 질서를 확립함에 있어서 인간의 내면적인 도덕성이 강조되는 것이다. 우암의 天理 즉 直에 대한 강조는 義와 利가 상충하고 正과 邪가 심각하게 갈등하여 "머리에 신발을 쓰고, 발에 모자를 신는 것" 같은 절망적 조건 속에서, 어지러운 세태와 윤리적 패란 · 정치적 타락을 바로잡고, 이를 통해 바람직한 公道를 확립하여 '민족이 당한 치욕과 손상된 자부심'을 회복하고자 하는 愛君憂國의 간절한 충정의 소산이라고 이해할 수 있다.

우암은 당시가 천리로서의 직이 다른 어느 때보다도 더 긴요하면서도 직의 가치를 현실적으로 실현하기 매우 어려운 때임을 안타까워하였다. 그래서 理氣不相離에 바탕을 둔 直의 철학을 강조할 수밖에 없었다. 그는 인욕이 천리를 억압하고 小人儒가 君子儒를 驅逐하는 本末이 전도된 시대에 처하여, 이를 바로잡고 극복할 수 있는 유일의 지표가 '存天理遏人欲'을 통한 直의 확립과 실천이라고 생각했다. 그런 점에서 '존천리알인욕'이라는 말은 우암의 철학사상에서 핵심적인 화두라고 하지 않을 수 없을 것이다.

우암이 살던 17세기 중엽의 역사적 상황은 심각한 위기였고, 지식인들로 하여금 결코 현실에서 도피하거나 외면할 수 없게 한 격동기였다. 대외적으로 명 · 청 교체와 같은 국제질서의 큰 변화가 있었고, 대내적으로는 "상호 비판과 견제를 기본원리로 하는 붕당정치"[77]가 변질하면서 사회기

76) 『大全』, 卷19, 疏, 歲正陳戒請宥羅良佐疏. "使天理常存, 而人欲退聽." 참조.

77) 李泰鎭, 『朝鮮儒敎社會史論』, 지식산업사, 1989, 131쪽.

강과 예속이 해이해지고 민생이 극도로 피폐한 상황이었다. 그러한 까닭에 우암은 당시의 위기 현실과 시대상황에 대하여 도피하거나 또한 무관심하지 않았다. 오히려 그는 "복수설치의 의리를 위해 목숨을 바치는 것은 천리와 인정에 따른 당연한 일이다."[78]라고 하면서 당대의 제반 현실적 모순에 대해 심각한 우려를 표명했고, 치밀한 대응책을 강구하기에 고심했다.

이와 같은 그의 태도는 春秋大一統思想[79]으로 집약되었고, 「己丑封事」와 「丁酉封事」라는 장문의 상소를 통해 극명하게 표출되었다.[80] 이러한 현실 인식은 물론 그의 直철학에 근거한 것이며, 군주의 正心과 민생의 안정, 그리고 근본의 바름을 중시하는[81] 유가적 덕치주의와 긴밀한 관계를 맺는다. 이는 오늘날에도 매우 중요한 의미가 있다. 그러나 이와 같은 그의 현실 인식은 "모든 정치의 근원을 군주의 일심에 두고, 그것을 바르게 하는 것으로서 급선무로 삼은 것"[82]이라는 점에서 또한 "봉건제도의 본질적 폐해에 대한 비판이라기보다 현상적인 폐해에 대한 비판"[83]이라고 하는 점에서 그 논리 자체의 한 가닥 보수성만은 부인할 수 없다.

그런데 어떤 학자들에 의하면 우암은 "사람의 물질적 욕구를 제한함으로써 광범한 근로인민대중의 피착취자적 지위를 합리화"[84]하고, "일생을

---

78) 『大全』, 卷27, 書, 「上安隱峯」. "以盡死於復讎雪恥之義, 自是天理人情之不可已者."

79) 尤庵의 春秋大一統思想에 관한 문제는 柳南相, 「宋尤庵의 義理思想에 관한 硏究」, 논문집 제10권 제2호, 충남대학교부설 인문과학연구소, 1983, 289-293쪽과 김문준, 「우암 송시열의 철학사상에 관한 연구」, 성균관대학교 박사학위논문, 1996 참조.

80) 尤庵이 己丑封事를 효종에게 올린 것은 43세 때의 일이고, 丁酉封事를 올린 것은 그가 鄕里에 은거했던 51세 때의 일이다. 주지하다시피 기축봉사나 정유봉사는 우암의 정치적 관심이나 문제의식이 압축된 상소로서 우암의 정치사상을 이해하는데 매우 중요한 문헌이다.

81) 『大全』, 卷5, 封事, 丁酉封事. "今日之事, 無一不弊, 而皆由於其本之不端, 本端而末流之弊者, 臣未之聞也." 참조.

82) 李迎春, 「尤庵 宋時烈의 尊周思想」, 151쪽.

83) 정성철, 『조선철학사 2』, 151쪽.

통하여 尊王攘夷를 高調하여 명나라를 높일 것과 淸朝를 排斥할 것을 隱密한 가운데 鼓吹하고"[85] "사대부 계급의 이익과 노론의 당파적 이익을 지키는데 목숨을 걸었던"[86] 인물이며, 그의 사고는 관념론적 성격이 너무 짙어 진정한 의미에서의 실제성 추구 내지 실천적 정신이 결여되어 있고, 순수하게 이념적이라는 것이다.[87] 그리고 많은 이들이 이를 적극 지지 · 옹호함으로써 위의 진술은 이제 거의 관용화되었다. 물론 그것은 근거 없는 과장이나 오해만은 아니다. 그러나 이것은 우암의 참모습 내지 진정하고도 바람직한 모습은 아닌 듯하다. 지금까지 살펴본 바로 보건대 지난날 그에게 붙여졌던 "명분만을 고집하는"[88] "主情的이며 內省的인 세계인식의 소유자"[89]라는 통념적 평가는 이제 마땅히 수정되어야 할 것 같다.

그는 17세기 중엽의 당쟁기라는 혼란스러운 상황을 살면서 이를 극복할 수 있는 현실적 논리와 방법을 찾고자 하였고, 자신이 모색하는 사상의 근원으로서 또한 그 정당화의 근거로서 '存天理遏人欲'에 깊이 뿌리박은 直철학이라는 기반을 수립했다. 이러한 의미에서 우암의 현실 인식은 '封建王朝의 기본논리'의 성격을 지닌 것이고, 보수적 권위주의라는 비난은 면하기 어렵겠지만 그렇다고 그가 자신의 현실과 시대상황을 糊塗하거나 명분논쟁만 즐긴 관념론자였다고 할 수 없다.

우리는 이러한 일련의 검토를 통해 우암의 직철학과 현실 인식 사이에 긴밀한 연속과 상화조응의 관계가 있음을 확인하였다. 그 핵심을 요약한다면, 현실의 삶과 실천을 이분화시키지 않으면서 이 세계에서 仁義之道에

84) 위와 같음, 148쪽.

85) 玄相允, 『朝鮮儒學史』, 民衆書館, 1977) 226쪽.

86) 이덕일, 『송시열과 그들의 나라』, 김영사, 2000, 398쪽.

87) 박충석 · 유근호, 『조선조의 정치사상』, 평화출판사, 1980, 136-141쪽 참조.

88) 李銀順, 『朝鮮後期黨爭史硏究』, 일조각, 1988, 35-36쪽 참조.

89) 박충석 · 유근호, 앞의 책, 137쪽.

바탕을 둔 直의 절대성을 지키고 추구하고자 하는 지향이며 노력이다.

5. 맺는 말

지금까지 우암의 학문적 기반은 주자 · 율곡으로 대표되는 정주학의 세계이고, 우암철학의 특성은 '理氣不相離'의 입장에서 直을 철학적으로 해명한 데에 있으며, 천리 · 도심으로서의 원리적 세계를 지향하였고, 또한 그것은 그의 直철학과 긴밀한 연속과 상호조응의 관계가 있음을 살펴보았다.

여기에서 얻어진 성찰은 우암의 철학과 현실 인식을 단지 관념적 · 봉건적 · 보수적 또는 명분의 중시 또는 사대주의적이라고 하는 측면에서만 국한해 이해하는 것이 매우 부적절한 해석임을 보여 준다. 그의 철학과 현실 인식에서 파악된 것은 이들 의미 중의 어느 하나가 아니라 보다 큰 종합과 실천 속에서 그 전체에 모두 관련된다. 우암은 결코 현실감각이 모자라거나 시대착오적인 관점을 가졌던 단순한 철학자 · 정치가가 아니었다. "그는 정치가이기 전에 經學者였고 黨人이기보다는 도학자로서 일생 시대의 선두에 서서 시대정신을 구현해 보려고 온갖 노력을 아끼지 않았던 山林의 영수이기도 했으며"[90] "공자로부터 출발해서 주자로 이어지는 유학의 가치를 누구보다 철저히 존숭하며 실천하려 했던 인물이었다."[91] 그의 이러한 학문적 · 정치적 성취의 기본을 이룬 힘이 直의 철학에 바탕을 둔 것임은 물론이다. 그런 점에서 우리는 그의 철학을 直哲學이라고 명명한

---

90) 崔根德, 「尤庵先生의 經學思想」, 『尤庵思想의 現代的 照明』, 우암선생 300주년기념학술회의(斯文學會, 1989. 6. 23), 6-14쪽 참조.

91) 禹景燮, 「송시열의 세도정치사상연구」, 서울대학교 박사학위 논문, 2005, 352쪽.

것이다.

우암이 자신의 시대를 "私欲이 하늘에까지 흘러넘치고 俗論이 산처럼 쌓여"[92] "사대부가 목전의 이해에만 밝고 대의의 소재를 전부 잊어버린"[93] 시대로 파악하면서도 끝내 절망에 머무르지 않고 나아갈 수 있었던 것은 인간을 객체적 도덕규범에 의해 강요되며 주조되는 존재가 아니라 도덕의 명실상부한 주체로서 이해하고 '修己治人' 또는 '修政事以攘夷狄'[94]의 양면에 걸친 도를 모순 없이 통일적으로 체득하고 실천하였음에 힘입는 것이 분명하다. 그리고 비록 그 가능성이 주자학적 기반에 의거하여 이루어졌다 할지라도 그것을 自得 · 具現하고 하나의 시대적 소명으로서의 힘을 거기에 부여한 것은 다름 아닌 우암 자신의 至公無私한 정신과 "열렬하고 순수하며 그의 위치에서 나라를 걱정하는 마음이 절실한 사람"[95]에 의한 것이란 점을 주목하여야 한다. 그러기에 "내가 항상 朝聞道면 夕死라도 可하다고 했는데 80이 넘도록 아무런 도도 깨치지 못하고 죽게 되었다. 이것이 나의 한이 된다."[96]고 한 우암의 말을 전폭적으로 긍정하지 않을 수가 없는 것이다.

92) 『大全』, 卷13, 疏剳, 論安興倉及貢物事仍乞遞剳. "私欲諂天俗論如山."

93) 『大全』, 卷149, 跋, 松崖遺戒帖跋. "丙子以後天地飜覆, 士大夫狃於目前利害, 全忘大義所在."

94) 『大全』, 卷5, 封事, 己丑封事의 「修政事以攘夷狄」條 참조.

95) 정두희, 『조선시대 인물의 재발견』, 일조각, 1997, 115쪽.

96) 『大全』, 附錄, 卷11, 年譜, 83歲條. "吾常以朝聞夕死自期, 今年踰八十, 終無所聞而死, 是吾恨也."

운평 송능상의 철학과 현실 인식

1. 이끄는 말

이 글은 운평 송능상(雲坪 宋能相, 1710～1758)의 철학이 지닌 기본 입장과 주요 내용 및 현실 대응의 문제를 해명하는 데 그 목표를 두고 있다.

운평은 18세기 중반, 壬辰 · 丙子 兩亂 이후 지배 이념으로서의 주자학이 그 사상적 위기에 처하고, 조선사회가 그 전환기적 특성을 강하게 드러내는 추세 속에서 사람과 짐승을 구별하지 못하는 이른바 '人獸無分'에 빠지게 될 상황을 바로잡고 도덕적 이상 사회의 구현에 앞장서고자 했던 湖論學派의 핵심적 인물이자 '湖西山林'의 대표적 학자였다. 운평의 삶과 사상에 대한 흥미와 중요성은 조선 후기에 살았던 한 주자학자라는 범위에만 머무르지 않는다. 그는 당색과 문벌이 성행하여 탕평책이 나올 정도로 정치적 · 사상적으로 폐쇄된 상황[1]을 살면서도 오직 자신의 선조인 우암을

---

1) 雲坪이 在世하던 18세기는 그 이전까지의 절대적인 사상체계였던 尤庵의 사유체계가 淸朝의 정권안정과 英祖의 지속적인 蕩平에의 의지를 통해 점차 위협받는 상황이었다. 조성산, 「18세기 湖洛論爭과 老論 思想界의 分化」, 『한국사상사학』, 제8집, 1997, 85쪽 참조.

참다운 학문의 전범으로 생각하고, 끝까지 인간을 天命自覺과 도덕실천의 주체로 확신하면서 현실과 타협하거나 굴복하지 않았기 때문이다. 『영조실록』에 "송능상은 文正公 宋時烈의 玄孫인데 抄選으로 諮議에 除拜되었으나 사양하고 명을 받지 않았고 또 그 官敎에 淸人의 연호를 썼기 때문에 引義하고 받으려 하지 않았다."[2]는 기사의 한 대목에서도 이 점을 확인할 수 있다.

이러한 생각에서 필자는 운평은 어떤 철학을 했고 어떤 삶을 살았는가? 그리고 그의 철학이론과 준엄한 현실 인식 전개 과정에서 그가 지녔던 신념과 소신있는 태도는 어떻게 나타나고 있는가 등의 문제들에 관심을 두고 『雲坪集』과 『조선왕조실록』을 주된 자료로 하여 운평의 학문과 철학사상, 그리고 현실 인식의 성격 등의 문제를 순차적으로 논하고자 한다.

2. 운평의 학문연원

대저 어떤 철학자의 철학을 막론하고 그 철학체계는 객관적 현실에의 대응이라는 외적 요인과 함께 철학자 자신의 학문세계와 밀접한 관련을 가진다. 운평의 철학사상을 연구하는 데 있어 그의 삶과 학문 연원의 구명이 다른 무엇보다 긴요한 문제로 대두하는 것은 바로 이러한 이유에서이다. 그뿐만 아니라 지금까지 그에 관한 철학적 연구가 없는 데다가, 운평에게 으레 따르는 湖論學者라는 칭호는 그의 철학에 대해 성급한 선입견을 강요할 수도 있기 때문이다. 그의 학문적 연원과 학문 내용을 둘로 나누어 살펴보고자 한다.

---

2) 『국역 조선왕조실록』, 영조 16년 3월 25일.

첫째, 운평의 학문은 우암으로부터 전해진 가학의 전통과 南塘 韓元震(1682~1751)의 영향에 힘입은 바 크다.[3] 그는 17세기 성리학자들 가운데 기호학파의 대표적인 이론가로 활동하였을 뿐 아니라, 정치적으로 老論 山林의 대표로서 조선 후기사에 심대한 영향을 끼쳤던 우암의 현손으로서, 栗谷 → 沙溪 → 尤庵 → 遂庵 權尙夏(1641~1721) → 南塘 韓元震으로 이어진 기호학파의 적통을 이어받은 철저한 주자의 門徒였다. 그는 어려서부터 노는 모양이 다른 아이들과 다르고 聰敏하고 준수하여 보는 사람마다 큰 그릇이 될 것이라는 기대를 하게 하였다. 이에 아버지 宋漢源의 관대한 지도로[4] 『通鑑』부터 시작하여 유가의 기본경전과 性理書 등을 두루 배우고 익혔으며, 또한 매사에 예의를 극진히 하고 춘추대의 정신을 갖도록 가르침을 받았다. 이러한 운평의 모습을 보고 아버지 학생공은 기뻐하여 말하기를 "내 아이가 이미 이와 같으니 나는 (아무런) 근심이 없다."라고 하였다고 전한다.[5]

그런데 여기서 주목할 점은 운평의 공부가 『통감』에서 출발하고 있다는 점이다. 주지하다시피 『통감』은 중국 宋나라 휘종 때의 학자 司馬光(1019~1086)이 지은 『자치통감』이 방대하여서 다시 간추려 엮은 역사서이다. 이 책의 요체는 道德的 史觀의 확립과 정통의 기준을 올바로 세우는 데 있으며, 우리나라에서는 조선 초기부터 初學의 교재로 널리 사용됐다. 이렇게 본다면 운평의 춘추대의 정신 또한 『통감』과 무관하다 할 수 없을 것이다.

이처럼 운평은 가학을 정통으로 받들어 자신의 학문적 목표와 기준으로 삼고 이를 심화시켜 나갔다. 따라서 그에게는 가학의 뿌리인 우암을 철

3) 宋煥箕, 『性潭集』, 「從叔父雲坪先生行狀」. "十八委禽於退修韓公啓震之門, 仍受業于南塘先生" 참조. 이후부터 「從叔父雲坪先生行狀」은 「행장」으로 줄여 표기한다.

4) 「행장」. "學生公愛其聰悟俊邁, 不甚加敎督" 참조.

5) 『행장』. "稍長能自奮發, 始受少微史 …… 學生公喜曰吾兒已如此, 吾無憂矣" 참조.

저히 계승하고 체득하는 일이 참다운 학문의 길이었고, 그것은 또한 孔孟·주자를 배우고 성현의 뜻대로 살아가는 길이기도 했다. 그래서 그는 가학의 전통을 학문적으로 계승하고 또 보존하고자 18세 때에는 權尙夏의 高弟인 韓元震의 문하에 들어가 공부하였다.[6] 남당은 수암의 고제이고, 수암은 또 우암의 고제가 된다. 그런 점에서 운평은 고조인 우암의 학문적 적통을 그대로 이어받았다고 볼 수 있다. 이때 운평이 남당으로부터 받은 詩에 "모든 성현들이 서로 전한 것은 直 한 글자뿐이다. 원컨대 함께 이것을 깨닫고 몸에 지녀 인생의 법도로 삼을지니"[7]라는 한 대목은 이 모두를 간명하게 집약할 만하다.

운평이 이론탐구보다는 실천궁행을 통한 인격적 완성과 '한결같이 直을 주로 하는 삶'을 살게 된 것은 역시 우암을 뿌리로 하는 가학 때문이었다. 특히 '直'을 통해 기를 기르고 도의를 함양하며, 다시 이를 토대로 是非·義不義를 엄별하고 非와 不義를 단호히 척결하는 것을 行道의 기본으로 삼았던 우암의 가르침은 운평에게 善惡·是非·正邪를 분명히 밝힐 줄 아는 정신과 독자적인 철학사상을 확립할 수 있는 기초를 마련해 주었다.

> 시강원 자의 宋能相이 상소하여 『춘추』의 원수를 갚고 치욕을 씻는 義理를 논하였다. 송능상은 文正公 宋時烈의 玄孫인데 抄選으로 諮議에 除拜되었으나 사양하고 명을 받지 않았고 또 그 官教에 清人의 연호를 썼기 때문에 引義하고 받으려 하지 않았다.[8]

그리하여 운평은 가학의 요결인 이 '直' 한 자를 종신토록 받들어 그것

---

6) 註3) 참조.

7) 『행장』. "若其贈詩所云, 千聖相傳一直字, 願共持循度此生者."

8) 『국역 영조실록』, 영조 16년 3월 25일.

을 힘써 체득하고 구현하는 일에서 자기의 역사적 사명을 확인하였다. 따라서 權敦仁(1783~1859)이 『墓碣銘』에서 "선생이 선대의 아름다운 업적을 이어받아 도학이 심오한 경지에 이르렀다."[9]라고 쓴 것이나, 운평이 종질인 煥箕에게 보낸 편지에서 "道는 하나일 뿐이다. 어찌 둘이 있겠는가?"[10] 라고 한 말은 이런 문맥에서 이해되어야 한다. 이처럼 '直'은 운평의 사상에서 인간이 평생 지니고 또 행하여야 할 道의 자리에서 절대적 가치를 갖는 개념이다. 또한 그것은 운평의 삶과 철학사상의 출발점이자 도착점이기도 하다. 이와 같은 입장은 그의 현실 인식 내지 경세사상으로 직결되었다.

가학을 바탕으로 한 공자·맹자·주자에 대한 실천적 이해는 그로 하여금 가학, 즉 우암을 참다운 학문의 전범으로 생각하게 하였고[11], 아울러 성현의 전통을 잇고 百家의 학설을 절충하여 집대성한 것이 주자의 학문이라는 믿음을 갖게 하였다.[12] 그런 점에서 운평의 우암에 대한 존숭은 그가 단지 우암의 현손이라는 표면상의 이유에 그치지 않는 실질적인 의미가 있는 것이었다. 이러한 운평의 우암에 대한 존숭은 『행장』의 다음 기록에서도 잘 표현되고 있다.

> 癸酉(1753)년 늦은 봄에 유람을 떠났다. 黃溪의 物閒을 거쳐 知禮의 春川에 이르렀다. 門人 李宜朝가 몇몇 젊은 선비들과 함께 영접하여 함께 경치를 관상하였는데, (운평이) 매우 기뻐하여 말하기를 "여기는 나의 선조께서 노니시던 곳으로 오늘의 유람이 마침 그때의 年月과 꼭 들어맞으니 이는 진실로 우연이 아

---

9) 權敦仁, 『묘갈명』. "先生趾襲先懿, 早詣道奧."

10) 『雲坪集』, 권7, 書, 「寄從姪煥箕」. "夫道一而已, 寧有二耶."

11) 같은 책, 권4, 書, 「答安士定」. "孟子本以理爲性, 告子以氣質爲性 …… 退栗沙尤諸儒先之苦口辨明者, 今皆一切被後人黖昧之" 참조.

12) 같은 책, 권5, 書, 「與沈子華」. "惟一朱子応運而降, 平生擔負兼三而統四範圍廣大, 非比他賢, 我國儒先中能有朱子範圍者果幾人也." 참조.

니어서 감회가 더욱 크도다." 하면서 臺石에 洗心臺라고 썼다.[13)]

이처럼 운평은 학문과 삶의 正道를 얻고 구현하는 데 있어서 우암의 遺訓과 가르침을 절대 표준으로 삼았고, 그가 당면하고 있었던 18세기의 정치 · 사회 · 사상적 혼돈을 극복하는 방안으로 제창하였다. 그가 문인들에게 『春秋胡傳』을 강론하면서 "선비는 마땅히 明을 받들고 夷狄을 배척하는 의리를 밝히는 데 힘써야 할 뿐이다. 대의를 펴지 못한다면 유학자로서 어찌 출사해야 하는 때가 있겠는가."[14)]라고 한 말에서도 이 점을 확인할 수 있다.

운평은 당대의 모든 가치질서가 붕괴하여 "詭秘가 막심하고, 얼굴을 번갈아 바꾸면서 싸우고 또 화해하며 숨어서 (상대방을) 얽어매고 남모르게 선동함이 극점에 이른 상황"[15)]을 심히 우려했다. 운평은 이를 해결할 수 있는 현실적 논리와 방법을 찾고자 하였고, 자신이 모색하는 사상의 근원으로서, 또는 그 정당화의 근거로서 '直'의 이념을 중시하였다. 이 경우 '直'이란 動詞나 副詞로서의 直이 아니라 名詞로서의 直이며, 형이상의 原理와 형이하의 適用 양면을 일관되게 하는 개념으로서,[16)] 현실의 모순이 극대화되는 시기에 처하여 무너진 도를 새롭게 일으켜 세우고 태평성대를 열 수 있는 정신이자, 偏私를 제거하고 天理의 공변됨을 회복할 수 있는 修養의 합당한 지표가 된다. 따라서 '直'이란 개념은 운평의 철학 내지 현실

---

13) 『행장』. "癸酉暮春駕言出遊, 歷黃溪之物閒, 轉至知禮之春川, 門人李宜朝與若而士子迎會, 而共玩水石之勝, 甚喜曰此吾先祖杖屨攸憩, 而今日之遊, 適符當時年月, 誠有不偶, 而亦多感懷中, 遂就臺石大書以洗心臺."

14) 같은 책, "講春秋胡傳 …… 而當講明尊攘之義而已, 大義未伸則儒者豈有可出之時也."

15) 『雲坪集』, 권4, 書, 「答李判書」. "詭秘莫甚, 換面迭出, 且戰且和, 潛搆暗煽, 無所不至."

16) 김문준, 「尤庵 宋時烈의 哲學思想에 관한 연구」, 성균관대학교 동양철학과 박사논문, 1996, 160쪽 참조.

대응에 있어서 가장 중요한 규준이요 가치의 근거라고 할 수 있다. 그래서 그는 41세 때 당시 右相이던 鄭羽良(1692~1754)이 경연의 자리에서 사계를 우리나라 도통의 연원에서 빼고 그 대신 尹拯(1629~1714)을 넣어줄 것을 奏達하매, 이의 부당함을 상소하여 변론·배척하지 않을 수 없었던 것이다.[17]

이와 같은 태도는 그가 비록 관직에 나가 활동한 일은 적었다 하더라도,[18] 그가 강학에 대한 남다른 열정과 소신 있는 행동, 그리고 호서산림을 지키고자 하는 노력으로 표출되었다.[19] 그런 점에서 운평의 철학사상은 우암과의 관계를 고려하지 않고서는 제대로 이해할 수 없는 부분이 있다.

물론 이와 같은 특징과 가능성에도 그가 우암과는 다른 시대, 즉 "주자학적 규범이 군신 간의 정치적인 행동을 제약하는 규범으로 기능을 하던"[20] 시대의 성리학자였다는 사실을 부정할 수는 없다. 운평이 '直'을 강조하는 입장은 그의 현실 인식과 긴밀한 호응관계를 이루고 있다. 우암의 '尊朱子 攘夷狄' 정신을 계승하고, 이론탐구보다는 실천궁행을 통한 인격적 완성과 治者의 솔선수범을 중시하는 운평의 直사상은 그대로 그의 철학사상과 현실 인식의 형성에 이어지고 현실 대응에 반영되었다.

둘째, 운평은 사단칠정 논쟁과 더불어 조선 성리학의 2대논쟁으로 꼽히는 당시의 湖洛論爭에서 湖論學派의 중심적 인물이었던 남당의 문하에서

17) 『국역영조실록』, 영조 26년 2월 3일.

18) 운평은 30세 때 侍講院 諮議를 필두로 하여 죽기 직전까지 34차례나 천거를 받았으나 대부분 사양하고 직접 관직에 나아가 활동하지는 않았다. 성봉현, 「雲坪 宋能相의 생애와 사상」, 『宋子學論叢』, 제4집, 송자연구소, 1977, 190-192쪽 참조.

19) 유봉학에 의하면 영조대 이후의 정치적 상황 속에서 우위를 점하여 갔던 것은 서울과 인근 지역을 기반으로 하였던 洛論계열이었고, 湖論계열은 남당계열 가운데 우암의 嫡孫들인 宋能相, 宋煥箕 등만이 湖論에 남아 湖西山林의 명맥을 유지하였다는 것이다. 유봉학, 『조선후기 학계와 지식인』, 신구문화사, 1998, 106-107쪽 참조.

20) 유미림, 『조선후기의 정치사상』, 지식산업사, 2002, 120쪽.

공부하였다. 남당은 栗谷→沙溪→尤庵→遂庵으로 이어지는 정통 기호학파의 맥을 계승한 학자로서 율곡과 우암을 가장 존경하고 받들었으며, 또한 외암 이간(巍巖 李柬, 1677~1727)과 함께 호락논쟁을 주도했던 인물성이론의 대표적 인물이기도 하다. "性善을 자각하고 기질을 변화시키는 것이 聖學의 요체"[21]라고 주장한 남당은 주로 사상과 처세의 면에서 운평에게 심대한 영향을 끼쳤던 것으로 짐작된다.[22] 이로써 운평은 율곡 → 사계 → 우암 → 수암 → 남당으로 이어지는 기호학파의 적통을 계승하게 되었을 뿐 아니라, 개인적으로는 고조부인 우암의 학문과 도통을 직접적으로 전부받는 기쁨을 누리게 되었던 것이다.[23] 특히 '인성이 물성보다 귀한 것임'[24]을 강조하는 남당의 영향으로 운평은 '인성과 물성이 서로 다르다'고 주장하는 세계관을 소유하게 되었고, 直을 강조하고 실천하는 삶을 살았던 것이다.

이처럼 운평의 학문적 기초는 우암으로 대표되는 가학이었고, 이는 젊은 시절에 남당 문하에서의 성리학 공부를 통하여 더욱 심화·발전되었다.

3. 운평 철학의 특성

운평이 활동하던 18세기는 이른바 '인물성동이논쟁'이라고 일컫는 '호

21) 『經義記聞錄』, 권3, 「太極圖」. "盖聖學之要, 莫急於知性善, 莫大於氣質變化."

22) 註3) 참조.

23) 우암은 자신이 소장하고 있던 수택본 『朱子大全』 1질을 賜死될 즈음 高弟인 수암에게 물려주었는데, 수암은 이 책을 남당에게 물려주었고, 남당은 또 그것을 운평에게 물려주었다고 한다. 이는 곧 기호학파 도통의 계승을 상징적으로 말해주는 좋은 예라고 할 수 있을 것이다. 성봉현, 앞의 책, 190쪽 참조.

24) 『南塘集』, 권11, 24장 뒤쪽.

락논쟁'이 당대의 철학적 화두로 등장한 시대였다.[25] 한국 성리학의 2대논쟁으로 꼽히는 호락논쟁은 성리학에 대한 이해가 깊어지면서 그동안 명확하게 정리되지 못했던 부분 등에 대한 논리적 해명을 추구하고자 한 것으로서, 그것은 곧 '인성과 물성의 同異' 문제와 '未發에서의 純善' 문제이다. 이 논쟁의 목적은 세계와 인간에 대한 보다 명확한 인식을 얻고, 그 속에서 도덕적 이상사회 구현의 주체가 되는 인간의 心의 善性을 확보하여 인간의 존엄성을 확립하고자 한 것이었다. 호락논쟁의 근본적 의의는 인성과 물성의 同異를 깨달아 인간만이 본래 지니고 있는 인성의 선하고 고귀한 가치를 보존함은 물론, 나아가 그것을 개발 구현함으로써 만물 가운데에서 인간의 영장적인 생활을 충분히 하려는 것이었다.[26] 운평의 스승이자 호론의 대표적인 인물이었던 남당이 '인물성동론'은 사람과 짐승을 구별하지 않고 성선을 밝히지 못하는, 도학에 해만 끼치는 이론이라고 비판하면서[27] "사람은 五行의 뛰어난 기를 모두 얻었으므로 五常의 덕을 모두 갖추었으나, 物은 혹 하나의 뛰어난 기를 얻었다 하더라도 五行의 뛰어난 기를 모두 얻은 것은 아니다."[28]라고 말한 데서도 이를 어느 정도 확인할

---

25) 人物性同異論爭에 관하여는 다음 논저들이 참고된다. ① 김현, 『임성주의 생의 철학』, 한길사, 1995. ② 배종호, 『한국유학사』, 연세대 출판부, 1974. ③ 유명종, 『조선후기 성리학』, 이문사, 1985. ④ 이상익, 『기호성리학 연구』, 한울아카데미, 1998. ⑤ 한국사상사연구회, 『인성물성론』, 한길사, 1994. ⑥ 최영성, 『한국유학사상사(IV)』, 아세아문화사, 1995. ⑦ 문석윤, 「조선후기 호락논쟁의 성립사연구」, 서울대 철학과 박사논문, 1995. ⑧ 이애희, 「조선후기의 인성과 물성에 대한 논쟁의 연구」, 고려대 철학과 박사논문, 1990. ⑨ 전인식, 「이간과 한원진의 미발·오상논변 연구」, 한국정신문화연구원 한국학 대학원 박사논문, 1998. ⑩ 홍정근, 「호락논쟁에 관한 임성주의 비판적 지양연구」, 성균관대 동양철학과 박사논문, 2002.

26) 尹絲淳, 『한국유학사상사론』, 예문서원, 1997, 332쪽 참조.

27) 『南塘集』, 권20, 「答權亨叔」. "今之學者, 以人物之性, 謂同具五常, 是人獸無別也…… 將爲吾道無窮之害" 참조.

28) 같은 책, 권8, 「與崔成仲別紙」, "人則盡得五行之秀, 故五常之德無不備, 物則或得一氣之

수 있다. 이러한 문제에 유의하면서 운평의 철학사상을 크게 세 방향으로 나누어 검토하기로 한다.

첫째, 운평의 리기론은 리기이원론에 입각하여 리의 先次性·主宰性을 인정하고, 특히 리를 강조하는 특징을 보인다. 남당이 「經筵說」에서 "리를 주로 하는 자는 正學이며, 기를 주로 하는 자는 이단이다."[29]라든가, "유자의 학문에서는 리가 기를 통어하며 기는 리의 명령을 듣고 따른다."[30]라고 한 말에서도 이 점을 확인할 수 있다. 앞에서도 살펴본 것처럼 운평은 우암에 뿌리를 둔 가학적 전통을 충실하게 계승하고 그 바탕 위에서 남당의 학문을 더하여 자신의 독자적인 학문 세계를 구축한 인물이다. 따라서 그의 철학 체계는 대체로 우암과 남당의 성리학을 바탕으로 하면서도 리의 先次性·主宰性을 인정하고, 기보다는 리를 더 강조하는 입장을 견지하였다. 그가 本體를 無爲로 보는 것은 주자의 뜻이 아니라고 하면서 宋晦可에게 답한 다음의 글을 보아도 이런 점은 더욱 확실해진다.

> 이치라면 하나일 뿐이다. 사물로 드러나는 것을 가지고 말하면 음양이 태극을 포함하고 있고, 미루어 그 근원을 추구하면 태극이 음양을 낳는다. 대개 이런 이치가 있은 다음에 비로소 음양이 있다. 음양을 낳기 전에 그 이치가 이미 모두 갖추어졌고, 음양을 낳은 후에 그 이치는 또한 조짐이 없다. 그러니 어찌 이른바 태극이 동정을 포함하고 동정이 태극을 포함한다는 것이 아니겠는가.[31]

秀, 而不能盡得其秀."

29) 같은 책, 권6, 「經筵說(下)」. "主於理者爲正學, 主於氣者爲異端."

30) 같은 책, 같은 곳. "儒者之學, 以理御氣, 而氣聽命於理."

31) 『雲坪集』, 권4, 書, 「答宋晦可」. "理則一也, 自見在事物而言則陰陽含太極, 推原其本則太極生陰陽, 盖須有此實理, 方始有陰陽矣, 生陰陽之前, 其理已悉具, 生陰陽之後, 其理亦無朕, 豈非所謂太極函動靜而動靜函太極者耶."

여기서 운평이 문제 삼은 바는 태극(리)과 음양(기)이 서로 떨어질 수 없는 관계이며, 보다 구체적으로는 형이하의 器인 음양이 있기 전에 형이상의 道인 태극이 먼저 있었다는 주장이다. 이처럼 운평은 우주 만물을 형성하는 궁극적 존재로서의 리 · 기를 동시에 인정하면서도 리의 선차성 · 주재성을 강조한다. 사람을 비롯한 만물 모두가 리와 기로 이루어진다는 점에는 하나이고 그 선후를 말하기는 매우 어렵지만, 이것들은 각기 고유한 특성에서 논리적으로 서로 구별이 된다. 이러한 생각에서 그는 하나의 본체로서의 태극 즉 리가 음양을 낳는 주체이며, 태극은 또한 자신 안에 動靜을 포함하고 있다고 하였다. 이처럼 리의 선차성 · 주재성을 중시하는 뜻은 다음의 예문에서도 선명하게 드러난다.

> 리와 기를 가지고 마주 세워서 말하면 기는 有爲이고 리는 無爲이다. 그러므로 동정과 음양은 모두 형이하자라고 하는 것이다. 동정은 태극이 아니니, 리가 기의 주재가 되는 것으로 말하면 리도 유위이고 기도 유위이다. 그러므로 한 번은 陰이 되고 한 번은 陽이 되는 것이 바로 道體가 하는 바라고 한다. 리에 동과 정이 없다면 기가 어찌 스스로 동하고 정하겠는가? 동정을 가지고 체용으로 나누어 말하면 정은 무위이고 동은 유위이다. 그러므로 실로 리는 동정을 포함하고 관통하는데, 그 본체라면 무위이고 動이라면 有爲라서 善惡이 드러난다고 한다.[32)]

이처럼 리에는 동과 정이 있고 또 그것이 동하여 현실적인 선악도 드러

32) 같은 책, 같은 곳. "以理與氣對而言, 則氣有爲而理無爲, 故曰動靜陰陽, 皆只是形而下者, 動靜非太極耳, 以理爲氣主而言, 則理有爲而氣有爲, 故曰一陰而一陽者, 是乃道體之所爲也, 理無動靜氣何自而動靜乎, 以動靜分體用而言, 則靜無爲而動有爲, 故曰實理該貫動靜, 而其本體則無爲, 動則有爲而善惡形矣."

난다고 하는 운평의 주장은 그가 논리적 의미에서의 理先을 긍정하고, 이를 토대로 근원 존재로서의 리가 형이하적 존재로서의 기 활동의 바탕이며 기준이 됨을 명확히 한 것이다. 그리하여 그는 '리에 동과 정이 없다면 기가 어찌 스스로 동하고 정하겠는가?'라고 반문하기도 했던 것이다. 이 경우 '理有動靜'이란 말은 물론 기와 똑같은 형태의 동정을 가리키는 것은 아니다.[33)]

그러나 운평의 리기론이 기호학파의 입장을 완전히 벗어나 있는 것은 아니다. 그가 리·기 관계를 不相雜보다는 不相離의 측면에서 파악하고 표현한 것은 '理氣之妙'의 원칙을 견지하는 栗谷의 관점에 잘 부합하고 있기 때문이다. 그가 리기관계를 '理氣妙合之實'[34)]이라든가 "리와 기는 하나이며 둘이고 둘이면서 하나이다."[35)]라고 표현한 것에서 이 점은 단적으로 나타난다. 이런 면에서 운평의 리기론은 율곡의 說을 크게 벗어나지 않았다.

그렇다고 운평은 율곡의 설을 절대화하여 추종하였던 것 같지는 않다. 그가 율곡의 리기설을 계승하고 그것을 자신의 논리로 부연하여 철학의 근본문제로 삼고는 있지만, '理爲氣主'와 '理有動靜'을 주장하여 리의 선차성·주재성을 인정함으로써 리를 대단히 중시하는 입장을 취했기 때문이다. 이러한 사실은 그의 학문태도와 무관하다 할 수 없으니, 그의 평생에 걸친 고조부 우암에 대한 존숭 또한 이 문제에 관련된다. 그가 沈子華에게 세간에 떠도는 우암의 비판에 대해 변호하면서 "이런 자들은 모두 맹자와 주자의 저서를 읽지 않은 자들일 뿐이니, 어찌 우암을 알겠습니까!"[36)]라

---

33) 이 문제에 대하여는 李俸珪, 「宋時烈의 性理學說 硏究」, 서울대 철학과 박사학위논문, 1996, 90-91쪽 참조.

34) 『雲坪集』, 권4, 서. 「與金叔甘」.

35) 같은 책, 같은 곳. "理也氣也, 一而二二而一."

36) 『雲坪集』, 권5, 書, 「與沈子華」. "是皆不會讀孟朱書者耳, 豈足以知尤翁."

고 한 말에서 우암의 삶과 철학사상을 충실히 계승하고자 했던 운평의 철학적 입장을 재확인할 수 있다.

운평의 심성론은 리일분수설에 근거하고 있으며,[37] 그 핵심내용은 인성과 물성이 다르다고 하는 주장이다. 리의 선차성·주재성을 강조하는 리기론은 그의 심성론에서도 그대로 적용되어 나타났다. 그 단적인 예가 同門인 安杓(1710~1733)에게 "오늘날 세상의 道를 해치는 것에 인물성동론만한 것이 없다."고 하면서 주자의 말을 원용하여 "만약 본원을 논한다면 리가 있은 다음에 기가 있다. 그러므로 리는 偏全으로 논해서는 안 된다."[38] 라든가, "대개 사람은 온전함을 얻어 善하지 않음이 없고, 物은 가려져서 온전함을 얻지 못하니, 이것이 이른바 性이다."[39]라고 한 말일 것이다. 그에 의하면 사람은 五行의 빼어난 기를 온전히 얻어 五常의 全德을 구비하고 있으나, 物은 그 일부만을 얻어 五常의 덕을 갖추지 못하고 있다. 즉 사람이나 物이 다 같이 五行의 기운을 얻는 것은 매한가지지만 物은 오행의 편색한 기운을 얻었기 때문에 五常을 모두 얻었다고 볼 수 없으며, 따라서 사람의 성과 물의 성이 같을 수가 없다는 것이다.

그리하여 운평은 인물성이론이야말로 우암 이후 그들 학파의 性論에 대한 정설임을 다음과 같이 논증하고 있다.

> 사람이 가장 신령해서 五常의 性을 갖추고 있다. 그러나 금수라면 어두워서 갖추어질 수 없다 …… 栗谷께서는 '만물이라면 性이 온전한 덕을 받지 못해 마음이 모든 이치에 통할 수 없다'고 하였고, 先祖인 우암께서는 '천하만물은 五行에 속하지 않는 것이 없으니, 오행의 이치가 사람에게 부여되어 五性이 되었

37) 『雲坪集』, 권4, 書, 「與任仲思」. "一本萬殊, 一而二二而一等說" 참조.
38) 같은 책, 권4, 書, 「答安士定杓」. "若論本源則有理而後有氣, 故理不可以偏全論也."
39) 같은 책, 같은 곳. "盖在人則得其全而無有不善, 在物則有所蔽而不得其全, 是乃所謂性也."

다고 해도 된다. 그것으로 인해 일반적으로 오행에 짝하는 것이 모두 인의예지신을 갖추었다고 여기는 것은 아주 불가하다. 일반적으로 오행을 짝한 것은 혹은 형태 때문이고 혹은 기질 때문이고 혹은 냄새 때문이고 혹은 맛 때문이다. 이제 맛을 보아 단 것들이 모두 土에 속한다고 마침내 꿀을 가지고 信의 性을 갖추었다고 하면 되겠는가?'라고 하였다. 이상은 고금의 모든 儒賢들께서 '인성과 물성의 편벽됨과 온전함이 같지 않다'는 것을 논한 것이다.[40]

이처럼 율곡과 우암의 설을 근본으로 삼으면서 '인성과 물성이 서로 다르다'는 논리를 전개하는 입장은 운평의 스승인 남당에게도 같다. 한 가지 유의할만한 점은 物에서 인의예지신이라는 도덕성이 부정되는 것은 아니지만, 인간이 그 전체를 소유하고 있는 데 비하여 物은 일부분만을 갖고 있다는 점에서 인간보다 열등한 존재이며, 반면에 인간은 五常 전체를 부여받아 그 본성이 절대선이라는 점에서 만물의 영장으로 자리매김하고 있다는 사실이다.[41] 이것은 "類와 種을 구별케 하는 본연성이 특유하게 지닌 '善의 고귀성'에 대한 강조를 통하여 '인간성의 권위'를 확립하려는 시도"[42]라 하겠다.

이와 관련하여 주목할 것은 운평이 자신의 종래의 心說, 즉 心은 一身의 주재이며 그 본체는 純善하다고 하는 견해[43]를 버리고, 心을 기로 보고 有

---

40) 같은 책, 같은 곳. "人爲最靈而備有五常之性, 禽獸則昏而不能備 …… 栗谷先生曰, 萬物則性不能稟全德, 心不能通衆理, 老祖尤庵先生曰, 天下萬物, 莫不配屬於五行, 謂五行之理賦於人而爲五性, 可也, 因以爲凡配五行者, 皆具仁義禮智信則大不可, 凡配五行者, 或以形, 或以氣, 或利臭, 或以味, 今味之甘者皆屬土, 遂以蜜爲具信之性, 可乎, 右古今諸儒賢所論人物之性偏全不同."

41) 최영진, 「人物性同異論의 생태학적 해석」, 『유교사상연구』, 제10집, 한국유교학회, 1998, 60-61쪽 참조.

42) 윤사순, 「人性·物性에 대한 同異論辯의 사상사적 가치」, 『퇴계학보』, 제102집, 퇴계학연구원, 1999, 23쪽.

善有惡할 수 있는 존재로 心을 이해하고 있다는 점이다. 그가 41세 때인 庚午年 정월에 스승인 南塘에게 서신을 보내 자신이 지금까지 믿고 의지했던 心說이 오류였음을 통절히 고백한 것은 그 단적인 예가 될 것이다.[44] 그 결과 운평은 '心卽氣'인 心을 明德 그 자체로 보지 않고, 心의 善한 면을 표현하는 형용사로 풀이하게 되었던 것이다. 이는 마음의 도덕적 기능을 강조하고 그것을 통하여 인성과 물성의 차이를 명확히 하고자 한 시도로 추정할 수 있다. 그에 의하면 心은 虛靈함을 본질로 하고 있다. 여기서 心이 허령하다는 것은 心이 리인 性을 具有하면서 作用인 情을 發함으로써 만사 만물에 상응할 수 있음을 가리킨다. 그뿐만 아니라 그것은 心의 光明한 본질을 나타내는 의미이기도 하다. 운평이 이러한 心의 光明함을 설명하기 위해 차용하고 있는 것이 다름 아닌 '明德'이라는 개념이다.

다시 말하여 운평은 心을 기로 보고 性을 理로 파악하여 '明德'의 내용 구조를 밝히려고 하였다. 이 경우 心은 一身의 主宰者로서 虛靈하고 신명한 성질을 가진다. 그래서 운평은 '明德'에 관해 묻는 洪祖海에게 다음과 같이 말했던 것이다.

> 명덕은 본연의 良心에 불과하다. 그러니 性情을 통섭하여 말했지 단지 기만 가리키고 理만 가리킨 것은 아니다. 반드시 명덕이라고 한 것은 큰 덕(峻德)을 말한 것이다. 혹 本然의 正大하고 한량이 없는 것으로 말하고, 혹 본연의 光明하고 어둠이 없는 것으로 말했는데, 그 말이 모두 타당하다. 그러나 나아가 말한 것은 장소가 마음이라는 것이다.[45]

43) 『雲坪集』, 권5, 書, 「答李聖張」. "心一身之主宰, 而性又其所以然者, 就中細分之則純善者乃是性中, 該貯此純善而虛靈湛寂者, 心之本體也" 참조.

44) 이 문제에 관하여는 성봉현, 앞의 논문, 206-208쪽 참조.

45) 『雲平集』, 권5, 書, 「答洪克念」. "明德不過本然之良心, 統性情爲言, 而非單指氣單指理者,

위의 예에서 보듯이 '명덕'은 인간 본래성의 전체이며, 인간이 지녀야 할 절대적인 가치, 즉 인간과 짐승을 구별해 주는 윤리적 덕목임을 알 수 있다. 그런 점에서 '명덕'은 도덕성의 근본 원리이자 자기완성의 내적 기준이며, 修己·治人의 근거가 된다. 그가 '明明德'의 明이 자신의 덕을 밝히는 일인가 아니면 다른 사람의 덕을 밝혀주는 일인가 라는 질문을 받고 "밝은 덕을 천하에 밝힌다는 것은 본시 자신의 덕을 말하는 것인데, 章句에서는 남으로 하여금 그 밝은 덕을 밝힌다고 했다."[46]라고 대답한 것은 그 단적인 예가 될 것이다.

이렇게 볼 때 '명덕'은 실천성을 담보한 당위적 성격이 매우 강한 포괄적인 개념이라 할 수 있다. 운평이 "생각을 아는 것이 성학의 시작이고 마침"이라고 하면서 "명덕을 밝게 한 자가 어찌 생각하지 않고 여기에 이르겠는가? 이것은 의리에서 분명한 것이다."[47]라고 말한 것도 이와 무관하지 않다. 이런 면에서 사람과 짐승을 구별하게 해주는 德 그 자체인 명덕은 治人 보다는 修己, 즉 개인의 내면적 자기완성이라는 의미가 특히 강하다. 그렇다면 '명덕'은 心中의 光明한 부분, 곧 虛靈不昧를 가리키는 개념으로써 사람이 마땅히 회복하고 성취해야 할 절대적 윤리규범의 근거이고, 인간의 내적 초월의 지평이며 수양의 궁극적 목표이기도 하다. 그가 "'명덕'은 본래 主宰를 포함하여 말한 것이지 단지 心만을 가리켜 말한 것은 아니다."[48]라고 말한 것도 마찬가지 생각의 표현일 것이다. 그 결과 운평은 '명

其必謂之明德者, 猶其謂峻德也, 或從其本然正大無所限量者而言, 或從其本然光明無所昏昧而言, 言各攸當也, 然其所就而言者地頭是心."

46) 같은 책, 같은 곳. "問明明德於天下者, 指己之明德耶, 人之明德耶, 明明德於天下者, 本指己德而章句謂之使人明其明德者."

47) 같은 책, 같은 곳. "知思者, 聖學之所以成始成終者也 …… 明明德者何不致思至此, 此其義理之灼然者也."

48) 같은 책, 권3, 書, 「上南塘韓先生 庚午 正月」. "明德本來包得主宰者而言之, 非單指心而言者."

덕'을 리기로 나누어 보는 입장을 반대하고, 인성과 물성의 편벽됨과 온전함은 서로 같지 않다는 주장을 하게 되었던 것이다.

운평은 명덕을 회복하고 실현하는 방법으로 '直'을 대단히 중시하였다. 그는 '명덕'을 바탕으로 인욕을 제거하여 천리를 회복하고 기르는 공부를 강조하였다. 그러면 인욕을 제거하고 천리를 회복하고 기르는 공부란 무엇인가? 그것은 '直'이란 한 마디로 답할 수 있을 듯하다. 이 경우 '直'이란 "강대하여 한 점의 사사로운 인욕도 없는 것만으로는 짝할 수 없는"[49] 글자로서 인간이 마지막까지 지키고 가꾸어야 할 至高의 도덕 가치이며 나라를 다스리는 근본이었다. 이처럼 운평이 '直'을 중시하는 뜻은 스승인 南塘에게 올린 다음의 글에서 특히 선명하게 보게 된다.

> 지난번 直字詩 한 편을 좌석 오른쪽에 붙여 놓고 아침저녁으로 바라보며 사뭇 생각되는 것이 전과 다름을 알았습니다. 지금 이후부터 선생님의 가르침을 입어 소인이 되는 형국을 면할 수 있지 않을까요. 그러나 이 直이라는 한 글자를 생각해 보건대 강대하여 한 점의 사사로운 인욕도 없는 것만으로는 짝할 수 없는 것 같습니다. 어찌해야 할지요? 옛사람이 直을 논한 말과 直을 행한 일과 直을 기른 방법과 直을 해친 이유를 모아서 하나하나 자세히 살펴서 큰 가르침을 완성해 주시기를 감히 청합니다.[50]

위에 드러나듯이 운평이 가장 긴절한 철학적 문제로 생각한 것은 直이

49) 같은 책, 「上南塘韓先生 乙卯 正月」. "然念直一字若非配之以剛大而無一毫人欲之私者."
50) 같은 책, 같은 곳. "亟將頃日直字詩一篇傅着座右, 朝夕瞻對, 頗覺得意思之異於前, 從今以後, 庶其蒙君子之賜, 而免爲小人之歸耶, 然念此一字若非配之以剛大而無一毫人欲之私若, 不可以易言, 先生之所以自勉者, 正惟弟子不能學處, 奈何, 敢請門下更裒古人論直之言, 行直之事, 而養之之方, 害之之由, 一一詳訂, 以卒大誨也."

었다. 그리하여 그는 수양과 行道를 直으로 요약하여 그것을 일생의 과제로 삼아 공부하였던 것이다. 운평이 말한 '直'이란 물론 개인적 심성 수양만을 뜻하지는 않는다. 그것은 개인적 덕성 함양을 통한 치국 · 평천하라고 하는 넓은 의미의 사회적 실천까지도 포함한다. 그러나 그가 강조하는 초점은 사회적 삶의 실천을 배제하지 않으면서도 개인적 윤리세계의 덕성 함양을 보다 중시하는 태도이다. 그가 從姪인 煥箕에게 道는 하나이지 둘이 있을 수 없다고 하면서 "오직 바라건대 네가 문을 굳게 닫아걸고 옛 서적에서 이치를 찾아, 한 글자 한 글자라도 방심하여 때를 놓치지 말고 우리 유학으로 하여금 망하지 않게 하여 유학의 도(吾道)가 외로워지지 않도록 해야 한다."[51]고 한 말의 참뜻이 여기서 드러난다. 따라서 '直'이란 말은 운평의 수양론 내지 경세사상에 가장 중요한 원리이자 가치의 근거라고 할 수 있다.

이때의 直이란 진실한 마음과 곧은 마음을 가지고 항상 "광명정대하고 善을 좋게 보고 惡을 미워하는"[52] 정신으로 일을 행하여서 한 터럭의 사사로운 뜻이라도 그 사이에 끼어들지 않도록 한다는 의미이다. 그것은 이른바 『주역』 坤卦 文言傳의 "敬以直內, 義以方外"의 直, 『논어』 雍也편의 "人之生也直"의 直, 『孟子』 公孫丑章句上의 "以直養而無害"의 直, 그리고 주자가 "天地가 만물을 낳는 법칙과 성인이 만사에 대응하는 법칙은 直일 뿐이다."[53]라고 한 直과 같은 것으로서 사람들이 마땅히 체득하고 밝혀야 하고 따라야 할 것으로 된다. 우암의 말을 빌려 요약한다면 "사욕이 깨끗이 없

---

51) 같은 책, 권7, 書, 「寄從姪煥箕」. "惟望爾牢關尋理於陳遍, 字字勿放過期, 使斯文未喪, 吾道不孤耳."

52) 같은 책, 권3, 書, 「上外舅韓參議」. "竊恨吾祖先光明正大善善惡惡之直道."

53) 『宋子大全』, 권134, 雜著, 示諸子孫姪孫等. "則曰天地之所以生萬物, 聖人之所以應萬事, 直而已."

어져서 환히 통달하여 內外, 上下, 遠近, 邊際의 간격이 없는 것"[54]을 뜻한다. 이렇게 볼 때, 直은 형이상의 본원으로부터 日常事에 이르기까지 일관하여 天道와 人性을 合一하는 의미가 있다고 할 수 있으며, 그 요체는 의를 중심으로 하여 上下를 일관하게 하는 生의 원리라고 할 수 있다.[55]

> 天理가 이미 승하고 人慾이 점점 사그라지면 다만 위로 上達할 수만 있고 퇴보하지는 않을 것이라고 말한 친한 친구가 있습니다. 근래에 생각해 보니 매우 그렇지 않은 것 같습니다. 이른바 조금이라도 의미가 있다는 것은 독서하여 넓혀갈 수 있는 것이 아니고 천리가 이미 승하다는 것은 敬을 주로 하여 완전히 길러 확립할 수 있는 것이 아니어서 세월만 끌다가 여전히 그대로 옛날처럼 기량을 펴지 못하고 있습니다. 그러므로 神氣가 청명할 때는 간혹 聖賢처럼 하다가 조금이라도 神氣를 어둡고 게으르게 하면 나도 모르게 잘못된 생각이 홀연히 일어나서 省察하지 않은 것과 같습니다. 그리하면 반드시 마음이 熾蕩한 데 이릅니다.…… 어떻게 하면 좋겠습니까. 이로 인해 매일 망연히 스스로 해결할 길이 없어 선생이 계신 서쪽을 바라보며 재배하면서 공경히 한 통의 편지를 올립니다. 直字의 뜻을 끝까지 들려주시기를 청합니다.[56]

이처럼 直은 운평의 삶과 철학을 일관하여 온 근본원리였고, 이를 바탕으로 인간 사회의 질서화에 기여하는 도덕적 정당성을 확보하고자 하였다. 그가 왕세자에게 "금번에 道統의 이야기로써 저하에게 아뢴 사람이 있었는데, 의리를 무용지물로 여겨 너무나도 두려워함이 없어, 혹은 성인

54) 같은 책, 권97, 「答李同甫」. "蓋直之體段, 私欲淨盡, 洞然通達, 無內外上下遠近邊際之間隔矣."

55) 김문준, 앞의 논문, 158-160쪽 참조.

56) 『雲坪集』, 권3, 書, 「上南塘韓先生 乙卯 二月」.

과 짝하여 道를 전한 현인을 빠뜨리기도 하고 혹은 名義에 죄를 지은 무리를 넣기도 하면서 公을 빙자하고 私心을 이루려 하여 임의로 높이고 낮추었는데도 저하께서 한 마디도 엄중히 배척하셨다는 말을 듣지 못했습니다."[57]라고 말한 것은 이러한 인식의 소산일 것이다. 그리하여 그는 直을 바탕으로 公과 私를 엄격하게 변별하고 천리 그 자체인 명덕을 회복하고 밝힐 것을 주장하였다. 그런 점에서 그가 생각한 바 直은 천리로서의 명덕을 회복하고 그것을 통하여 私意를 배척하고 公道를 넓히는 일이며, "인성과 물성의 온전함과 편벽됨은 같지 않다"는 것을 아는 유일한 방법이었다. 그러하기 때문에 동문인 安杓에게 주자의 말을 빌려 다음과 같이 말할 수 있었던 것이다.

> 知覺 · 運動이란 형기가 하는 바이고, 인의예지란 天命이 부여한 것이다. 배우는 자들은 여기에서 偏正全厥을 살펴 스스로 사물보다 까닭을 알기를 구해야 하고, '생이 있다는 같음'[有生之同]만을 가지고 도리어 스스로 금수로 추락해 자신의 본성이 크게 온전함을 스스로 몰라서는 안 된다.[58]

여기서 이른바 인성이 물성보다 귀함을 강조하고 直에 근거하여 內修外攘과 知行幷進을 추구하는 삶을 통해 개인적으로는 偏私를 막아 천리를 회복하고, 사회적으로는 "항상 世道와 斯文으로써 근심으로 삼고 義理와 邪正과 忠逆과 是非는 쇠를 자르듯 하여"[59] 온몸으로 춘추대의를 실천하려고 했던 운평의 현실 인식이나 대응의 이론적 근거가 드러난다. 그러므로『영조실록』운평의 卒記에서 "(운평은) 당시의 한 정승이 도통을 속이고 욕되

57)『국역 영조실록』, 영조 26년 2월 3일.

58)『雲坪集』, 권4, 書, 「答安士定」.

59)『墓碣銘』. "常以世道斯文爲己憂, 義理邪正忠逆是非如截鐵."

게 함이 있자 상소하여 엄하게 배척하였고, 大訓을 頒賜함에 미쳐서는 또 항의하는 상소를 하였는데, 승정원에서 이를 막아 드디어 올라가지 못하였으니, 사람들이 모두 이를 비난하였다."[60]라고 한 평가를 긍정하지 않을 수 없을 것이다.

4. 운평의 직사상과 현실 인식

이미 논한 바처럼 운평은 리기이원론에 따라 리의 선차성 · 주재성을 인정하고 리의 순수성에 대한 강조를 통해 인간과 세계를 해명하려고 하였다. 특히, 리일분수설에 근거하여 인성과 물성의 차이를 명확히 하려고 하였으며, 心의 光明한 특성, 즉 명덕에 기반을 둔 直을 통해 '천리의 公'을 인간세에 구현하려고 노력하였다. 直은 심성의 곧은 마음으로서 인간이 지녀야 할 하나의 영원한 가치이며 '修己 · 治人의 學'의 중핵을 이루는 개념이다. 그것은 인간이 자신의 실천적 자각에 기초한 주체성을 확립하는 내적 원리이며, 인간이 천명으로 받은 '명덕'을 자각하여 남김없이 실현하는 실천 원리이기 때문이다.

그런 점에서 운평의 철학사상은 直 한 자에 귀결되었다고 할 수 있는데, 그것은 스승인 南塘에게 보낸 편지의 한 대목 "直字의 뜻을 끝까지 들려주시기를 청합니다."[61]라고 말한 데서 이 점은 명료하다. 따라서 우리는 운평의 철학을 '主直의 철학'이라 불러도 좋을 것이다. 그리고 그것은 그의 현실 인식이나 현실 대응에서 춘추대의 정신으로 반영되었다. 『영조실록』

60) 『국역 영조실록』, 영조 34년 6월 24일.

61) 『雲坪集』, 권3, 書, 「上南塘韓先生 乙卯 二月」. "請其卒聞直字之義矣."

의 "侍講院 諮議 宋能相이 상소하여 『춘추』의 원수를 갚고 치욕 씻는 의리를 논하였다."라는 기사는 이를 입증하는 좋은 단서가 될 수 있다.[62)]

그런 점에서 운평의 철학은 "17세기 국가 대의로 제창된 북벌론의 실현 가능성이 희박해지고, 그 기치 아래 국민적 단합을 이룩하였던 국민정신이 해이해지면서"[63)] 야기된 사회적 모순 · 갈등 및 불의가 극성을 부리던 당시의 현실상황을 해결해 보고자 한 데서 비롯된 결과라고 할 수 있다. 운평의 철학사상에서 가장 두드러지게 눈에 띄는 것은 명덕의 구체적 표현인 '直'에 대한 강조이다. 운평에게 있어서 直은 '明天理 正人心'의 핵심이 되었으며, 인생의 대원칙으로 이해되었다. 그가 44세 때 春川에서 문인들에게 『춘추』를 강론하면서 선비들의 출처가 대의에 따라야 함을 강조한 일이나,[64)] 46세 때 英祖의 「大訓」 반포의 부당함을 抗疏한 일은 그 단적인 예가 될 수 있을 것이다.

> 임금께서 이 글을 지으신 것은 세상의 변화를 겪어 어리석은 자들을 계도하고 후세를 깨우치기 위한 지극한 뜻대로이십니다. 그렇다면 진실로 도모하시는 것이 가까운 신하들과 모두 같아지기를 기약하셔야지 법을 세워 사람들이 말하는 것을 막으셔서는 안 됩니다. 큰 교훈(大訓)을 만들 때 일찍이 三古로부터 어찌 한 마디라도 금지령을 내려 엇갈리는 말을 억지로 같아지게 한 경우가 있었겠습니까?[65)]

62) 『국역 영조실록』, 영조 16년 3월 25일.

63) 정옥자, 『조선후기 중화사상 연구』, 일지사, 1998, 107쪽.

64) 『雲坪集』, 권2, 疏, 「擬辭大訓頒賜疏」 참조.

65) 같은 책, 같은 곳. "聖明之作此書, 盖出於閱歷世變牖迷覺後之盛意, 則固當謨及臣隣, 以期僉同, 不可立法而禁人之有言也, 大訓之作, 肇自三古, 何嘗有一言設禁而强齊其不齊之口哉."

이렇게 표명된 관점이 '直'의 정신에 근거하고 있음은 재언을 요하지 않는다. 이 直은 비본래적 존재로부터 본래적 자기 존재에로의 자각을 가능하게 해주는 인간의 존재원리이자 당위 원리이다. 그것은 人道의 절대적 표준이며 가치판단의 절대적 근거로서 인간의 내적 초월을 가능하게 해주는 인간의 本來的 存在方式이다. 일찍이 우암이 直을 풀이하여 "人欲을 모두 제거하여 깨끗이 하면, 이 세상의 모든 이치가 함께 밝아져서 자신이 곧 도이고 도가 곧 자신이 된다."[66]라고 한 말도 바로 이러한 의미일 것이다. 그래서 운평도 "直이라는 한 글자를 생각해 보건대 강대하여 한 점의 사사로운 인욕도 없는 것만으로는 짝할 수 없는 것 같다."[67]라고 말했던 것이다.

그러면 直 중심의 사유체계 안에서 대의 정신을 확립하고 또 그것을 구현하는 데 평생을 걸었던 운평이 생각한 현실의 바람직한 모습은 무엇인가. 그것은 "양을 돕고 음을 물리치며 夏를 안으로 하고 夷를 밖으로 하며 王을 높이고 霸를 낮추며 현자를 돕고 악한 자를 물리치는"[68] 세계로 집약된다. "賢邪는 문란해지고 의리는 날로 그릇되고"[69], "正學이 밝혀지지 않아 邪說과 편파적인 행동이 길을 막고 하늘까지 넘치는"[70] 혼돈의 시대, 신뢰할 만한 어떠한 척도도 찾아보기 어려운 절망적 상황에서 그는 오로지 대의적 삶만이 인간의 보편적 가치로서의 준칙이자 행위규범이라 믿었고 또 그것을 바르게 구현할 수 있는 현실만을 참된 현실로 인정하였다. 이를 좀 더 부연한다면 天下의 大本을 세우고 天下의 達道를 행하여 直의

---

66) 『宋子大全』, 부록, 권17, 어록, 「崔愼錄」. "先生曰我人欲淨盡, 萬理俱明, 身卽道, 道卽身."

67) 『雲坪集』, 권3, 書, 「上南塘韓先生 乙卯 二月」 참조.

68) 같은 책, 권5, 書, 「與沈子華」. "其意專枉於扶陽抑陰, 內夏外夷, 貴王賤霸, 祐賢癉惡而已."

69) 『국역 영조실록』, 영조 26년 2월 3일.

70) 『雲坪集』, 권5, 書, 「與沈子華 乙卯 二月」. "正學而不明邪說詖行塞路滔天."

바탕이 되는 '명덕'을 자각하고 사람마다 三綱의 의리를 밝혀 刑보다 德을 추구하고 기약하는 세계라고 할 수 있다.[71] 따라서 운평에게 있어서 참된 현실이란 形氣가 빚어내는 사사로운 욕심을 극복하고 본연의 천리가 유감없이 발용되는 原理實現의 세계였으며,[72] 그것은 또한 "임금과 어버이와 스승과 제자들이 각각 그 직분을 다하고, 名分과 사물에는 제각기 그 법칙을 따르는"[73] 사회이기도 했다.

이런 의미에서 운평이 이해한 이상적 현실이란 '直'에 의하여 천리가 온전히 실현되어 명분과 실제가 일치하고 군신 상하가 모두 자기 자리에서 온 힘을 다하는 도덕적 · 윤리적 가치의 세계였다. 운평이 한 辭職疏에서 "천하에 기강을 세우고 古今을 관철하여 사람은 하루라도 행하지 않아서는 안 되고 나라는 하루라도 밝히지 않으면 안 됩니다."[74]라고 말한 것은 이런 문맥에서 이해되어야 한다. 명덕에 바탕을 둔 운평의 直 중심의 사고는 어지러운 시대를 근심하고 바른 도리, 즉 道統이 확립되기를 희구하는 충정의 표현이며, 인욕을 주체적으로 다스려 천리를 회복하고 그것을 통하여 『주역』의 "敬以直內, 義以方外"의 정신을 구현하고자 한 데서 크게 벗어나지 않는다. 따라서 '직'이나 '명덕'과 같은 말은 운평의 철학사상이

---

71) 같은 책, 같은 곳, 「答韓公理箕鎭」. "一本之道不明, 三綱之義不行, 馴致君臣上下夫婦妻妾, 皆無定分"과 같은 책, 같은 곳, 「答閔希魯」. "君子任德而不任刑" 참조.

72) 이 문제에 관련하여 다음과 같은 趙成山의 말을 눈여겨볼 만하다. "그의 전체적인 논리 맥락이 '순수한 理가 추악한 氣 속에 있다'라는 사실이다. 이와 같은 理와 氣의 선명한 가치론적인 대조는, 형태상 氣를 강조함으로써 그의 심성론이 主氣論者처럼 보이게 하면서도 다시 내용상으로는 主理論者로서 드러나게 하는 단서가 된다. 왜냐하면 '더없이 순수한 理가 추악한 氣 속에 있다'라는 말은 다시 理의 강조로 이어질 수 있기 때문이다." 조성산, 앞의 책, 『한국사상사학』, 제8집, 1997, 92쪽.

73) 『雲坪集』, 권2, 疏, 「辭職仍論時宰書」. "君親也, 師生也, 各盡其職, 名分也, 事物也, 各從其則."

74) 같은 책, 같은 곳. "綱紀寰宇, 貫徹古今, 人不同以一日不由, 國不可以一日而不明."

나 현실 인식의 핵심적 바탕이 된다.

이러한 점에서 운평이 강조한 '직'이란 말은 인간 삶의 근본원리의 하나로서 인간이 마땅히 체득하고 구현해야 할 최상의 덕목, 즉 개인의 내면적 수양과 사회의 도덕적 실천에서 가장 높은 자리를 차지하는 가치라고 할 수 있다. 그가 인간을 가장 신령스러운 존재로 이해하고[75] '순수한 리에 대한 열망'을 바탕으로 해서 현실사회를 해석하고 또 그것을 통해 義와 不義, 正과 邪, 中華와 夷狄, 君子와 小人을 명변하고자 했던 것이 바로 그 증거이다. 그래서 그는 우암을 변호하고 예찬하는 글에서 문인 沈鍍에게 다음과 같이 말할 수 있었던 것이다.

> 문명이 극대화되어 사특함과 치우침이 생겼으니, 비유하자면 강아지풀(稂莠)을 제거하지 않으면 곡식이 자라지 않는 것처럼 사악함과 정의가 서로 승해 세가 양립할 수 없었다. 그러니 뒤에 오는 성인의 도리로는 사악함을 물리치고 치우침을 막는 것이 급선무가 되니 네 번째이다. 비록 그렇다고는 하지만 재해를 제거하기 전에는 사람들의 마음이 지극히 공평했다. 작은 지혜는 큰 지혜가 부리면 따르고 작은 덕은 큰 덕이 부리면 따르니, 진실로 무엇을 하든지 어려움이 없었다. 재해가 제거된 다음에는 사람의 마음이 사악해지기 쉬워 이익을 따르고 편한 것을 좋아하며, 陰이 陽을 의심하여 그 피가 검고 누렇게 되는 지경까지 이르렀다. 孔夫子께서 이미 자리를 얻어 하나라와 주나라의 정사를 행하지 못하여 시름이 매우 컸다. 부득이 붓을 들어 『周易』과 『春秋』를 贊修하였다. 그 의도는 오로지 陽을 돕고 陰을 물리치며 夏를 안으로 하고 夷를 밖으로 하며 王을 높이고 覇를 낮추며 현자를 돕고 악한 자를 물리치는 것일 뿐이었다. 맹자께서

75) 운평에 의하면 사람만이 性의 온전함을 얻어 善하지 않음이 없고, 사람의 마음 또한 가장 신령하다. 『雲坪集』, 권4, 書, 「答安士定」 참조.

孔夫子의 雅言을 배워 드러내 밝힌 것이 모두 『周易』과 『春秋』의 뜻이었다.[76)]

운평은 이러한 논리를 바탕으로 도덕적 세계의 새로운 가능성과 인간 존엄성의 확보가 '自己省察' 하는 삶을 통한 天道의 주체적 자각과 그 구현에 있다고 믿었다. 그가 천리와 인욕의 문제를 논하면서 스승인 南塘에게 "성찰이라는 것은 길이 매우 험해서 공부하기도 매우 어렵습니다."[77)]라고 말한 것은 이 점을 보다 분명하게 설명해 준다. 그리고 그것은 인물성이론으로 표출되었고, 평생 '直' 의 정신을 체득하고 구현하는 삶으로 집약되어 나타났다. 그렇게 볼 때, 直은 운평에게 있어서 가장 긴요하고 절실한 철학적 과제였다고 할 수 있다. 그가 남당에게 올린 편지의 한 대목 "옛사람이 直을 논한 말과 직을 행한 일과 직을 기른 방법과 직을 해친 이유를 모아서 하나하나 자세히 살펴서 큰 가르침을 완성해 주시기를 감히 청합니다. 제가 비록 영민하지는 않지만 몸 바쳐 당신의 가르침을 평생토록 따르겠습니다."[78)]라는 말은 그 모두를 간명하게 집약할 만하다.

이와 같은 태도는 운평의 현실 대응에서 '內修外攘' 의 정신으로 구체화하여 나타났다. 그는 이를 통해 도덕 능력의 본원적 근거를 확보하려 하였고, "절의는 배척을 당하였고 천하는 그에 따라 오랑캐처럼 된"[79)] 사회를

76) 『雲坪集』, 권5, 書, 「與沈子華鍍」. "文明之極, 邪詖者作, 譬如稂莠不去則嘉穀不長, 邪正相勝, 勢不兩立, 其在後聖之道, 不可不以闢邪距詖爲急先之務四也, 雖然災害未去之前則人心至公, 小知役大知, 小德役大德, 固無難爲者, 災害既去之後則人情易私趨利喜便, 陰疑於陽, 其血玄黃, 孔子既不得位而行禹周之政則憂深慮遠, 不得已載筆, 贊周易而修春秋, 其意專枉於扶陽抑陰, 內夏外夷, 貴王賤霸, 祐賢癉惡而已, 孟子學孔子雅言, 所發明皆是易春秋之指也."

77) 같은 책, 같은 곳. "然所謂省察者, 路頭峻截著工極難."

78) 같은 책, 같은 곳, 「上南塘韓先生 乙卯 正月」. "敢請門下便裒古人論直之言, 行直之事, 而養之之方, 害之之由, 一一詳訂, 以卒大誨也. 能相雖自不敏, 亦願捨身從事, 與之俱斃也."

79) 같은 책, 권5, 書, 「與沈子華鍍」. "向微尤翁則節義, 見斥而天下靡然爲被髮左衽矣."

바로잡아 正學에 입각한 '도덕의 王國'을 건설하고자 하였다. 그런 점에서 운평의 直 중심의 사상은 正과 邪, 중화와 이적, 왕도와 패도를 분별하고 비판하는 전범 내지 가치판단의 기준의 의미를 지닌다. 여기에서 비로소 운평이 리의 선차성 · 주재성을 인정하고 그 바탕 위에서 인성과 물성의 차이를 분명히 하려는 사고에 입각하여 是非善惡을 가리지 않고 당쟁을 조정하여 保合蕩平을 이루고자 하는 英祖의 탕평책에 반대한 일이라든가, 『춘추』와 『주역』 공부를 강조하고 학문의 실천성을 『춘추』에서 찾아 평생토록 "정통과 야만의 구별과 임금과 신하의 의리를 밝히고자 했던"[80] 일, 출사에는 관심이 없이 오직 好學 정신으로 공부에만 침잠하여, 젊었을 때 대학자가 되었던 일[81] 등의 의미가 선명하게 드러난다. 실록 졸기의 "자품이 고매하고 규모가 정대하여 나이 20세가 못되어 이미 大儒를 이루었다."[82]는 한 대목은 이를 잘 설명해 주고 있다.

당대는 直을 다른 어느 때보다도 더 긴요하게 요구하는 시대인 반면에 直의 존립이 유례없이 위협받는 상황이었다. 여기서 운평의 철학사상은 남다른 도덕적 지향과 현실성에 투철한 색깔을 띠게 된 것이다. 천리가 날로 소멸하여 인욕이 천리를 해치고 "人心이 邪僻해지고 是非가 倒置되며 의리가 아닌 것이 의리가 되는"[83] 시대에 처하여 이를 바로잡고 극복하기 위해서는 直을 통하여 "사람과 사물의 치우침과 온전함은 절대로 같지 않음"을 밝히는 일이라고 생각했다. 운평의 이와 같은 直 중심의 철학사상이 '善의 고귀성'을 강조하고 주자 의리론을 구축하고자 하는 열망인 동시에 선조인 우암의 直思想을 철저히 계승하고 또 그것을 통하여 "천지가 뒤집

80) 『행장』, "崇化書堂講春秋數段, 深明華夷之辨, 君臣之義" 참조.
81) 『국역 영조실록』, 영조 34년 6월 24일 참조.
82) 같은 책, 같은 곳.
83) 『雲坪集』, 권2, 疏, 「辭職仍論時宰書」. "苟或不明, 人心邪僻, 是非倒置, 以非義爲義."

힐 때를 당하고 길이 막히고 하늘까지 넘치는 害"[84]를 어떻게 하든 막아보고자 진력했던 필연적 자기 확인이라고 해야 할 것이다. 여기에서 비로소 直으로 內·外를 일관했고 그것의 성취와 구현을 일생의 과제와 목표로 삼았던 운평의 참뜻이 분명하게 드러난다.

5. 맺는 말

지금까지 『雲坪集』과 『조선왕조실록』을 중심 자료로 운평의 철학과 현실 인식의 문제를 학문적 연원, 철학적 특성, 直思想과 현실 인식 등의 문제로 나누어 살펴보았다. 그 결과 우리는 운평이 누구 못지않은 주자의 충실한 학도였고, 우암의 온전한 계승자였음을 확인하게 되었고, 그의 사후 세간에서 논의되던 "운평은 先賢을 무시하고 禮法을 무너뜨렸으니, 儒者라고 말할 수 없다."[85]라는 주장이 얼마나 잘못되고 설득력이 없는 것인가도 확인할 수 있었다.

이제 이 글을 마무리함에 그 요점을 아래와 같이 정리해 보았다.

운평은 우암 송시열의 현손으로서, 그의 학문의 기반은 선조 우암의 학문을 계승·정리하고, 그 위에다 남당 한원진의 학문을 더하여 자신의 독자적인 학문 세계를 구축하였다. 운평 철학의 특성은 리기이원론에 따라 리의 선차성·주재성을 인정하고 특히 '순수한 리'에 대한 열망을 통해 인성과 물성이 본질적으로 다름을 분명히 하고, 心의 광명한 측면인 명덕을 회복하고 실현하는 방법으로 '直'을 대단히 중요시한 것에서 찾을 수 있

84) 같은 책, 권5, 書, 「與沈子華」. "天地飜覆之際, 値塞路滔天之害."
85) 『국역 순조실록』, 순조 9년 3월 27일 참조.

다. 따라서 直은 운평의 철학사상에서 가장 중요한 개념이며, 인간이 마지막까지 지니고 구현해야 할 최상위의 가치이자 나라를 운영하는 요체가 된다. 그런 점에서 운평의 철학은 直 중심의 철학, 즉 主直의 철학이라 할 수 있다.

운평의 현실 인식은 군자가 우환 의식으로 세상을 근심하는 것이었으며, 이러한 현실에 대해 명덕에 근거한 內修外攘과 好學精神을 바탕으로 하는 知行幷進을 추구하는 삶을 통해, 개인적으로는 直을 회복하여 천리를 밝히고, 사회적으로는 正學과 道統의 확립을 통하여 군자와 소인을 엄격히 구별하는 세상을 만들려고 한 것에 있다.

그런 점에서 운평은 直으로 內·外를 일관했고 그것을 통해 자신의 도덕적 지향과 시대의식을 잘 조화시켰다고 할 수 있다. 운평의 이와 같은 입장과 태도는 老論의 대표적인 산림으로서 영조의 정국 운영의 한 방책인 탕평 정치에 동참하지 않는 태도로 표출되었고, 湖西山林의 대표적 인물로 추앙받게 했다. 권돈인이 찬술한 『묘갈명』의 한 대목 "선생은 도가 높고 덕이 갖추어져 사람들이 의지하기를 북두성과 태산과 같이하였다."[86]라는 말은 이 모두를 간명하게 설명해 준다.

이렇게 볼 때, 운평의 삶과 철학사상은 선조인 우암의 直사상을 떠나서는 논의할 수가 없으며, 그것은 北伐論이 쇠미해져 가고 호락논쟁이 극성을 부리던 시대와 역사에 주체적으로 참여하는 실천 행위의 일환이었으며, 또한 자신의 삶에 대해 온몸으로 묻고 대답하는 자기 견책과 자기 구원의 엄정한 종교 행위와 같은 것이었다고 할 수 있다. 그래서 그는 스승인 남당에게 "神氣가 청명할 때는 간혹 聖賢처럼 하다가 조금이라도 신기를 어둡고 게으르게 하면 나도 모르게 잘못된 생각이 홀연히 일어나서 省

86) 권돈인, 『墓碣銘』, "先生道尊而德備, 人倚之爲星斗喬嶽."

察하지 않은 것과 같습니다. 그리하여 반드시 마음이 熾湯한 데 이릅니다.…… 直字의 뜻을 끝까지 들려주시기를 청합니다."[87]라고 말하지 않을 수 없었던 것이다.

87) 같은 책, 권3, 書, 「上南塘韓先生 乙卯 二月」. "故神氣淸明之時, 或不無聖賢可做底消息, 而一有昏惰則不自知其妄思邪念忽然而作, 若靡省察, 將必至於熾蕩 …… 謂其卒聞直學之義矣."

뇌봉 지덕해의 도의사상

1. 이끄는 말

뇌봉 지덕해(雷峰 池德海, 1583～1641)는 한국 유학사에 있어서 특이하게도 세상에 그리 알려지지 않은 인물이다. 그러나 그는 사계 김장생과 당대의 이름난 역학자이며 음악에도 조예가 깊었던 西溪 李得胤의 제자로서, 동춘당 송준길·우암 송시열을 비롯한 西人系 학자들뿐만 아니라 愚伏 鄭經世와 같은 南人系 학자들과도 교류한 인물이다. 그런 점에서 그의 삶과 사상은 17세기 한국 유학사에서 결코 가볍게 다룰 수 없는 자취를 남겼다.

그의 생애는 한 시대의 사상적 모색과 고민 그리고 행동하는 지식인의 모범을 잘 보여준다. 우암이 撰한 墓碣銘의 마지막 부분에서 "공(뇌봉)께서는 그 몸을 드러내어 스스로 입신하였네/ 자주 임금의 은총을 받았으나/ 자신의 곧음을 팔아서 구한 것은 아니었네."[1]라고 읊은 시의 한 대목은 이를 단적으로 말해준다. 특히 그가 1627년 丁卯胡亂때 목숨을 걸고 後金(뒤의 淸)軍에게 쫓기는 王世子를 全州로 배위하고 그 일을 낱낱이 기록하여

1) 『雷峰集』, 권3, 부록, 「墓碣銘」. "公奪以身, 能自著白, 屢批頷鱗, 匪沽其直."

「分朝日記」 4권을 만들어 조정에 올린 일이라든가, 1636년 丙子胡亂 때 忠淸左道 召募官으로 있으면서 사방으로 격문을 보내어 의병과 군량을 모집하기 위해 전심전력한 정신과 노력은 과거의 역사 속에 그대로 묻어둘 수 없다.

긍정적이든 부정적이든 뇌봉의 사상과 삶은 우리 유학사와 정신사 일부임이 분명하다. 따라서 그것을 올바르게 구명하는 일은 우리의 과거와 오늘의 삶에 대한 적극적 인식을 추구하는 한 방식이자, 우리 유학사의 폭을 넓히고 민족의 정체성을 새롭게 자각하는 일이기도 하다.

이러한 점에 유의하면서 필자는 뇌봉의 도의사상을 검토하고 그것이 현실 인식이나 현실 대응과 어떤 내적 연관성을 지니고 있는가, 또 도의사상의 내용과 그 특성은 무엇인지를 살펴보고자 한다. 이 글은 뇌봉 도의사상의 학문적 기반, 도의사상의 내용과 특성 및 현실 대응의 문제를 순차적으로 논하고자 한다. 이를 통해 뇌봉과 그의 삶과 사상이 지닌 특성 및 유학사적 위치가 정당하게 밝혀질 수 있을 것이다.

2. 뇌봉 학문의 기반

뇌봉 도의사상에 대한 본격적 논의에 앞서 먼저 뇌봉의 학문적 기반을 간략하게 살펴보고 또한 그 특징이 어디에 있는가를 밝히고자 한다. 논의의 전개에 따라 분명해지겠지만 뇌봉의 도의관은 동전의 양면처럼 그의 학문 연원과 밀접한 관계를 맺고 있다.

지덕해는 忠州人으로 字는 受吾요 호는 雷峰이다. 뇌봉은 조선조 宣祖 16년(1583) 12월 21일 淸州 南面 末里洞에서 아버지 開川公 景淸과 어머니 恩津 宋氏의 아들로 태어났다. 家狀에 의하면 그의 祖父 蘭은 일찍이 호조참의를 증직 받았으며, 부친 景淸은 벼슬하기를 기꺼워하지 않아 평생을 生員으로 지냈지만, 行實을 힘써 닦고 염치를 지켜 세상 사람들의 칭송을 받을 정도였고, 학문을 통하여 깨달은 바를 몸소 실천하는 인품의 소유자였다.[2)]

뇌봉은 6세 무렵에 마음씨와 몸가짐이 남다른 데가 있어서 莊重 穎悟하며 같은 또래 중 특출하게 모습을 드러내어 보는 사람마다 장차 큰 그릇이 될 것이라고 하였다.[3)] 뇌봉의 이러한 점은 그의 나이 8세 때에 아버지 한천공이 참의공의 喪을 만나 廬墓하는 동안 유감없이 나타났다. 다음의 자료에서 이 점이 보다 분명하게 밝혀진다.

> 庚寅 12월에 할아버지 참의공이 돌아가시다. 大人 한천공이 喪을 만나 廬墓함에 公(뇌봉)이 두 형과 함께 (아버지를) 찾아뵙고 문후를 여쭈니 나이 어리다는 핑계로 빠지는 일이 없었다.[4)]

이처럼 뇌봉은 어려서부터 총명하고 성품이 너그러웠으며 효성이 지극하였다. 그리고 그것은 뒷날 그의 도의사상을 이룩하는 바탕이 되었다.

9세 때 가을에 처음으로 여묘살이를 하는 아버지 한천공의 엄격한 지도로 學童이 배우고 익혀야 할 책들을 두루 읽었다. 뇌봉은 가학을 정통으로 받들어 자신의 학문적 목표와 기준으로 삼고 이를 심화시켜 나갔다. 즉 가학을 철저히 계승하고 체득하며, 孔孟·程朱를 배우고 성현의 뜻을 본받고자 노력하였다.

---

2) 『雷峰集』, 권3, 부록, 「家壯」.

3) 『雷峰集』, 권3, 부록, 「年譜」, 5세조 참조.

4) 같은 책, 같은 곳, 8세조. "庚寅 十二月 祖考參議公卒 大人 閒川公 丁憂廬墓, 公與二兄往候, 不以幼少或闕焉."

10세 때 여름에는 부모님과 함께 왜구의 난을 피하여 靑山의 酒城縣으로 갔다가 그 이듬해 봄에 어머니 본가인 회덕 송촌에 잠시 머물다가 그해 가을 다시 청주의 집으로 돌아왔다.

15세 가을에는 또 왜란을 피하여 부모님과 함께 龍化山으로 갔다가 그해 10월에 고향으로 돌아왔는데, 두 번에 걸친 왜구들의 침입으로 거의 모든 마을이 파괴되었고 또한 그의 고향 집과 소장한 책들도 모두 불타버리고 말았다. 이때 받은 뼈아픈 충격과 분노가 뇌봉으로 하여금 뒷날 大義論을 주창하고 척화론에 앞장서게 하였고, 독서인으로서의 '사변적 삶' 보다는 행동하는 지성인으로서의 '실천적 삶'을 살도록 하였던 것이 아닌가 생각된다.

17세 때에는 아버지 한천공의 상을 당했다. 뇌봉은 예를 다하여 상을 치르고 절도에 맞게 곡을 하였는데, 그의 그러한 모습이나 태도는 덕망과 예절을 이미 몸에 갖춘 군자와 다름이 없었고, 부모에 대한 지극한 효심은 또한 많은 사람을 감복시켰다.

22세 때에는 우계 성혼(牛溪 成渾, 1535~1598)의 문인인 체소 이춘영(體素 李春英, 1563~1606)의 문하에서 공부하였다.[5] 체소는 임진왜란 당시 召募官으로 충청·전라도를 순행한 바 있고, 抄啓製述文官이 되어 明나라에 구원을 청하는 奏聞을 초하기도 했으며 또한 임진왜란 당시 불타버린 선대 실록의 보수작업에 공조정랑 겸 춘추관 기사관으로 이 일에 적극 참여하기도 한 당대의 대표적인 문장가였다. 체소는 이력이 말해주듯이, 뇌봉의 학문적 기초와 가치관 형성에 많은 영향을 주었던 것으로 짐작된다. 우계와 체소의 영향으로 뇌봉의 학문은 일상생활에서 따라야 할 도리의 이론적 근거를 공부해서 확실한 신념을 지니고 도덕적 완성을 기하려

5) 같은 책, 같은 곳, 22세조.

는 것이었다. 이 점은 뇌봉이 정묘호란 당시 王世子를 전주로 陪衛하고 또 『分朝日記』 4권을 선조에게 지어 올린 일에서도 극명하게 드러난다.[6)]

그러나 뇌봉으로 하여금 公義의 가치관과 內聖外王의 정신을 가지고 평생을 살도록 계기를 마련해 준 것은 그의 아버지와 친밀한 관계를 맺고 지냈던 서계 이득윤(西溪 李得胤, 1553~1630)[7)]과 사계 김장생(沙溪 金長生, 1548~1631)이었다. 특히 사계는 사상과 처세의 면에서 뇌봉에게 많은 영향을 끼쳤던 것으로 보인다.[8)] 이해득실을 고려하지 않고 대의를 지향하는 정신과 곧은 기개 및 공동체 의식을 지향하는 넉넉한 처세법은 그의 전 생애를 지배한 것으로 어느 정도는 이 시기에 그가 사계로부터 받은 유산이라 할 수 있다.

서계는 당대의 이름난 역학자이면서 음악에 남다른 관심을 두어 거문고에 관련된 銘, 賦, 記, 詩, 書, 악보, 古今琴譜 등을 집대성하여 『玄琴東文類記』라는 거문고 악보를 남긴 인물이고, 사계는 주지하다시피 성리학으로 예학의 기초를 마련하고, 정밀하게 예를 고증하는 데 힘써 예학의 학문적 기초를 마련하여 조선 예학의 宗匠으로 일컬어지는 인물이다. 이처럼 뇌봉은 兩人으로부터 禮와 樂 두 부분에서 영향을 받았고, 그것은 또한 자신의 인격형성에 많은 도움이 되었던 것으로 보인다.

禮는 분별과 다름, 그리고 질서의 원리를 지향한다면, 樂은 조화와 같음, 그리고 화합의 원리를 지향하는 것으로, 공자 이래 유학의 교학 체계에서 가장 중요한 두 개의 수레바퀴와 같은 것이다. 뇌봉은 사계와 서계의

---

6) 『雷峰集』, 권3, 부록, 「墓碣銘」 참조.

7) 『雷峰集』, 권2, 書, 「上西溪李先生」. "念吾父嘗遊於剡溪門下, 獲私於西溪先生" 참조.

8) 뇌봉이 사계의 訃告를 받고 神位를 설치하고 곡을 한 일과, 부모의 묘소를 옮기면서 사계의 아들인 신독재에게 服制의 의식에 대하여 물은 일은 그 단적인 예가 된다. 『雷峰集』, 권3, 부록, 「年譜」, 49세조와 같은 책, 권2, 書, 「與金愼獨齋」 참조.

가르침인 禮와 樂의 조화로운 합일과 그것의 올바른 체득과 구현을 하는 학문 과정에서 자기 正位를 확립하였다. 그가 대의를 기준으로 매사에 진퇴를 분명히 하는 삶을 위해 신명을 바쳤던 것도 여기에 근거한다. 따라서 그가 「病中詠懷」라는 시에서 "행동하는 것이 어긋나 비방이 많고, 빠진 것을 보충하려 하나 부족한 것이 너무 많아 부끄럽기만 하다. 나아가고 물러나는 것 지금 바로 이 자리에서 일찍 결단하는 것이 좋을지니"[9]라고 노래한 것은 이런 문맥에서 이해되어야 한다. 위에서도 언급한 것처럼 '대의'는 뇌봉에게서 인간이 추구하여야 할 최상위의 도리라는 의미를 지닌다. 그것은 또한 뇌봉의 삶과 도의사상의 시작이며 마지막 도달처이기도 하다. 이와 같은 입장은 그의 도의사상과 현실 대응에서 다시 한 번 선명히 볼 수 있다. 우암 송시열의 다음 말은 이를 입증하는 하나의 단서가 될 수 있다.

> 공(뇌봉)은 일찍이 고아가 되었는데, 그 형을 잘 섬겨 마을 사람들의 칭찬을 받았다. 조정에서는 맡은 바 일을 잘 수행하였고, 남이 감히 하지 못하는 말(敢言)을 잘하여 세상에 알려졌다. 그러니 어질다고 할만하다.[10]

이미 지적했듯이 뇌봉의 학문적 기초는 한천공으로 대표되는 가학이었고, 이는 젊은 시절의 체소 門下에서의 文章 공부와 중년시절의 서계와 사계 門下에서의 禮, 樂, 易學 등의 공부를 통하여 더욱 심화·발전되었다. 그뿐만 아니라 이 과정에서의 가학을 바탕으로 한 공맹학에 대한 실천적 이해는 뇌봉으로 하여금 주자학의 기본 이념들을 수용하면서도 經世的 실천

---

9) 『雷峰集』, 권1, 詩, 「病中詠懷」. "行身서齬多譏謗, 補闕空疎足傀慚, 進退卽今宜早決."
10) 『雷峰集』, 권3, 부록, 「墓碣銘」. "公早孤以善事其兄, 爲鄕党所稱, 立朝能隨事, 敢言以聞於世, 可謂賢也."

에 큰 비중을 두어 자신의 정치 참여를 정당화하게 하였다.

> 시절의 어려움을 구제할 힘이 없는 것이 스스로 부끄럽고/ 병은 지리하고 양 귀밑머리에는 백발이 희끗희끗하다./……/ 文章이 세상을 움직이니 사람들이 다투어 사모하고/ 忠信으로 몸을 닦으니 얼굴 또한 편안하다./ 타고난 큰 선비는 응당 뜻이 있고/ 임금을 도와 끝까지 재목 노릇을 다하네.[11]

그는 이 시에서 치국 평천하의 간절한 소망을 했으면서도 그것을 제대로 실천하지 못한 지난날의 후회스러움을 절절하게 노래하고 있다. 이것은 사실상 성리학자들이 갖는 공통의 생각이다. 그렇다고 하더라도 뇌봉에게 있어서 개인적 德性의 함양이라는 목표와 현실정치의 조건 아래 관료로서 참여하는 일은 곧 왕도정치의 이상을 실현하는 일이자 선비로서의 직분인 '行道'를 다하는 방법이기도 하였다.

이처럼 뇌봉은 학문과 삶의 正道를 얻고 구현하는 데 아버지 한천공의 가르침을 절대표준으로 삼았고, 그가 당면하고 있었던 17세기의 정치·사회·사상적 혼돈에 대한 위기의식 아래에서 해결해야 할 절실한 과제로 그 가르침을 마음속에 새겼다. 뇌봉은 당대의 모든 가치질서가 붕괴하여 "乾坤의 자리가 바뀌고 北風이 넘어지며"[12], "풍년이 들어도 처자식 또한 굶주려 울부짖는"[13] 상황을 심히 우려했다. 뇌봉은 이를 해결할 수 있는 현실적 논리와 방법을 찾고자 하였고, 자신이 모색하는 사상의 근원으로서, 또는 그 정당화의 근거로서 禮와 樂의 조화를 통한 '대의' 정신의 확립

---

11) 같은 책, 같은 곳, 「贈庾師傳軾赴召之行」. "自慚無力濟時艱, 一病支離兩鬢班, ……, 文章動世人爭慕, 忠信修身貌亦安, 天簡碩儒應有意, 助君終始盡狼玕."

12) 같은 책, 같은 곳, 「丁丑二月聞南漢之報將發奔問行强栽一絶」. "乾坤易位北風顚."

13) 같은 책, 같은 곳, 「和申西山詠臘後雪韻」. "年豐妻子亦啼飢."

이 필요하였으며, 또한 스스로 그 시대 양심의 본원이고자 하였다.

'대의' 란 현실의 모순이 극대화되는 시기에 처하여 무너진 성인의 道를 새롭게 일으켜 세우는 정신이며, 선비가 애써 쌓은 學德을 실천에 옮기는 길이었다. 그래서 뇌봉은 아무리 궁해도 자신이 살기 위하여 대의를 저버리지 않았고, 벼슬길에 나가서는 선비의 도를 이탈하지 않았던 것이다.[14] 그런 점에서 이론적인 탐구보다는 도덕적 실천을 더 강조하는 뇌봉의 삶은 주자학만 가지고는 설명할 수 없는 어떤 부분이 있음을 확인하게 한다. 물론 이와 같은 특징과 가능성에도 그가 여전히 주자학적 사유체계 안에서 자신의 시대를 보고 우려하였다는 사실은 부정할 수 없을 것이다.

3. 뇌봉 도의사상의 내용과 특성

주지하다시피 유가의 도의관에 의하면 인간이 인간다운 所以는 인간 본유의 덕성, 즉 인의예지 사덕에 있으며, 인간이 인간답게 사는 길은 자기의 본래적 덕성을 남김없이 발휘하여 이를 도덕적 행위로 구현하는 데 있다. 그런 의미에서 인간의 인의예지 사덕은 선천적이고 고유한 내적원리요 존재원리라고 할 수 있다. 그리고 사덕, 즉 인의예지는 그 내용에서 인과 의로 요약되며, 그것은 또한 유가 도의사상에서 가장 중요한 덕목이다. 인이란 자아의 본질이자 예를 실천하는 근본정신이며 동시에 '우주와 도덕의 실체' 인 사랑이고, 의란 지에 대한 사리분변의 기준이며 공동선의 실현을 위한 인간다운 삶의 방식인 정의이다. 인간은 누구나 이러한 '사랑과

14) 『雷峰集』, 권3, 부록, 「墓碣銘」. "拜司諫院正言時, 玉堂憲府言事忤旨, 擧朝震駭, 公論救甚力物論多之, 後爲持平 薄違不避." 참조.

정의'를 알고 실천할 수 있는 능력을 본래 구유한 존재이며, 또한 내적으로 주체성을 확립하여 천명을 자각할 수 있고, 그로 인하여 天人合德의 경지에까지 도달할 수 있는 존재이다.[15] 子思가 『중용』 첫머리에 "하늘이 賦命한 것을 性이라 하고, 性을 따르는 것을 道라 이른다."[16]라고 한 것이라든지, 맹자가 "자신의 마음을 다하는 자는 자기의 본성을 깨닫게 될 것이니, 본성을 깨달음은 곧 하늘을 깨닫는 것이다. 마음을 보존하여 본성을 기름은 하늘을 섬기는 바 되는 것이다."[17]라는 말은 바로 이와 같은 사실을 단언하고 있다.

앞에서 살펴본 바와 같이 뇌봉은 禮와 樂을 조화하고, 그것을 도덕의 기초이자 근거인 대의를 통해 "武斷을 억제하고 人倫을 사랑하는"[18] 현실사회를 구현하려고 하였다. 이 경우 의란 『주역』에서 말하는 "敬以直內 義以方外"[19]나 『맹자』에서 말하는 "舍生取義"[20]와 같은 뜻을 갖는 개념으로서 크게 공정하고(大公) 지극히 올바름(至正)을 힘써 추구하려는 정의를 가리킨다. 그가 「次悅雲亭壁上韻」에서 "농사의 풍년과 흉년은 다르나/ 구하는 것의 大小는 같다."[21]라고 노래한 것이나, 仁祖에게 왕실의 권력을 이용하여 민폐를 자행하고 나라의 기강을 어지럽힌 王子 玏에 대해 죄줄 것을 청한 글[22]에서도 그 대체적인 내용을 짐작게 한다. 이렇게 볼 때 뇌봉 도의사상의 특성은 예와 악의 조화에 입각한 대의정신의 확립에 그 궁극적인 목

---

15) 이 문제에 관하여서는 拙著, 『천명과 유교적 인간학』, 심산, 2011, 80-106쪽 참조.

16) 『中庸』, 제1장. "天命之謂性, 率性之謂道, 修道之謂敎."

17) 『孟子』, 「盡心章句上」. "孟子曰盡其心者, 知其性也, 知其性, 則知天矣, 存其心, 養其性, 所以事天也."

18) 『雷峰集』, 권3, 부록, 「年譜」, 51세조. "九月到任, 抑武斷愛人倫."

19) 『周易』, 坤卦, 「文言傳」.

20) 『孟子』, 「告子章句上」.

21) 『雷峰集』, 권1, 詩, 「次悅雲亭壁上韻」. "稼穡豊凶異, 徵求大小均."

22) 같은 책, 같은 곳, 啓辭, 「慶平君玏奪取公物請罷其職啓」 참조.

표가 있다고 하겠다. 여기서 대의는 지의 사리 분변의 기준일 뿐만 아니라 동시에 예가 행위규범으로서 타당성을 가질 수 있게 하는 근거가 된다. 예는 단순한 행동규범으로서의 의례만을 가리키는 것이 아니고 인간의 본성과 천도의 理法에 뿌리를 둔, 의리와도 상통하는 개념으로서[23] 객관적 타당성과 도덕적 합당성을 추구하는 기준이자 治民의 大要이기 때문이다. 뇌봉이 부모의 묘소를 이장하는 禮를 묻고자 신독재 김집(愼獨齋 金集, 1574~1656)에게 보낸 글의 한 대목을 통해서도 이 점의 대략을 짐작할 수 있다.

> 대저 禮란 人情에 바탕을 두어야 하고 또 보다 두터운(厚) 쪽을 좇는 것이 마땅하다고 생각합니다. 다시 3개월을 다한다 하여 무어 안 될 일이 있겠습니까?[24]

뇌봉에 의하면 예란 인간의 인간다운 생활 즉 윤리생활에서 마지막까지 지켜야 할 덕목이며, 인간생활의 내적 기반인 가족윤리와 외적 기반인 사회윤리의 근간이 된다. 이와 같은 태도는 그의 대의정신에서 "자신의 곧음(直)을 팔아서 벼슬을 구하지 않는다."[25]는 처세 원칙으로 간명하게 집약되어 나타난다. 그가 司諫院에 있을 때 홍문관에서 張維, 崔惠吉, 權諗, 閔光勳 등이 액정별감을 推捉한 일로 이들을 推考하라는 인조의 명령이 떨어지자, 추고의 어명을 거두어들이기를 강력히 청한 啓는 이를 입증하는 좋

23) 본고에서 깊이 다룰 성질의 문제는 아니지만, 柳承國 교수의 다음의 말은 시사하는 바가 매우 크다. "禮에는 내용과 형식이 있으니, 형식은 時代에 따라 변하여도 禮의 정신은 불변하는 것이다. 『禮記』「禮器」편에 의하면 '禮에는 本이 있고 文이 있다. 忠信은 禮의 本이요, 義理는 禮의 文이다. 本이 없으면 설 수 없고, 文이 없으면 행할 수 없다.' 고 하였다." 柳承國, 「韓國思想과 現代」, 동방학술연구원, 1988, 109쪽.

24) 『雷峰集』, 권2, 書, 「與金愼獨齋集」. "夭禮者, 緣人情, 而又宜從厚, 則更盡三月, 有何不可乎."

25) 같은 책, 권3, 부록, 「墓碣銘」. "屢批頷鱗, 匪沽其直" 참조.

은 단서가 된다.[26)]

이처럼 뇌봉은 자신이 옳다고 생각한 일에 대해서는 조금의 양보도 없이 直言을 하는 매우 강직한 성품과 투철한 관료의식을 가졌던 인물이었다. 그렇게 볼 때, 뇌봉이 생각한 禮는 개별적인 것이 아니라 포괄적인 의미이며, 현실과 유리된 별개의 것이 아니라 구체적 사건 속에서 '義行'으로 나타나는 '마땅함'과 '올바름'이 원리인 것이다. 그리고 禮의 효용은 개인만의 덕성의 문제라기보다는 사람들 사이의 사회관계 속에서 나타나는 정의구현의 문제이다. 다음의 자료가 이런 생각을 선명하게 보여준다.

> 乾坤의 자리 바뀌고 北風이 넘어진다. 승지는 남쪽으로 와서 비로소 그 소식 전하네. 임금이 욕됨을 당하니 스스로 한탄스럽고, 신하된 몸 차라리 죽지 못하면서 어찌 염치없게도 임금의 안부만 묻는가.[27)]

이처럼 뇌봉은 대의만이 인간의 인격적 본질을 구현할 수 있고, 도덕적 이상을 달성할 수 있는 궁극적 목표이자 유일한 방법이라는 믿음을 가졌다.

물론 대의 정신으로 모든 문제를 생각한 것은 뇌봉 만이 아니다. 『논어』에서는 "義를 행하여 그 道를 행한다."[28)]고 하여 人道의 궁극 목표가 대의의 구현에 있음을 보여주고 있다. 그것은 또한 사람 된 자가 마땅히 믿고 따르고 실천해야 할 길이라고 하여 "의는 사람이 다녀야 할 가장 올바른 길이다."[29)]라고 한 맹자의 말에서도 명료하게 확인된다. 그뿐만 아니라 주

26) 같은 책, 권1, 啓辭. "諫院請憲府忤旨引嫌並命出命仕啓" 참조.

27) 『雷峰集』, 권1, 詩, 「丁丑二月聞南漢之報將發奔問行强裁一絶」. "乾坤易位北風顚, 承旨南來信始傳, 主辱自歎臣未死, 何顔奔問更朝天."

28) 『論語』, 「季氏」. "行義以達其道."

29) 『孟子』, 「告子章句上」. "義 人之正路也"

자의 高弟 陳淳(1159~1223)의 『北溪字義』에서는 의를 천리로 해석하여[30] 의가 인간 성정의 순수한 발로이자 인간의 당위적 실천 원리임을 제시하고 있다. 이러한 관점은 "대저 어진 사람은 그 의를 바르게 하되 그 利를 꾀하지 않으며, 그 도를 밝히되 그 功을 計較하지 않는다."[31]고 한 董仲舒(B.C. 179~B.C. 104)의 말에서도 발견된다. 이를 통해 알 수 있듯이 의는 인간의 본래성을 실천하는 구체적인 방법이며 유학이 가졌던 왕도정치의 궁극적 이상인 '평천하'의 세계를 성취하는 근본적인 바탕이다.

뇌봉은 유학자로써 의를 다른 어떤 덕목보다 중시하고 역설하였다. 의에 대한 뇌봉의 입장은 당대의 다른 유학자들과 별반 차이가 없지만, 뇌봉이 가졌던 의의 이해는 보다 특이한 점이 있다. 그는 의를 가지고 禮와 樂을 조화시키고 또 그것을 올바르게 밝히고자 온몸을 던지는 삶을 살았기 때문이다. 그가 仁祖에게 부당하게 품계가 오른 尹善道와 조위한의 파직을 청하는 상소에서 다음과 같이 한 말을 통해서도 이 점을 확인할 수 있다.

> 정랑 尹善道는 司僕僉正으로 갑자기 올랐습니다. 개정하소서. 교리 조위한은 논의가 합치되지 않으면서부터 상소하여 사직했으니 자취가 영합한 데 관계됩니다. 파직하소서.[32]

이러한 뇌봉의 直諫은 결코 우연하게 이루어진 것이 아니다. 그것은 강직한 성품과 투철한 선비의식에서 비롯된 것이다. 교육 및 관직 생활을 중심으로 한 그의 개인사를 살펴볼 때 이 점은 분명하다.

뇌봉에게 대의는 자신의 삶을 지배하는 가장 중요한 근본적인 원리였

---

30) 『北溪字義』, 권下, 「義利」. "義者, 天理之所宜, ……, 天理所宜者, 只是當然而然" 참조.
31) 『漢書』, 권56, 「董仲舒傳」. "夫仁人者, 正其義而不謀其利, 明其道而不計其功."
32) 『국역 인조실록』, 인조 10년 2월 26일.

으며, 또한 인욕이나 물욕 등 일체의 사욕과 대결할 수 있는 가장 기본이 되는 실천요목이기도 하였다. 그것은 자신이 옳다고 생각한 일에 대해서는 조금도 주저하는 일 없이 直言하고 행동하는 강인함으로 표출되었다. 여기에서 대의는 시대를 근심하고 현실을 아파하는 충정의 표현이자, 사회 정치적 혼란과 비리에 대한 비판정신을 뜻한다. 뇌봉의 「詠梅」라는 詩의 한 대목 "주인이 절개를 잃고 돌아와/ 근본도 없이 오늘은/ 풍속 따라 이리저리 움직이는 것을 비웃고 있네."[33]에서도 이를 확인할 수 있다.

이런 의미에서 도덕적 자기완성과 이론탐구보다 사회적 실천이나 행동적 결단을 더 중시함은 지극히 자연스러운 일일 것이다. 뇌봉에게도 이 점은 예외가 아니다. 그의 문집에서 성리학의 근본 주제인 리기론 · 심성론 같은 순수철학이론을 발견할 수 없다는 사실이 그것을 증명한다. 그렇다고 그의 대의사상이 사회적 비판의식만을 강조하고 개인의 내면적 성찰과 완성을 무시하거나 배제한 것은 결코 아니다. 유학에서의 대의는 인간의 올바른 도리를 자각하고 그것을 바탕으로 하여 지속적인 자기 개혁과 사회 비판의식을 가지면서 구체적 현실 속에서 마땅함과 올바름을 실현하는 것을 그 목표로 삼기 때문이다.[34]

뇌봉은 또한 충과 효의 조화를 통하여 대의 문제를 해결하려고 하였다. 주지하다시피 효는 사랑을 바탕으로 한 것으로서 인의 실천 요목이고, 충은 恭敬을 바탕으로 한 것으로서 의의 실천 요목이다. 이것이 개인적으로는 효로 나타나고, 사회적으로는 충으로 나타나는 것이다.[35] 충과 효는 도

33) 『雷峰集』, 권1, 詩, 「詠梅」. "可笑主人還失所, 斷根今日任飄風."

34) 吳錫源, 「19세기 韓國 道學派의 義理思想에 관한 연구」, 성균관대학교 박사논문, 1992, 68-75쪽 참조.

35) 申東浩, 「先秦儒學에 있어서의 人本思想의 展開」, 『새마음論叢』 창간호, 충남대학교 새마을 연구소, 1977, 72쪽 참조.

의사상 구현의 양 날개와 같은 것으로서 이중 어느 하나도 가벼이 보거나 빠뜨릴 수 없는 덕목들이다. 그래서 뇌봉은 「自歎」이라는 시에서 "평안에 몸을 허락한 것이 한결같이 어리석기만 한가?/ 倡義하여 임금께 보답할 계책도 멀기만 하다."[36]라고 노래하였고, 또 서계에게 "자식 된 도리로 볼 때에 어버이의 선행을 밝게 세상에 드러내는 일은 지극한 인정이라고 할 수 있습니다. 어찌 감히 사라지게 하고 전하지 않을 수 있겠습니까."[37] 말하였던 것이다. 그가 禮와 樂의 조화로운 합일을 지향하는 사고를 바탕으로 "대중과 더불어 생각과 뜻을 나누며 사는"[38] 참다운 인간 도덕 공동체를 실현하려고 진력했던 것도 이에 기인한 것이라 할 수 있다. 바로 여기에서 뇌봉 도의사상의 특징이 분명하게 드러난다. 다음의 자료는 이 문제와 관련하여 매우 많은 것을 시사해 주고 있다.

> 府君(雷峰)이 임무(龍岡縣令)를 맡고 있을 때에 敎化를 일으켜 현민들을 잘 깨우쳐 주었다. 그 직을 그만두고 돌아옴에 이르러서는 현민 중에 좇아 전송하는 자가 매우 많았다.[39]

이렇게 볼 때, 뇌봉은 대의로 內·外를 일관하고 이를 통해 자신의 경세적 실천의 정당성과 도덕적 합당성을 추구했으며, 그 속에서 자신의 역사를 만들어 나가고자 했던 것이 분명하다. 그가 서계에게 아버지의 墓碣銘을 청탁하면서 "만약 한마디라도 과장되거나 허튼 것이 나온다면, 이것은 우리 아버지를 속이는 것이자 선생을 속이는 것이 된다."[40]라고 한 말이

36) 『雷峰集』, 권1, 詩, 「自歎」. "許身平日一何愚, 倡義勤王計亦迂."
37) 『雷峰集』, 권2, 書, 「上西溪李先生」. "則爲人子而顯親之善, 乃其至情, 安敢泯沒而不傳乎."
38) 『雷峰集』, 권1, 詩, 「寄李慶會借人子須知」. "不妨分與衆人知" 참조.
39) 『雷峰集』, 권3, 부록, 「年譜」, 47세조. "府君在任務, 爲興化牖民, 及歸縣民追送者甚衆."

나, 寧海府使로 재직할 때에 노인들을 위하여 큰 잔치를 베풀고, 또 定時로 鄕約을 행한 일 등을[41] 상기할 때 이 점은 분명하다. 바로 여기에서 뇌봉 도의사상의 특성이 명료하게 드러나고 있다.

4. 뇌봉 도의사상과 현실 대응

위에서 살펴본 바와 같이 뇌봉 도의사상은 禮와 樂의 조화와 그것을 통한 대의정신의 현실적 구현이 목적이다. 이 경우 대의는 個我의 끊임없는 수양과 타자에 대한 성실한 사랑이 바탕이 되고 있다. 그리고 그것은 안으로 자신이 사덕의 주체임을 투철하게 자각하고 밖으로는 충과 효를 기초로 하여 이 인간세에서 평천하의 세계를 구현하고자 한 노력으로 표출되었으며, 그의 현실 대응 또한 이와 무관하지 않다. 그런 점에서 뇌봉의 도의사상은 임진왜란과 병자호란으로 말미암은 전쟁 후유증의 극복과정에서 나타난 민생을 해치는 병폐가 극성을 부리던 당시의 현실상황을 해결해보고자 한 응답이었다고 할 수 있다.

이러한 시각에서 뇌봉의 도의사상을 검토할 때 가장 두드러지게 눈에 띄는 것은 대의 실현의 궁극적 목표인 "衆民에 대한 연대의식"의 강조이다. 다음의 두 작품은 이러한 정황을 극명하게 보여주는 예일 것이다.

> 평생의 뜻 나라를 경영하고 구제하는 데 두었더니,
> 천재일우의 기회를 만났도다.

---

40) 『雷峰集』, 권2, 書, 「上西溪李先生」. "如便一言出於浮誇, 則是誣吾父也, 欺先生也."

41) 『雷峰集』, 권3, 부록, 「年譜」, 49세조 참조.

협력하여 난리 평정 함께 도모하고,

힘을 합쳐 흥망성쇠 함께 하였도다.[42)]

이 난리 어느 곳에서 몸을 편안히 쉴 것인가?

千間 큰 집 주인에 의지하네.

마을의 개들은 주인보다 먼저 나그네를 맞이하고

집의 아이는 기뻐하며 옛적 반가운 손님을 반기네.

밭 갈고 길쌈하는 것을 물으며 서로 돕고

물 긷고 땔감을 구하니 이에 이웃이 있다네.[43)]

바로 여기에서 대의 정신을 바탕으로 하여 자아와 사회실현의 조화로운 합일을 시도했던 뇌봉 도의사상의 현실 대응 양상의 특성이 나타난다. 大義는 유가 최고 덕목의 하나로서, 일상생활의 외적 기반인 사회 윤리적인 의미가 특히 강하며, 현실의 구체적인 상황 속에서 '마땅함'과 '올바름'을 추구하는 당위적 규범원리이다.

그러면 禮와 樂의 조화를 추구하고, 충과 효를 내용으로 하여 대의 정신을 확립하고 또 그것을 구현하는 데 평생을 걸었던 뇌봉이 생각한 현실의 바람직한 모습은 무엇인가. 뇌봉의 경우 그것은 "안에서는 부모에게 효도하고 밖으로는 天命을 자각하여 선비로서의 책무를 다하는"[44)] 세계로 집약된다. "重病을 앓으면서도 他鄕에 머무를 수밖에 없고,[45)] 사는 것이 너무

42) 『雷峰集』, 권1, 詩, 「贈別沈監司」. "經濟平生志, 遭逢千一期, 協謀同撥亂, 戮力共興衰."

43) 같은 책, 같은 곳, 「寄謝宋明甫」. "亂離何處可安身, 大庇千間賴主人, 村犬尙迎曾宿客, 家僮敢慢舊嘉賓, 問耕問織寧有助, 求水求薪自有隣."

44) 같은 책, 같은 곳, 「養病窩」. "風樹終天病, 玆烏反哺情, 依歸宜畢命" 참조.

45) 같은 책, 같은 곳, 「咸吟寄卞養伯」. "亂離辭故土, 衰病客他鄕" 참조.

구차하여 거친 계곡에서 아무도 모르게 목매는 것만 같지 못하다고 토로하는[46] 절박한 상황에서 그는 오로지 인간의 보편적 가치의 준칙이자 행위규범인 대의에 합치되고, 또 그것을 구현할 수 있는 현실관을 자신의 참된 현실로 인정했던 것이다.

이를 좀 더 구체적으로 표현하면 "궁중에 즐거운 일이 많아 千歲를 기약할 수 있고,[47] 祠堂의 神靈들도 편안할 수 있는"[48] 세상이라 할 수 있다. 따라서 뇌봉은 순선 무악한 道心의 세계를 이상적 현실로 파악하였다. 그것은 바로 인간이 인간답게 사는 데 있어서 절대적으로 필요한 대의 정신의 내용이 되는 충과 효가 조화롭게 구현될 수 있는 도덕적 · 윤리적 가치의 세계였다. 예컨대 그가 申西山에게 바치는 詩에서 이 점이 보다 명료하게 밝혀진다.

> 장차 儒術을 어떻게 고칠 것인가. 乾坤이 싸움 중에 있네.
> 평생 武術을 싫어했지만 오늘은 잠시 활을 손에 잡았네.
> 세상은 너무 혼란하고 몸 또한 병이 들어
> 해가 갈수록 쇠약해가지만 뜻은 오히려 높아가도다.
> 그 누구와 더불어 이 분노 이 원한 논해볼까.[49]

대의적 삶의 실천을 누구보다 강조하는 뇌봉의 입장은 어지러운 시대를 근심하고 大同의 사회가 구현되기를 열망하는 간절한 충정의 표현이

---

46) 같은 책, 같은 곳, 「自歎」. "此日此生生亦苟, 不如荒谷縊無知" 참조.
47) 같은 책, 같은 곳, 「大妃殿延祥詩四首」. "宮中多樂事, 千歲永爲期."
48) 같은 책, 같은 곳, 「還川邊舊築春祝」. "從今祠廟神靈安" 참조.
49) 같은 책, 같은 곳, 「呈申西山」. "儒術將何補, 乾坤戰鬪中, 平生不好武, 今日且操弓, 世難身還病, 年衰意尙雄, 共誰論憤惋" 참조.

며, 인위적 욕망을 주체적으로 다스려 하늘이 사람에게 부여해 준 바 命法을 현실적으로 구현하고 완수하는 일에서 크게 벗어나지 않는다. 즉, 이 말은 하늘이 부여해준 자기의 본래의 德性을 남김없이 발휘하여 이를 도덕적 행위로 구현하여 "民과 物이 다 함께 평화스러워지는"[50] 세상을 만드는 것을 가리킨다. 따라서 武斷보다는 인륜을 강조하고[51] 늘 백성과 더불어 생각과 뜻을 나누고자 했던[52] 정신은 뇌봉의 현실관 이해의 유익한 디딤돌이 된다.

뇌봉에게 있어서 현실과 이상은 둘이면서 하나이다. 그런 점에서 이상과 현실은 순선하고 초역사적인 '本源現實'을 구성하는 두 요소일 뿐이다. 이와 같은 생각이 그의 禮와 樂, 충과 효의 조화적 구현을 추구하는 정신에 근거한 것임은 더 말할 필요도 없다. 그래서 뇌봉은, 사람의 자식 된 자는 모름지기 서로 알아야 할 것이 있다고 하면서 "형체를 잊고 너와 함께 서로 아는 것을 許與한다."[53]라고 말하였던 것이다. 따라서 여기에서는 어느 하나를 받아들이기 위해 다른 하나를 본원적으로 거부하는 이분법적 사고는 부정되고, 이상과 현실 사이의 살아있는 통일적 또는 연속적 관계가 힘을 회복하게 된다. 이와 같은 뇌봉의 현실관을 무시하고, 이상과 현실의 관계를 모순 · 대립적인 것으로 파악해서는 안 될 것이다. 왜냐하면, 禮와 樂, 忠과 孝의 조화적 구현을 지향하는 그의 대의관 역시 여기에 그 뿌리를 두고 있기 때문이다.

그는 물론 '實際的 現實'에서는 義와 利를 엄격하게 구별하여 利보다 義가 발용된 세계를 중요시했고, 이를 통해 公과 私, 正과 邪, 君子와 小人, 中

50) 같은 책, 같은 곳, 「次悅雲亭壁上韻」. "民物干戈後, 官居寂寞濱" 참조.

51) 『雷峰集』, 권3, 부록, 「墓碣銘」. "抑武斷愛人倫" 참조.

52) 『雷峰集』, 권1, 詩, 「寄李慶會借人子須知」, "分與衆人知" 참조.

53) 같은 책, 같은 곳. "人子須知我亦知, 忘形爾汝許相知."

華와 夷狄을 明辯하고 正道를 지키고자 하였다. 그러나 뇌봉은 본원적 현실의 세계에서는 그 어느 하나를 받아들이기 위해 다른 하나를 원칙적으로 부정하는 이분법적 사고를 거부하고, 주어진 자연의 질서 속에서 세계와 자아를 함께 긍정하고 조화로운 일체로서 용납하는 삶의 태도를 견지하였다. 그리고 이러한 논리를 바탕으로 하여 뇌봉은 사사로움이 없으며 過不及이 없는, 오직 대의 그 자체로 돌아가는 삶을 긍정했고, 또 그것을 통하여 도덕적 당위와 정치 이상을 하나로 관철하고자 하였다. 다음의 詩에 이러한 관점이 녹아있다.

> 임금님의 옥체 오늘은 편안하실까
> 소식을 알기가 참으로 어렵네
> 임금님 계신 곳 그 누가 함께하는가
> 다시 王人을 볼 수가 없네
> 뱀처럼 세 번이나 주위를 돌고
> 솔개를 띄워 연락하고자 몇 번이나 하였네
> 비로소 애통한 교서가 전해지네
> 아, 너는 일반 사람들과 다른 것이 무언가.[54]

여기에서 뇌봉이 말한 대의는 私利나 不義와 대립하는 일반적 의미인 대의가 아니라 존재론적 원리의 의미인 대의이다. 그는 이를 통해 명분이나 사회적 당위규범보다도 참된 자아를 회복하고 구현시킬 수 있는, 생명의 자기 확대를 더 중시하였다. 그가 「還川辺旧第春祝」이라는 詩에서 "天

54) 『雷峰集』, 권1, 詩, 「召募在稷山時見南漢僧懷密旨穿賊壘而來不勝嗚咽感而有題」. "玉體今安否 難知消息眞, 有誰供御宿 無復見王人, 蛇陳應三匝 鳶飛問幾巡, 始傳哀痛敎 嗟爾異凡民."

道로 유래를 삼을 수 있는 것은 반드시 어진 사람과 친해서이다."[55]라고 노래한 것에서 이 점을 특히 선명하게 본다. 따라서 뇌봉이 제시한 대의는 親民하고 平天下할 수 있는 가능근거이자, 善 실현의 궁극적 목적이며, 자아를 객관 세계와 하나가 되게 하는 원리가 된다. 그런 뜻에서 그는 "난리 후에 회오리바람처럼 떠돌기만 하여 이 몸이 부끄럽기만 한데/ 다만 호구지책으로 좋은 이웃을 인연으로 두었네."[56]라고 노래하였던 것이 아닌가 생각된다. 뇌봉이 '抑武斷愛人倫'과 '分與衆人知'의 사고에 따라 衆人과의 연대의식을 바탕으로 차별과 대립이 해소된 참다운 平天下의 세계를 구현하려고 노력했던 것도 여기에서 비롯된 것이다.

이렇게 볼 때 뇌봉은 대의를 통해 禮와 樂, 忠과 孝의 조화적 구현과 경세적 실천의 정당성 내지 그 도덕적 합당성을 추구했으며, 그 속에서 당대의 사회적 모순과 전쟁으로 말미암은 衆人들의 참혹한 생활상을 절박하게 인식했던 것이 명백하다. 그가 「傷詩吟」에서 "지존께서 오늘 몽진을 하시니/ 한 조각 외로운 성에는 나라님의 발걸음만이 분주하다/ 흉악한 무리들만 끝없이 미쳐 날뛰는데/ 누가 적들에게 포위된 사람을 풀어줄지 몰라."[57]라고 노래한 것도 백성을 사랑하는 지극한 마음의 표출이었다. 여기에서 비로소 병자호란 당시 충청좌도 소모관이 되어 사방으로 격문을 보내어 의병과 군량을 모집하기 위해 전심전력했던 일 등의 의미가 명료하게 드러난다.

다만 생각건대 우리 道는 서울에 가장 가까이 있어 두루 나라님의 교화에 힘

---

55) 같은 책, 같은 곳, 「還川辺旧第春祝」. "由來天道必親仁."

56) 같은 책, 같은 곳, 「謝兪懷德送生鮮」. "亂後飄飄愧此身, 祉緣糊口客芳隣."

57) 같은 책, 같은 곳, 「傷詩吟」. "至尊今日尙蒙塵/ 一片孤城國步頻/ 無限凶門爪牙輩/ 不知誰是鮮圍人."

입어 文武가 융성하게 일어나 忠과 義가 본디부터 드러나 있는 곳이다. 이러한 위난의 때를 당하여 반드시 소매를 걷어붙이고 분연히 일어서는 사람이 있을 것이다. 어찌 내가 알리기를 기다린 뒤에야 느껴서 일어나겠는가. 참으로 바라건대 道民 여러분께서는 각자 신하로서 죽는 의로움을 떨쳐 혹은 의병을 모집하고 혹은 義糧을 모으는데 마음을 같이하고 힘을 합하라. 이로써 임금을 향해 죽음으로 다투어 관군을 도와 적들을 깨끗이 쓸어버려 우리 도의 忠義를 밝힌다면 어찌 다행이지 않을 것이며, 어찌 유쾌하지 않을 것인가?[58]

뇌봉은 천리가 날로 소멸하여 사욕이 대의를 억압하고 "모든 郡이 텅 비어 하나의 선비도 없는"[59] 본말이 뒤바뀐 시대에 처하여, 이를 바로잡고 극복할 수 있는 유일의 지표가 禮와 樂, 忠과 孝의 조화적 구현을 통한 대의의 확립이라고 생각했다. 유의할 것은 뇌봉의 이와 같은 사고가 숭고한 도덕적 가치로 가득한 바람직한 삶에 대한 희구인 동시에, 경세적 실천을 철저하게 긍정하면서도 거기에 매몰되지 않고 세계와 자아, 나와 이웃과의 조화로운 합일을 추구하고자 했던 한 인물의 자기 존재의 확인이라고 해야 할 것이다.

이러한 일련의 검토를 통해 뇌봉의 도의사상이 현실 대응의 근본 바탕임을 다시 한 번 확인하게 되었다. 그 핵심은 禮와 樂, 忠과 孝를 이분화 시키지 않고 대의라는 하나의 큰 정신 안에 그 둘을 통합시키고, 체득 구현하고자 하는 일관된 노력의 결과였다.

---

58) 『雷峰集』, 권2, 公移, 「通諭忠清左道別邑文」. "弟念本道, 最近京師, 偏霑聖化, 文武蔚興, 忠義素著, 當此危亂之日, 必有奮袂而起者, 豈待不佞之通諭然後有所感發乎, 誠願諸君子, 各奮臣死之義, 或募義旅, 或聚義糧, 同心合力, 北首爭死以助官軍, 廓淸之勢, 以彰本道忠義之風, 豈不幸哉, 豈不快哉."

59) 『雷峰集』, 권1, 詩, 「傷詩吟」. "列郡廖廖無一士."

5. 맺는 말

이상의 논의를 통해 뇌봉 도의사상의 특성은 대의로 內·外를 일관하고, 禮와 樂, 忠과 孝의 조화적 구현을 통해 자신의 경세적 실천의 정당성과 도덕적 합당성을 추구하려고 한 것으로 귀결된다. 뇌봉이 이해한 대의의 주제는 개인적 덕성의 함양과 그것을 바탕으로 한 사회·정치적 실천의 문제로 집약된다.

그런 점에서 뇌봉의 도의사상은 그가 經世하던 시대와 역사에 능동적으로 참여하는 실천적 행위의 일환이었으며, 또한 스스로의 삶에 묻고 대답하는 자기성찰·자기구현의 도덕적 행위였다고 할 수 있다. 그래서 그는 書架에서 '獨善其身'하는 道學君子의 삶보다는 出仕하여 정치 일선에서 활약하는 관료로서의 삶을 더 선호했고 그 속에서 자신의 정체성(Identity)을 확인하려고 노력하였다.

그가 시절의 어려움을 구제할 힘이 자신에게 없는 것이 부끄럽다고 고백하면서, 벼슬길에 나가는 庾師傅에게 준 詩의 "文章이 세상을 움직이니 사람들이 다투어 사모하고/ 忠信으로 몸을 닦으니 얼굴 또한 편안하구나."[60]라는 한 대목은 이를 단적으로 요약해 준다. 그럼에도 그는 현실적 名利나 뒤쫓으면서 현실과 타협하고 아부만을 일삼는 단순한 관료는 아니었다. 그는 사상가로서 또는 죽음을 무릅쓰고 直諫할 줄 아는 선비로서 일생 大義를 밝히고 그것을 몸소 실천하는 데 앞장선 '행동하는 양심'이기도 했다. 그가 사헌부 정언으로 있을 때인 1632년 仁祖의 '私親追崇'을 반대한 대사헌 박동헌, 집의 권도 등 台諫들을 변호하다 인조로부터 크게 미움을

60) 『雷峰集』, 권1, 詩, 「贈庾師傅赴召之行」. "自慚無力濟時艱, …… 文章動世人爭慕, 忠信修身貌亦安."

받은 일은[61] 그 단적인 예가 될 것이다.

뇌봉의 이와 같은 투철한 公的인 삶의 태도와 정신적 높이가 그의 대의 정신에 바탕을 둔 것임은 물론이다. 그가 자신의 시대를 乾坤의 자리가 뒤바뀔 정도로 엄청난 혼란과 무질서가 판을 치는 시대로 파악하고, 또 사람의 자식 된 자 모름지기 알아야 할 것을 알지 못하고, "평생에 미사여구나 꾸미는 속임수의 학문만 했다."[62]고 자신을 통렬히 매질하면서도 끝내 절망하지 않고 대의적인 삶을 실천하고자 했던 것은 인간을 도덕의 명실상부한 주체로서 이해하고, "무단보다는 인륜을 더 사랑하고(抑武斷愛人倫)" 항상 "백성과 더불어 생각과 뜻을 나누고자 했던(分與衆人知)" 정신을 모순 없이 통일적으로 체득하고 실천하였음에 힘입은 것이 분명하다.

이러한 일련의 검토를 통해 우리는 뇌봉의 도의사상과 현실 대응 사이에는 긴밀한 연속성이 존재한다고 결론지을 수 있다. 그 핵심은 자신의 개인적 삶을 역사적 국면의 삶으로, 이론적인 삶을 실천적인 삶으로 확장하고 끌어올림으로써 이 인간세에서 대의의 정신을 바탕으로 하여 '더불어, 어울려' 함께 사는 삶을 일관되게 추구하는 것을 지향하는 것이었다.

---

61) 『雷峰集』, 권1, 啓, 「因憲府言事被鞫請罷啓」 참조.

62) 『雷峰集』, 권1, 詩, 「寄李慶會借人子須知」. "平生謏學雕蟲技."

4
청렴(淸廉)과 무실(務實)의 철학

설봉 강백년의 철학과 청백리 정신

1. 이끄는 말

조선 후기의 성리학자이자 淸白吏인 설봉 강백년(雪峯 姜柏年, 1603~1681)은 17세기의 한국 사상사에서 무시할 수 없는 자취를 남겼다. 그의 생애는 한 시대의 철학적 모색과 고민, 그리고 儉約과 廉潔을 중시하는 유가적 인간상의 모범을 보여준다. 극심한 명분론과 예송 및 치열한 권력투쟁으로 얼룩진 시대를 살면서도, 이 시대의 지배적 흐름에 매몰되지 않고 평생을 『四書』의 '存養省察'의 정신을 몸소 실천하고자 한 노력이 이를 잘 말해준다.[1)]

따라서 그것을 바르게 究明하는 일은 과거와 오늘의 삶에 대한 성찰인 동시에 우리 사상사의 폭을 넓히는 일이기도 하다. 확실히 설봉은 남다른 삶과 철학을 지니면서 그것을 놀라운 통합으로 승화시키고 구현한 인물이었다. 설봉은 격변하는 역사적 상황 속에서 외부의 혼란과 압박에 주체적

1) 姜柏年, 『雪峯遺稿』(韓國文集叢刊 103), 권25, 疏, 辭大司諫兼陳所懷疏. "則動靜交修之方, 無出於存養省察, 而其用功之要, 則中庸大學等書詳之矣" 참조.

으로 대응하면서 '聖學의 宗旨'를 전 생애를 통하여 참되게 알고 실천한 孤高한 사상가였다.

설봉의 初喪을 논의하는 자리에서 우암이 肅宗에게 "강백년은 벼슬살이 하면서 淸廉潔白하였으므로, 初喪의 모든 具備가 반드시 많이 어렵고 궁할 것이니, 이제 該曹로 하여금 題給하게 하시면, 모두 우러러보고 또한 반드시 聳動할 것입니다."[2]라고 한 말에서도 이 점을 엿볼 수 있다.

설봉은 과연 어떤 철학을 했고 어떤 삶을 살았는가? 그의 철학사상의 기반과 특성은 무엇이며, 그것이 그의 청백리 정신과 어떻게 관련되고 있는가? 그리고 그의 철학 이론과 준엄한 현실 인식의 전개 과정에서 그가 지녔던 신념의 탁월함과 청렴 정신은 어떻게 나타나고 있는가? 등의 문제들에 일차적인 관심을 두고, 설봉의 철학과 사상 그리고 그 현실구현의 성격을 살펴보고자 한다. 이 물음들은 설봉의 철학과 삶 전체를 올바로 파악하는 데 근본적인 중요성이 있는 것으로서, 여기서 얻어지는 성과 여하에 따라 우리는 설봉의 다른 국면들에 관해서도 보다 깊이 있고 새로운 전망을 확보할 수 있으리라고 생각한다.

이러한 문제에 유의하면서 필자는 가장 먼저 설봉 철학이 가졌던 기본 입장과 배경을 살피고, 이어서 설봉의 본체론 · 수양론을 개관하여 그 특성을 밝히며, 나아가 그의 청백리 정신과 현실대응이 지닌 독특하고 주된 흐름이 무엇인가를 분석한 후, 그것이 설봉의 철학사상과 어떤 유기적 관련이 있으며, 또 그것이 구체적으로 어떻게 전개되는가를 규명하고자 한다.

---

2) 『국역 숙종실록』, 숙종 7년 1월 18일.

2. 설봉의 학문적 기반

설봉 강백년의 철학사상과 청백리 정신을 올바로 이해하기 위해 우선 그의 생애와 학문 연원을 간략하게나마 살펴보기로 한다.[3] 설봉은 晋州人으로 字는 叔久요 이름은 柏年이고, 雪峯은 그의 號다. 그의 아버지는 당대에 문장과 글씨로 이름이 높았던 죽창 강주(竹窓 姜籒, 1567~1650)이며, 어머니는 安東 金氏 應端의 딸이다. 설봉은 小北에 속했던 학자이면서[4] 崔鳴吉(1586~1647), 宋國澤(1597~1659)을 비롯한 西人系 학자들뿐만 아니라 許穆(1595~1682) 등 南人系 학자들과도 교유하면서 비교적 독자적인 삶과 철학사상을 전개한 성리학자였다.

『行狀』에 따르면 설봉은 어려서부터 마음씨와 몸가짐이 남다른 데가 있어서 聰明 愼重하였으며, 3세 때에는 어머니를 여의고 아버지 竹窓公의 자애로운 지도로 유가의 기본 경전은 물론 諸子百家書와 詩文 등을 두루 배우고 익혀 15세가 되기 전에 이미 세상에 文名을 얻었다고 한다. 이에 따라 설봉은 가학을 정통으로 받들어 자신의 학문적 목표와 기준으로 삼고 이를 심화시켜 나갔다. 따라서 그에게 참다운 학문이란 가학을 철저히 계승하고 체득하는 일이었고, 그것은 또한 공맹 · 정주를 배우고 성현의 뜻을 좇는 유일한 길이었다. 이렇게 볼 때 그의 학문은 특별한 師承없이 할아버지 雪祥과 아버지 籒로 이어지는 가학에 바탕을 두어 성취된 것임을 알 수 있다. 이처럼 설봉의 介潔한 처신과 독실한 학문태도가 가학을 통하여 自得한 것임은 任相元(1638~1697)이 撰한 『行狀』의 다음 대목에서 간명하게

---

3) 2장에서의 서술은 대부분 『雪峯遺稿』의 「行狀」, 『한밭人物誌』, 『한국민족문화대백과사전』 등의 내용을 요약 정리한 것이다.

4) 『국역 숙종실록』, 숙종 1년 5월 11일. "한 때에 南人과 北人의 党에서 文翰이 뛰어나고 青修한 선비를 셀 적에 小北에서는 姜柏年을 치고 南人에서는 蔡裕後를 꼽았다."

읽을 수 있다.

> 公은 기질이 淸明하고 평소의 몸가짐은 단정하고 깨끗하였으며, 효도하고 우애가 있어 和睦하는 행실은 모두가 天賦的인 것이었다. 그리고 (公의 학문은) 天性에 근원한 것으로 스승에게서 배운 것이 아니고 스스로 깨달음을 얻은 것이다.[5)]

이후 설봉은 아버지의 훈도에 힘입어 『사서』와 濂洛諸書를 위주로 공부에 심혈을 기울였고 道學 연마에 열중하였다. 특히 『대학』의 修齊治平에 뜻을 두고 전심하여 학행을 닦았으며, 『중용』은 자신을 경계하는 평생의 자료로 삼았다. 배움에서는 언제나 읽고 듣는 것에서 그치지 않고 자신의 考究를 더해 그것을 현실화시키는 데 주력하였다. 이와 같은 그의 학문적 특성은 설봉의 생활에도 그대로 반영되었으니, 자신의 행동거지와 몸가짐에는 지극히 삼가고 엄하였으면서도 다른 사람들을 대할 때는 언제나 온화한 기운을 잃지 않았던 태도든가, 자신을 검약으로 다스리고 每物 · 每事에 성심성의를 다하는 정신 또한 이 문제와 관련된다.

그러나 설봉으로 하여금 公義의 가치관과 '경을 통한 無慾'을 강조하는 인생관을 갖고[6)] 평생을 살도록 계기를 마련해 준 것은 역시 濂洛學 즉 程朱學이었다. 정주학은 사상과 처세의 면에서 설봉에게 결정적인 영향을 끼쳤던 것으로 생각한다. 그가 평소에 '主靜立極', '正位凝命', '主一無適', '非禮勿動'의 말에 충실하고자 한 일이나, 心學의 要語를 『대학』 八條目의

---

5) 『雪峯遺稿』, 권30, 附錄, 行狀. "公氣質淸明, 操履端潔, 孝友睦婣之行, 得諸天賦, 而於性理之源, 不回師資而自透."

6) 위의 책, 권23, 箴銘, 養心箴. "若何而修身, 若何以齊家, 若何以治國平天下耶, 其所以存敬而欲寡欲, 寡欲而欲至於無欲者."

형식으로 재구성하기도 한 일은 그 단적인 예이다.[7)]

여하튼 죽음도 불사하고 公·私를 구분하는 정신, 時俗과 결코 타협하지 않는 淸廉潔白한 기개, "表裏가 깨끗하고 맑은"[8)] 인품은 설봉의 전 생애를 지배한 것으로서 이 시기에 그가 아버지 竹窓의 말 없는 가르침과 정주학 공부로부터 自得한 유산이라 할 수 있다. 그리고 그중에서도 無欲을 통한 德性의 함양을 강조하는 아버지의 말 없는 가르침은 설봉에게 "牧民官의 本務요 萬善의 원천이며 모든 德의 근본인"[9)] 청렴정신과 독자적인 철학사상을 수립할 수 있는 기초를 마련해 주었다. 다음의 예는 이 점을 단적으로 드러내기에 충분할 것이다.

> 강백년의 아비 姜籒가 宣祖朝에 대간이 되어 銀을 뇌물로 받은 일로써 추국을 받아 거의 죽게 되었다가 겨우 살아났다. 이 때문에 강백년은 처음 벼슬길에 나온 이후 두려워하고 삼감이 특별히 심하여, 일찍이 남의 과실을 논박하지 아니하였고, 자신을 단속하여 청렴하고 검소하였으며, 그 寒苦가 가난한 선비와 같았다.[10)]

설봉은 '청렴' 두 글자를 종신토록 받들어 그것을 힘써 체득하고 구현하는 일에 진력하였다. 즉 '청렴'을 기준으로 현실 사회를 바라보고 '恐懼修省'하는 삶을 평생 유지할 수 있었던 것도 또한 여기에 근거한다.[11)] 따라

---

7) 『雪峯遺稿』, 권30, 附錄, 行狀. "常以主靜立極, 正位凝命, 主一無適, 非禮勿動等語, 書諸几案, 以自体驗, …… 褒輯心學要語及古今嘉言善行, 倣大學八條目爲一書."

8) 위의 책. "表裏淨澈."

9) 丁若鏞, 『牧民心書』, 茶山硏究會 譯註, 創作과 批評社, 1978, 106쪽.

10) 『국역 숙종실록』, 숙종 7년 1월 17일.

11) 『국역 현종개수실록』, 현종 10년 11월 28일. "행 대사간 姜柏年이 사직소를 올리면서, 恐懼修省할 것을 청하자, 상이 따뜻한 말로 답하였다."

서 任相元이 「行狀」에서 “(公은) 기쁨과 노여움을 발함에는 반드시 삼가고 신중히 했으며, 남의 허물을 지적하지 아니했고, 時政을 논하지 아니했고, 상스러운 말이나 조롱하여 놀리는 말은 아예 입에도 올리지 않았다.”[12]라고 쓴 것은 이런 문맥에서 이해되어야 한다. ‘청렴’은 설봉에게 있어서 인간이 인간답게 사는 데 있어서 가장 긴요한 가치, 즉 도와 덕의 개념에서 그 중심자리를 차지한다. 그것은 또한 설봉의 삶과 철학사상의 시작이며 마지막이기도 하다. 이것은 그의 청백리 정신과 현실 인식에서 두드러지게 나타난다.

설봉의 학문적 기초는 竹窓으로 대표되는 가학이었고, 이는 젊은 시절에 심혈을 기울인 『사서』 연구를 통하여 더욱 심화 · 발전되었다. 그 뿐만 아니라 이 과정에서의 가학을 바탕으로 한 공맹학에 대한 실천적 이해는 그로 하여금 『사서』를 참다운 학문의 전범으로 생각하게 하였고,[13] 아울러 정주학의 기본 이념들을 수용하면서도 당시의 주자 절대주의적 학문 경향과 실천과 유리된 지식 탐구의 태도를 또한 비판하였다. 그가 공자의 덕을 태극에 견주어 풀이한 일이라던가,[14] 새벽에 일어나면 반드시 『대학』을 한 번씩 외웠다고 하는 사실은[15] 그 단적인 예이다. 그런데 그것은 설봉이 처해있던 학풍과 역사의 상황 안에서 형성되고 조건 지어진 것임을 부정할 수는 없다. 여기에는 당대의 정주학 일변도의 학풍을 비판하며 나타나기 시작한 탈주자학 또는 반주자학적 경향, 그리고 그의 가문의 독특한 학풍, 즉 충효를 학문의 근본으로 삼고, 科擧보다는 操行에 힘쓰는 것

---

12) 『雪峯遺稿』, 권30, 附錄, 行狀. “喜怒之發, 必謹必愼, 不摘人過, 不論時政, 未嘗有鄙俚之言, 嘲詼之辭.”

13) 위의 책, 墓碣銘. “平生涵泳四書, 以爲提躬之本” 참조.

14) 위의 책, 권23, 說, 孔子猶太極說. “然則非特仲尼之德似太極也” 참조.

15) 위의 책, 권30, 附錄, 行狀. “晨興必誦大學一遍.”

을 본령으로 했던[16] 아버지 竹窓公으로부터의 영향 등의 문제가 관련된다. 이와 같은 설봉의 竹窓에 대한 존숭은 그가 80이 넘은 아버지를 지극한 효심으로 섬기고 또한 그 뜻을 충실히 따랐다고 하는 일에서도 알 수 있다.[17]

이처럼 설봉은 학문과 삶의 正道를 얻고 구현하는 데 있어서 아버지 竹窓의 가르침을 절대 표준으로 삼았고, 그가 몸담고 있었던 17세기의 정치 · 사회 · 사상적 혼돈에 대한 위기의식에서 더욱 절실한 것으로 그 가르침을 제창했다. 설봉은 당대의 모든 가치 질서가 붕괴하여 "위아래가 막혀 誠意가 전달되지 못해 온 조정이 뒤숭숭하고"[18] "기율이 엄하지 않아 사치하는 풍조가 극성을 부리는 상황"[19]을 심히 우려했다. 설봉은 이를 극복할 수 있는 현실적 논리를 찾고자 하였고, 자신이 모색하는 사상의 근원으로서, 또는 그 정당화의 근거로서 '청렴'의 정신을 필요로 했다. 이 경우 '청렴'이란 현실의 모순이 극대화되는 시기에 처하여 내면적 성찰과 완성을 기약하고, 또 그것을 통하여 무너진 道를 새롭게 일으켜 세우고자 하는 정신이다.

그래서 설봉은 "반드시 義理에 근본하고 公私를 분별해서"[20] 진리를 주체적으로 체득 · 실천할 것을 역설했다. 이와 같은 그의 태도는 "과거는 밖의 일이다. 선비는 마땅히 충효로써 근본으로 삼아야 한다."[21]는 주장을 하기에 이르렀다. 이렇게 보면 그의 철학사상은 정주학의 단순한 연장선상에만 있지는 않음을 확인하게 한다. 물론 이와 같은 특징에도 그가 여전히 한 사람의 충실한 성리학자였다는 사실을 부정할 수는 없다.

---

16) 위의 책. "訓誨子弟, 必以操行爲先, …… 曰科第外事也" 참조.
17) 같은 책. "竹窓公年踰八十, 公朝夕服勤, 志養備" 참조.
18) 『국역 인조실록』, 인조 24년 2월 8일.
19) 『雪峯遺稿』, 권26, 箚, 諫院應旨箚. "紀律慚至於解弛, 人心日就於怠慢" 참조.
20) 위의 책, 권30, 附錄, 行狀. "必根義理別公私."
21) 위의 책. "科第外事也, 士當以忠孝爲本矣."

'청렴'이나 '무욕'에 관한 문제는 그의 청백리 정신과 긴밀한 호응 관계를 이루고 있다. 언제나 의리에 근본 하여 공과 사를 엄격히 구별하고 이를 바탕으로 권력에 아부하지 않고 자신은 '다 쓰러져 가는 茅屋에서 거친 밥을 먹고 살아도'[22] 백성을 자기 집 가족처럼 정성으로 돌보는 설봉의 청백리 정신은 그대로 그의 철학사상과 현실 인식의 형성에 반영되고 이어지고 있다.

3. 설봉 철학사상의 특성

앞에서도 살펴본 것처럼 설봉은 가학을 충실하게 계승하고 그 바탕 위에서 독자적인 학문체계를 구축한 인물이다. 따라서 그의 철학사상은 가깝게는 그의 아버지 竹窓의 說에 연결되어 있으며, 더 나아가서는 당시의 사회 정치적 이데올로기에도 일정한 관련이 있다.

『行狀』 중의 한 대목인 "竹窓의 재능과 학문, 그리고 벼슬이 10분의 1도 쓰이지 못하고 그 나머지는 남겨서 후손을 도왔다. 그의 아들 설봉이 그것을 넘겨받고 넓혀서 그 가문을 번창하게 하였다."[23]라는 말을 상기할 때 이 점은 명백하다. 그렇게 본다면 竹窓은 설봉의 철학에서 절대적 표준이자 교과서였다고 推論할 수 있다.

설봉은 자신의 철학을 전개함에 우주 만물의 근원이자 궁극적 실재는 하나의 태극이고, 태극은 다름 아닌 무극이라고 하였다. 즉, 설봉은 우주생성의 원리인 태극을 설명하면서 "무극이면서 태극이고 태극이면서 兩儀이

22) 위의 책. "所居茅屋數間, 頹朽不治, 疏食糲飯" 참조.

23) 『雪峯遺稿』, 권30, 附錄, 行狀. "論者謂竹窓公才學, 官位十不讎一二, 留其贏餘, 以庇後人, 公能受而廓之, 以昌其門."

고 兩儀이면서 四象이다. 이에서 음양이 있고 천지가 있고 만물이 있다."[24] 라고 하였다. 그에 의하면 태극은 하나의 음양이고 天地 또한 하나의 태극일 뿐이다. 이 생각을 정당화하기 위해 그는 체용론을 끌어들였다. 설봉이 태극을 實理와 妙用으로 나누고 그 관계를 '無物不體'[25]라고 표현한 것은 그 단적인 예일 것이다.

여기서 말하는 실리란 태극이 아직 밖으로 드러나지 않은 隱微한 상태를 가리키고, 묘용이란 태극이 밖으로 드러난 구체적인 모습을 가리킨다. 물론 이처럼 태극을 실리와 묘용으로 나누어 볼 수는 있지만, 그 둘은 본디 하나의 太極의 兩面일 뿐이다. 따라서 實理없는 妙用이나 妙用없는 實理는 생각할 수 없다. 설봉의 다음 말이 이를 좀 더 분명하게 설명하여 준다.

> 천지로써 만물을 보면 나 또한 物이요 物 또한 나이다. 천지 또한 만물이고 만물 또한 천지이다. …… 그러한즉 나의 몸은 하나의 太極이요 만물 또한 하나의 太極이다. 物物마다 각기 하나의 태극을 갖추고 있으니 천지 또한 하나의 太極이며, 太極은 본래 無極인 것이다.[26]

여기서 설봉이 문제 삼은 핵심은 태극의 체용 관계가 아니라, 사람을 비롯하여 이 세계의 모든 존재가 태극에 뿌리를 두고 있으며, 실리는 묘용을 떠나서는 존립할 수 없다는 것을 강조하려고 한 것이 아닌가 한다. 다시 말하여 그는 태극일원적 사고를 바탕으로 인간을 만물과 일체적인 존재로

---

24) 위의 책, 권23, 說, 孔子猶太極說. "無極而太極, 太極而兩儀, 兩儀而四象, 於是乎有陰陽焉, 有天地焉, 有萬物焉."

25) 위의 책. "自其微者而觀之, 則實理渾然, 冲漠無朕, 自其著者而觀之, 則妙用流行, 無物不體."

26) 위의 책, 권23, 說, 不物者能物物說. "以天地而觀萬物, 則我亦物也, 物亦我也, …… 然則吾之身一太極也, 萬物亦一太極, 而物物各有一太極也, 天地亦一太極, 而太極本無極也."

이해하고 아울러 묘용을 통해 실리를 현실에 구현하려고 하였던 것이다. 이러한 입장을 취할 때 실리보다 오히려 묘용에 더 관심을 둠은 지극히 자연스러운 일일 것이다.

지금까지 살펴본 바에 의해서도 알 수 있는 것처럼 설봉의 이와 같은 주장이 주렴계(1017~1073)의 『태극도설』에 근거한 것임은 더 말할 필요도 없다. 주지하다시피 『태극도설』의 기본사상은 "역에는 태극이 있으니 이것이 음과 양의 양의를 생성한다(易有太極是生兩儀)."라는 『주역』「繫辭傳」의 내용을 변화 발전시킨 것으로서, 태극을 최고 범주로 삼는 우주체계이다.[27] 이 태극은 아직 분화되지 않은 根源實體이고 그것의 운동은 陰陽生成의 근원이다.

그러나 설봉은 주렴계의 說을 절대화하여 추종하였던 것 같지는 않다. 그가 주렴계 태극설에 영향을 받아 "往來하고 屈伸하는 까닭의 것은 천지간의 一氣일 따름이다. 그 一氣라는 것은 역시 하나의 太極에 지나지 않을 뿐이다."[28]라고 하여 태극과 일기를 동일시하고 있지만 한편 체용론의 입장에서 태극을 기가 아닌 리로 이해했기 때문이다. 그가 실리가 만물의 본체가 된다고 하면서[29] "본래 무극이 내 몸 안에 있는데 그 누가 사람과 하늘이 같은 이치인 줄 알리요."[30]라고 한 말에서도 이 점은 단적으로 드러난다. 속단하기는 곤란하나 이러한 입장과 논리 전개방식은 그의 수양론에도 그대로 적용되어 나타났다. 한 가지 예만 든다면 그가 心의 未發 · 已發의 상태에서 '一心의 함양'이 무엇보다 중요함을 역설하면서 "鍾을 치지

27) 陳來, 『宋明理學』, 안재호 옮김, 예문서원, 1997, 86-89쪽 참조.

28) 위의 책, 권23, 箴銘, 觀臺書雲銘. "而其所以往來屈伸者, 只是天地間一氣耳, 其所謂一氣者, 亦不過曰一太極而已."

29) 『雪峯遺稿』, 권23, 說, 孔子猶太極說. "則效用流行, 無物不體" 참조.

30) 위의 책, 권2, 歡域錄, 偶吟. "本來無極在吾躬, 誰識天人此理同."

않았을 때도 그 소리가 참으로 있는 것은 마치 마음에 느낌이 있지 않아도 그 이치(리)는 이미 있는 것과 같다."[31]라고 말한 것이 그것이다. 그는 이를 바탕으로 하여 마음 기르는 공부를 강조하였다. 그러면 그가 말하는 工夫란 어떻게 함을 말하는 것인가? 그것은 아마도 '敬을 보존하여 無慾의 경지에 이르는 것'에 있다고 답할 수 있다. 설봉에게 있어서 '無慾'이란 사람됨의 가장 중요한 가치, 즉 인간의 삶에서 그 중심자리를 차지하는 덕목이다. 그것이 사람이 마땅히 성취해야 할 도덕적 · 정치적 이상이자 이념적 지표이기도 했다. 설봉은 이를 다음과 같이 요약하였다.

> 그러면 어떻게 修身하고 어떻게 齊家하고 어떻게 治國平天下하는가. 그 소이는 敬을 보존하여 욕심을 적게(寡慾) 하고자 함이며, 욕심을 적게 하여 無慾의 경지에 이르고자 함이다. 그러나 주됨을 보존하는 바 없이 寂滅에 귀착하는 것은 진실로 마음에 바른 본체가 아니다. 치우치고 사된 바가 있어서 고정되게 머무르는 것을 잃는 것이다. 이 또한 마음의 바른 쓰임이 아니다.[32]

이와 같은 주장은 '專一'과 '無慾'의 수양을 강조한 주렴계의 관점과 호응관계를 이룬다. 이 경우 無慾이란 인간 행위의 도덕성을 정당화하는 기준으로서, 물질적 재화나 육체적 욕망의 충족에 대한 집착을 최대한 억제하면서 의식이 고요하고 텅 빈 상태에 도달하도록 하는 것을 의미한다. 그렇다고 無慾이 인간의 모든 感性的 欲望을 끊어 버린다는 의미는 아니다.[33]

---

31) 위의 책, 권23, 說, 鍾字說. "鍾未撞時聲固在, 猶心未感時理已在也."

32) 위의 책, 권23, 箴銘, 養心箴. "若何而修身, 若何以齊家, 若何以治國平天下耶. 其所以存敬而欲寡慾, 寡慾而欲至於無慾者, 盖以此也, 然而無所存主, 而歸於寂滅者, 固非心之正體也, 有所偏私, 而失之滯固者, 亦非心之正用也."

33) 陳來, 앞의 책, 95쪽 참조.

그래서 설봉도 '주됨을 보존하는 바 없이 寂滅에 귀착하는 것은 진실로 마음에 바른 본체가 아니다.'라고 말했던 것이다. 설봉에 의하면 경을 통한 無慾은 養心·養德과 修齊治平의 길이며 방법이다.

이렇게 볼 때 敬은 설봉의 수양론에서 '恐懼修省'과 더불어 가장 중요한 가치판단의 기준이요 수양의 원리라 할 수 있다. 설봉의 "생명과 마음을 돕고 기름에는 持敬만한 것이 없다. 몸과 덕을 기름은 실상 一理이다."[34]라는 말이나, "생각하건대 재앙을 만나고 복이 이르는 도는 恐懼修省 네 글자에서 벗어남이 없다."[35]라는 말을 상기할 때 이 점은 명백하다. 따라서 설봉이 문제 삼은 바 '경'이나 '공구수성'은 태극을 본질로 하는 인간 존재의 고유한 내적원리요 당위원리라고 할 수 있다. 그가 「大司諫時求言應旨疏」에서 "나의 일동일정으로 하여금 태극의 도를 온전하게 할 수 있다."[36]라고 한 말은 그 단적인 예가 된다.

여기서 이른바 당쟁의 와중에서도 黨色을 초월하여 도덕적 합당성을 추구하여 至善의 길을 모색하고자 했던 설봉의 청렴 정신의 이론적 근거가 분명히 드러난다. 그가 현종에게 "근래에 기율이 엄하지 않아 사치하는 풍조가 이루어졌습니다. 그리하여 절약하는 방안을 여러모로 다 써 보았으나 여염에서 여전히 사치를 숭상하고 있으니, 성상께서 힘써 검소한 덕을 닦으시어 몸소 솔선하신다면 자연히 보고 느껴 감화될 것입니다."[37]라고 한 말이 이 점을 명료하게 한다.

이와 같은 의식의 바탕에는 '경을 통한 무욕'과 '공구수성'을 철학의 궁극 목적으로 여기는 기본 전제가 깔렸다. 그런 뜻에서 설봉의 이러한 논리

34) 『雪峯遺稿』, 권25, 疏, 養生養心同一法箴. "萬般補養, 莫如持敬, 養身養德, 實爲一理."

35) 위의 책. "而顧念遇災致福之道, 無出於恐懼修省四箇字."

36) 위의 책, 같은 곳. "然後方可以使吾一動一靜, 有以全夫太極之道."

37) 『국역 현종개수실록』, 현종 7년 1월 3일.

는 결국 天의 所生者로서의 인간이 인간으로 마땅히 인간답게 걸어가야 할 도리와 命法으로 부여된 태극을 본질로 하는 경이 인간 사회에서 반드시 구현되어야 한다는 가치지향의 정신과 '실천이성'의 요청에서 정향된 시도로 보아 마땅한 것이다. 이것이 이른바 가학과 濂洛學을 충실히 계승하면서도 이들을 한 발 넘어서게 한 설봉 철학사상의 특징일 것이다.

4. 설봉의 청백리 정신과 현실 대응

설봉 철학사상의 특징은 태극일원론적 시각에서 세계와 인간을 해석하고, 모든 도덕의 기초이자 근거이며 도덕을 도덕 되게 하는 원리라고 할 수 있는 경과 恐懼修省을 통해 청렴 정신을 현실 세계에서 구현하려고 노력한 데서 찾을 수 있다. 그리고 그것은 현실 인식과 그 대응에도 반영되었으니, 그의 청렴의식에 입각한 청백리 정신 또한 이 문제에 관련된다. 그가 경을 통한 寡慾과 無慾을 강조하고, 그것을 '尊中華攘夷狄'과 같은 춘추 정신의 기초나 근거로 삼은 사실이 그것이다. 그런 점에서 설봉의 철학은 양대 전란으로 인한 전쟁 후유증의 극복 과정과 사회 부조리가 극성을 부리던 당시의 시대상황을 해결하고자 한 응답이었다고 할 수 있다.

이러한 각도에서 설봉의 철학적 사유를 검토할 때 가장 두드러지게 눈에 띄는 것은 경의 궁극적 목적인 無慾에 대한 강조이다.

> 『周易』 頤卦 彖傳에서 말하기를 바름을 기르면 길하다. 군자가 스스로 기르는 바의 것은 반드시 바름으로써일 뿐이다. 어떻게 길러서 바름을 얻을 수 있겠는가. 말하기를 無慾일 뿐이다. 어떻게 하여야 곧 無慾할 수 있는가. 말하기를 욕심을 적게 함(寡慾)으로써 無에 이를 수 있다. 어떻게 하면 욕심을 적게 할 수 있

겠는가. 敬으로서 함양할 뿐이다.[38]

설봉에 의하면 경을 통한 무욕은 인간 삶의 근본 도리로서 인간이 마땅히 지키고 행하여야 할 최상의 덕목, 즉 인욕을 이기고 없애는 데 있어서 가장 필요한 덕목이다.[39] 그는 경이야말로 개인의 내면적 수양뿐만 아니라 治民의 요결이라고 생각하였기 때문이다. 이 경우의 敬은 모든 특수한 개별적 덕목들을 통일 지우고 포괄하는 덕이다. 그가 "생명과 마음을 돕고 기름에는 持敬만한 것이 없다."[40]고 하면서 경을 修齊治平하는 가장 좋은 방법으로 이해한 것[41]은 이를 단적으로 요약해 준다. 그런 점에서 설봉은 '경을 통한 무욕'만이 인간의 인격적 본질을 구현할 수 있고, 도덕적 이상을 달성할 수 있는 궁극적 목표이자 유일한 방법이라는 믿음을 가졌던 것 같다. 그가 經筵에서 孝宗에게 한 다음의 말에서도 같은 생각을 볼 수 있다.

> 옛사람들은 天命에 대해 많이 말했습니다. 『大學』에도 '이 하늘의 밝은 天命을 돌아보라'는 말을 인용했는데, 그 근본은 敬에 있는 것입니다.[42]

그러면 '설봉의 경을 통한 무욕적 사유구조 속에서 현실의 진정한 모습이란 무엇인가. 그것은 "은혜와 의리가 둘 다 온전하게 되고 權道와 經道가

---

38) 『雪峯遺稿』, 권23, 箴銘, 養心箴. "頤之象又曰, 養正則吉也, 君子之所以自養者, 必以正而已, 如何而可以養得以正耶, 曰無慾而已, 如何以便得無慾耶, 曰寡慾以至於無耳, 如何而可以寡慾耶. 曰敬以涵養而已."
39) 같은 책, 같은 곳 "存一分天理, 卽勝一分人欲, 有一分人欲, 卽滅一分天理" 참조.
40) 註)37 참조.
41) 註)35 참조.
42) 『국역 효종실록』, 효종 4년 2월 2일.

중도를 얻게 되는"[43] 세계로 집약된다. "위아래가 막혀 誠意가 전달되지 못해 온 조정이 뒤숭숭하고 분위기가 쓸쓸해지는"[44] 혼돈의 시대, 신뢰할 만한 어떤 척도도 존재하지 않아 "(小人輩들이 횡행하여) 윤리를 거스르고 의리를 무시하며 어진 이를 방해하고 국가를 병들게 하는"[45] 상황에서 그는 오로지 보편적 가치로서의 준칙이자 행위규범인 公心에 합치되고, 근본을 따르는 현실만을 자신의 참된 현실로 인정했던 것이다. 이를 구체적으로 표현하면 "誠을 세우고 밝음을 통하여 고요함에는 텅 비고 움직임에는 곧아서 확연히 크게 公되고 渾然히 一理하여 天地萬物이 제자리를 찾고 길러지는"[46] 세계라고 할 수 있다. 따라서 설봉에게 있어서 참된 현실이란 현상세계의 본원·근본이 되는 천리·도심의 세계였다. 즉 경을 통한 무욕이 사사로운 인욕을 극복하고 인간 삶의 본원성이자 절대적 이념인 '태극'이 스스로 자기 모습을 드러내는 도덕적·윤리적 가치의 세계였다.

> 그 마음을 기르는 바는 반드시 고요하되 하나를 주로 하고 움직이되 역시 하나를 주로 해야 된다. 마음이 고요할 때에는 寂然不動하고 無思無慮하여 움직이는 근본 되는 바를 함양하며 마음이 움직일 때에는 感而遂通하여 널리 바르고 당연하게 응하여 고요함을 지키는 바를 경험한다. 마음이 고요할 때에는 고요히 하고 마음이 움직일 때는 움직여서 사물의 당연히 기뻐할 것을 기뻐하고 사물의 당연히 분노해야 할 것은 분노하고 사물이 다가오면 그에 좇아 응하고 사물에서 떨어지면 마음을 두지 않는다. 그것은 곧 경을 하나로 한 결과이다. 내외

---

43) 『국역 인조실록』, 인조 24년 3월 1일.

44) 위의 책, 인조 24년 2월 8일.

45) 『국역 현종실록』, 현종 11년 1월 17일.

46) 『雪峯遺稿』, 권23, 箴銘, 養心箴. "誠立明通, 靜虛動直, 廓然大公, 渾然一理, 位育極功, 實體於此."

가 합하여 유지되고 모든 변화에 대응하여 모든 일에 절도에 맞는다. 수신할 수 있고 제가할 수 있고 치국평천하할 수 있고 天地의 化育을 도와서 천지와 더불어 하나가 될 수 있다. 군자가 이른바 스스로 기르는 것은 이것일 따름이다.[47]

설봉의 경을 통한 무욕적 사고는 어지러운 시대를 근심하고 평천하의 세계가 실현되기를 희구하는 충정의 표현이며, 외부적 환경에 의해 악해질 수도 있는 인위적 욕망을 주체적으로 다스리어 하늘이 사람에게 부여해준 바 천리를 회복하여 天地化育에 동참할 수 있게 하는 교화론적 의미가 있는 것에서 크게 벗어나지 않는다. 즉, 이 말은 경으로써 마음을 기르고 변화시켜 자신의 본래성을 회복하고 그것을 통해 天地化育을 도와서 '천지와 더불어 하나가 되는' 인간의 삶의 유토피아를 가리킨다. 따라서 그가 "性命은 곧 나의 지극한 보물이다. 나의 본성을 능히 기르면 天命을 가히 보존한다. 한 생각의 차이에 따라 吉凶이 나뉘니 경계하지 않을 수 있겠는가, 경계하지 않을 수 있겠는가."[48]라고 한 말은 설봉의 현실관 이해의 유익한 디딤돌이 된다.

설봉에게 이상과 현실은 결코 모순·대립하지 않는다. 참된 현실은 언제나 이상이 구현되는 창조적 지평이고, 현실은 그 이상을 통해 정당성을 보장받기 때문이다. 그런 점이서 이상과 현실은 '태극적 세계'을 구성하는 두 요소일 뿐이다. 이러한 생각이 그의 태극일원론적 철학체계에 근거한

47) 같은 책. "其所以養之也, 必也靜而主一, 動而亦主一, 當其靜也則寂然不動, 無思無慮, 而以涵動之所本, 當其動也則感而遂通, 汔應曲當, 而以驗靜之所存, 當靜而靜, 當動而動, 以物之當喜而喜, 以物之當怒而怒, 物來而順應, 物去而不留, 則一敬之功, 內外協持, 酬酌萬變, 事事中節, 可以修身, 可以齊家, 可以治國平天下, 可以贊天地之化育, 而與天地參矣, 君子之所以自養者, 不過如斯而已."

48) 『雪峯遺稿』, 권8, 夜吟. "性命乃我之至宝也, 我性能養, 天命可保, 一念或差, 吉凶立分, 可不戒哉, 可不戒哉."

것임은 더 말할 필요도 없다. 여기서 '태극적 세계'란 말은 이상과 현실이 묘합된 인간이 반드시 성취해야 할 이상세계를 지칭한다. 그렇기 때문에 그는 "타고난 천성은 귀천의 구별이 없고 느껴 통하는 이치는 죽은 사람이나 산사람이나 차이가 없다."[49]라고 하였고, 또한 "몸과 덕을 기름은 실상 一理이다."[50]라고 말하였던 것이다.

설봉에게 참된 현실은 內外가 합하여 유지되고 모든 변화에 대응하여 모든 일이 節度에 맞는 세계일뿐이다. 그래서 그는 "의리에 근본하고 공과 사를 엄격하게 구별하여" 사보다 공이 발용된 세계를 중요시했고, 이를 통해 "사람 대하기를 엄하게 하고 백성 돌보기를 은혜로이 했으며"[51], 당위로서의 '태극적 세계'를 추구하였다. 이러한 논리를 바탕으로 설봉은 인위적 조작이 없고 사사로움이 없으며, '하나를 주로 하되' '내외가 합하여 유지되는' 삶을 긍정했고, 그리고 그것을 통해 평생을 "청렴하고 결백하고 겸손하고 절제하는 삶을 살려고 하였다."[52] 그가 世子嬪 책봉에 대한 竹册文에서 다음과 같이 한 말은 바로 이 생각의 절실한 표현이었다.

> 집안에서 和順하면 부모의 뜻이 안락할 것이고, 天地에 밝으면 군자의 道가 보존될 것이다. 순한 덕을 오직 온화하게 하고 몸단속을 오직 검소하게 하되 끝까지 삼가고 조심하여 게을리하지 않으면 복록이 한없이 내려질 것이다.[53]

설봉이 말한 '청렴'이란 汚濁이나 貪慾과 대립하는 일반적인 의미가 있

---

49) 『국역 현종개수실록』, 현종 10년 7월 18일.

50) 註)37 참조.

51) 『雪峯遺稿』, 권30, 附錄, 行狀. "待人以嚴, 恤民以惠."

52) 위의 책. "廉白之節, 謙挹之操, 素朴之風, 表裏淨澈, 人皆敬服."

53) 『국역 현종실록』, 현종 12년 3월 22일.

는 청렴이 아니라 인간의 존재원리로서의 의미를 내함하고 있는 청렴이다. 그는 이를 통해 객관적 표준에의 합치나 규범적 당위보다는 자아의 자율성에 바탕을 둔 생명의 자기 확대를 더 중요시하였다. 이때 청렴은 외물의 세계에 구속되지 않고 심성의 맑음을 구하고 본래성을 회복하는 자기 수양의 불가결한 일부로 인정된다.

> 엎드려 바라옵건대 전하께서는 항상 이 마음을 지니시어 더욱 힘쓰시고 마음속에 黃極을 세우시어 드넓고 크게 公辨되시고, 모든 일을 대함에는 그 (멈추고자 하는) 바에 멈추시어 사소한 私意라도 그 사이에 끼어들지 않게 하시옵소서.[54)]

따라서 설봉에게 '청렴'은 平天下할 수 있는 가능근거이자 인욕이나 물욕 등 일체의 사욕과 대결할 수 있는 삶의 본질태로서의 모든 덕의 기초이자 근거이며 덕을 덕되게 하는 원리가 된다. 그래서 "欲이라고 하는 것이 반드시 탐닉한 연후에야 말하는 것은 아니다. 뜻이 향하는 바가 있으면 곧 그 바름을 잃는다."[55)]라고 말했던 것이다. 그가 敬天하고 恤民하는 이치는 하나라고 하면서[56)] '타자와의 연대의식'을 바탕으로 청렴결백한 삶을 살려고 진력했던 것도 이에 기인한 것이 아닌가 한다. 그래서 그는 현종에게 "노인과 오갈 데 없는 외로운 사람들을 너그럽게 보살펴 주는 일이야말로 王政에서 급선무로 삼아야 할 일입니다."[57)]라고 말할 수 있었던 것이다.

---

54) 『雪峯遺稿』, 권25, 疏, 大司諫時求言應旨疏. "殿下商持此心, 益加勉勵, 建極于中, 廓然大公, 酬酌萬務, 各止其所, 不使些子私意介乎其間."

55) 위의 책, 권23, 箴銘, 養心箴. "其所謂欲也者, 非必沈溺然後乃謂之欲也, 意才有向, 便失其正."

56) 위의 책, 권25, 疏, 大司諫時求言應旨疏. "敬天恤民, 其理一也." 참조.

57) 『국역 현종개수실록』, 현종 원년, 12월 19일.

여기에서 바로 설봉의 청백리 정신의 특성이 유감없이 드러난다.

이렇게 볼 때, 설봉은 청렴으로 內·外를 일관했고 이를 통해 도덕적 합당성과 객관적 타당성을 추구했으며, 그 속에서 확고한 자기 時位를 지키려고 했던 것이 명백하다. 그가 仁祖에게 "요즈음 교화가 밝지 않고 학교가 일어나지 않기 때문에 인심이 바르지 못하고 습속이 야박해져 逆節과 綱常의 변고가 있기까지 하니, 학교를 일으키고 교화를 밝히는 것이 오늘날의 급선무입니다."[58]고 한 진언이나, 황해감사 재임 때 현종에게 "도내에 궁가가 설치한 장원이 모두 92곳입니다. 海西는 땅이 협소한데 농토의 절반이 私家에 귀속되었습니다. 이와 같은 식으로 계속되어 나간다면 온 도내에 남은 농토가 거의 없을 것입니다. 지금부터는 궁가의 折受를 일절 금지하소서."[59]라고 한 말이 이를 단적으로 요약해 준다. 바로 여기에서 姜嬪獄事가 일어나자 부교리로서 姜嬪의 억울함을 상소하였다가 파직당한 일이라던가,[60] 淸나라 황후의 喪에 喪服을 입자는 주장에 대해 그것은 '옛 법도가 아니다'고 하여 그만두게 한 일,[61] "대사간을 상소하여 사직하면서 민간의 굶주림과 고달픔의 실상을 진달하여, 御營·訓局 및 南漢·江都의 쌀과 布를 내어 현재의 위급함을 구하도록 청한 일"[62] 등의 의미가 명료하게 드러난다.

당시는 청렴이 가장 으뜸가는 덕목이었으며 또한 청렴의 존립이 유례없이 위협받는 국면이라고 보는 데서 설봉의 청백리 정신은 독특한 전개의 길을 걷게 되었다. 천리가 날로 소멸하여 사욕이 公心을 억압하고 小人

58) 『국역 인조실록』, 인조 25년 10월 25일.
59) 『국역 현종개수실록』, 현종 3년 12월 7일.
60) 『국역 인조실록』, 인조 24년 3월 12일.
61) 『국역 연려실기술』(민족문화문고간행회), 별집, 제5권, 324쪽 참조.
62) 『국역 현종개수실록』, 현종 8년 5월 11일.

儒가 君子儒를 구축하는 本末이 전도된 시대에 처하여, 이를 바로 잡고 극복할 수 있는 유일의 지표가 '경을 통한 무욕', 즉 청렴의 구축이라고 그는 생각했다. 유의할 것은 설봉의 이러한 청렴결백한 정신이 숭고한 도덕적 의미를 담은 가치 있는 삶에 대한 참여 행위인 동시에, 기율이 엄하지 않아 사치하는 풍조가 만연된 상황에서도 "사람됨이 공손하고 검소하여 안팎의 관직을 두루 거치면서 청백하다고 소문이 났던"[63] 한 인물의 필연적인 자기 확인이라고 해야 할 것이다.

이러한 일련의 검토를 통해 우리는 설봉의 청렴 정신과 현실 인식 내지 대응 사이에는 긴밀한 연속성과 상호관계가 있음을 알게 되었다. 그 핵심은 현실의 인식과 실천을 이분화시키지 않고 이 인간세에서 청렴 정신에 바탕을 둔 청백리의 정신을 끝까지 지키고 추구하고자 하는 일관된 노력이라 할 수 있다.

5. 맺는 말

지금까지 설봉의 학문적 기반은 아버지 竹窓으로부터 전수받은 가학이고, 설봉 철학사상의 특성은 태극일원론적 시각에서 세계와 인간을 해석하고 모든 도덕의 기초이자 근거인 敬을 통한 無慾을 철학적으로 해명하는 데 있으며, 雪峯이 인식한 이상적 현실이란 人欲의 방해를 받지 않고 天理·道心을 실현하는 세계이며, 또한 그것은 無慾의 철학과 긴밀한 연속성과 상호조명의 관계에 있다는 사실을 살펴보았다.

설봉의 철학과 현실 인식은 참다운 무욕에의 체득을 통해 도덕적 합당

63) 『국역 현종개수실록』, 현종 8년 3월 18일.

성과 실존적 순수성을 추구했으며, 그 속에서 확고한 自己 正位를 지키려고 했다. 그런 점에서 설봉의 철학은 그가 몸담았던 시대와 역사에 능동적으로 참여하는 실천행위의 일환이었으며, 또한 자신의 삶에 대해 정직하게 묻고 대답하는 自己譴責 · 自己完成의 엄정한 행위였다고 할 수 있다. 그렇다고 그는 현실 감각이 모자라거나 시대착오적인 관념을 가지고 은둔처세하는 단순한 道學君子는 아니었다. 그는 철학자이자 당대에 제일가는 文翰으로서[64] 또는 出仕하여 평생 四朝를 내리 섬기면서도 홀로 그 이름과 절개를 온전히 한[65] 청렴결백한 관리이기도 했다. 그런 점에서 설봉의 일생은 안다는 것이 무엇이고 깨닫는다는 것이 어떤 것인지를 몸으로 직접 보여준 삶이었다.

이와 같은 투철한 삶의 태도와 정신적 높이가 무욕의 철학에 바탕을 둔 것임은 물론이다. 그가 자신의 시대를 인심이 바르지 못하고 습속이 야박해져 逆節과 綱常의 변고가 빈발하고,[66] 하늘의 노함이 극에 달한[67] 시대로 파악하면서도 끝내 절망에 머무르지 않고 '表裏가 깨끗하고 맑은' 삶을 유지할 수 있었던 것은 인간을 객체적 도덕규범에 의해 강요되며 주조되는 존재가 아니라 도덕의 명실상부한 주체로서 이해하고 '恐懼修省'과 '內外交養'[68]의 정신을 모순없이 통일적으로 體認하고 實踐하였음에 힘입은 것이 분명하다. 그리고 비록 그 가능성이 濂洛學的 기반에 의거하여 이루어졌다 할지라도 그것을 自得 · 具現하고 하나의 시대적 사명으로서의 힘을 거기에 부여한 것은 다름 아닌 설봉 자신의 청렴결백한 정신과 나라에

64) 註)4 참조.
65) 『雪峯遺稿』, 권30, 附錄, 行狀. "歷事四朝, 獨全名節."
66) 註)60 참조.
67) 『雪峯遺稿』, 권25, 疏, 辭大司諫仍陳所懷疏. "臣伏覩近日天怒太遞" 참조.
68) 위의 책, 養生養心同一法箴. "一敬之功, 內外交養" 참조.

대한 충성심에 의한 것이란 점에 우리는 주목해야 할 것이다. 따라서 설봉이 "생각하옵건대 재앙을 만나고 복이 이르는 도는 恐懼修省 네 글자에서 벗어남이 없습니다. …… 아아, 푸르고 푸른 하늘은 멀지 않습니다. 단지 나의 動靜語嘿의 사이에 있습니다. 한 생각이 곧 올바르면 곧 이에 上帝께서 와서 보시며, 한 생각이 곧 옳지 않으면 곧 이에 상제가 진노합니다. 그 두려움의 심함은 이와 같습니다."[69]라고 顯宗에게 한 進言을 전폭적으로 긍정하지 않을 수가 없을 것이다.

이렇게 볼 때, 설봉의 청렴 정신은 이 탐욕스러운 경쟁의 시대에 인간의 품위와 도덕성을 높여줄 수 있는 철학으로서의 가치가 있고, 아울러 이 땅의 상업 제일주의와 물신지상주의가 몰고 온 인간의 禽獸化 현상을 바로 잡아주는 데 중요한 현실적 가치를 충분히 지닌다고 할 수 있다.

69) 위의 책, 大司諫時求言應旨疏. "顧念遇災致福之道, 無出於恐懼修省四箇字, …… 噫蒼蒼非遠, 只在我動靜語嘿之間, 一念才是. 便是上帝鑒臨, 一念才不是, 便是上帝震怒. 其可畏之甚. 有如是矣."

명재 윤증의 실천적 학문관과 무실정신

1. 이끄는 말

이 글은 『明齋遺稿』와 『조선왕조실록』을 분석하여 17세기 후반 18세기 초에 걸쳐 국가 사회질서를 새롭게 만들어가는 데 중요한 역할을 한 대표적인 湖西山林의 한 사람이자 少論의 영수였던 명재 윤증(明齋 尹拯, 1629～1714)의 경세사상을 살펴보는 데 그 목표를 둔다.

이 작업의 흥미와 중요성은 조선 후기에 살았던 한 성리학자의 경세사상이라는 범위에만 머무르지 않는다. 그것은 명재가 '朋黨의 시대'라고 불릴 만큼 당쟁이 성행했던 시대를 살면서도[1] 인간을 천리이자 인간의 본래성인 '誠'을 힘써 체득하여 '實心'을 갖출 수 있는 존재로 이해하고,[2] 內實이 없는 이론 탐구보다는 務實力行을 통한 인간의 완성과 사회적 실천을

1) 明齋는 당쟁의 시대에 생애의 가장 중요한 시기를 살았다고 볼 수 있다. 그의 나이 52세 되던 해에 庚申換局이 일어났고, 61세에는 己巳換局, 그리고 67세에는 甲戌換局를 경험했다.

2) 『明齋遺稿』(이하의 주에서는 『遺稿』라 약칭함), 「別集」, 卷3. "栗谷先生因以申之曰, 天有實理, 人有實心, 人無實心, 則悖乎天理矣." 참조.

강조하였기 때문이다. 그가 『擬與懷川書』에서 "天은 實心이 있은 뒤에 實功이 있고, 實功이 있는 뒤에 實德이 있다. 실덕이 있는 뒤에는 밖으로 드러나는 것이 어디를 가든지 참되지 않을 수 없다. 이른바 天德 王道란 단지 謹獨이 있을 뿐이다."[3]라고 한 말에서도 이를 쉽게 짐작할 수 있다.

17세기의 禮訟시대에서 명재가 차지하는 비중은 매우 크다. 당대의 제반 현실적 모순과 이념적 갈등의 문제에 대해 그가 보여준 實利論的 통찰력과 務實과 實心을 강조하는 학문 태도와 맑고 온화한 인품은 많은 이들에게 깊은 감동을 주어 뛰어난 덕행의 소유자로 인정을 받게 하였다. 「숙종실록」 숙종 35년의 다음 기록은 이 점을 보다 분명하게 시사하여 준다.

> 윤증을 우의정으로 삼았다. 윤증은 마음을 가짐이 醇實하고 행동함이 지극하게 독실하였고, 格物·致知와 愼思·明辨은 비록 우월하지 않은 것 같았지만, 원만한 덕성과 정직하게 쌓은 存養이 은은하게 날로 드러났고, 삼가고 후덕한 家法과 온화하면서도 맑은 容儀가 자못 近世의 儒者들의 미칠 바가 아니었다.[4]

이러한 점에 착안하여 필자는 명재 경세사상의 이론적 기초인 立志와 務實, 實心과 實學의 문제를 검토하고 그것이 현실 인식과 어떤 내적 연관성을 지니고 있으며, 또 경세사상의 성격 또는 특성이 무엇인가를 살펴보고자 한다.

그러자면 우선 務實學으로 요약되는 그의 학문관의 기본 구조와 성격을 살펴보아야 할 것이다. 그리고 다음으로 명재 현실 인식의 특징이 무엇이고 그 핵심적 지향처가 어디인지를 파악해야 할 것이다. 그렇게 할 때만이

---

3) 같은 책, 같은 곳. "天有實心而後, 有實功, 有實功而後, 有實德, 有實德而後, 發於外者無往而不實, 所謂天德王道, 只才謹獨者也."

4) 『국역 숙종실록(보편)』, 숙종 35년 1월 16일.

비로소 명재 경세사상의 내용과 특성을 온전하게 드러낼 수 있으며, 또한 그 사상사적 의의에 대한 편견 없는 평가를 할 수 있을 것이다.

2. 명재의 실천적 학문관 – 입지와 무실

명재의 경세사상은 그의 학문세계와 긴밀한 내적 연관성이 있다. 그의 학문적 주된 관심은 사변적인 형이상학에 있지 않고, 實心을 함양하고 그 것을 구체적인 삶 속에서 올곧게 발휘하는 '실천적인 인간학'의 수립에 있었다. 그가 평소에 '입지'와 '무실'을 다른 무엇보다 중요하게 생각한 것도 바로 여기에 그 이유가 있다. 명재에게 '입지'와 '무실'은 학문함에서 최고의 강령이자 방법이었으며 생활 구석구석 침투하여 숨 한번 몸짓 하나에까지 관여하는 실천항목이었다. 그 내용은 다음의 두 예에서 선명하게 드러난다.

> 묻는 바 가르치고 배우는 기술에 무슨 특별한 방법이 있겠는가. 입지와 무실이 학문을 하는 자가 가장 먼저 힘써야 하는 것이요, 그 나머지는 모름지기 册 속에 있을 따름이다.[5)]

> 듣자오니 가까운 곳의 儒生들이 문하에 출입하는 자가 많다고 하는데, 희망이 있는 자가 있는지 모르겠습니다. 요사이 무실하지 않는 것이 학자들의 큰 병폐가 되었음을 더욱 (뼈저리게) 느낍니다. 모름지기 진실과 근본이 먼저 있은

---

5) 『遺稿』, 卷14, 「答羅顯道」(무진 정월 29일). "所叩教學之術, 有何別方, 立志務實, 最爲學者之先務, 其餘在方册耳."

뒤에야 제대로 채우고, 밝히고, 얻고 거두어들일 수 있을 것입니다.[6]

위의 두 예에서 볼 수 있듯이 '입지'와 '무실'은 학문의 가장 중요한 출발점이자 귀착점이라고 할 수 있다. 따라서 학자는 모름지기 근본을 바로 세워야 하고 동시에서 진실한 마음을 가져야 한다. 그런 점에서 '입지'와 '무실'은 모든 앎의 궁극적 목적이며, 학자가 가장 먼저 관심을 두고 힘써야 할 문제인 것이다. 명재가 무실공부는 유익한 것이고, 반드시 덕을 이루게 하는 것이라고 읊은 시의 한 대목이나,[7] 학자는 마음 세우는 것을 마땅히 第一義로 삼지 않으면 안 된다고 한 말을[8] 상기할 때 이 점은 분명하다. '입지'가 독실하면 성인의 성품이 곧 나의 성품이 되고, '무실'의 태도가 지극하면 사물의 이치가 모두 실리임을 깨닫게 된다.[9]

『연보』에 따르면 명재가 그토록 강조하는 '입지'와 '무실'은 집안 대대로 내려오는 旨訣이다. '입지'와 '무실'을 학문하는 강령으로 삼은 것은 명재가 처음의 일은 아니다. 율곡도 일찍이 『격몽요결』과 『성학집요』라는 저술을 통하여 이를 심도 있게 주장하였기 때문이다. 그런 점에서 명재는 율곡의 『격몽요결』과 『성학집요』의 정신을 가장 철저히 계승한 학자라고 할 수 있다. 율곡－사계－신독재－미촌·우암－명재로 이어지는 그의 학통을 고려한다면 이 점은 부인할 수 없는 사실이 된다.[10] 물론 명재의 학문

6) 위의 책, 卷9, 「上草廬」(기미). "仄聞近地章甫, 多有出入門墻者, 未知有將來可望者否, 近來彌覺不務實爲學者之大患, 須先有眞實根本而後, 可以充闡得去."

7) 위의 책, 卷4, 「酬沈上庠叔平」, "務實工夫終有益"과 같은 책, 같은 곳, 「送道以挈家入荒島」, "務實方成德" 참조.

8) 위의 책, 卷14, 「答新顯道」. "學者立心, 當以第一義爲主."

9) 위의 책, 「附錄」, 家壯 참조.

10) 윤사순, 「明齋 尹拯의 성리학적 실학」, 『조선시대 성리학의 연구』, 고대 민족문화연구원, 1998, 185쪽 참조.

관 형성에서 우계가 갖는 비중 또한 빼놓을 수 없다. 우계는 명재 조부의 장인이자 『爲學之方』을 쓴 인물이다. 우계는 『위학지방』에서 학문하는 방법으로 持敬 · 講學 · 省察 세 가지를 제시한 바 있다. 명재는 여기에다 『성학집요』와 『격몽요결』의 입지 · 무실 두 가지를 보태고, 이 두 가지야말로 학문의 근본이 된다고 역설하였다. 그가 매양 초학자들에게 율곡의 두 가지 책과 우계의 『위학지방』 및 우계가 발췌 · 편찬한 『朱子書』를 추천한 일은 그 단적인 예가 된다. 다른 한편 學統과 관계없이 명재는 퇴계의 학문도 '爲己之學'의 측면에서 존숭하여 후학들에게 퇴계의 글을 읽도록 권하였다고 한다. 아마도 그것은 명재가 퇴계학의 핵심이 일상생활 속에서 보편적이며 근원적인 '理'의 의미를 투철하게 이해하고, 그 앎을 구체적으로 행위화하는 것에 있다고 믿었기 때문일 것이다.

이처럼 선현의 학문과 가학에 크게 영향을 받았던 명재는 '입지'와 '무실'의 중요성을 역설하였고, 또 그것을 인간세에 구현하고자 노력하였다.

> 『격몽요결』 및 『성학집요』는 모두 입지로 首章을 삼았다. 대개 이 '志'가 있고 난 뒤라야 바야흐로 그 일을 할 수 있기 때문이다. 그러나 비록 그 일을 한다 하더라도 誠으로써 하지 않으면 이룰 수 없기 때문에 무실하고자 하는 것이다. 무실로써 학문의 종착점으로 삼지 않으며 학문하는 極功으로 삼지도 않는다.[11]

여기에서도 알 수 있듯이 '입지'와 '무실'은 명재의 학문관에서 가장 중요한 명제이다. 그러나 그에게 '입지'보다 더 중요한 개념은 '무실'이다. 그가 "무실 두 글자로 학문의 기초로 삼아야 한다."[12]라고 한 말이나, "자

---

11) 『遺稿』, 卷26, 「答或人」. "擊蒙要訣及聖學輯要, 皆以立志爲首章, 蓋有是志, 然後方可爲其事故也, 雖爲其事, 不以誠則不能成, 故欲其務實, 非以務實爲學之終也. 亦非以爲學之極功也."

신이 무실함으로써 남에게도 영향을 미친다."[13]라는 말을 상기할 때 이 점은 분명하다. 이 경우 '務實'의 實은 實心, 實事, 實功, 實際, 實用 등의 의미를 두루 포함하고 있지만, 그 참된 뜻은 인간의 내면적 성실성을 가리킨다. 그런 점에서 '무실'의 본래 의미는 성실 그 자체를 지칭하는 개념이라고 할 수 있다. 그래서 명재도 "대저 사람의 학문은 빠르거나 늦는 데 달린 것이 아니라, 단지 성실하게 뜻을 세우고 독실하게 힘써 노력하는 데 달려 있을 뿐이다."[14]라고 말하였던 것이다.

3. 실심과 실학

이처럼 입지와 무실을 강조하는 명재의 실천적 학문관은 이미 밝힌 바처럼 율곡의 설을 충실하게 계승하고 있다. 그렇다고 하더라도 명재는 율곡의 설만을 절대화하여 추종하였던 것 같지는 않다. 비록 율곡의 설을 계승하여 그것을 자신의 논리로 부연하여 학문관의 근본으로 삼고는 있지만, 그가 입지를 성취케 하는 '무실'을 '誠'으로 해석하고 있는 것은 그 단적인 예가 될 것이다. 바로 여기에서 명재 '무실사상'의 독창성이 발견된다. 그에 의하면 성은 무실과 통하고, 그 '성'은 또한 '실심' 이외의 다른 것이 아니다. 그래서 명재는 실심을 실공으로까지 확대 해석하면서[15] '무실'이 곧 성 그 자체임을 선현들의 말을 인용하여 다음과 같이 논증하고 있다.

---

12) 위의 책, 卷11, 「與朴和叔」. "以務實二字, 貼於爲學初頭."

13) 위의 책, 卷23, 「答李伯邵」. "務實於己, 故而有以及人."

14) 같은 책, 「與宋文壽寬夫弼壽忠甫光壽正甫」. "凡人爲學, 不在早晚, 只在立志之誠實, 用功之謹篤而已."

15) 위의 책, 卷19, 「與閔以升彥暉」. "唯當以實心加實功, 求以無負於聖賢之訓而已" 참조.

어찌 학문을 誠으로써 하지 않는다고 하겠습니까. 공자가 말하기를 "忠信을 주로 해야 한다."고 하였고, 주자가 이를 해석하여 말하기를 "사람이 충신하지 못하면 일이 모두 實相이 없어서, 惡을 하기는 쉽고 善을 하기는 어렵다. 그러므로 배우는 자는 반드시 이것을 주장으로 삼는다."고 하고, 또 "忠은 實心이요 信은 實事이다."고 하였습니다. 율곡 선생은 이것으로 인하여 거듭 말하기를 "하늘에는 실리가 있고 사람에게는 실심이 있으니, 사람에게 실심이 없다면 天理를 배반하는 것이요, 한마음이 성실치 못하면 모든 일이 다 거짓이다. 한마음이 진실로 실하면 모든 일이 다 참되다."고 하였습니다. 그러므로 周子는 "誠은 성인의 근본이다."고 하였습니다.[16)]

위에서 명재가 논한 문제의 핵심은 실심이 다름 아닌 성이고, 학문은 실심으로 해야 하며, 그것이 또한 공자 · 주자 · 율곡의 주장이다. 이때 실심의 실은 물론 인의예지 네 가지 덕을 몸에 지닌다는 의미의 실이고 주자가 말한 眞實無妄의 실이며, 그것을 힘써서 자각하고 체득한다는 의미의 실이다.[17)] 따라서 실심으로 학문과 수양 및 일반 사무를 행할 것 같으면 그 결과는 진실하게 될 뿐 아니라 망령됨이 없는 實功 · 實德 · 實效까지 거두게 된다. 이것이 바로 '무실'의 목표이고 내용이다.

우리는 여기서 명재의 '무실사상'이 매사를 성과 같은 실심에 의하여 행하고 또 그것을 통하여 실제적인 功效를 얻으려는 실학임을 확인하게 된다. 그가 朴長遠의 학풍을 찬양하는 글에서 "아, 공은 오늘에 살면서도

---

16) 위의 책, 「別集」, 卷3, 「擬與懷川書」(辛酉夏). "何謂學問之不以誠也. 子曰主忠信, 而朱子解之曰. 人不忠信, 則事皆無實, 爲惡則易, 爲善則難, 故學者必以是爲主焉, 又曰忠爲實心, 信爲實事, 栗谷先生因以申之曰, 天有實理, 人有實心, 人無實心則悖乎天理矣, 一心不實, 萬事皆假, 一心苟實, 萬事皆實, 故周子曰誠者聖人之本令也."

17) 韓沽劤, 『朝鮮時代 思想史 論攷』, 일조각, 1996, 192쪽 참조.

옛것을 좋게 여기고, 안으로 닦고 밖으로 감추니, 그 독실한 윤리로 신중하게 행동하며 겸손한 덕을 갖춘 것은 모두 실심·실학에 근본을 둔 것이다."[18]라고 한 말이나 "雜書들을 두루 보아 학문이 여기저기 널리 미치게 되면, 일을 성취하지 못하게도 될 수 있다. 모름지기 실학에 힘을 쏟아 부어야 겨우 밖으로 달리는 폐단을 면할 수가 있다."[19]라고 한 말은 그 단적인 예일 것이다.

이처럼 명재의 실학은 천리이자 인간의 본래성인 성을 힘써 체득하여 실심을 갖춘다는 의미이며, 따라서 그것을 바탕으로 하여 인간세에서 도덕적인 삶과 내면적인 정신생활을 일체화시키는 데 필요한 수양과 실천을 충실히 하는 것으로 된다. 다시 말해서 박학에 힘쓰지 말고 오로지 성과 같은 실심으로 내면세계를 닦는 실용의 공부가 다름 아닌 명재가 말하는 실학인 것이다. 그래서 명재는 日用의 사이에서 일어나는 存養省察의 공부를 당부하고, 학문에서 가장 우선하여야 할 것은 '경'과 '誠'을 위주로 하여 자신의 실덕을 쌓는 일이라고 하였다.

> 학문하는 것은 다른 것이 아니다. 다만 持敬과 窮理 양단을 간직하는 것뿐이다. 지경은 몸과 마음을 수렴하는 것일 뿐이고, 궁리란 날마다 일을 만나고 사물을 대함에 언제나 天理에 합당하기를 구하는 것일 뿐이다.[20]

그에게 실덕을 쌓는다는 것은 지경과 궁리를 통하여 '나의 안에 갖추어

18) 『遺稿』, 卷42, 「神道碑銘」. 吏曹判書久堂朴公長遠神道碑銘.

19) 위의 책, 卷19, 「與朴泰輔士元」(임자 2월 28일). "泛觀雜書, 博洽則有之, 不濟於事, 須着工於實學, 庶免外馳之弊也."

20) 위의 책, 卷23, 「答李世德伯邵」. "爲學無他, 只持敬窮理兩端, 而持敬則只收斂身心而已, 窮理則逐日遇事接物, 每事求合於天理而已."

진 일'(己分內事)들을 잘 수행하는 것을 뜻한다.[21] 그리고 이러한 '실덕'이 다른 사람에게 미쳐서는 '실학'이 된다고 보았다. 따라서 명재의 실학에서 "먼저 그 마음을 진실하게 닦는 일", 즉 실심은 매우 중요한 전제조건이 된다. 윤사순 교수가 명재의 실학을 가리켜 "內心을 닦는 실심의 학문"[22]이라고 규정한 일이나, 한우근 교수가 "실심실학 내지 窮經實學"[23]으로 명재의 실학을 규정한 일은 매우 적절하다고 할 수 있다.

이처럼 명재의 실학은 실심과 실학이 상호 연계되어 있다. 명재에 의하면 자기에게 갖추어진 '실심'은 반드시 다른 사람에게까지 미쳐야 하고, 그러할 때만이 '실심'은 '실학'으로 나타나게 된다. 이때 강조되는 '실학'의 효용은 개인적 윤리세계에서의 덕성의 함양을 통한 도덕적 이상 사회의 구현이다. 이를 修己와 安人으로 나누어 본다면 '실심'은 수기에 해당하고 '실학'은 안인에 짝한다고 할 것이다. 그래서 명재는 우암에게 보낸 글에서 "무릇 실심이 있은 다음에 실공이 있고, 실공이 있은 다음에 실덕이 있는 것이며, 실덕이 있은 다음에 밖으로 드러나게 되면 가는 곳마다 실하지 않음이 없게 됩니다."[24]라고 말하지 않을 수 없었던 것이다. 그런 점에서 우리는 명재의 학문을 유명종 교수가 「명재 윤증의 무실학」에서 지적한 것처럼 '무실학'이라 할 수 있을 것이다.[25]

---

21) 위의 책, 卷22, 「答權持君敬」. "至於進學修業, 無非己分內事, 只在加之意而已." 참조.

22) 윤사순, 앞의 책, 188쪽.

23) 한우근, 앞의 책, 201쪽.

24) 『遺稿』, 「別集」, 卷3, 擬與懷川書.

25) 유명종, 「明齋 尹拯의 務實學」, 『철학연구』, 제26집, 한국철학연구회, 1978, 126-136쪽 참조.

4. 명재의 현실 인식과 무실학

이처럼 '입지'와 '무실'을 바탕으로 하여 공맹의 근본정신인 修己安人하는 정신을 회복하고자 했던 명재의 학문관은 그가 당면하고 있었던 주자학의 명분론 체계의 변혁이 요구되는 17세기의 정치·사회·사상적 혼돈에 대한 위기의식에서 더욱 절실한 것으로 제창되었다. 명재의 판단에 의하면 당대는 "장차 나라가 무너지려는 형세에 있는" 상황이었고, "백성을 구제하는 일을 제일 시급한 임무로 삼아야 하는"[26] 시대였다.

여기에서 명재는 이를 극복할 수 있는 현실적 논리와 방법을 찾고자 하였고, 자신이 모색하는 사상의 근원으로서 또는 그 정당화의 근거로서 '무실학'이라는 기반을 필요로 하였다.

이 경우 '무실학'이란 주자학적 권위만이 힘을 얻는 시기에 처하여 사회 기강을 새롭게 확립하는 정신이며, 신념 상실의 시대를 헤쳐가면서 투철한 자기반성과 自己定位를 확인하려는 윤리적 행동의 지표가 된다. 헛된 명분보다 현실에 적합한 내실을 추구하고 참다운 학문을 성취하는 길은 '무실학'보다 더 나은 것이 없다고 그는 믿었기 때문이다. 다시 말해서 명재는 학문하는 사람들이 입신출세를 위하여 문장과 詩를 일삼고, 학문함에서 가장 먼저 하여야 할 자신의 실덕 쌓는 일을 소홀히 하여 나라가 累卵의 위기에 처하게 된 현실에서 '무실학'의 강조와 실천에 절대적 사명을 부여함으로써 자신의 세계내적 존재 의미를 새롭게 확인하였던 것이다. 이와 같은 그의 태도는 "存養과 省察에 정성을 다하여 원대한 실학에 더 나아감으로써 위안을 삼는 것이 우리 道가 바라는 것이다."[27]라는 말로 간명

26) 『遺稿』, 卷28, 「與子行敎」. "將有土崩之勢, 今日救民之事, 當爲第一急務."

27) 위의 책, 卷20, 「與朴泰輔士元」.

하게 집약되었다. 이렇게 '실심'으로 실공을 거두려는 태도는, 그의 경세사상과 호응관계를 이룬다. 그렇게 본다면, 명재의 경세사상은 임진왜란(1592)과 병자호란(1636)으로 인한 전쟁 후유증의 극복 과정에서 나타난 치열한 이념논쟁과 사회적 부조리가 극성을 부리던 혼란된 현실과 시대적 상황에 대한 정직한 응답 내지 비판의 결과라고 할 수 있다.

이러한 각도에서 명재의 경세사상을 검토할 때, 가장 두드러지게 눈에 띄는 것은 '무실'에 대한 강조이다. 무실공부에 힘쓰지 않고 다른 사람에게서 구하는 것은 내 몸을 위한 진정한 공부가 아니라고 하면서, "자기가 무실함으로써 다른 사람에게도 영향을 미친다."[28]라고 한 말은 이러한 정황을 무엇보다 극명하게 보여주는 예일 것이다. 바로 여기에서 명재의 무실사상과 경세사상 사이의 연관성이 나타난다.

그런 의미에서 명재의 '무실'은 한 인간이 그의 '인간 존재됨' 상 거부할 수 없는, 학문을 통하여 실현하지 않으면 안 되는 당위원리 같은 것이라고 이해할 수 있다. 그가 지식보다 행위를, 이론보다는 실천을 더 중요시하면서, 특히 그 행위가 초래할 실질, 실효, 실용 등 실제성의 추구에 주목한 점도 이러한 인식의 소산일 것이다.

그러면 그의 무실에 기초한 '실학적 사고' 속에서 현실의 바람직한 모습이란 무엇인가? 명재의 경우 그것은 君臣上下가 스스로 안을 닦아 실심을 세우고, 義와 利, 公과 私를 잘 분별하여 위로는 천리에 부합하고 아래로는 민심에 순응하는 세계로 집약된다. "위태로워 망하려는 모습은 어리석은 사람과 지혜로운 사람이 다 같이 볼 수 있는"[29] 말세의 시대, 신뢰할 만한 어떤 척도도 존재하지 않아 '실덕'을 쌓고 '실학'을 하는 선비가 나

28) 위의 책, 卷23,「答李世德伯邵」. "此務實於己, 故亦有以及人危亡之象, 愚智之所共見."
29) 위의 책, 卷5,「辭別諭求言疏」.

날이 줄어드는 상황에서 그는 오로지 보편적 가치로서의 준칙이자 행위규범인 '천리'에 합치되고 '실리'·'실심'을 추구하는 현실만을 자신의 참된 현실로 인정했던 것이다. 이를 좀 더 구체적으로 표현하면 실심·실학에 근본을 두고, "말과 행실은 삼가고 모든 생각이 분수에 맞도록 노력하는 세계"[30]라고 할 수 있다. 따라서 명재에게 있어서 참된 현실이란 형식보다는 내용이, 명분보다는 실제가 존중되고 윤리적 원칙이 철저하게 지켜지는 '실학'의 세계였으며, 그것은 또한 '利行'을 버리고 '義行'을 실천하는 사회이기도 했다.

다시 말해서 인간 삶의 본원성이자 절대적 이념으로서의 '성'을 전제로 하는 實心·실덕이 사사로운 인욕을 극복하고 '본심의 바름'을 얻어서 천리와 하나가 되는 인간존재의 가치론적 존엄성이 확보되는 세계였다. 예컨대 그가 "모든 것이 다 실리이다. 물이 없으면 체득할 것도 없다. 무실해야만 위도 다스리고 아래도 다스리는 공을 얻을 수 있으며"[31] 또한 "한결같은 정성은 가히 백 가지 사사로운 욕심을 大敵하게 된다."[32]라고 한 말에서도 이 점은 어느 정도 확인된다.

따라서 명재의 '무실에 기초한 실학적 사고'는 극도로 경화된 시대를 근심하고 바른 도리가 실현되기를 갈망하는 충정의 표현이며, 인욕을 주체적으로 다스려 천리의 純善함을 회복하게 하는 교화론적 의미가 있는 것에서 크게 벗어나지 않는다. 즉, 이 말은 순선한 형이상학적 본체로서의 公的인 천리가 私的이며 악으로 흐를 수 있는 人欲을 다스리고 변화시켜 실심을 회복하고 실덕을 구현해 가는 인간 삶의 궁극적 경지를 가리킨다. 그래서 그는 주자의 말을 빌리면서까지 "善의 실천을 마음에 삼지 않으면

30) 파평윤씨 노종파병사대종중, 『국역 명재언행록』, 1994.

31) 위의 책, 같은 곳.

32) 위의 책, 같은 곳.

立名·立事할지라도 大本은 이미 그르친 것이다. 이것은 誠意 여하에 따라서 사람이 되고 귀신이 되는 관문이기 때문이다."[33]라고 말하지 않을 수 없었던 것이다.

요컨대 명재는 무실을 주로 심성의 수양과 내면적 완성의 측면에서 생각하였고, 특히 경세론에서 그러하였다. 마음을 지키고 다스려 실덕을 쌓는 일이 그의 사상에서 가장 중요한 일로 간주하였으므로 경세사상 역시 그러한 방향에서 전개될 수밖에 없었다. 그러나 명재의 이와 같은 논리가 경세사상을 오로지 심성수양의 울타리 속에만 가두어 놓았다는 뜻은 아니다. 실덕의 결과는 궁극적으로 실학을 통하여 세상을 바로잡는 데까지 미쳐야 한다고 확신하였고, 명재는 또 실제로 그렇게 행동하였기 때문이다. 따라서 "在己者爲實德, 及人者爲實學(자기에게 있는 것은 실덕이고, 남에게 미치는 것은 실학이다.)"[34]라는 말은 명재의 경세사상 이해의 핵심적 디딤돌이 된다.

이처럼 명재가 도덕과 정치의 연속적 논리에 기초하여 도덕적 수양을 통한 공적 질서를 이루어내고자 한 사상과 실천은 성리학자들의 세계에서 낯선 것이 아니며 멀리는 개인적 덕성 함양이 치국평천하의 근본이 된다고 한 『대학』에까지 소급되는 것으로,[35] 도학의 근본정신에 투철한 것이었다고 생각된다. 그가 숙종에게 "지난날의 일은 진실로 신 자신이 만든 화로서, 사리를 잘못 알고 처신을 의리에 어긋나게 하여 先臣에게 수치가 미치고 聖朝에 누를 끼쳐서 충성과 효도를 모두 잃어버렸으니, 죽는다 하더라도 죄책이 남습니다."[36]라고 한 말의 참뜻이 여기에서 드러난다.

---

33) 『遺稿』, 卷15, 「答羅顯道」. "不以爲善爲心, 則雖或立名立事, 而大本已非矣, 此誠意之所以爲人鬼關也."

34) 위의 책, 卷32, 「一齋集跋」.

35) 『大學章句』, 經一章. "心正而后身修, 身修后家齊, 家齊而后國治, 國治而后天下平" 참조.

명재는 앞에서도 얘기했던 것처럼 하늘에는 실리가 있고 사람에게는 실심이 있는데, 사람으로서 실심이 없다면 천리에 어긋나는 것이라고 하면서 '실심'이 온전하게 발현되는 세계를 희구했고, 이를 통해 義와 不義, 公과 私, 正과 邪를 明辯하고 虛名과 外飾에 흐르는 것을 경계하고자 하였다. 이러한 관점은 그의 경세론에도 이어져 '外攘'보다는 '內修'를 더 강조하는 논리와 '실학 정신'으로 간명하게 표출되었다. 다시 말하여 명재는 인간의 본래성 그 자체이기도 한 '실심'을 회복하여 '실덕'을 쌓고 '실학'을 행하는 길이 '천리'를 온전히 실현하고 그것이 또한 상처받은 민족적 자존심을 회복하고 춘추대의를 확립하는 유일한 길이라고 믿었던 것이다. 이는 결국 '치국평천하'보다는 내면적 성찰과 완성을 강조하는 이념의 필연적 태도라 하겠다. 그래서 그는 "一心이 실하지 않으면 만사가 거짓이 되어버리고, 일심이 진실하면 만사가 참되게 된다."라고 말하였던 것이다.

이러한 논리를 바탕으로 하여 그는 도덕적 세계의 새로운 가능성과 인간 존엄성의 확보가 '입지와 무실'하는 삶을 통한 천리의 주체적 자각 및 구현에 있다고 믿었다. 다음의 예문은 이 점을 설명하기에 충분할 것이다.

> 선생이 瑞寅에게 말씀하시기를 "지금 사람들은 학문의 뜻을 잘 모르고 있다. 이른바 글 읽는 것은 과거하려고 하는 것에 지나지 않는 듯한데 학자는 모름지기 자기의 성품을 善하게 타고난 것을 알아야 한다. 자기가 타고난 성품이 선한 줄 알면 가히 이로써 德에 들어갈 수 있다." 하시니 서인이 대답하기를 "학문공부에 從事하고 싶으나 너무 늦지 않았습니까?" 하니 선생이 말씀하시기를 "겨우 20여 세에 무엇이 늦음이 있다는 것인가? 주자는 말하기를 비록 80~90세라도 역시 마땅히 깨달을 때까지 힘써야 한다고 하셨는데 자네는 이제부터라도

36) 『국역 숙종실록』, 숙종 20년 7월 22일.

한다고 하면 어찌 성현의 자리에 이르지 못하겠는가?" 하셨다.[37)]

이처럼 '입지 · 무실'의 관점에서 현실의 제반 문제를 보았기 때문에 사람이 자신의 '실심'을 회복하고 '실덕'을 쌓아나갈 것 같으면 누구나 다 성현이 될 수 있다고 믿었고, 인간의 변화 가능성을 적극 인정했다. 여기에서 인간의 정치적 · 사회적 행위를 설명하는 중요한 기준으로서 '무실'이 문제가 되고, 정치사회의 질서를 확립함에서 인간의 내면적인 도덕성과 그 수양이 강조되는 것이다.

이와 같은 태도는 명재의 경세론에 있어서 '실학' 정신으로 간명하게 집약되어 나타난다. 그는 이를 통해 공허한 명분보다 현실에 합당한 내실을 추구하고, "臣節이 이지러지고 人理가 끊어진"[38)] 사회를 바로잡아 '실학'에 입각한 '도덕의 왕국'을 건설하고자 했다. 그는 숙종에게 상소하는 글에서 다음과 같이 진언하였다.

> 아, 지금이야말로 참으로 말세입니다. 위태로워 망하려는 모습은 어리석은 사람과 지혜로운 사람이 다 같이 볼 수 있습니다. 그러나 위태로움은 안전하게 할 수 있고, 혼란은 다스릴 수 있습니다. 오직 주상만이 가히 운명을 바꿀 수 있으니, 옮기는 기틀이 어찌 주상의 一心말고 어디에 있겠습니까. 實心으로서 實功에 힘쓴다면 흥하고 쇠하고 다스려지고 어지러운 문제는 마치 周宣王이 재앙을 상서로움으로 바꾼 것처럼 할 수 있습니다.[39)]

37) 『국역 명재언행록』.

38) 『국역 숙종실록』, 숙종 16년 9월 30일.

39) 『遺稿』, 卷5, 「辭別諭求言疏」. "噫今時誠季世也, 危亡之象, 愚智之所共見, 然危可使安, 亂可使治, 唯人主可以造命, 則轉移之機, 豈外於人主之一心, 以實心做實功, 興衰撥亂, 如周宣王, 轉災爲祥."

이처럼 君主의 修身을 강조하고, 군주가 실심을 자기 마음속에 갖추고 이 실심을 바탕으로 실공을 이루도록 당부하고 있는 것은 이러한 맥락 위에서 이해되어야 한다. 그런 점에서 '무실'은 시대현실의 변화 및 그 속에서의 公과 私, 正과 邪, 興과 衰, 治와 亂을 분별하고 비판하는 典範 내지 질서를 부여하는 가치원리의 의미를 지닌다.

이렇게 볼 때, 명재의 '무실'에 대한 강조는 학문하는 자들이 실심으로 실공을 이루려 하지 않고 오직 名利와 虛名만을 좇아 義와 利가 상충하고, 公과 私, 正과 邪가 뒤섞여 나라가 멸망할지도 모르는 심각한 위기 상황 속에서 안으로는 어지러운 세태와 정치적 타락을 바로 잡고 이를 통해 민생회복의 실리적인 실학을 추구하고, 밖으로는 崇明義理와 對淸外交를 실리적으로 하고자 하는 그의 愛君憂國의 간절한 충정의 소산이라 할 수 있다.

5. 실사의식과 예의식

이미 앞에서도 밝혔지만 명재에게 '실심'이란 구체적 현실 속에서 발현되는 진실하고 성실한 본래의 마음가짐이다. 그런데 이 '실심'은 언제나 實事 속에서 자기 모습을 드러낸다. 여기에서 비로소 명재가 퇴계가 세운 書院의 예를 들어 입지·무실을 기초로 삼지 않았을 때 일어나는 서원의 수많은 폐단에 대해 비판한 참뜻이 분명하게 밝혀진다. 명재에 의하면 퇴계 당시에 설립된 十書院은 주자의 학문을 제대로 실천하지 못하고 있는 곳일 뿐이다. 이러한 폐단은 물론 퇴계의 잘못이 아니라 그곳에서 학문하는 자들이 퇴계가 서원을 세운 그 본래의 뜻을 망각하였기 때문에 나타나는 현상이라고 진단했다. 그래서 명재는 퇴계가 설립한 서원에는 실한 것이 없어지고 또 그곳에서 학문하는 자들은 단지 서원에서 주자의 체취만을 느끼려 할 뿐이라고 한탄한다. 그가 "(서원에) 다만 거대한 가옥만이 있고 실학이 없는 것은 고래의 큰 폐단의 하나이다. 실로 퇴계 당시의 십개처의 서원의 뜻과는 같지 않다. 후학이 이러한 근심을 면할 수 있을지 알지 못하겠다."[40]라고 말한 것도 바로 이 때문이다. 한마디로 명재의 학문은 '실심'을 중시하는 데 있다.

그에게 실심의 공부는 일상생활에서 현실의 문제를 주체적으로 풀어가는 하나의 방법이기도 하다. 실심을 확립하지 않으면 실공을 이루기 어렵고, 실공을 이룰 수 없는 학문은 다만 虛學일 뿐이다. 그가 제자인 閔以升에게 "오직 마땅히 실심으로 실공을 이루어 성현의 가르침에 저버림이 없기를 구해야 한다."[41]라고 한 말은 이를 단적으로 증명해준다.

> 벗들에게 바라는 것 역시 오로지 實功에 있을 뿐이다. 우리의 학문이 나아가고 서로 더불어 의리를 강구하며, 힘써 직무를 행하여 뒤떨어진 사람들로 하여금 선인들이 남겨 놓은 은덕을 입게 하는 것, 이것을 바랄 뿐이다.[42]

이러한 태도는 그의 禮에 대한 독특한 생각에서도 분명하게 드러난다. 주지하다시피 그 당시는 당쟁의 쟁점이 다름 아닌 '예'일 정도로 예를 절대시하는 사고가 모든 것을 지배하던 사회였다. 그것은 이른바 복상문제를 둘러싼 것이라는 뜻에서 '禮訟'이라 對稱되는 것으로도 그 점은 분명하다. 명재 역시 예송의 한가운데 서 있었고 기존의 禮書를 정리·보급하고 스스로 방대한 禮問答書인 『疑禮問答』을 만들 정도로 예학에 밝은 학자였

---

40) 위의 책, 卷18, 「答崔漢臣」.

41) 위의 책, 卷19, 「與閔以升彥暉」. "唯當以實心加實功, 求以無負於聖賢之訓而已."

42) 위의 책, 卷21, 「與李燔希敬」. "所望於朋友者, 亦唯做實功, 進吾學, 相與講究義理, 强勉取行, 使衰朽者, 得借餘光, 是冀而已."

음에도 불구하고[43], 그는 예를 절대시하지는 않았다. 예란 학문하는 자가 반드시 지켜야 할 행위규범이고, 또 그것을 몸소 실천 · 실행해야 할 당위규범일 뿐이다. 따라서 예란 학자로서 실심을 지켜나가기 위해 힘쓰는 것 그 이상의 그 이하의 의미도 아니다. 그가 예학을 성리학의 한 부분으로 간주하고, 별개의 학문으로 인정하는 것을 반대한 것도 바로 이 때문이다. 이 점은 다음의 예에서 선명하게 나타난다.

> 학자 중에 예학 강론을 청하는 자가 있으므로 선생께서 말씀하시기를 "예는 본시 학문의 일부분이다, 무슨 별다른 門戶가 있겠는가? 세상 사람들이 혹간 理學이라 일컫고 禮學이라 구별하여 말을 하지만 이 구별은 가소로운 말이다. 학자들의 말마다 하는 일마다 예가 아님이 없다. 節文과 儀則을 일에 따라 강구하는 것이 학문이다."라고 하셨다.[44]

위의 예에서도 볼 수 있듯이 명재는 당시의 예가 비록 윤리뿐만 아니라 법이나 제도의 성격까지 지녔다고 할지라도, 예만 가지고는 인간다운 삶의 모습이나 바람직한 생활태도 같은 것을 다 포괄할 수는 없다고 간주하였다. 명재에 의하면 예란 말에 담긴 뜻은 실공을 지향하는 실심이 추구하는 도덕적 행위에 지나지 않는다. 따라서 이를 무시하고 단지 외재적이고 형식적인 규범만을 준수하고 따라 하는 예는 참된 의미의 예가 아니다. 그가 黨色으로는 西人이면서도 禮說 문제에는 서인이나 남인 어느 한편에도 가담하지 않으려고 노력했던 점도 이와 무관하지 않다. 그래서 그는 서인과 남인 간에 벌어진 예송이 매우 지루한 것이었다고 다음과 같이 비판한다.

---

43) 이 문제에 대하여서는 한기범, 「명재 윤증의 자주적 예학사상」, 『무실과 실심의 유학자 명재 윤증』, 청계, 2001, 326-334쪽 참조.

44) 『국역 명재언행록』.

3년의 예설은 비록 같고 다름이 있지만, 서로 간의 논쟁이 10년에 이르렀습니다. 이쪽이 옳고 저쪽이 그르다고 하거나 저쪽이 옳고 이쪽이 그르다고 한들 무슨 큰 해로움이 있겠습니까. 3년의 설을 바꿔 期年說로 하자고 하는 것이 아닙니다. 대저 이 일은 이미 대판이 났는데도 서로 공격하며 끝없이 禍端을 자아내고 있는데, 그 시초를 보면 매우 작고 긴요치도 않은 一事였을 뿐이었습니다. 이것이야말로 과연 무슨 꼴인지, 가소롭고 해괴한 일입니다.[45)]

이처럼 명재는 당시의 가장 큰 논쟁거리였던 예론의 경색된 흐름에 회의적인 태도를 보였다. 그뿐만 아니라 그는 북벌론에 대해서는 그것이 실행이 없는, 空言無實한 명분만의 폐단이 있다고 비판하였고, 또 주화론에 대해서는 편의만을 위주로 하는, 功利 추구를 열심히 하다가 의리를 망각한 약점이 있음을 비판하였다. 이에 대해 그는 다음과 같이 말하였다.

지금 말하길 '비록 중국을 존숭하고 夷狄을 배척할 수 없으니, (화친으로써) 이적의 화란을 피할 수 있으면 그 공 역시 훌륭하다.' 고 하는 것은 往尺計功의 병폐를 면치 못하는 것이다. 또 지금 말하길 '하루라도 속히 이 치욕을 씻도록 하자. 군자는 다만 그 義를 행할 뿐이다.' 라고 하는 것은 空言無實의 병통을 면하지 못하는 것이다.[46)]

여기에 나타난 그의 입장은 분명히 명분론적이고 공리주의적 사고에

45)『遺稿』, 卷9, 「上炭翁」. "三年之禮雖同異, 互爭至於十年, 或彼是此非, 或此是彼非, 亦何大害之有也, 非欲請變三年之見而爲朞年之見也, 大抵此事已成大判, 互相攻擊釀出無限禍機, 環視其初特一小, 無關緊之服制一事而已, 此果何樣可笑可怪事耶."

46) 위의 책, 卷11, 「與朴和叔」. "今日雖不能尊中國攘夷狄, 使吾東免於夷狄, 其功亦已偉矣云, 則不免枉尺計功之病矣, 今曰一日而雪此讐恥, 君子只當行其義也云, 則又不免空言無實之病矣."

대한 비판이자, 공허한 명분보다 현실에 적합한 內實을 추구하고자 하는 무실정신이다.

명재는 이러한 '무실'의 정신이 그 어느 때보다 필요하다고 보고 자신만의 경세론을 제시하게 된다. 그 단적인 예가 예송과 북벌론에 대하여 그가 보인 중도적 태도라고 할 수 있다. 천리가 날로 소멸하여 인욕이 천리를 해치고 실질보다는 허명이, 義行보다는 利行이 기승을 부리는 말세적 상황에서 이를 바로잡고 극복할 수 있는 유일의 지표가 실심을 바탕으로 실공을 이루는 일이라고 그는 생각했다. 유의할 것은 명재의 이와 같은 무실적 사고가 숭고한 도덕적 의미를 담은 가치 있는 삶에 대한 희구인 동시에 어두운 역사의 무게를 온몸으로 지탱하면서 패덕한 세상에서 "도덕 실천의 주체인 본심을 확립하여 참된 의미의 '실공'을 이루고자 했던, 덕행이 높고 학문이 正大하였던"[47] 한 인물의 자기 확인의 체계화라고 해야 할 것이다. 이러한 생각에서 그는 제자들에게 다음과 같이 말하였던 것이다.

> 이름을 얻기 위하여 착한 일을 하는 사람은 비록 악한 짓보다 낫다 할지라도 그 마음은 이미 성실하지 못한 것이다. 무릇 한 마디 말과 한 가지 행실이라도 모두 잘 살펴가며 名望이 높이 나게 하는 사람은 비록 착하기는 해도 또한 私와 利에 병이 있는 것이니 확실히 혁신한 연후에야 가히 道에 들어가게 될 것이다.[48]

47) 『국역 숙종실록』, 숙종 35년 10월 8일.

48) 『국역 명재언행록』.

6. 실공과 애민정신

명재가 살던 17세기의 상황은 현실의 객관적 상황으로나 그 자신의 주관적인 판단으로나 심각한 위기였고, 지식인들로 하여금 현실에서 도피하거나 외면할 수 없게 한 격동기였다. 당시 조선사회의 역사적 상황은 수차에 걸친 外患과 內憂, 천재지변 등으로 인해 16세기 이래 누적됐던 제반 사회의 모순이 극대화되어 노정된 시기였다.

이를 좀 더 부연하면 대외적으로는 倭亂(1592~1598) · 胡亂(1627 및 1636~1637)과 明淸交替와 같은 국제질서의 큰 변화가 있었고, 대내적으로는 黨爭이 새로운 국면에 접어들면서 士林政治의 한 형태였던 붕당정치의 '상호견제와 비판'이라는 원리[49]가 무너지고 점차 一黨專制와 閥閱政治의 경향이 나타나고 있었다. 그 결과로 사회기강은 해이해지고 민생은 극도로 피폐해져 '약으로도 구할 수 없는' 지경까지 이른 상황이었다. 그래서 명재는 숙종에게 지금이야말로 참으로 末世라고 지적하면서, 이 말세를 구원하는 길은 오직 천하만사의 근본인 人主가 "실심으로써 실공에 힘쓰는 길" 밖에 없다고 말하지 않을 수 없었다.[50] 그러한 까닭에 그는 당시의 "변고와 禍亂이 연달아 일어나는" 위기적 현실과 시대상황에 대하여 도피하거나 무관심하지 않았다. 그는 비록 과거도 거치지 않았고 또 관직에 한 번도 출사한 적은 없으나 당대의 제반 현실적 모순에 대해 심각한 우려를 표명했고, 또 그에 대한 자신의 견해를 피력하기에 고심했다. 이와 같은 태도는 실심을 바탕으로 하는 自主的 禮說의 정립과 鄕村의 교육활동과 師友들과의 서신을 통한 왕성한 학문적 활동으로 나타났고, '입지'와

---

49) 이태진, 『조선유교사회사론』, 지식산업사, 1989, 131-133쪽 참조.

50) 註) 38 참조.

'무실'을 근본으로 삼는 학문 방법으로 간명하게 집약되었다. 그러니 그가 관직 생활을 하는 제자 鄭益彰에게 다음과 같이 한 말을 긍정하지 않을 수 없을 것이다.

> 節用한 뒤에야 백성을 사랑할 수 있다는 것은 진실로 성인의 가르침이다. 목민관의 직책은 백성을 사랑하는 것을 근본으로 삼는다. 일과 처소에 따라 용감하게 더욱 잘 살피고 私로써 公을 해치지 않는다면 반드시 백성을 구제할 수 있는 것이다. 천만번 뜻을 보태어 학문하는 심지를 저버리지 않기를 나는 바랄 뿐이다.[51]

이는 물론 명재의 '무실사상'에 근거한 것이며, 爲己之學을 표방하는 성리학의 정신에도 부합한다. 그것은 오늘날에도 매우 중요한 의미가 있다. 그러나 이와 같은 그의 경세론이나 현실 인식은 모든 정치의 근원을 군주의 일심에 두고 그것을 바르게 하는 것으로 급선무로 삼은 것이나, '安人'보다 '修己'에 의한 개인의 올바른 윤리적 행위를 지나치게 강조한다는 점에서 보수적 성격을 지니고 있다고 할 수 있다.

결과적 관점에서 볼 때는 그것이 기존의 정치사회 질서의 기본구조를 절대화하고 고착화하는 방향으로 귀결될 소지가 있기 때문이다. 그런 점에서 윤사순 교수의 다음 말은 시사하는 바가 매우 크다고 할 수 있다.

> 명재의 실학은 윤리 특히 예의 실천 궁행에 초점을 맞춘 까닭에 경세·이용에 입각한 민생의 치용과 후생에 역점을 둔 후기 실학과는 명칭만 같을 뿐 내용

---

51) 위의 책, 卷21, 「答鄭夏晉益彰」. "節用而後可以愛民, 此實聖訓也, 字牧之職, 愛民爲本, 隨事隨處, 猛加省察, 勿以私害公, 則於民必有所濟, 千萬加意, 不負所學, 區區之望也."

이 다르다.[52)]

명재의 경세학이 治者의 내적 수양을 통한 실심의 회복과 愛民精神의 각성이 무엇보다도 강조되는 도덕적 교화의 의미가 있는 도학적 경세관에서 크게 벗어나지 않음은 명백하다. 따라서 우리는 그것이 그의 '무실적 학문관'과 긴밀한 호응관계에 있으며, 그 전반적 내용과 성격에서 주자 · 율곡의 사상과 일맥상통하고 있음을 확인할 수 있었다. 명재에게 있어서 역사는 현실적 성패가 아니라 도덕적 시비의 초월적 기준에 의해서 저울질 되며, 중요한 것은 결과적 성취와 어떤 업적보다도 행위자의 내면적 성실성과 그 동기의 도덕성이 위주가 된다. 그래서 그는 제자들에게 "우리들이 일을 당하여도 도리라는 두 글자에 着心해야 할 것이다. 얻고(得) 잃고(失) 훼(毁)하고 예(譽)함도 일체 도리에 맡겨야 한다."[53)]라고 말할 수 있었던 것이다.

여기서 얻어진 결론은 명재의 경세사상이 '실심으로 실공을 이루어' 그가 살았던 시대와 역사에 주체적으로 참여하는 행위이면서 또한 "넉넉하지 못한 생활 속에서도 편안한 마음으로 분수를 지키며 벼슬을 하기보다는 오히려 학문하기를 좋아하고 제자를 양성하는 데 힘썼던"[54)] 한 인물의 자기해명 · 자기구현의 엄정한 행위이면서 동시에 민족자존과 민생회복에의 헌신이 아니었든가 하는 점이다. 이와 같은 투철한 삶의 태도와 겸허한 정신적 깊이가 그의 '무실적 학문관과 인간관'에 바탕을 둔 것임은 물론이다.

---

52) 윤사순, 앞의 책, 197쪽.

53) 『국역 명재언행록』.

54) 신동호, 「명재의 인품과 일화」, 『명재 윤증의 생애와 사상』, 충남대학교 유학연구소, 2001, 59쪽.

2부

민족의 시대

노사 기정진의 철학과 현실 인식

1. 이끄는 말

한국 근대사상사를 논할 때 결코 빠뜨릴 수 없는 인물의 하나로 노사 기정진(盧沙 奇正鎭, 1798～1879)을 꼽을 수 있다. 이는 서로 입장을 달리하는 논자들 사이에서도 공통된 견해로 보인다. 이것은 노사의 위대함에 대한 한 증거이자, 각기 다른 관심을 지닌 이들 모두에게 주목받을 만한 면모를 가진 데서 비롯된 특징이기도 하다. 확실히 노사는 남다른 다면성을 지니면서 그것을 놀라운 통합으로 구현한 인물이었다.

노사 사상이 지닌 尊王攘夷的 배경으로 그의 철학과 삶에 관한 논의들은 예상외로 다양한 해석을 보여주었다. 그는 벼슬길을 멀리하고 초야에 묻혀 獨善其身하던 선비인 李恒老·李震相과 더불어 "근세유학을 참으로 대표하는"[1] 학자와 副護軍[2]의 모습을 모두 포괄한 유학자이었다. 노사는 때

1) 현상윤, 『조선유학사』, 민중서관, 1972, 368쪽.

2) 盧沙 奇正鎭은 병인년 음력 8월 「洋胡猖獗」의 소식을 듣고 副護軍이란 직함을 가지고 斥邪疏를 올린 바 있다. 노사를 부호군이라 명명하는 것은 여기에서 비롯된다. 日省錄 高宗3年 陰8月16日, 副護軍 奇正鎭 斥邪疏(賜批).

로는 "主理哲學을 唯理論的 理一元論으로 완성시킨"[3] 대학자로, 때로는 斥邪衛正 운동의 선구자적 역할을 담당한 인물로, 때로는 성리학만을 신봉함으로써 새로운 사상이나 경향들을 발전적으로 수용하지 않고 외면한 시대착오적 道學君子 등 여러모로 평가되었다.

이글은 노사의 철학 전반에 대해 상세하게 검토하는 일을 목적으로 하지 않는다. 여기에서 중점적으로 다루려는 것은 노사 철학 이해의 핵심이라 할 수 있는 '리일분수설'의 참된 의미가 무엇이며, 그것이 노사의 현실인식과 관련하여 어떻게 해석되어야 할 것인가? 노사의 철학사상에서는 현실 지향 또는 실제성 추구의식이 전혀 없는 것인가? 그것은 공리공론을 논하는 데 그치고 마는 철학사상인가? 등으로 요약할 수 있다.

철학이론과 강렬한 현실참여의 전개 과정에서 그가 지녔던 신념의 탁월함과 한계는 무엇인가? 이 물음은 노사의 철학과 삶 전체를 이해하는 데 매우 중요하다. 여기서 얻어지는 성과 여하에 따라 노사의 새로운 면모를 발견할 수 있을 것이다.

이러한 문제에 유의하면서 노사의 리기설을 개관하여 철학의 성격을 밝히고, 다음으로 그의 철학사상이 지닌 특성을 분석하여 그것이 어떻게 현실과 관계를 맺는가를 규명하고자 한다. 즉 그가 살았던 시대와 몸 담았던 개인적 현실에서 어떠한 지향이 형성되었는지, 거기서 싹튼 우주론, 심성론과 현실 인식이 무엇인지, 그리고 그의 철학사상이 이들과 맺은 관련이 어떤 것인지를 검토하려는 것이다.[4]

---

3) 유명종, 『한국철학사』, 1976, 355쪽.

4) 아래 논문들은 본고를 작성하는 데 많은 도움을 주었다. 배종호, 「奇盧沙와 任鹿門의 철학 비교」, 『한국유학의 과제와 전개(II)』, 범학사, 1980; 안진오, 「理哲學에 관한 연구」, 동국대 박사학위 논문, 1988; 최영진, 「奇盧沙의 理一分殊說에 관한 고찰」, 『동양철학연구』, 제1집, 동양철학연구회, 1980; 윤사순, 「조선말기 主理派 思想의 의의」, 제2회 동양문화 국제학술회의 논문집, 성균관대학교 대동문화연구원, 1980; 이태진, 「조

2. 노사의 리기설

조선조의 유학사를 살펴보면 우리는 대략 다음 두 가지의 패턴을 찾을 수 있다. 하나는 우주 만물의 근원 또는 궁극적 실체를 理에 비중을 두고 보는 것이고, 다른 하나는 기에 두고 보는 입장이다.

조선조의 오랜 철학적 논쟁을 통해 理發과 氣發, 理體와 理用 등의 대립적 개념을 둘러싸고 거듭되어 온 논의에서 이 점은 확인할 수 있다. 퇴계 이황(1501~1575)의 리기호발설을 율곡 이이(1536~1584)가 비판한 이후 주리, 주기의 논쟁이 지속하였으며 이 두 관점은 통합을 위한 반복적인 노력에도 불구하고 늘 조화롭지만은 못했으며 때로는 분리되어 날카롭게 대립하였다. 조선조 철학사상의 모든 분파와 논쟁은 이와 무관하지 않으며, 여러 철학자들의 다양한 견해로 전개되었다. 이러한 조선조 성리학의 문제에 유의하면서 노사 기정진의 리기설을 검증해 보기로 한다.

애당초 성리설이 리와 기 이분법의 사고 위에서 출발하는 만큼, 일원론은 말할 것도 없지만, 심지어 리기의 균형·조화를 전제한 이원론도, 양자 중 어느 한편에 치우치기 마련이다. 리와 기는 아무리 相補·待對의 관계임을 강조하더라도, 근본적으로는 그것들이 서로 대비 반대되는 의미로 상정되는 개념인 만큼, 이율배반을 배제하는 형식논리의 체계가 엄수되는 한 양립할 수 없다. 이와 같은 성리설이 리 또는 기 중의 어느 한편에 치우쳐 치중하는 형식을 갖는 데서 주리와 주기의 문제가 대두할 수밖에 없다.[5] 그러면 노사는 어떠한 입장인가?

선 성리학의 역사적 기능 - 그 재평가를 위한 하나의 시론」, 『창작과 비평』, 제9권 제3호, 1974년, 가을호; 박학래, 「기정진 철학사상 연구」, 고려대학교 민족문화연구원, 2004.

5) 윤사순, 「조선말기 主理派 思想의 의의」, 169쪽 참조.

노사는 잘 알려진 것처럼 리기설에서 기의 자기 원인적 능동성을 부정하고, 리의 주재성을 긍정하는 주리론적 입장을 철저히 고수한 학자이다.[6] 이처럼 주리의 입장을 중시하는 뜻은 다음 대목에서 간명하게 읽을 수 있다.

> 리와 기를 對擧시켜 리기라고 부른 것은 어느 때인가. 나는 결단코 이것이 성인의 말씀이 아니라고 생각한다. 왜 그렇게 말하는가. 리의 존귀함에는 상대가 없으니, 기가 어찌 리와 짝할 수 있겠는가. 그 리의 광활함에는 상대가 없다. 기 또한 리 가운데의 일(理中事)이며 이것은 리가 유행하는 손과 발(理流行之手脚)이다. 그것이 리에 있어 본래 대적이 되지 못하니, 짝도 적도 되지 못하는데 대거가 무슨 말인가[7]

이러한 입론의 출발점은 리와 기의 不離를 강조하는 리기일체관 즉 리일원론이다.[8] 노사에 의하면 모든 현상계의 작용은 기이지만 일체 기의 작용은 리의 主宰·使之에 의한 것이다. 따라서 리기는 합일이 아니며, 기는 理中에 포섭될 뿐이다. 리는 존귀하고 圓闊하여 상대될 것이 없고, 기는 단지 리가 유행하는 손발로서만 존재한다. 그러나 "천하에 기와 떨어져 독립한 리는 없다."[9] 리는 기의 주재요 기는 리의 재료다. 리와 기는 본래 분별이 있으나, 그 사물에는 본래 뒤섞여 쪼개어 나눌 수 없는 것이다. 여기

---

6) 현상윤, 『조선유학사』, 민중서관, 1974, 369쪽 참조.

7) 『盧沙集』, 권16, 雜著, 「猥筆」. (이하의 주에서는 「猥筆」로 줄여서 표시한다.) "把氣與理對擧, 喚作理氣, 如於何時, 愚意此必非聖人之言, 何以言之, 理之尊無對, 氣何可與之對偶, 其闊無對, 氣亦理中事, 乃此理流行之手脚, 其於理本無對敵, 非偶非敵而對擧之何哉."

8) 배종호, 『한국유학의 과제와 전개(II)』(서울: 범학사, 1980), 201쪽 참조.

9) 『盧沙集』, 권16, 「納涼私議」. "天下無離氣獨立之理." (이하의 주에서는 「納涼私議」로 줄여서 표시한다.)

서 특히 주목해야 할 것은 그가 기의 실재성을 인정하면서도 기의 운동인을 리 속에서 찾음으로써 기의 자기 원인적 능동성을 부인한 점이다. 그가 이를 바탕으로 리와 기를 대거하고, 기의 운동성을 주장하는 당시의 학계의 풍토를 통렬히 비판한 일은 널리 잘 알려진 사실이다.

리기의 기본 특성과 그 개념의 이해에 대한 노사의 생각을 살펴볼 필요가 있다. 노사에 의하면 陰陽動靜이 피상적으로 볼 때는 "스스로 가고 스스로 멈추는 것 같지만, 그 실상을 궁구해 보면 한결같이 天命이 그렇게 시키는 것이다."[10] 노사에게 천명은 다의적으로 해석할 수 있는 의미체이다. 그것은 필연성이기도 하고, 所以然 또는 원리이기도 하다. 그리고 그 소이연은 말할 것도 없이 理이다. 그러나 리는 소이연일 뿐이며 능동적인 힘을 갖는 존재는 아니다.

> 리는 다만 所以然之妙일 뿐이고, 所能然之力을 가진 적이 없다.[11]

> 리는 종자이다. 다만 必然之妙를 가질 뿐 能然之力을 가지는 것은 아니다.[12]

요컨대 리는 종자이며 소이연이지만 만물 생성의 에너지를 가질 수 없다는 것이다. 이처럼 리의 실제적인 힘을 부정하면서도 기에 대한 리의 주재를 강조하여 음양의 '自行自止'를 거부하고 '天命使之'를 강조하는 입장은 퇴계와 율곡 이후의 리기이원론에 대한 비판으로 이어짐으로써, 노사의 철학사상이 주자·퇴율학의 단순한 연장에 있지 않음을 확인하게 한다. 이와 같은 양상은 기의 자발적 운동성(氣自爾)과 리의 궁극적 원인성

---

10) 「猥筆」. "陽動陰靜, 驟看皮面, 果似自行自止, 若深原其實, 則壹是天命使之然也."
11) 『蘆沙集』, 「答問類編」 권1. "理只是所以然之妙, 未有所能然之力也."
12) 『蘆沙集』, 권12, 「答人問」. "理者種子也, 旦有必然之妙, 非有能然之力."

(所以然)의 관계를 밝히는 그의 견해를 통해 보더라도 별다름이 없다. 노사에 의하면 '자발적 운동과 궁극적 원인'은 적대 관계이기 때문에 기의 자기운동과 자기운동의 원인을 긍정하면 현상세계의 궁극적 원인(소이연)으로서의 리는 부정되고 만다. 따라서 본체계는 한갓 공허한 개념으로 전락하게 되며, 심지어 현상계와의 적극적 관계성마저도 상실되고 마는 것이다.[13] 그래서 노사는 리와 기의 관계를 치밀하게 분석하면서 그것이 일체적 관계임을 다음과 같이 말했다.

> 이 리가 있으므로 반드시 기가 있다. 어찌 기 없는 리가 있겠는가. 이 리가 없으면 기가 좇아서 생할 수 없다. 어찌 리가 없는 기가 있겠는가. 동정의 리가 있으므로 기가 동하지 않을 수 없다.[14]

> 요컨대 리와 기는 일체이다. 기가 고르지 못한 것 역시 리가 그렇게 시킨 것임을 알아야 한다. 천하에 어찌 리 밖에 기가 있겠는가.[15]

이처럼 현상세계는 리와 기의 결합으로 이루어지며, 그 둘의 관계는 일체적이다. 이를 가능하게 하는 것은 물론 리의 주재성이다. 이 점에서 리는 모든 것의 근거가 된다. 여기서 리와 기는 모두 본체론적 실재로 이해되며 현상적 존재의 이원적인 요건이 된다. 그러나 노사가 리와 기를 대립적인 개념으로 파악하고는 있지만, 기에 대한 리의 주재력을 강조하며

13) 「猥筆」. "論以愚見, 自爾二字, 與所以然三字, 恰是敵對, 自爾爲主張, 則所以然, 不得不退縮." 참조.

14) 『蘆沙集』, 권5, 「答權信元別紙」. "有此理故必有此氣, 豈有無氣之理, 無此理, 則氣無從而生, 安有無理之氣也, 有動靜之理, 故氣不能不動者."

15) 『蘆沙集』, 권5, 「答景道」. "要知理氣一體, 氣之不齊亦理之使然, 天下寧有理外之氣也."

理尊無對의 리기설을 정립하였음은 더 말할 나위도 없다. 그는 이에 대하여 매우 강력한 자기 나름의 확신이 있었던 듯하다. 그리하여 노사는 리기의 관계를 '理主氣僕'으로까지 만들었던 것이다.[16] 이와 같은 의식의 한편에는 비록 리기가 일체를 이루는 것이지만 당시의 통념이었던 리와 기를 엄격하게 구분해 보려는 전제가 동반하고 있었다는 사실이다.

노사는 이에 더하여 '기의 不齊마저도 리의 주재에 의한 것'이라고 생각하였다. 그뿐만 아니라 "기가 過不及이 없을 수 없는 것도 역시 理勢가 그러한 것이다."[17]라는 논리를 제시하였다. 이러한 주장의 바탕에는 "본체와 현상의 관계를 구조적으로 구축하고자 하는 의도"[18]가 놓여 있다. 즉 리가 존재하므로 기는 존재한다. 그리고 리는 기 없이 존재할 수 없고, 기 또한 리 없이 생할 수 없다. 따라서 리와 기는 한 사물의 두 측면으로서 결코 떨어져 존재하지 않는다는 주장이 바로 그것이다. 이는 리와 기의 상관성을 중심으로 리기론을 전개하는 노사의 관점과 상호호응의 관계를 이룬다. 형이상의 리와 형이하의 기는 마치 두 개의 톱니바퀴가 서로 맞물려서 돌아가듯이 서로가 긴밀한 논리적 연관을 맺고 있기 때문이다. 그러나 노사는 앞에서 살핀 것처럼 리와 기의 관계를 대등한 것으로 보지도 않았고 혼동할 수 있는 동일의 개념으로 생각하지도 않았다.

이처럼 리와 기의 상관성의 논리적 근거를 체계적으로 정초시키고자 하는 노사의 의도는 퇴계와 율곡의 쟁점이었던 '理發'에 대한 해석에서 분명하게 나타난다. 퇴계는 '理發'과 '氣發'을 엄격히 구분하고 그것을 본질적으로 다른 차원에서 설명한다. 사단칠정에 관해서도 그의 논리는 동일하다. 즉 四端(惻隱 · 羞惡 · 辭讓 · 是非)은 리가 발하여 기가 따른 것이요,

16) 『盧沙集』, 「答問類編」, 권1. "然則主僕之勢, 先後之分, 卽此而已判然矣." 참조.

17) 같은 책, 같은 곳. "氣不能無過不及者, 亦理勢然也."

18) 최영진, 『조선조 유학사상사의 양상』, 성균관대학교 출판부, 2005, 167쪽.

七情(喜·怒·哀·懼·愛·惡·欲)은 기가 발하여 리가 탄(乘) 것이다.[19]

이때 리발인 사단과 기발인 칠정은 본질적으로 차원을 달리한다. 여기에서 리발과 기발의 단절이라는 특이한 양상이 나타난다.

노사는 사칠설에 대하여도 새로운 접근을 모색하였다. 그는 퇴계의 학설을 칭송하면서도 그 사칠설은 그대로 따르지 않았다. 노사의 사칠설을 논할 때 흔히 인용되는 구절인 "사단과 칠정은 두 가지 情이 아니며 리와 기는 互發하지 않는다."[20]는 여기에 참고할 만하다.

이 대목에서 그는 사칠과 칠정을 대립적인 위치에 놓고 파악하는 태도를 배격하고, 그것을 자신의 논리로써 부연하여 리기설에 있어서도 호발설을 부정하고 있다.[21] 그러나 노사의 입장이 리발 자체를 전면적으로 부정하는 데까지 이르렀던 것은 아니다. 이를 좀 더 자세히 살피면 다음과 같다.

> 기가 리에 따라 발하는 것은 기발이니 곧 리발이다. 리와 순하여 행하는 것은 기행이니 곧 리행이다.…… 기의 발과 행은 실제로 리에게서 명을 받는 것이다. 명령하는 자는 주인이 되고, 명령을 받는 자는 노복이 된다. 노복은 노역에 임하고 주인은 그 공로를 차지한다. 이것은 하늘의 經法이요 땅의 의리이다.[22]

> 음양이 단지 기만을 지칭한 것이라고 하는 것이 과연 말이 되겠는가. 이 리가

19) 『퇴계전서』상 (영인본, 서울: 성균관대학교 대동문화연구원, 1973), 권16, 答奇明彦論四端七情第二書). "四則理發而氣隧之, 七則氣發而理乘之."

20) 『盧沙集』, 권16, 「偶記」. "四七, 非兩情, 理氣無互發."

21) 상게서, 「答問類編」, 권3. "七情之外, 本無四端, 互字不好."

22) 『盧沙集』, 「答問類編」, 권1. "氣之順理而發者, 氣發卽理發也, 循理而行者, 氣行卽理行也 …… 氣之發輿行, 實受命於理, 命者爲主, 而受命爲僕, 僕任其勞, 而主居其功, 天之經地之義."

있는 까닭에 반드시 이 기가 있는 것이다. 어찌 리 없는 기가 있겠는가. 이 리가 없으면 기가 따라서 생할 곳이 없다.[23]

노사의 입장은 리와 기는 相卽不離한 일체의 관계에 있으나, 기에 음양 동정이 있는 것은 리의 부림 때문이며 따라서 기의 所爲는 결국 리 가운데의 事에 지나지 않는다는 것이다. 이 문제는 리일분수의 쟁점으로 이어진다. 노사의 리의 기에 대한 적극적인 주재력의 강조는 "기는 理中의 일이고, 理流行의 손발"[24]이라는 표현에서 잘 드러나고 있다. '기가 리유행의 손발'이라고 말한 이 대목에서 특히 주목되는 것은 기의 자기운동의 원인을 부정하고 리 자체운동능력의 인정이다. 이에 대해 배종호 교수가 리의 극대화를 통한 기의 격하로 그것을 설명한 것[25]은 매우 적절한 지적이다.

그런데 리의 능동성 즉 리발의 문제는 일찍부터 주자나 퇴계가 주장한 바 있는데, 노사는 이를 받아들여 자신의 리기관계의 정립에 매우 중요한 논거의 하나로 이용하였다. 그는 "대저 발하는 것은 기요 발하게 하는 소이는 리이다. 기가 아니면 발할 수 없고 리가 아니면 발하는 바가 없다."[26]라는 율곡의 경우처럼 실제 동정하는 것은 기이고, 동정하게 하는 소이연은 리라고 인정한다. 그러나 동정을 기에만 국한하려는 율곡의 이러한 노력들을 노사는 방향을 바꾸어 해석한다. 그리하여 그는 실제적인 작용은 기가 해도 그것이 리의 명령에 따라 이루어지는 한 그것은 리의 작용으로 밖에 볼 수 없다는 입장을 취했다.

---

23) 『盧沙集』, 「答問類編」, 권1. "陰陽單指氣, 是果成說乎, 有此理, 故必有此氣, 豈有無理之氣, 無此理, 則氣無從而生."

24) 「猥筆」. "氣亦理中事, 乃此理流行之手脚."

25) 배종호, 앞의 책, 201쪽 참조.

26) 『율곡전서』, 권10. 「答成浩原」. "大抵發之者氣也, 所以發者理也, 非氣則不能發, 非理則無所發."

노사에 의하면 "말(馬)이 사람의 뜻을 잘 알아서 궤도를 따라 나가는 것은 사람이 나간다고 할 수 있는 것"[27]과 같이 기가 비록 실제적인 작용을 한다 할지라도 그것이 리의 명령에 의한 것일 때 이는 곧 리의 작용이라는 것이다. 다음의 예는 이를 좀 더 분명하게 설명해 준다.

> 기가 리의 명령에 따르는 것은 貴人이 마차를 타고 출행할 때 이를 본 사람들이 귀인이 나간다고 하지 마차가 따라 나간다고 하지 않는 것과 같은 것이다.[28]

기는 현상계에서 실제적으로 발하고 행하는 즉 운동하는 존재이다. 그것을 기발이라 하지 않고 '理發理行'이란 한 이유에 대해서는 별다른 설명이 보이지 않는다. 다만 기가 리의 명령을 받아 작용할 때 리의 성격이 현상계에 발현된다고 하는 설명에 비추어 그 의미를 짐작할 수 있다. 이러한 해석 또한 지금까지 논하여 온 주리론적 관점에 맺어져 있음은 재언이 필요 없다.

그런데 노사가 말한 리발이란 기 세계의 현상을 사실적으로 운용·주재할 수 있는 리가 스스로 동정의 주체가 되어 기를 부리고(使之) 그것을 통해 현상계로 자기 모습을 드러내는 것을 말한다. 여기에서 리발과 기발이 하나로 될 수 있는 근거가 마련된다. 물론 이러한 입장을 취할 때 기보다 오히려 리를 더 중시함은 자연스러운 일일 것이다. 이를 통해서 우리는 노사가 한결같이 리라는 형이상학적 보편자 안에 일체의 존재를 거두어들이는 주리적 사유 속에서 리와 기를 相卽不離한 일체의 관계로 인식하면서도 그 둘을 理貴氣賤 내지 理尊無對의 관계로 보고자 하였음을 알 수 있다.

---

27) 『盧沙集』, 권16, 「偶記」. "馬之曉解人意思, 循軌而出者, 謂之人出可也."

28) 「猥筆」. "貴人之出, 非無車馬騶從, 而見之者, 但以爲人出, 未嘗言其車馬騶從出也."

여기에는 기를 강조하고 중시하는 당시 학계의 통념에 대해 도전하여 전도된 리기관계를 정립하려는 의도뿐 아니라, 더 나아가서 리와 기의 유기적 상관성을 구조적으로 정초시킨다는 주장도 함축하고 있다.[29]

그것은 동시적으로 존재하는 천지 만물이 서로 다른 데다가, 그 시간적 전개와 공간적 확대의 양상이 수많은 개별자들의 통일화를 원천적으로 불가능하게 하기 때문이다. 구체적으로 말해서 노사에게 있어서 현실이란 리만도 기만도 아닌 리와 기, 형이상과 형이하가 만나 어우러지는 理氣一體의 세계이기 때문이다.

이처럼 리와 기의 문제에서 양자의 상관성의 논리적 근거를 마련하기 위해 리의 주재성을 강조하는 관점이나 기의 모든 작용을 리의 명령(使之)에 의한 리의 현상적 구현으로 설명하는 태도는 단순한 수사적 표현만이 아니었던 것 같다. 노사의 리기설은 그 자신은 아마도 극구 부인하겠지만, 리를 절대시하고 기의 발동과 운행을 리의 부림에 의한 理中事로 보는 理體理用의 입장에서 리와 기를 對擧하는 주기적인 리기이원론의 잘못됨을 '리일분수'의 논리로 극복해 보고자 한 노력으로 판단함이 옳을 것이다.[30]

3. 노사 철학의 특성

앞에서 노사의 리기설이 기의 자기운동과 그 원인을 부정하고 기에 대한 리의 주재성의 강조를 특징으로 한다고 지적했다. 그의 리기설에서 모든 현상계의 일은 기의 작용이고, 일체 기의 작용은 리의 '使之'에 의한 것

29) 최영진, 「奇盧沙의 理一分殊說에 관한 고찰」, 『동양철학연구』, 제1집, 동양철학연구회, 1980, 182쪽 참조.

30) 안진오, 「理哲學에 관한 연구」, 동국대학교 박사논문, 1988, 41-42쪽 참조.

으로 귀결된다. 이 안에서의 理氣相對의 리기관은 거부되고 리와 기를 同時同在의 일체[31)]로 보는 理體理用의 리기관만이 용납된다. 그것은 궁극적으로 기보다 리를 우선하는 관점, 또는 가치관과 밀접히 연관되는 것이다.

리와 기의 특성은 여러 가지 차이가 있다. 리가 언제나 純善임에 비해, 기는 항상 선한 것은 아니라는 점이다. 노사가 리와 기는 결코 대거할 수 없다고 주장하는 것은 바로 이 점을 근거로 한 것이다. 리는 바로 선 그 자체이기 때문에 리가 尊·貴·重·大한 것임과 비교하면 기는 卑·賤·輕·小한 것이라고 양자의 특성을 구별한다.

리가 곧 선인 것은 그것이 所以然과 함께 所當然을 포함하는 개념이기 때문이다. 결국 리는 자연적 법칙인 동시에 도덕적 법칙임을 뜻한다. 즉 리는 사물과 우주의 본체 혹은 필연이면서 인간의 당위이기도 한 것이다. 인간의 본성이고 행위규범으로 이해된 리야말로 노사에게 있어서는 사람과 금수를 구별하고 문화와 야만을 갈라놓는 기준이고, 사람을 사람답게 만드는 가장 중요한 근거가 되는 것이다. 따라서 존재와 당위로서의 리는 노사의 사상 전체를 묶어주는 기강이요 구심점이 되는 것이다.

이와 같은 리기설에 바탕을 둔 노사 철학의 특성은 '리일분수설'이라는 말로 규정할 수 있다. 리일분수설이란 궁극적 실체와 현상계의 개체와의 관계를 리기의 개념으로 파악하기 위해 고안해낸 성리학의 형이상학적 체계이다. 이에 대한 엄밀한 논리적 검토가 필요하지만, 우리는 리일분수에 대한 해석을 잠정적으로 가정할 수밖에 없을 것 같다. 이러한 가정에서 리일분수를 말한다면, 그것은 보편적이고 근원적인 一理가 參差不齊한 기의 제약을 받아 개별적인 分殊之理로 나타나는 현상이라고 말할 수 있다. 분명한 사실은 기가 사물의 개별성을 결정할 뿐 아니라, 실제적으로는 현상

31) 「答問類編」, 권1. "理氣之在萬化, 賅物一體, 元不相離." 참조.

계에서 소이연으로서의 리까지 장악한다는 점이다.

근원적 리를 보편적 일자로 정의하는 이와 같은 입장은 현상계의 특수성을 기로 설명할 수밖에 없는 성리학의 기본 전제에서 도출됨은 물론이다. 그리고 리가 分殊되는 원인을 기라고 하는 방향을 취함으로써, 기의 속성이 배제된 순수한 리로서의 '理一之理'와 '分殊之理'는 상호 매개 점을 확보하지 못하고 결국 相離하게 된다.

그러면 이러한 문제점을 극복할 수 있는 노사의 논리는 무엇인가? 그가 제시한 해답은 '理分圓融'의 관점에서 이해된 '相涵性'의 명제이다. 따라서 리와 기 관계의 전도와 理分相離를 당연시하던 당시의 학자들과는 달리 그는 이 논리를 바탕으로 '理一之理'와 '分殊之理'를 새롭게 검토하였고, 거기에서 양자의 상함성의 논리적 근거를 발견하였다. 이러한 인식이 '리일분수'라는 새로운 철학 체계를 수립하였던 것이다.

그러면 리일분수를 논함에서 노사가 취한 기본적 태도는 무엇인가? 그에 의하면 리는 인간을 포함한 우주 만물을 생성하는 궁극적 실체 내지 본질적 속성(所以然)이다.

> 천하에 근원 없이 생겨나는 것은 없다. 理여, 理여, 만물의 종자여.[32)]

> 양이 움직이고 음이 고요한 것은 그 현상만을 얼핏 보면 과연 스스로 가고 스스로 멈추는 것 같다. 그 실상을 궁구해 보면 한결같이 천명이 그렇게 시키는 것이다. 천명이 그러한 까닭에 그렇게 하지 않을 수 없는 것이다. 이를 일러 소이연이라고 하는 것이다. 천명 밖에 따로 소이연이 있는 것이 아니다.[33)]

---

32) 『盧沙集』, 권16, 잡저, 「答人間第二」. "天下未有無種而生者, 理乎理乎, 其萬有之種子歟."
33) 「猥筆」. "陽動陰靜, 驟看皮面, 果似自行自止, 若深原其實, 則壹是天命使之然也, 天命然也, 故不得不然, 此之謂所以然, 非天命之外別有所以然也."

천명은 만사의 본령인데 이제 스스로 가고 스스로 멈춤이 있어서 천명이 관계치 않는 것이 있다면 천명 밖에 또 다른 본령이 있게 된다. 두 개의 본령이 각각 樞紐가 되는 이런 일은 조화에 결코 있지 않다.[34]

이렇게 볼 때 그의 리기설은 리를 기 생성에 선행하는 원인, 즉 기 생성의 '주재자'로서의 소이연으로 간주하는 주리설에 귀속됨을 알 수 있다. 리가 우주 만물의 종자요 본령이며 소이연의 천명이라면 우주만유의 동정운행은 이로부터 얻어지는 결과적 효능에 해당한다. 그러므로 노사의 리기설을 주리설이라고 부를 수 있으며, 주리설이라고 하기보다 唯理說이라고 부르는 것이 더 적절할 것이다.[35] 이때 기는 독자성을 거의 인정받지 못하고 단지 주인인 리의 절대성을 설명하는 노복의 일부로 이해된다. "형이상과 형이하는 합하여 일체니, 형이상은 주인이 되고 형이하는 하인이 된다."[36]라고 그가 말한 것은 그 단적인 표현이다.

여기서 노사가 지적한 것은 리와 대거할 수 없는 기의 자기 원인적 능동성의 부정이며, 구체적으로는 리의 '주재성' 즉 리 자체운동능력의 강조이다. 이렇게 기를 '형이하' 또는 '리의 노복'이라 하면서 기를 리와 대칭될 수 없는 것으로 보는 사고가 바로 주리의 관점이다.

기를 리와 대칭될 수 없는 것으로 파악한 노사는 리일분수라는 이름에서부터 짐작되는 바이지만, 그 기의 표현까지 바꾸고 있다는 사실이다. 그는 기를 버리고 대신 그것을 '分'의 표현으로 바꾼다.

---

34) 「猥筆」. "天命爲萬事本領, 今有自行自止, 不關有天命者, 則天命之外, 又一本領也, 兩個本領各自樞紐, 則造化必無此事."

35) 윤사순, 「근대(조선말기) 유학에 관한 연구 -성리학과 실학의 구분점을 중심으로-」, 『동양학』, 제12집, 단국대학교 동양학연구소, 1982, 271쪽 참조.

36) 「答問類編」, 권1. "形上形下脗合一體, 而形上爲主, 形下爲僕."

노사의 리일분수설이 지닌 방법론상의 특징을 아는 데는 그가 分을 '理一中의 細條理일 뿐이며 리와 더불어 또한 層節이나 대립을 이루지 못한다'라고 말한 바가 관건이 된다. 리와 분의 관계를 분석하면서 그는 다음과 같이 말했다.

> 나의 얕은 견문으로 보면 分이라고 하는 것은 '理一' 가운데의 細條理이다. 리와 분 사이에는 높고 낮음의 층절이 용납되지 않는다. 분은 리의 상대가 아니요 分殊라는 두 글자가 一에 상대된다. 리는 萬殊를 함유하므로 一이라 하지만 오히려 그 實을 말하자면 一物이다. 다른 것(殊)은 진실로 다른 것이 아니므로 分殊라고 하니, 다른 바라고 하는 것은 다만 그 分限을 특칭할 뿐이다. 한 구(理一分殊)와 두 말(一과 分殊)은 서로 기다려 뜻이 되느니 하나라도 뺄 수 없다. 그러므로 理一을 말할 때는 分이 이미 함유되어 있음을 알 수 있고, 分殊를 말할 때는 一이 이미 거기에 自在하고 있음을 본다.[37]

위의 주장은 理一과 分殊는 서로 의존하여 성립되는 一而分, 分而一로서 一과 分殊의 分 사이에 層節이 있을 수 없다는 것이며, 理一은 分殊 가운데에 있고 리의 分殊는 理一 가운데에 함유되어 있다는 인식에 근거해 있다. 그러나 리와 분의 개념을 단순화하여 규정하는 일은 쉽지 않다. 노사가 「納涼私議」에서 '理一과 分殊', '理와 分', '一과 分殊', '一과 分', '一과 殊', '一理와 分殊', '一理와 分'의 관계를 구분하고 또 그것들을 대응시켜 설명하고 있는것만 보아도 이점은 명백하다.[38] 하지만 우리는 그의 리일분수

37) 「納涼私議」. "以腐淺所見, 分也者理一中細條理, 理分不容有層節, 分非理之對, 分殊二字乃對一者也, 理涵萬殊, 故曰一, 猶言其實一物也, 殊非眞殊, 故曰分殊, 言所殊者特其分限耳, 一句兩語, 相須爲義, 除一箇不得, 故說一理時, 可知分之已涵, 說分殊時, 已見一之自在."

38) 이 문제에 대하여는 최영진, 앞의 책, 173-177쪽 참조.

설에서 매우 독특한 논리를 발견할 수 있다.

노사는 分을 '理一中細條理'로, 一을 '理涵萬殊'로, 殊를 '特其分限'으로 정의하고 一과 分殊를 대립시킨다. 여기서 一과 分殊는 상호 대대적인 양상으로 나타난다. 이때의 "一句(理一分殊)와 두 말(一과 分殊)은 서로 필수적 관계이므로 하나라도 그것을 버리면 뜻이 통하지 않게 된다."는 단언은 一과 分殊가 대대적임을 설명해 주는 좋은 예에 해당한다. 이처럼 주리설을 기반으로 하여 一과 分殊의 관계성을 강조할 때, 一안에 分殊가, 分殊 안에 一이 필연적 전제로서 함유됨은 너무도 당연한 일이다. 이와 같은 태도는 그가 "태극이란 아직 象數(=현상)로 나타나지 아니하여도 그 理致가 이미 갖추어진 것을 말한다"는 주자의 논술을 주석하는 과정에서 간명하게 드러난다.[39] 여기에서도 一은 分殊를 내포하며 萬理 곧 分殊之理라는 입장은 그대로 유지되고 있다. 이 경우 理一分殊가 태극이나 리와 기본적으로 동일한 성격의 것으로 간주함은 물론이다.

이러한 논리를 바탕으로 그는 一理가 分을 가능태로서 함유하고 있음을 주장했다. 우주 만물의 근본은 理一의 세계요 또 현상은 分殊의 세계이다. 그러나 一理와 分殊는 대립적인 것이 아니다. 理一이 곧 分殊요 分殊가 곧 一理이다. 그가 여러 곳에서 湖洛 兩派의 性論을 비판하고,[40] 理一과 分

---

39)「納涼私議」. "有朱子兩句語, 最分明易曉, 曰太極者, 象數未形而其理已具之稱, 卽圖解所謂冲漠無朕, 而動靜陰陽之理悉具於其中者, 形器已具而其理無朕之目, 民圖解所謂動靜不同時, 陰陽不同位, 而太極無不在焉者, 夫象數未形則未破之一矣, 而其理已具則非分之已涵乎, 形器已具則旣定之分矣, 而其理無, 則非一之自在乎, 非有以離乎形器, 而其不雜乎形器者, 善觀者, 不妨其卽形器而得之也, 此所謂太極之本體, 有見乎." 참조.

40)「納涼私議」. "蓋旣以無分爲一, 則無怪其別立一層本然於本然之上, 以爲萬物之一原, 無怪其以仁義禮智爲因氣各指之性, 而有人物性異之論, 旣以分爲因氣而有則無怪其以人物同五常, 爲本然之性, 而偏全之性, 爲非本然, 有人物性同異論, 噫性異者, 吾非曰不可, 而異處乃在五常之帶氣, 則大本有所不明矣, 不得不別立一原, 則是理外有分也, 遂主同而廢異, 則性卽理也一句, 爲虛語矣, 性同者, 吾不曰不然, 而以偏全之性, 爲非本然, 則是分外有理也, 遂

殊를 나눠보려고 하는 입장을 반대한 것도 또한 같은 맥락에서 이해되어야 한다.

지금까지의 분석에서 보았듯이 노사의 관점에서 본 理一과 分殊의 관계는 초월 곧 내재요 理想卽現實이며, 一卽多이다.[41] 한마디로 理一과 分殊가 서로 함수관계를 맺으면서 圓融無間하는 현장인 것이다. 다음과 같은 예에서 이 문제가 노사에게 얼마나 절실한 것이었는가를 알 수 있다.

> 이 分殊가 곧 理一處라는 것을 알아야 한다. 分殊가 一理임은 그렇게 알기 어려운 것이 아니다. 굽히고 펴며 엎고 뒤집음이 한 손이 하는 일이요, 가고 머물고 앉고 눕는 것이 한 몸이 하는 일이다. 굽히고 펼 때가 한 손이요, 엎었다 폈다 할 때가 또한 다른 손이라고 하여 두 손이 하는 일이라고 하면 옳겠는가. 가고 머무를 때가 한 몸이요, 앉고 눕는 것이 또 한 몸이라 하여 두 몸이 일을 한다고 하면 옳겠는가. 理一이 分殊 밖에 있지 않은 것도 그러한 것이다.[42]

> 리는 원통하므로 만리가 곧 일리 가운데 내함된 것이다. 리가 곧 만리의 실체이다. 만약 일인데 만이 빠져있고, 만인데 일을 방해한다면 이것은 죽은 태극이요 살아있는 태극이 아니다.[43]

主同而廢異, 則性爲有體無用之長物也, 理者一實萬分, 愈異而愈同者也, 一而分, 非實異也, 異而同, 乃眞同也, 兩家之言同異, 同異不相容若此, 蓋其所言異者, 是實異, 而同者, 非眞同也." 참조.

41) 배종호, 앞의 책, 208쪽 참조.

42) 「納涼私議」. "須知只此分殊, 便是一理處, 分殊之爲一理, 亦無甚難曉者, 如屈伸飜覆一手也, 行住坐臥一身也, 屈伸時一手飜覆時又一手, 而謂有兩手可乎, 行住處一身, 坐臥處又一身, 而謂有兩身可乎, 理一之不外於分殊者然也."

43) 같은 책, 「答問類編」, 권2. "理卽圓通, 故萬理卽一理之所涵, 一理卽萬理之實體, 若一而闕萬, 萬而妨一則死太極, 非活太極."

이러한 주장이 리와 分에는 근원적 통일성과 현상계의 다양성의 원리가 통일되어 있다는 인식에 근거한 것임을[44] 다른 글들에서도 확인할 수 있다. 노사가 "나의 說은 理分圓融이다. 이는 이른바 體用一元이고 顯微無間이다. 같은 것 가운데 다름이 있고, 다른 것 가운데 같음이 있다. 같음과 다름은 더 이상 논의할 필요가 없다."[45]라는 말은 바로 이와 같은 사실을 단언하고 있다.

理一과 分殊의 관계는 一手가 굴신하고 번복하며, 一身이 行住하고 坐臥하는 것과 같은 것이다. 여기 등장하는 비유된 사물도 노사의 시선 곳곳에서 공감의 유대로 적절하게 엮어져 있다. 理一과 分殊가 상호 대대적이라기보다, 더 엄밀하게 말한다면 양자가 분할되어 있지 않은, 따라서 둘 사이의 어떤 구분도 있을 수 없는 '圓融無間'의 관계임을 알 수 있다. 이때 理一은 하나의 고유명사가 아니라 보편성과 전체성 그리고 본원성 등의 의미를 포함하는 상징적 이름이 된다.[46]

이러한 기본 전제를 바탕으로 노사는 "理一을 중심으로 본체와 현상을 하나로 관통하는" 리일분수설을 제시하였다.[47] 리일분수란 논리 전개상 분할한 이 양자(理一 · 分殊) 사이의 살아있는 관계의 실현으로서 성립된다. 理一은 分殊에 대한 개념이고 分殊는 理一에 대한 개념이다. 理一에는 分殊가, 分殊에는 또한 理一이 자재한다. 따라서 分殊를 내포하지 않은 理一은 그 존재 의미를 획득할 수 없게 되는 것이다. 가장 명쾌한 본보기는 다음 대목일 것이다.

---

44) 박학래, 앞의 책, 61쪽 참조.

45) 「納涼私議」. "如吾之說, 則理分圓融, 所謂體用一原, 顯微無間者, 同中有異, 異中有同, 同異不須論也."

46) 최영진, 앞의 논문, 184쪽 참조.

47) 박학래, 앞의 책, 72쪽.

一句兩語는 서로 기다려 뜻이 되는 것이니 하나라도 뺄 수 없다. 그러므로 理一을 말할 때는 分이 이미 함유되어 있음을 알 수 있고, 分殊를 말할 때는 一이 이미 거기에 자재하고 있음을 본다.[48)]

노사는 리일분수설을 정당화할 뿐 아니라 '理分相離'를 극복하고자 근원적인 데서부터 논의를 시작했다. 그에 의하면 萬理는 一理가 함유된 바요 一理는 곧 萬理의 실체이다. 또한, 萬理를 결한 一理, 一理가 못 되는 萬理는 있을 수 없다. 그러므로 分殊가 없는 理一, 理一이 없는 分殊는 당연히 부정된다. 그뿐만 아니라 '리분상리'라는 관념 자체가 존립할 수 없다. 왜냐하면, 理一之理와 分殊之理는 율곡이 "본연이라 함은 理一이다. 유행이라 함은 分之殊이다. 流行之理를 버리고 따로 本然之理를 구함도 옳지 않다. 만약 리에 선악이 있다고 하여, 이것을 리의 본연이라 하는 것도 옳지 않다. 理一分殊 四字를 마땅히 最宜體究해야 한다."[49)]라고 말하였듯이, 理一과 分殊는 분리될 수 없을 뿐 아니라 그 개념 자체에 이미 相涵性이 전제되고 있기 때문이다.

이런 과정에서 확립된 상함성의 인식은 노사로 하여금 '理分圓融'[50)]의 표현을 사용하게 하고, 그것의 경지가 바로 체용일원, 현미무간임을 인정하게 한다.

노사의 이러한 논리는 결국 理一에 分殊가 본래적으로 내재한다는 것과 理分殊의 원인이 기에 있지 않음을 아울러 주장하려는 시도로 보아 마땅

---

48) 「納涼私議」. "一句兩語, 相須爲義, 除一箇不得, 故說理一時, 可知分之已涵, 說分殊時已見一之自在."

49) 『栗谷全書』, 권10, 「답성호원」. "本然者, 理之一也, 流行者, 分之殊之, 捨流行之理, 而別求本然之理, 故不可, 若以理之有善惡者, 爲理之本然, 則亦不可, 理一分殊四字, 最宜體究."

50) 「納涼私議」. "吾之說, 則理分圓融, 所理體用一源, 顯微無間."

하다. 그가 강조하고자 한 핵심은 理一에 萬殊가 함유되어 있으며 分殊에는 理一이 자재한다는 인식이었다. 그리고 '理分一體'니 '理分融合而無間'이라는 표현을 사용한 이유는 理一과 分殊의 상관성을 분명히 하기 위한 것이었다.

이와 같은 노사의 리일분수설은 다분히 주관적인 판단에 근거한데다가, 자신의 논리에 유리한 방향으로 그것을 해석하고자 하는 의식이 강하게 작용하였음도 부인할 수 없다. 그럼에도 그의 철학은 전통적 리기설의 구속을 넘어서는 전환을 성취했고, 그 결과 퇴율이후 계속된 주기·주리의 논쟁을 극복하여 마침내 철저한 리일원론적 존재론[51]을 구축하는 데 도달하였다. 이미 '리일분수'의 해석에서 보았듯이 理와 分의 상관성에 대한 그의 입장은 확실히 새로운 바가 있고, 이 새로움은 그 자체가 충분한 내용을 갖추지 못하였더라도 조선 성리학이 공통적으로 지향했던 목적, 즉 "도덕적 이상세계의 실현을 위한 인간의 위치를 정초시키고자 한"[52] 노력과 합치된다는 점에서 또 변모하여 가던 당시 학계의 리·기 이해의 한 단서로서도 그 의의가 인정될 수 있을 것이다.

4. 노사의 현실 인식

노사의 리일분수설은 가깝게는 그의 리일원론적 존재론에 근거하고 있으며, 더 나아가 사회 정치적 이데올로기에도 일정한 관련을 맺는다. 그의 철학적 입장은 같은 주리론자들과의 차이를 분명하게 방향 지었고, 또한

51) 윤사순, 「조선말기 主理派 思想의 의의」, 173쪽 참조.
52) 박학래, 앞의 책, 195쪽.

그 차이는 뚜렷이 부각되기도 했다. 그 차이란 세계와 현실을 대하는 사고 방식 및 태도의 상이점을 의미한다. 이미 밝힌 바처럼 주리론은 노사에게서 더욱 강화된다. 리와 기를 분리·대칭 시키는 사유는 정당하지 않으며, 기는 마땅히 리 속에 포함해 하나로 음미 되어야 마땅하기 때문이다. 그는 이러한 입장을 출발점으로 하여 리만을 중시하는 방향으로 논리를 전개하여 나갔다.

그가 리를 중시하고 강조한 것은 결국 리가 기 존재의 원리이자 법칙이라는 점에서 그 근거를 찾을 수밖에 없다. 따라서 그는 종래의 리와 대칭의 뜻을 가진 것으로 인식되던 '기' 자의 사용을 기피하고 그것을 '分' 으로 대체시켰다. '分' 은 물론 '理一中細條理' 이다. 그는 '리와 分은 層節이 있을 수 없고, 分은 리의 對가 아니다'[53]라고 역설했다. 아울러 인간을 포함한 모든 사물을 하나의 리를 가지고 설명하면서 노사는 "分殊라는 두 글자는 곧 一에 대한 것이지만, 리는 萬殊를 포함한다. 그러므로 一이라 하는 것이니, 실은 一物이라 하는 것과 같다"[54]라는 구절을 원용하기도 한다. 이것은 바로 "사물이 다르면 사물에 구체적으로 표현되는 보편적 리도 다르다."[55]는 程·朱로부터 내려오는 '리일분수' 설의 구체적 설명을 가리킨다. 인간을 비롯한 우주의 모든 존재자는 만물의 근원적 존재가 되는 太極(=리)의 소산이며, 다양한 기의 현상으로 자신의 모습을 드러내는 개체들은 理一의 전형적인 분화에 지나지 않는다. 개체의 입장에서 보면 각 개체는 '分殊之理' 이지만, 전체 내지 本源의 입장에서 보면 모든 존재자는 '理一之理' 에 지나지 않는다. 이렇게 이해할 때, 理는 사물의 법칙성이고 우주의 本體本原이며 인간 도리의 기본 근저가 되는 존재이다.[56] 결국 노사의 리

53) 「納涼私議」.

54) 「納涼私議」. "分殊二字, 乃對一者也, 理涵萬殊, 故曰一猶言其實一也."

55) 陳來, 『송명성리학』, 안재호 옮김, 예문서원, 1997, 250쪽.

는 所以然 · 所當然을 함께 갖춘 개념이라 단정할 수 있다.

여기에서 우리는 그의 主理的 경향이 마침내 철저한 唯理論的 理一元論으로[57] 심화함을 확인하게 된다. 이러한 관점은 노사의 현실 인식에 중요한 단서로 원용되었다. 그가 사람의 리와 금수의 리를 엄별하고, 그것을 華夷意識의 기초로서 또는 斥邪衛正 사상의 이론적 근거로써 삼은 사실이 그것이다.[58] 따라서 노사의 현실 인식은 바로 이러한 관점을 현실에 대응 · 발전시킨 것으로 볼 수 있다. 이런 의미에서 그의 리일분수설은 주자학이 종래의 삼엄한 권위를 잃어가던 시대적 분위기의 소산이자, 퇴계 이래 지속 · 강화되어 온 주리론적 관념의 뿌리로부터 솟아 나온 극단화의 결과라 평가할 수 있다.

이러한 각도에서 노사의 리기설을 검토할 때 가장 두드러지게 눈에 띄는 것은 기의 존재성에 대한 부정이다. '기' 자를 '分' 자로 대체시켜 사용하고, 分을 리 속에 포함하는 태도는 이러한 정황을 극명하게 보여주는 예이다. 이러한 노사의 사고방식은 현실 인식에서 그대로 적용되었다. 단적으로 말하여, "리가 추상적 보편적인 만큼, 그러한 리에 치중하는 사고방식은 자연히 추상적 · 고정적 · 절대적 · 일반적 · 형식적으로, 한마디로 하여 '名分的'으로 되게 마련이다."[59]

그런 의미에서 인간과 현실을 대하는 노사의 생각 · 태도가 상식으로 받아들이기 어려운, 실증성과 실제성을 넘어서 가공의 성질을 내포하고 있음도 부인할 수 없다는 점이다. 노사의 철학과 현실 인식이 흔히 보수적

---

56) 현상윤, 앞의 책, 375쪽 참조.

57) 배종호, 앞의 책, 205쪽 참조.

58) 홍순창, 『한말의 민족사상』, 탐구당, 1975, 74쪽 참조.

59) 윤사순, 「근대(조선말기) 유학에 관한 연구 - 성리학과 실학의 구분점을 중심으로」, 276쪽 참조.

이고 '空理空論'적이라는 통념은 이런 점과 관계있는 듯하다. 그러나 노사의 唯理哲學은 비실제적이고 비현실적인 공리공담에 불과한 것인가? 그의 이론에는 우리의 구체적 삶과 결부되는 실천적 정신이 전혀 없는가? 이른바 리일원론의 완성자라고 평가되는 노사가 기의 거부 · 리에의 철저한 집착은 무엇을 얻기 위한 것인가? 또 그의 철학과 현실 인식이 그렇게 형성 · 전개되는 데 중요한 역할을 한 경험적 기초는 무엇인가? 노사의 철학이 아무리 오묘한 형이상학적 원리와 독자적 세계를 가진다 할지라도 결국 사람의 사회적 실천의 하나로서 그 원천과 귀결이 삶의 문제로 직결된다는 것을 생각한다면 우리의 물음은 정당할 것이다.

노사의 철학과 현실 인식을 온당한 구도 안에서 보기 위해 우선 그가 서 있었던 당시의 시대적 · 역사적 위상을 고려할 필요가 있다. 사람은 자신의 의지와 선택으로 살아가는 존재이지만, 또한 그 의지와 선택은 이미 주어진 문화적 맥락에 응하여 현실화하는 것이기 때문이다.

노사는 벼슬의 길을 멀리하고 초야에 묻혀 '獨善其身'하는 선비로서의 삶을 살았다. 「年譜」에 의하면,[60] 그의 벼슬길은 45세 되던 해에 나라의 부름을 받고 典設司 別提라는 職에 취임하였다가 병을 칭탁하고 그만둔 6일간에 불과하다. 이러한 행적으로 볼 때 그는 현실 참여의식이 희박하거나 현실 · 세간사와는 담을 쌓고 살았던 관념적이고 보수적인 학자라는 평가 또한 면할 수 없다.

그러나 그는 斥邪衛正으로 표출된 왕성한 현실 참여를 단행했다. 이러한 실천을 가능케 한 시대적 조건이 어떤 것이었는가 하는 것이 그의 행동을 이해하는 기초가 될 것이다. 그것은 '주자학적 통치 체제의 위기'에 대한 우려였다.

---

60) 『盧沙集』, 「年譜」 참조.

노사가 살던 19세기의 상황은 유학자들로 하여금 결코 현실에서 도피하거나 외면할 수 없게 한 격동기였다. 당시 조선사회의 역사적 상황은 내외적으로 격심한 충격과 누적되어 온 모순으로 절박한 위기에 빠져있었다. 이미 오랫동안 누적되어 온 폐정과 정치체제의 내재적 모순이 심화함에 따라 三政의 문란이 구조화되고 진주민란(1862)을 비롯하여 전국 각지에서 민중 봉기가 끊임없이 일어나면서, 유교의 '天命 德治'의 통치원리 위에서 운영되어 오던 조선조의 정치 질서는 균형과 안정을 상실하여 내리막의 길을 걷고 있었다. 개항 직전의 정치 사회적 구조는 조선조 政體가 이상으로 삼았던 유교의 '천명덕치'를 행한다는 世道정치의 명분과는 거리가 먼 勢道 정치로 변질하였고, 체제유지에 기여했던 '상호 견제와 균형'과 그리고 이것을 구조적 기반으로 삼았던 정치 질서는 급속히 붕괴하여 갔다. 이처럼 내부적으로 분해 과정을 걷고 있던 와중에 19세기 중엽부터 동아시아에 압도적으로 밀려들어 온 西勢의 물결과 이에 편승한 일본의 무력 침략이 밀려들었다. 천주교 전파, 병인양요(1866), 신미양요(1871), 그리고 병자수호조약(1876) 등은 국가의 근간을 송두리째 흔들고 있었다.

노사는 당시의 內外 危機에 대하여 무관심하지 않았다. 그는 현실에 심각한 우려를 표명했고 대응책을 강구했다. 그가 살았던 철종, 고종 년간은 이미 한반도 내에 기반을 구축하기 시작하던 서학을 비판 · 배척하는 '闢衛論'이 급속히 만연되던 시기였다. 1860년대는 중국과 일본을 개국시킨 유럽 열강의 산업자본주의가 조선에 통교를 요구하기 시작하던 시기였다. 이러한 상황에서 노사는 구미 자본주의세력의 도전을 민족적 · 국가적 위기이자, 道의 存亡의 위기라고 판단하고, 이러한 위기를 극복하는 길은 '洋物禁斷'과 '洋物排斥'에 의한 自尊뿐이라고 보아 斥洋이야말로 당시 조선조 정치체제가 수행해야 할 최우선 과제로 촉구했다.

노사는 69세 때에 쓴 「丙寅疏」을 통하여 당시의 상황을 "서양 오랑캐들이 우리나라에 대하여 흉포한 마음을 품은 것이 하루 이틀이 아닌 것"[61]으로 파악하고, 이 위기를 극복하기 위한 이념적 방향을 다음과 같이 구체적으로 제시하였다.

> 근일에 호화경박하여 洋物을 모으기를 좋아하고 洋布 입기를 즐겨하여 아주 상스럽지 못한 것이 海寇(西洋) 東來할 조짐이라 하겠으니 서울과 지방의 관리들에게 명하여 저자에 쌓인 洋物을 거두어 내어 이를 거리에서 불태우게 하고 그 후로 貿來하는 자에 대하여는 외구와 통교했다는 형률로써 시행케 하시면, 민심도 자연히 안정될 것입니다.[62]

노사가 인식한 서양은 물리쳐야 할 적이며, 이 洋賊의 도전은 조선 정치체제가 유지하여야 할 정통성에 대한 도전이며 주체성에 대한 위협을 뜻했다.

> 그들이 가진 끝없는 탐욕은 우리나라를 자신의 속국으로 만들고 우리의 산하를 자신의 것으로 하고, 우리나라의 백관을 자신의 노복으로 만들며, 우리의 예쁜 소녀들을 잡아가고, 우리의 백성들을 금수와 같이 만들어 버릴 것입니다. 만일 통상의 길이 한번 트인다면 2, 3년 안에 전하의 백성으로서 서양화되지 않을 사람이 거의 없을 것입니다. 따라서 절대로 그대로 내버려 둘 수 없으며 조금의 관용도 베풀어서는 안 되는 것입니다.[63]

---

61) 『국역고종실록』, 고종 3년 8월 16일.

62) 『盧沙集』, 권3, 「丙寅疏」一. "近日豪華輕薄, 喜蓄洋物, 耽服洋布, 最爲不祥, 殆海寇東來之兆朕, 命中外官, 搜括廛人所儲洋物, 禁之通衢, 凡嗣後貿來者, 施以交通外寇之律, 亦定民志之道."

63) 『국역고종실록』, 고종 3년 8월 16일.

이를 보면 서양이 우리와 교통하고자 하는 것은 ①우리나라를 저들의 속국으로 만들려는 것이며, ②우리의 산과 바다를 저들의 것으로 삼으려고 하는 것이며, ③우리의 백관을 저들의 노복으로 만들려는 것이며, ④우리의 부녀자들을 잡아가려는 것이며, ⑤우리의 백성들을 짐승으로 만들고자 하는 데 있다. 첫째는 서양과 교통함으로써 받게 될 한민족의 정치적인 손실을 지적한 것이며, 둘째는 그 경제적인 손실을, 그리고 셋째와 넷째는 각각 문화적인 손실과 사회적인 손실을 지적한 것이고, 다섯째는 그 같은 여러 측면에서 입게 될 손실의 내용을 종합하여 전 민족적인 입장으로 표현한 것이다.[64]

여기서 노사가 문제 삼은 바는 서양과의 통로 관계 때문에 나타나는 정통성과 주체성의 위기(identity crisis)이며, 보다 구체적으로는 국가의 정치적 · 경제적 손실 현상이다. 이처럼 '通交禁絶論'은 노사의 현실 인식의 출발점이 되었다. 이러한 현실 인식을 지탱하고 있는 그의 사유방식과 논리적 틀은 주자학적 리기관이었다. 특히 노사의 서양관은 理尊無對의 唯理論的 리기설을 근거로 하였다.

그는 조선조와 서양과의 관계를 순선무악한 理에 대하여 淫慾의 私와 利가 휩쓰는 기의 대립으로 설정하였다. 이는 '對西洋通交禁絶論'으로 간명하게 집약되었다. 그래서 노사는 "만일 통상의 길이 한 번 트인다면 2, 3년 안에 전하의 백성들은 서양화되지 않는 자가 거의 없을 것입니다."라고까지 극언했다. 천하가 다 음사한 妖氣 속에 빠져있는 데에도 我東(조선)만이 홀로 순선무악한 理的 세계를 보전하고 있다는 그의 생각도 이런 점과 밀접한 관계가 있는 듯하다.

이를 노사의 唯理一元論的 철학체계로 본다면 지극히 당연하다고 해야

64) 최창규, 『근대 한국정치사상사』, 84-85쪽 참조.

할 것이다. 이러한 理尊無對의 唯理論的 관점은 그의 현실 인식 전체를 통하여 유지되었다. 이러한 논거를 바탕으로 노사는 서양과의 통교를 물리치기 위한 시무책을 제시했다. 그 내용을 간추리면 다음의 여섯 가지가 된다.

① 외침에 의한 민심의 동요를 막고 백성의 마음이 한 곳으로 귀일할 수 있도록 조정의 계책을 미리 정할 것.

② 辭令의 强屈이 싸움에서 승패의 관건이므로, 그것(외국인에 대한 답어)을 반드시 先修하였다가 沿海의 관원들로 하여금 가지고 있도록 할 것.

③ 외침을 예상하여 우리의 지형적 이점을 이용하여 '據險邀擊'할 수 있도록 水陸을 잘 살필 것.

④ 軍籍과 병기를 재정비하여 군사들을 잘 훈련할 것.

⑤ 天下에 불필요한 사람이 없듯이 이용치 못할 방책은 없는 법이므로, 바른말을 구하여 이용할 방책을 널리 수집할 것.

⑥ 기강 확립에 의한 結人心으로 요약될 內政의 개혁을 서둘러, 外攘의 토대를 이룩할 것.[65]

이 斥邪 6개조는 사변적 리기론에 입각한 종래의 유교적 善政論에 비하면 상당한 혁신적 내용을 담고 있다. 이 斥邪疏가 內修의 요체를 민중의 단결심에서 구하고, 민중의 단결이 군주의 현실적 과제라고 본 점이 그 증거이다. 그렇다고 노사의 현실 인식이 과거의 척사론의 범주에서 크게 벗어난 것은 아니다. 그러나 그가 內修外攘論을 통하여 국가적 위기의 원인이 대외적 도전에도 있지만, 그 근본적인 원인은 오히려 정치체제 내의 내재적 모순으로 말미암은 체제의 강화에 있다고 판단한 점, 그리고 "結人心을 주창하면서 체제 개혁의 새로운 활력원으로 민중적 기반을 강조한 것

65) 『국역고종실록』, 고종 3년 8월 16일 참조.

은”[66] 확실히 새로운 바가 있고, 이 새로움은 척사위정론의 한 진전으로 평가될 수 있다.

특히 그의 洋物禁斷論은 당시의 서구 자본주의의 침입이 식민지적 시장 확보를 목표로 하는 경제적 침략임을 정확히 파악한 것으로서, 이는 오늘날에도 매우 중요한 의미가 있다. 물론 그의 개혁론은 그 기층 의식이 정치 그 자체의 변혁 문제보다는 宗社의 보전이라는 체제 유지적 기능과 연결되고 있었다는 점에서 그 논리 자체의 보수성만은 부인할 수 없다. 노사는 천주교를 배척하고, 개항·개화를 반대한 그리고 대원군의 쇄국정책을 옹호한 인물이며, 그의 사고는 실제성 추구 내지 실천적 정신이 결여되어 있고, 현실지향 의식 또한 매우 희박하다는 것이다. 그러나 이것은 아마도 노사의 참모습은 아닌 듯하다. 그의 철학과 삶 전반이 검증되지 않는 상태에서 서둘러 단정하기는 어렵지만, 지금까지 검토한 바로 보건대, 지난날 노사에게 붙여졌던 ‘실제성 추구와 실천적 정신 혹은 현실지향 의식의 결여와 박약’이라는 평가는 이제 마땅히 수정되어야 할 것 같다.

노사는 여전히 한 사람의 유교지식인이었으며, 현실 이해와 참여에 대한 그의 태도 역시 이 범위를 벗어나지 않았다. 그는 19세기의 혼란스러운 상황을 살면서 이를 극복할 수 있는 현실적 논리를 찾고자 하였고, 자신이 모색하는 사상이 근원과 그 정당성의 근거로서 理尊無對의 唯理一元論에 깊이 뿌리박은 ‘척사위정’이라는 기반을 제시했다.

노사의 현실관 내지 실천관은 대외·대응책을 중심으로 한 것이고, 그 대외·대응책이 주자학에 입각하여 천주교를 배척하고, 개항이나 통상을 반대하는 斥和·主戰을 핵으로 하는 것이었는 바, 이러한 그의 현실관 내지 실천관의 특징은 ‘인륜수호’ ‘국권수호’라는 말로 집약하여 표현할 수

66) 박충석, 유근호, 앞의 책, 187쪽.

있다.[67)]

이러한 일련의 검토를 통해 노사의 '리일분수설'과 현실 인식 사이에 긴밀한 연속과 상호조명의 관계가 있음을 확인할 수 있다. 그 핵심을 요약하면, 현실의 삶과 실천을 긍정하면서 이 세계에서 리의 절대성을 추구하고자 하는 지향이다. '리일분수설'은 이러한 사유의 기반 위에서 노사 기정진 사유의 폭과 깊이를 이룬다.

5. 맺는 말

노사가 말하는 리와 기는 똑같이 본체론적 실체로 파악된다. 양자는 우주 만물의 존재와 현상을 성립시키는 이원적 원인이기 때문이다. 리기 이원은 리기론의 전제, 또는 원칙적 명제였다고 할 수 있다. 노사는 리와 기의 不相離를 주장하면서도 동시에 리의 先在를 강조하여 리를 기보다 우월시 하는 주리론자이다. 그에 의하면, 모든 현상계의 작용은 기이지만 일체 기의 작용은 리의 使之에 의한 것이다. 그러나 리기는 합일이 아니며 기는 리 중에 포섭된다. 리는 상대될 것이 없고, 기는 또한 리유행의 수단으로서만 존재한다. 비록 노사는 리와 기를 대립적인 개념으로 파악하고 있지만, 기에 대한 리의 적극적 主宰性을 강조하고 있다. 그는 리를 기의 모든 것의 근거로 여겼던 것이다.

노사는 리와 기가 상즉불리한 일체의 관계에 있으나, 기에 천차만별이 생기는 것은 리의 使之 때문이며, 따라서 기의 所爲는 결국 리 가운데의 일(事)에 지나지 않는다고 했다. 여기에는 리보다 기를 강조하고 중시하는

---

67) 윤사순, 「조선말기 主理派 思想의 의의」, 170쪽 참조.

당시 학계의 통념에 대한 도전이며, 전도된 리기관계를 정립하려는 의도뿐 아니라 더 나아가 리와 기의 유기적 상관성을 구조적으로 정초시킨다는 뜻이 함축되어 있다. 또한, 기보다 리를 우선시하는 관점도 가치관과 밀접히 연관되어 있다. 이런 점에서 그의 입장은 다른 주리론자들과는 일정한 차이가 있으며 또한 구별된다.

노사에 따르면 리는 자연적 법칙(所以然)인 동시에 도덕적 법칙(所當然)이다. 즉 리는 우주의 본체 혹은 필연이면서 인간의 당위이다. 인간의 본성이고 행위규범으로 이해된 리는 사람과 짐승을 구별하고 문화와 야만을 갈라놓는 소이이며 기준이고, 사람을 사람답게 만드는 가장 중요한 근거가 된다. 이와 같은 노사철학의 특징은 '리일분수설'이라는 말로 요약된다. 여기서 노사가 강조한 것은 리와 對擧할 수 없는 기의 자기 원인적 능동성의 부정을 통해 리의 '주재성' 즉 리의 자체운동능력이다. 기를 리와 대칭될 수 없는 것으로 파악한 노사는 그 기의 표현까지 바꾼다. 그는 기를 버리고 대신 그것을 '분'으로 바꾸어 표현했다. 분은 理一中의 細條理일 뿐이며 리와 더불어 層節이나 대립 또한 이루지 못한다. 理一은 分殊 가운데 있고 리의 分殊는 理一가운데 존재한다는 것이다.

이처럼 주리설을 기반으로 하여 一과 分殊의 관계성을 강조할 때, 一안에 分殊가, 分殊안에 一이 필연적 전제로서 함유됨은 물론이다. 이러한 논리를 바탕으로 그는 일리가 분을 가능태로서 함유하고 있음을 주장했다. 그러나 그는 리일과 분수를 완전히 대립적인 것으로 보지는 않았다. 한마디로 '리일은 곧 분수요, 분수는 곧 리일'로 압축할 수 있다. 따라서 리일과 분수의 관계는 초월 곧 내재요 이상 즉 현실, '一卽多'가 된다. 비유컨대 리일과 분수의 관계는 一手가 굴신하고 번복하며, 一身이 行住하고 坐臥하는 것과 같은 것이다. 그러므로 리일은 분수에 대한 개념이고 분수는 리일에 대한 개념이다. 리일에는 분수가, 분수에는 또한 리일이 자재한다. 이렇게 해서 확립된 리일과 분수의 상함성의 논리는 노사로 하여금 '理分圓融'의 표현을 사용하게 하고, 곧바로 체용일원, 현미무간의 명제를 인정하게 만들었다.

이러한 관점은 그의 현실 인식에 중요한 한 단서로 채용되었다. 그가 사람의 리와 짐승의 리를 엄별하고, 그것을 華夷의식의 기초로서 또는 斥邪衛正의 논리적 근거로서 삼은 사실이 바로 그것이다. 결국, 그의 리일분수설은 주자학이 종래의 삼엄한 권위를 잃어가던 시대적 분위기의 소산이자, 퇴계 이래 지속·강화되어 온 주리론적 관념의 뿌리로부터 솟아나온 극단화의 결과이며, 조선 성리학이 공통으로 추구했던 도덕적 이상세계 구현을 위한 노력이라고 할 수 있다.

노사의 철학과 현실 인식이 명분적·보수적이고, 공리공론적이라는 통념은 이런 점과 관계있는 듯하지만, 이미 널리 알려진 것처럼 노사는 위기의 내외 현실에 대하여 도피하거나 무관심하지 않았다. 오히려 그는 현실에 대하여 심각한 우려를 표명했고, 대응책을 강구하기에 고심했다. 그 결과 서양의 침략을 곧 조선조 정치체제의 정통성에 대한 도전이며 주체성에 대한 위협으로 파악하였다. 노사는 "만일 통상의 길이 한번 열리게 되면 2, 3년 이내에 전하의 백성들은 서양화되지 않는 자가 거의 없을 것입니다."[68]라고까지 극언했다. 이와 같은 '通交禁絶論'은 그의 현실 인식의 출발점이 되었다. 노사의 唯理一元論的 철학체계로 본다면 지극히 당연하다고 해야 할 것이다. 이 理尊無對의 유리일원론적 관점은 그의 현실 인식 전체를 통하여 유지되었는데, 특히 內修外攘論은 그가 생각한 대외·대응책의 성격을 간명하게 보여준다.

따라서 그가 내수외양론을 통하여 闡明한 생각들은 확실히 새로운 바탕

68) 『盧沙集』, 권3, 「丙寅疏」一.

을 마련한 것이었고, 척사위정 사상의 한 진전으로 평가할 수 있다. 그러므로 지난날 노사에게 붙여졌던 '실제성 추구와 실천적 정신이 결여된 학자'라는 도식적인 평가는 수정되어야 한다. 그는 19세기의 혼돈과 위기의 상황을 살면서 이를 극복할 수 있는 현실적 논리를 찾고자 노력하였고, 자기 사상의 근원이자 그 정당화의 근거로서 理尊無對의 唯理一元論을 주장하였으며, 이에 깊이 뿌리박은 '척사위정'을 지향하였다. 이러한 검증 과정을 통해 생각할 때, 노사의 현실관이나 실천관은 현실과 시대상황을 좌시하지 않는 강력한 현실참여의 태도를 보였다고 할 수 있다.

일부 김항의 후천개벽(後天開闢)설과 한반도의 미래

1. 이끄는 말

鷄龍山은 충남의 공주와 논산, 그리고 大田에 걸쳐 자리하고 있는 한국의 대표적인 名山의 하나로서 주봉인 천황봉에서 연천봉, 삼불봉으로 이어지는 능선이 마치 닭 볏을 쓴 용의 모양과 같다고 하여 鷄龍이란 이름이 붙여졌다.[1] 계룡산은 풍수지리상으로 '山太極'형, '回龍顧祖'형을 이루고 있다 하여 예로부터 신비한 지형으로 여겨져 왔다. 또 이 산을 싸고도는 錦江의 물줄기가 '水太極' 형상을 하고 있어 '山太極 · 水太極'의 吉地로 여겨져 왔다. 이곳은 조선을 건국한 이성계가 도읍지로 삼기 위해 대궐공사를 벌였던 곳이고, 『鄭鑑錄』에 "鷄龍鄭氏八百年之地(정씨의 姓을 가진 眞人이 출현하여 800년을 다스림)"라는 참언이 적혀 있어 새 세상을 염원하는 민중들의 聖山으로 믿어졌던 곳이기도 하다.

이 밖에도 鷄龍山과 錦江이 大吉地이고 역사의 중심이 될 것이라는 온갖

1) 충청남도, 『계룡산지』, 1994, 48-50쪽 참조.

예언과 참언은 이루 헤아릴 수 없이 많은데, 한국전쟁을 거치면서 이 지역이 피난처로 각광을 받았고, 신흥종교단체 교주가 다투어 신도안(新都內)[2]을 찾아들면서 이곳이 『정감록』의 예언이 실현되고, 부귀영화를 누릴 수 있는 땅으로 믿어졌다. 이 믿음은 오늘도 민중 사이에서 광범위하게 퍼져 있으며, 3군 본부의 이전과 행정도시 등의 입지는 그러한 믿음에 확신을 더하는 증거가 되고 있다.

백제시대 이후 계룡산을 중심으로 금강의 물줄기를 따라 누천년을 살아온 충청인들을 가리켜 '양반'이라 하고 충청도를 '선비의 고장'이라고 한다. 충청도는 충절의 고장이자, 항일 민족지도자의 산실이며 뿌리였다. 조선 중기 예학을 조선의 통치철학과 개인의 수양규범으로 실천해 文廟에 祭享된 김장생 · 김집 · 송준길 · 송시열을 배출한 곳이 이곳이고, 민족의 성웅인 이순신 장군과 일제강점기 유관순 · 윤봉길 · 김좌진 · 한용운 · 최익현 등 수많은 열사와 지사를 낳은 땅이 바로 충청도이다.

충청 지역의 인물들에게서 공통으로 발견할 수 있는 정신을 충청정신이라고 한다면, 충청정신은 금강처럼 禮를 다해 모든 것을 수용하지만, 민족의 危難 앞에서는 우국충정의 정신을 유감없이 발휘하여 실천으로 옮겨 왔음을 보여준다. 비단 이들 지사뿐만이 아니라 계룡산의 정기를 먹고 금강 물을 마시고 살아온 충청인에게서 우리는 대한민국을 진일보시키고, 세계적 선진문명국가로 우뚝 세울 수 있는 주체적 역량을 발견할 수 있다.

그런 의미에서 계룡산을 둘러싼 충청문화는 개혁을 통한 새로운 세상에의 꿈을 담고 있으며, 그것은 종교적 의미를 넘어선 후천개벽의 열망으로 풀이할 수 있다. 후천개벽사상은 전쟁과 폭력, 권위적 사회구조 등 인

---

2) 신도안이란 일반적인 한자 표기는 新都內, 新都安, 神都案 등 세 가지가 있다. 신동호, 「계룡산 신흥종교인의 미래관 연구」, 『철학연구』 제8집 부록, 1969, 117쪽 참조.

간 사회의 부조화가 『주역』에 기초한 '抑陰尊陽'의 상극체계에 기인한 것으로 보고, 인간의 후천적 노력으로 이를 혁파해 자유와 평화, 인간해방의 상생시대(琉璃世界)를 열 것을 주장하는 易철학이다.

이 글에서는 일부 김항(一夫 金恒, 1826~1898)의 『정역』을 중심으로 후천 세상의 철학적 의미와 주체, 계룡산의 역사적 · 풍수지리학적 중요성을 알아보고, 계룡산의 정기와 금강의 생명력을 지닌 충청정신에서 후천 세상으로 향한 미래의 동력을 발견하고자 한다.

일부 김항은 전통사상의 비판적 극복을 통해 선천의 잘못된 역법 질서를 바로 고쳐서 후천 세계의 완전무결한 역법 질서를 완성하고자 했다. 그것은 인간세의 紀 · 綱과 經 · 緯를 바로 세워 大變化에 대응하는 인간 완성의 길을 모색하는 일이며, 선천의 불평등한 구조를 불식시켜 후천의 밝고 아름다운 調和世界를 구현하는 일, 즉 새로운 세상의 이념을 정립하는 일이기도 했다.

한반도가 남북으로 두 동강이 난 지 60여 년, 남한의 작은 영토는 또다시 동서로 분열되어 있다. 대륙으로 달리고, 대양으로 뻗을 국운 상승의 호시기에 남북 동서로 맞서 싸우는 유일한 땅이 한반도이다. 동북아의 강자로 대륙을 호령하고, 찬란한 백제문화를 꽃피운 한민족의 저력이 전설 속에 사라질 위기에 봉착돼 있다.

남북통일과 한반도시대의 개막은 동북아의 중심에 대한민국을 우뚝 세우는 우리의 '잃어버린 꿈'을 찾는 지상 최대의 과제이다. 우리는 한반도 전체를 놓고 민족의 미래를 구상해야 한다. 중국이 고구려의 역사를 중국사로 편입시키는 '동북공정'을 진행하고 있고, 일본이 독도영유권을 공공연히 주장하는 이때, 통일만이 동북아와 세계에 우리의 위상을 굳건히 세우고 자존을 회복할 수 있는 유일한 방법임을 뼈저리게 느껴야 한다.

21세기 한국사회의 키워드(Key-Word)는 소통과 화합이다. 남북분단과 한국전쟁, 그리고 대치 국면의 지속은 우리 민족을 전혀 다른 체제와 문화에 길들게 했고, 이제는 그 이질성이 통일시대의 큰 걸림돌이 될 것임을 미루어 짐작할 수 있다. 이른바 산업화 세력과 민주화 세력 간의 갈등도 지역주의와 연관해서 반드시 해결해야 할 당면과제이다. 다원화 · 지식정보화시대에 잘 맞는 새로운 패러다임의 전환도 우리가 과거의 '善惡' 논리로 현실을 재단하는 데 한계가 있음을 인식하게 한다.

지구상 유일한 분단국 한반도를 통일하여 남과 북이 군사적 대치 국면을 끝내고 경제 · 문화적으로 상생 · 협력하는 문화를 만들어내고, 영 · 호남 간의 지역감정과 이로 인한 극한 정치적 대결 국면을 종식하며, 빈부격차, 노사대립, 환경보호 등 새로이 등장하는 사회문제의 심각성도 완화해야 하는 시대적 과제들이 우리 민족의 어깨를 짓누르고 있다.

이 모든 문제를 풀어내지 않고서는 우리 민족은 한 발자국도 앞으로 나아갈 수 없는 것이다. 이 파국을 새로운 방식으로 마감하는 것이 혁명이고, 후천개벽으로 가는 길임은 추호도 의심할 바가 없다. 그것이 다름 아닌 '세계적 차원에서 전개되고 있는 문명사적 대전환'에 능동적으로 참여하는 일이기도 한 것이다.

충청인과 충청정신은 동서 간 지역갈등에서 자유롭고, 아름답고 서정적인 백제문화를 계승하며, 지조와 품격을 높이 받들고 명예를 중시하는 선비의 후예이고, 무엇보다도 나라가 어려울 때 온몸을 던져 구국을 위해 헌신하는 민족과 나라에 대한 진정성을 갖추었다는 데서 어느 지역, 어떤 세력보다 새 세상, 후천개벽의 역사를 주체적으로 여는 중심세력으로서 자격과 자질이 충분하다는 것이다.

그렇다면 새 세상, 후천개벽이란 무엇이며 그 철학적 의미는 어떤 것인가.

2. 후천개벽의 철학적 의미

'후천개벽'이란 抑陰尊陽의 질서체계를 調陽律陰의 질서체계로 새롭게 바꾸는 일이며, 선천의 相剋질서를 근본적으로 바꾸어 후천의 相生질서로 대체시키고자 하는 인간의 간단없는 노력이다. 다시 말해서 三才的 人間이 도덕적 주체가 되어 선천의 상극적 질서체계를 근본적으로 바꾸어 인간세에 '조양율음'된 세상, 즉 '琉璃世界'[3]를 구현하는 일이고, 민심이 주체가 되어 '민주의 새 세상'을 만들어내는 일이다. 『주역』「革卦」彖傳의 표현을 빌린다면 그것은 개혁하는 일이고 또한 천명을 바꾸는 일이다.

> 택화혁(澤火革)은 물과 불이 서로 소멸시키려 하는 것이다. 두 여자가 한집에 같이 살면서 뜻이 서로 맞지 않는 것을 택화혁에 비유할 수 있다. 때가 차면 만민이 혁명을 믿게 된다. 그가 혁명을 일으키면 대중이 그를 신뢰한다. 문명하여 기뻐하고 바르게 행동함으로써 크게 성취하니 바꾸어서 마땅한 것이다. 후회함이 없는 것이다. 하늘·땅이 바뀌어서 사계절이 형성되듯 湯王과 武王은 혁명을 하여 하늘의 뜻을 따르고 민중의 뜻에 호응한 것이다. 바뀌어야 하는 상황에서 때에 맞게 하는 것이 위대하도다.[4]

革은 일반적으로 변혁·개혁·혁신·혁명 등의 뜻으로 많이 사용되는

3) 원래 불교 용어인 유리세계는 藥師琉璃光如來가 다스리는 유리처럼 밝고 깨끗한 평화의 세계를 말한다. 이를 『正易』에서는 인류가 반드시 이룩해야 할 이상세계, 즉 고도로 발달한 天下大同의 문화적 복지사회의 의미로 사용하고 있다. 권영원, 『正易句解』, 상생출판, 2011, 158쪽 참조.

4) 『주역』「革卦·彖傳」, "水火相息, 二女同居, 其志不相得曰革, 已日乃孚, 革而信之, 文明以說, 大亨以正, 革以當, 其悔乃亡, 天地革而四時成, 湯武革命順乎天而應乎人, 革之時大矣哉."

말이지만, 『주역』에서 다루어진 혁은 '천지변화의 혁'과 '사회개혁의 혁'과 '인간혁명의 혁' 등을 포함하는 개념이다. 곧 혁이란 여태까지의 구폐를 일소하고 새로운 제도, 규율 등을 정한다는 뜻이다.

혁명이란 변혁하는 일이고 그것은 때를 밝혀서 인간세의 질서를 새롭게 하는 일이다. 좀 더 부연하자면 선후천이 전환되는 시기를 투철하게 깨달아서 하늘의 뜻에 따르고 민심에 호응하는 삼재적 인간이 되는 일이다. 그것이 바로 책력을 다스리고 때를 밝힌다(治曆明時)는 의미이고, '湯武'가 혁명을 하여 하늘의 뜻에 순종하고 민심의 뜻에 호응하였다는 뜻이다.

이 경우 혁명의 주체가 되는 존재는 물론 인간이다. 다시 말하여 '사시를 관찰해서 변혁에 순응하게 되면 천지와 더불어 그 차례를 함께 할 수 있다'는 뜻의 인간이고, '바르게 행동함으로써 크게 성취한다(大亨以正)'는 의미가 있는 인간이다.

이렇게 해서 우리는 '책력을 다스리고 때를 밝히는 일(治曆明時)'이 곧 혁명이며 후천개벽 하는 일이고, 또 그 일의 주체가 되는 삼재로서의 인간은 끊임없이 '이치를 궁구하고 몸을 닦는' 후천의 존재임을 확인하게 되었다. 이는 후천개벽 된 가장 바람직한 인간세가 마냥 '스스로 그렇게' 도래하는 것이 아니라 간단없는 '인간개조' 내지는 '인간혁명'을 통해서만이 성취되는 세계임을 뜻한다.

'후천'이란 말은 '선천'과 함께 『주역』에서 처음 제시된 개념이다. 물론 '선천'과 '후천'이라는 말은 '과거의 시대'와 '미래의 시대'라고 하는 물리적 의미만을 함축하고 있는 개념이 아니다.[5] 그것은 언제나 끊임없이

---

5) 선천 · 후천이란 말은 매우 다양한 의미를 함축하고 있어서 그것을 한마디로 정의하기는 쉽지 않다. 양재학은 「후천개벽의 필요성」이라는 자신의 논문에서 이 문제를 다각적인 면에서 분석 · 검토하고 있다. 그에 의하면 '순환론적 우주관이나 전통 주역학의 선후천관 등은 한결같이 천지창조 이전을 선천, 그 이후를 후천으로 규정하고 있다

변화하는 創生의 마디인 天時를 현존재로서의 인간주체가 자신의 존재원리와 당위원리로 자각한 선천적 세계와 후천적 세계를 뜻한다.

그렇게 이해한다면 '후천'이란 '지금 바로 여기'에 사는 삼재적인 인간, 즉 '天地化育의 동참자'로서의 인간이 반드시 성취해야 할 현실적 인간세계라고 할 수 있다. 이 경우 '후천개벽'은 태초에 하늘과 땅이 열렸다는 '선천개벽'에 대응하는, '새 하늘 새 땅이 열린다'는 개념으로서 우주가 근본적으로 변화한다는 내용을 담고 있는 개념이다.

'개벽'이란 말은 원래 '天開地闢'의 줄임말로써, '하늘이 열리고 땅이 열린다'는 의미로 '우주의 시작'을 가리키는 개념이다. 중국 고전에 나타난 '개벽' 혹은 '천지개벽'이라는 글자는 모두 이런 뜻으로 사용되었다. 그런 점에서 후천개벽의 '개벽'[6]과 중국 고전에 보이는 '개벽'의 의미는 그 내용 면에서 많은 차이를 갖고 있다.

후천개벽의 '개벽'은 선후천 문제와 연계되어 '우주의 시작'이라는 단순한 의미를 뛰어넘어, '선천에서 후천으로 개벽된다'는 동사적 의미가 있는, 즉 우주의 질서가 근본적으로 바뀐다는 내용을 함축하고 있는 개벽이기 때문이다. 金一夫의 "아아 金火가 서로 바뀌니 天地否는 가고 地天泰가 오는구나."[7]라는 말은 이 점을 특히 선명하게 보여준다.

김항은 19세기에 살았던 역철학자로서 중국 선진시대의 『周易』에 제시된 우주생성의 원리를 한국적 역학체계에 의하여 완성 천명한 『정역』이라는 책을 통하여 우주가 새로운 질서로 대전환한다는 것을 예고한 인물이다. 그는 특히 『주역』 설괘전의 재해석을 통해 역을 '交易의 易'과 '變易의

는 것이다. 양재학, 『증산도 사상』, 제4집, 증산도사상연구소, 2001, 270-271쪽 참조.

6) 신동호 교수에 의하면 후천개벽에는 세 가지 견해가 있다. 天地開闢說, 心靈開闢觀, 日月開闢論 등이 바로 그것이다. 신동호, 앞의 논문 참조.

7) 이정호, 『국역주해 정역』, 아세아문화사, 1988, 43쪽.

易' 으로 나누고 '변역의 역' 인 후천역은 새로운 시간질서의 변화원리를 담고 있다고 하여 선후천관을 완전히 뒤바꿔 놓은 인물이기도 하다. 그가 「十一一言」에서 "천지비가 지천태가 되니 후천이요 선천이다. 선천의역은 교역의 역이요, 후천의 역은 변화의 역이다. 역이 구궁으로 바뀌고 역이 팔괘로 바뀐다."[8]라고 한 말을 통해서 이 점을 분명하게 읽을 수 있다.

김일부에 의하면 선천역은 단지 반복 · 교류의 차원을 벗어나지 않는 기존질서의 틀을 인정하는 과거역이자 닫힌 역이고, 후천역은 근원적 변화를 수반하는 새로운 차원의 열린 역이자 미래역으로서 기존질서의 틀을 근본적으로 바꾸고자 하는 역이다.[9] 그가 「一歲周天律呂度數」에서 "찼다 비었다 함은 氣이니 선천이요, 꺼졌다 자랐다 함은 리이니 후천이다."[10]라고 말한 데서 이 점은 명료하다. 따라서 후천역의 우주질서는 바르게 바뀜으로써 새 세상이 온다는 '바로 잡힌 역(正易)' 으로서, 선천의 상극적 세계질서를 혁파하여 새로운 후천의 상생적 세계질서로 바꾸고자 하는 역이며, 구질서의 파국을 해체하여 인간과 자연이 함께 살아 숨 쉬고 또 완성을 기약하는 신질서를 구축하고자 하는 '올바른 역' 이다. 더 부연하자면 그것은 선천세계의 모순과 불완전함이 완전히 극복되어 하늘과 땅이 제자리를 얻고, 無極과 皇極, 즉 천 · 지 · 인 三元이 하나가 되어 어울리는 세계를 지향하는 역이다.

『正易』[11]의 이상세계는 천지음양의 두 기운이 서로 통하고 서로 화합하

---

8) 이정호, 71쪽.

9) 『正易』, 「大易序」, "聖哉, 易之爲易, 易者曆也 …… 是故, 初初之易, 來來之易, 所以作也" 참조.

10) 이정호, 33쪽.

11) 이정호는 일찍이 『正易과 一夫』라는 자신의 저서에서 『정역』을 가리켜 "후천역이며, 미래역이며, 완성역이며, 제3역" 이라고 말한 바 있다. 이정호, 『正易과 一夫』, 아세아문화사, 1985, 325쪽 참조.

여 만물이 생성 발전됨을 표현하고 있는 『주역』 「태괘」의 형상에 비견된다. 『정역』에 의하면 '中位 正易'[12]된 이 세계는 하늘과 땅이 서로 어울리고 조화되어 지나침도 모자람도 없는 본래의 반듯하고 원만한 모습을 하고 있는 세계이며, 법칙으로서의 리와 기질로서의 氣가 하나로 통합되어 온전하게 보전되는 세계며, 동시에 신명까지 감동하여 함께하는 신령스러운 세계이다.[13] 이를 하나의 卦圖의 구조로 완성해 놓은 것이 다름 아닌 正易八卦圖이다.

이 괘도는 선천의 상극질서를 표상하고 있는 복희팔괘도나 문왕팔괘도와는 다르게 후천의 상생질서를 표상하고 있으며, 그 수리구조는 우주의 완성 형태를 묘사하고 있다. 즉, "현대와 미래를 전망하는 후천의 근본원리를 집약하여 나타낸 것"[14]이 곧 정역팔괘도이다.

이런 점에서 후천역인 『정역』은 선천역인 『주역』과 크게 다르다고 할 수밖에 없다. 『정역』은 근본적으로 천지가 사귀지 못하고 상하가 교감되지 못하여 사람이 사람답게 살 수 없는 선천세계의 상극적 · 패륜적 질서를 바로잡아 음양이 완전히 조화를 이루는 '새로운 세계질서의 세움'을 궁극목표로 하기 때문이다. 즉 '相剋에서 相生'이라는 우주역사와 '閏曆에서 正曆'으로의 시간의 역사를 일관되게 설명하고 있는 것이 또한 『正易』이기 때문이다.

김일부가 「大易序」에서 "복희께서 간략히 팔괘를 그으시고, 문왕께서 공교히 하셨으니, 천지가 기울어져 위태로워진 것이 2,800년이 되었도

12) 『정역』에서는 正位와 中位가 있는데, 正位란 바르게 위치한 것이며, 中位는 중앙에 위치한 것을 말한다. 『정역』은 中을 체로 하고 正을 용으로 사용한다. 권영원, 『正易句解』, 경인문화사, 1983, 197쪽 참조.

13) 금장태, 『한국 현대의 유교문화』, 서울대학교 출판부, 1999, 82-83쪽 참조.

14) 柳承國, 『동양철학연구』, 근역서재, 1983, 311쪽.

다.”[15]라고 한탄한 데서 이 점은 명료하다. 이렇게 지천태로 상징되는 후천세계의 ‘완전한 새 질서 세움’은 김일부에 의해 역법질서의 혁명적 변화로 나타났고, 그것은 “易은 曆을 말한다.”[16]라는 명제로 정립되었다.

> 선천은 方을 체로 하고 圓을 쓰니
> 이십칠 삭 만에 윤달이 든다.
> 후천은 원을 체로 하고 방을 쓰니
> 삼백육십일에 바로 돌이 된다.
> 原天은 그지없다[17]

> 하늘과 땅의 數는 해와 달을 수놓으니
> 해와 달이 안 바르면 易이 역이 아니로다.
> 역이 正易되어야만 역이 역 될 것이니
> 原易이 어찌 항상 閏易만을 쓰겠는가[18]

위에서 밝혀진 바처럼 선천세계의 역은 閏曆이고, 후천세계의 역은 正曆이다. 이 경우 정역은 正易으로서 윤달이 없는 역, 즉 1년이 어김없이 360일이 되고 한 달이 30일로 딱딱 맞아떨어져 완전한 圓의 도수인 360 正曆 度數가 구현되는 역을 가리킨다.

이로써 알 수 있듯이, 김일부에게 『정역』이란 선천의 잘못된 역법질서를 바로 고쳐서 후천세계의 완전무결한 역법질서를 완성하는 일이었다.

---

15) 이정호, 『국역주해 정역』, 97쪽.
16) 같은 책, 같은 곳.
17) 같은 책, 61쪽.
18) 같은 책, 65쪽.

그것은 또한 인간세의 紀·綱과 經·緯를 바로 세워 大變化에 대응하는 인간완성의 길을 모색하는 일이며, 선천의 '억음존양'이란 불평등한 상황을 불식시켜 후천의 '조화율음'이란 밝고 아름다운 調和世界를 구축하는 일이라 하겠다.

김일부가 「일세주천율려도수」에서 "음을 누르고 양을 높임(억음존양)은 선천 심법의 學이요, 양을 고르고 음을 맞춤(조화율음)은 후천 성리의 道이다."[19]라고 한 말에서 이 점은 분명하게 확인된다. 그리하여 그는 『정역』의 핵심이 되는 「조양율음」의 논리를 가지고 선천세계의 잘못된 질서구조를 근본적으로 바꾸어 인간의 인권과 자유가 보장되고 사랑과 평화가 넘쳐나는 신천지를 구축하고자 하였다.[20]

하늘과 땅이 맑고 밝으니 해와 달이 빛이 나네
해와 달이 빛이 나니 유리세계 되는 도다
유리세계 되고 보니 上帝께서 照臨하시네
상제께서 조림하시니 기쁘고도 즐겁구나
기쁘고도 즐거우니 正正하고 方方하네
정정하고 방방하니 좋고 좋아 그지없네[21]

이처럼 김일부가 지적한 후천개벽은 '지금 바로 여기'에 구현되는 '유리세계'를 의미한다. 그리고 그것이 '조양율음'의 논리에 근거한 것임은 더 말할 필요도 없다.

여기서 주목할 것은 그가 上帝에 뿌리를 둔 인간의 正正하고 方方한 삶

19) 같은 책, 35쪽.
20) 柳承國, 위의 책, 311쪽 참조.
21) 이정호, 『국역주해 정역』, 85쪽.

의 자세를 강조한 점이다. 이는 후천개벽의 최종목표인 '유리세계'가 '스스로 그렇게' 구현되는 것이 아니라 인간의 후천적인 노력, 즉 '인간개조 내지 인간완성'을 통해서 이루어지는 세계임을 분명히 한 것이다.

3. 후천개벽의 주체와 신세계의 전개

후천개벽이란 선천의 상극적 질서체계를 근본적으로 바꾸어 인간세에 '조양율음'된 세상, 즉 '유리세계'를 구현하는 일이고, 이는 우주의 질서를 근본적으로 바꾸는 혁명을 의미함을 알아보았다. 『주역』에 기초한 유교적 신분질서를 깨뜨리고 개체적 인간의 자각이 강조되는 근대적 이념의 수평적 질서로 바꾸고자 하는 인간의 시종일관하는 태도와 노력이 이른바 '후천개벽'인 것이다.

이 경우 후천세상을 건설하는 혁명의 주체는 바로 인간이다. 역사의 주인 자리에 민초들을 우뚝 세우는 것은 하늘도 땅도 아닌 바로 사람 자신인 것이다. 민심에 따라 天命을 바꾸는 실천주체로 거듭나기 위해 인간은 새로운 세상이 도래할 것이라는 믿음과 확신이 필요했다. 그러한 갈망을 김일부는 『정역』을 통해 역법질서의 변화원리로 설명했던 것이다.

후천개벽의 주체로서의 인간은 '스스로 그렇게' 오는 세상을 기다리는 수동태가 아니라 인간해방의 역사를 적극 써 나갈 진보적이고 자각한 민중을 뜻한다. 그것은 우주를 구성하는 기본단위로서 하늘과 땅과 동격으로 격상된 삼재적 인간이며 능동적으로 道를 자각하고 실천하는 도덕주체이어야 함은 두말할 나위가 없다. 다시 말하여 '사시를 관찰해서 변혁에 순응하게 되면 천지와 더불어 그 차례를 함께 할 수 있다'는 뜻의 인간이고, '바르게 행동함으로써 크게 성취한다(大亨以正)'는 의미가 있는 인간이다.

「九九吟」에서 "書傳을 읽고 주역 배우는 것은 선천의 일이요, 이치를 궁구하고 몸을 닦는 것은 후천의 일"[22]이라고 말한 것도 이와 무관하지 않다.

인간은 한시라도 시간과 공간을 떠나서 살 수 없다. 다시 말하여 인간은 시간 축과 공간 축이 만나는 우주의 중심점에 있어 자신의 삶을 구축해 가는 '時空的 存在'이다. 이를 『주역』에서는 三才 또는 三極의 원리로 설명하고 있다.

> 易이란 책은 넓고 커서 모든 것을 다 갖추고 있다. 하늘의 도가 있고 사람의 도가 있고 땅의 도가 있다.(그러므로 易이란 다른 것이 아니라) 천 · 지 · 인 三才의 도일 따름이다.[23]

> 변함과 화함은 나아가고 물러나는 상이고, 강과 유는 낮과 밤의 상이며, 六爻의 움직임은(천 · 지 · 인) 三極의 도이다.[24]

우주 안에서 가장 귀한 존재가 천 · 지 · 인 삼재이며, 그 세 가지는 우주를 구성하는 기본 단위로서 서로 영향을 주며 변화한다. 물론 삼재 중에서 가장 중요한 존재는 인간이다. 그것은 인간이 능동적으로 道를 자각하고 실천하는 도덕주체이기 때문이다.

하늘과 땅과 인간은 셋이면서도 동시에 인간에 의해 하나로 포섭되고 조화된다. 즉, 인간은 하늘의 理想性과 땅의 현실성을 주체적으로 자각하여 그것을 현실적으로 구현하는 존재이다. 이처럼 인간이 삼재적 존재가

---

22) 이정호, 『국역주해 정역』.

23) 『주역』, 「繫辭傳下」, 10장. "易之爲書也, 廣大悉備, 有天道焉, 有人道焉, 有地道焉, 兼三才而兩之, 古六, 六者非他也, 三才之道也."

24) 같은 책, 「繫辭傳下」, 2장. "變化者, 進退之象也, 剛柔者, 晝夜之象, 六爻之動, 三極之道也."

된다는 것은 인간이 만물을 낳는 天地와 동격의 존재로 격상된다는 의미이자, 인간이 한낱 피조물의 위치에 머물지 않고 天地化育을 돕고 또 그것을 책임져야 한다는 뜻이기도 하다.

天·地·人 삼재는 함께 어울려 만들어내는 것이 후천개벽된 세상이고, 그중에서 하나만 결여되어도 본래 의미는 상실되고 만다. 『주역』「益卦·彖傳」의 "하늘은 베풀고 땅은 낳아서 그 유익함이 한량이 없다."[25]라는 말이나, "무릇 풍뢰익의 도는 때와 더불어 행해진다."[26]라는 말이 여기에 좋은 참고가 된다.

『중용』의 한 대목을 빌려 말하자면 그것은 "위로 천시를 따르고 아래로는 땅의 공능을 따르는 것이다."[27] 그런데 하늘의 뜻은 때와 함께 수시로 변화하고 그것은 또 민심을 통해서 현실적인 사태로 구현된다. 따라서 민심이 바뀌면 하늘의 뜻도 따라 바뀌는 것이다. 그래서 『정역』의 저자 일부 김항도 "천지는 일월이 아니면 빈껍데기요, 일월도 至人이 아니면 헛된 그림자다."[28]라고 말했고, 맹자도 「공손추장구 하」에서 "天時는 地利만 같지 못하고, 地利는 人和만 같지 못하다."[29]라고 말했던 것이다.

그런데 삼재는 끊임없이 변화하고 발전해 나가는 삼재이다. 이를 『주역』에서는 '낳고 또 낳음(生生)'의 관점으로 설명하고 있다. 程子가 이에 대해 "낳고 낳는 것을 易이라 하니 이것이 하늘의 도가 되는 까닭이다. 하늘은 다만 '生'으로써 道를 삼는다. 이 生生의 원리를 계승하는 것이 善이다."라고 한 말에서도 이 점은 어느 정도 확인된다. 이 경우 '낳고 또 낳음

25) 같은 책, 「益卦·彖傳」, "天施地生, 其益無方."

26) 같은 책, 같은 곳, "凡益之道, 與時偕行."

27) 『中庸』, 제30장, "上律天時, 下襲水土."

28) 金恒, 『正易』, 「一歲周天律呂度數」, "天地匪日月空殼, 日月匪至人虛影."

29) 『孟子』, 「公孫丑章句 下」, "孟子曰, 天時不如地利, 地利不如人和."

(生生)'이란 날로 계속하여 새로워지고 발전함을 의미한다. 이렇게 볼 때, 인간을 비롯하여 모든 존재는 나날이 새로워짐으로써 영속성을 갖게 되고 또 생명력도 보유하게 된다고 할 수 있다.

여기서 하늘이 변화한다는 것은 곧 때(時)가 바뀜을 뜻한다. 이때(時)의 바뀜이 인간의 주체적 자각을 통해 '하늘의 曆數'로 전환되고 현실화된 것이 이른바 '天命'이라 하는 것이다. 『논어』「요왈편」의 "하늘의 역수가 네 몸에 있으니, 진실로 그 中을 잡도록 하라"[30]는 말은 그 단적인 예가 될 것이다. 이 경우 '역수'란 말은 天道로 풀이되기도, '王位를 계승하는 차례'로 이해되기도 한다.

天命은 '天地靡常'이란 말처럼 항상 변하는 것이 특징이며 그 존재 근거는 민심에 있다.[31] 따라서 천명이 바뀌면 민심이 바뀌는 것이고, 천명을 알려면 민심을 알아야 한다. 『주역』「革卦」彖傳의 표현을 빌린다면 그것은 개혁하는 일이고 또한 천명을 바꾸는 일이다.

여기에서 우리는 '책력을 다스리고 때를 밝히는 일(治曆明時)이 곧 혁명이며 후천개벽 하는 일이고, 또 그 일의 주체가 되는 삼재로서의 인간은 끊임없이 '이치를 궁구하고 몸을 닦는' 후천의 존재임을 확인하게 되었다. 이는 후천개벽 된 가장 바람직한 인간세가 간단없는 '인간개조' 내지는 '인간혁명'을 통해서만이 성취되는 세계임을 뜻한다.

선천과 후천의 두 세계를 하나의 도로 완성하고 그것을 자신의 완전한 인격으로 발휘하여 현실세계에서의 이상가치를 실천해 가는 至善의 존재가 다름 아닌 유가의 이상적 인간상인 大人이다. 그래서 정자는 대인을 가리켜 "하늘에 먼저 해도(先天) 하늘이 같이하고, 하늘에 뒤에 해도(後天)

---

30) 『論語』, 「堯曰」, "天之曆數在爾躬, 允執其中."

31) 『書經』, 「周書 · 泰書上」, "天視, 自我民視, 天聽, 自我民廳"과 같은 책, 「泰書下」, "民之所欲, 天必從之" 참조.

능히 하늘을 따라 하니 道에 합할 뿐이다."[32]라고 말했고, 주자는 "대인은 사사로움이 없어서 도로써 체를 삼으니, 어찌 저쪽이나 이쪽, 먼저와 나중을 말할 수 있겠는가."[33]라고 말했던 것으로 생각된다.

『주역』 31번째 괘인 「함괘 · 단전」의 "하늘과 땅이 감응해서 만물이 화생하고 성인이 사람의 마음을 감동하게 해 천하가 화평하다. 서로 감응하고 감동하는 바를 관찰하면 천지 만물의 실상을 알 수 있다."라는 말이나, 같은 괘 「대상전」의 "산 위에 못이 있는 것이 택산함의 형상이다. 군자는 이것을 본받아 자신의 (마음을) 비워 남을 받아들인다."[34]라는 말은 여기에 좋은 참고가 될 것이다.

하늘의 뜻이 민심을 통해서 현실적인 사태로 구현된다고 볼 때, 이 시대의 대인 또는 성인이라 함은 천지평화와 조양율음의 상생의 원리를 이 땅에서 실현해내는 삼재적 인간이 될 것이다. 하늘의 理想性과 땅의 현실성을 주체적으로 자각하고, 민심을 천명으로 받들어 선천의 상극적 세계질서를 혁파하고 인권과 자유가 보장되고 사랑과 평화가 넘쳐나는 신천지를 만들기 위해 줄기차게 헌신한 '正正하고 方方'한 삶의 자세를 견지해 온 도덕주체가 바로 후천개벽을 선도할 적자인 것이다.

후천세상의 주체, 즉 역사의 주인은 억지로 만들어지는 것이 아니라 하늘(이상)과 땅(현실성), 그리고 민심이 합치되는 순간 자연스럽게 나타나는 존재이다.

잘못된 질서구조와 불평등한 상황을 혁파해서 평화롭고 안정되며 풍족한 세상을 만들어내라는 것이 바로 민심이고 이 시대의 천명이라 할 수 있

32) 『周易』, 「乾卦 · 文言傳」, 程傳, "聖人先於天而天同之, 後於天而能順天者, 合於道而已."
33) 같은 책, 朱子本義, "大人無私, 以道爲體, 曾何彼此, 先後之司言哉."
34) 『周易』, 「咸卦, 象伝」, "天地感而萬物化生 聖人感人心而天下平和, 觀其所感而天地萬, 物之情, 司見矣, 象曰 山相有澤咸, 君子以 虛受人."

다. 이러한 이유로 인해 한반도의 새 시대를 이끌 주역은 다음의 조건과 인성을 구비할 때 민심과 자연스럽게 합치될 수 있을 것이다.

첫째, 한민족의 분열적 고통의 총체적 · 구조적 원인이 남북분단의 대치국면에 있음을 고려할 때, 통일과업을 주도하고 완성하는 사람이어야 하고,

둘째, 망국적 동서갈등을 풀어내기 위해서는 지역주의에서 자유로운 위치에 서서 화해와 중재를 할 수 있는 적임자야 하며,

셋째, 주변 강대국 사이에서 민족의 자존을 회복하기 위해서는 외교적인 식견과 경륜이 탁월해야 하며,

넷째, 국정운영 능력과 미래에 대한 통찰력을 지녀야 하며,

다섯째, 이러한 국가 대사를 실현하는 데 있어 국민을 눈속임하는 얄팍한 술수를 늘 경계하며 살아온 사람이어야 하고,

마지막으로 평생을 민중의 아픔을 같이 하고, 민중의 편에 서서, 불의에 단호히 맞서 싸운 용기와 희생정신을 견지해 온 사람이어야 한다는 것이다.

한반도에 후천개벽의 새 세상이 열린다 함은 과거의 권위주의와 수직적 질서를 근본적으로 바꾸어 소통과 화합의 정신을 구현하는 새로운 세상을 만들어내는 것이다. 지구에서 유일하게 남아있는 한반도를 통일하여 남과 북이 군사적 대치 국면을 끝내고 경제 · 문화적으로 상생 · 협력하는 문화를 만들어내고, 영 · 호남 간의 지역감정과 이로 인한 극한 정치적 대결 국면을 종식하며, 빈부격차, 노사대립, 환경보호 등 새로이 등장하는 사회문제의 심각성도 완화해야 한다.

이를 易哲學的으로 말하면 '음을 억누르고 양을 높이는(抑陰尊陽)' 가치체계가 아직도 많이 잔존해 있는 한국사회를 '양을 고르고 음을 맞추는(調陽律陰)' 통합사회로 바꾸어 '天下和平'의 세상을 만드는 것이고, 역사적으로는 한국 문명 중 가장 아름답고 서정적인 문화를 꽃피웠던 백제의

'금강' 의 정신을 부활시키는 것이며[35], 정치적으로는 남한과 북한이 진정한 민족의 대통합을 이루어내는 한반도시대를 여는 일이라고 하겠다.[36]

4. 후천개벽의 완성과 계룡산[37]

계룡산은 백제 때에 이미 '鷄山' 이라는 이름으로 당나라까지 알려졌던 천하명산으로 조선왕조를 건국한 태조 이성계가 계룡의 지세가 왕도에 적합하다 하여 新都안 땅에서 1년간 대궐공사를 한 곳이기도 하다.[38]

'鷄山' 의 鷄는 새벽을 알리는 닭을 의미하는데, 순수한 우리말로 새어오는 산 즉 밝아오는 산이란 뜻으로 쓰였다. 어둠 속에서 환하게 새어오는 '계산', 즉 계룡산은 光明의 상징이기도 한데, 삼국유사에 나오는 桓因(환한 님), 桓雄과 그 아들 檀君, 그리고 백두산 등은 모두 환한 빛의 대명사이므로 새벽에 동터 오르는 계산, 계룡산의 어의와 일련의 연관성을 가지고 있어서 그 의미가 더욱 크다고 하겠다.

'계룡' 의 의미를 동양철학적으로 고찰할 때 天干(十干), 地支(十二支)가 상호작용해 만들어진 60갑자의 十二支 중 '鷄' 는 '酉(닭)' 에 해당하고, '龍' 은 '辰(용)' 에 해당한다. 만고에 변함이 없는 것은 산이니 이것은 酉山 즉 鷄龍山을 뜻함이요, '鷄龍' 의 龍은 造化가 無雙해 끊임없이 움직이어 風雨를 몰고 오는 것으로 이것은 굽이쳐 흐르는 錦江을 두고 한 말이라 해석

35) 김석철, 『희망의 한반도 프로젝트』, 창비, 2005, 175-177쪽 참조.

36) 김용옥, 『도올의 국가 비젼』, 통나무, 2004, 83-85쪽 참조.

37) 4장의 계룡산에 대한 서술은 다음의 연구서를 종합하여 정리한 것이다. 충청남도, 『계룡산지』, 1994; 충청남도 계룡출장소, 『계룡소고』, 1993; 이길구, 『계룡산』, 대문사, 1996; 국민대학교 국사학과, 『금강문화권』, 역사공간, 2005.

38) 충청남도, 『계룡산지』, 1994, 50쪽.

된다. 이렇듯 '계룡'이라고 하는 명칭은 어떤 의미에서는 금강까지 합쳐진 의미가 있는 것이다.

계룡산은 상징적, 철학적, 예언적 의미가 있는 靈山으로 중국의 崑崙山과 같이 중시됐고, 통일신라 때부터 吐含山(東岳), 太白山(北岳), 智異山(南岳), 八公山(中岳)과 함께 五岳 중 하나(西岳)로 지정되어 국가의 봉제처(奉祭處)로 삼을 만큼 명산이었다.

계룡산은 백두산의 기운이 태백산맥의 등줄기를 타고 남쪽으로 향하다가 그 정기를 모아 이루어진 산이고, 풍수지리상으로는 '山太極', '回龍顧祖'를 이루고 있다 하여 古來로 신비한 지형으로 여겨져 왔다.

山太極이라함은 산맥이 둥글게 구부러져 이어져 있다는 것을 말하는데, 대동여지도 그림에 의하면, 계룡산의 山太極은 지리산으로부터 북상하여 智異山 → 靈鷲山 → 白雲山 → 珠華山 → 大屯山 → 天護山 → 鷄龍山 → 錦繡山 → 產長山 등 東南으로 회전하는 지형이다. 「自智異山 逆龍七十里 回龍顧祖」라는 말은 지리산에서 시작된 산맥이 거꾸로 북상하여 70리를 올라가 계룡산에서 다시 東南으로 약간 남하하는 형국으로 되어 자기의 根本을 돌아보는 모습이 되어 山太極을 이루고 있다는 의미이다.

한국의 지세는 대개가 백두산을 祖宗으로 하여 남쪽으로 뻗어 내린 반도의 땅으로 그 地氣의 꿈틀거린 형세를 큰 용으로 비유할 수 있는데 백두에서 달려 나간 臣龍은 함경도로 들어가 北水山을 이루고 내려가 狼林山이 되었으며, 그 한 가닥이 나뉘어 서쪽으로 달려가 평안도 妙香山이 되었고, 가운데 길에서 다시 한 가닥이 나뉘어 황해도로 들어가 九月山이 되었다 하며, 原脈은 또다시 강원도로 들어가 금강산을 만들고, 또 달려 경상도로 들어가더니 太白山을 만들었다고 한다.

여기에서 한 가닥이 나뉘어져 남쪽으로 내려가 지리산이 되었으며, 덕유산의 原脈은 여기서 멈추어 힘차게 북으로 逆行하니 전라도로 들어가 雲

長山, 大屯山을 세웠고, 大屯山은 의연히 굴곡을 지으면서 충청도로 들어가 論山, 公州, 大田 유성의 접경에 龍飛鳳翔의 형세로 그 原脈이 멈추었는데 그것이 바로 鷄龍山이라는 것이다.

계룡산이 지리산에서 거슬러 올라와 다시 남쪽으로 머리를 돌려 母始인 지리산을 바라보며 섰다고 하고, 또는 祖上의 산인 덕유산을 돌아다보며 昇天하는 형국을 이루고 있다고 하여 '回龍顧祖'라 한다.

山太極의 천하명산 계룡산이 충청인 꿈의 상징이라면, 水太極의 천하명류 금강은 충청인의 가슴이요 어머니의 젖줄이다. 계룡산을 싸고 흐르는 금강은 북으로 거슬러 全北 長水 → 鎭安 → 茂朱 → 大田 · 新灘津 → 芙江을 거쳐 계룡산을 휘돈 후 公州 → 扶餘 → 江景을 지나 長項과 群山 사이로 빠져 흘러 逆流四白里를 이룬다. 동시에 이 지역 新都안에서 흐르는 물이 동남쪽으로 빠져나가다가 다시 동북쪽으로 거꾸로 역류하여서 錦江 源줄기와 합류하는 거대한 太極의 모습을 보이기 때문에 '水太極'이 되는 것이다. 즉 산은 곧 좌측으로 돌아들어 옴에 물이 이어지고(山則左旋績水), 물은 곧 우측으로 돌아들어 옴에 이 또한 산이 감싸고 있다(水則右旋績山)는 것이다.

고려 태조 훈요십조 제8훈의 「山形地勢 竝趨背逆」을 李瀷은 "公州江이란 금강을 말하는데 이 강은 호남 덕유산으로부터 흘러나와 역류하여 공주의 북쪽을 휘감아 금강으로 들어간다. 新都 계룡산도 역시 덕유산과의 一脈으로 任實 馬耳山을 거쳐 來龍이 머리를 돌려 祖山을 바라보는 公字 모양을 이룬다 한다. 그래서 堪輿家는 금강을 소위 半弓水라 이른다."(星湖僿說 卷一, 天地編 下 新都 漢陽條)하였는데[39] 여기서 反弓水, 回龍顧祖로 逆龍 背坐한 鷄龍山 등이 고려 당시의 도읍 開京을 중심으로 보면 분명히 활시위를 당

39) 충청남도, 『계룡산지』, 524쪽에서 재인용.

겨 화살이 그쪽을 향하는 수세가 되어 回龍顧祖로 逆龍 背坐되었지만 그 이남인 鷄龍山 下 新都안을 주체로 보면 山太極, 水太極, 回龍顧祖의 大吉勢가 된다고 한다.

조선이 王都를 건설하려는 계획을 철회한 이후에도 계룡산 지역은 오랫동안 민중들의 가슴속에 명당자리로 남았고, 결국 『정감록』이란 예언서를 통해 정씨가 800년을 도읍할 땅으로 믿어져 새 세상을 염원하는 사람들의 聖山이 되었다.

『정감록』은 풍수술에 능한 名師 李沁이 산천을 두루 돌아보고 국운을 고려하여 썼다고 전해지는데, '鷄龍鄭氏八百年之地(정씨의 姓을 가진 眞人이 출현하여 800년을 다스림)'라든가, '그 시기는 鷄龍石白草浦行舟(鷄龍山의 돌이 白色으로 변하고, 금강 물줄기가 바뀌어 公州에서 論山을 거쳐 직접 江景 쪽으로 빠짐. 水太極의 형세가 더욱 뚜렷해짐)'라는 예언이 적혀 있다.

또 옛날부터 계룡산 연천봉 바위에 '方白馬角 · 口惑禾生'(四百八十二, 國移라, 500년이 지나면 나라(이씨 왕조)가 망함)는 讖句가 새겨져 있어 이 산이 도읍지가 될 것이라는 기대심리를 높여 주고 있기도 하다.

여기에다가 조선 선조조를 전후하여 유포되었던 국가운명과 生民存亡에 관한 예언적 참설인 '木子亡奠邑興說'(이씨 왕조가 망하고 鄭씨 왕조가 들어섬) 등도 가세하여 민심을 흉흉하게 했다. 鄭汝立의 모반사건(선조조), 李鎔信의 계룡천도상소사건(광해조), 柳孝立의 鷄龍建都說(인조조), 許綜의 三百年 氣盡疎의 獄事(숙종조), 李之曙의 利在弓弓獄事(영조조), 鄭厚謙의 鷄龍獄事(정조조), 洪福榮의 정감록 獄事(정조조) 등이 그 例다.

한편 계룡산하면 빼놓을 수 없는 것이 종교촌이다. 특히 이씨 왕조가 도읍지로 삼기로 하고 대궐공사를 벌였던 신도안 지역은 계룡대가 들어서기 전까지 신흥종교의 집산지였다.

신도안이 신흥 종교촌으로 자리 잡기 시작한 것은 1924년 동학계인 시

천교(侍天教) 3대 교주 김연국(金演局)이 이곳에 교인 1천여 명을 이끌고 정착하면서부터이다. 이후 한국전쟁을 거치면서 사회 위기의식이 높아지자 천지개벽설이 고개를 들면서 신도안은 피난처로 각광을 받았다. 신흥종교단체 교주가 다투어 신도안을 찾았고, 사회변동에 불안을 느낀 전국의 농민들이 이곳으로 모여들기 시작했다. 그들은 신도안을 정감록의 예언이 실현되는 곳으로 믿었고, 부귀영화를 누릴 수 있는 땅으로 여겼다. 신도안의 신흥종교 최전성기는 1950년대 초반인데 당시 세대수가 1천86가구, 인구는 5천6백여 명에 달했다는 기록이 있다.

신도안의 신흥종교를 말하면서 빼놓을 수 없는 것이 『正易』이다. 『정역』은 동양철학자는 물론 우리나라에 자생한 신흥종교 신도들의 필독서로 여겨지고 있는데 조선후기 易의 대가였던 일부 김항이 계룡산에서 19년간 참구하여 깨우친 사상을 저술한 것이다.

일부는 젊은 시절 水雲 최제우 · 金光華 등과 함께 李雲圭 밑에서 수학했는데, 스승이 전해 준 「影動天心月」의 뜻을 참구하다가 正易八卦圖와 大易書를 얻은 후 1885년 正易을 완성했다. 일부는 이때 無極大道라는 교명으로 계룡산 일대에서 가르침을 펴서 많은 제자를 양성했는데, 그의 제자들이 正易思想을 근간으로 한 신흥종교를 연이어 창시한 것이다.

계룡산 지역은 현재 군사시설인 계룡대가 들어섰고, 그 바람에 신도안 지역의 신흥종교들은 강제로 이주를 당했다. 그러나 계룡산은 여전히 이들에게 성지와 같은 곳이다. 『정감록』의 '계룡산이 보이는 곳에 살아라'는 예시에 따라 그들은 이 산의 인근으로 이주해 살고 있지만 山太極 · 水太極의 吉地인 계룡산 지역으로 돌아갈 날을 학수고대하고 있는 것이다.

한민족이 계룡산 자락과 금강 변에 터를 잡고 살아온 것은 멀리 백제시대까지 거슬러 올라간다. 백제는 우리 역사에서 가장 서정적이고 아름다운 문명을 꽃피웠던 고대왕국이었다. 백제는 일본, 중국 랴오시[遼西] 지방 · 산둥반도[山東半島] 등지와 연결되는 고대의 해외 상업세력을 형성했고, 특히 일본 고대문화의 지도자 역할을 하였다. 동북아를 호령하던 해양국가 백제의 멸망은 우리 민족의 바다로 향한 꿈을 접게 됐다.

금강 천 리 길에는 이래서 망국의 설움과 부흥을 위한 간절한 염원이 담겨 있다. 곰의 슬픈 전설을 간직하고 있는 곰강(公州), 망국의 설움이 서린 백마강(扶餘) 그리고 적벽강, 시알강(新灘江)등 금강의 각기 다른 이름은 이 물줄기가 지나는 땅마다 금강을 젖줄 삼아 사는 민중들의 비원(悲願)이 서려 있는 것이다.

계룡은 조상을 향해 서서 충청도 땅을 굽어보고 있고, 금강은 천 리 길을 흐르고 흐를 뿐이다. 영광과 오욕의 역사가 수없이 반복되건만 민중이 고대하는 '정도령'은 아직 출현하지 않았다. 다만 계룡산과 금강이 大吉地이고 역사의 중심이 될 것이라는 온갖 예언과 참언을 오늘도 민중 사이에서 믿고 있고, 3군 본부의 이전도 그 증거의 하나라는 주장도 나오고 있다. '정도령'이 정씨 성을 가진 사람이 아닌 '바를 正'字 정도령이라 한다면, 이곳에 대한민국과 세계를 이끌 지도자가 나온다고 하는 것은 전혀 과학적 근거가 없는 종교적 신념만은 아닐 것이다.

앞서 우리는 후천개벽은 사람들의 느낌과 마음이 통하는 이상적인 삶의 터전과 인류사회의 무량복지사회인 '유리세계'를 건설하는 것이며 민족의 주체성을 확립하는 일임을 확인한 바 있다. '억음존양'의 질서체계를 '조양율음'의 질서체계로 새롭게 바꾸고, 선천의 상극질서를 근본적으로 바꾸어 후천의 상생질서로 대체시키기 위해서는 삼재적 인간의 간단없는 노력이 가장 중요한 것임도 알아보았다.

그렇다면 우리 민족 앞에 놓인 상극의 고리들은 무엇인가?

분열과 대립의 역사를 종식하고, 소통하고 통합하는 '광장의 역사'를 새로 써 나가는 것이다. 동서갈등을 치유하고 지구상 유일하게 남아있는 한반도를 통일하여 남과 북이 더 이상 이념 차이 때문에 서로 적대시하지 않도록 군사적 대치국면을 해소하고, 경제 · 문화적으로 협력하는 상생의 문화를 우리 세대 안에 만들어내야 한다. 이 해묵은 숙제를 풀어내지 않고서는 우리 민족은 한 발자국도 앞으로 나아가지 못하고, 민족에게 총부리를 겨누는 분단의 고통에서 벗어날 수 없다. 이 파국을 종식하는 것이 후천세상으로 가는 길이며, 혁명이고, 개벽임은 추호도 의심할 바가 없다.

이러한 세상을 열어젖히기 위해서는 '자신의 (마음을) 비워 남을 받아들이는' 포용의 자세가 필요하고, 중용과 화해의 미덕을 갖춘 충청인의 정신이 필요하다는 것이다. 충청인과 충청정신은 동서간 지역갈등에서 벗어나고, 자유롭고 서정적인 백제정신을 계승하며, 지조와 품격을 높이 받들고 명예를 중시하는 선비의 후예이며, 무엇보다도 나라가 어려울 때 온몸을 던져 구국을 위해 헌신하는 민족과 나라에 대한 진정성을 갖추었다는 데서 어느 지역, 어떤 세력보다 새 세상, 후천개벽의 역사를 주체적으로 열 중심세력으로서 자격과 자질이 충분하다는 것이다.

정인(正人)의 출현과 상생의 새 시대는 '스스로 그렇게' 하루아침에 도래하는 것이 아니다. 진보에 대한 믿음, 비우고 받아들이는 '금강의 정신', 그리고, 간단없는 '인간개조' 내지는 '인간혁명' 이 후천세상을 가능하게 하는 것이다.

계룡산의 정기와 금강의 생명력, 그리고 충청정신은 후천세상의 씨앗이자 자양분이다. 동서갈등을 치유하고 지구상 유일하게 남아있는 한반도를 통일하여 우리 민족을 세계적 선진문명국가로 우뚝 세우는 주체역량을 바로 계룡산의 정기를 받고 금강물을 마시고 살아온 순박하고도 선량한 충청인의 기질에서 발견하게 되는 것이다.

이제, 國運 자체가 충청도로 오고 있음이 점점 명확해지고 있다. 세계의 대통령이라는 UN사무총장이 충청인이고, 3군 본부가 계룡산 자락에 자리

잡았으며, 세종 도시가 완성되어 국가의 주요부처가 금강변에 내려오면 바야흐로 계룡의 맥(脈)이 우리의 심장을 고동치게 할 날이 도래할 것이다. 바로 그곳에서 영호남의 지역갈등을 풀고 화해를 이끄는 '통합의 革', 조국통일을 완성하는 '평화의 革', 경제발전과 분배의 정의가 실현되는 '경제의 革', 국민들의 문화적 수준을 끌어올리는 '문화의 革' 등 후천개벽의 새 세상을 일구는 중심에 충청인과 충청정신이 있음을 발견하게 될 것이다.

간재 전우의 철학과 현실 인식

1. 이끄는 말

한말 · 일제강점기의 대표적인 성리학자요 도학자로 널리 알려진 간재 전우(艮齋 田愚, 1841~1922)는 한국 유학사의 한 페이지를 장식하고 있다. 그의 생애는 한 시대의 철학적 모색과 고민, 그리고 의리와 예의를 중시하는 유가적 인간상의 모범을 극명하게 보여준다. 倭洋의 침략과 그로 인하여 전 시대의 삶과 형식이 철저하게 동요 · 붕괴하는 시대를 살면서도, 그 시대의 지배적 흐름에 매몰되지 않고 평생을 조심하고 게으름 없이 공자의 "근본이 서야 도가 생겨난다."[1]는 정신을 몸소 체득 · 실천하고자 했기 때문이다. 간재의 철학과 사상을 바르게 구명하는 일은 우리의 과거와 오늘의 삶에 대한 적극적 인식이자, 우리 철학사의 외연을 넓히는 일이기도 하다.

간재는 격변하는 역사적 상황에서 외부의 혼란과 압박에 주체적으로 대응하면서 동시에 자기 내부의 고뇌와 고통스럽게 대결하면서도 '聖學의

---

1) 『論語』, 「學而」. "本立而道生."

宗旨'를 참되게 알고 실천한 도학자였다. 면우 곽종석(俛宇 郭鍾錫, 1846~1919)이 간재를 평한 글의 한 대목 "(간재)의 淸節에 대한 欽仰은 여타 사람과 견줄 수가 없다."[2]라고 한 말이나, 이병도가 『한국유학사』에서 "(간재의) 학문과 기상은 천 길의 절벽을 대한 듯하여 비록 時世가 자주 바뀌어도 끝내 뜻을 고치지 않았고, 세인들이 완고하다고 비난하여도 의연하게 흔들리지 않았다."[3]라고 한 말에서도 이 점을 엿볼 수 있다.

이러한 생각에서 필자는 간재는 과연 어떤 삶을 살았는가? 그의 철학사상의 구조와 특성은 무엇이며, 그것이 그의 현실 인식과 어떻게 관련되는가? 그리고 그가 지녔던 신념과 타협을 모르는 기개는 어떻게 나타나고 있는가? 등의 문제를 중심으로 간재의 삶과 철학 그리고 그 현실 대응의 성격을 살펴보고자 한다. 이를 위하여 우선 간재 철학이 가졌던 기본 입장과 배경을 살피고, 이어서 간재의 철학 내용을 개관하여 그 특성을 밝히며, 나아가 그가 처한 현실을 분석한 후, 그러한 현실배경이 간재의 철학사상과 어떤 유기적 관련이 있으며 또 그것이 구체적으로 어떻게 현실화되는가를 논하고자 한다.

2. 간재 학문의 기반

간재 전우의 철학사상을 올바로 이해하기 위해 우리는 우선 그가 서 있었던 개인적 · 역사적 位相을 검토할 필요가 있다. 인간은 자신의 의지와 노력으로 자신의 삶을 만들어 가는 자유의지의 소유자이지만, 또한 그 의

---

2) 『俛宇先生文集』, 권111, 「答洪成吉」. "於艮翁, 其欽仰淸節, 有非餘人可例."
3) 이병도, 『한국유학사』, 아세아문화사, 1987, 487쪽.

지와 노력은 이미 주어진 문화적 맥락에 대응하여 현실화되는 것이기 때문이다.

간재는 潭陽人으로 이름은 愚이고 艮齋는 그의 호다. 그는 조선조 憲宗7년(1841) 음력 8월 13일 全州府 淸石理(지금의 전북 전주)에서 아버지 聽天公 在聖과 어머니 南原 梁氏의 아들로 태어났다. 「家狀」에 의하면 그의 조부 瓔은 財利를 가볍게 여기고 義理를 대단히 중시한 인물이었고, 부친 在聖은 『朱子書節要』 읽기를 좋아하고 주자학 공부를 통하여 깨달은 바를 몸소 실천하는 청렴하고 개결한 인품의 소유자였다.[4]

간재는 어려서부터 마음씨와 몸가짐이 남다른 데가 있어서 俊秀 莊重하여 함부로 말하거나 웃지 않았다. 5세 때에는 어른들을 따라 先代 祭祀에 참배하였는데 한 번도 빠지거나 소홀히 한 적이 없었다.[5] 7세에 비로소 학문에 뜻을 두어 윗사람의 가르침이나 독려를 번거롭게 생각하지 않았고 日課를 스스로 챙겼으며, 才性이 뛰어나 文理가 날로 진취하여 識者들마다 장차 큰 인물이 될 것이라고 하였다. 간재의 이러한 점은 그의 나이 9세 겨울에 활짝 핀 盆梅를 보고 즉석에서 읊은 詩 한 수를 통하여 유감없이 나타났다.[6]

이처럼 간재는 어려서부터 총명하고 성품이 강직했으며 매사의 행동거지가 법도를 어기려고 하지 않았다. 그리고 그것은 뒷날 그의 도의사상을 이룩하는 바탕이 되었다.

14세 때에 아버지 聽天公을 따라 서울로 移家하여 유가의 기본 경전들을

---

4) 金鎰孝, 「艮齋先生家狀」(이하의 주에서는 「家狀」이라 약칭함), "祖諱瓔, 輕財好義, …… 考諱在聖號聽天翁, 愷弟廉潔, 喜讀朱書節要, 方正學文." 참조.

5) 『艮齋先生文集(충남대학교 도서관 영인본, 1999)』, 「年譜」 5세조 참조. 이후부터 『艮齋先生文集』은 『문집』으로 줄여 표시하고, 「年譜」는 그냥 「연보」로 표시한다.

6) 「연보」 9세조 참조.

독파하였고, 15세 때에는 청천공의 명을 받들어 과거 공부도 겸하게 되었다.[7] 이에 따라 간재는 청천공의 뜻과 가학을 정통으로 받들어 자신의 학문적 목표와 기준으로 삼고 이를 심화시켜 나갔다.

그러나 간재가 처음 도학에 뜻을 갖게 된 것은 20세 때에 『퇴계문집』을 읽고서였다. 이로써 그는 아버지 명에 따라 해오던 科試 공부를 접고 본격적인 '爲己之學', 즉 성리학 공부에 들어가게 되었다.[8] 간재는 이때 『퇴계문집』을 읽고 받은 깊은 감동을 제자들에게 다음과 같이 술회하고 있다.

> 내가 20세 때 처음으로 『퇴계선생문집』을 읽고서 점점 학문에 분발하는 모습을 보이게 되었다. 당시는 처음 시작할 때의 순수함 덕분에 그 뜻이 자못 성실하고 간절하였다. 그래서 일찍이 꿈에 선생으로부터 '主一無適'의 敬 공부에 대한 가르침을 받기도 하였다. 내가 비록 힘써서 체득하지를 못하여 그 심원한 가르침을 저버리는 죄를 범했지만 그래도 선비로서 이름을 얻게 된 것은 실로 선생이 내려주신 은혜이다.[9]

그다음 해 간재는 청천공과 사적으로 친밀한 관계를 맺고 지내던 전재 임헌회(全齋 任憲晦, 1811~1876)를 직접 牙山의 新陽으로 찾아가 師弟의 의를 맺었다. 간재는 이때부터 본격적인 학문의 길로 들어섰고, 또 전재가 죽는 날까지 아산·공주·전의·연기·진천·상주·문천 등지에 따라

---

7) 이에 대하여 「家狀」에서는 다음과 같이 표현하고 있다. "공은 청천공의 명을 받들어 과거 공부도 겸하여 하였다. 천성이 孝誠스럽고 우애하여 부형의 뜻에 순종하여 어김이 없었다."

8) 「연보」 20세조. "讀退溪集, 始知時文外有爲己之學, 大歡喜, 決意爲學." 참조.

9) 『문집후편』, 권10, 「答素行齋諸生書」. "愚昔二十時, 始讀退溪先生集, 稍有感奮之象, 以其一初之故, 意頗誠切, 嘗夢承先生主一之適, 雖體之不力而辜負冥詔, 然其得名爲士, 實先生賜也."

살면서 학문을 심화해 나갔다.[10] 전재는 매산 홍직필(梅山 洪直弼, 1776~1852)의 문인으로 정암 · 퇴계 · 율곡 · 사계 · 우암 등 5현을 우리나라의 道統으로 파악하고 "도학이 없는 節義는 있어도 절의가 없는 도학은 없다."고 하면서 의리가 도학의 근본이고 핵심임을 주장한 당대의 대표적인 畿湖 洛論을 계승한 유학자였다. 그뿐만 아니라 그는 조정으로부터 무수한 職牒이 내려왔지만 한 번도 관직에 나가지 않고 오직 초연한 자세로 학문 연구와 도통을 지키고 전승하는 데 평생을 바친 도학자였다.[11]

전재 임헌회는 사상과 처세에서 간재에게 많은 영향을 끼쳤던 것으로 보인다. 평생 性을 宗旨로 삼아 철학하면서 죽음도 불사하고 도의를 수호하는 정신, 時俗과 타협하지 않는 곧은 기개와 개결한 삶의 자세, 그리고 孔子 · 朱子 · 栗谷 · 尤庵을 우리나라 유학의 正脈으로 받들고 공부하는 것을 자신의 임무로 삼은 점은 그의 전 생애를 지배한 것으로 어느 정도 이 시기에 그가 全齋로부터 받은 유산이라 할 수 있다. 이 점은 「家狀」의 한 대목 "출처와 語默이 의리에 정밀한 것이 府君의 平生 大節이 되었다."[12]라는 말이나, 30세 때에 전재의 명에 따라 정암 · 퇴계 · 율곡 · 사계 · 우암 등 五賢의 글을 발췌하여 『근사록』의 체제에 맞춰서 『五賢粹言』으로 편찬한 일[13] 등에서도 극명하게 드러난다.

이렇게 볼 때 간재는 스승 전재로부터 처세와 철학적인 면에서 지대한 영향을 받았던 것으로 보인다. 특히 '지위에 나가지 않으면 논란하지 않는다(身不出, 言不出)'는 주자 · 우암 이래의 처세법이기도 한 전재의 出處大義 정신은 그의 가치관의 기초 또는 출발점이 되었으며, 그것은 또한 간재

10) 「연보」 26세조. "逐日侍奉, 性理經禮, 出處語默, 靡不講質" 참조.

11) 금장태 · 고광식, 『속 유학근백년』, 여강출판사, 1989, 10-11쪽 참조.

12) 「家狀」. "出處語默之精於義, 爲平生大節也."

13) 「연보」 30세조 참조.

의 독창적인 학문체계를 수립하는 데 결정적인 영향을 미쳤을 것으로 사료된다. 그가 우암 이후 기호학파의 중요한 특성의 하나인 尊王攘夷論的 입장을 가지고 현실사회를 해석하고 매사에 出處 語默을 분명히 하는 삶을 위해 신명을 바쳤던 것도 또한 여기에 근거한다. 그가 한 書信에서 "夷狄이 중국을 어지럽히고 亂賊이 나라를 팔아먹은 것은 모두 우리 유자들의 도학이 밝혀지지 않고, 의리를 행함이 닦여지지 않아서 극에 도달하였기 때문이다. 지금 비록 나라가 기울어 인류가 장차 멸망하게 되었지만, 우리들이 의리를 講求하여 사사로움을 제거하려는 공력과 후진들에게 도학을 가르치는 마음은 마땅히 더욱 보태도록 하여야 할 것이다."[14]라고 말한 것은 이런 문맥에서 이해되어야 한다.

위에서도 언급한 것처럼 간재에게 대의나 도의는 인간의 사람됨을 확보해주는 최상위의 가치, 즉 인간의 삶과 사상에서 그 중심을 차지하는 개념이다. 그것은 또한 간재의 삶과 도의사상의 출발점이자 마지막 도달점이기도 하다. 그가 高宗에게 乙巳五賊의 처단과 條約의 파기를 강력하게 요구한 상소에서 "대체 군주의 마음에 충신과 역적의 구별이 없으면, 천하의 일을 다시는 할 수가 없는 것입니다."[15]라고 한 말은 그 단적인 예이다. 의병 활동에 적극 나서기를 권면하는 사람들에게 그것만이 의리를 밝히는 일은 아니라고 하면서 다음과 같이 한 말도 이를 입증하는 하나의 단서가 될 수 있다.

만약 그렇게라도 하여서 멸망해 가는 宗社를 부지할 수만 있다면 어찌 한목

14) 『문집 별편』, 권1, 書, 「答王司諫」. "夷狄之猾夏, 亂賊之販國, 皆由於吾儒道學之不明, 行誼之不修, 以致其極, 今雖國家已傾, 人類將滅, 而我輩講義去私之功, 教道後進之心, 則當愈益."

15) 같은 책, 권1, 疏, 「再疏」. "夫人主之心, 無忠逆之分, 則天下之事, 無復可爲者矣."

> 숨을 아까워하겠는가마는, 이미 아무 도움이 없는 줄을 알면서도 다만 道를 굽히고 몸을 욕되게 할 뿐이라면, 나의 의리를 지키면서 조용히 죽음을 기다리는 것만 같지 못할 것이다.[16)]

간재의 학문적 기초는 가학이었고, 이는 젊은 시절의 퇴계에 대한 사숙과 全齋 문하에서의 성리학 공부를 통하여 더욱 심화·발전되었다. 이 과정에서의 가학을 바탕으로 한 주자학에 대한 심도 있는 이해는 간재로 하여금 주자학의 기본 이념을 충실하게 수용하면서도 道統의 수호와 전승에 보다 큰 비중을 두어 자신의 도학적 의리정신을 정당화하는 데 큰 도움을 주었다. 간재가 「論裵說書示諸君」에서 나라를 다스리는 근본이 예에 있듯이 상투를 보존하는 일(保髮) 또한 治國의 근본이 된다고 하면서 다음과 같이 한 말은 이를 좀 더 분명하게 설명하여 준다.

> 생각건대, 나라를 다스리는 일이 반드시 예로써 해야 한다면 保國하는 일 역시 예로써 해야 할 것이다. 금일 내가 상투를 지키고자 하는 것은 예를 수호하고자 함이니, 예를 지키는 것이 곧 보국하는 길이 되기 때문이다. 대저 상투를 지키는 선비가 비록 보국할 수 없다고 하더라도 상투를 지키는 의리는 진실로 보국하는 방법이 되는 것이니 뒷날 군자들이 오히려 그것에 의거하여 나라를 세우는 근본으로 삼을 것이다.[17)]

그는 이 글에서 단발령에 반대하여 상투를 固守하는 일이 다름 아닌 治

---

16) 「家狀」, 472쪽.

17) 『문집 전편』, 권15, 「論裵說書示諸君」. "第念爲國必以禮, 則保國亦必以禮, 今余之欲保髮, 乃所以守禮也, 守禮乃所以保國也, 蓋保髮之士, 雖不能保國, 然保髮之義, 則固保國之道也, 後之君子猶可據之, 以爲立國之本也."

國·保國의 근본이 되는 禮의 본래성을 회복하고 또 전승하는 일임을 강조하고 있다. 이 점은 예의 보존과 전승을 중시하였던 공자의 "나는 그 예를 아까워한다(我愛其禮)."[18]라는 정신과도 일맥상통한다고 할 수 있다.[19] 이것은 사실상 특별히 새로운 것도 없는 道學者 일반이 갖는 공통의 생각이다. 그것은 '行道와 垂教'가 도학의 이상적 삶이며 그 궁극목표이기 때문이다. 물론 시대적 상황에 따라 그 방식의 차이는 있지만 '行道와 垂教'라는 도학적 인식은 같은 것이며 그 둘은 내용상으로 별 차이가 없다.[20] 그러나 그렇다고 하더라도 전통적인 예법의 준수와 講學을 통하여 후세에 도를 전수하려는 정신이 남보다 강했던 간재에게 있어서 垂教는 무너져 가는 나라를 일으켜 세우고 민족정기를 확립하는 일이자 유자로서의 常道를 지키는 일이었다. 이로써 볼 때 간재는 도학의 근본정신을 '行道'보다 '垂教'의 관점에서 이해하고 또 그것을 통하여 당시의 위기·절망적 상황을 초극하려고 했던 것으로 보인다.

이처럼 간재는 학문과 삶의 정도를 얻고 구현하는 데 있어서 아버지 청천공과 스승 전재의 가르침을 표준으로 삼았고, 그가 직면하고 있었던 일제강점기 전후의 정치·사회·사상적 혼돈에 대한 위기의식으로 더욱 절실한 것으로 그 가르침을 마음속에 새겼다. 간재는 외세의 침략으로 전통이 붕괴하고 국권이 상실되어 "국가의 紀綱이 확립되지 못하고 兵力이 부진하여 비록 미처 그(日本) 都邑을 불사르고 그 종족을 없애버리지 못하는"[21] 상황을 심히 우려했다. 간재는 이를 극복할 수 있는 현실적 논리와

---

18) 『論語』, 「八佾」. "子曰賜也, 爾愛其洋, 我愛其禮."

19) 都民宰, 「『科潭別集』에 나타난 艮齋의 義理精神」, 『제10회 간재학회 학술발표회 자료집』, 간재학회, 2001. 12. 14쪽 참조.

20) 이동준, 『유교의 인도주의와 한국사상』, 한울아카데미, 1997, 421쪽.

21) 『문집 별편』, 권1, 疏, 「因變亂疏」. "而國綱不立, 兵力不振, 從未及燬其都而滅其種也."

방법을 찾고자 하였고, 자신이 모색하는 사상의 근원으로서, 또는 그 정당화의 근거로서 性이 心보다 우위에 있음을 지적한 '性師心弟說'을 바탕으로 도의정신을 확립하고자 하였으며, 또한 스스로 그 시대 민족 양심의 본원이고자 하였다.

간재가 말하는 도의란 주자학적 질서의 안정성이 붕괴하면서 현실의 모순이 극대화되는 시기에 처하여 무너진 道를 새롭게 자각하고 일으켜 세우는 정신이며, 자신이 애써 쌓은 도학을 실천에 구체적으로 옮기는 유일한 길이었다. 그래서 간재는 아무리 궁해도[22] 자신이 살기 위하여 현실과 타협하지 않았고, 도의와 지조를 목숨처럼 지켜냈던 것이다.

간재가 '性師心弟說'을 통하여 도의를 구현하고자 한 점은 다음 장에서 살펴볼 것이거니와, 그것은 그의 도의사상 내지 현실 대응과도 긴밀한 호응관계를 이룬다.

3. 간재 철학의 특성

간재는 畿湖 洛論 계열의 正脈을 계승하여 율곡 · 우암 · 전재의 학설을 祖述하고 수호 · 발전시키는 데 진력하였으며, 특히 "율곡은 동방의 공자요 우암은 동방의 주자이다."[23]라고 하면서 율곡과 우암 양인의 학설을 수호하고 그 참된 뜻을 밝히는 일을 자신의 평생 임무로 삼았다.[24] 따라서 그

22) 이 점은「家狀」의 다음 기록을 통해서도 잘 알 수 있다. "마침내 入山 浮海의 의리를 결정하고서, 麻谷寺 頂上으로 가 거주하면서 솔잎을 잡수시고 도토리도 주워서 끼니를 때우셨다."「家狀」, 471쪽.

23) 『문집 후편』, 권15, 「答揚永或」. "栗翁是東方孔子,尤翁是東方朱子."

24) 崔英成, 『한국유학사상사 V』, 아세아문화사, 1997, 148쪽 참조.

의 철학체계는 대체로 全齋의 설을 좇아 리기론보다는 인간의 心性문제에 관심이 더 많았고, 심성론에서는 '性이 心보다 우위에 있다'는 입장을 견지하였다. 그가 王陽明의 心卽理說을 통렬하게 비판하며 제자들에게 "性을 위하여 죽는 것은 내가 마음에 달게 여기는 바이다."[25]라고 한 말은 그러한 특징을 잘 드러내고 있다.

주지하다시피 全齋는 인물성론에서 天地와 인간과 만물이 동일한 性을 부여 받았다고 주장하는 洛論에 동의하면서도 기철학의 영향을 받아 주기적 입장을 취한 기호유학자이다. 그는 心論에서는 특히 '心是氣說'을 계승하여 心을 기라고 주장하였다. 그에 의하면 동정·유행하는 것이나 발하는 것은 모두 기이고, 그 기를 主宰하는 것은 리이다. 따라서 氣의 신령한 작용에 지나지 않는 心은 그 기를 주재하는 리와는 대등할 수가 없는 것이다. 全齋가 心은 기이고 리가 아니라고 하면서 "대체 리는 하나일 뿐이니, 리를 리에 견줄 수는 없다. 기에는 形·氣·神 3가지 구분이 있다. 그러므로 기로써 기에 견줄 수는 있다."[26]라고 한 말에서도 이 점을 확인할 수 있다. 이것으로 볼 때 그의 心說은 心을 形而下의 氣로 보고 性을 形而上의 리로 파악하여 '明德'이나 心을 리로 해석하는 心卽理 입장을 비판하고 그것을 통해 性의 우위성을 확보하려는 데 참된 목적이 있다고 하겠다.[27]

간재 역시 '性卽理, 心卽氣'의 논리 위에서 心보다 性을 높이고 중시하는 철학을 하였다. 그가 '心은 性에 근본해야 한다(心本性)'[28]라고 말한 점이라든가, 性과 心을 스승과 제자의 관계로 파악한 점[29]은 그 단적인 증거이다.

---

25) 「家狀」, "而府君嘗自謂爲性而殉, 吾所甘心也."

26) 『鼓山集』, 권3, 「金穉章」. "蓋理一而已, 故不可以理比理, 氣有形神氣三者之分, 故可以以氣比氣."

27) 금장태·고광식, 앞의 책, 10쪽과 최영성, 앞의 책, 352-354쪽 참조.

28) 『문집 후편』, 권2, 「擬與柳穉程」. "學問之道無他心本性而已矣" 참조.

29) 같은 책, 권12, 「性師心弟辨辨」 참조.

대저 性은 천하의 가장 근본이 되는 것이다. 천하의 이치는 모두 性에서 나오지 아니하는 것이 없다.[30)]

性은 비유하자면 군주이고 心은 비유하자면 재상이다. 재상이 진실로 존귀하다고는 하나 군주에 대하여는 지위가 낮은 것이니 이것은 바꿀 수 없는 도리이다.[31)]

性이 心을 主宰한다는 것은 리가 氣를 주재한다고 하는 것과 같은 말이다.[32)]

여기에 보는 바와 같이 사람을 비롯하여 이 세계의 모든 존재 · 모든 일이 성에 바탕을 두고 있는 것처럼 심 또한 성에 근본하고 있을 뿐이다. 따라서 성과 심을 명확하게 구분하지 않고 동격으로 보거나 심을 리로 파악하는 것은 애초부터 잘못된 일이다. 이러한 논리에 따라 간재는 성을 심의 근본 또는 主宰, 즉 심을 성에 순종하거나 성의 명령에 따르는 존재로 이해하는 '尊性之學'을 표방하는 데까지 나아갔다. 그가 심과 성의 관계를 묻는 제자들에게 다음과 같이 말한 것은 이 모두를 집약할 만하다.

군주의 성실함과(誠)과 신하의 공경스러움(敬)은 모두 心이 性을 배우는데 말미암아 성립되는 것이다. 그러므로 性은 스승이고 心은 제자라고 하는 이 네 글자는 필경 聖學이 되는 것이다.[33)]

---

30) 같은 책, 권2, 「答柳穉程」. "夫性者, 天下之大本, 擧天下之理, 未有不出於性者."

31) 같은 책, 권5, 「答權應現」. "性譬則君也, 心譬則宰相也, 宰相固尊矣, 對君則卑矣, 此不可易之道理."

32) 같은 책, 권2, 「答柳穉程」. "性爲心宰卽執事之謂理爲氣主也."

33) 같은 책, 권3, 「答宋晦卿」. "君之誠, 臣之敬, 皆由心之學性而立, 然則性師心弟四字, 畢竟是聖學."

聖人의 근본은 性이며 존중할 것도 性이며 배울 것 또한 性이다. 그것(性)을 배우고 존중하며 근본할 자는 곧 心이다.[34]

성은 참으로 존귀한 것이고 높임을 받아야 하는 존재이다. 반면에 심은 성을 통해 항상 배워야 하고 명령을 받아야 하는 성보다 못한 존재이다. 따라서 성과 심은 동격이 될 수 없고 또한 대등한 관계도 유지할 수 없다. 성은 군주고 스승이고 心은 신하고 제자이기 때문이다. 따라서 심을 지배하고 규정하는 성은 지극히 존귀한 절대적 존재가 되는 것이다. 그래서 간재는 "성은 천하의 至尊이 되고, 경은 학문의 大本이 된다. 이것이 바로 우리 유가가 리를 주로 하는 說인 것이다."[35]라고 말하지 않을 수 없었던 것이다. 그러나 간재가 성과 심의 관계를 尊卑의 관계로 설명하고 있다고 하여 심을 천하게 여겨 배척하거나 극복해야 할 대상으로 생각하지 않았다는 점이다.[36] 그 이유는 간재 역시 다른 기호유학자들처럼 인간을 理氣妙合의 存在로 보고 심 또한 리를 갖추고 있으며 본래는 선한 것으로 이해하였다는 사실이다. "대체로 심이 비록 리를 갖추었으나 곧 리는 아니다."[37]라는 말이나, "심은 본래가 비록 선하여 혹은 악이 있지 아니하나 반드시 인의로 배워야만 덕을 성취할 수 있다."[38]라는 말을 상기할 때 이 점은 명백하다.

이와 같은 간재의 주장은 일찍이 퇴계가 리와 기의 관계를 '理尊氣賤',

34) 같은 책, 권17, 「答金商潤」. "聖人之所本者性也, 所尊者性, 所學者亦性也, 其學之尊之本之者, 乃是心也."

35) 같은 책, 권27, 「示李鐸謨金敬根」. "性爲天下之至尊, 而敬爲學問之大本, 此吾儒主理之說也."

36) 같은 책, 권3, 「答鄭宅新」. "鄙之謂心卑, 非特也將心字賤而下之, 惟對性則較卑也" 참조.

37) 같은 책, 권15, 「答文顯謨」. "蓋心雖具理, 而非卽是理."

38) 같은 책, 권5, 「答金時鳳」. "心雖本善, 而未或有惡, 必學仁義, 乃可成德."

'理帥氣卒' 이란 말로 풀이한 것과 호응관계를 이룬다. 이 경우 성이란 天命之性, 天地之性, 本然之性을 가리키며, 그것은 가장 완전하고 선하다는 의미로서 모든 가치의 궁극적 원천과 표준이 되는 개념이다.[39] 그런 점에서 간재의 철학은 性을 높이고 성을 받드는 尊性의 철학이라 할 수 있다. 그래서 劉明鐘 교수도 간재의 철학을 가리켜 "근본은 性學이요 性理說이 아니다."[40]라고 말했던 것이 아닌가 생각된다. 이처럼 성을 존귀한 것으로 높이고 心을 낮추는 간재의 철학이 성리학의 대명제인 '성즉리' 에 근거하고 있음은 더 말할 나위도 없다. 그리하여 간재는 자신의 尊性의 철학이 인간의 본성과 理致가 같다고 하는 '성즉리' 의 명제를 토대로 하여 구축되었음을 다음과 같이 해명하였다.

> '性卽理' 의 구절은 바로 공자 이후 오직 伊川에 이르러 설명이 다 된 것이다. 곧 천만세 性의 근본을 말했으니 이는 몸과 마음의 가장 핵심적인 요소이다. 내가 일찍이 '心本性' 한 구절을 말했는데, 스스로 생각할 때 천만세에 학문하는 으뜸이 되며 이는 유학의 가장 핵심적인 요소이다. 대저 性卽理는 본체의 純善함이요 心本性은 공부가 마땅히 敬해야 함이다.[41]

위에 분명히 밝혀진 것처럼 간재 '尊性의 철학' 은 '성즉리' 에 대한 확고한 믿음과 성이 인간 존재의 근본 바탕임을 분명히 하고자 한 데에서 나온 산물이다. 그의 말에 함축된 주장에 의하면 純善한 리 그 자체인 性만이 군

---

39) 곽신환, 「田艮齋 愚의 尊性明氣의 철학」, 『간재사상연구논총』, 제1집, 1994, 82-83쪽 참조.

40) 유명종, 「艮齋 性尊心卑의 性學」, 『간재학 논총』, 제3집, 간재학회, 2000, 60쪽.

41) 『문집 후편』, 권9, 「答李秉珪」. "性卽理也句直自孔子後惟伊川說得盡, 便是千萬世說性之根基, 此是身心之大原頭也, 余嘗說心本性此一句竊自謂千萬世爲學之主腦, 此是儒敎之大原頭也, 夫性卽理, 則本体純善也, 心本性則工夫當敬."

주가 되고 스승이 될 수 있으며, 심은 평생 이 성을 좇고 따르고 배워야만 하는 존재이다. 따라서 "성이 尊位에 있고 심은 이를 따르며 존중하는 것은 유자의 학문이 되고, 심이 성을 존중하지 않고 自尊하면 異端의 학문이 되는 것"[42]이다. 이러한 논의의 바탕에는 퇴계의 '理尊氣賤的 思考'가 짙게 깔렸다고 할 수 있다. 이를 따를 때 성을 높이고 성과 심을 엄격하게 분변하여 尊卑의 계층으로 인식함은 지극히 자연스러운 일일 것이다. 간재가 성과 심의 관계를 군주와 신하, 스승과 제자, 장수와 역졸로 나누어 설명한 것은 이러한 논리에 따른 것이었다고 생각된다.

이러한 입장과 논리 전개방식은 그의 리기의 해석에서도 그대로 적용되어 나타났다. 간재의 다음의 말에서 이 점이 또렷이 나타난다.

> 본원자리(源頭上)에서 말하면 動하게 하고 靜하게 하는 것은 리이고, 動하고 靜하는 것은 氣이다. 이것이 이른바 리는 장수가 되고 氣는 役卒이 된다고 하는 것이다.[43]

> 리는 지극히 善하여 만에 하나라도 미진함이 없는 것이다.[44]

> 내가 생각하건대 氣가 어떠하든지 간에 실려 있는 것은 性善의 리이다. 만약 性善의 리가 없다면 氣가 무엇으로부터 이 善情을 드러낼 수 있겠는가.[45]

---

42) 『문집 전편』, 권12, 「体言」. "性居尊位而心從而尊之, 則爲儒者之學也, 心不尊性而自尊, 則爲異端之學矣."

43) 같은 책, 「答柳穉程」. "故源頭上說, 則使動使靜者理也, 其動其靜者氣也, 是則所謂理爲帥而氣爲役也."

44) 『문집 후편』, 권17, 「華島漫錄」. "理是至善而萬無一分未盡者也."

45) 같은 책, 권29, 「農巖四七說疑義」. "愚按不問氣如何, 而所載者性善之理也, 若無性善之理, 則氣何從而露出此善情也."

간재에 의하면 순수한 至善이며 性善 그 자체인 리는 기의 실존을 가능케 해주는 존재론적 근거와 같다. 여기서 리는 無爲이면서 동시에 氣를 지휘하는 장수의 역할을 하고 있다. 따라서 그 기는 결코 리와 같은 의미의 수준이나 동등한 역할을 담당할 수가 없다. 기는 언제나 리에 복종해야 하고 또 리의 명령을 성실히 수행하고 따라야 하는 존재이기 때문이다. 그가 「性尊心卑的據」라는 글에서 "심은 리를 받들고 실행하니 性尊하고 心卑가 분명하지 아니한가?"[46]라든가 "심이 성의 리를 스승으로 하니, 성은 높고 심은 낮은 것이 분명하지 아니한가?"라고 말한 것은 이런 문맥에서 이해되어야 마땅하다. 이처럼 근본자리에서 리를 절대선의 존재로 파악하고 기에 대한 '리의 주재성'을 강조하는 입장은 간재에게 있어서 인간과 세계를 해석하는 출발점이자 귀착점이다.

간재는 이러한 사고를 바탕으로 性을 존귀하게 여기는 尊性의 철학을 수립하였으며, 그 구체적인 이론체계로 心本性說, 性師心弟說, 性尊心卑說 등을 제시하였다. 그가 성을 至尊·至善하며 선악을 겸한 心을 주재하는 존재라고 하면서 다음과 같이 한 말에서도 이 점은 분명하다.

> 저 心을 나는 아나니, 심은 善도 되고 惡도 될 수 있다. 性을 나는 아나니, 성은 본래가 至善하여 스스로 심의 주재가 된다. 心이 머리를 조아리고 스승이 되는 性에게 배움을 받으면 바른길을 잃지 않고 덕행이 스스로 성취될 것이다.[47]

이처럼 성을 높이고 심을 경시하는 尊性의 관점은 위기에 처한 국가를

---

46) 『문집 후편』, 권14, 「性尊心卑的據」. "爲心者, 奉理而行, 則尊而心卑, 不其明乎, …… 爲心者, 帥性之理, 則性尊而心卑, 不其明乎."

47) 같은 책, 권3, 「答鄭雲教」. "大心吾知, 其能爲善, 而亦能爲惡性吾知, 其本至尊而自爲心宰, 爲心者能俛首受學於性師, 則不失正路, 而德行自成矣."

구할 참된 유자를 기대하는 논설인 「亂中功夫」라는 짧은 글에서도 극명하게 표출되었다. 예컨대 "이 大亂으로 노예의 치욕과 멸망의 화를 만나 사람들이 모두 겁에 질려 있다. 나는 스스로 우리 유자가 평일에 致知居敬 力行을 본무로 삼아야 한다고 생각한다. 나는 또 심이 성에 근본하는 학문의 종지를 세워 이제 날마다 실천할 것을 요구한다."[48]라는 말이 그것이다. 이 경우 참된 유자란 千聖이 공경하여 받드는 성을 심의 근본으로 체득한 자이며[49] "마음을 조종하고 기를 검속하여 性命의 이치를 받들어 따르는 자"[50]를 가리킨다. 바로 여기에서 간재는 이를 바탕으로 하여 유학을 새롭게 해석했고, 혼란과 위기에 빠진 당대의 상황을 극복하고자 하였다. 이 점은 「華島漫錄」의 한 대목 "경으로 성을 받드니 그 공이 天地를 참찬하고 화육하는 데 이르러 나라와 가정을 안정케 한다."[51]라는 말에서도 분명하게 확인된다.

이렇게 볼 때 궁극본원의 주재자인 성이란 개념은 간재 철학에서 가장 중요한 가치판단의 기준이요 원리라 할 수 있다. 간재의 "오늘날 선비로서 성인을 배우고자 하는 자는 단지 조심하여 窮理하고 기를 검속하여 尊性할 뿐이다."[52]라는 말이나 "심을 스승으로 삼으면 때때로 어긋남이 있지만, 성을 스승으로 삼으면 不善이 없다. 그러므로 聖學은 심을 근본으로 삼지 않고 반드시 성을 근본으로 삼는 것이다."[53]라는 말을 상기할 때 이 점은

48) 『문집 전편』, 권15, 「亂中功夫」. "遇此大亂, 奴隸之辱, 滅亡之禍, 人皆惟怯, 余自思吾儒, 平日以致知居敬爲行爲務, 余又以心本性, 揭立學宗, 皆要今日用."

49) 『문집 후편』, 권2, 「答韓希殷」. "性是千聖之所敬奉" 참조.

50) 같은 책, 권6, 「答徐丙玉」. "吾聖人之教, 必使之操心檢氣, 以奉循乎性命之理, 此乃爲正學也."

51) 같은 책, 권17, 「華島漫錄」. "敬以奉性, 其功至於贊化育, 尊安邦家."

52) 『문집 후편 속』, 권5, 「書贈任純宰」. "今士之欲學聖人者, 只有小心以窮理, 檢氣以尊性而已."

명백하다.

그런 점에서 간재가 말하는 '성'은 하늘로부터 부여받은 바 지극히 선한 리 즉 '存天理遏人欲'의 천리와 같은 의미가 있는 개념으로서 萬事·萬物의 근본원리가 되고 표준이 되는 존재라 할 수 있다. 그가 「理氣有爲無爲辨」이라는 글에서 "우리 유자들이 태극·음양의 학설을 연구하는 이유는 심성의 묘함을 앎으로써 言行과 사업에 시행하며, 先聖의 도를 전하여 後學의 표준을 세우고, 百王의 법을 이루어 만세의 태평을 얻고자 하는 데 있다. 그 뜻과 일이 어찌 적다고 하겠는가."[54]라고 한 말도 이런 문맥에서 이해되어야 한다. 여기에서 우리나라 역사상 가장 어둡고 참담한 시대를 살았으면서도 거기에 매몰되지 않고 민족이라는 大義 앞에 자신을 던져 道를 지키고 至善의 삶을 살고자 했던 간재 抗日義理精神의 이론적 근거가 분명히 드러난다. 그가 「体言」에서 "선비가 세상에 처함에는 두 가지 일이 있다. 안으로 쌓는 것은 德行이고, 밖으로 행하는 것은 사업일 뿐이다. 덕행은 반드시 性命의 올바른 이치에 근본을 두어야 하고 사업은 또한 반드시 순정한 의리(精義)에 뿌리를 두어야 한다."[55]라고 한 말이 이 점을 명료하게 한다.

이렇게 해서 확립된 尊性과 리의 근원성을 강조하는 사유체계는 간재로 하여금 주자학적 도학의 정통을 자임하면서 '倡義' 대신에 '垂敎'에서 자신의 할 일을 찾게 하였고, 남다른 도덕적 지향과 도학에 투철한 삶을 살

53) 『문집 전편 속』, 권2, 「與柳確淵」. "蓋心師有時或差, 性師無有不善, 此聖學所以不本心而必本性也."

54) 『문집 전편』, 권13, 「理氣有爲無爲辨」. "凡吾儒所以講明太極陰陽之說者, 欲以識夫心性之妙, 施諸言行事業, 而傳先聖之道, 以立後學之標準成, 百王之法以開萬世之太平, 其志其事豈小哉."

55) 『문집 전편』, 권12, 「体言 1」. "士之處世有二事, 蘊之爲德行, 行之爲事業而已, 德行必本於性命之理, 事業又須根於出處之精義."

게 했다. 그가 당시 많은 사람들로부터 "도만 근심했지 나라는 근심하지 않는다."[56]느니 "나라에 전혀 쓸모없는 물건이라"[57]는 등의 비판을 받으면서도 공자의 '本立而道生'의 정신을 죽는 날까지 올곧게 지켜나갈 수 있었던 것도 이에 기인한 것이 아닌가 생각된다. 그런 뜻에서 간재의 이러한 논리는 결국 天命 자각 주체로서의 인간이 인간으로서 마땅히 인간답게 걸어가야 할 도리와 命法으로 부여된 성 즉 天理를 몸소 깨닫고 그것을 인간 사회에 구현해야 한다는 가치지향의 정신과 순수논리 이전의 '실천이성'의 요청에서 정향된 시도로 보아야 마땅하다. 이것이 바로 간재 철학의 특징이자, 주자학을 충실히 계승하면서도 이를 한 발 넘어서게 한 간재의 철학적 이상이다.

4. 간재의 존성(尊性)사상과 현실 대응

간재 철학의 특성은 인간 심성에서의 리의 주도적 역할을 강조하고 그것을 통해 성을 높이고 성과 심을 엄격히 분변하는 사유체계 안에서 천리를 보존하여 유학의 정통성, 즉 도통을 밝히고 지켜내려고 노력한 데서 찾을 수 있다. 그래서 우리는 간재의 철학을 '尊性의 철학'이라고 명명한 것이다. 그리고 그것은 안으로 본성의 자각을 통하여 個我의 주체성을 자각하고,[58] 밖으로는 '尊華攘夷'·'崇正闢邪'를 통하여 민족적 주체성을 보위하고, 이 인간세에서 예의와 염치가 살아 숨 쉬는 세계를 구현하고자 한 노력으로 표출되었으며,[59] 그의 현실 인식 내지 현실 대응 또한 이와 무관

---

56) 『문집 후편』, 권6, 「答金炳玹」 참조.

57) 「연보」 38세조 참조.

58) 『문집 전편』, 권9, 「與鄭憲泰」. "學問工夫, 只有證治心氣, 以回復性理而已" 참조.

하지 않다. 그런 점에서 간재의 '존성의 철학'은 도덕과 의리를 근본으로 삼아 倭洋의 무력 위협과 문화침략으로부터 국권을 수호하고 민족적 자존심을 지켜내고자 한 것이었다. 이러한 시각에서 간재의 철학사상을 검토할 때 가장 두드러지게 눈에 띄는 것은 尊性을 통한 個我의 주체성의 투철한 자각과 민족의 정신적 · 문화적 독립이다.

> "지금의 계책으로는 '尊華攘夷' · '崇正闢邪' 만한 것이 없다."고 하는 편지의 글은 진실로 옳은 말이다. 그러나 이것을 위해서는 또한 마음이 性을 배우는 것만큼 요점이 되는 것은 없다.[60]

> 오랑캐(夷狄)의 신기한 기술을 배우기보다는 백성들의 사력을 다하는 마음을 얻는 것만 같지 못하다. 진실로 백성들의 마음이 위와 굳게 맺어져 풀어지지 않는다면 저들의 군함이나 電氣가 기교를 부릴 바가 없을 것이다. 그러나 만약에 민심이 흩어져 수습할 수 없게 된다면 비록 利器가 있은들 장차 누구와 함께 敵을 방어하겠는가.[61]

이처럼 간재는 '尊性'을 통한 개아의 주체적 자각과 대의의 확립을 바탕으로 하여 민족의 정체성을 밝히고 민족의 정신적 · 문화적 독립을 확고히 하고자 하였다. 이 경우 '尊性'이란 '遏人欲存天理'의 '存天理'와 같은 의미가 있는 개념으로서 이민족의 침략에 대항하여 민족적 자존심을 지켜내고

---

59) 『문집 별집』, 「因變亂疏」. "綱常者, 天地之東梁, 人民之質幹, 故綱常立則國家安皇室尊" 참조.

60) 『문집 후편』, 권10, 「答張和鎭」. "來諭爲今之計, 莫若尊華攘夷崇正闢邪, 誠然誠然, 但欲爲此, 亦莫若將心學性之爲要也."

61) 『문집 전편』, 권12, 「体言」. "效夷狄之奇技, 不如得白姓之死力, 苟百姓之心, 固結於上而不可解, 則彼之火輪電線, 無所施其巧矣, 若民心渙散, 不可收拾, 則雖有利器, 將誰與御敵哉."

인간이 인간답게 살아가는 데 절대적으로 필요한 존재원리이자 당위규범이다.

그러면 '性師心役'的 사유체계를 바탕으로 민족적 대의를 확립하고 또 그것을 몸소 체득 · 구현하는 데 평생을 걸었던 간재가 생각한 현실의 바람직한 모습은 무엇인가. 간재의 경우 그것은 "紀綱을 세워 조정을 높이고, 다음으로 풍속을 바로 잡아서 백성들의 마음을 한결같게"[62]하는 세계로 집약한다.

"지금 한번 굴욕을 당하면 후일에 종묘사직이 반드시 보존될 수 없으며 民生도 반드시 온전할 수 없는"[63] 위기 상황에서 그는 오로지 민족적 대의만이 인간의 보편적 가치로서의 준칙이자 행위규범이라고 믿었고, 또 그것을 올바로 구현할 수 있는 현실만을 자신의 참된 현실로 인정했던 것이다. 이를 구체적으로 표현하면, 至尊 · 至善한 性이 근본이 되고 스승이 되어 "齊家에서 윤리를 바르게 하고 恩義를 돈독히 함과 修身에서 격물치지에 힘쓰고 誠意正心을 다하는"[64] 세계라고 할 수 있다. 따라서 간재는 인간들의 속된 욕망을 벗어난 天理 · 道心으로서의 尊性的 세계를 지향하였다. 말하자면 인간 삶의 본원성이자 절대적 이념으로서의 천리 곧 성이 모든 것의 근본이 되고, "마음의 동정과 몸의 출처가 모두 리에 합하도록 하여"[65] "인이 아니면 행하지 않고 예가 아니면 행동하지 아니하는"[66] 도덕적 · 윤리적 가치의 세계였다. 따라서 간재의 현실 인식에서 "義理가 形氣보다 중요함이 확연하게 분명하다."[67]라고 하는 주장은 매우 중요한 전제

---

62) 같은 책, 권12, 「体言」. "先立紀綱以尊朝廷之體, 次正風俗, 以一百姓之一心."

63) 『문집 별편』, 권1, 「因變疏」. "况今一屈辱, 以時宗社未必可保, 生靈未必可全乎."

64) 『문집 전편 속』, 권13, 「心本性說」. "齊家之正倫理篤恩義, 修身之務格致盡誠正."

65) 『문집 전편』, 권15, 「儒學」. "心之動靜, 身之出處, 都要合理."

66) 같은 책, 권6, 「答金溶執」. "卑以自牧, 非仁不爲, 非禮不動."

67) 같은 책, 권15, 「臨亂問答」. "義理之重於形氣, 昭然明矣."

조건이 된다.

간재의 논리에 의하면 '의리'는 인간 삶의 근본원리로서, 인간이 마지막까지 지켜내야 할 최상의 도리, 즉 개인의 내면적 수양과 사회의 도덕적 실천에서 핵심이 되는 덕목이다. 그가 '의리'를 규준으로 "道心을 보존하고 윤리를 밝혀"[68] 왕도와 패도, 中華와 夷狄을 엄격하게 분변하고자 하였던 것은 그 단적인 예이다. 이 경우 오랑캐(夷狄)란 특정불변의 어떤 종족을 지칭하는 개념이 아니라 예의와 도덕의 유무에서 판별되는 일종의 문화적 개념이다.[69] 그가 중화와 오랑캐를 나누는 기준은 예에 있다고 하면서 "마음속에 천리와 인욕이 함께하면서 끝내 무사한 자 없는 것과 마찬가지로 한 나라 안에 중화와 오랑캐가 혼재하면서 끝내 무사한 경우는 없다."[70]라고 말한 것은 이를 단적으로 요약해 준다. 그런 점에서 간재는 의리와 禮義만이 인간의 인격적 본질을 구현할 수 있고, 도덕적 이상을 달성할 수 있는 궁극적 목표이자 유일한 방법이라는 믿음을 가졌던 것 같다. 그가 을사늑약 소식을 전해 듣고 쓴 다음의 편지는 이를 좀 더 분명하게 설명하여 준다.

> 지금 비록 나라가 기울어 인류가 장차 멸망하게 되었지만, 우리들이 義理를 강구하여 사사로움을 제거하려는 공력과 후진들에게 도학을 가르치는 마음은 마땅히 더욱 보태도록 하여야 할 것이다.[71]

---

68) 같은 책, 권13, 「体言」. "存道心而明倫理也."

69) 김기현, 「艮齋의 處世觀과 守道意識」, 『간재사상연구논총』, 제1집, 간재사상연구회, 1994, 237쪽 참조.

70) 『문집 전편』, 권12, 「体言」. "固未有天理人欲幷立於方寸之間, 而終無事者, 則亦未有諸夏裔戎雜處於一國之內, 而卒無事者矣."

71) 註 14) 참조.

여기에서 간재는 '의리'와 '예의'가 무너진 나라를 일으켜 세우고 인류를 구원할 수 있는 유일한 방안이자 희망임을 분명히 하고 있다. 이때 '의리'란 '예의'의 의미까지도 함축하고 있는 다의적으로 해석될 수 있는 개념이지만, 그 핵심은 인간 심성에 내재한 천리가 구체적 현실을 통하여 '올바름'과 '마땅함'의 모습으로 드러나는 것을 뜻한다. 『주역』 곤괘 「문언전」의 "군자는 경으로써 안을 곧게 하고 의로써 밖을 방정하게 한다."[72]라는 말이나 『논어』 「계씨」편의 "의를 행하여 그 도를 통달한다."[73]라는 말을 상기할 때 이 점은 분명하다. 이렇게 볼 때 '의리'란 인간만이 보편적으로 갖는 당위원리 즉 인간 된 자 마땅히 따라야 할 인생의 길이라고 할 수 있다. 그래서 맹자도 의를 풀이하여 "의란 사람이 걸어가는 올바른 길"[74]이라고 말했던 것이다. 그런 점에서 "외적인 이해득실에 앞서서 인간 심성의 깊은 곳에서 들려오는 양심의 소리에 절대적 가치를 두고, 그것에 준거하여 모든 일을 처리한다."[75]는 의미가 있는 '의리'란 개념은 간재 현실관 이해의 유익한 디딤돌이 된다.

간재에게 '현실'과 '이상'은 主從의 관계를 맺고 있다. 참된 현실은 언제나 이상이 주인이 되고 현실은 노복이 되는 세계이다. 따라서 '이상'과 '현실'은 주종 관계를 맺으면서 '本源現實'을 구성하는 두 요소일 뿐이다. 간재에 의하면 '본원현실'은 사람들의 언행과 마음 씀씀이가 性理에 따르고,[76] 모든 나라가 分數를 지켜 서로 침략하지 않는 것을 上策으로 여기는 세상을 가리킨다.[77] 이러한 생각이 그의 성즉리에 대한 확고한 신념과

72) 『周易』, 坤卦, 「文言傳」. "君子, 敬以直內, 義以方外."

73) 『論語』, 「季氏」. "行義以達其道."

74) 『孟子』, 「離婁上」. "仁人之安宅也, 義, 人之正路也."

75) 이동준, 앞의 책, 505쪽.

76) 『문집 전편』, 권7, 「與徐炳甲」. "所謂夷狄異端者, 以其言行心術, 一任氣欲而不循性理" 참조.

尊性의 철학에 근거한 것임은 더 말할 나위도 없다. 그러하기 때문에 간재는 "심의 識察과 持守를 능히 스스로 쓰이지 않게 하여 항상 요체가 性命의 이치에 근거하게 하면 노예의 치욕을 맹세코 받아들이지 않을 것이며 또한 살고 죽음의 변고를 朝夕이 변하는 것처럼 가벼이 볼 수 있을 것이다."[78]라고 말하였던 것이다. 이로써 볼 때 간재의 '본원현실'이란 '尊性'에 의해 주재되면서 그 무엇에도 오염되거나 왜곡되지 않는 순수현실 그 자체를 의미한다고 할 수 있다. 그러나 그 본원현실은 논리 전개상 분할한 '이상'과 '현실' 사이의 살아있는 주종관계의 실현을 통해서만 유지되고 더욱 힘 있는 것으로 발전한다. 간재에 의하면 動靜은 기에 속하지만, 동정의 소이는 리에 속하기 때문이다.[79] 따라서 우리는 간재의 이와 같은 '이상'과 '현실' 사이의 주종관계를 무시하고 그 둘을 단지 대등한 관계의 대립으로만 보아서는 안 될 것이다. 그는 물론 '성'과 '심'을 엄격하게 구별하여 심이 스승인 성을 배우고 따르는 세계를 중요시했고, 이를 통해 公과 私, 義와 利, 正과 邪, 中華와 오랑캐를 明辯하고 정도를 지키고자 하였으며, 당위로서의 '본원적 현실'을 추구하였다. 이러한 논리를 바탕으로 하여 간재는 의리와 예의를 근본으로 삼아 오직 萬善의 본체요 天下의 大本인 '성'인 그 자체로 돌아가는 삶을 추구했고, 그리고 그것을 통해 王道사회를 건설하고자 하였다. 그가 「분언」에서 유자는 모름지기 세상을 경영할 뜻과 방법을 지녀야 한다고 하면서 다음과 같이 한 말은 바로 이 생각의 절실한 표현이었다.

---

77) 『문집 별편』, 권1, 「天下策」. "今爲天下計, 不如各安其分而不相侵奪" 참조.

78) 『문집 전편』, 권15, 「亂中功夫」. "且心之識察持守, 能不自用, 而常要根極於性命之理, 則奴隷之恥, 誓不肯受, 死生之變, 視同朝暮矣."

79) 『문집 전편 속』, 권4, 「三家太極說辨」. "愚按據此諸錄, 則分明以動靜屬氣, 以動靜之所以然屬理" 참조.

선비가 세상에 처함에는 두 가지 일이 있다. 안으로 쌓는 것은 덕행이고, 밖으로 행하는 것은 사업일 뿐이다. 덕행은 반드시 性命의 올바른 이치에 근본을 두어야 하고 사업은 또한 반드시 순정한 의리에 뿌리를 두어야 한다. 대저 사람의 마음을 잘 부려서 본성을 존중할 것 같으면 올바른 이치에 나아가 덕행이 바야흐로 어지럼이 없게 되고, 반드시 禮를 기다려 몸이 나아가면 순정한 의리에 합해져서 사업 또한 성공을 기약할 수 있게 된다.[80]

당대의 위기 상황에서 간재가 추구한 현실 극복의 지표는 '의리'와 '예의'였다. 이때 '의리'란 사리나 불의와 대립하는 일반적 의미인 '의리'가 아니라 인간 심성에 내재하면서 인간이 인간다울 수 있고, 인간이 짐승과 구별된다고 주장할 수 있는 근거로서의 '의리'이다. 맹자가 告子의 '義外說'을 비판하면서 "사람의 마음이 한가지로 같은 것은 무엇인가. 그것은 리와 의이다."[81]라고 말한 것은 그 단적인 표현이다. 간재는 이를 통해 객관적 표준에의 합치나 규범적 당위보다는 자아의 자율성에 바탕을 둔 생명의 자기 확대를 더 중요시했다. 이로써 본다면 간재에게 '의리'란 治國平天下할 수 있는 가능 근거이자, 인욕이나 물욕 등 일제의 私慾과 대결할 수 있는 삶의 본질태로서의 모든 덕의 기초이자 덕을 덕 되게 하는 원리라 할 수 있다. 그런 뜻에서 그는 "仁者는 의리를 바르게 행할 뿐 그로 인한 이해를 따지지 않으며, 도를 밝힐 뿐 그로 인한 功名을 계산하지 않는다."[82]라고 말하였던 것이다. 그가 '尊性의 철학'에 입각하여 적극적인 현실참여(擧義)보다는 스스로 道를 지켜 도통을 회복하고 강학을 통해 도를 후세에 전하고자 진력했던 것도 이에 기인한 것이 아닌가 한다. 바로 여기에서 간

80) 註 56) 참조.

81) 『孟子』, 「告子章句上」. "心之所同然者何也, 謂理也義也."

82) 「연보」 69세조.

재 尊性思想의 특성이 유감없이 드러난다.

5. 맺는 말

이상에서 살펴본 바와 같이, 간재는 尊性의 정신으로 내 · 외와 본 · 말을 일관했고, 이를 통해 도덕적 합당성과 객관적 타당성을 추구했으며, 그 속에서 확고한 自己正位를 지키려고 했던 것이 분명하다. 다음의 예는 이 모두를 간명하게 집약할 만하다.

> 일찍이 들으니 옛날의 군자들은 뜻을 얻으면 道로써 임금과 신하를 깨우쳐주고, 불행히도 어지러운 세상을 만나면 도로써 사대부와 백성들을 계도해 주었다. 또한 불행하게 오랑캐의 변란을 만나 위아래가 혼탁하여 더 이상 도모할 바가 없게 되면 능히 몸으로 그 도의를 지키거나, 혹은 목숨을 바쳐 뜻을 이루고, 혹은 절의를 지키다가 굶어 죽고, 혹은 숨어 살면서 후진을 양성하여 그로써 미래의 밝은 세상을 위한 기반을 쌓는다고 하였다. 그 곤궁 · 영달의 만남과 常變을 행함이 비록 같지는 않지만, 이 세상에 공을 이룩하는 것은 마찬가지이다.[83]

바로 여기에서 비로소 간재가 평생 왜양의 물건들을 사용하지 않은 일이라든가, 의병활동보다는 스스로 세상을 등지고 講學에 진력한 일, 국권이 상실되고 서해의 외딴 섬들을 전전하는 최악의 상황에서도 奇正鎭, 李恒

83) 『문집 전편』, 권2, 「與宋東玉」, “嘗聞古之君子得志, 則能以道覺其君臣, 不幸禍亂世, 則能以道開其士民, 又不幸而值夷狄之變, 上黲下黷, 無所於往, 則能以身守其道義, 或致命遂志, 或抱木枯死, 或隱居授徒以基, 異日陽復之本, 其窮達之遇, 常變之行, 雖不盡同, 而有功于天地則一也.”

老, 李震相 등의 성리학설에 대하여 비판의 칼날을 쉬지 않고 갈았던 일[84] 등의 의미가 명백하게 드러난다.

당대는 '의리'를 다른 어느 때보다도 더 절실하게 필요로 하는 시대이면서, 그러나 또한 '의리'와 '예의'의 존립이 유례없이 위협받는 국면이라고 보는 데서 간재의 尊性思想은 독특한 전개의 길을 걷게 되었다. 천리가 날로 소멸하여 사욕이 미쳐 날뛰고, 小人輩가 君子儒를 구축하는 본말이 전도된 시대에 처하여, 이를 바로 잡고 극복할 수 있는 유일의 지표가 '尊性'을 통한 大義의 확립이라고 그는 생각했다. 유의할 것은 간재의 이러한 尊性思想이 숭고한 도덕적 의미를 담은 가치 있는 삶에 대한 뜨거운 열망인 동시에, 현세적 삶과 그 실천적 노력을 철저하게 긍정하면서도 거기에 머물지 않고 道와 自我, 나와 민족과의 뜨거운 융화를 모색하고자 했던 "天下가 비난하여도 아랑곳하지 않고 온 세상이 알아주지 않아도 후회하지 않았던"[85] 한 인물의 철학적인 자기성찰이라고 해야 할 것이다.

이상의 고찰을 통해 본 연구가 원용하고자 했던 간재 철학사상의 尊性學的 理解는 종래 간재 연구에서 미진하게 다루어졌던 간재 철학의 본격적 탐구라는 점에서 일단은 유용하였다고 생각되나 충분한 것이라고는 할 수 없다. 간재 사상 전반에 대한 연구의 축적이 너무 빈약한 까닭으로 해서 얼마간은 무리한 논의를 전개하지 않을 수 없었던 것은 가장 큰 문제이며, 또한 간재의 사상적 변모 양상과 그 이유에 관한 문제도 본 연구에서는 전혀 포함하지 못하였다. 그런 의미에서 이 글은 간재 철학사상 연구에 대한 하나의 시론적 계기를 마련하고 그 가능성을 모색하는 일 이상의 것으로

84) 예컨대 간재가 「猥筆辨」과 「納凉私議疑目」이라는 글을 통하여 노사학파를 비판한 일, '本心卽理說'의 입장에서 화서학파의 한 사람인 省齋 柳重教와 14년간이나 논쟁을 전개한 일, 그리고 寒洲 李震相의 心卽理說을 비판한 일 등이 바로 그것이다.

85) 「국역 간재 선생 행장」, 『간재선생연구논총』, 제1집, 간재사상연구회, 1994, 316쪽.

자처할 수는 없다. 여기에 남겨진 과제들은 앞으로의 심도 있는 탐구를 통하여 더욱 충실하게 해명되고 보완돼야 할 것이다.

백암 박은식의 철학사상과 현실 인식

1. 이끄는 말

이 글은 『白巖 朴殷植全集』을 바탕으로 백암 박은식(白巖 朴殷植, 1859~1925)의 철학사상이 가진 기본 관점, 주요 내용, 방법론적 특성 등을 살펴보는 데 주된 목표를 둔다.

이 문제의 흥미와 중요성은 한말·일제강점기를 살았던 愛國啓蒙思想家의 철학사상이라는 범위에만 머무르지 않는다. 그것은 백암이 "세계열강들이 大砲와 巨船을 선봉으로 삼아 우매하고 열악한 민족 소유지를 占奪하는"[1] 시대를 살면서도 거기에 굴하지 않고 "開化自强派로, 大學者로, 언론인으로, 불굴의 헌신적 독립투사로, 자기 민족이 처한 조건의 변동에 따라 자기의 사상과 행동을 발전시키면서 자기의 전 생애를 자기 민족의 해방과 독립에 바쳤던"[2] 인물이기 때문이다. 그가 "일견 역사소설을 연상케 하는 저술"[3] 『夢拜金太祖』에서 "오늘날의 의는 조선의 백성이 되어 조국

---

1) 백암 박은식선생전집 편찬위원회편, 「本校의 測量科」, 『白巖朴殷植全集』(이하 『전집』으로 약칭함), 제5권, 동방미디어, 2002, 390쪽.

2) 愼鏞廈, 『朴殷植의 社會思想硏究』, 서울대학교 출판부, 1982, 34쪽.

과 동포를 위하여 의무를 다하는 것뿐이다. 단지 몸은 깨끗이 지켜 자신의 편안을 구하는 것을 본분의 천직으로 삼는 자는 그 죄가 매국노와 차이가 없는 것이다."[4]라고 한 말에서도 이 점을 간명하게 읽을 수 있다.

민족 수난기와 광복 운동기에서 백암이 차지하는 비중과 영향력은 심대하였다. 당대의 제반 구습과 비리, 사회 정치적 혼란이나 이념적 갈등 등의 문제에 대해 그가 보여준 단호한 태도, 예리한 통찰력 그리고 "일에 임해서는 항상 죽음에 이를지라도 志氣를 변치 않고, 조선에 유익한 일이 된다면 아무리 고생스럽고 불쾌한 일이라도 사양치 않은"[5] 삶의 자세는 많은 이들에게 깊은 감동을 불러일으켰고 오늘날에도 의리와 명분을 일치시킨 선비정신의 모범으로 일컫게 한다.

이러한 면에 착안하여 논자는 백암의 철학사상을 '주자학적 시각'에서 해명하고, 백암 철학사상의 기반, 구조, 성격, 특성 등이 무엇인지를 검토한 다음, 그것이 현실 인식이나 현실 대응과는 어떤 함수관계에 있는지를 고찰하고자 한다. 그리하여 이 글이 오늘날 陽明學者로만 불리는 백암에 대한 세간의 오해를 바로잡고 그의 사상과 삶을 정당하게 해석하고 평가하는 데 하나의 계기가 되었으면 한다.

2. 백암 철학사상의 기반

백암 박은식의 철학사상에 대한 본격적 논의에 앞서 그의 철학사상이

---

3) 尹炳奭, 「박은식의 행적과 저술」, 『전집』, 총목차, 66쪽.

4) 『전집』, 제4권, 『몽배금태조』, 193쪽.

5) 송상도, 『騎驢隨筆』, 국사편찬위원회, 1955, "殷植臨事, 嘗有至死 不變之氣, 是以若有益朝鮮, 雖極辛苦, 不快活可不辭也."

가졌던 기본 입장과 그 배경을 살펴보자. 왜냐하면, 지금까지 백암 철학사상의 기반에 대한 심도 있는 연구가 거의 없는데다가, 그에게 으레 따라붙는 "유학 · 언론 · 교육 · 역사학 · 독립운동 등에서 크게 활약한"[6] 인물이라는 지적이 백암의 철학사상에 대해 성급한 평가나 판단을 내릴 수도 있기 때문이다. 그런 점에서 그의 철학사상의 기반을 탐구하는 일은 중요한 과제가 아닐 수 없다.[7]

백암은 密陽人으로 字는 聖七이고 이름은 殷植이며 호는 白巖이다.[8] 그는 1859년 음력 9월 30일 황해도 황주군 남면에서 농촌 서당의 훈장인 朴用浩와 盧氏 부인 사이에 5남으로 태어났다. 그의 가문은 이름이 잘 알려지지 않은 殘班이었다. 백암의 할아버지 朴宗祿이 "力農治産하여 救恤族戚하였다."[9]는 기록과 한때는 집안을 위해 감자 농사를 지은 일도 있었다는 백암 자신의 술회를[10] 통해서 이 점은 분명하게 확인된다.

「연보」에 의하면 백암은 어려서부터 두뇌가 총명하고 재주가 뛰어났으며, 10세 때부터 부친이 운영하는 동네의 서당에서 유가의 기본 경전인 사서삼경은 물론 諸子書와 詩文 등을 두루 배우고 익혀 17세 무렵에는 안중근 의사의 부친 安泰勳과 함께 황해도의 두 신동이라는 文名을 얻었다고 한다.[11] 이에 따라 백암은 아버지의 가르침을 통해 배운 유학을 철저히 공

---

6) 이만열 편, 「백암 박은식의 생애와 사상」, 『朴殷植』, 한길사, 1980, 337쪽.

7) 2장 서술의 대부분은 백암 박은식선생전집 편찬위원회편, 『白巖朴殷植全集』, 동방미디어, 2002의 「연보」; 신용하, 『박은식의 사회사상연구』, 서울대출판부, 1982; 배용일, 『박은식과 신채호 사상의 비교연구』, 경인문화사, 2002; 김기승, 「백암 박은식의 사상적 발전과정」, 『역사학보』, 제114집, 역사학회, 1987 등의 내용을 요약하여 정리한 것이다.

8) 박은식의 호에는 白巖 외에 謙谷, 太白狂奴, 無恥生 등이 있다. 배용일, 앞의 책, 13쪽 참조.

9) 『전집』, 제6권, 「白巖 朴殷植 先生 略曆」760쪽.

10) 『전집』 제3권, 『謙谷文稿』, 「送黃海監理誠庵全君序」, 386쪽 참조.

부하고 실천하였는데, 그것은 그가 공자를 "천지에 중심이 되시었고 生民의 표준이 되시었으며 만세에 태평을 열게 해준"[12] 존재라고 확신하였기 때문이다.

이후 백암은 "당시의 학문이 대부분 과거시험만을 염두에 두어 詩賦 같은 것에 치우치는 모순을 깨닫고"[13] 道學 · 정치에 관해서도 공부하면서 다산학에 심취하기도 하였다. 그러다가 그의 나이 26세 때에는 화서 이항노의 문인이며 평북 태천에 은거하면서 오직 학문 연구와 후진 양성에만 정성을 기울이고 있던 운암 박문일(雲庵 朴文一, 1822～1894) · 성암 박문오(誠庵 朴文吾, 1835～1899) 형제를 찾아가 정주학을 공부하였다. 운암은 主理說의 입장에서 학문의 목적을 '本然之性'의 회복과 善의 현실적 구현에 두었던 관서지방의 名儒였고,[14] 성암은 학문의 방법으로 居敬 · 窮理 · 力行을 강조하고 天賦의 心과 性을 기르고 섬기는 것이 '하늘 섬기는 일(事天)'이고 또 학문하는 일임을 주장한 운암 못지않은 성리학자였다.[15] 이러한 두 사람의 학문관은 백암의 학문적 기초와 가치관 형성에 지대한 영향을 미쳤던 것으로 보인다. 백암이 『誠庵集』에 발문을 쓴 일이라든가[16] 『西北學會月報』에서 자신이 운암 · 성암의 제자이고 그 받은 바의 교화가 매우 크고 깊었다고 술회한 점은[17] 이를 단적으로 증명해 준다. 백암이 이해한 운암 · 성암의 학문적 궁극 목표는 時中之道에 바탕을 둔 "致君子澤民과 修己治人"[18]에 있었다.

---

11) 『전집』 제6권, 「백암박은식연보」(이하 「연보」로 약칭함), 17세조 참조.

12) 이만열 편, 「우리 동문의 동지들을 축하한다」, 『박은식』, 한길사, 1980, 135쪽.

13) 『전집』, 제6권, 「연보」, 17세조 참조.

14) 유명종, 『조선후기 성리학』, 이문출판사, 1985, 500쪽 참조.

15) 유명종, 같은 책, 502쪽 참조.

16) 『전집』, 제5권, 「誠庵集跋」, 104쪽 참조.

17) 『전집』, 「賀吾同門諸友」, 394쪽 참조.

백암은 두 선생의 교화와 영향으로 “참다운 학문이란 천하의 이치를 다해서 천하의 임무를 다하는 것이며, 나라를 보존하고 백성을 편안하게 하는 일”[19]임을 몸소 체득하게 되었고, 전통에 기반을 두면서도 현실문제에 진취적인 태도를 보이게 되었다. 이 점은 그가 「舊習改良論」에서 “『尙書』에 말하기를 ‘새로운 백성을 지으라(作新民)’ 했고, 맹자는 말하기를 ‘또한 그대의 나라를 새롭게 하라(亦以新子之國)’ 했다. 그런데 어찌하여 지금의 선비들은 옛것만 맹목적으로 지키고, 새것을 무조건 거부하는가? 『易』에 말하기를 ‘窮하면 변하고 변하면 통한다’ 했고, 『중용』에는 ‘밝으면 움직이고 움직이면 변하다’ 했다. 그런데 어찌하여 지금의 선비는 변하는 것을 미워하고 통하는 것을 꺼려서, 겨울에 베옷을 입고 여름에 갈옷을 입으며, 육지에서 배를 타고 물에서 수레를 타려 하는 것인지?”[20]라고 한 말에서도 극명하게 드러난다.

이렇게 볼 때 백암은 아버지와 두 선생으로부터 지대한 영향을 받았고, 유교는 그의 학문과 사상체계의 뿌리가 되었으며, 그것은 또한 현실 인식과 인격형성에 지대한 영향을 미쳤을 것으로 생각한다. 그가 유교적 인·의와 ‘溫故知新의 정신을 바탕으로 현실 사회를 해석하고, 위당 정인보(1892～ ?)가 지적한 것처럼 “朝鮮이 利하겠다면 어떠한 경우 어떠한 곤난이 있더라도 辭讓치 않고 나서는”[21] 개결한 인물이 된 것도 또한 여기에 근거한다. 따라서 그가 「學規新論」에서 “한국의 종교는 공자의 도다. 천하의 大中을 극진히 하고 천하의 바른 도리를 다했음이 어느 것이 공자의 가르침보다도 더한 것이 있단 말인가”라고 하면서 “우리 한국은 공자를 스

18) 『전집』, 같은 곳.

19) 『전집』, 제3권, 『謙谷文稿』, 348 · 357쪽 참조.

20) 이만열 편, 앞의 책, 「舊習改良論」, 10-11쪽.

21) 『전집』, 제6권 「介潔無垢의 朴殷植 先生」, 668쪽 참조

승으로 받들어서 삼강오륜이 실로 국가의 기강으로 되어 있으며, 六經과 四書를 배워 멀리 도통을 이어받아 예의를 닦아서 밝히고, 착한 풍속과 교화를 심은 지 오래이다."[22]라고 말한 것은 이런 문맥에서 이해해야 한다.

백암에게 유교적 인·의는 인간이 지녀야 할 최고의 가치 즉 인간다운 삶에서 그 중심자리를 차지하는 개념이다. 그것은 또한 백암의 삶과 철학사상의 출발점이자 귀착점이 된다. 그가 「興學說」에서 "선비들은 모두 어진 것을 생각하고 의리를 행하며, 이름을 닦고 행동에 힘써서 나랏일을 가지고 자기의 책임으로 여기어 목숨을 내던져도 아깝게 여기지 않았다."[23] 라고 한 말은 그 단적인 예이다. 다음의 인용문에서도 이 점은 선명하게 드러난다.

> 천지 만물과 일체가 되는 仁은 사람에게 모두 있건마는 단지 사람이 형체의 사사로움과 물욕의 가리움으로 물건과 나의 헤아림이 반드시 생기니 …… 사람마다 고유한 본심의 밝음을 열고 이끌어서 그 형체의 사사로움과 물욕에 가리운 것을 다스려서 마음과 몸의 가지런함을 회복하면 천하인이 함께 仁에 돌아가 태평의 복락을 향유할 것입니다.[24]

이미 살펴보았듯이 백암의 학문적 기초는 아버지 박용호로부터 배운 주자학적 유학이었고, 이는 26세 때 운암 문하에서 성리학 연마를 통하여 더욱 심화·발전되었다. 즉, 그는 『소학』과 『사서』를 중심으로 하고 인격수양론적인 實學을 중시하였던[25] 운암의 교화를 통해서 화서의 학문적 세

---

22) 이만열 편, 앞의 책, 「學規新論」, 80·81쪽.
23) 같은 책, 「興學說」, 132쪽.
24) 같은 책, 「공부자 탄신 기념 강연회」, 155쪽.
25) 노관범, 「대한제국기 朴殷植과 張志淵의 자강사상 연구」, 서울대학교 박사학위논문,

계를 몸에 익혔고, 공자 · 맹자 · 주자 등 성인의 가르침도 새롭게 이해하게 되었던 것이다. 그뿐만 아니라 이런 과정에서 백암은 『주역』의 '變通'과 '自强不息'의 정신을 바탕으로 주자학의 폐습을 극복하고자 하였으며 또 신학문을 주체적으로 수용할 수 있는 기초도 마련하였다.[26] 그리하여 백암은 주자학의 '修己적인 측면'을 외면하지 않으면서도 治人적인 측면, 곧 경세적 실천에 더 큰 비중을 두어 자신의 애국계몽사상과 광복운동사상을 정당화해 나갔다. 백암이 「유교구신론」에서 "새로운 것을 구한다고 하면 별난 일로 생각하지만 '新'이라는 한 글자는 우리 도에 본래부터 있는 광명인 것이다."[27]라는 말이나, 「舊習改良論」에서 儒林은 국가의 元氣요 인민의 師表라고 하면서 다음과 같이 한 말은 이를 좀 더 분명하게 설명해 준다.

> 요새는 유림의 쇠해가는 것이 이미 심하고, 결렬되는 것이 여러 갈래이다. 湖니 洛이니, 또는 理니 氣니 하는 것에 말 한마디나 글 반 구절이 맞지 않으면 같은 길에서도 방향을 달리하고, 같은 방에서도 창을 잡는 자가 가끔 생긴다. 이것은 도덕상에서 근본 뜻을 크게 잃은 것이요, 또한 인민에 대한 보통 가르침이 되지 못하는 것이 몹시 분명하다 하겠다. 더구나 옛 폐습을 독실히 지키고 새로운 것을 구하는 時宜를 연구하지 않으며, 禮義만을 부질없이 말하고 경제에 대하여서는 강구하지 않는다. …… 그러니 만일 공자가 오늘날 태어났더라면 서양 사람들의 利用厚生하는 제품들이나, 새로운 법률을 시행하는 것이나, 새로운 학문이 성대하게 갖추어진 것을 순전히 거절만 하시겠는가? 그렇지 않으면 시대에 따라서 마땅한 것을 고르고, 그 장점을 취하겠는가?[28]

2007, 150쪽 참조.

26) 이 문제에 대하여는 『전집』, 제3권, 『謙谷文稿』에 실려 있는 「讀恒卦」 참조.

27) 이만열 편, 앞의 책, 「儒教求新論」, 153쪽.

그는 위의 글에서 공맹·정주의 근본정신이 '求新'을 통한 '이용후생'에 있으며, 그것이 또 당대의 현실에 전혀 구현되지 못하고 있음을 개탄하고 있다. 이 경우 '구신'은 修己를 의미하고, '이용후생'은 '安人'을 뜻한다고도 볼 수 있다. 이 둘을 하나로 묶어줄 수 있는 근거이며 기반이 다름 아닌 '時宜'이고 또 그것을 현실화시켜 주는 힘이 '自强不息'이다. 이것은 사실상 특별히 새로운 것도 없는 유학자들이 갖는 공통의 생각이다. 그것은 '수기'를 통한 '안인'의 현실적 구현이 유학의 기본 명제이자 궁극목표가 되기 때문이다. 그러나 그렇다고 할지라도 '구신'이나 '이용후생'의 문제는 백암에게 있어서 "날로 암담해지고 날로 더욱 쇠해가는"[29] 유교 전통의 이념을 올바로 계승하는 일이며 선비의 직분인 時務와 學問을 다하여 "국가와 인민의 행복을 이룩하는"[30] 유일한 일이기도 하였다. 이로써 볼 때 백암은 유교의 근본정신을 '수기'와 '안인'을 하나로 묶어주는 근거이며 기반인 '시의'와 그것을 현실화시켜주는 힘인 '자강불식'에서 찾고, 또 그것을 통하여 당시의 위기적·절망적 상황을 초극하려고 했던 것으로 보인다. 그가 「學規新論」에서 "사람의 활동은 천지의 기운과 함께 유행해서 쉬는 법이 없다."고 하면서 당시의 학자들에게 "고금의 變易을 밝게 살피고 시대에 맞는 조치를 깊이 강구하고서, 유교의 원리에 따라 마르고 새롭게 하도록 한다면, 정치가 어찌 밝아지고 여유가 있지 않겠는가?"[31]라고 질책한 것이나, 「유교구신론」에서 주자학이 가져온 많은 폐습과 모순을 비판하고 그 대안으로서 양명학의 '簡單直切한 방법'[32]에 주목한 것은 그

28) 이만열 편, 앞의 책, 「舊習改良論」, 10쪽.
29) 같은 책, 「유교구신론」, 146쪽.
30) 같은 책, 「구습개량론」, 14쪽.
31) 같은 책, 「학규신론」, 63쪽, 66쪽.
32) 이 점과 관련하여 백암의 다음 말은 시사하는 바가 매우 크다. "우리 孔孟의 道로 하여금 그 전함을 잃지 않고자 한다면 불가불 간단하고 절실한 法門으로 후학들을 지

단적인 예가 될 것이다.

이러한 백암의 논법은 『주역』의 '變通사상'에 근거하고 있는 것이다. 이 점은 그가 "공자는 나라를 경륜하는 데는 四代의 제도를 참작하여 이를 損益할 것을 주장했으며, 程子는 『주역』을 찬양해서 말하기를 '수시로 變易해서 通에 따른 것'이라 했다."[33]라고 말한 데서 분명하게 드러난다.

이처럼 백암은 학문과 삶의 정도를 얻고 구현하는 데 있어서 아버지 박용호와 운암·성암 형제의 가르침, 즉 주자학을 표준으로 삼았고, 그가 직면하고 있었던 대한제국기와 일제강점기의 정치·사회·사상적 혼돈에 대한 위기의식으로 더욱 절실하게 그 가르침을 마음속에 새겼다. 백암은 당시 동학 농민운동·갑오경장·청일전쟁·을미사변·아관파천·경술국치 등을 겪으며 열강 침략의 대상이 된 한국이 경제적으로 빈약하고 윤리도덕은 허물어져 인민 모두가 악에 빠져있는 상황을 심히 우려하였다.[34] 백암은 이를 극복할 수 있는 현실적 논리와 힘을 찾고자 하였고, 자신이 모색하는 사상의 근원으로서, 또는 그 정당화의 근거로서 '구신'을 통한 이용후생에 대한 투철한 이해를 바탕으로 유교적 대의와 민족적 정체성을 확립하고자 하였으며, 또한 스스로 그 시대의 참된 선비의 典範이고자 하였다.

'유교적 대의'란 "대내적으로는 봉건적 모순이 극도에 달하여 여러 형태의 민중 개혁운동이 나타나고", "대외적으로는 국내적 모순에 상승하여 열강 외세의 압력이 가중되는"[35] 시기에 처하여 무너진 질서를 새롭게 개편하고 일으켜 세우는 정신이며, 자신이 애써 쌓은 공맹·정주의 가르침

시하는 것이 옳다." 같은 책, 「유교구신론」, 152쪽.

33) 같은 책, 「학규신론」, 66쪽.

34) 같은 책, 「홍학설」, 130쪽.

35) 이만열, 같은 책, 「백암 박은식의 생애와 사상」, 337쪽.

을 구체적인 실천으로 옮기는 길이었다. 그래서 백암은 "밥을 주면 먹고, 옷을 주면 입고, 또 술이 생기면 먹고 없으면 굶고, 다만 조선의 역사를 쓰고 不忠不義한 자를 공격하는 것으로 생활을 삼고 있었다. 누구에게나 아첨하거나 비위를 맞출 줄도 모르고, 저 생각나는 대로 말하고 행하는 늙은이였던 것이다."[36] 이런 점에서 백암은 이론 탐구보다는 실천 궁행을 더 강조하고 "時宜에 맞지 않은 것, 곧 현실성과 효용성이 없는 공허한 이론을 철저히 비판하면서"[37] 누구보다 유교적 의리와 명분에 투철한 삶을 살았다. 따라서 그의 철학사상은 주자학만 가지고 설명할 수 없다고 해도 그가 주자학을 체로 하고 양명학을 용으로 하여 자신의 시대를 고민하고 또 그 문제를 해결하고자 노력했다는 점은 부인할 수 없을 것이다. 그가 「유교구신론」에서 "주자학과 양명학은 모두 공맹의 門徒임에는 한가지이다. 그러니 어느 쪽을 버리고, 어느 쪽을 택한다는 말인가?"[38]라고 한 말을 상기할 때 이 점은 더욱 분명해진다.

백암이 '求新'을 통한 이용후생을 강조하고 또 그것을 근거로 하여 유교적 대의를 구현하고자 한 점은 다음 장에서 상론할 것이거니와, 그것은 그의 현실 인식이나 현실 대응과도 밀접한 호응관계를 이룬다.

3. 백암 철학사상의 특성

백암 철학사상의 근본 바탕은 주자학이다. 그의 주자학 이해는 그가 살

36) 이광수, 「그의 자서전(抄)」, 『조선일보(1936~1937)』에서 발췌. 배용일, 앞의 책, 18쪽에서 재인용.

37) 금장태, 『한국유교의 현실 인식과 변혁론』, 집문당, 2006, 219쪽.

38) 이만열 편, 앞의 책, 「유교구신론」, 152쪽.

던 대한제국기와 일제강점기라는 시대적 환경 때문에 매우 실천적이며 개혁적인 의미가 강하다. 이것은 그가 주자학의 주요 문제를 순수철학적인 면보다는, 사회 정치 사상적인 면을 위주로 접근하고 또 해명하려고 하였음을 뜻하는 것이기도 하다. 이는 곧 주자철학의 핵심 과제를 '수기' 보다는 '치인' 의 시각에서 이해하는 태도이며, "나라를 부강하게 하고 백성을 편안하게 하며 이민족의 침략으로 잃어버린 중원을 회복하는 데"[39]는 주자학밖에 없다는 확신 때문이었다. 그런 의미에서도 백암이 강조하는 '자강불식' 이나 '구신' 을 통한 '이용후생' 은 주자학의 관점을 사회 정치 사상적인 면으로 계승 · 발전시킨 것이라고 말할 수 있을 것이다.

이러한 성격은 그가 西北學會 회원들에게 자신의 스승이었던 운암 · 성암의 학문세계와 학문하는 바람직한 태도를 설명하면서 다음과 같이 격려한 글에서도 선명하게 나타난다.

> 대체로 선생의 학문은 임금을 섬기고 백성에게 은택을 베풀며 자기 몸을 닦아서 남을 다스리는 것(致君澤民 修己治人)이니, 금일 제군이 시대를 연구하고 교육에 주의함이 비록 전일의 규모와는 다른 듯하나 실로 우리 道의 크게 쓰임을 발휘함이니, 다행히 그 뜻과 기운을 고무하고 학식을 넓혀 소위 완고한 儒者라는 업신여김을 씻어버리고, 국가를 보위하고 생민을 구제하는 대사업이 있으면 선생의 도덕이 더욱 밝게 빛나리니 힘차다. 우리 동문 제군이여.[40]

이처럼 백암은 주자학의 본령이 '구신을 통한 이용후생' 과 간단없는 실천임을 분명히 하였다. 따라서 무엇을 아느냐 하는 문제도 중요하였지만

39) 陳來, 『송명성리학』, 안재호 옮김, 예문서원, 1997, 236쪽.
40) 이만열 편, 앞의 책, 「우리 동문의 동지들을 축하한다」, 138쪽.

어떻게 살고 행동하느냐 하는 문제는 그보다 더 절박하고 절실한 문제였다. 그가 무려 40세까지 주자학을 공부했고 또 經學院의 講師로 초빙되어 면우 곽종석(俛宇 郭鍾錫, 1846~1919)과 함께 경학을 강의하고, 漢城師範學校敎官을 역임했음[41]에도 불구하고 당시 유학계의 최대 관심사였던 리기론이나 심성론과 같은 성리학의 핵심적인 문제에 대해서는 별반 큰 관심을 두지 않았다고 하는 사실은 백암의 실천정신을 잘 나타내준다고 할 것이다. 그렇다고 백암이 당대의 지배적 이념이자 문화 원리인 주자학의 사유방식을 완전히 벗어났다는 뜻은 아니다. 그는 "우주간 正學은 주자학"[42]뿐이며, "주자의 학문은 땅을 지고 바다로 적셔서 이르지 않는 곳이 없다."[43]고 할 정도로 주자학을 존신한 인물이었다.

주지하다시피 주자학은 리의 先在性과 優越性을 바탕으로 리와 기를 엄격히 구분한다. 주자에 의하면 리는 세계를 생성하는 근본원리이며, 또한 만사·만물의 표준이 되는 존재이다. 따라서 그 리는 사물의 법칙과 규율일 뿐만 아니라 인간 삶의 전범이 되고, 인간이 반드시 실현해야 할 '보편적 규범'이기도 하다. "리가 근본이고 본체이며 第一性이다."[44]라는 주자의 철학은 王道와 覇道, 義와 利를 엄격하게 구별하고, 사욕을 배척하고 동기의 순수성을 중요시함으로써 나라 안의 士氣를 고무시키고자 한 것이며[45] 또한 이를 통해 분열된 국론을 하나로 통일시키고 이민족인 금나라의 침략으로 잃어버린 북방의 영토를 회복하고자 한 것이었다. 여기에서 "리는 기의 리가 아니라 기에 대한 리가 되며"[46] 세계의 생성과 변화를 주도해

41) 『전집』, 제6권, 「연보」, 42세조 참조.
42) 『전집』, 제5권, 「學의 진리는 疑로 좇차 求하라」, 572쪽.
43) 이만열 편, 앞의 책, 「유교구신론」, 151쪽.
44) 진래, 앞의 책, 244쪽.
45) 구스모토 마사쓰구, 『송명유학사상사』, 김병화 외 옮김, 예문서원, 2005, 285쪽 참조.
46) 시마다겐지, 『주자학과 양명학』, 김석근 외 옮김, 까치, 1986, 107쪽.

가는 "선험적 아르키메데스의 지렛대 역할"[47]을 하는 존재가 된다. 그런 면에서 주자의 리기론은 리 우위적 리기이원론의 시각에서 인륜적 가치와 사회 통합의 원리 및 기준을 제시한 철학이라고 할 수 있다.[48]

백암 역시 리기이원론의 사유방식 안에서 리를 근원성·통일성의 개념으로 이해하고 리와 기의 관계를 체와 용으로 나누어 표현하는 방식의 철학을 하였다. 백암의 문집 속에는 율곡에 대한 간단한 평전 한 편을 제외하고는[49] 주자학의 핵심내용인 리기 문제를 전문적으로 다룬 체계적인 글이 들어 있지 않다. 그렇지만 백암의 철학사상 속에는 분명히 주자의 리기이원론적 사유방식이 깊게 자리 잡고 있음을 볼 수가 있다. 그가 '存天理遏人欲'의 관점에서 한국인이 지닌 폐습의 특징을 6가지로 나누어 지적하고 비판한 것이나"[50], 천리와 인욕을 분명하게 구별하지 않으면 안 된다고 하면서 "사람이 능히 나라를 위해 충성을 다하고 동족을 사랑하면 이는 천리의 고상 청결한 것을 얻어 신성한 자격으로 만세의 숭배를 받을 것이며"라고 하였고, 또한 " 만약 나라를 팔고 동족을 禍되게 하면 이는 인욕의 저급 불결한 것을 취하여 만세의 지탄을 받을 것이다."[51]라고 당시 사람들의 삶의 태도를 '존천리 알인욕'적 시각으로 분석·진단한 것은 그 좋은 예가

47) 한형조, 『주희에서 정약용으로』, 세계사, 1996, 73쪽.

48) 이 문제와 관련하여 일본학자 岩間一雄의 다음 말은 매우 많은 참고가 된다. "주자학적 사유의 실체성·초월성에서는 단지 봉건적인 것을 넘어선 아시아적·혈연적인 것이 더해져 있다는 점을 주의해야 한다. 주자학의 '理'의 내용은 궁극적으로 '上下的分'이지만, 구체적으로는 군신·부자·형제·부부·붕우이다. 이 五倫 속에 주자학의 상하적인 사회과정 파악이 나타난다." 岩間一雄, 『중국정치사상사연구』, 김동기 외 옮김, 1993, 41쪽.

49) 『전집』, 제5권, 「高麗先儒栗谷李珥略史」, 78쪽 참조.

50) 백암에 의하면 한국인이 지닌 대표적 폐습은 협잡의 습관, 고루한 습관, 속히 하려는 마음, 원대한 식견이 없는 것, 분발하는 기운이 없는 것, 견인성이 없는 것 등 6가지이다. 이만열 편, 앞의 책, 「교육이 흥하기를 힘써 바람」, 86쪽 참조.

51) 『전집』제4권, 「몽배금태조」, 173쪽.

아닌가 생각된다.

> 대개 하늘이 인간을 내실 때 누구에게나 본래 착한 性과 고유한 재주를 부여했고, 또 겸하여 생활하며 살 수 있는 재료(資)도 부여했습니다. …… 다만 사람이 지혜롭고 어리석은 분별이 있고, 풍속이 밝고 어두운 차이가 있으므로 해서 저마다 善에 돌아가고, 그 재능을 충족시키고, 그 물자를 충분히 갖지 못함에 따라, 하늘이 또다시 재주와 덕이 출중한 사람을 명하여 이 백성을 깨우쳐 이 어리석은 이는 교화하여 지혜롭게 하고, 어두운 이는 열어 밝게 하여 천하에 착하지 않은 사람과 인재가 아닌 사람과 넉넉지 않은 사람이 없도록 하게 하니 이것이 하늘의 뜻입니다.[52]

위의 인용문에서도 백암의 리기론적 사유방식은 분명하게 표출되고 있다. 그가 여기서 거론하고 있는 것은 현실적 인간의 차등성과 교육의 절대적 필요성에 대한 문제이다. 백암은 말하기를, 인간은 누구나 선천적으로 주어진 착한 본성을 가지고 있지만, 현실적으로는 지혜로운 자와 어리석은 자, 밝은 자와 어두운 자의 차이와 구별이 있으므로 교육은 절대 필요하다고 했다. 이런 관점에서 볼 때, 지혜롭고 밝은 자는 리가 되고, 어리석고 어두운 자는 氣가 됨은 명백하다. 이러한 논법은 긍정적인 의미에서였든 아니면 부정적인 의미에서였든 간에 주자의 리기론적 사유방식을 연상케 한다. 그런 면에서 백암의 사유체계는 주자의 리기이원론적인 시각에서 크게 벗어나지 않는다고 할 수 있다. 이와 같은 백암의 시각은 주자학이 가져온 많은 폐습과 모순을 비판하면서도 주자학과 양명학을 아울러 공부해야 한다고 주장한 다음의 글에서도 선명하게 나타나고 있다.

---

52) 같은 책, 「학부대신에게 올리려고 했던 글」, 113쪽.

程朱와 陸王의 구별이 저 釋家의 禪宗과 敎宗의 구별이 있음과 같음이니 정주는 독실하고 세밀하며, 육왕은 간이하고 직절하여 각기 그 극한 됨이 조화를 이루어서 유가의 양 날개가 되어 세상의 가르침을 돕고 있습니다. 청조의 曾國藩은 朱學의 정신으로 중흥의 공을 이루었고, 일본의 吉田矩方은 王學의 활기로 유신의 기업을 창조하였는데 우리나라 유자는 일찍이 이러한 것이 있었습니까.[53]

여기에 나타난 백암의 생각은 분명히 주자학의 필요성에 대한 옹호이며, "증국번은 朱學의 정신으로 중흥의 공을 이루었다."는 말에서 짐작할 수 있듯이 주자학을 통해서도 '이용후생'이 얼마든지 가능하다는 의미까지도 내포한다. 그렇지만 그는 주자학의 이념을 긍정하면서도 그것을 그대로 따르지는 않았다. 이와 같은 그의 태도는 "주자학의 산만한 방법이 아니라 양명학의 간단하고 절실한 방법"[54]의 추구로 간명하게 표출되었다. 이러한 백암의 입장은 주자의 '리일분수설'과 호응관계를 이룬다. 이 경우 '리일분수'는 '一本萬殊'라고 불리기도 하는 것으로서 하나의 이치(理)와 그것이 구체화한 다양한 양상들, 즉 하나의 근본 토대 위에서 무수하게 다른 양상들이 전개되는 것을 가리킨다. 이때의 '分'은 각자에게 합당한 본분, 몫, 역할, 직분, 의무 등의 뜻을 지닌다.[55] 주자가 "리는 오직 하나일 뿐이다. 도리는 같은데 그 직분이 다르므로 君臣에게는 군신의 도리가 있고, 父子에게는 부자의 도리가 있다."[56]라고 한 말에서 이 점이 보다 분명하게 확인된다.

53) 같은 책, 「雲人선생에게 보내는 글」, 142쪽.
54) 금장태, 『한국유학의 탐구』, 서울대학교 출판부, 1999, 233쪽.
55) 진영첩, 『주자강의』, 표정훈 옮김, 푸른역사, 2001, 145쪽 참조.
56) 『주자어류』, 권6 「性理三」, "理只是這一箇, 道理則同, 其分不同, 君臣有君臣之理, 父子有父子之理."

그렇게 본다면 백암에게 있어서 '리'는 체이며 주자학을 의미하고, '分'은 용이며 양명학을 뜻한다고 할 수 있다. 그래서 백암은 "주자학은 땅을 지고 바다를 이어 絲毛가 두루 갖추어졌으므로 글에 간절함이 있어 아주 위대한 것이고", "양명학은 탁월하고 달통한 견해로 直裁한 법문을 보였다."[57]라고 말하였던 것이다. 이러한 주장의 바탕에는 앞에서도 언급한 바 있듯이 理 우위적 사고가 짙게 깔려 있다. 리를 중시하고 리와 기를 변별하는 백암의 이와 같은 논법은 주자학과 양명학을 체와 용으로 나누고 그 현실 기반, 역할 및 담당계층까지도 양분하여 보고자 했던 태도에서도 그대로 유지되었다.[58] 그가 「유교구신론」에서 제왕 중심의 유교에서 벗어나 인민중심 유교에로의 전환을 촉구하면서 "유교의 정신이 오로지 제왕의 편에 있고, 인민사회에 보급할 정신이 부족하다."[59]라고 한 말을 통해서도 이 점은 분명하게 확인된다.

그런 면에서 백암 철학이 가지고 있는 사유의 기본 틀은 주자의 관점을 직·간접적으로 계승·발전시킨 것이라 할 수 있다. 이러한 논리를 바탕으로 "나라는 形體이고 역사는 정신"[60]이라고 하면서 形보다 神을 높이고 중요시 한 일이라든가, 「酒後妄言」이라는 논설에서 "吾人의 고유한 도덕을 연마하야 사회의 본원을 맑고 깨끗하게 하며 세계의 人道를 유지함으로써 필생의 自任을 作하겠다."[61]고 한 말은 지극히 자연스러운 일일 것이다. 백

57) 이만열 편, 앞의 책, 「일본 양명학회 주간에게」, 159쪽.

58) 이 점과 관련하여 백암의 다음 말은 참고할 만하다. "세계의 진화는 날로 새롭고 인사의 번잡함은 날로 심하여지고 학술의 복잡함은 더욱 多岐하나 우리의 智力엔 한계가 있고 일생은 너무도 짧습니다. 이러한 시대를 맞이하여 철학에 종사하고자 하여 人道의 근본을 심는 것은 간이하고 직절한 법문인즉 실로 힘을 다할 여가가 없는 것이 그 하나입니다." 이만열 편, 같은 책, 같은 곳.

59) 이만열 편, 같은 책, 「유교구신론」, 147쪽.

60) 같은 책, 「한국통사 緖言」, 223쪽 참조.

61) 『皇城新聞』, 1909년 3월 19일, 논설, 「酒後妄言」.

암이 교육의 중요성을 강조하고 "儒教라는 東道와 서구의 실용학이라는 西器의 병행적 진흥을 주장한 것"[62]은 이러한 논리에 의한 것이었다고 생각된다. 속단하기는 곤란하나 이러한 입장과 논법은 그의『주역』해석에도 그대로 적용되어 나타났다. 예컨대『주역』서른두 번째 괘인「雷風恒」을 풀이하면서 백암은 다음과 같이 말했다.

> 일찍이 天下의 일을 생각해보건대 '常'에 얽매여 옛것을 지키면 날로 쇠퇴하여 不振하게 된다. 또 옛것을 변화시켜 '常'을 어지럽히면 때때로 뜻밖의 불행(奇禍)에 빠져 일을 제대로 끝마치지 못한다. 이를 보면 '常'은 지킬(守) 수도 변화시킬(變) 수도 없다. 이 두 가지를 어떻게 折衷할 수 있을까. (이 문제는) 뇌풍항괘를 읽어보니 알 수 있을 것 같다. 지키든지 변화시키든지 간에 道로써 하지 않으면 어려움에서 벗어날 수가 없다. 恒卦 단전에서 '恒은 형통해서 허물이 없으니 바르게 함이 이롭다'고 한 것은 그 바른 道를 항구하게 지키기 때문이다. 하늘과 땅의 도는 항구해서 끝이 없다. '가는 바가 있음이 이롭다'는 것은 마치면 시작이 있기 때문이다. 대저 恒에는 두 가지 뜻이 있으니, '바뀌지 않는다는 항(不易之恒)'과 '그치지 않는다는 항(不已之恒)'이 그것이다.[63]

백암은 말하기를, 세상만사에는 '常'이라는 불변의 체가 있고, '變과 守'라고 하는 현실적 '용'이 있다고 했다. 이 경우 '常'은 리라고 할 수 있고 '變과 守'는 기라고 할 수 있다. 그는 그것을『주역』의 뇌풍항괘를 원용

62) 김기승,「백암 박은식의 사상적 변천과정」,『역사학보』, 제114집, 역사학회, 1987, 10쪽.

63)『전집』, 제3권,「謙谷文稿」讀恒卦. "嘗思天下之事, 泥常守故, 則日入於衰頹而不振, 變故亂常, 則時陷於奇禍而不終, 由是觀之, 常不可守也亦不可變也, 是者將安所折衷, 而可讀恒卦有以知, 或守或變, 不以其道, 則不能有濟矣. 恒之彖曰, 恒亨無咎利貞, 久於其道也, 天地之道, 恒久而不已也, 利有攸往, 終則有始也, 蓋恒有二義, 有不易之恒, 有不已之恒."

하여 설명하고 있다. 즉, 항괘의 '항'에는 不易과 不已의 두 가지 의미가 내함되어 있다는 것이다. 이와 같은 백암의 논법이 주자의 리기이원론적 사유에 근거한 것임은 더 말할 필요도 없다. 여기서 그가 더 중시한 것은 물론 '守'이고 '不易'이다. 이렇게 리를 높이는 입장은 백암에게 있어서 현실을 인식하고 대응하며 역사를 해석하는 출발점이자 귀착점이 된다. 그가 「유교구신론」을 제시한 것이나, 유교를 근간으로 하는 신학문 · 신사상의 수용을 강조한 것은 그 단적인 예가 된다.

백암은 이러한 사고를 바탕으로 민족정신의 위대함과 "민족 자강의 자주독립 정신으로서의 '國魂'"[64]을 주장하였다. 그가 "역사는 국가의 정신이요, 영웅은 국가의 元氣"라고 하면서 "광개토왕비는 한민족의 국혼이며 史家의 鼎彝이다."[65]라고 한 말에서도 이 점은 어느 정도 밝혀진다. 이처럼 리를 높이고 중시하는 관점은 위기에 처한 국가를 유지하고 국민의 생명과 재산을 보호하기 위하여 무엇보다 민족정신이 필요하다고 역설한 「大韓精神」이라는 짧은 논설에서도 극명하게 표출되었다.

> 저 하늘 밑 땅 위에 있는 각종 인류들이 야만이나 土蕃을 제한 외에는 사람마다 그 머릿속에 자기 국가에 대한 정신을 가지고 있다.……오직 이 대한은 곧 우리의 조국이다. 삼천리 강토는 곧 우리 가족들의 집이요, 사천년 문물은 곧 우리 가족의 世傳인 것이다. 우리 2천만 동포의 조조부부 자자손손이 혈맥이 서로 이어져서 그 생명과 몸뚱이가 오직 대한정신의 結晶인 것이다. 덕업으로 서로 권하고 의리를 가지고 서로 연마해서 생명과 함께 생존하고 죽어도 버리지 못하는 것도 역시 대한정신의 관철인 것이다.[66]

---

64) 배용일, 앞의 책, 106쪽.

65) 『전집』, 제5권, 「독고구려 영락대왕 묘비등본」, 425-426쪽.

66) 이만열 편, 같은 책, 「大韓精神」, 26쪽.

백암은 말하기를, 문명한 국가는 그 국가 고유의 민족정신이 있으며 한국의 민족정신은 '大韓精神'이라고 했다. 그리고 그것은 생명과도 같은 것으로 죽어서도 버릴 수 없는 그 무엇이다. 따라서 대한정신은 모든 존재의 궁극적 근원이자 모든 善의 근간과도 같은 것이 된다. 그는 이것을 근거로 하여 역사를 새롭게 해석하였고, "각 방면의 人心을 통일시키고, 내부의 결속을 견고히 하여", "조국을 광복하고 동족을 구제"[67]하는 긴요한 방책으로 삼고자 하였다. 그 결과 그는 "창이나 칼날 속과 날뛰는 물결과 불 속에서도 이 '대한정신'을 지탱하여 확고히 움직이지 않기를 바란다. 그렇게 한다면 이 정신을 바탕으로 해서 4000년 내려온 조국이 완전한 세계상의 독립국이 될 것이다."[68]라고 확신하기에 이르렀던 것이다.

그런 점에서 天理의 구체적 표현이라고도 할 수 있는 '대한정신'이란 개념은 백암의 철학사상에서 '역사'[69]란 개념과 더불어 가장 중요한 가치판단의 기준이요 원리가 되는 것이다. 백암의 "교육의 목적이 만일 대한정신이 아니라면 아무리 손에 새 서적을 쥐고 입으로 서양의 법을 말하더라도 그것은 학생으로 하여금 독립 자중의 志氣를 잃게 해서 비루하고 더러운 속부로 만들어 놓게 될 것이다."[70]라는 말을 상기할 때 이 점은 명백하다. 따라서 백암이 문제 삼은 바 '대한정신'·'國魂'·'大韓魂'·'國性' 등은[71] 리기이원론에서 '리'와 같은 의미가 있 개념으로서 만사·만물을 통일시

67) 『전집』, 제5권, 「정부와 우리민족의 관계」, 571쪽.

68) 이만열 편, 앞의 책, 「대한정신」, 27쪽.

69) 이러한 관점은 백암의 다음 말에서도 확인된다. "國體가 雖亡이나 國魂이 不滅하면 復活이 가능한데, 지금 국혼인 국사책마저 焚滅하니 痛嘆不已라.", "一言一字의 자유가 없으니 오로지 해외로 나가서 4천년 문헌을 모아서 편찬하는 것이 우리 민족의 국혼을 유지하는 유일한 방법이다." 『전집』, 제6권, 「연보」, 52세조.

70) 이만열 편, 앞의 책, 「대한정신의 혈서」, 29쪽.

71) 이 문제에 대하여는 배용일, 앞의 책, 106쪽 참조.

키고 근거를 지워주는 존재이다. 그가 『겸곡문고』 「與孫聞山貞鉉書」에서 “대저 나라의 나라 됨은 그 自主의 마음과 自强의 기운이 있기 때문입니다. 그러므로 自主自强하여 다른 데 의지하지 않으면 나라가 비록 작지만 남에게 굴복하지 않게 됩니다.”[72]라고 한 말이나, 「大韓精神의 血書」에서 “내가 죽어야 할 곳에 죽는다면 몸뚱이는 삼 척의 시체에 지나지 않지만, 그 정신을 억 년이 되어도 썩지 않아서 영구히 죽지 않는 사람이 될 것이다.”[73]라고 한 말도 이런 문맥에서 이해되어야 한다.

여기에서 이른바 “국호도 국토도 국민도 가장 불확실한 시기에 ‘민족’이라는 관념을 자기인식의 중심과제로 삼아”[74] 애국이라는 대의 앞에 자신을 던져 “사물을 저울질해 공평하게 베푸는(稱物平施) 세상”[75]을 만들고자 했던 백암의 애국계몽운동과 광복운동사상의 이론적 근거가 분명히 드러난다. 그가 『夢拜金太祖』라는 저술에서 “오늘날의 의리는 조선의 신민이 되어 조국과 동포를 위하여 의무를 다하는 것이다. 단지 몸을 깨끗이 지켜 자신의 편안을 구하는 것을 본분의 천직으로 삼는 자는 그 죄가 매국노와 차이가 없느니라.”[76]라고 한 말이 이 점을 분명하게 한다.

이러한 의식의 바탕에는 물론 ‘리기이원론적 사유체계’[77]와 유교적 대

---

72) 『전집』, 제3권, 『겸곡문고』, 「與孫聞山貞鉉書」. “蓋國之爲國, 以其有自主之心也, 以其有自强之氣也, 故能自主自强而不依附於他, 則國小而不屈於人.”

73) 이만열 편, 같은 책, 「대한정신의 혈서」, 31쪽.

74) 앙드레 슈미드, 『제국 그 사이의 한국 1895~1919』, 정여울 옮김, 휴머니스트, 2007, 6쪽.

75) 『전집』, 제3권, 『겸곡문고』, 讀謙卦, “此蓋失於稱物平施之宜, 積漸而至此也.” 참조.

76) 이만열 편, 같은 책, 「夢拜金太祖」, 198쪽.

77) 접근 방법이나 논법은 매우 다르지만, 앙드레 슈미드도 이와 비슷한 주장을 펴고 있다. 다음의 그의 말은 많은 참고가 된다. “『한국통사』의 마지막 장에서 박은식은 일종의 二元論적 시각을 채택하면서 한국이 비록 현재 일본에 식민화될 위기에 처해있지만 민족적 구원의 가능성이 있음을 암시하였다. …… 이러한 이원론은 민족의 신

의를 愛國義理로 여기는 기본 전제가 깔려 있다. 그런 점에서 백암의 이러한 논법은 결국 천명 자각 주체로서의 인간이 인간으로서 마땅히 걸어가야 할 도리와 命法으로 부여된 대의를 인간 사회에 구현하지 않으면 안 된다는 가치지향의 정신과 순수 논리 이전의 '實踐理性'의 요청에서 정향된 시도로 보아야 마땅할 것이다. 이것야말로 백암 철학의 특징이자, 주자학을 체로 하고 양명학을 용으로 하여 유교를 개혁하고 救世와 민족문제를 해결하고자 했던 백암의 참뜻이 아니겠는가.

> 장래의 21세기와 22세기는 동양의 문명이 크게 발달할 시기이다. 그러니 우리 공자의 도가 어찌 땅에 떨어지겠는가. 장차 온 세계에 그 빛을 크게 나타낼 시기가 올 것이다. 아아! 우리 한국의 儒林이 눈을 똑바로 뜨고서 매사를 보고, 몸을 떨쳐 모든 일을 책임져야 할 것이다.[78]

4. 백암의 현실 인식과 대응

앞에서 백암 철학사상의 특성이 주자의 리기이원론적 사유구조 안에서 理를 높이고 理와 氣를 변별하여 유교를 개혁하고 救世와 민족의 문제를 해결하고자 하는 데 있음을 검토한 바 있다. 그리고 그것이 '隨時變易'의 입장에서 주자학을 체로 하고 양명학을 용으로 하여 이 인간세에서 "천하인이 함께 仁에 돌아가 태평의 복락을 향유할 大同의 세계"[79]를 구현하고

체와 민족의 영혼을 구분한 것이었고, 물질적인 것과 정신적인 것을 구분하는 것이었다." 앙드레 슈미드, 앞의 책, 329쪽.

78) 이만열 편, 앞의 책, 「유교구신론」, 152쪽.

79) 이만열 편, 앞의 책, 「공자탄신 기념회 강연」, 155쪽.

자 한 노력으로 표출되었음도 살펴보았다. 그런 점에서 백암의 철학사상은 을사늑약으로 국권을 상실한 현실과 그로 인한 "自奴的 근성"[80]과 "恬嬉姑息의 습속과, 태타안일의 기풍과, 流連荒淫의 풍조"[81]를 극복하고자 한 노력의 결과물이라고 볼 수 있다.

이런 관점에서 백암 철학사상을 검토할 때 매우 분명하게 드러나는 것은 대의를 실현하기 위해 궁극적 목표를 '민족의 자주자강'과 '유교에 바탕을 둔 신 도덕의 수립'에 두었다는 점이다. 다음의 예문은 이러한 정황을 무엇보다 선명하게 보여주는 예가 될 것이다.

> 우리가 오늘날에 적과 싸워서 이기는 능력은 오직 우리의 인도주의로써 적의 군국주의를 성토하며 우리의 仁을 가지고 적의 사나운 것을 치며, 우리의 바른 것을 가지고 적의 간사한 것을 친다면 결코 승리를 얻지 못할 이치가 없을 것이다.[82]

> 설혹 딴 열강들이 우리를 불쌍히 여겨서 원조해 준다는 성명이 있을지라도 우리는 이것을 사양하고 물리치기를 우리나라의 독립은 우리나라 자력으로 할 것이요 남의 나라 힘을 빌지 않을 것이라 하고, 自强의 성질을 배양하며, 자립의 기초를 부식해야 할 것이다. 만일 그렇지 않으면 영구히 남의 노예가 될 뿐이요 희생을 당할 뿐이니, 유유한 세월에 어찌 끝이 있겠는가.[83]

바로 여기에서 유교적 대의정신을 바탕으로 민족의 자주・자강의 목표

80) 『전집』, 제4권, 「몽배금태조」, 199쪽.
81) 같은 책, 같은 곳.
82) 이만열 편, 앞의 책, 「적을 戰勝할 능력을 구하라」, 41쪽.
83) 같은 책, 「自强能否의 문답」, 34쪽.

를 설정하고 국가의 독립을 쟁취하고자 노력했던 백암 철학사상과 현실 인식, 그리고 현실 대응 사이의 독특한 양상이 나타난다. 이 경우 '대의'란 '애국의리'와 같은 의미가 있는 개념으로서,[84] "조선의 신민이 되어 조국과 동포를 위하여 의무를 다하는"[85] 대의이다.

그러면 리 우위적 사고방식을 근간으로 하여 '애국의리'를 확립하고 또 그것을 몸 바쳐 구현하는 데 평생을 걸었던 현실의 바람직한 모습은 무엇인가. 백암의 경우 그것은 외적에게 빼앗긴 大韓의 이름을 회복하고 대한의 정신으로 사는 일이다. "우리 대한은 삼천리금수강산이 곧 그 국토이며, 2천만 혈족이 곧 그 인민이다. 단군과 기자 4천 년의 禮義의 東方이요, 우리나라 태조 오백 년 이래로 하늘의 뜻을 받아 나라를 세운 독립제국의 칭호를 가지고 있는 나라"[86]이기 때문이다. "오늘날 우리나라가 지극히 혹독하고 지극히 참혹한 수중에 떨어져"[87] "우리 국민의 생활상 빈곤이 극도에 달하여 앞일을 생각할 겨를이 없이 춥고 배고픔이 골수에 이르러서"[88] "오직 나를 살려달라고 부르짖으며 나를 이끌어달라고 간절히 바라는"[89] 절망적 상황에서 백암은 오로지 '애국의리'만이 인간의 보편적 가치이자 행위규범이라고 확신했고, 또 그것이 살아 숨쉴 수 있는 현실만을 자신의 참된 현실로 인식했던 것이다. 그래서 그는 "내 몸의 생존을 도모할지라도 내 나라를 사랑할 것이며 내 道 유지를 기도할지라도 내 나라를 사랑할 것이니 …… 4천 년 국토를 보전하고 2천만 생명을 건져 구제하는 것이 우리

---

84) 백암은 일찍이 義理를 中華의 의리와 愛國義理로 양분하고, 선비가 지녀야 할 참된 의리로서 '애국의리'를 강조한 바 있다. 『전집』, 제4권, 「몽배금태조」, 183쪽 참조.

85) 같은 책, 「몽배금태조」, 193쪽.

86) 이만열 편, 앞의 책, 「대한정신의 혈서」, 282쪽.

87) 같은 책, 같은 곳.

88) 같은 책, 「인민의 생활상 자립이 국가의 자립」, 19쪽.

89) 같은 책, 「누가 내 나라를 구하며 누가 내 민중을 살릴 것인가」, 21쪽.

유가의 책임이 아니겠는가."[90]라고 말하지 않을 수 없었던 것이다.

따라서 백암에게 있어서 참된 현실이란 "무릉도원의 봄 꿈 속에서 헛소리나 일삼는 어리석은 자들"[91]에 의해서 왜곡되지 않는 天理·公心으로서의 본원적 세계였다. 그런 점에서 그가 이해한 마땅히 있어야 할 현실이란 "체와 용이 완전하고 형식과 내용이 모두 갖추어져서 족히 국가와 인민의 행복을 이룩할 수 있고"[92] '애국의리'와 大韓의 精神과 魂이 유감없이 구현될 수 있는 도덕적 가치의 세계였다. 백암이 "어진 성품의 志士는 한 몸의 오욕을 무릅쓰고 국민에게 영화를 주며, 한 몸의 고초를 취하여 국민에게 복락을 준다."[93]라고 한 말이나, "德業으로 서로 권하고 의리를 가지고 서로 연마해서 생명과 함께 생존하고 죽어도 버리지 못하는 것도 역시 大韓精神의 관철이다."[94]고 한 말은 이를 단적으로 요약해 준다.

이러한 대한정신을 바탕으로 백암은 주자학을 체로 하고 양명학을 용으로 하는 유교개혁운동을 전개하게 되었고, 또 隨時變易의 논리를 근거로 하여 '舊習의 改良'과 국민 개개인의 '自强'을 촉구하게 된 것이다. 백암은 말하기를, 한국인의 '獨立之權'과 '自由之福'을 회복하고 획득하기 위해서는 모든 국민이 '自强의 主體'가 되지 않으면 안 된다고 주장했다.[95] 이런 생각에서 "사람 하나하나가 모두 자강의 사상으로 자강의 실력을 양성코자 하는 것이다."[96]라고 말하게 된 것이다.

'자강'이란 『주역』「건괘·대상전」의 "自强不息"[97]과 같은 의미가 있는

90) 같은 책, 「우리 동문의 동지들을 축하한다」, 137쪽.
91) 같은 책, 「구습개량론」, 9쪽.
92) 같은 책, 같은 곳, 14쪽.
93) 『전집』, 제4권, 「몽배금태조」, 175쪽.
94) 이만열 편, 앞의 책, 「대한정신」, 26쪽.
95) 『전집』, 제5권, 「機會」, 347-349쪽 참조.
96) 이만열 편, 앞의 책, 「대한정신」, 27쪽.

말로서 "남에게 의존하거나 남을 두려워함이 없이 至誠으로 활동하는 정신자세"[98]를 가리킨다. 백암이 『학규신론』에서 "사람의 활동은 천지의 기운과 함께 유행해서 쉬는 법이 없다."[99]라고 한 말이 곧 그것이다. 그렇다고 할 때 '자강'이란 말은 '怠惰自安'[100]과는 반대되며 도덕적 지향과 현실성이 매우 강한 개념임을 알 수 있다. 백암이 "우리 한국은 교육이 쇠퇴하고 殖産이 졸렬해서 지식이 우매하고 세력이 추락해졌다."고 하면서 '자강'의 구체적 내용으로 교육진흥과 식산흥업을 제시한 것은[101] 그 단적인 표현이다.

그런 점에서 "백 가지 어려움에도 꺾이지 않고 만 가지 변화에도 굽히지 않게 되는"[102] '자강'이란 개념은 백암의 현실관을 이해하는 유익한 디딤돌이 된다.

백암사상에서 '현실'과 '이상'의 관계는 기와 리의 관계와 같다. 그것은 리 없는 기가 없고 기없는 리가 없듯이 현실은 이상이 구현되는 지평이고, 이상은 현실을 통해 그 정당성이 확보되는 場이기 때문이다. 따라서 '이상'과 '현실'은 별개의 이질적인 두 종이 아니라 '致中和된 세계'[103]를 구성하고 근거지우는 두 요소일 뿐이다. 여기서 '치중화된 세계'란 백암의 말을 빌린다면 "하늘과 땅이 다 같이 화락하여 모두 평화롭고",[104] "(사람이) 천지 만물과 일체가 되어 천하인이 함께 仁에 돌아가는"[105] 인간세를

97) 『周易』, 「乾卦」, "象曰 天行健, 君子以, 自强不息."
98) 『大朝鮮獨立協會會報』 13, 「獨立論」, 1897, 노관범, 앞의 논문, 223쪽에서 재인용.
99) 『전집』, 제3권 「學規新論」460쪽, "故人之活動, 與天地之氣, 周流無間"
100) 같은 책, 같은 곳, 465쪽
101) 이만열 편, 앞의 책, 「대한정신」, 26-27쪽 참조.
102) 같은 책, 「대한정신」, 26쪽.
103) 『中庸』, 제1장. "致中和, 天地位焉, 萬物育焉" 참조.
104) 『전집』, 제3권, 『겸곡문고』, 「宗教說」. "若擧其全而措之, 則天地同和庶徵時."
105) 이만열 편, 앞의 책, 「공자 탄신 기념강연회」, 155쪽.

가리킨다. 즉 '치중화된 세계'는 어느 하나를 받아들이기 위해 다른 하나를 본질적으로 거부하는 이분법적 사고가 부정되고 '이상'과 '현실'이 통일적 관계를 맺고 또 그 둘이 조화를 이루는 세계이다. 그러면서도 백암이 더 중시한 것은 기의 세계가 아니라 리의 세계이며, '현실' 세계가 아니라 '이상' 세계였다. 이와 같은 입장은 다음의 예문에서도 간명하게 읽을 수 있다.

> 天理와 人欲의 대소로 말하면 천리는 사람의 생명 위에 있는 고상하고 청결한 것이고, 인욕은 사람의 육신 위에 있는 저급하고 불결한 것이다. 사람의 바라는 바는 무릇 고상한 지위와 청결한 것이다. …… 육체와 영혼의 輕重으로 말하면 사람이 부모의 피를 받아 육체가 되고 造化의 불가사의함을 받아 영혼이 된 것이라 육체의 생활은 잠시이고 영혼의 존재는 영구한 것이다. 따라서 사람이 능히 나라에 충성하고 동족을 사랑하면 그 육체의 고초는 잠시요, 그 영혼의 쾌락은 무궁할 뿐이다.[106)]

백암은 천리와 인욕, 영혼과 육체를 엄격하게 구별하여 自强主體인 천리나 영혼이 인욕과 육체를 극복하는 세계를 중요시했고, 또 이를 통해 善과 惡, 福과 禍, 榮과 辱, 優와 劣, 상등사회와 하등사회, 公德과 私德, 公益과 私益, 忠臣義士와 亂臣賊子를 明辯하고 "눈앞에 오로지 조국과 민족만을 보고 그 외에는 일체 생각지 않는"[107)] 삶을 살고자 하였다. 그리고 이러한 논리를 바탕으로 하여 백암은 진정한 '애국의리' 그 자체로 돌아가는 삶을 회복하고자 하였고, 또 그것을 통하여 "自小自卑의 습관이 없는"[108)] '大東

106) 『전집』, 제4권, 「몽배태금조」, 173쪽.
107) 같은 책, 같은 곳, 203쪽.
108) 같은 책, 같은 곳, 205쪽.

民族'[109]의 자주독립과 大同세계의 건설을 이룩하고자 하였다. 그래서 백암은 다음과 같이 절규하지 않을 수 없었던 것이다.

> 국가를 받들어 태산과 같이하고자 하는 자는 자신을 새털같이 가볍게 보고, 그 민중을 이끌어 천당에 오르게 하고자 하는 자라면 자기는 지옥의 고통을 대신 받을 것이다. 짐은 나라에 충성하고 민족을 사랑하는 義士의 피와 뼈를 더할 것이 없는 최고의 가치 있는 것으로 인정하는데 어찌 너는 이를 禍物이라고 말하는가? 짐은 나라를 팔고 동족에게 화를 미치는 노예와 같은 무리들의 재물과 권력을 가장 추악한 오물로 인정하는데 너는 어찌 이를 榮幸이라고 말하는가?[110]

백암이 추앙하는 지사나 義士의 의리는 난신적자의 불의와 반대되는 개념으로서 국권회복과 민족적 생존 및 대동세계의 건설을 위해서는 절대적으로 필요한 '애국의리'이다. 그는 이를 통해 "하늘은 스스로 싸워 강한 자를 사랑하시고 자포자기한 자를 싫어하신다."[111]는 하늘의 뜻을 현실적으로 구현하고자 하였는데, 여기에서 이른바 '습관의 제거와 신문명의 수용'이라는 관점에서 한국의 자강을 이해한 백암의 자강사상이 나오게 된 것이다.[112] 그래서 그는 "우리 전국 인민 모두가 분발하는 마음과 인내하는 성품으로 국력을 양성하는 사업에 대해서는 백 가지 어려운 일이 있더라도 돌아보지 않고 한마음으로 앞으로 나아가 스스로 도우므로 하늘의

109) 백암은 일찍이 「몽배태금조」에서 조선민족을 단군조상의 혈손이며 大東民族으로 규정하고, "장래에 평화주의의 기치를 높이 들고 세계를 호령할 자는 바로 우리 대동민족"이라고 주장한 바 있다. 같은 책, 같은 곳, 213쪽 참조.

110) 같은 책, 같은 곳, 175쪽.

111) 같은 책, 같은 곳, 175쪽.

112) 백암의 自强사상에 관하여는 노관범, 앞의 논문 참조.

도움을 얻기로 목적으로 삼은 뒤에라야 自强을 얻을 수 있을 것이요, 독립을 회복할 수가 있을 것이다."[113]라고 말하게 된 것이다.

따라서 백암이 강조한 '애국의리'는 新民하고[114] 平天下할 수 있는 기본 바탕이자 "국가를 돌아보고 동족을 친애하는 公德心 또는 義俠心이며"[115] 나라를 팔고 동족에게 화를 미치는 극도의 사악한 행동을 초래하는 "鄙陋 두 글자"[116]로부터 벗어나게 해줄 수 있는 유일한 방책이기도 하다. 그는 비루함이 인간의 본디 성질이 아니라고 하면서 다음과 같이 말했다.

> 사회를 이루는 속에서 公體를 생각하지 않으며 公義를 지키지 않고 단지 私意私見으로서 시기하고 쟁투하며 단합이 이룩되지 못하고 지리멸렬한 상태로 분열되고 마는 것도 또한 鄙陋 두 글자의 결과이다. 이같이 비루한 것이 돌아갈 곳은 禽獸한테이고, 금수는 인간으로 하여금 쫓겨나고 죽임을 당할 뿐인 것이다.[117]

이러한 입장은 백암이 양명학에 대해 '어두운 거리의 등불'이라고 할 정도의 찬사를 보내면서도[118] 철학의 기본관점은 주자의 리기이원론적 사유체계 안에 있음을 시사하는 것이기도 하다. 그가 『몽배금태조』에서 "네가 평일에 성현의 교훈을 새기며 천하의 의리를 강구하는 자로서 천리와

---

113) 이만열 편, 앞의 책, 「自强能否의 문답」, 34쪽.

114) 백암은 新民을 新國民으로 이해한다. 그에 의하면 신국민은 비루한 풍속에서 탈피하여 신지식과 신도덕을 가지고 동포를 사랑하는 사람을 지칭한다. 『전집』, 제4권, 「몽배금태조」, 207쪽 참조.

115) 같은 책, 같은 곳, 206쪽.

116) 같은 책, 같은 곳 참조.

117) 같은 책, 같은 곳, 206쪽.

118) 이만열 편, 앞의 책, 「일본 陽明學會 주간에게」, 160쪽.

인욕에 대하여 크고 작음을 분별치 못하고 육체와 영혼에 대하여 가볍고 무거움을 깨닫지 못하는가." [119]라고 자책한 말이 이 점을 보다 명료하게 한다.

이로써 볼 때 백암은 '애국의리'로서 內外와 本末을 일관했고, 이를 통해 애국계몽운동과 세계평화사상의 이론적 근거나 그 도덕적 합당성을 추구했으며 그 속에서 개인의 삶과 도덕보다는 국가와 민족 전체의 삶과 도덕이 더 중요하고 가치 있음을 발견하였다고 말할 수 있다.

> 국가와 민족이 멸망해 가고 있는데, 이를 수수방관하면서 자신의 몸만을 거두어 도피함으로써 죄를 짓고 있거늘, 하물며 이름을 깨끗이 하여 높은 절개를 지키는 것에 의지하며 首陽山의 고사리 노래를 이어가노라고 하니 이렇듯 가식으로 명예를 노리는 행위가 심히 극에 달함을 통탄하지 않을 수 없다. 그 죄를 논하여 다스릴진대 어찌 매국노와 차이가 있다고 하겠느냐? [120]

> 지금 한국 사람의 식견은 내 몸과 집의 가깝고 적은 데에 있고, 대한민국의 원대한 데에는 미치지 못하고 있다. 이 생존 경쟁의 세상에서 국가가 있는 뒤에 인민이 있고, 국가가 만일 망하면 인민도 따라서 망하는 것인데, 대한의 인민은 국가의 존망이 자기에게 상관이 없는 것으로 생각하여 각자가 따로 마음을 가지고 단체를 이루지 못한다. [121]

바로 여기에서 사회성과 도덕성을 인간의 존재 방식으로 파악하고 그 바탕 위에서 주자학을 체로 하고 양명학을 용으로 하는 "평등주의로써 현

---

119) 『전집』, 제4권, 「몽배금태조」, 173쪽.
120) 같은 책, 같은 곳, 194쪽.
121) 이만열 편, 앞의 책, 「교육이 홍하기를 힘써 바람」, 87쪽.

세계의 패권을 독점한 강권주의자와 도전하고자 했던",[122] "천하의 大中을 극진히 하고, 천하의 바른 이치를 다하는"[123] '치중화된 세상'을 꿈꾸면서 당시의 국권회복이라는 민족적 과제의 해결을 위해 신명을 다 바치고자 했던 백암의 '유교적 애국의리'의 의미가 선명하게 드러난다. 그래서 그는 다음과 같이 말할 수밖에 없었던 것이다.

> 대개 하늘의 도는 모든 중생을 아울러 낳고 길러 모든 것에 후박함의 구별이 없으니 도덕가는 이를 원본으로 삼아 만물일체의 仁을 발휘하고 추진하여 천하의 경쟁을 그치게 함으로써 救世主義를 삼은 것이다. 그러나 하늘이 만물을 낳아 모두 함께 길러 서로 피해가 없게 한 것이지만 그 物이 스스로 커나갈 힘이 있는 자는 생존을 얻을 것이요, 그렇지 못하면 생존을 얻지 못할 것이다.[124]

당대는 '애국의리'를 다른 그 어느 때보다도 간절하게 요청하는 시기이면서도, '애국의리'의 존립을 유례없이 위협하는 상황이라고 보는 데서[125] 백암의 유교적 애국의리는 숭고한 도덕적 의미를 담은 비판의 예리한 칼날이 되었던 것이다. 천리가 날로 소멸하여 "인간들은 모두 현재의 영욕만을 알고 장래의 영욕은 알지 못하여 육체의 고락만 알고 영혼의 고락은 알지 못하는 까닭에, 善을 행하려는 자가 적고 惡을 행하려는 자만 많은"[126] 시대에 처하여 이를 바로잡고 극복할 수 있는 유일의 지표가 주자학을 체

122) 『전집』, 제4권, 「몽배금태조서」, 168쪽.

123) 같은 책, 제3권, 『겸곡문고』, 「종교설」, "夫極天下之大中, 盡天下之正理."

124) 같은 책, 제4권, 「몽배금태조」, 176쪽.

125) 이 시기를 백암은 "넓고 넓은 大海와 큰 파도에 풍랑은 오히려 더욱 치열하고 彼岸은 보이지 않는" 암담한 상황으로 묘사하고 있다. 이만열 편, 앞의 책, 「누가 내 나라를 구하며 누가 내 민중을 살릴 것인가」, 21쪽.

126) 『전집』, 제4권, 「몽배금태조서」, 174쪽.

로 하고 양명학을 용으로 하는 '儒教的 愛國義理'의 확립이라고 생각했다. 유의할 것은 백암의 이러한 논법은 그가 숨을 거둘 때까지 유교에 대한 믿음과 희망을 포기하지 않고, 그것을 "새 시대의 요청에 맞도록 창조적으로 발전시켜"[127] 한민족의 자주독립을 위한 강력한 무기로 삼고자 했던 애국계몽운동가의 실천적 삶의 결과라고 해야 할 것이다.

5. 맺는 말

지금까지 백암 철학사상에 대한 정당한 이해를 위한 하나의 전초 작업으로서 백암 철학사상의 기반, 백암 철학사상의 특성, 백암의 현실 인식과 그 대응의 문제를 주자학적 관점에서 해명해 보았는데, 그 요점을 정리하면 다음과 같다.

백암 철학사상의 기반은 아버지 박용호로부터 배운 유학, 즉 주자학이었다. 그리고 그의 주자학적 사유 체계는 26세 때 雲庵과의 만남을 통해서 더욱 심화·발전되었다. 백암의 철학사상은 주자의 리기이원적 사유체계 안에서 세계와 인간을 이해하고 또 그것을 바탕으로 유교적 대의와 민족의 자주자강을 이끌어 내려고 한 데서 그 특성을 찾을 수 있다. 그는 리를 높이고 리와 기를 분별하여 救世와 민족문제를 해결하고 그 대안으로서 '대한정신'과 '한국혼'을 주창하였던 것이다. 그런 점에서 백암 철학사상의 전반적 내용과 성격은 주자의 리기이원론적 사유체계를 크게 벗어나지 않는다고 볼 수 있다.

그러나 그것을 구현하는 방식에는 주자와 어느 정도 차이가 있음을 알

---

127) 신용하, 『박은식의 사회사상연구』, 서울대학교 출판부, 1982, 209쪽.

게 되었다. 그 단적인 예가 바로 백암이 隨時變易의 입장에서 주자학을 체로 하고 簡單直切한 양명학을 용으로 하는 유교이념의 개혁을 자신의 애국계몽운동 중심과제로 삼은 것이다.

이를 근거로 백암은 천리와 인욕, 영혼과 육체를 양분하고, 천리와 영혼이 불변하고 무궁함을 강조하면서 우리 민족이 단군의 혈손인 大東민족으로서 신성한 종족이고 우리나라는 군자국으로서 중국과는 다른 예의의 나라임을 천명하였다. 그래서 백암은 "사람이 능히 나라를 위해 충성을 다하고 동족을 사랑하면 이는 천리의 고상 청결한 것을 얻어 신성한 자격으로 만세의 숭배를 받을 것이다."[128]라고 했고, 또 「동양의 도학원류」라는 논설에서는 "송나라 시대에 이르러 周張程朱諸賢이 나와서 태극의 이치를 내세우며 그 蘊畜된 것을 발휘하였고 主靜居敬窮理의 공부로 실천을 삼았다. 이때에 도학의 종지가 크게 세상에 밝혀졌다."[129]라고 주장했다.

이상의 고찰을 통해, 이 글이 시도했던 백암 철학사상에 대한 주자학적 이해는 종래 백암연구에서 거의 다루지 않았던 백암 철학의 새로운 접근방식이었으나 충분한 연구라고는 말할 수 없다. 다만 백암을 양명학자로만 보려고 하는 기존의 관점에서 벗어나, 애국계몽운동가이자 주자학자로서 앎과 실천이 일치했던 삶을 살았던 백암의 진정한 면모를 드러내는 하나의 계기를 마련했다고 하는 점에 그 의미를 두고자 한다.

---

128) 『전집』 제4권, 「몽배금태조」, 173쪽.

129) 『전집』 제5권, 「東洋의 道學源流」, 457쪽.

토암 이승여의 철학사상과 현실 인식

1. 이끄는 말

이 글은 金剛大道 총본원에서 펴낸 『大聖經』, 『大聖蹟編年』, 『聖訓通攷』, 『開道百年史』 등을 바탕으로 금강대도를 창도한 토암 이승여(土庵 李承如, 1874~1934)의 철학사상을 儒敎的 관점에서 살펴보는 데 주된 목표를 두고 있다.

이 문제의 흥미와 중요성은 한말・일제강점기를 살았던 "대종교인이자 대사상가"[1]의 철학사상이라는 범위에만 머무르지 않는다. 그것은 토암이 "악한 일이 나날이 행해지고 겁운이 하늘에까지 미쳐"[2] 전통적 삶과 형식이 철저하게 파괴되고 '민족의 존재 자체가 위협받는' 시대를 살면서도 거기에 굴하거나 야합하지 않고 오직 "도덕사업가"[3]로서 민족의 정기를 고

---

1) 장승구, 「토암사상의 철학적 고찰」, 『종교학연구』, 제2호, 금강대도종교학회, 2002, 87쪽 참조.

2) 금강대도 총본원, 『聖訓通攷』, 1954, 52쪽.

3) 이 점은 토암의 다음 말에서도 분명하게 확인된다. "세상 사업이 셋이 있으니, 첫째는 도덕사업이요, 둘째는 제왕사업이며, 셋째는 문장사업이다. 나는 도덕사업가요 제왕사업가는 아니다." 『성훈통고』, 52쪽.

취시키고, 현세에서 도덕을 축으로 한 이상적 세계를 이뤄내고자 신명을 바친 인물이기 때문이다. 그가 개도 50년에 금천에 법당을 건설하고 비밀리에 國祖檀君의 聖像을 봉안한 일이나,[4] 「敎諭文」에서 "마음을 알고 본성을 앎이며 하늘을 몸 받어 이치를 살펴서 忠孝로 근본으로 삼아야 한다."[5] 라고 한 말을 통해서도 확인할 수 있다.

새삼스럽게 설명할 필요도 없이 일제강점기라는 암흑의 상황에서 토암이 지켜낸 지행일치적이고 중생구제를 위한 거룩한 삶의 행적은 우리에게 뜨거운 감동과 경이를 안겨주고 있다. 특히 당대의 제반 현실적 모순과 종교의 이념적 갈등에 대해, 종교인이자 사상가로서 그가 보여준 놀라운 통찰력이나[6] 현세 지향적이며 실천적인 도덕적 개화의 주창은 오늘날에도 "인류의 영원한 구세주"[7]로 불리게 하고 있다.

이러한 면에 착안하여 논자는 토암의 철학사상을 '유교적 시각'에서 해명하고, 토암 철학사상의 기반, 구조, 성격, 특성 등이 무엇인가를 검토한 다음 그것이 현실 인식이나 현실 대응과는 어떤 내적 연관성이 있는지를 고찰하고자 한다. 이때의 유교라는 말은 선진유학에서 토암이 재세하던 당시의 주자 성리학까지를 가리키는 개념이다. 그리하여 오늘날 토암의 철학사상에 관한 체계적인 연구가 전무한 상황에서 토암 사상의 철학적 연구를 심화시키고, 늘 인간 존재의 정신적 · 도덕적 중요성과 도덕문명의 개화시대를 역설한 토암의 지난했던 삶과 꿈을 정당하게 평가하는 데 일익을 담당하고자 한다.

---

4) 금강대도 총본원, 『大聖蹟編年』, 1954, 31쪽 참조.

5) 금강대도 총본원, 『大聖經(二)』, 「敎諭文」, 권2, 45쪽.

6) 이 점과 관련하여 토암의 다음 말은 많은 참고가 된다. "일본인이 비록 저토록 일하는 것이 견고하지만 장차 눈물을 흘리며 돌아갈 날이 있을 것이다. 일본인이 간 뒤에 각색 인종이 다 조선에 모이니라." 『聖訓通攷』, 금강대도 교화교무원, 개도127년. 77쪽.

7) 이재현, 『건곤부모님과 금강대도의 진리』, 미래문화사, 2003, 15쪽.

2. 토암 철학사상의 기반

한 위대한 인물의 정신세계나 철학사상을 온당하게 평가하기 위해서는 그가 살아온 삶의 과정을 되짚어 보는 일이 반드시 필요하다. 역사 내의 어떤 철학, 사상, 이념 및 종교도 주변 문화와의 창조적 접촉, 일명 '지평 융합'이라 불리는 전개 과정을 통해 형성된 것이기 때문이다.[8] 이 문제에 관한 한 토암도 예외가 될 수 없다.

먼저 토암의 생애, 학문적 연원 및 成道과정을 간략하게나마 살펴보기로 한다.[9] 토암은 韓山人으로 字는 顯宇이고 이름은 承如이며 호는 土庵이다. 그는 1874년 음력 5월 19일 寅時에 강원도 통천군 답전면 포항리에서 농사를 짓고 살던 同知公 李文囿와 旌善 田氏 사이에 장남으로 태어났다. 동지공은 목은 이색(牧隱 李穡, 1328~1396)의 17세손으로 일찍부터 세속적인 名利보다는 도에 뜻을 두어 그것을 배우고 익히는 일을 오로지 하였던 인물이다. 『개도백년사』에서는 이를 "가세가 비록 청빈하였으나 맑은 덕과 아름다운 행실로 도를 즐거워하였다."[10]라고 기술하고 있다.

주지하다시피 목은은 고려 말 三隱의 한 사람이며 조선 성리학을 발전시키는 데 지대한 공헌을 한 유학자이다.[11] 그는 특히 『주역』과 『중용』에 밝아 유학을 '義理之學'으로 이끌었으며 성품은 寬厚하고 원만하였다고 한다.[12] 그가 「眞宗寺記」에서 "대개 효는 리의 근본이다. 아랫사람을 사랑으로 어루만지고 윗사람을 충성으로 섬기는 것이 모두 이 효도에서 나온

8) 이정배, 『없이 계신 하느님, 덜 없는 인간』, 모시는 사람들, 2009, 58쪽 참조.

9) 2장 서술의 대부분은 금강대도 총본원편, 『대성적편년』, 『성적제강』, 『개도백년사』 등의 내용을 요약하여 정리한 것이다.

10) 『개도백년사』, 개도원년, 10쪽.

11) 김충열, 『고려유학사』, 고려대학교 출판부, 1984, 178쪽 참조.

12) 최영성, 『한국유학사상사』, 古代 · 高麗篇, 아세아문화사, 1994, 371-373쪽 참조.

것이다.”[13]라고 한 말은 이를 간명하게 집약할 만하다. 동지공 역시 이러한 목은의 영향을 많이 받았을 것으로 보인다. 『대성적편년』 개도 원년의 한 대목 “대대로 전하는 유업이 다만 부모에게 효도하고 어른에게 공경하는 일이다.”[14]라는 말은 그 단적인 예가 될 것이다. 이렇게 보는 한 토암의 철학사상 형성에 목은이 끼친 영향 또한 간과할 수 없는 부분이다. 그가 개도 46년 3월 李承斗에게 “내가 목은 선조의 풀지 못한 원한으로 금강산 정기를 받아서 이 세상에 태어나 제도중생 하며 오만 년 법강을 세웠느니라.”[15]라고 한 말에서 이 점이 분명하게 확인된다.

『성훈통고』에 의하면 토암은 生而知之한 인물이다. 두뇌가 총명하고 재주가 뛰어나 “일곱 살 때에 독서에 뜻을 두어 천자문을 끼고 이웃 글방에 가서 불과 두 달 만에 종료하고 啓蒙편을 읽음에 첫째 줄을 보고 그 나머지를 모두 알았다.”[16]고 한다. 또한 그는 “천품이 비범하고 神彩가 원융하며”[17] 어려서부터 행동거지가 보통사람과 많이 달랐다고 한다.

> 대성사부님(토암)께서는 어릴 적부터 말씀과 웃음을 망령되이 아니하시고 기쁘고 노함을 나타내지 아니하시더니 차차 자라심에 걸음걸이를 편안하고 자세하게 하사 어른 앞에 나가고 물러감에 절조가 있으시고 동하고 정하며 말하고 고요함이 크게 보통 사람과 다르시었다.[18]

이로써 알 수 있듯이 토암의 어릴 적 삶을 지배한 것은 ‘道問學’보다는

---

13) 『牧隱之藁』, 권1, 「眞宗寺記」. “孝蓋理本, 撫下仁事上忠, 皆於是乎出.”
14) 『대성적편년』, 개도원년, 3쪽.
15) 『성훈통고』, 6쪽.
16) 『성훈통고』, 13쪽.
17) 『개도백년사』, 개도5년, 10쪽.
18) 『대성적편년』, 4쪽.

'尊德性' 공부였으며,[19] 그것은 곧 스스로 덕을 쌓아 몸소 모범을 보여주는 공부였다. 그는 어릴 적부터 "인간을 인간이게 할 수 있는 완전하고도 특유한 것이 인간의 도덕적 힘이고,"[20] 또 인간의 전정한 삶이 인간의 도덕을 바로 세우는 일이라는 생각을 하게 되었던 것이다. 이러한 토암의 생각이 아버지 동지공의 '無言之教', 즉 "가세가 군색하시되 덕을 닦고 의리를 행하는"[21] 가르침에 근거한 것임은 더 부언할 필요가 없다. 이에 따라 토암은 아버지의 '말 없는 가르침'과 '대대로 전하는 유업'을 정통으로 받들어 자신의 공부와 삶의 기준으로 삼고 이를 온몸으로 깨우쳐 나갔다. 이 경우 대대로 전하는 유업이란 "부모께 효도하고 형제간에 우애하며 人道를 밝히는 일"[22]을 가리킨다. 이와 같은 그의 노력은 18세 되던 해에 "체질의 부대하심과 기국이 밖으로 나타남이 크게 평소보다 다른"[23] 모습을 갖기에 이르렀다. 『大學』 傳六章 "德은 몸을 윤택하게 만든다. 덕이 쌓이면 마음이 넓어지고 몸이 펴진다."[24]라는 말이 여기에 많은 참고가 된다.

이후 토암은 초근목피로 연명해야 하는 절대적 궁핍 속에서도 "아침에는 들에 나가 부지런히 밭을 갈고 밤에는 집에 돌아와 정성껏 공부하는"[25] 생활을 지속하였다. 그가 가장 큰 가치를 부여한 공부, 즉 도를 힘써 닦는 일이란 물질적 삶에 휘둘리지 않는 데 있다고 하면서 뒷날 제자들에게 다음과 같이 말한 것도 이러한 인식의 소산일 것이다.

---

19) 『中庸』, 제27장. "君子尊德性而道問學." 참조.
20) 허버트 핑가레트, 『공자의 철학』, 송영배 옮김, 서광사, 1993, 28쪽.
21) 『대성적편년』, 개도5년, 4쪽.
22) 『성훈통고』, 94쪽.
23) 『개도백년사』, 개도18년, 12쪽.
24) 『大學』, 傳六章. "德潤身, 心廣體胖."
25) 『대성적편년』, 개도18년, 6쪽.

닦고 안 닦는 것은 배고픔이 극심한 지경에 이른 연후에야 알 것이요, 믿고 안 믿음은 죽을 땅에 빠진 연후에 알 것이니, 道만 잘 닦으면 배고프고 추움에 무슨 근심이며, 신앙이 독실하면 죽을 땅에 빠진들 무슨 근심이 있으리오?[26)]

토암은 나이 20세 때에 세상에 태어나서 처음으로 솜버선을 신었고, 21세 정월에는 어머니 大德慈師의 상을 치렀는데, 토암은 "아우로 더불어 몸소 물 긷고 불 때는 일과 궤면을 받드는 일에 그 정성을 극진히 하였고"[27)] 또 아버지 동지공을 봉양하는 데도 한 치의 소홀함이 없었다. 토암의 이러한 삶의 자세와 도를 추구하는 태도는 그의 전 생애 동안 변함없이 일관된 것이었다.

이 시기 특히 주목되는 사항은 토암이 20세 때에 처음으로 어머니로부터 솜버선을 받아 신었다는 점이다. 이 경우 '솜버선을 신었다'는 말은 다의적으로 해석할 수 있는 상징적 표현이다. 그것은 토암이 자신의 정체성을 분명하게 깨달았다는 의미이기도 하고, 비로소 세상 사람들로부터 인정을 받게 되었다는 뜻이기도 하며, 세상을 교화시키고 세상과 소통할 수 있는 권위와 근거 및 방책을 얻었다는 의미이기도 하다. 중요한 것은 이 모든 의미가 집약된 '솜버선' 속에 "인간을 위해 세계의 기초를 놓고 뒤바뀐 자리를 바로 세우려는 성스러운 노력이 숨어 있다."[28)]는 점이다. 그가 어머니가 주신 솜버선을 평생 잊지 못하고 가슴에 품고 살았던 것도 이와 무관하지 않다.[29)] 그러다가 그의 나이 24세 9월에 達城人 徐相儀의 장녀와 결혼하였다. 배우자 서씨의 이름은 宜福이고 호는 慈庵이다. 자암은 강원

26) 『성훈통고』, 22쪽.
27) 『개도백년사』, 개도21년, 13쪽.
28) 조너선 스미스, 『자리잡기』, 방원일 옮김, 이학사, 2009, 21쪽 참조.
29) 『개도백년사』, 개도20년, 13쪽.

도 통천군 답전면 포항리의 한 돌섬(石島)에서 태어났는데, 천품이 孝友하고 원대한 器量과 행실이 보통 여자들과는 많은 차이가 있었다고 한다.[30)]

토암은 결혼 후에도 주경야독을 계속하면서 사사물물의 이치와 구세중생의 방도를 궁구하는 데 온 힘과 정성을 기울였다. 그가 "창고가 차야 예절을 알고 의식이 족해야 영화와 욕됨을 안다." 고 주장하는 장모 보덕자사의 말을 논박한 다음의 예에서 그 점을 보다 분명하게 읽을 수 있다.

> 사람이 세상에 남의 글을 읽지 아니한 大人이 없고 또 남자가 세상에 있음에 반드시 글을 읽어 이치를 통한 연후에 작게는 가히 일대의 모범이 되고 크게는 가히 만세의 聖賢이 되며 나라의 棟樑과 선비의 표준이 됨이 모두 글을 읽지 아니하고 되는 이가 없다.[31)]

토암의 학문적 열정과 중생구제에 대한 悲願은 오히려 타고난 것이었다. 이러한 삶의 품격은 우연하게 이루어진 것이 아니라 상당히 오랜 기간에 걸쳐 형성되고 체계화된 것임은 더 말할 나위가 없다. 이때 그가 깨달은 것은 인간존재의 정신적 · 도덕적 영역이 물질적 영역보다 훨씬 소중하고 가치가 있으며, 참된 학문이란 천하의 이치에 통달하여 천하의 임무를 다해야 한다는 것이었다. 그런 점에서도 『성훈통고』에 실려 있는 토암의 말 "소위 도를 믿고 도를 닦는 사람은 어느 때든지 가난과 추위를 면하지 못함이 일리가 있는 것이니라. 도덕은 빈천한 데서 나오는 것이고, 문자는 곤궁한 데서 나오는 것이니, 세상부귀, 빈천으로 마음을 동요치 마라."[32)] 는 시사하는 바가 매우 크다. 이런 방식으로 사유하는 실마리는 유년기부

30) 『개도백년사』, 개도24년, 13-14쪽.
31) 『대성적편년』, 개도30년, 10쪽.
32) 『성훈통고』, 61쪽.

터 보였으나, 이 설이 본격화되어 구체적인 철학사상으로 체계화되기 시작한 것은 그의 나이 33세 이후의 일이다.

주지하다시피 토암은 33세 되던 1906년 2월 15일 "자신의 인생에 결정적인 전환점이 된 일종의 종교적 체험",[33] 즉 "인간에게 공간을 코스모스화해주고 천상의 초인적인 세계와 소통하게 해주는 '성스러운 중심'을"[34] 깨닫는 큰 사건을 경험하게 된다. 이 점에 대해 『개도백년사』는 다음과 같이 기술하고 있다.

> 이해 2월 15일에 아우(승로)와 더불어 소를 몰고 남암산 깊은 골에 들어가시어 솔뿌리와 관솔을 캐서 아우로 하여금 먼저 한 바리를 실려 보내고 또 한 짐을 캐서 친히 지고 오시다가 길옆에 곤하여 누웠더니 별안간 천지가 맑아지고 천지가 조용하여 정신이 덤덤하더니 조금 있다가 六合(천지와 동서남북)이 홀연히 열리고 모든 이치가 관통하니 입으로부터 '顯宇閏歲皇하니 人開地風水라(우주에 나타나사 윤달드는 해가 켜질새 사람들이 땅과 바람과 물을 열었도다)' 하는 글이 나오더라.[35]

이렇게 해서 토암은 자신을 새로운 우주를 열고[36] 새로운 도덕 문명을 건설할 大任을 부여받은 "도덕사업가"[37]로서 깨닫게 되었다. 그래서 그는 "천지는 부모이시니 우주 만물을 나와 형제라 해도 과언이 아니요 사람이 만물의 영장이니 비록 금수, 곤충, 초목이라도 마땅히 사랑하여서 함부로

---

33) 이재헌, 『금강대도 종리학 연구론』, 미래문화사, 2005, 31쪽 참조.
34) 조너선 스미스, 『자리잡기』, 20쪽.
35) 『개도백년사』, 개도33년, 15-16쪽.
36) 이재헌, 앞의 책, 32쪽 참조.
37) 각주 3) 참조.

죽이고 꺾지 않아야 하느니라."[38]라 하였고, 또 "하늘이 만물을 내심에 사람보다 귀한 것이 없고 가장 영특한 것이 또한 사람인데, 그 靈貴란 것은 윤리와 도덕이 있기 때문이니 그렇지 아니하면 무슨 영귀한 것을 말할 것이 있으리오."[39]라고 말하지 않을 수 없었던 것이다. 이는 오늘날 금강대도에서도 일반적으로 공인하는 토암 大覺의 이해 방식이다. 이후 그는 자신을 金剛道師, 부인 자암을 蓮萃道師라고 자임하면서 도덕을 바탕으로 한 天道 · 地道 · 人道의 완성을 궁극 목표로 하는 도덕사업을 전개하였다.[40]

여기서 특히 유의할 점은 그가 '도덕사업'을 강조한 사실이다. 이는 그의 학문적 · 철학적 · 종교적 뿌리가 인간존재의 본질을 도덕성 그 자체에서 찾는 유교에 두고 있음을 단적으로 증명하는 좋은 예일 것이다. 그가 "사람이 세상에 살며 충효로 위주하고 오륜이 분명해야 사람이라고 말할 수 있다."[41]고 하면서 '도덕'을 가치기준으로 삼아 인간과 세계를 해석하고 '도덕문명의 개화시대'를 위해 신명을 바치고자 했던 것도 이와 무관하지 않다.

> 부모에게 효도와 나라 임금에게 충성과 스승에게 정성과 부부의 화합과 형제의 사랑함과 어른과 어린이의 차례와 종족의 화목함과 벗의 믿음과 이웃 사람과의 사귐을 착한 마음으로써 행하면 일만 죄의 검은 호적(萬罪之黑籍)이 온전히 사라지고 이름이 天上玉京 白玉樓에 오르리라.[42]

38) 『성훈통고』, 6쪽.
39) 『대성적편년』, 개도37년, 16쪽.
40) 양정숙, 「金剛大道의 誠 · 敬思想에 관한 철학적 탐구」, 대전대학교 석사논문, 2008년 2월 80쪽 참조.
41) 『성훈통고』, 63쪽.
42) 『大聖經(二)』, 「敎諭文」, 권4, 128쪽.

이미 논한 바와 같이 토암의 학문적 기초는 선조 목은과 아버지 동지공으로부터 배운 '成己'를 위주로 하는 유교였고, 그것은 또한 33세 때의 '큰 깨달음'을 통해 '成物'을 바탕으로 한 사회적 · 실천적 유학의 이해로 轉化되고 심화하였다.[43] 이는 곧 그가 유학을 "자기의 문제에 그치지 않고 남을 이루어주는 것(成物)이 되는 것으로서 자주성과 동시에 사회성 · 세계성으로 연결되는 이념적 근거"[44]로 받아들였다는 의미이자 '先秦儒學'에서 학문의 참된 근거를 찾았다는 뜻이기도 하다. 그가 「敎諭文」에서 "어진 자는 죽어서도 공자의 仁에 저버리지 아니하고 옳은 자는 죽어도 맹자의 의리에 저버리지 아니하니 살펴 내 말을 들어서 공자와 맹자의 仁義道德을 저버리지 마라."[45]라고 한 말에서도 이 점은 분명히 확인된다. 다음은 이 문제가 토암에게 얼마나 절실한 문제이었는가를 잘 보여주는 예일 것이다.

> 사람이 이 세상에서 행할 바가 무엇이냐? 국가를 충성으로 섬기고 스승을 誠敬으로 섬기며, 어버이를 孝誠으로 섬기면, 사람이 행할 도리는 여기서 끝나는 것이리라. 이 세 가지 섬김을 행하는 법도가 옛 성인의 책 속에 실려 있어서 명확히 설명하고 있지만, 오늘날 사람들이 알면서도 행하지 않는 자가 있는가 하면, 몰라서 행하지 않는 자도 있어서 倫常이 퇴폐하는 지경까지 이르렀으니, 이 어인 일인가? 이는 성인의 자취가 너무 오래되어 길을 가르쳐주는 사람이 없는 까닭이다.[46]

---

43) 이 경우 '成己'와 '成物'은 유학의 기본 정신을 단적으로 드러내 주는 말로서 그 전거는 『중용』 25장의 한 대목 "誠者, 非自成己而已也, 所以成物也."에 두고 있다.

44) 이동준, 『유교의 인도주의와 한국사상』, 한울, 1997, 50쪽.

45) 『대성경(二)』, 「교유문」, 권3, 61쪽.

46) 『성훈통고』, 90쪽.

이로써 알 수 있듯이 토암의 33세 이후의 삶은 개인적 덕성함양이나 심성수양과 같은 문제보다는 어지러운 세상을 바로잡고 '큰 겁운에 싸여 죽어가는' 중생들을 구제하는 것이 더 절박한 학문적 과제였던 것으로 보인다. 이런 과정에서 그는 『주역』의 '變通'과 '自强不息'의 정신을 바탕으로[47] 유교의 폐습을 극복하고자 하였으며 또 '유불선 삼교'를 주체적으로 수용할 수 있는 기초도 마련하였다.

> 대개 모든 성인이 마음은 한 가지요 도는 둘로 나눔이 없으니 유불선 삼교의 각각 주장함이 비유하건대 세 척의 배에서 한 개의 달을 보는 것과 같다. 배는 비록 세 척이나 달은 하나요. 유가의 마음을 두고 성품을 기름과, 불가의 마음을 밝히고 성품을 봄과 선가의 마음을 닦고 성품을 단련함이 말은 비록 다르나 마음과 성품은 한가지다. 유가의 사서오경이 비록 많다 하나 다만 오륜을 밝힘에 있고 불가의 8만장경이 비록 자세하다 하나 대자대비에 지나지 않고 선가의 5천단서가 많지 아니함이 아니로되 다만 맑고 깨끗함에 있을 뿐이다. 유도의 윤상과 佛仙의 자비와 청정이 합하면 합할 것이니 무슨 얼음과 숯처럼 서로 반대될 것이 있으리오. …… 이제 사람이 진리를 알지 못하고 자기주장을 하는 것으로 能事로 삼아 道를 상하고 德을 패하게 하는 지경에 이르렀으니 어찌 통탄치 아니하리오.[48]

그리하여 토암은 유교의 '成己之學'을 포용하면서 '成物之學', 곧 사회적 실천에 큰 비중을 두어 인류애적인 정신으로 '도덕사업'을 몸소 구현해 나갔던 것이다. 그래서 그는 제자들에게 "三敎를 통합하고 미륵불 출

---

47) 『대성경(二)』, 「교유문」 권4의 한 대목 "窮理潛心, 無不變通矣"라는 말은 여기에 좋은 참고가 된다.

48) 『개도백년사』, 19쪽.

세운에 응하여 이 세상에 난 자가 어찌 네 선생이 아니냐? 후일에 나를 보려 해도 볼 수 없으리니, 부지런히 부지런히 왕래하라."[49]라고 말하기까지 했다.

이렇게 볼 때 토암은 유교의 근본정신을 '成己'보다는 '成物'에서 찾고 또 그것을 통하여 당시의 위기적 · 절망적 상황을 초극하고 해결하려고 했던 것으로 보인다. 그가 『성훈통고』에서 "대겁이 가까웠으니 너희들이 장차 어떻게 생명을 부지할 수 있겠는가? 첫째 家和이니, 가화 가운데 五倫이 있고, 둘째 청결이니, 청결 가운데 신선 부처가 있으리라. 내 말을 저버리지 말고 급히 급히 回頭하라."[50]고 말한 것은 그 단적인 예가 될 것이다. 이러한 토암의 입장이 인간의 도덕성과 정신력에 대한 무한한 신뢰를 바탕으로 한 것임은 재언을 요하지 않는다. 이 점은 그가 『道德歌』에서 "天地萬物 많은 것 중에 貴한 것이 사람이라 무엇으로 貴하느뇨 五倫三綱 귀하더라 五倫之道 모르며는 禽獸엔들 比할소냐."[51]라고 노래한 데서 분명하게 드러난다.

이처럼 토암은 학문과 삶의 正道를 얻고 구현하는 데 있어서 선조와 아버지의 가르침, 즉 선진유교를 기준으로 삼았고, 또 그것을 바탕으로 하여 '儒佛仙 三宗一合'을 체득 · 躬行하여 일제강점기가 빚어낸 정치 · 사회 · 사상적 모순과 부조리와 맞대결하면서 인간세에 '도덕 개화 세상'을 만들고자 하였다. 여기에 제시된 그의 현실적 방도와 도리가 다름 아닌 '도덕사업'이었다. 이 경우 '도덕사업'이란 "종교 본연의 대중적인 구제사업"[52]만을 지칭하는 개념은 아니다. 그것은 도덕사업이 천지인 삼재의 도까지

49) 『성훈통고』, 7쪽.

50) 『성훈통고』, 76쪽.

51) 금강대도 총본원, 『道德歌』, 「明倫歌」, 1쪽.

52) 이재헌, 『금강대도 종리학 연구론』, 201쪽.

완성해야 하는 넓은 의미의 사업이기 때문이다.

3. 토암 철학사상의 특성

위에서 논한 바와 같이 토암 철학사상은 유교에 그 뿌리를 두고 있다. 그의 유교관은 그가 재세하던 대한제국기와 일제강점기라는 시대적 환경으로 인해 매우 실천적이며 개혁적이다. 이것은 그가 유교의 주요문제를 순수 철학적인 면보다는 도덕적 지향과 사회 실천적인 면을 위주로 하여 접근하였음을 뜻하는 것이기도 하다. 이는 곧 유교의 핵심 과제를 '成己'보다는 '成物'의 시각에서 이해하는 태도이며, "불시에 불어 닥칠 大劫雲을 피해 목숨을 부지하기 위해서는[53] 올바른 도덕실천밖에 다른 길이 없다는 확신 때문이다. 이런 점에서도 토암이 그토록 강조했던 "나라에 충성하고 부모에게 효도하며 師門에 誠敬하는"[54] 일은 유교를 개혁적이고 사회 실천적인 측면에서 계승 · 발전시킨 것이라고 볼 수 있을 것이다.

> 千秋에 도덕은 공자와 맹자에게서 영원한 바라 오륜삼강이 천하에 유전하였도다. 의리로써 부모를 섬기고 의리로써 임금을 섬기며 의리로써 부부가 되고 의리로써 형제가 되며 의리로써 師弟가 되고 의리로써 친구가 되게 하라. 부모 섬기는 마음씨로 임금과 스승을 섬긴즉슨 종신토록 정성을 다해야 하나니, 정성으로써 부모를 섬기면 효도가 어진 마음으로부터 나오고, 공경으로써 임금을 섬기면 충성이 의리로부터 생겨 나오고, 정성으로써 스승을 섬기면 道가 청

53) 『성훈통고』, 76쪽 참조.
54) 금강대도 총본원, 『대도입문』, 2000, 12쪽.

백한 데서 나온다. 충절은 남자에게 있고 貞烈은 여자에게 있으니 자식 낳기가 어려운 것이 아니라 자식 기르기가 어렵고 자식 기르기가 어려운 것이 아니라 자식 가르치기가 어렵도다. 자식을 기르고 가르치지 아니하면 부모의 허물이요 가르치고 인도하기를 엄하게 하지 않음은 스승의 게으름이라. 스승을 가려서 의리로써 도를 세우고 어진 것으로써 덕을 쓸 것 같으면 天下가 다 善해지리라.[55)

이처럼 토암은 유교의 본령이 忠·孝·誠敬을 통한 蒼生 救濟에 있음을 분명히 하였다. 따라서 그에게는 무엇을 아느냐 하는 것보다 어떻게 살고 행동하느냐 하는 문제가 더 절박하고 절실한 문제였다. 이는 그가 당시를 "하늘에까지 미친 대겁운이 목전에 다가와 생명조차 부지하기 어려운"[56) 극한 상황으로 파악하고 있었기 때문이다. 우리는 그의 철학사상도 이런 각도에서 접근하고 이해해야 할 것이다. 앞장에서 살펴본 바처럼 토암은 어린 나이 때부터 '대대로 전하는 유업'인 孝悌를 배우고 또 33세 이전까지는 주경야독으로 유교의 기본 경전들을 다 독파한 인물이다. 이때 그가 공부한 것은 주로 개인의 심성수양과 내면적 완성, 즉 '成己'의 문제였다. 그 단적인 예가 그의 저술 곳곳에서 발견되는 성리학의 핵심 주제인 리기심성론에 관한 언급들이다. 예컨대, 그가 「교유문」에서 "리와 기에 따라 묻고 대답함을 순전한 그 조화대로 함이 바름(正)이다."[57)라고 한 말이라든가, "마음을 기르고 성품을 기르는 학문과 행실이 일치하여야 道가 된다."[58)라고 한 말이 여기에 많은 참고가 된다. 이로써 보면 토암은 당시 유

55) 『대성경(二)』, 「교유문」, 권1, 19쪽.
56) 『성훈통고』, 76쪽 참조.
57) 『대성경(二)』, 「교유문」, 권2, 30쪽.
58) 같은 책, 33쪽.

교계의 최대 관심사였던 리기론이나 심성론 같은 순수 철학적인 문제에 대하여도 적잖이 공부했던 것으로 짐작된다.

그러면 이렇게 '成己' 공부에 심취해 있던 그가 왜 '成物' 공부로 방향을 틀게 된 것일까. 앞서 언급했듯이 토암의 나이 33세 때 '나무꾼으로서의 큰 깨달음'[59]이 특히 유익한 디딤돌을 제공할 수 있다고 본다. 이 경우 '나무꾼'이란 산에서 땔나무를 해서 팔아먹고 사는 궁핍한 사람이면서 세상의 중심부에서 밀려난 소수자를 구원하는 선각자를 가리킨다. 그런 점에서 토암은 누구보다도 땔나무를 잘하는 위대한 나무꾼이었다. 여기서 땔나무는 물론 상징화된 '意味體'이다. 그것은 "대겁이 이를 것도 알지 못하고 코를 골며 자는"[60] 어리석은 중생을 뜻하기도 하고, 이민족의 정치적 폭압에 신음하는 민중을 의미하기도 한다. 여하튼 이때의 나무꾼으로서의 경험과 내적 성찰을 통해 토암은 '成己'적 삶의 방식에서 벗어났고, 형식화·보수화·교조화된 정주학적 사유체계와도 결별하게 되었다. 그가 유교를 공부한다고 하면서 공자보다 程朱에 더 깊이 빠져있는 당시 학자들을 비판한 아래의 예문에서 이 점을 특히 선명하게 보게 된다.

> 요사이 학자들이 비록 공자 배우기를 所願한다고 하나 그 마음은 감히 공자를 배우지 못하고 다만 程朱에 마음이 머물러 있나니, 어찌 그럴 수 있겠느냐? 한 가정에서도 자식이 아버지보다 낫다고 하면 아버지가 기뻐하나니, 道德之家엔들 어찌 그렇지 않겠느냐? 前聖보다 낫다고 하면 전성이 기뻐하시거늘 오늘날 학자들이 그렇지 아니하니 공자의 영혼이 없으면 모르겠거니와, 만약 있다면 반드시 노하여서 기뻐하지 않으리라.[61]

59) 각주 35) 참조.
60) 『성훈통고』, 75쪽.
61) 같은 책, 78쪽.

이렇게 해서 토암은 도덕성 · 사회성 · 실천성을 특징으로 하는 선진유학의 '成物적 삶의 방식'을 무너진 道와 인간의 참된 삶을 회복할 수 있는 유일한 길이자 대안이라고 확신하게 되었으며 그 결과가 이른바 "도는 유불선 삼교의 권한을 받으시고 德은 天地人 三才의 자루를 주관하시는"[62] 役事로 나타났다.

그렇다고 토암이 당대의 지배적 이념이자 문화원리인 정주학의 사유방식을 완전히 벗어난 철학을 하였다고 볼 수는 없다. 그가 『眞宗大全』에서 "하늘에는 리기가 있고 땅에는 剛柔가 있다. 성인이 그것을 본받아서 사람에게 五典을 베풀었다."[63]라는 말이나, 『교유문』에서 "만물이 하늘로부터 리기를 품부받아 도의 맑은 것을 얻고 사람의 형체는 땅에서 받아 도의 흐린 것을 얻었으니 맑은 것을 얻고 탁한 것을 얻은 것이 하늘을 법하고 땅을 본받는 것이다."[64]라고 한 말은 여기에 많은 참고가 된다. 이렇게 이해하면 토암의 철학은 정주학을 체로 하고 유불선 삼교일합을 용으로 하는 체계로 구성되어 있다고 말할 수 있다. 그가 리기를 가지고 삼교를 설명하면서 "한 이치를 하늘에서 받은 道脈이다."[65]라고 말한 것은 그 단적인 예일 것이다.

주지하다시피 정주학은 리의 일차성과 우월성을 바탕으로 리와 기를 엄격히 구분한다. 주자에 의하면 우주 만물은 모두 리 · 기로 구성되어 있고, 리는 세계를 생성하는 근본원리이며, 또한 만사 · 만물의 표준이 되는 존재이다. 따라서 리는 사물의 법칙과 규율일 뿐만 아니라 인간이 마땅히

62) 『대성적편년』, 12쪽.
63) 금강대도 총본원, 『대성경(一)』, 「眞宗大全」, 207쪽. "天有理氣하고 地有剛柔라 聖人則之하사 人敍五典하다."
64) 『대성경(二)』, 「교유문」, 권1, 25쪽.
65) 같은 책, 권2, 31쪽.

따라야 할 '당위 법칙'이기도 하다. 여기서 리는 사물보다 앞서 존재하게 되고(理在事先), 사물 위에 존재하게 된다(理在事上). 그것은 어떤 사물이 아직 생성되지 않았을 때에도 그 사물의 규율이나 법칙, 또는 원리가 이미 존재한다는 것을 뜻한다.[66] 이처럼 리는 근본 · 본체 · 第一性이고, 기는 第二性으로 간주하는 주자의 철학은[67] 王道와 覇道, 기와 리를 엄격하게 구별하고 사욕을 배척하고 동기의 순수성을 중요시함으로써 나라 안의 사기를 고무시키고자 한 것이며,[68] 또한 이를 통해 분열된 국론을 하나로 통일시켜 이민족인 금나라의 침략으로 잃어버린 북방의 영토를 회복하고자 한 것이었다. 그런 면에서 주자의 리기론은 리 우위적 리기이원론의 시각에서 인륜적 가치와 사회통합의 원리 및 기준을 제시한 철학이라고 할 수 있다.[69] 토암 역시 리기이원론적 사유방식 안에서 리를 근원성 · 통일성의 개념으로 이해하고 리와 기의 관계를 체와 용으로 나누어 설명하는 방식의 철학을 하였다.

> 하늘은 땅을 사귀는 고로 만물이 좇아 생하고 성인은 범인을 사귀는 고로 일만 법이 따라서 일어난다. 한 이치를 살펴서 견우직녀에 속한 남녀가 믿어서 마음겁(心劫)과 세상겁(世劫)에 좇음을 관통할지라.[70]

> 하늘은 높고 땅은 낮으니 음과 양이 位를 나누고 남자는 굳세고 여자는 유순하니 乾과 坤이 위를 정함이라. 굳세고 유순함의 베풂음이 있어서 三道합한종

66) 陳來, 『송명성리학』, 안재호 역, 예문서원, 1997, 241쪽 참조.
67) 陳來, 앞의 책, 244쪽.
68) 시마다겐지, 『주자학과 양명학』, 김석근 옮김, 까치, 1986, 107쪽 참조.
69) 岩間一雄, 『중국정치사상사연구』, 김동기 외 옮김, 1933, 41쪽 참조.
70) 『대성경(二)』, 「교유문」, 권3, 56쪽.

(三合之宗)이 이로부터 볼 수 있게 되었느니라.[71)]

태극이 처음 나누어짐에 음이 있고 양이 있으며 混元한 한 이치(混元一理)에 바탕하여 만물이 비롯됨이라. 사람이 이를 능히 법받으면 성인도 되나니. 教化하여 이루어 익게 하고 성숙하도록 교화하라.[72)]

위의 세 가지 예에서도 토암의 리 우위적 사고와 물질보다 정신을 더 중시하는 사유방식은 분명하게 드러나고 있다. 여기서 볼 때 하늘, 성인, 陽, 굳셈 등은 '초월적인 절대'의 리가 되고, 땅, 범인, 陰, 유순함 등은 '상대적'인 기가 된다. 이러한 논법은 토암이 동의하든 동의하지 않든 간에 주자의 리기이원론적 사유방식을 연상케 한다. 그런 면에서 토암의 사유체계는 "모든 事象을 대립하는 양면에서 파악하면서 인간 행위 역시 거기에 기초해야 한다고 생각한"[73)] 주자와 상당히 일치하며, 태극을 一理로 보는 입장은 특히 그러하다. 이와 같은 토암의 생각은 "군자의 마음 씀은 콩과 같고 소인의 마음 씀은 메밀과 같으니, 콩은 둥근 고로 구르지 않는 곳이 없고 메밀은 모진 고로 걸리지 않는 곳이 없는 것이니라."[74)]라고 한 말에서도 여실히 입증된다. 이 점과 관련하여 토암의 다음과 같은 진술을 더 살펴볼 필요가 있다.

군자는 자기의 神明을 밝히어 살아서도 복이요 죽어서도 복이 되며 소인은 자기의 신명을 속이어 살아서도 화근이요 죽어서도 화근이 되나니 이런 고로

71) 같은 책, 「교유문」, 권2, 31쪽.
72) 같은 책, 「교유문」, 권4, 121쪽.
73) 오오하마 아끼라, 『주자의 철학』, 임헌규 옮김, 인간사랑, 1997, 426쪽.
74) 『성훈통고』, 106쪽.

착함과 선함이 나뉘는 바라 착한 자는 살아서도 극락이 있고 죽어서도 극락이 있으며 악한 자는 살아서도 지옥이 있고 죽어서도 지옥이 있느니라.[75]

여기서 나타난 토암의 생각은 분명히 군자와 소인, 복과 화, 극락과 지옥 등을 엄격하게 변별하고 또 그것을 통해 사람답게 살 수 있는 세상의 도덕적 판단 기준을 분명하게 세우려고 했던 주자와 별반 다르지 않다. 그래서 그는 『성훈통고』에서 제자들에게 "몸 갖기를 어리석은 듯이 하고 오륜을 실행하면 가히 사람의 종자가 되리라."[76]하고, 또 "천지를 공경하고 부모께 효도하며 나쁜 사람을 멀리하고 착한 사람을 사귀어서 家和樂道하라. 효자의 문에 天火가 없느니라."[77]고 말하지 않을 수 없었던 것이다.

그렇지만 토암은 주자학적 사유와 논리를 자신의 철학적 토대로 삼고 있지만, 그것을 맹목적으로 따르지는 않았다. 그것은 그가 '리' 대신에 '도덕'을 최고 가치로 삼아 상호 배타적이던 삼교를 통합하는 종교 운동을 벌였으며, 스스로 '천지부모'가 되어 病劫과 怪疾運에 빠져 죽어가는 중생을 구제하는 '도덕사업'을 전개하였기 때문이다. 이처럼 도덕을 중시하고 '천지부모'를 자임하는 뜻은 다음 예문에서 간명하게 읽을 수 있다.

사람들이 어리석고 바보라고 말하는 자가 내 제자니라. 앞으로 善惡을 분별할 때에 반드시 뇌성벽력으로 천지가 진동하는 일이 있으리니, 그때에 불충, 불효, 무도한 자가 어찌 달아나 살 수가 있겠는가? 너희들은 모름지기 나의 말을 좇아 충 · 효 · 성경에 마음을 다하면 비록 물과 불이 덮치더라도 스스로 생명을 보전하는 길이 있으리니.[78]

75) 『대성경(二)』, 「교유문」, 권1, 14쪽.
76) 『성훈통고』, 68쪽.
77) 같은 책, 89쪽.

> 너의 인연이 지중하여 삼생의 인연이 있으니 네가 잘 수도하여 고생을 즐겁다 여기고 安貧樂道하면 뒤에 반드시 영화가 있으리라. 네 선생과 사모는 '천지부모'이니 만일 능히 일심으로 신행하면 살아서도 극락이요 죽어서도 또한 극락이며 이름이 천추에 길이 전하리라.[79]

여기서 말하는 '도덕'이란 충 · 효 · 성경이니 가화 · 청결 등을 포함한 "인간을 인간이게 할 수 있는 완전하고도 특유한 인간 존재의 실천 그 자체[80]를 가리킨다. 그것은 단순히 사람과 사람과의 관계의 문제"[81]뿐만 아니라 사람과 하늘, 사람과 땅, 사람과 귀신과의 관계의 문제라는 함축까지도 동반한다. 그렇게 본다면 토암이 최고 가치판단의 준거로 제시한 '도덕'은 일반적 의미를 갖는 도덕개념은 아니며, 천지인 삼재를 포괄하고 유불선 삼교를 하나로 회통시키는 '삶의 궁극적 원리'로서의 도덕이라고 볼 수 있다. 『현묘경』의 한 대목 "충효성경과 인의예지와 오륜삼강과 대자자비와 圓滿功德은 군자의 대도이다."[82]라는 말이나, 『성훈통고』의 "하늘은 하늘의 도를 행하고, 땅은 땅의 도를 행하시나니, 사람이 그 사이에 처하여 능히 하늘을 근본 삼고 땅을 법 받아서 사람의 도를 닦아 밝히고, 천지의 化育에 참여하여 돕는다면 이것이 곧 大人의 일이요, 하늘 또한 어기지 아니할 것이니라."[83]는 말은 그 단적인 예가 될 것이다.

따라서 도덕은 "천지를 관통하는 궁극적인 원리임과 동시에 인간성의 궁극적인 원리"[84]와 상통하는 개념이 된다. 그런 면에서도 토암의 도덕관

78) 같은 책, 75쪽.
79) 같은 책, 83쪽.
80) 허버트 핑가레트, 앞의 책, 28쪽.
81) 외쓰지 데쓰로, 『인간의 학으로서의 윤리학』, 최성묵 옮김, 이문출판사, 1993, 10쪽.
82) 『대성경(一)』, 「현묘경」, 421쪽.
83) 『성훈통고』, 51쪽.

은 주자의 리일분수설과 긴밀한 관계를 맺는다. 리일분수란 리는 하나이면서 나누어져서 다르다는 뜻인데 정이천이 처음 사용한 말이다. 이것은 하나의 근본 토대 위에서 무수하게 다른 양상들이 전개되는 것을 말하며, '理一'이란 리의 일관성·보편성·공통성을, '分殊'는 사물 각각의 신분과 역할이 서로 다름을 가리킨다. 이때의 '分'은 각자에게 합당한 본분, 몫, 역할, 직분, 의무 등의 뜻을 가진다.[85] 그렇게 본다면 토암에게 있어서 '도덕'은 理一이고, 오륜삼강·대자대비·청정무위 등과 같은 구체적 덕목들은 分殊가 될 것이다. 그가 『성훈통고』에서 "공자의 도는 精一의 도인 고로 오륜 삼강으로 근본을 삼고, 선가의 도는 歸一의 도인 고로 대자대비로 근본을 삼고, 노자의 도는 守一의 도인 고로 청정무위로 근본을 삼은 것이요, 吾道는 三家一門의 도요 平等一理의 덕이니, 삼가고 삼가 하여 내 가르침을 저버리지 말 것을 굳게 부탁하노라."[86]고 한 말도 여기에 그 근거를 두고 있다고 볼 수 있다.

이처럼 리를 중시하고 리와 기를 변별하는 토암의 논법은 도덕을 理一과 分殊로 나누고 또 그것을 통해 '三家一門의 道'와 '平等一理'의 덕을 성취하고자 한 성스러운 노력으로 표출되었다. 그래서 토암은 "예로부터 성인의 大道는 하나요, 둘이 아니지마는 運은 같지 않은 것이니라. 과거의 운은 말할 수 없지마는, 지금의 운은 미륵세존 출세운이요, 유불선 삼도 합일의 운이니, 유교의 오륜삼강과 불교의 계살방생과 선교의 심천신안을 잘 지키면 아름다운 이름이 그 가운데 있으리라."[87]고 말하게 된 것이다.

---

84) 守本順一郎, 『동양정치사상사연구』, 김수길 옮김, 동녘, 1985, 64쪽.

85) 오오하마 아끼라, 앞의 책, 110-111쪽과 진영첩, 『주자강의』, 표정훈 옮김, 푸른역사, 2001, 245쪽 참조.

86) 『성훈통고』, 55쪽.

87) 같은 책, 54쪽.

그런 점에서 토암 철학이 가지고 있는 사유의 기본 틀은 정주학의 관점을 직·간접으로 계승·발전시킨 것이라고 볼 수 있다. 그가 修道는 기질을 다스리는 데 있다고 하면서 "마음이 생하면 성품이 멸하고, 마음이 멸하면 성품이 나타나나니, 너희들은 氣質의 성품으로 도덕을 상하게 하지 마라. 기질의 성품은 백에 하나의 이로움도 없느니라."[88]고 말한 것이나, "비움은 흐트러지는 마음을 구하는 것으로부터 시작하는 것이요, 정성은 망령된 말을 하지 않는 것으로부터 시작하는 것이니, …… 한결같이 오래 쌓으면 자연 성숙하리니 主一無適하며 整齊嚴肅하고 色和詞暢하여 투철하게 알고 착실하게 행하여 높이고 낮추는 예를 알면(知崇禮卑) 이것이 공부의 요체가 된다."[89]라고 말한 것은 필연적인 논리적 귀결이다. 단정하기는 어렵지만 이러한 입장과 논법은 그의 修養論에 대한 논의에서도 그대로 적용되어 나타났다. 여기서 수양론이란 "성현의 가르침을 믿고 받아들이며 배우고 익히면서 자기의 덕을 닦아서 성현의 경지에 도달하고자 하는"[90] 일단의 공부 내지 수련법을 의미한다. 이를 토함은 '心性配合'[91]이란 말로 표현하고 있다.

> 心性을 배합하여 虛靈不昧하여 만물의 이치를 자각한 연후에야 道成德立이라고 할 수 있는 것이다. 七情이 均通한 연후에야 배합이라고 할 수 있는 것이다.[92]

> 도덕의 선비는 반드시 기질의 성품을 버려야 하느니라. 기질의 성품을 버리

88) 같은 책, 64쪽.

89) 같은 책, 68쪽.

90) 赤塚忠, 金谷治 외, 『중국사상개론』, 조성을 옮김, 이론과 실천, 1987, 242쪽.

91) 心性配合이란 말은 「교유문」, 권2 "養心養性之學行이 接爲斯道也라" 에 근원한 것으로서, 心과 性을 나누지 않고 아울러 닦아야 함을 의미한다.

92) 『성훈통고』, 61쪽.

지 않으면 반드시 후회가 있으리니, 만일 기분 나쁜 일을 당하거든 참는 것이 덕이 되니라.[93]

공부에 魔가 많으니, 元神과 客神을 잘 가려서 九靈神에 동요하지 않아야 도를 닦을 수 있느니라.[94]

토암에 의하면 모든 존재가 리와 기로 이루어져 있듯이 사람의 몸과 마음 또한 리와 기로 구성되어 있다. 이 경우 도덕, 성, 元神 등은 리이고 心, 七情, 客神, 九靈神 등은 기라고 할 수 있다. 여기서 그가 보다 중시한 것은 물론 리로서의 도덕이고 성이고 元神이다. 이렇게 그가 리를 높이고 중시하는 입장을 취한 이유는 천지를 관통하는 원리이자 인간 존재의 궁극적 원리인 리가 다름 아닌 도덕 그 자체라고 판단하였기 때문이다. 「교유문」, 권2의 "一理稟天之道脈(한 이치를 하늘에서 받은 도맥)"[95]이라는 대목, "體天察理하야 忠孝爲本(하늘을 몸 받아 이치를 살펴서 충과 효로 근본으로 삼는다)."[96]이라는 말, 그리고 권4의 "以道乳로 愛重於天下之人物(도의 젖으로써 천하의 사람과 사물을 어여삐 여기고 사랑한다)."[97]이라는 언급은 여기에 많은 참고가 된다. 도덕은 '一理'이며 그 소종래는 하늘에 있다. 그것은 또한 중생을 구제하는 젖과도 같은 것이다.

그런 점에서 '一理로서의 道德'은 토암에게 있어서 현실을 인식하고 대응하는 출발점이자 도달점이라고 할 수 있다. 그가 "군자와 소인의 나뉨이

93) 같은 책, 62쪽.
94) 같은 책, 같은 곳.
95) 『대성경(二)』, 「교유문」, 권2, 30쪽.
96) 같은 책, 같은 곳, 45쪽.
97) 같은 책, 권4, 126쪽.

언행과 마음 씀씀이에 달려 있으니, 입으로는 妄言을 하지 말고, 마음으로 망령된 생각을 하지 마라. 마음을 속이면 하늘을 속이는 것이다."[98]라고 한 말이나, "선한 사람은 天神이 호위하는 고로 소원성취는 물론, 만사가 뜻대로 이루어지며, 악한 사람은 惡鬼가 그림자처럼 따르는 고로 만사가 이루어지지 아니하여 패가망신하게 되리라."[99]라고 말한 것도 그 한 예가 될 것이다.

토암은 이러한 사고를 바탕으로 도덕은 인간의 주체적 각성과 행동에서 나오는 것이라고 하면서 다음과 같은 주장을 펴기도 하였다.

> 쌓인 겁이 많더라도 행실을 고치면 성현이 되느니 貪嗔痴를 제거하고, 죽이는 것을 경계하며 악을 짓지 말고 선을 행하면, 자연히 선한 생각이 원숙하고 공덕이 가득 차리니 이것이 이른바 도덕이요, 眞人이니라.[100]

> 힘써 선을 행하여라. 너희들이 선을 향하면 앞으로 다가올 큰 겁운을 면할 수 있지마는, 만일 선을 행하지 아니하면 내 무릎 위에 앉는다 한들 무슨 소용이 있으리오?[101]

여기서 이른바 "板蕩시대가 되어 인심이 흉흉하고"[102] "인간의 시체와 해골이 언덕같이 앞을 가리는"[103] 겁운의 시대를 살면서도 거기에 굴하거나 외면하지 않고 오직 창생을 구제하기 위해 도덕사업을 펼쳤던 토암 철

98) 『성훈통고』, 103쪽.
99) 같은 책, 106-107쪽.
100) 같은 책, 107쪽.
101) 같은 책, 107쪽.
102) 『성적제강』, 14쪽.
103) 『성훈통고』, 74쪽.

학의 이론적 근거가 분명히 드러난다. 그가 『성훈통고』에서 "내 문하에 종사하고자 할진대는 먼저 家和하여 부모께 효도하고 형제간에 우애하여 人道를 밝히어라. 금강대도는 오직 倫常을 밝히는 데 있을 따름이니라."[104]라고 말한 것은 그 단적인 예가 될 것이다. 이것이야말로 토암 철학의 특징이자 도덕을 체로 하고 '삼교일합'을 용으로 하여 '도덕의 종교화'를 시도하였고 또 그것을 통해 도덕 개화의 이상적 인간세를 만들고자 했던 토암의 참뜻이 아니겠는가.

4. 토암의 현실 인식과 대응

위에서 검토한 바와 같이 토암이 강조한 '도덕'은 천지를 관통하는 원리이자 인간 존재의 궁극적 원리가 되며, "인도를 밝히고 하늘의 뜻에 순종하는"[105] 유일한 통로가 된다. 이런 관점에서 토암 철학사상을 검토할 때 가장 두드러지게 눈에 띄는 것은 그의 '도덕' 개념이 人道만을 뜻하는 것이 아니라 天道와 地道까지 내함하고 있다는 점이다. 그가 「교유문」에서 "성품 하늘을 좇아 단련한즉슨 왈 道라 이르고, 마음 땅을 미루어 둥글게 한즉슨 왈 德이라 이른다. 그러므로 군자는 체와 기틀(機)에 덕을 합하여 마음을 기르고 성품을 기른다."[106]라고 한 것이나, 『성훈통고』에서 "孝가 천지를 포함하니 어떤 물건이 그밖에 있겠는가?"[107]라고 한 말을 통해서 이 점은 분명하게 확인된다. 그렇다면 토암의 도덕 개념이 '인도로서의 도

104) 같은 책, 94쪽.
105) 『성훈통고』, 91쪽.
106) 『대성경(二)』, 「교유문」, 권4, 101쪽.
107) 『성훈통고』, 90쪽.

덕'만을 지칭하는 개념이 아님은 명백하다. 그것은 천도 · 지도가 체가 되고 인도가 용이 되는 구조를 갖기 때문이다. 그 단적인 예가 「三淸玄化經」의 한 대목 "인의로 천지를 삼고, 충효로 日月을 삼는다."[108]이고, 「교유문」의 "하늘을 몸 받아 살펴서 충효로 근본을 삼는다."[109]이다.

이처럼 토암의 도덕개념은 천도 · 지도를 내함하고 있는 '인도로서의 도덕'이다. 이러한 도덕개념이 주자의 리일분수설에 근거한 것임은 더 말할 나위가 없다. 그런 면에서 토암의 도덕은 "하늘을 근본 삼고 땅을 법 받아서 사람의 도를 닦아 밝히고, 천지의 화육에 참여하는"[110] 도덕이라고 하겠다. 이 경우 인간은 물론 수평적 존재 구조의 삶을 사는 인간이 아니라 수직적 존재구조의 삶을 사는 인간이다. 그래서 그 인간은 "천지를 공경하고 일월을 존숭해야 하며",[111] 修德여부에 따라 하늘의 복과 재앙을 고스란히 받아야 하는 인간이다.[112] 다음의 예문은 이 점을 보다 분명하게 말해주고 있다.

> 선한 사람은 선한 것을 보고 선한 것을 말하며 선한 것을 행하니, 이렇게 하루에 세 가지 선함이 있으면 삼 년 안에 하늘이 반드시 복을 내리고, 악한 사람은 악을 보고 악을 말하며 악을 행하니, 이렇게 하루에 세 가지 악함이 있으면 삼 년 안에 하늘이 반드시 재앙을 내리시니라.[113]

이로써 보면 인간의 존재 근거는 하늘이며, 하늘은 인간의 수덕 여하에

108) 『대성경(二)』, 「三淸玄化經」, 권1. "仁義爲天地, 忠孝爲日月."
109) 같은 책, 「교유문」, 권2. 45쪽. "體天察理, 忠孝爲本."
110) 『성훈통고』, 51쪽.
111) 같은 책, 66쪽.
112) 같은 책, 107쪽 참조.
113) 같은 책, 같은 곳.

따라 상과 벌, 복과 재앙을 내려주는 도덕성 그 자체이다. 토암이 하늘을 가리켜 "道氣天"[114]이라고 명명한 것 또한 이와 무관하지 않다. 바로 여기에서 도덕을 체로 하고 '삼교일합'을 용으로 하여 창생구제의 도덕사업을 펴고자 했던 토암 철학사상과 현실 인식 그리고 현실 대응 사이의 특징적 요소가 드러난다. 이 경우 '도덕사업'이란 "세상에서 가장 부드럽고 가장 강한 도덕"[115]을 가지고 "오만 년 동안 세계가 통행할 도로를 닦는 일이며"[116] "先天이 後天이 되고 후천이 선천이 되는 현현 미미한 이치를 밝히는 일이다."[117] 이는 또한 중생으로 하여금 "성현의 경지에 이르도록 하는 일이며"[118] "꽃다운 이름을 백세에 남기도록 하는 일이며",[119] "천지와 함께 기뻐하도록 만드는 일"[120]이다. 한마디로 도덕사업은 "천지인이 도덕적으로 화합되는 이상낙원 즉 대동세계를 건설하는 일"[121]과 크게 다르지 않다고 하겠다.

그러면 리 우위적 사유방식을 근간으로 하여 '도덕사업'에 평생을 걸었던 토암이 생각한 현실의 바람직한 모습은 무엇인가. 그것은 "집에서는 어버이 섬김에 효를 다하고, 밖에 나가서는 임금을 섬김에 충을 다하며, 스승을 모실 때에는 스승을 섬김에 誠敬을 다하는"[122] 도덕 개화의 세상을 가리킨다. 여기에서 토암은 충 · 효 · 성경만이 인간의 보편적 가치이자 당위의 법칙이라고 확신했고, 또 그것이 제대로 구현될 수 있는 현실만을 자

114) 『대성경(二)』, 「교유문」, 권2, 49쪽.
115) 『성훈통고』, 54쪽.
116) 같은 책, 55쪽.
117) 같은 책, 53쪽.
118) 같은 책, 51쪽.
119) 같은 책, 53쪽.
120) 같은 책, 63쪽.
121) 이재헌, 『금강대도 종리학 연구론』, 24쪽.
122) 『성훈통고』, 88쪽.

신의 참된 현실로 인식했다. 그래서 그는 "충을 떠나고 효를 떠나면 부처도 아니고 신선도 아니며, 오직 충효라야 천지를 감동케 할 것이다. 어찌 부처에 재를 올리고 신령을 섬김에 있겠는가?"[123]라고 말하지 않을 수 없었던 것이다. 따라서 토암에게 참된 현실이란 "사람마다 자신의 분수 안에서 사람의 도리를 다하고, 또 그 직분을 다하면서"[124] "천지를 공경하고 일월을 존중하는"[125] 도덕적 가치의 세계였다. 그가 사람들이 "'도' '도'하는데, 도가 별다른 게 아니라"고 하면서 제자들에게 다음과 같이 말한 것은 이를 단적으로 요약해 준다.

> 도가 사람에 있나니, 사람의 도리를 행하면 이것이 도이니라. 사람 분수 안의 일은 도요, 분수 밖의 일은 非道이니 너희들이 그 이치를 아느냐? 모르느냐? 어떤 일을 막론하고 사람이 각각 나에게 있는 도리를 지키면 천하의 이치를 얻으리니, 아비는 아비의 도리를 다하고, 자식은 자식의 도리를 다하며, 남편은 남편의 도리를 다하고, 아내는 아내의 도리를 다하고, 형은 형의 도리를 다하고 동생은 동생의 도리를 다하는 것이니.[126]

이러한 도덕사업을 바탕으로 토암은 "각종의 病劫과 각국의 怪疾運"[127]으로부터 창생을 구제하고자 진력하였고, 또 이를 위해 금강대도를 창도하여 활발한 포교활동을 전개하였던 것이다. 이 경우 '도덕사업'은 체이자 궁극목표가 되고 종교적 활동을 통한 창생구제는 용이자 현실적 방책이 된다고 할 수 있다. 이 둘 중에 토암이 더 무게를 둔 것은 물론 도덕사업이

123) 같은 책, 89쪽.
124) 같은 책, 65쪽 참조.
125) 같은 책, 66쪽.
126) 같은 책, 65쪽.
127) 같은 책, 77쪽.

다.[128] 그것은 도덕사업의 바탕을 이루는 충·효·성경이 인간의 근본이 되는 인륜의 도덕이기 때문이다.[129] 이처럼 충효성경을 중시하는 관점은 토암이 정주학에 대하여 비판적인 시각을 갖고 있음에도[130] 불구하고 기본 입장은 정주학의 범주를 크게 벗어나지 않고 있음을 말해준다.

토암에 의하면 '충효성경'이란 인간 본래성의 발현으로 인간이 반드시 지키고 따르지 않으면 안 될 도리이며 인간 고유의 존재방식이다. 그가 "사람은 세 분의 은혜로 사는 것이라, 고로 국가와 스승과 부모의 은혜는 같은 것이니 똑같이 섬길지니라."[131]라고 한 말은 이를 좀 더 분명하게 설명해 준다. 이렇게 보면 충효는 주어진 것으로 체가 되고 성경은 스스로 선택하는 것으로 용이 된다. 그런 점에서 충효는 對他 관계를 가리키는 개념이고, 성경은 對自관계를 지칭하는 개념이라고 할 수 있다. 이 둘은 도덕사업을 완성하는 데 있어서 하나라도 없어서는 안 되는 필수적인 덕목이다. 그렇다고 할지라도 이 중에서 토암이 더 중시한 것은 물론 성경이다. 성경은 선택의 문제이며 사제지간에 나타나는 덕목이지만, 그것은 인간을 땅적인 삶에서 하늘적인 삶으로 올라설 수 있도록 도와주고 '人倫의 道'를 비로소 알게 해주는 유일무이한 덕목이기 때문이다.

> 국가와 스승과 부모는 일체이니, 국가의 은혜는 입혀주고 먹여주는 것이며, 스승의 은혜는 가르치고 이끌어주는 것이며 부모의 은혜는 낳고 길러주는 것이니, 스승의 가르침이 아니라면 누가 인륜의 도를 알겠는가?[132]

---

128) 같은 책, 52-53쪽 참조.
129) 같은 책, 91쪽.
130) 같은 책, 79쪽 참조.
131) 같은 책, 88쪽.
132) 같은 책, 88쪽.

君師父는 일체이지만 父子는 그 닦은 바에 따라 가는 길이 각각 다르고 군신, 부부, 형제가 또한 그러하지만, 師弟之間은 道로써 서로 합하여 심법을 전수하기 때문에 차생에 同坐 同樂하여 도덕에 나아가 業을 닦아 후세에 덕택과 이로움을 권하고 함께 아름다운 이름을 竹帛에 남기며, 天宮에서 훗날 또한 무궁하게 동좌동락하리니 사제의 인연이 가장 중차대한 것이다.[133)]

성경은 충이나 효보다 더 중요한 덕목이며 인간이 추구해야 할 가치 중에서 맨 윗자리에 놓이는 가치이다. 그것은 성경이 '사람을 가르치고 이끌어주며' '도덕에 나아가 業을 닦아 후세에 덕택과 이로움을 주는 덕목' 이 되기 때문이다. 토암이 다른 여타의 인연보다 사제의 인연을 '가장 중차대한 것' 으로 본 것도 이와 무관하지 않다. 그렇다고 할 때 성경이란 말은 토암의 현실관을 지탱하는 핵심적인 개념이 되며, 그가 생각한 바 인간이 지녀야 할 가장 중요한 가치가 된다고 할 수 있다. 그가 제자들에게 "자식은 부모에게 허물이 있으면 간하고, 신하는 임금에게 허물이 있으면 간하여 殺身에 이르는 것이지만, 제자는 사부가 비록 '天' 자를 가리켜 '地' 라고 해도 간쟁하는 법이 없는 것이니 명심하여라."[134)]라고 강조한 것도 이런 문맥에서 논의되어야 한다.

이처럼 토암은 몸보다 마음과 정신을 더 중시하여 '스승의 교화를 받아야 하는 존재' 로서의 인간이 스스로 '心性配合' 의 공부를 통해 자신의 기질을 변화시킬 것을 촉구했고,[135)] 또 이를 바탕으로 도덕개화의 세상을 구축하고자 하였다. 그래서 그는 家和 가운데에 오륜이 있고 청결 가운데에 신선 부처가 있다고 하면서 "내 말을 저버리지 말고 급히 급히 回頭하라.

133) 같은 책, 93쪽.
134) 같은 책, 92쪽.
135) 같은 책, 76쪽 참조.

劫이 아무리 크게 쌓였어도 회두하면 소멸하나니, 더욱 닦고 더욱 닦아서 天心을 만회하라."[136]고 말하지 않을 수 없었던 것이다. 따라서 토암이 강조한 도덕사업의 체가 되는 충·효·성경은 인류가 평화 공존할 수 있는 기본 바탕이며 인간이면 누구나 신선이나 부처가 될 수 있는 유일한 방책이기도 하다.[137]

이렇게 볼 때 토암은 충효성경을 內와 本으로 삼고, 삼교일합을 궁극 목표로 하는 도덕사업을 外와 末로 삼아 '道德强國'과 인류의 도덕개화 시대를 추구했으며, 그 속에서 "天命으로 받은 창생개화"[138]의 구현자임을 자임하였다. 그에 의하면 인간의 인간다움은 도덕성과 사회성에 있으며 그 존재방식은 '成己'하고 '成物'하는 데 있다. 그리하여 그는 이를 바탕으로 "군자 만년의 사업"[139]인 도덕사업을 전개하였고 하늘까지 임박한 대겁운으로부터 인류를 구제하고자 신명을 바쳤던 것이다.

당대는 충효성경을 통한 도덕사업이 다른 그 어느 때보다 절박하게 요청되는 시기이면서, 그러나 또한 그러한 도덕사업이 유례없이 위협받는 상황이라고 보는 데서 토암의 철학사상은 '칠흑같이 어두운 밤길'을 인도하는 등불이 되고 또 그 존재 의미가 있게 되는 것이다. 도덕의식이 날로 퇴폐해져 "인류가 변화하여 금수가 되어 위와 아래가 거꾸로 되고 예의가 없는"[140] 시대에 처하여 이를 바로잡고 극복할 수 있는 유일의 지표가 도덕을 체로 하고 삼교일합은 용으로 하여 그것을 올바로 구현하는 일이라고 그는 생각했다. 유의할 것은 토암의 이러한 철학은 그가 세상을 떠날

---

136) 같은 책, 같은 곳.

137) 양정숙, 앞의 논문, 54쪽 참조.

138) 『성훈통고』, 28쪽.

139) 『대성경(一)』, 「현묘경」, 405쪽. "君子萬年之事業, 道德也."

140) 『성적제강』, 17쪽.

때까지 인간과 도덕에 대한 믿음과 희망을 포기하지 않고 그것을 종교적 방식으로 승화시켜 이 땅에서 "한 사람이 교화하니 사람마다 다 (도덕적으로) 감화되는"[141] 세상을 만들고자 했던 한 위대한 나무꾼의 올곧고 간단없는 노력의 결과라고 해야 할 것이다. 다음의 예는 이러한 의식의 시대적 사명이다.

> 성인의 감화는 일월, 춘풍과 같으니, 한 달이 하늘에 걸림에 물마다 달이요, 만국에 봄이 돌아오니 꽃마다 다 봄이요, 너른 들에 바람이 한번 불어오니 풀마다 다 바람이요, 한 사람이 교화하니 사람마다 다 감화되느니라.[142]

5. 맺는 말

이상의 논의를 통해 우리는 토암 철학사상의 기반, 특성, 현실 인식과 대응의 문제를 주자의 리기이원론적 관점에서 그 요점을 아래와 같이 정리해 보았다.

토암 철학사상의 기반은 선조인 목은 이색과 아버지 동지공으로부터 배운 유교였다. 그는 이를 심도 있게 연구하여 '도덕사업'으로 현실화 종교화시켰다. 그런 면에서 토암은 조선의 유교의 맥을 충실히 계승·발전시켰다고 볼 수 있다. 그리고 그의 '成己'에 바탕을 둔 유교적 사유체계는 33세 때 나무꾼으로서의 큰 깨달음을 통해 '成物'的 사회실천으로 심화 발전되었다. 여기에서 우리는 토암의 유교에 대한 이해가 보다 특이하고 남

141) 『성훈통고』, 80쪽.

142) 같은 책, 같은 곳.

다른 것임을 확인하게 되었다. 天이나 태극 및 리를 도덕 그 자체로 이해한 것이 그것이다.

토암의 철학사상의 뿌리는 주자의 리기이원론에 있고 그 특성은 '리로서의 도덕을 체로 하고 '삼교일합'을 용으로 하여 '도덕의 종교화'를 시도한 데에서 구해진다. 그런 점에서 도덕은 천지를 관통하는 원리이자 인간 존재의 궁극적 원리가 된다. 그리고 그 도덕은 천도 · 지도 · 인도를 다 포괄한다. 이로써 볼 때 토암 철학사상의 전반적 내용과 성격은 정주학적 사유와 논리를 크게 벗어나지 않는다. 그러나 그렇다고 할지라도 전체적인 내용이나 표현방식에는 주자의 논법만으로는 설명할 수 없는 부분이 더 많다는 사실도 확인하게 되었다. 그 단적인 예가 '道乳'니 '心性陰陽'과 같은 표현이고, 삼교일합의 관점에서 유교를 논박한 점이다. 그래서 그는 "유교하는 이들은 한갓 능히 글만 읽고 실행이 없다."[143]라고까지 하였다. 그러나 이러한 비판은 바로 도덕사업에 부진한, 다시 말해서 유교 본연의 도덕적 실천성을 상실한 당시의 세태에 대한 비판이지 유교 본연의 정신을 부정한 것이라고 보기는 어렵다.

토암은 물질이나 육신보다는 정신과 마음을 우위에 두면서 사람이 이 우주에서 도덕의 주체가 되어야 한다는 철학을 수립하였고, 인간의 질병 문제나 사회문제를 철저히 도덕의 문제로 환원시켜 해결하려고 하였다. 그가 "三神山 不死藥이 네 심성에 있나니, 심성대약으로 위주하고 그때그때의 방편을 따라라."[144]고 한 것이 그것이다. 토암에 의하면 바람직한 현실은 倫常이 바로 서고 사람마다 충효성경을 근본으로 삼아 도덕적으로 건강하게 살 수 있는 세상을 가리킨다. 이 경우 충효성경은 사람의 도리를

143) 『성적제강』, 17쪽.

144) 『성훈통고』, 62쪽.

다하는 유일한 길이고 인간의 보편적 가치이자 최고의 덕목이다. 여기에서 토암이 대겁운을 피해 "黑籍에서 지워지고 白玉樓에 오르기"[145] 위해서는 충효성경밖에 없다고 하면서 금강대도를 창도하고 평생 도덕사업에 매진한 일의 의미가 분명하게 밝혀진다. 이처럼 토암은 충효성경을 강조하고 있지만, 그가 더 중시한 것은 충효보다는 성경이었다. 성경은 인간을 도덕적 존재로 완성시켜 주는 유일한 덕목이기 때문이다.

이렇게 보면 토암의 철학사상은 충효성경이 근본이 되는 도덕사업을 內와 本으로 삼고, 삼교일합의 종교활동을 外와 末로 삼아 도덕 강국과 천지인 삼재의 공존과 평화를 이 땅에서 구현하고자 한 것이라고 요약할 수 있다. 도덕의식이 타락하고 인간을 인간이게 하는 類的 변별성이 희미해져 가는 요즘, 우리는 "도덕은 끝을 잘 맺는 것이 제일이니, 반드시 끝을 보도록 하여라."[146]는 말이나, "부득이 소 갈 데, 말 갈 데를 가더라도 도심일랑 변치 마라."[147]는 토암의 말을 곰곰이 살펴보아야 할 것이다.

145) 같은 책, 74쪽.

146) 『성훈통고』, 23쪽.

147) 같은 책, 26쪽.

단재 신채호 철학사상의 유학적 이해

1. 이끄는 말

이 글은 한말 · 일제강점기의 대표적인 민족사학자이자 독립운동가이며 애국계몽사상가로 널리 알려진 단재 신채호(丹齋 申采浩, 1880~1936)의 철학사상을 유학적 관점에서 검토하는 데 그 목표를 두고 있다.

이 문제의 중요성은 식민지 시대를 살았던 한 '역사민족주의자 혹은 민족사관의 확립자'의 철학사상이라는 범위에만 머무르지 않는다. 그것은 단재가 "할 수 있는 데까지 참혹한 수단을 써서 공포와 전율로 우리 민족을 압박하여 인간의 산송장을 만들려고 했던"[1] 시대를 살면서도, 거기에 매몰되지 않고 당시의 애국적 지식인들 가운데에서 가장 선명한 색깔과 투철한 신념을 지니고 항일 민족주의자의 길을 걸어갔기 때문이다.[2] 그가 「利害」라는 논설에서 "個身의 생존만 구하다가 전체의 死滅을 이루면 個身도 따라 사멸하나니, 그러므로 君子는 個身을 희생하여서라도 전체를 살리

1) 丁海廉 編譯, 「朝鮮革命宣言」, 『신채호 역사논설집』(이하의 주에서는 『역사논설집』이라 약칭함), 현대실학사, 1995, 330쪽.

2) 申一澈, 『신채호의 역사사상연구』, 고려대학교 출판부, 1981, 2쪽 참조.

려 한다."[3]라고 한 말에서도 이 점을 쉽게 짐작할 수 있다.

재삼 설명할 필요도 없이 민족 수난과 근대국가 형성을 위한 광복 운동기에 단재가 차지하는 비중은 매우 크다. 당대의 제반 현실적 모순과 이념적 갈등의 문제에 대해 그가 보여준 놀라운 통찰력과 무엇에나 허리를 굽히지 않고 大義와 志操를 목숨처럼 지켜 간 삶의 자세는 많은 이들에게 깊은 감동을 안겨 주었고, 오늘날에도 이론에 관한 지식 탐구뿐만 아니라 실천을 항상 염두에 두어야 하는 지식인에게 선비정신의 전범으로 일컬어진다.[4]

이러한 점에 착안하여 논자는 단재의 철학사상을 유학적 관점에서 검토하고 그것을 통하여 단재 철학사상의 연원이나 특성이 무엇인지를 밝히고 또 그것이 현실 인식과 어떤 내적 연관성이 있는가를 살펴보고자 한다. 이 과제를 달성하기 위해서 단재 철학사상의 연원이 유학 즉 주자학적 사유에 바탕을 두고 있음을 규명하고, 이를 토대로 단재 철학사상의 구조와 성격 및 특성을 밝히고, 나아가 大我와 小我·天理와 人欲·精神上國家와 形式上國家의 엄격한 구별을 통하여 국권회복과 근대 민족국가 건설을 실현하려 한 단재의 민족주의와 현실 인식을 순차적으로 논하고자 한다. 그리하여 단재의 철학사상에 관한 학술적 연구가 거의 없는 상황에서 단재사상의 철학적 연구를 심화시키고 그의 사상과 행동을 올바르게 해석하여 평가하는 데 조그만 보탬이나마 주고자 한다.

---

3) 「利害」, 『역사논설집』, 360쪽.

4) 신일철, 앞의 책, 1쪽 참조.

2. 단재 철학사상의 연원

단재의 철학사상에 대한 논의에 앞서 우리는 그의 철학이 가졌던 기본 입장과 배경을 살펴볼 필요가 있다. 지금까지 그에 관한 철학적 연구가 거의 없는데다가, 단재에게 으레 따르는 역사학자 · 애국계몽사상가 · 독립운동가 · 언론인이라는 명칭은 그의 철학에 대해 성급한 선입견을 강요할 수도 있기 때문이다.

먼저 단재의 생애와 학문연원을 간략하게나마 살펴보기로 한다.[5] 단재는 高靈人으로 초명은 寀浩이고 단재는 그의 호다. 그는 1880년 양력 12월 8일(음력 11월 7일) 충남 대덕군 산내면 어남리 도리미(현 대전광역시 중구 어남동 도리미)[6]에서 농촌의 가난한 선비 申光植과 밀양 박씨 사이에 차남으로 태어났다. 단재의 할아버지 申星雨는 신숙주의 16세손으로서 동시기 기호학파를 주도한 儒林의 宗匠이며 도학자인 고산 임헌회(鼓山 任憲晦, 1811~1876) 문하에서 수학한 유학자였다.[7]

「연보」에 의하면 단재는 어려서부터 두뇌가 총명하고 재주가 뛰어났으며, 8세 때에는 아버지를 여의고 할아버지 신성우의 엄격한 지도로 유가의 기본 경전은 물론 역사서와 詩文 등을 두루 배우고 읽혀 16세가 되기 전에 이미 세상에 文名을 얻었다고 한다. 어려운 환경에서 단재는 양반의식

5) 2장에서의 서술은 대부분 任重彬의 「단재 신채호 연보」, 배용일의 『박은식과 신채호 사상의 비교 연구』(경인문화사, 2002), 신용하의 『신채호의 사회사상 연구』(한길사, 1984) 등의 내용을 요약 정리한 것이다.

6) 어남리는 조선조 후기 유학자인 有懷堂 權以鎭(1668~1734)의 玄孫이며 단재의 조부 申星雨의 장인인 權璨(1800~1869)의 집이 있는 정생리와 인접해 있는 마을이다. 김상기, 「단재 신채호의 生長과 학문」, 『제9회 호서명현 학술대회 자료집』, 충남대학교 충청문화연구소, 2010년 11월 12일, 36쪽 참조.

7) 배용일, 앞의 책, 14쪽 참조.

이 누구보다도 강했던 할아버지의 가르침을 정통으로 받들어 자신의 학문적 목표와 기준으로 삼았다. 따라서 할아버지의 가르침을 철저히 계승하고 체득하며, 공맹 · 정주를 배우고 성현의 뜻으로 나아가기 위한 공부를 계속하였다. 이렇게 볼 때 그의 학문은 특별한 師承없이 할아버지의 엄격한 교육과 그의 타고난 재주에 바탕하여 성취된 것임을 알 수 있다.[8)]

이후 단재는 할아버지의 소개로 당시의 대학자이며 수구파의 거물 대신이었던 양원 신기선(陽園 申箕善, 1851~1909)의 집을 드나들면서 신 · 구 학문에 관한 많은 책들을 섭렵하였고, 또 단재의 재주와 학문열에 감동한 양원의 적극적인 추천으로 성균관에 입학하게 되었으며, 26세 때에는 성균관 박사까지 되었다. 양원은 고산의 문하에서 단재의 할아버지 신성우와 동문수학한 사이였으며, 고산의 촉망을 한몸에 받기도 했던 인물이었다. 양원은 학문이란 곧 人道를 실현하는 것이고, "실심으로 실사를 행하여야 실효가 있다."고 하면서 "오늘날의 학자는 모름지기 실천(行)에 더욱 힘써야 한다. 지식(知)의 부족을 염려할 필요는 없다."는 주장을 전개한 당대의 대표적인 유림이기도 했다.[9)] 양원의 학문관은 주로 단재의 학문적 기초와 가치관 형성에 할아버지 못지않은 영향을 주었을 것으로 추정된다. 할아버지와 양원의 영향 하에 단재는 "力行이 학문 실현을 위한 마지막 귀결임"을 몸소 체득하게 되었고, 전통에 기반을 두면서도 현실에 진취적인 태도를 갖게 되었다. 이 점은 그가 "유교의 진리를 확장하여 허위를 버리고 실학을 힘쓰며, 小康을 버리고 大同을 힘써서 유교의 빛남(光)을 우주에 빛나게 할지어다."[10)]라는 말에서도 극명하게 드러난다.

---

8) 신영우, 「조선의 역사대가 단재옥중회견기」, 단재 신채호선생 기념사업회, 『단재신채호전집』(이하의 주에서는 『전집』이라고 약칭함) 하, 형설출판사, 1995, 446쪽 참조.

9) 금장태 · 고광직, 『續儒學近百年』, 여강출판사, 1999, 216-217쪽 참조.

10) 「儒敎擴張에 대한 論」, 『전집』 하, 119-120쪽.

이처럼 단재는 兩人으로부터 지대한 영향을 받았고, 유학은 그의 가치관의 기초 또는 출발점이 되었으며,[11] 그것은 또한 단재의 삶과 인격형성에 많은 영향을 미쳤을 것으로 보인다. 그가 민족적 대의를 핵심으로 하여 현실사회를 해석하고, "옷 한 벌을 다 적시면서도 꼿꼿이 서서 고개를 숙이지 않고 세수를 할" 정도로 自尊하는 정신, 절대 타협을 모르는 기개를 지니게 된 것도 또한 여기에 근거한다. 따라서 그가 「조선상고사총론」에서 "역사란 무엇이냐. 인류사회의 '我'와 '非我'의 투쟁이 시간부터 발전하며 공간부터 확대하는 心的 활동 상태의 기록이니, …… 무엇을 '我'라 하며, 무엇을 '非我'라 하느냐. 깊이 팔 것 없이 얕게 말하자면, 무릇 주관적 위치에 선 자를 '我'라 하고, 그 외에는 '非我'라 하나니"[12]라고 말한 것도 이런 문맥에서 이해해야 할 것이다.

그런 점에서도 민족적 대의는 단재에게 있어서 인간이 금수와 다른 삶을 사는 데 있어서 그 중심적인 가치를 갖는 개념이다. 그것은 또한 단재의 삶과 철학사상의 출발점이자 귀착점이기도 하다. 그가 『警告 儒林同胞』라는 논설에서 "忠君愛國과 救世行道는 유교의 본뜻이다."[13]라고 한 말은 그 단적인 증거이다. 다음의 예도 이를 입증하는 하나의 단서가 될 수 있다.

> 정의의 칼날이 번쩍이는 곳에 불법의 악마가 반드시 항복하며, 정의의 깃발이 펄럭이는 곳에 최후의 공이 반드시 도래하나니, 그런 까닭에 인민은 정의로서 보존될 수 있으며, 나라는 정의로서 독립될 수 있는 바이다.[14]

---

11) 尹絲淳, 「단재 신채호의 유교관」, 『한국유학사상론』, 예문서원, 1997, 503쪽 참조.

12) 「朝鮮上古史總論」, 『역사논설집』, 62쪽.

13) 「警告 儒林同胞」, 같은 책, 274쪽.

14) 「20세기 新國民」, 같은 책, 313쪽.

이미 지적했듯이 단재의 학문적 기초는 할아버지 신성우로부터 배운 주자학이었고, 이는 젊은 시절의 양원과의 만남과 성균관에서의 공부를 통하여 더욱 성숙하였다. 그뿐만 아니라 이 과정에서 단재는 주자학을 바탕으로 유학을 실학적 · 실천적으로 이해하면서 신학문에 대해 주체적으로 수용할 수 있는 기초를 마련하였다. 그리하여 단재는 주자학의 기본 이념들을 수용하면서도 경세적 실천에 보다 큰 비중을 두어 자신의 애국계몽사상과 광복운동사상을 정당화해 나갔다. 단재는 「西湖問答」에서 유교의 근본사상이 '수신제가치국평천하'에 있다고 다음과 같이 밝히고 있다.

> 儒道는 先儒가 存心養性으로써 도를 삼고 '遏人欲存天理'하여 '수신제가치국평천하'하는 것으로써 본분을 삼으니 人道에 적합하다고 하겠으나, 중세의 유도는 학문을 닦고 예를 숭상하는 것만을 이상시하였고 근세의 유도는 記誦詞章에 빠져 눈이 멀고 꽉 막혀 있었으니 이 도가 다시는 행하여지지 못하였다.[15)]

그는 이 글에서 공맹 · 정주의 수양론의 기본원리이자 궁극목표가 되는 '알인욕 존천리'와 '치국평천하'가 당대의 현실에 전혀 구현되지 못하고 있음을 개탄하고 있다. 이것은 유학자들이 일반적으로 갖는 공통의 생각이었다. 그것은 修己를 통한 安人이 유가의 이상적 삶이며 그 궁극 목표이기 때문이다. 이와 같은 '알인욕 존천리'나 '치국평천하'의 문제는 단재에게 있어서 '애국 또는 구국'하는 일이자 선비로서의 직분인 '行道'를 다하는 일로 직결되었다. 이로써 볼 때 단재는 유교의 근본정신을 修己보다 安人의 관점에서 이해하고 또 그것을 통하여 당시의 위기적 · 절망적 상황을 초극하려고 했던 것으로 보인다.

---

15) 「西湖問答」, 『전집』 별집, 138쪽.

이처럼 단재는 학문과 삶의 정도를 얻고 구현하는 데 있어서 할아버지 신성우의 가르침을 표준으로 삼았고, 그가 직면하고 있었던 일제강점기 전후의 정치 · 사회 · 사상적 혼돈에 대한 위기의식하에서 더욱 절실한 것으로 그 가르침을 마음속에 새겼다. 단재는 당시 동학농민운동 · 청일전쟁 · 아관파천 등을 겪으며 열강 침략의 대상이 된 "한국이 제국주의의 소용돌이에 들어가 민족주의의 힘겨운 경쟁을 당하여 남은 목숨이 위급한"[16] 상황을 심히 우려했다. 단재는 이를 극복할 수 있는 현실적 논리를 찾고자 하였고, 자신이 모색하는 사상의 근원으로서, 또는 그 정당화의 근거로서 '알인욕 존천리와 치국평천하'의 투철한 이해를 통한 '大義'정신을 확립하고자 하였으며, 또한 스스로 그 시대 민족 양심의 본원이고자 하였다.

여기서 민족적 '대의'란 현실의 모순이 극대화되는 시기에 처하여 제국주의에 적극 대항하고 국권회복을 도모하는 정신이며, 자신이 애써 쌓은 學德을 구체적인 행동으로 옮기는 유일한 길이었다. 그래서 단재는 아무리 궁해도 자신이 살기 위하여 허리를 굽히지 않았고, 대의와 지조를 목숨처럼 지켜냈던 것이다.[17] 이론 탐구보다는 실천 궁행을 더 강조하고, '我'와 '非我'를 엄격하게 구분하면서 누구보다 진취적이고 개혁적인 삶을 살았던 단재의 사상은 유교만 가지고 설명할 수 없는 것은 사실이지만, 그가 여전히 유교적 사유체계 안에서 자신의 시대를 고민하고 또 문제를 해결하려고 노력했다는 사실은 부정할 수 없다.[18] 이와 같은 방법은 "깨어나라 儒者여, 머리를 돌이키라, 유자여 諸公이 時勢도 이용하며 時務도 연구하면

---

16) 「20세기 新國民」, 『역사논설집』, 310쪽.

17) 李光洙의 「脫出途中의 丹齋 印象」에 나오는 다음의 한 구절은 그런 의미에서 퍽 흥미롭다. "丹齋는 大義에 관하여서는 一步도 假借함이 없었다. 그는 절대 비타협이다. 그는 天生의 淸節을 탄 인물이다." 「追慕文」, 『전집』하, 471쪽.

18) 이 문제에 관해서는 윤사순, 앞의 책, 「단재 신채호의 유교관」 참조.

儒林의 다행함이요 국가의 다행함이라.”[19]는 말에서 다시 한 번 선명히 볼 수 있다. 특히 단재가 '알인욕존천리를 통한 치국평천하'를 강조하고 또 그것을 바탕 삼아 민족적 대의를 구현하고자 한 점은 그의 현실 인식이나 현실 대응과 긴밀한 호응관계를 이룬다.

3. 단재 철학사상의 구조와 특성

단재 철학사상의 뿌리는 유교 즉 주자학에 있다. 그의 유교 이해는 일제 강점기 전후라는 시대적 환경 때문에 매우 실천적이며 가치 지향적인 성격이 매우 강하다. 따라서 단재에게는 무엇을 아느냐는 문제보다 어떻게 행동할 것인가 라는 문제가 더욱 절박하고 중요한 것이었다. 우리는 그의 철학사상도 이러한 각도에서 접근하고 파악해야 할 것이다. 그가 무려 20년 가까이 주자학을 공부했고 또 성균관 박사의 위치에까지 올랐음에도 “당시 유학계 최대의 관심사였던 '사칠리기해석론'이나 '인물성동이론' 등의 형이상학적 문제”[20]에 대해서는 한편의 글도 남기지 않았다고 하는 사실은 그 좋은 예가 된다. 그럼에도 단재는 기본적으로 인간과 세계를 보는 당대의 범형인 주자학적 사유체계를 완전히 벗어나서 철학을 한 것은 아니라고 보인다. 그는 “유가의 대광채가 크게 빛날 날”이 있을 것을 믿어 의심치 않았고,[21] 퇴계를 누구보다 존숭한 유학자였기 때문이다.[22]

---

19) 「警告儒林同胞」, 『역사논설집』, 275쪽.

20) 윤사순, 앞의 책, 519쪽.

21) 「儒教界에 對한 一論」, 『전집』, 별집, 108-110쪽 참조.

22) 이러한 사실은 단재의 문집을 읽어보면 곧 알 수 있는 일이지만 단재는 한국 유학자들 가운데 퇴계를 가장 많이 또 긍정적으로 언급하고 있다. 단재가 우리나라 고서적

주지하다시피 퇴계는 리를 절대시하고 리와 기를 엄격히 구별한 주자학자이다. 퇴계에 의하면 리는 절대적 실체로서 지극히 높아 상대할 것이 없는 까닭에 만물에게 명령만 내리고 명령을 받지 않는 능동적인 존재이며, 또한 만사·만물의 표준이 되는 존재이다.[23] 따라서 그 리는 만물의 궁극적 근원자일 뿐만 아니라 인간 삶의 전범이 되고, 사람이라면 반드시 따라야 하는 당위원리 그 자체이다. 퇴계의 이러한 主理 내지 理尊的 관점은 당대의 가치적 전도를 바로 잡아 천리와 인욕을, 왕도와 패도를 분변하고자 한 것이며 또한 이를 통해 금수와 구별되는 인간존재의 가치론적 존엄성을 확보하고자 한 것이었다. 따라서 "퇴계의 理尊철학은 동시대 인간들의 천박한 물욕의 기세에 대한 반작용, 그리고 그런 끝없는 탐욕의 갈증에 갇혀 사는 인심들에 대한 실망과 절망의 감정적 체험이 뒤엉킨 그런 복합적 사유의 표현"[24]이라는 지적은 타당하다. 이 경우 리는 기의 실존을 가능케 해주는 존재론적 근거가 될 뿐만 아니라 기에 대하여 일종의 주재적 능력을 발휘하는 존재로 이해된다.[25] 그런 점에서 퇴계의 리기론은 "주리적 리기이원론"[26]이라고 할 수 있다.

단재 역시 리기이원론적 사유구조 안에서 리를 높이고 리와 氣를 엄격히 분변하는 철학을 하였다. 물론 이를 뒷받침할 만한 어떤 문헌적 근거는 없다. 단재의 문집에는 리기심성론에 대하여 체계적으로 논한 글이 단 한

의 인멸을 우려하여 이것의 간행이 중요함을 출판인들에게 일깨워 준 글 「舊書刊行論」에서 "만일 국내학자가 배출되어 역사·傳記로 을지문덕·연개소문의 인물을 묘사하며, 윤리·수신으로 조광조·이황의 언행을 편찬하며"라고 한 말은 그 단적인 증거로 살필 만하다. 「舊書刊行論」, 『역사논설집』, 253-254쪽 참조.

23) 『퇴계전서』 상, 권13. 「答李達李天機」. "理本其尊無對, 命物而不命於物, 非氣所當勝也." 참조.

24) 김형효 외, 『퇴계의 사상과 그 현대적 의미』, 한국정신문화연구원, 1997, 87쪽.

25) 『퇴계전서』 하, 속집, 권8, 「天命圖說」. "理爲氣之帥, 氣爲理之卒, 以遂天地之功." 참조.

26) 尹絲淳, 『退溪哲學의 硏究』, 고려대학교 출판부, 1980, 224-225쪽 참조.

편도 없기 때문이다. 설령 그렇다 할지라도 단재의 사유체계의 밑바탕에는 분명 리기이원론적 구조가 짙게 깔린 것으로 보인다. 그가 유교의 근본을 "遏人欲存天理하여 수신제가치국평천하" 하는 일로 파악한 점이라든가,[27] 사람을 小我와 大我로 나누고, 소아는 유한하나 대아는 영원함을 강조한 것은 그 단적인 증거이다. 다음의 예문을 통해서도 이 문제의 대략을 짐작할 수 있다.

> 저것은 정신의 내가 아니요 물질의 나이며, 저것은 영혼의 내가 아니라 껍질의 나이며, 저것은 참 내가 아니요 거짓 나이며, 큰 내가 아니요 작은 나이니, 만일 물질과 껍질로 된 거짓 나와 작은 나를 나라하면 이는 반드시 죽는 나라, …… 이제 이 물질과 껍질로 된 거짓 나와 작은 나를 뛰어 나서 정신과 영혼으로 된 참 나와 큰 나를 쾌히 깨달을진대.[28]

여기에 보는 바와 같이 소아는 물질적이고 외형적이며 거짓된 것으로서 언젠가는 죽어야 할 존재이고, 대아는 정신적이고 참된 것으로서 영원히 죽지 않는 영혼을 가진 존재를 가리킨다. 이렇게 볼 때 대아는 리가 되고, 소아는 기가 됨은 명백하다. 그런 점에서 단재의 사유체계는 퇴계의 理尊氣賤의 논리에서 크게 벗어나지 않는다고 할 수 있다. 단재가 역사를 "我와 非我의 투쟁" 으로 규정하면서 다음과 같이 한 말은 이 문제를 특히 선명하게 보여준다.

> 非我를 정복하여 我를 표창하면 투쟁의 승리자가 되어 미래 역사의 생명을

27) 「西浩問答」, 『전집』, 별집, 138쪽 참조.
28) 「大我와 小我」, 『역사논설집』, 290-291쪽.

이으며, 아를 소멸하여 비아에 공헌하는 자는 투쟁의 패망 자가 되어 과거 역사의 陳跡만 끼치나니, 이는 고금 역사에 바꾸지 못할 원칙이다.[29]

이와 같은 단재의 주장은 '遏人欲存天理'의 논리와 호응관계를 이룬다. 이 경우 '알인욕존천리'란 악의 근원인 인욕의 억제를 통하여 선의 근원인 천리를 지켜 행한다는 의미로서, 인간의 욕구와 도덕적 원칙을 대립적으로 규정하고 천리에 비해 인욕을 부정적으로 보는 주자 수양론의 핵심적 명제를 가리킨다. 여기서 천리는 사회의 보편 도덕법칙을 의미하고 인욕은 도덕법칙에 어긋나는 감성적 욕망을 뜻한다. 그것을 독일 근대철학자 임마누엘 칸트(1724~1804)의 개념을 빌려서 말한다면 이성의 법칙과 감성의 법칙이라 할 수 있을 것이다.[30] 퇴계도 일찍이 인심과 도심, 천리와 인욕 등을 엄격하게 구분하고 이것을 사단칠정과 관련지어 논의한 바 있다. 퇴계는 人心을 인욕에, 道心을 천리에 분속시키고 도심으로 인심을 절제·극복하여야 한다는 주장을 펴 '알인욕존천리'를 특히 강조하였다. 그래서 퇴계는 "心學이 비록 다양하지만, 요컨대 인욕을 막고 천리를 지켜 행하는 두 가지 일에서 벗어나지 않는다."[31]고 말하였던 것이다.

이러한 논의의 바탕에는 理尊氣賤的 사고가 짙게 깔렸다. 리를 높이고 리와 기를 엄격하게 나누었던 관점과 지향은 단재에게 있어서도 그대로 유지되었다. 그런 점에서 단재 철학사상이 가지고 있는 사유의 기본 틀은 퇴계의 관점을 직·간접적으로 계승·발전시킨 것이라 할 수 있다. 이러한 논리를 바탕으로 非我와 我를 분별하고, 非我보다 我를 높이고 중요시함은 지극히 자연스러운 일이었을 것이다. 단재가 역사를 我와 非我의 투

29) 「朝鮮上古史總論」, 『역사논설집』, 62쪽.
30) 陳來, 『宋明理學』, 안재호 역, 예문서원, 1997, 25쪽 참조.
31) 『퇴계전서』, 권2, 「答李平叔」 참조.

쟁으로 정의하고 조선 민족을 我의 단위로 삼아 그 정치 · 사회 등 각 분야의 소장성쇠를 서술한 것이나, 애국심을 강조하기 위해 국가를 '정신상 국가와 형식상 국가'로 구분한 것[32] 역시 이러한 논리에 의한 것이었다고 생각된다. 이러한 입장과 논리 전개방식은 그의 역사 해석에도 그대로 적용되어 나타났다.

> 역사를 쓰는 자는 반드시 그 나라의 주인 되는 한 종족을 먼저 드러내어, 이것으로 주제로 삼은 후에 그 정치는 어떻게 흥하고 쇠하였으며, 그 산업은 어떻게 번창하고 몰락하였으며, 그 武功은 어떻게 나아가고 물러났으며, 그 생활관습과 풍속은 어떻게 변하여 왔으며, 그 밖으로부터 들어온 각각의 종족을 어떻게 받아들였으며, 그 다른 지역의 나라들과 어떻게 교섭하였는가를 서술하여 이것을 역사라고 말할 수 있다. 만일 그렇지 않다면, 이것은 정신이 없는 역사다.[33]

단재에 의하면 역사 기술에서 가장 중요한 것은 한 나라의 중심 종족을 분명하게 밝히고 드러내는 일이다. 이 경우 '나라의 주인이 되는 한 종족'은 리가 되고 '밖으로부터 들어온 각각의 종족'은 기가 됨은 물론이다. 이렇게 보면 역사 기술이란 '알인욕존천리'하는 일이고, 리와 기를 엄격히 구별하여 리를 높이는 일이기도 하다. 이처럼 리를 중시하는 입장은 단재에게 있어서 역사를 해석하는 이념적 준거가 된다.

단재는 이러한 사고를 바탕으로 한국 민족의 영속성과 역사 속의 영웅을 규정하였다. 그가 우리 민족은 檀君의 후예이고, 그 중심 종족은 扶餘族

32) 「정신상국가」, 『전집』, 별집, 160쪽 참조.

33) 「讀史新論」, 『역사논설집』, 13쪽.

이라고 하면서 다음과 같이 한 말에서도 이 점은 어느 정도 밝혀진다.

> 그러므로 나는 우리 부여족이 발달한 실제 자취로 우리나라 역사의 주요 골자로 삼고 기타 각 민족은 비록 우리나라 땅을 차지하고 주권을 다툰 일이 있다고 하더라도 모두 적국의 외침의 한 예로서 보겠다. 우리 부여족의 역사와 王統이 소멸하였다 하더라도, 다른 민족을 우리 역사에 포함하는 것은 옳지 않다.[34]

이처럼 리를 높이고 중시하는 관점은 위기에 처한 국가를 구할 영웅을 기대하는 논설인 「英雄과 世界」라는 짧은 글에서도 극명하게 표출되었다. 예컨대 "영웅이란 것은 세계를 창조한 聖神이며, 세계란 것은 영웅이 활동하는 무대이다."[35]라는 말이 바로 그것이다. 이 경우 영웅은 유가의 이상적 인간상인 大人과 같은 존재로서 天理 그 자체이고, 기는 그 영웅이 활동하는 무대인 세계가 된다. 바로 여기에서 단재는 이것을 바탕으로 하여 역사를 새롭게 해석하였고, 혼란과 위기에 선 당대의 상황을 극복하고자 하였다. 그러면 그가 말하는 '영웅'이란 어떤 존재인가?

> 오직 그 지식이 만인보다 뛰어나며 기개가 일세에 덮어 어떤 종류의 마력으로든지 반드시 한 나라가 풍미하고 천하가 산같이 우러러 태양이 만유를 흡인하듯이 동서남북 수림이 빽빽이 울창한 듯한 인물이 모두 그 한 몸을 향하여 노래하고 울며 사랑하고 사모하며 절하고 존경하여야 이에 그 사람을 영웅이라 할 수 있다.[36]

---

34) 같은 책, 같은 곳, 31쪽.
35) 「英雄과 世界」, 같은 책, 270쪽.
36) 같은 책, 같은 곳, 270쪽.

이렇게 볼 때 天理의 化身 그 자체인 영웅이란 개념은 단재의 철학사상에서 민족이란 개념과 더불어 가장 중요한 가치판단의 기준이요 원리라 할 수 있다. 단재의 "세계와 힘껏 싸울 영웅이 있어야 세계와 힘껏 싸울 것이니, 영웅이 없고서야 그 나라가 나라 됨을 어찌 얻을 것인가."[37]라는 말이나 "천지와 일월은 죽어도 큰 나(大我)는 죽지 아니하며, 초목과 금석은 죽어도 큰 나는 죽지 아니하고, 깊은 바다와 끓는 기름 가마에 던질지라도 작은 나는 죽으나 큰 나는 죽지 아니하나니"[38]라는 말을 상기할 때 이 점은 명백하다.

따라서 단재가 말하는 '영웅'이나 '대아'는 '알인욕존천리'의 '천리'와 같은 의미가 있는 개념으로서 만사 · 만물의 표준이 되는 존재이다. 그가 「警告 儒林同胞」에서 "성인의 도가 광대하여 六合을 포용하였으니, 무슨 이치를 탐구하지 못하며 무슨 뜻을 강구치 못하리요."[39]라고 한 말도 이런 문맥에서 이해되어야 한다.

여기에서 바로 우리 역사상 가장 어둡고 참담한 시대를 살았으면서도 민족이라는 대의 앞에 자신을 던져 至善의 길을 모색하고자 했던 단재의 애국계몽운동의 이론적 근거가 분명히 드러난다. 그가 「利害」[40]라는 논설에서 "나의 이른 바 생존은 個身의 생존이 아니라 전체의 생존이며 軀殼의 생존이 아니라 정신의 생존이니, 軀殼과 個身의 생존만 알면 이는 금수요,

37) 같은 책, 같은 곳, 272쪽.

38) 「大我와 小我」, 같은 책, 291쪽.

39) 「警告 儒林同胞」, 같은 책, 274쪽.

40) 이 논설에서 단재가 말하는 '利害'의 利란 『周易』에 나오는 '利天下'(천하를 이롭게 한다)의 利와 같은 뜻을 가진 개념이다. 『주역』의 利자는 대부분이 私利보다는 公利라는 의미로 쓰이고 있다. 그 단적인 예가 乾卦 「文言傳」의 "利物足以和義"라는 말이나 "乾始能以美利, 利天下"라는 말일 것이다. 유학적 기초가 탄탄한 단재 역시 『周易』의 이 영향을 많이 받았을 것으로 사료된다.

정신과 전체의 생존을 알아야 이를 사람의 생존이라 하나니."[41]라고 한 말이 이 점을 명료하게 한다.

이와 같은 의식의 바탕에는 '알인욕존천리'의 정신과 '애국이나 구국'을 사상의 근본으로 여기는 기본 전제가 깔렸다. 그런 뜻에서 단재의 이러한 논리는 결국 天의 所生者로서의 인간이 인간으로서 마땅히 인간답게 걸어가야 할 도리와 命法으로 부여된 天理를 인간 사회에 구현해야 한다는 가치 지향의 정신과 '실천이성'의 요청에서 정향된 시도로 보아야 마땅할 것이다. 이것이야말로 단재 철학의 특징이자, 주자학을 충실히 계승하면서도 이를 한 발 넘어서게 한 단재의 참뜻이 아니겠는가. 그래서 그는 다음과 같이 말하지 않을 수 없었던 것이다.

> 나는 지금으로부터 닥치는 한국 부흥 여부는 오로지 儒林에 있다 하노니, …… 현재 본령이 굳세고 확실하여 心志가 안정된 자가 누구냐 하면 오직 儒者뿐이며, 도덕을 존중 숭상하여 名利에 물들지 않은 자가 누구냐 하면 오직 유자뿐이며, 위세와 무력에 굴복하지 아니하며 부귀에 흔들리지 아니할 자가 누구냐 하면 오직 유자뿐이오.[42]

4. 단재의 현실 인식과 대응

위에서 살펴본 바와 같이 단재 철학사상의 특성은 리기이원론적 사유구조 안에서 리를 높이고 리와 기를 엄격히 분변하여 민족적 대의를 밝히

41) 「利害」, 같은 책, 360쪽.
42) 「警告 儒林同胞」, 같은 책, 275쪽.

고, 그것을 통하여 민족의 독립을 쟁취하고자 한데서 찾을 수 있다. 그리고 안으로는 '알인욕 존천리'를 통하여 '민족적 주체'를 투철하게 자각하고, 밖으로는 '국가생활의 利害'[43]와 '실학'[44]을 기초로 하여 이 인간세에서 大同의 세계를 구현하고자 한 노력으로 표출되었으며, 그의 현실 인식이나 현실 대응 또한 이와 무관하지 않다. 그런 점에서 단재의 철학사상은 일제하의 식민지로 전락한 현실과 그로 인한 속물화와 패배주의를 극복하고자 한 구국운동의 일환이었다.

이러한 시각에서 단재의 철학사상을 검토할 때, 가장 두드러지게 눈에 띄는 것은 대의실현의 궁극적 목표인 '민족 主體我의 자각'과 '민족의 독립'이다.

> 국가의 역사는 민족의 소장성쇠의 상태를 가려서 기록한 것이다. 민족을 버리면 역사가 없는 것이며, 역사를 버리면 민족의 그 국가에 대한 관념이 크지 않을 것이니, 아아, 역사가의 책임이 그 또한 무거운 것이다.[45]

> 전국 내의 동전과 금전을 모두 외국인이 거두어 가면, 그 나라가 아주 멸망이라 할까. 이것으로는 아주 멸망하리라 할 수 없으며, ……전국 내의 한 자, 한 치 만한 토지라도 모두 외국인이 점령하면 그 나라가 아주 멸망이라 할까. 이것으로는 아주 멸망하리라 할 수 없으며, 전국 내의 일초일목이라도 외국인이 모

43) 이 문제와 관련하여 다음과 같은 단재의 말을 눈여겨 볼만하다. "그러므로 한 국민이 되어 세계의 생존을 구하려 할진대, 없는 시비를 가리지 말고 오직 利害를 위하여 활동할 뿐이다." 「利害」, 『역사논설집』, 356쪽.

44) 이러한 입장은 다음의 말에 적절하게 집약되어 있다. "儒教를 확장코자 하면 유교의 진리를 확장하여 허위를 버리고 實學에 힘써야 한다." 「儒教擴張에 대한 論」, 『전집』 下, 119-120쪽.

45) 「讀史新論」, 『역사논설집』, 12쪽.

두 차지하면, 그 나라가 아주 멸망이라 할까. 이것으로는 아주 멸망하리라 할 수 없으리로다. 그런즉 어떠한 나라를 亡國이라 할까. 오직 국민의 인심이 모두 외국인에게 팔린 바 되고 보면, 그제야 망국이라 하리로다.[46]

바로 여기에서 단재 철학사상과 현실 인식의 특성인 대의정신을 바탕으로 하여 민족의 主體我를 밝히고 민족의 독립을 쟁취하고자 했던 뜻이 뚜렷하게 나타난다. 이 경우 大義는 '公心이나 道心'과 같은 의미가 있는 개념으로서, 이민족의 정치적 폭압에 짓눌린 식민지의 현실 속에서도 '정당함'과 '올바름'을 추구하는 당위적 규범윤리이다.

그러면 理尊氣賤的 사유체계를 바탕으로 민족적 대의를 확립하고 또 그것을 구현하는 데 평생을 걸었던 단재가 생각한 현실의 바람직한 모습은 무엇인가. 그것은 "수백 년의 사대주의에 깊이 빠져있던 옛날의 부끄러움을 씻어버리고 20세기 신국민의 사업을 진작하여 현 세계 무대상에 명예스러운 깃발을 펄럭펄럭 휘날리게 하는"[47] 세계로 집약된다. "한국이 제국주의의 소용돌이에 들어가 민족주의의 힘겨운 경쟁을 당하여 남은 목숨이 위급하고,"[48] "천지가 비참하고 암담한 노예의 소굴 속에서도 오히려 형제가 서로 잡아먹는 연출이 끊어지지 아니하는"[49] 절망적 상황에서 그는 오로지 민족적 대의만이 인간의 보편적 가치로서의 준칙이자 행위규범이라고 믿었고, 또 그것을 구현할 수 있는 현실만을 자신의 참된 현실로 인정했던 것이다.

이를 구체적으로 표현하면 "국가에 이로운 것이 날로 많아지며 인민의

46) 「일본의 큰 충노 세 사람」, 같은 책, 282쪽.
47) 「20세기 新國民」, 같은 책, 307쪽.
48) 같은 책, 같은 곳, 310쪽.
49) 같은 책, 같은 곳, 314쪽.

복이 날로 커져, 전제봉건의 낡고 고루함이 사라지고 입헌공화의 복음이 두루 퍼져, 국가는 인민의 낙원이 되며, 인민은 국가의 주인이 되는"[50] 세상이라고 할 수 있다. 따라서 단재에게 있어서 참된 현실이란 悖惡한 인간들의 속된 욕망으로 좌우되지 않는 天理·公心으로서의 세계, 즉 "정의·인도가 눈부시게 빛나는 새로운 세계였다."[51] 형식보다 내용과 정신이 살아 숨 쉬고,[52] 민족적 대의와 '新國民'의 이상이 유감없이 구현될 수 있는 도덕적·윤리적 가치의 세계였다. 단재의 대표적 논설의 하나이며 그의 사상과 현실 인식을 집약한 것으로 평가받고 있는 「20세기 新國民」의 한 대목은 이를 좀 더 분명하게 설명하여 준다.

> 국가에 이로운 것이 날로 많아지며 인민의 복이 날로 커져, 전제봉건의 낡고 고루함이 사라지고 입헌공화의 복음이 두루 퍼져, 국가는 인민의 낙원이 되며, 인민은 국가의 주인이 되어 공자·맹자의 세상을 잘 다스려 백성을 잘살게 한다는 이념이 이에 실행되며, 루소의 평등·자유정신이 이에 성공하였도다.[53]

여기에서 단재는 20세기 국가경쟁의 원동력은 영웅 한둘의 개인적 역할보다도 국민 전체의 外競力과 분발에 있다고 하면서, 정치·경제·교육·종교 등 각 분야에서 활약하는 국민 각계각층의 대내외적인 경쟁력의 발휘를 촉구하였다. 이어서 그는 당면한 민족적 위기를 극복하고 근대 국민국가의 기초를 마련할 수 있는 유일 주체가 다름 아닌 '신국민'임을 분

---

50) 같은 책, 같은 곳, 309쪽.

51) 신채호, 『天鼓』, 최광식 역주, 아연출판부, 2004, 80쪽.

52) 이 점은 단재가 「浪客의 新年漫筆」이라는 논설에서 痛斥해야 할 조선사회의 두 가지 큰 악폐로서 '형식화'를 그 첫 번째로 거론한 점에서도 잘 알 수 있다. 「浪客의 新年漫筆」, 『역사논설집』, 350-351쪽 참조.

53) 「20세기 新國民」, 같은 책, 309쪽.

명히 하였다.

이 경우 '신민'이란 말은 민족운동 단체였던 신민회가 표방한 '신민'과 동일한 의미로서, 자강력과 입헌 · 공화의 국가사상을 가진 '維新한 국민', 곧 국권회복의 주체이며 독립자존의 기백을 지닌 새로운 국민을 가리킨다. 단재의 '신민설'이 梁啓超의 新民說과 청나라 말의 變法維新 등의 영향을 받아서 이루어졌다고는 하지만,[54] 더 직접적인 영향은 『大學』의 三綱領 즉 "明明德 · 新民 · 止於至善"에서 찾아야 할 것이다.[55] 그가 「문화와 무력」이란 논설에서 "韓國 有志君子여, 自國固有의 長을 保하며 外來文明의 精을 採하여 一種 新國民을 養成할 만한 文化를 振興할지어다"[56]라고 한 말이나, 「조선혁명선언」에서 민중을 혁명의 대본영이라고 하면서 "선각한 민중이 민중 전체를 위하여 혁명적 선구가 됨이 민중 각오의 제일이다"[57] 라고 한 말에서도 이 점을 확인할 수 있다.

그런 점에서 천리의 化身이자 국권회복의 주체이며 근대 국민국가 건설의 주역인 '신민'이란 개념은 단재 현실관 이해의 유익한 디딤돌이 된다.

단재에게 있어서 '현실'과 '이상'은 결코 모순 · 배척되는 두 항이 아니다. 참된 현실은 언제나 이상이 구현되는 지평이고, 현실은 이상을 통해 그 정당성을 확보할 수 있기 때문이다. 따라서 '이상'과 '현실'은 별개의

---

54) 배용일, 『박은식과 신채호 사상의 비교연구』, 82쪽 참조.

55) 四書의 하나인 『大學』은 초학자가 덕을 쌓는 입문서이며, 또한 유가의 정치철학서이다. 「대학」은 원래 『예기』의 한 편이었으나 주자가 章句本을 만들어 주석을 붙여 『논어』 · 『맹자』 · 『중용』과 함께 『四書』로 표창하였다. 주자는 『대학』에서 교육의 목적은 三綱領에 두고, 이것을 달성하는 수양의 순서는 八條目, 즉 格物 · 致知 · 誠意 · 正心 · 修身 · 齊家 · 治國 · 平天下로 제시하면서 『시경』, 『서경』 등의 말을 인용하여 해설하였다. 삼강령 중의 하나인 新民을 親民으로 해석하는 王陽明의 설도 있으나 필자는 주자의 설이 더 설득력이 있다고 보아 이를 따른다.

56) 「文化와 武力」, 『전집, 별집』, 201쪽.

57) 「利害」, 『역사논설집』, 335쪽.

이질적인 두 종이 아니라 '本源現實'을 구성하는 두 요소일 뿐이다. 이 경우 '본원현실'이란 평등 · 자유 · 毅勇 · 공공 등이 살아 숨 쉬고,[58] '신민'이 인욕을 다스려 천리의 화신으로 꽃피는 세상을 가리킨다. 그러하기 때문에 단재는 "세계와 힘껏 싸울 영웅이 있어야 세계와 힘껏 싸울 것이니, 영웅이 없고서야 그 나라가 나라 됨을 어찌 얻을 것인가?"[59]라고 말하면서 국민 생활의 구체적 토대가 되는 국방 · 경제 · 정치 · 교육 · 종교 분야 등에서의 신민의 역할과 책임을 강조하였던 것이다. 따라서 어느 하나를 받아들이기 위해 다른 하나를 본질적으로 거부하는 이분법적 사고는 부정되고, '이상'과 '현실' 사이의 살아있는 통일적 또는 연속적 관계만이 힘을 얻게 된다. '본원적 현실'은 이 관계가 삶과 역사의 참다운 원리로 작동하고 또 발전하는 정도에 따라 이루어진다. 우리는 단재의 이와 같은 현실관을 제대로 살피지 않은 채, '이상'과 '현실'의 관계를 모순 · 대립적인 것으로 파악해서는 안 될 것이다. 왜냐하면 역사의 실체를 민족으로 규정하고 역사야말로 민족의 전통과 동질성을 확인케 하고 국민국가를 형성하고 자강케 할 수 있는 유일한 길임을 역설하는 단재의 민족주의 역사 인식[60] 역시 여기에 그 뿌리를 두고 있기 때문이다.[61]

그는 물론 '실제적 현실'의 세계에서는 我와 非我를 엄격하게 구별하여 역사의 주체인 我가 非我를 극복하는 세계를 중요시했고, 또 이를 통해 公

58) 단재는 신국민의 신도덕관 확립을 가장 시급한 과제로 설정하고 신국민에게 가장 필요한 덕목으로 평등 · 자유 · 정의 · 毅勇 · 공공 등 다섯 가지를 제시한 바 있다. 「21세기 新國民」, 『역사논설집』, 311-314쪽 참조.

59) 「英雄과 世界」, 같은 책, 272쪽.

60) 단재의 역사인식 문제에 대하여는 申一澈, 앞의 책, 9-10쪽 참조.

61) 이 점에서 박노자의 다음 말은 시사하는 바가 매우 크다. "그 당시의 신채호에게 '민족'이란 '역적'만을 제외한 일체 '우리'의 통합의 논리, 즉 上 · 下 통합의 논리이었던 듯하다. 박노자, 「1990년대 초반 신채호 '민족' 개념의 계보와 동아시아적 맥락」, 『인문과학논총』, 제25집, 순천향대학교, 2010, 133쪽.

과 私, 正과 邪, 大我와 小我를 明辯하고 正道를 지키고자 하였다. 그가 『삼국사기』를 쓴 김부식을 사대주의 사관의 죄인으로 성토한 것이라든가, "외교론이나 점진론을 주장하는 이승만이나 안창호 노선을 반대하고 제국주의 일본에 철저히 항전하자는 군사노선을 주장했던 것"[62]은 그 단적인 예가 될 것이다.

그러나 단재는 '본원적 현실'의 세계에서는 그 어느 하나를 받아들이기 위해 다른 하나를 배척하는 이분법적 사고를 거부하고, "武裝殷鬪가 儒生의 能事가 아니라고 하면서"[63] 문무가 겸비되는 삶을 지향하였다.[64] 그리고 이러한 논리를 바탕으로 하여 단재는 대의 그 자체로 돌아가는 삶을 회복하고자 하였고, 또 그것을 통하여 민족의 독립과 새로운 국민국가 건설을 이룩하고자 하였다.

> 個身의 생존만 구하던가 전체의 사멸을 이루면 개신도 따라 사멸하나니, 그러므로 君子는 개신을 희생하여서라도 전체를 살리려 하며, 軀殼의 생존만 구하다가 정신이 사멸되면 쓸데없는 일부의 臭皮囊만 남아 무엇이 귀하리오. 그러므로 烈士는 적국과 싸우다가 전 국민의 백골을 태백산만치 높이 쌓아놓고 명예의 멸망을 할지언정 노예 되어 苟生함은 하지 않나니, 구생은 생존이 아니리라.[65]

여기에서 단재가 말한 대의는 私利나 不義와 대립하는 일반적인 의미가

62) 송건호, 『한국현대인물사론』, 한길사, 1984, 314쪽.

63) 「李수상에게 도서열람을 요청하는 便紙」, 『전집, 별집』, 368쪽.

64) 이러한 입장은 다음의 예문에 뚜렷이 나타난다. "然故로 國을 謀하는 자 文武에 其一을 偏癈함이 不可하나니", 「文化와 武力」, 같은 책, 200쪽.

65) 「利害」, 『역사논설집』, 360쪽.

있는 대의가 아니라 국권회복과 민족적 생존을 위해서는 절대적으로 필요한 대의이다. 그는 이를 통해 강도 일본을 타도하고 불합리한 우리 생활의 일체 제도를 개조하여 사람이 사람대접을 받고 사는 사회, 즉 완전한 광복을 바탕으로 하는 자유·평등의 민중적 조선 사회를 건설하고자 하였다.[66] 그가 「朝鮮革命宣言」에서 "고유적 조선의, 자유적 조선 민중의, 민중적 경제의, 민중적 사회의, 민중적 문화의 조선을 건설하기 위하여 이족통치의, 약탈제도의, 사회적 불평균의, 노예적 문예사상의 현상을 타파함이니라. 그런즉 파괴적 정신이 곧 건설적 주장이다"[67]고 한 선언에서 이 점을 특히 선명하게 본다.

따라서 단재가 제시한 대의는 민족적 대의로서 신민하고 평천하할 수 있는 가능 근거이자, 천리 즉 선 실현의 궁극적 목적이며 자아를 민족과 하나 되게 하는 원리가 된다. 이런 의미에서 그는 "무릇 개인이 개인에게 대한 도덕은 私德이요, 개인이 사회나 국가에 대한 도덕은 公德이다. 만일 兩德의 대소·경중을 말하자면, 물론 공덕이 중하고 사덕이 경하며 공덕이 크고 사덕이 작은 것이다"[68]라고 말하였던 것이다. 단재가 '存天理 遏人慾'의 사고에 입각하여 「朝鮮革命宣言」에서 일본을 조선 민족 생존의 '絶對的 敵'으로 규정하고, 민중 혁명을 통하여 강도 일본을 殺伐해야 함을 강력하게 주장한 것은 역시 여기에 근거한 것이라 할 수 있다.

이렇게 볼 때 단재는 '민족적 대의'로 內·外와 本·末을 일관했고, 이를 통해 국권회복과 광복 및 근대 국민국가 건설의 정당성이나 그 도덕적 합당성을 추구했으며 그 속에서 당대의 사회적 모순과 日帝의 침탈로 인한 민중들의 뼈아픈 고통과 생활상을 절박하게 인식했던 것이다. 그가 너

66) 배용일, 앞의 책, 278쪽 참조.
67) 「조선혁명선언」, 『역사논설집』, 338쪽.
68) 「道德」, 같은 책, 363쪽.

나없이 돈만을 좇아가는 당시의 시대 풍조를 비판하고, 돈보다 더 소중한 것이 있음을 일갈한 글 「問題없는 論文」에서 "금전 이외에 조선도 있느니라. 금전 이외에 동지도 있느니라. 금전 이외에 동족도 있느니라. 금전 이외에 치욕도 있느니라"[69]고 말한 것도 이를 해명하는 중요한 단서가 될 수 있을 것이다. 바로 여기에서 무장투쟁이 광복운동의 중추적 방략임을 강조하고 또 그것을 통하여 新朝鮮, 즉 "고유적 조선의, 자유적 조선 민중의, 민중적 경제의, 민중적 사회의, 민중적 문화의 조선을 건설하기 위해"[70] 신명을 다 바치고자 했던 단재의 '無政府的 民族主義'[71]의 의미가 명료하게 드러난다. 다음의 예문에서 이 점을 더 분명하게 확인할 수 있다.

> 민중은 우리 혁명의 대본영이다. 폭력은 우리 혁명의 유일 무기이다. 우리는 민중 속에 가서 민중과 携手하여 不絶하는 폭력 · 암살 · 파괴 · 폭동으로써 강도 일본의 통치를 타도하고, 우리 생활에 불합리한 일체 제도를 개조하여 인류로써 인류를 압박지 못하며, 사회로써 사회를 剝削치 못하는 이상적 조선을 건설할지니라.[72]

당시는 대의를 다른 그 어느 때보다도 더 긴요하게 요하는 시기이면서, 또한 대의의 존립을 유례없이 위협하는 상황이라고 보는 데서 단재의 민족적 대의정신은 독특한 방식의 길을 걷게 되었다. 천리가 날로 소멸하여 "오직 도덕이 부패하며, 경제가 곤궁하고 궁핍하며, 교육이 부진하며, 모든 권리가 타인의 손에 돌아가며, 인민의 기상 타락이 극도에 이르러",[73]

69) 「問題없는 論文」, 같은 책, 344쪽.
70) 「조선혁명선언」, 같은 책, 338쪽.
71) 이 문제에 대해서는 申一澈, 앞의 책, 「申采浩의 無政府主義思想」, 169-187쪽 참조.
72) 「조선혁명선언」, 『역사논설집』, 339쪽.

"쓸쓸한 바람, 음산한 비에 삼천리강산이 안색을 바꾸고, 뜨거운 불, 깊은 물에 이천만 동포가 슬픈 울음소리를 내는"[74] 시대에 처하여, 이를 바로 잡고 극복할 수 있는 유일의 지표가 '存天理 遏人欲'과 '文武雙全'을 통한 민족적 대의의 확립이라고 그는 파악하였던 것이다. 이와 같은 단재의 특유의 사유체계는 도덕적 의미를 담은 가치 있는 삶에 대한 희구인 동시에, 현세적 삶과 그 실천적 노력을 철저하게 긍정하면서도 거기에 머물지 않고 민족과 자아, 나와 민중과의 강력한 연대를 통해 "최고로 이상적인 진선미의 사회"[75]를 세우고자 했던 한 민족주의자의 숭고한 삶의 고백이라고 할 수 있다.

5. 맺는 말

이상에서 살펴본 바로는, 단재의 학문적 기반은 할아버지 신성우로부터 배운 유학 즉 주자학이었고, 이는 젊은 시절의 신기선과의 만남과 성균관에서의 공부를 통하여 심화하였다. 단재의 철학은 리기이원론적 사유구조 안에서 리를 높이고 리와 기를 엄격히 분변하는 데에서 그 특성을 찾을 수 있다. 그가 민족의 고유성과 개체성 및 영속성을 강조하면서 국권회복을 위한 민족자강의 역사관을 제시하고 한국 고대사를 자주적 입장에서 체계화하려고 한 점 또한 이와 무관하다 할 수 없을 것이다.

그런 점에서 단재 철학의 사유체계와 성격은 퇴계의 理尊氣賤 사상과 일맥상통하고 있다. 하지만 그 논리와 사유체계가 비슷하다고 하더라도 그

---

73) 「21세기 新國民」, 같은 책, 310쪽.

74) 「20세기 新國民」, 같은 책, 306쪽.

75) 『천고』, 101쪽.

내용 면에는 많은 차이를 보이고 있다. 단재는 역사를 我와 非我의 투쟁으로 정의하고 우리 민족이 단군의 후예이며 중심 종족은 부여족임을 천명하였다. 그래서 「일목대왕철추」에서 "윤리와 도덕의 조목은 남의 것으로 만드는 것이 아니라 우리의 풍속과 습관에 맞춰 선과 악의 표준을 세워 학리로써 설명할 뿐이다"[76]라고 말하였다. 이와 같은 의식의 밑바탕에는 '알인욕 존천리'의 정신과 修己보다 安人, 그리고 '보편적 진리 탐구'보다 현실적 문제 해결을 위해 구체적인 방책을 찾으려고 고민하는 지식인의 실천적 삶을 더 중시하여 '애국 내지 구국'을 철학의 근본으로 여기는 기본전제가 깔렸다.

본 연구가 시도한 단재 철학사상의 유학적 이해는 지금까지 단재 연구에서 거의 다뤄지지 않았던 분야이기 때문에 단재 철학을 본격적으로 탐구할 수 있는 계기를 마련한 점에서 그 의미를 지닌다고 사료되나 충분한 것이라고는 할 수 없다. 단재 사상 전반에 대한 연구의 축적이 빈약한 까닭으로 인해 다소 무리한 추론이 뒤따랐으며, 또한 단재의 사상적 변모 양상과 그 이유에 관한 문제는 전혀 다루지 못하였다. 그런 의미에서 이 글은 단재 철학사상 연구에 대한 하나의 가설적 접근을 마련하고 그 가능성을 모색하는 일 이상의 것으로 자처할 수는 없다. 여기에 남겨진 과제들은 앞으로의 심도 있는 연구를 통하여 좀 더 충실하게 해명되고 보완돼야 할 것이다.

76) 「일목대왕철추」, 『전집』 하, 304쪽.

3부

통섭의 시대

다석 류영모의 주역관

1. 이끄는 말

이글은 시중에 나와 있는 『다석강의』, 『제소리』, 『다석 마지막 강의』, 『다석 류영모』, 『다석 류영모의 유교사상』 등[1]을 바탕으로 다석 류영모(1890~1981)의 사상을 易學的 관점에서 살펴보고, 다석 사상의 특징이 『주역』과 마찬가지로 天道를 주체적으로 자각한 인간이 하늘(天; 하느님)의 소리를 듣고 하느님과 소통하기 위해 실천궁행하고 자강불식하는 존재임을 통합적으로 사고하는 데에 있음을 밝히는 데 있다.

이 문제의 흥미와 중요성은 단지 일제강점기와 엄혹한 독재 정권시대를 살았던 한 위대한 사상가의 주역관이라는 범위에만 국한하지 않는다. 그것은 다석이 생전에는 한국 기독교계로부터 정통 기독교인이 아닌 이단자로 정죄를 받았고,[2] 대학 강단의 주류 철학자들로부터 철저히 외면당했

1) 다석학회 엮음, 『다석강의』, 현암사, 2006; 김흥호 편, 『제소리』, 솔, 2001; 박영호 풀이, 『다석 마지막 강의』, 교양인, 2000; 박재순, 『다석 류영모』, 현암사, 2008; 박영호, 『다석 류영모의 유교사상』, 문화일보, 1995.

2) 김흥호 · 이정배 편, 『다석 류영모의 동양사상과 신학』, 솔, 2002, 133쪽 참조.

으며,[3] 죽은 후에는 그 흔한 訃音 한 줄 신문에 나지 않았을 정도로[4] 세상과 무관한 삶을 살면서도 거기에 괘념치 않고 "몸과 마음을 곧게 하고 깊은 영성을 추구하면서" 동서 문명의 정신적 만남을 진지하고 치열하게 사상과 철학으로 닦아낸 인물이기 때문이다.[5] 그가 자신의 전 생애를 하느님을 섬기고 하느님과 교통하는 삶을 유일한 낙이자 마지막 사명으로 생각했던 것도 바로 이러한 특징에 기인한다. 그가 이 세상에서 믿을 것은 '하느님 말씀'뿐이라고 하면서 "하늘나라에는 참 나가 들어간다. 거죽으로 보면 우리 사람은 저 자연의 나무나 바위만도 못하다. 흙덩어리 같은 이 몸에 神通 · 靈通하는 정신작용이 있기 때문에 만물의 영장이라고 할 수 있다. 하느님이 보내시는 성령이 우리의 영혼이다. 위로부터 오는 게 없으면 아무것도 안 된다. 하느님의 성령은 우리 삶의 기본이다."[6]라고 한 말도 이런 맥락에서 이해할 수 있다.

새삼스럽게 설명할 필요도 없이 다석의 사상은 하느님을 중심에 놓고 그것을 바탕으로 동서고금의 사상을 하나로 융합 · 회통시키고자 하는 종합적인 성격이 매우 강하다. 이 점에서 그의 사상은 "함석헌의 씨알사상 · 민중신학 · 종교다원주의 사상 · 토착화 신학 · 생명철학의 선구가 된다."[7]

이런 면에 착안하여 필자는 다석의 주역관을 '하늘의 뜻이 담긴 『주역』', '乾卦 중심적 사고', '開物成務하는 인간' 등 총 3장으로 나누어 고찰하고자 한다.

그리하여 이 글이 다석의 씨알 사상과 하느님 섬김 사상을 보다 철학적

3) 박재순, 앞의 책, 24-25쪽 참조.
4) 박영호, 『다석 류영모』, 두레, 2001, 머리말 참조.
5) 박재순, 앞의 책, 28쪽.
6) 박영호, 『다석 류영모의 생각과 믿음』, 문화일보, 1995, 264쪽.
7) 박재순, 앞의 책, 13쪽.

으로 체계화하고 심화시키는 데에 일조하는 계기가 되었으면 한다.

2. 하늘의 뜻이 담긴 『주역』

『주역』은 동양사상의 뿌리이자 동양문화의 어머니가 되는 고전이다.[8] 『주역』은 '周나라 시대의 易'이란 말이며, 그 명칭이 의미하듯 모든 존재가 변화하는 근본원리를 담고 있는 유교의 핵심적인 경전이다. 또한, 그것은 천지자연의 理法을 밝히고 이를 바탕으로 하여 인간 삶의 당위원리를 제시하고 있는 지혜의 寶庫이기도 하다. 「說卦傳」 2장을 보면, "성인이 易을 지은 동기는 性命의 이치에 순응하도록 하는 데 있다. 그래서 天道는 陰陽, 地道는 剛柔, 人道는 仁義라고 했다."[9]라고 했는데, 이 말은 여기에 많은 참고가 된다.

주지하다시피 『주역』은 上·下經 64괘 384효로 이루어져 있다. 상경 30괘는 乾·坤괘로 시작하여 坎·離괘로 끝을 맺고 있으며, 주로 天地와 日月의 이치 즉 天道문제를 다루고 있다. 하경 34괘는 咸·恒괘로 시작하여 旣濟·未濟괘로 끝나고 있는데 여기에서 주로 다루는 내용은 남녀부부의 交·不交와 같은 人事문제이다. 그런 면에서 『주역』은 天理와 人事의 본질적이고도 근본적인 문제를 심도 있고도 체계적으로 탐구한 글이라고 말할 수 있다.[10] 그래서 「계사상전」에서는 『주역』을 가리켜 "천지와 대등하기 때문에 천지의 도를 망라할 수 있고"[11] "천지와 서로 비슷하기 때문에 도

8) 주백곤, 『주역산책』, 김학권 옮김, 예문서원, 1999, 24쪽 참조.

9) 『주역』 「설괘전」 2장. "古者聖人之作易也, 將以順性命之理. 是以立天之道, 曰陰與陽, 立地之道, 曰柔與剛, 立人之道, 曰仁與義."

10) 이정호, 『훈민정음의 구조원리』, 아세아 문화사, 1975, 11쪽 참조.

에 어긋나지 않으며"[12] "세상을 開明하고 人文을 성취하여 세상의 바른 도를 간직한다."[13]라고 말하였던 것이 아닌가 생각된다. 『주역』은 그리하여 하늘 · 땅처럼 크고 넓으며 또 모든 것을 다 갖추고 있어 "그 안에는 三才의 이치가 있고, 온 천하의 진리를 다 덮을 수 있는 窮極無雙의 원리"[14]가 되는 것이다. 이렇게 보면 『주역』은 다른 그 무엇이 아니다. 그것은 하느님의 뜻, 곧 天意가 내함된 경전이며, 『舊約』의 예언서와 같은 것이다.[15] 이처럼 『주역』을 초월적이면서 내재적인 하느님의 뜻이 담겨 있는 경전으로 볼 수 있는 근거는 다음의 예에서도 어느 정도 확인된다.

> 하늘이 神物을 내니 성인이 그것을 본받았고, 천지가 변화하니 성인이 그것을 모방하고, 하늘이 象을 드리워서 吉凶을 나타내니 성인이 이를 본받는다.[16]

> 천지가 자리를 잡으니 역도가 그 안에서 운행한다. 본성을 완성하여 곧게 간직해 나감이 道義의 門이다.[17]

다석의 『주역』에 대한 입장 또한 여기에서 크게 벗어나지 않는다. 그는 『주역』을 동양에서 가장 오래된 말씀의 줄거리, 즉 경전으로 보고 하느님의 복음이 담긴 『성경』과 다를 바 없는 것으로 이해한다. 다석의 다음 말

---

11) 『주역』「계사상전」 4장. "易與天地準, 故能彌綸天地之道."

12) 같은 책, 같은 곳. "與天地相似, 故不違."

13) 같은 책, 같은 곳, 11장. "夫易, 何爲者也, 夫易開物成務, 冒天下之道, 如斯而已者也."

14) 이정호, 앞의 책, 13쪽 참조.

15) 김흥호, 『주역강해』, 권1, 사색, 2003, 10쪽 참조.

16) 『주역』「계사상전」 11장. "天生神物, 聖人則之. 天地變化, 聖人效之. 天垂象, 見吉凶, 聖人象之."

17) 같은 책, 같은 곳, 7장. "天地設位, 而易行乎其中矣. 成性存存, 道義之門."

은 이 점을 보다 분명하게 설명하여 준다.

『성경』 말씀과 같이 『주역』의 말씀 줄거리를 알려면 '참'을 알아야 합니다. 인생 전체의 문제로서 온 일류가 찾는 일이니만큼 적어도 그만한 대비를 하고 동양의 경전도 공부해야 합니다. …… 사물의 발전된 것 이상을 알려고 하고, 평등과 자유의 정신인 窮神知化를 하며, 종국에는 신까지 연구해야 할 것입니다.[18]

다석에 의하면 『주역』은 하느님의 말씀이 담긴 『성경』이며, 사물의 발전된 법칙이나 평등 · 자유의 근본정신이 내함된 유교의 핵심 경전이다. 따라서 우리가 '참(誠)' 그 자체인 하늘을 알고 '매임과 모음'이 아닌 온전한 마음으로서의 삶을 살아가기 위해서는 『주역』 공부가 필수적이다. 그래서 다석은 "지금 읽고 있는 『주역』의 맨 꼭대기, 즉 大哉乾元 萬物資始乃統天은 『성경』의 창세기 읽는 정성으로 읽어야 한다."[19]라고 말했던 것이다. 다석이 「계사상전」 11장의 한 대목 "역에는 태극이 있으니 이것이 음과 양의 兩儀를 낳고 四象을 낳으며 사상은 八卦를 낳는다."[20]를 풀이하면서 다음과 같이 말한 것이 이런 생각을 선명하게 보여준다.

자유와 평등이라는 것이 우리 인간에게서 이루어지려면 이 형식을 조금 따를 필요가 있습니다. 그래야 평등이 나오고 자유가 있습니다. 저희들끼리만 만나면 자유와 평등이 없습니다. 더 알기 쉽게 얘기하면 해와 달은 똑같이 둥글게 보입니다. 언뜻 보기에는 크기도 같습니다. 그러나 실제로는 해가 훨씬 큽니다.

18) 『다석강의』, 268-269쪽.

19) 박영호 엮음, 『죽음에 생명을 절망에 희망을』, 홍익재, 1993, 352쪽.

20) 『주역』 「계사상전」 11장. "是故易有太極, 是生兩儀, 兩儀生四象, 四象生八卦, 八卦定吉凶, 吉凶生大業."

그러니 해와 달이 같다는 것은 어림없는 소리입니다.[21)]

다석이 이러한 논리를 편 것은 『주역』에는 인간다운 삶의 본질적 내용이 되는 '자유와 평등'의 이념이 들어 있고 우리가 그것을 알고 또 온전히 실현하기 위해서는 『주역』보다 좋은 경전이 없다는 것을 주장하려는 데 있다. 여기서 다석이 말한 '자유와 평등'이란 『주역』「계사하전」 5장에 나오는 "窮神知化(신을 궁구하여 변화를 안다)"[22)]의 정신으로서 인류 전체가 성취해야 할 마지막 정신이다.[23)] 이때 유의할 것은 이 '자유와 평등'의 정신이 하느님을 깨닫고 하느님을 따르고 섬기는 정신, 곧 하느님과 하나가 되는 정신이라고 하는 점이다. 다석이 팔괘를 통해 배우고자 한 것은 바로 이러한 문제였다. 팔괘는 하나이며 참이고 영원한 '태극'을 기점으로 하여 음양·사상·팔괘가 전개되는 위계적 질서를 표상하고 있기 때문이다. 이러한 입장을 취할 때 "전체적인 하나로 크고 또 크다는 뜻"[24)]을 갖는 태극을 인격화시켜 하느님으로 이해하는 일은 지극히 자연스러운 일일 것이다.

아주 옛날에도 하나를 인정했습니다. 하나(태극)는 너무나 커서 헤아릴 수 없는 불측입니다. 큰 태극은 하나입니다. 이것을 元一이라고 합니다. 하나는 밑동입니다. 그래서 주체로서 모든 개체에게 令을 내립니다. 이 영이 우리에게 직접 이렇게 하라 저렇게 하라는 것은 아니지만, 하느님의 뜻으로 우리가 부지 중에 움찔하는 것이 있습니다. 우리는 항상 이 하느님의 영을 받고 있는 것입니

21) 『다석강의』, 259쪽.

22) 김흥호는 이 '窮神知化'를 하나님을 만나서 변화되는 것으로 풀이하고 있다. 김흥호, 앞의 책, 권3, 185쪽 참조.

23) 『다석강의』, 269쪽 참조.

24) 같은 책, 255쪽.

다. 바로 元一令입니다.[25)]

이처럼 『주역』을 천의가 내함된 『성경』으로 보는 다석의 입장은 易의 의미에 대한 해석에서도 확연하게 드러난다. 다석에 의하면 만물의 이치에는 세 가지 모습이 있는데 첫째가 不易이고 둘째가 變易이고 셋째가 交易이다. 이 셋 가운데 가장 본질적이고 근원적인 易은 不易이다. 그것은 불역이 변역이나 교역의 본원이며, 끊임없이 변천하는 세상 속에서도 변하지 않고 영원히 가는 '참'이며 바른 것(正)이자 절대적 진리 그 자체이기 때문이다.[26)] 이런 맥락에서 본다면 그가 애써 강조하는 불역은 앞에서 살펴본 하나이며 영원한 태극과도 상통하는 개념임을 알 수 있다. 이에 대한 해답을 우리는 그의 다음 진술에서 어느 정도 확인해 볼 수 있다.

> 正이 세상에 없는데도 이것을 찾는 것은 우리가 '참'을 하려 할 때 그 범위를 바로잡으려는 것입니다. 아직 바로 되지 않은 것을 바로 잡으려는 것은 우리 정신이 힘쓴다는 것을 말합니다. …… 하늘과 땅이 바로 잡히는 것을 '正'이라고 할 수 있습니다. 이것을 붙잡지 않고는 본디를 알지 못합니다. 그래서 不易입니다.[27)]

> 자꾸 변화(變易)하고 자꾸 사귀고(變易) 그 가운데 변하지 않는 不易을 가져야 한다. 바뀌는 것은 상대세계요, 바뀌지 않는 것은 절대세계다. 바뀌는 것은 겉나요, 바뀌지 않는 것은 속나다. …… 변화하는 겉나(몸)에서 변화하지 않는 속나(얼)로 솟나면 無常한 세상을 한결같이 如常하게 살 수 있다.[28)]

25) 같은 책, 같은 곳.
26) 같은 책, 269-274쪽 참조.
27) 같은 책, 269쪽.

다석이 보기에 『주역』의 핵심 내용은 '불역'이고 그것의 현실적 적용이 변역과 교역이다. 이렇게 볼 때 불역은 "생성의 창조적인 힘의 근원"[29]이자 「계사상전」 4장에서 언급한 '神無方而易無體(신은 일정하게 머무는 곳이 없고, 역은 일정한 형체가 없다)'라는 말처럼 무소부재하며 항구불변하는 하느님의 존재와 그 맥을 같이 한다고 할 수 있다. 그러니 우리는 "不易을 맘에 갖고 변역을 몸에 받습니다. 몸에 받는 변동이 너무도 심하니까 호락호락하게 변역을 내버리는 정신의 힘을 우리는 가져야 합니다. 이렇게 해서 나가야 합니다. 이것이 신앙입니다. 이것이 한 치 세상에서 '나간만큼 나간 말'입니다."[30]라는 주장을 긍정하지 않을 수 없는 것이다. 다석이 『주역』의 占筮적 기능을 특히 강조하여 『주역』을 미신으로 만들어버린 사람들을 무섭게 비판한 것도 이와 무관하지 않다.[31]

이런 점에서 다석의 易 이해는 '隨時變易'을 중시하는 전통적 주역관과 일정한 차이가 있으며,[32] 『주역』을 단지 점치는 책이나 사상 또는 철학의 책으로만 이해하려는 현대학자들의 주역관과도 구별된다.[33]

---

28) 『죽음에 생명을 절망에 희망을』, 48쪽.

29) 이정용, 『易의 신학』, 이세형 옮김, 대한기독교서회, 1998, 118쪽.

30) 『다석강의』, 287쪽.

31) 『다석강의』, 229쪽, 267쪽 참조

32) 程子가 『주역』 「恒卦 · 彖傳」의 "天地之道恒久而不已(천지의 도는 항구하여 그침이 없다)."를 풀이하면서 "때에 따라 변역함이 인간이 지킬 영원한 길이다(唯隨時變易乃常道也)"라고 말한 것은 그 단적인 예일 것이다.

33) 주백곤, 앞의 책, 18-21쪽.

3. 건괘 중심적 사고

앞장에서도 언급한 바처럼 『주역』은 64괘 384효라는 상징체계를 통해 易簡·變易·不易의 내용과 원리[34]를 체계적이고도 심도 있게 해명하고 있다. 이 64괘 가운데 『주역』 전체를 대표하는 괘는 純陽·純陰으로 된 乾·坤이다. 「계사전」에서는 이 두 괘의 중요성을 강조하여 "易의 온축"[35]이니 "易의 門"[36]으로 지칭하고 있다. 그것은 건·곤 두 괘를 뺀 나머지 62괘의 핵심적인 내용이 다 들어가 있기 때문이다. 그런 까닭에 "건과 곤이 축이 되어 역도가 그곳에서 운행한다. 건·곤이 무너지면 역을 볼 수 없다."[37]라는 말까지 나오게 된 것이다. 그리고 이 두 괘의 내용은 乾卦 하나로 집약된다. 그런 점에서 『주역』 64괘를 총괄하고 대표하는 괘는 건괘라고 할 수 있다. 이는 건괘가 『주역』 64괘 가운데 첫 번째 괘라는 사실을 통해서도 분명하게 확인된다.[38] 이 괘는 여섯 개의 순수한 陽爻로만 이루어진 괘이기 때문에 64괘 가운데 陽이 상징하는 속성들, 예컨대 밝음·생명력·적극성·상승·남성상 등이 가장 강한 괘가 된다.[39] 다음의 자료는 건괘가 상징하는 내용들을 좀 더 구체적으로 설명해 준다.

乾은 天이니, 天은 하늘의 형체이고 건은 하늘의 性情이다. 건은 굳셈이니 굳

34) 孔穎達, 『周易正義』, 권1, 「論易之三名」. "易一名而含三義, 易簡一也, 變易二也, 不易三也." 참조.

35) 『주역』 「계사상전」 12장. "乾坤, 其易之縕邪."

36) 같은 책, 「계사하전」 6장. "子曰乾坤其易之門也."

37) 같은 책, 「계사상전」 12장. "乾坤成列, 而易立乎其中矣. 乾坤毁, 則無以見易."

38) 東漢의 大儒 鄭玄에 따르면 夏나라 역은 連山易이고, 殷나라 역은 歸藏易이며, 周나라 역은 周易이다. 연산역은 艮卦로부터 시작하고, 귀장역은 坤卦로부터 시작하고, 주역의 시작은 乾卦로부터 비롯한다.

39) 최영진 편저, 『原典으로 읽는 周易』, 민족문화문고, 2005, 21쪽 참조.

세어서 쉬지 않고 행하는 것을 건이라 한다. 하늘을 오로지 말하면 道이니, '하늘 또한 어기지 않는다'는 것이 이것이다. 하늘을 나누어 말하면 형체로써는 天이고, 주재자로써는 上帝라 하며 功用으로써는 鬼神이라 하고, 신묘한 작용으로써는 神이라 하고, 性情으로써 말할 때는 乾이라 한다. 건은 만물의 시초이다. 그러므로 천이 되고, 양이 되고, 아버지가 되고, 인군이 된다.[40]

건괘는 만물의 근원이자 시초가 되는 괘로서 天·上帝·鬼神·神·父·君 등과 같은 존재를 상징하고 있는 괘이다. 그뿐만 아니라 그것은 강건하며 신령스럽고 변화가 불측한 龍의 모습으로 표상되기도 한다.[41] 건괘 初九爻의 潛龍이나 九二爻의 見龍, 九五爻의 飛龍, 上九爻의 亢龍이 바로 그것이다. 그런 점에서 건괘는 '태극'이고 '불역'이고 창조주이고 하느님이 되는 것이다. 이 점은 彖傳의 "위대하도다 乾元이여 만물을 생성시키고 마침내 온 세상을 거느린다."[42]라는 말에서도 극명하게 드러난다.

이와 같은 논법은 다석의 건괘에 대한 해석에서 다시 한 번 선명히 볼 수 있다. 다석에 의하면 건괘의 乾은 健과 같은 의미이며, 그것은 또한 '곧이 곧장' 하늘과 교통하는 것을 의미하며 『대학』의 '至於至善'의 경지, 즉 "곧이 곧장 착하고 지극히 착한 '곧이'"[43]에 이르는 것을 의미한다. 따라서 사람도 껍데기(몸)는 버리고 건괘에서 용이 하늘로 '곧이 곧장' 승천하듯이 '곧이 곧장' 하늘과 소통하는 삶을 살아야 한다. 이는 곧 사람이 하늘을 안다는 것으로서 "하늘의 뜻을 받아서 그대로 사람 노릇을 한번 해보겠

---

40) 『주역』「乾卦」程傳. "乾, 天也, 天者, 天之形體, 乾者, 天之性情. 乾, 健也, 健而無息之謂乾. 夫天, 專言之則道也, 天且弗違是也. 分而言之, 則以形體謂之天, 以主宰謂之帝, 以功用謂之鬼神, 以妙用謂之神, 以性情謂之乾. 乾者, 萬物之始, 故爲天, 爲陽, 爲父, 爲君."

41) 같은 책, 「건괘·초구」程傳. "乾, 以龍爲象, 龍之爲物, 靈變不測."

42) 『주역』「건괘·단전」. "大哉, 乾元, 萬物資始, 乃統天."

43) 『다석강의』, 399쪽.

다는 것을 뜻한다."[44] 이러한 논리를 바탕으로 다석은 건괘를 다음과 같이 독특하게 풀이하였다.

> 건괘는 곧게 그립니다. 작대기 여섯 개를 모두 곧이 긋습니다. 한문이 생기기 전에 세상에 나와 글의 시작이 된 것이 卦입니다. 하나 죽 건전하게 그어서 健함을 느끼는 모양입니다. 이것을 여섯 번 죽 그어 놓고 하늘이라고 합니다. 하늘을 푸르다고 하지만, 옛사람들은 그런 생각을 하지 않았습니다. 큰 덕을 생각하고 위로 올라가는 것을 생각하고 건전한 것을 생각해서 여섯 번 그어놓고 하늘을 생각한 것 같습니다. 속과 겉이 둘이 아닌 것을 안 手作입니다.[45]

여기서 다석은 건괘가 상징하는 龍의 강건한 모습을 통해, 인간이 땅적인 삶에서 하늘적인 삶으로 跳躍을 넘어서 飛躍해야만 하는 下學上達의 사명을 이야기하고 있다. 이는 다석이 인간을 직립적 존재로 이해하고 있다는 의미이기도 하다. 그가 純陽으로만 된 건괘의 구조적 특징을 논하면서 "큰 덕을 생각하고 위로 올라가는 것을 생각하고 건전한 것을 생각해서 여섯 번 그어 놓고 하늘을 생각한 것 같다."라고 말한 것은 그 좋은 예가 된다. 한편 그는 "하늘과 땅은 대단히 다르다고 하면서 이 둘을 엄격하게 구별하며 사는 삶을 주장하였을 뿐만 아니라 이 둘을 구별하지 않고 동일한 가치로 받아들이며 사는 삶을 "똥을 싸는 더러운 존재가 맴(매임)과 몸(모임)하는 데만 눈이 뒤집히는"[46] 것과 같다고 비유하며 땅적인 삶을 신랄하게 비판하고 있다. 우리는 여기에서 그가 말한 '하느님'과 '얼나'의 참의미를 발견할 수 있게 되는 것이다.

---

44) 『다석강의』, 400쪽 참조.
45) 같은 책, 403-404쪽.
46) 『다석강의』, 250-251쪽 참조.

사람들이 無極 · 太極을 다 집어 내버리고 음양으로만 얘기를 한다. 음양오행이 도대체 어떻게 됐다는 말인가. 우리 동양 민족은 음양을 찾다가 망할지 모른다. 음양을 찾는 것도 음양의 근원인 무극 · 태극을 찾아 가지라는 것이다. 무극이요 태극인 太初의 至高善(하느님)에 닿는 것이 인생의 목적이다. 이를 窮古高라 한다. 窮은 窮神한다는 말이다. 맘과 뜻과 힘을 다해 하느님을 찾는 것이다. 이 우주현상을 보면서 하느님의 존재를 확인하는 것이다.[47)]

여기서 말하는 무극이나 태극은 이미 살핀 바 있는 乾元과 같은 개념으로서 다석 사상 전체를 일관하고 있는 '하늘 중심적 사고'를 표현하는 핵심 개념이다. 그에 의하면 태극이나 무극은 오직 하나인 하늘이자 하느님이다. 그가 "태극은 하늘입니다. 우주는 무한한 공간입니다. 영원한 시간입니다. 무한한 공간에서 늘 놀랍니다. 태양은 쳐다보지 말고 오직 하늘만 보자는 것입니다."[48)]라고 한 말에서도 이 점이 어느 정도 확인된다. 그래서 그는 하늘과 땅이 같을 수 없는 것처럼[49)] 태극이 음양을 낳았다고 하여 태극을 둘로 나눠서 보는 입장을 비판하였다. 이 점에 대해 다석은 다음과 같이 부연 설명했다.

태극이라고 하면 하나(전체)인데 음양이 하나라고 하면 어떻게 되는가? 하나(一)에서 음양이 나왔다고 하면 모르겠으나 하나인 태극이 음양 둘로 나누어졌다면 말이 달라진다. 허공의 혼돈(우주)은 언제나 하나(절대)인 태극인데 음양

---

47) 박영호 엮음, 『다석 류영모 어록』, 두레, 2006, 446-447쪽.

48) 『다석강의』, 260쪽.

49) 『주역』 「계사상전」 1장에서는 이를 "天尊地卑, 乾坤定矣"라 하였고, 「건괘 · 단전」에서는 "萬物資始, 乃統天"이라 하였으며, 「곤괘 · 단전」에서는 "萬物資生, 乃順承天"이라고 하였다.

이 둘이다 하고 나온 데서부터 유교가 아주 병에 걸려버렸다. 이것을 말하자면 이것은 태극의 머리와 몸을 잘라버린 것이 된다. 이래서야 어떻게 태극이 살 수 있는가?[50]

위의 대목의 핵심은 태극은 오직 하나이고 절대적인 존재여서 상대적 세계의 기준을 가지고 태극을 보아서는 안 된다는 것이다. 그렇게 되면 사람은 '얼나'를 버리고 현실적 욕망만을 좇아가는 '몸나'에 빠져 하늘을 잃어버리게 된다. 다석에 따르면 "우리 마음은 하늘의 성질이고, 우리 마음은 乾이다."[51] 그래서 우리는 하늘을 우러러보아야 하고 끊임없이 하늘을 우러러보면서 울고 또 울어야 한다. 그럴 때만이 우리는 하느님 존재를 알게 되고 제대로 된 사람 노릇을 해 볼 수 있게 된다. 여기에 『주역』 공부의 목적과 참의미가 있는 것이다. 또 어른다운 어른 노릇을 어떻게 할 것인가를 알게 해 주는 것도 다름 아닌 『주역』 공부이다. 그리고 이것은 인간이 인간 개체 생명을 넘어서 하느님이 만물을 창조할 때 우주생명에 대해 가졌던 보편적 사랑을 확인하는 일로서, 『주역』에서는 이것을 '하늘과 땅의 가장 큰 힘은 생명창조이다(天地大德曰生)'라고 표현하고 있다.[52] 그리고 이 같은 정신은, 다석이 우주생명은 인간의 '얼나'에 이어져 있고 인간은 하늘의 뜻을 보아야 하고 또 본받아야 한다고 말한 것과 일치한다. 현대인들은 하늘[天, 하느님]을 우러러볼 기회가 별로 없고, 또 하늘에 어떤 특별한 의미를 두려고도 하지 않지만, 『주역』에서도 그렇고, 다석도 줄곧 고개를 들어 하늘을 보며 살 것을 강조하고 있다.

---

50) 『다석 류영모 어록』, 436쪽.

51) 『다석강의』 261쪽.

52) 『주역』 「계사하전」 1장.

4. 開物成務하는 인간

앞 장에서 우리는 다석의 『주역』에 대한 이해가 철저하게 하늘 중심적 사고에 바탕을 두고 있음을 확인하게 되었다. 이 경우 하늘은 하느님과 같은 의미로서 "무시무종한 영원한 존재이자 生滅하는 모든 상대적 존재의 근거이며 귀착이다."[53] 그뿐만 아니라 그것은 우리 인간과 불가분의 관계를 맺고 있는 "하나(전체)이면서 없이 계시는 얼이다."[54] 다석의 다음 말에서도 이 점이 어느 정도 확인된다.

> 하늘인 乾은 원형이정이라고 하였다. 우리가 생각한다는 것은 하느님과 통해서 쉬지 않고 元氣를 받아 마시는 것이다. 줄곧 원기를 받아 원기 왕성한 정신이 건전한 정신이다. 하느님의 원기를 받아서 사는 것이 행복하게 사는 것이다.[55]

위에서도 드러나듯이 다석이 가장 긴절한 문제로 생각한 것은 하느님과의 교통 문제이다. 그것은 그가 인간의 본래성을 "몽땅 하느님에게서 받은 생명"[56]으로 이해하고 또 인간을 하느님의 元子로[57] 확신하였기 때문이다. 그가 하늘을 표상하고 있는 乾卦의 乾을 健, 즉 건전함을 나타내는 것으로 풀이하면서 "하느님이 주신 바탕(性)을 자꾸 태워 가는 것을 무상의 즐거움으로 여겨야 합니다. 생각 줄을 붙잡고 바탕을 태우려면 몸이 성해야 합니다. 마음이 놓여야 합니다."[58]라고 말한 것도 이와 무관하지 않

---

53) 박영호 역해, 『다석 류영모 명상록』, 두레, 2000, 191쪽.
54) 같은 책, 478쪽.
55) 같은 책, 188쪽.
56) 『다석강의』, 404쪽.
57) 같은 책, 406쪽.
58) 같은 책, 405쪽.

다. 이처럼 하늘을 받들고 사람 노릇을 강조하는 뜻은 다음 예문에서도 분명하게 읽을 수 있다.

> 하느님을 우리 머리 위에 이는 이것이 우리가 이 세상에 나온 목적이요 이루어야 할 내용이다. 우리가 이 세상에 나와 그리고 우리가 이 세상을 이겨야 하는 것은 하느님을 우리 머리 위에 받들고 하느님을 우리 머리 위에 이어서 하느님의 빛과 힘을 드러내기 위해서다.[59)]

다석은 사람이 사람 노릇 하며 사는 일은 하느님을 알고 섬기며 따르고 밝히는 일이라고 생각했다. 이는 곧 天命을 주체적으로 자각하여 '참나'를 회복하고 구현하는 일이기도 하다. 그가 예시로 든 『주역』「乾卦 · 大象傳」의 "天行健 君子以自强不息(하늘의 운행은 강건하다. 군자는 하늘을 본받아 스스로 굳세고자 노력한다)"이란 말이 여기에 많은 참고가 된다. 다석은 이를 풀이하여 "하늘이 가는데 어떻게 가느냐 하면 아주 힘차게 갑니다. 건전하게(健) 갑니다. '곧이 곧장' 가는 것이 하늘입니다. 이것을 받아 우리도 '곧이 곧장' 가야 합니다."[60)]라고 했다. 이때의 '곧이 곧장' 가는 것은 존재, 즉 절대 그 자체인 하늘을 지시하고, '곧이 곧장' 가야 하는 것은 당위, 즉 인간의 책무와 사명을 가리킨다. 다석이 추구하고자 한 것은 물론 존재와 당위의 합일을 통한 '참나'의 회복이었고 하느님과의 만남이었다. 이러한 논리를 바탕으로 그는 거짓된 나를 버리고 '참 그 자체인 하느님'을 찾는 일이 인생의 궁극 목표가 되어야 함을 다음과 같이 역설했다.

---

59) 『다석 류영모 명상록』, 264쪽.

60) 같은 책, 79쪽.

> 이제 여기의 이 나라는 것은 거짓된 것이라 참이 아니다. 우리가 아는 지식이라는 것도 거짓된 것이라 하잘 것 없는 것이다. 그러므로 한껏 찾아야 할 것은 오직 '참'이다. 참이란 생전을 두고 찾아야 한다. 일생뿐 아니라 대를 물려가면서 찾아야 한다. 인류가 그칠 때까지 찾아야 한다. 전 인류가 다 힘을 쏟아서 마침내 알아야 할 것은 '참' 하나요 진리 하나뿐이다. 그 밖에는 아무것도 없다. 참이란 절대자 하느님이다.[61)]

다석에 의하면 '참'을 깨닫고 하느님을 알아서 그 뜻을 구현하는 일이 사람 노릇 하는 가장 좋은 방법이다. 그래서 그는 "사람으로서 사람 노릇을 하려는 사람은 마땅히 하느님을 알아야 한다. 온전한 사람이라면 사람이 무엇인지 알아야 한다. 전체인 하느님 아버지를 알아야 부분인 사람이 무엇인지 알 수 있다."[62)]라 했고, 또 『주역』을 變易으로 보면서도 그와 상대되는 不易에 더 많은 관심을 기울여 "신학이니 철학이니 하는 것은 變易이 아니라 不易을 찾는 학문이다."[63)]라고 말했던 것이다.

그러면 그가 생각한 하느님을 찾아서 하느님의 뜻을 실현하는 가장 좋은 방법은 어떤 것인가? 이를 『주역』의 관점에서 말한다면 아마도 '開物成務하는 일'이라는 한마디로 답할 수 있을 듯하다. 주지하다시피 '개물성무'란 『주역』「계사상전」 11장의 한 대목 "夫易何爲者也, 夫易開物成務 冒天下之道 如斯而已者也(易은 무엇을 하는 것인가. 역은 만물을 열어주고 업무를 이루어 세상의 도를 포괄한다. 이와 같은 것일 뿐이다)."에 전거를 두고 있는 말이다. 이 말은 사물의 이치에 환히 밝아 그 이치에 따라 일을 행하여 성공하는 것을 뜻하며, 인간이 자신의 책무를 다할 때 하늘과 땅의

61) 『다석 류영모 명상록』, 338쪽.
62) 같은 책, 79쪽.
63) 박영호 엮음, 『다석 류영모 어록』, 두레, 2006, 435쪽.

兩極性을 이어서 소통시키고 더불어 우주 만물의 시작과 완성에 동참하는 참된 존재가 된다는 것이다. 그것은 『주역』의 천지인 三才사상과 상통하는 것이며, 인간의 사명이 하늘 · 땅과 성스러운 관계를 맺어서 "영원히요 무한히요 절대요 성령인 하느님"[64]을 찾는 데 있다고 한 다석의 주장과도 본질에서 일치한다. 이 생각을 정당화하기 위해 그가 끌어온 것이 위에서 말한 '개물성무하는 인간'이다. 이 경우 '개물성무'란 말은 매우 함축적이며 다의적이다. 그래서 해석자마다 서로 다른 견해를 내놓고 있다. 예컨대 주자는 점치는 행위로 개물성무를 풀이하였고,[65] 장횡거는 세상을 구제할 수 있는 재능으로 설명하였고,[66] 왕부지는 기의 변화과정 일체로 그것을 주석하였다.[67] 이처럼 개물성무에 대한 해석은 다양하다. 여기에서 "개물이란 물리세계의 근본을 찾아내는 것이고, 성무란 인생의 근본법칙을 찾아내는 것"[68]이라는 주장까지 나오게 된 것이다. 다석은 이 중 어느 것도 취하거나 따르지 않았다. 이는 그가 占筮로서의 『주역』을 배격하고[69] 『주역』을 '易'에 상대되는 '不易'을 밝히는 학문이라는 전제를 세우고[70] 그 위에서 '개물성무'를 이해하려고 하였기 때문일 것이다. 그가 '개물성무'의 핵심은 '영원절대'를 밝혀내는 데 있다고 하면서 다음과 같이 말한 데서도 이를 확인할 수 있다.

---

64) 『다석 류영모 명상록』, 469쪽.

65) 『周易折中』, 「계사상전」 11장, 「本義」. "開物成務, 謂使人卜筮, 以知吉凶而成事業." 참조.

66) 丁原明, 『橫渠易說導讀』, 齊魯書社, 2004, 169쪽. "是則開物成務者, 必也有濟時世之才" 참조.

67) 王夫之, 『周易內傳』, 九州出版社, 2004, 457쪽. "開物謂一陰一陽之謂道, 爲萬事萬物之所始. 成務謂事物之成自人爲者, 亦此理成之也." 참조.

68) 南懷瑾, 『주역강의』, 신원봉 옮김, 문예출판사, 1997, 278쪽.

69) 『다석 류영모 어록』, 333쪽 참조.

70) 같은 책, 435쪽 참조.

『주역』이라는 것은 변화의 易을 말하는 것이다. 역이라는 것이 무엇이냐 하면 夫易開物成務이다. 우리가 완전히 되도록 수년간을 두고 연구해서 점점 잘살게 된다. 물건이 점점 열리(開物)게 하려는 이 세상이라는 것을 생각하자는 것이 개물성무다. …… 不易의 반대말이 交易이다. 여기에 무엇이 있는데 이것을 더 알아보려고 개물성무에 힘쓰자는 것이다. 이 개물성무의 규명이 오늘날 물리학의 기초이다. 천하의 모든 현상과 물건의 이치와 그 뜻이 변하는 것을 규명하는 것이 개물성무를 가지고 하는 것이다. 그런데 그보다도 반드시 밝혀야 할 것은 不易이다. 바뀌지 않는 영원절대를 밝혀내는 것이다.[71]

위 인용문에서 알 수 있듯이 다석이 이해한 개물성무는 두 가지 의미가 있다. 그 하나는 '천하의 모든 현상과 물건의 이치와 그 뜻이 변하는 것을 규명한다'는 과학적 뜻이요, 또 하나는 '바꾸지 않는 영원 절대를 밝혀낸다'는 철학적 내지 종교적 뜻이다. 그의 말에 따르면 전자는 과학 하는 일이고, 후자는 신학이나 철학하는 일이다.[72] 그런 의미에서 우리는 '개물성무'에 대한 다석의 해석이 '상대세계를 궁구하는 일'과 '절대세계를 찾아 올라가는 일'이라는 이원적 구조의 결합으로 이루어졌다고 이해할 수 있다. 이 둘 중에서 그가 보다 중요하고도 본질적인 것으로 생각한 것은 물론 "이 상대 세계에서 벗어나 절대인 '하나'의 세계를 탐구하는"[73] 종교·철학의 문제였다. 그는 이를 '窮神知化'라는 『주역』의 말을 빌려[74] 설명하기도 하였다.

---

71) 같은 책, 435쪽.

72) 같은 책, 같은 쪽 참조.

73) 『다석강의』, 258쪽.

74) 『주역』「계사하전」 5장. "窮神知化, 德之盛也."

언제나 욕심을 제거하고 아버지의 신비를 찾는 것이 궁신지화요, 모든 학문이라고 생각한다. 우리의 삶은 궁신지화라고 할 수 있다. 아버지의 신비를 더듬어 찾은 결과가 지식이기 때문이다. 우리 눈앞에 변화해 가는 그 원인을 될 수 있는 대로 밝히고 그 결과를 따져 알도록 하자는 것이 參差由來是이다. 과학의 발단은 궁신지화이다. 아버지를 찾음이 과학이다. 과학은 생활의 편리화가 아니라, 알 수 없는 아버지를 궁신지화하자는 것이다.[75)]

우리는 자연 자체의 변화를 알아야 한다. 이것을 知化라 한다. 정신은 궁신과 지화를 요구한다. 정신이 窮神知化하면 만물의 변화와 만사의 변천을 알게 되어 제나(自我)의 수성(獸性)에서 놓여나게 된다. …… 궁신지화를 모르면 자유와 평등을 말하면서도 실은 그것을 깨뜨리고 있는 것이다. 궁신지화하려는 정신의 움직임, 그것이 곧 하느님 나라에 들어가는 일로 곧 참(誠)이다. 매임(拘束)에서 떠나 자유가 되고 모음(蓄財)에서 떠나 평등이 된다. 자유는 궁신에서 오고 평등은 지화에서 온다.[76)]

위의 두 예에서도 볼 수 있듯이 다석은 '과학 하는 일'과 '하느님을 찾는 일'이란 말을 써서 궁신지화를 설명하고, 궁신지화의 궁극목표가 '나와 우주의 근원'을 알고 하느님을 만나는 일로 해석하였다. 이때 궁신지화란 "자기의 내면에 잠재해 있는 신비로운 능력을 완전히 실현하고 자연과 사회의 모든 변화를 속속들이 꿰뚫는다."[77)]는 의미로서 "인식의 최고 경계이자 도덕실천의 최고 경계"[78)]를 가리킨다. 그래서 주자는 궁신지화를

75) 김홍호 편, 『제소리』, 솔, 2002, 199쪽.

76) 『다석 류영모어록』, 229-230쪽.

77) 『주역』, 김인환 옮김, 나남, 1997, 526쪽.

78) 蒙培元, 『中國心性論』, 學生書局, 1990, 103쪽.

"德이 성하고 仁이 익숙하여 스스로 이루어지는 것"[79]이라 하였고, 대만의 현대 학자 徐芹庭은 "內聖外王하는 德의 극치"[80]라 하였으며 일본학자 伊藤長胤은 "성인의 덕이 하늘과 더불어 하나가 되는 것"[81]이라고 주석하였던 것이다. 이렇게 보면 중국의 현대 학자 金景芳이 궁신지화에 도달한 사람은 "오고 감이 자연스러워 결코 갈팡질팡 거리지 않고 굽히고 폄이 때에 따르지만 사려를 통해 그렇게 되는 것이 아니다."[82]라고 한 것이나, 南懷瑾이 "어떤 환경에도 적응할 수 있고, 어떤 변화도 다 아는"[83] 것이 궁신지화라고 한 말도 마찬가지 의미일 것이다. 그런 점에서 궁신지화는 개물성무를 내적 · 개인적 차원에서 구현하는 가장 좋은 방법의 하나라고 볼 수 있다. 다석이 무엇에 매여 사는 삶을 偶像生活이라고 하면서 다음과 같이 말한 것도 이 때문이다.

> 그런 우상숭배 하는 맘은 없애고, 정신, 곧 맘은 매이는 데 없이 자유로이 오직 窮神하는 경지에 도달하면 참 좋겠다고 생각합니다. 알듯하면서도 만나지 못하고 알고도 또 모르는 것이 神, 곧 하느님입니다. 신을 알려는 궁신을 하고 싶습니다. 신은 딴 것이 아니고 우리들의 신입니다. 지금은 신의 능력을 나타내지 못하지만, 이다음에 신으로 돌아가는 것이 사실입니다. 궁극에는 재가 신이 되겠다는 것이 아니겠습니까?[84]

79) 『周易折中』, 「계사하전」 5장, 「本義」. "至於窮神知化, 乃德盛仁熟而自致耳."

80) 徐芹庭, 『易經詳解(下)』, 聖環圖書, 1994, 1439쪽.

81) 伊藤長胤 通解, 『周易經翼通解』, 林枝鄕校訂, 華聯出版社, 1977, 383쪽.

82) 金景芳, 呂紹綱, 『易의 철학』, 한국철학사상연구회 기철학분과 옮김, 예문지, 1993, 174쪽.

83) 남회근, 앞의 책, 391쪽.

84) 『다석강의』, 247쪽.

다석은 궁신지화의 중요성을 역설했지만, 그것이 바로 개물성무하는 일 자체라고는 보지 않았다. 그렇게 볼 경우 궁신지화의 靜觀的 수양과 탐구만이 강조되고 개물성무의 도덕적 자기완성을 통한 사회적 실천은 외면되거나 등한시될 수 있다고 판단했기 때문이다. 그 결과 그는 자신의 이런 생각을 "하늘을 살리고 땅을 살리고 사람을 살리는 정신"[85]으로 정립하였고, "우리가 서로 남의 짐만 되는 거짓 살림에서 벗어나 남의 힘이 될 수 있는 참삶에 들어갈 수 있게 하여 주시옵소서."[86]라는 주기도문으로 표출시켰다. 그뿐만 아니라 이러한 그의 태도는 『주역』 26번째 괘인 山川大畜 卦辭에 나오는 '不家食'[87]을 개물성무하는 외적 · 사회적 방법의 하나로 주목하게 하였다. '不家食'의 글자 뜻은 父祖 전래의 가업에 의존하여 생활하지 않는 것을 말하지만, 그 말 속에는 학문과 도덕이 몸 안에 가득 쌓이게 되었으면 집안에만 머무르지 말고 세상의 공동선을 위해 힘써 노력해야 한다는 의미가 내함되어 있다. 그런 점에서 程子가 '불가식'을 풀이하여 "이미 도덕이 몸 안에 채워져 쌓이게 되면 마땅히 높은 지위에 있으면서 天祿을 누리게 되어 天下에 베풀어야 하니, 이렇게 되면 다만 한 몸이 吉할 뿐 아니라 天下가 길하게 된다. …… 축적한 바가 이미 크면 마땅히 세상에 베풀어서 天下의 어려움과 험난함을 구제하여야 한다."[88]라고 한 말은 여기에 많은 참고가 된다. 이렇게 볼 때 '불가식'은 개인이 자신의 덕과 지혜를 축적 · 배양하는 일뿐만 아니라 국가 차원의 인재배양을 통한 평천하의 세상을 만드는 일까지도 포함된다고 할 수 있다.[89] 그래서 대축

85) 『제소리』, 79쪽.

86) 김홍호 · 이정배 편, 앞의 책, 36쪽에서 재인용.

87) 『주역』 「대축괘 · 괘사」. "大畜, 利貞, 不家食 吉, 利涉大川."

88) 『周易折中』, 「대축괘 · 괘사」, 「程傳」. "旣道德充積於內, 宜在上位, 以享天祿, 施爲於天下, 則不獨於一身之吉, 天下之吉也, …… 小畜旣大, 宜施之於時, 濟天下之艱險."

89) 孫映逵 · 楊亦鳴, 『주역』, 박삼수 옮김, 현암사, 2007, 380쪽 참조.

괘 彖傳에서도 '불가식'을 풀이하며 "어진 이를 기르는 일(養賢)'이라고 하였던 것[90]이 아닌가 생각된다. 이에 대해 다석은 '불가식'을 出家로 해석하고 사람은 출가해야만 크게 올바른 사람이 될 수 있다고 하였다.[91]

> 不家食吉은 자기 집에서 밥을 해먹지 않는다는 말입니다. 이것은 곤궁함을 많이 보는 경우를 가리킵니다. 무엇의 소용을 찾는데 집에 들어앉아서 밥 먹는 걱정이나 하고 옷 입는 걱정이나 하면 이런 말을 모릅니다. 하늘의 소용을 생각하지 않게 됩니다. 家食하면 모릅니다. 좀 곤궁해서 타향살이를 하는 사람, 곧 불가식하는 사람이라야 좀 생각하려고 합니다. 이것이 吉 하다는 것입니다. 공자 같은 이는 불가식한 사람입니다. 공자가 앉는 자리는 늘 차가웠다고 합니다.[92]

여기서 다석이 문제 삼은 바는 '불가식'이 집이라는 한정된 사적인 공간을 벗어나 공적인 세계로 나가는 일이며, 사람을 철들게 하고 사람이 하늘의 소용을 생각하게 하는 유일한 길이라는 것이다. 그가 「大畜卦」의 괘사 '利涉大川'을 풀이하면서 "집을 떠나서 험한 산, 깊은 물을 수없이 건너고 큰 사건 작은 사건을 수없이 겪으면서 연단되고 단련된 사람만이 이롭다는 것이다."[93]라고 한 말에서도 이 점을 분명하게 읽을 수 있다. 그런 면에서 『맹자』「告子章句下」의 한 대목 "하늘이 장차 大任을 이 사람에게 내리려 하실 적에는 반드시 먼저 그 마음과 뜻을 괴롭히고, 그 힘줄과 뼈를 수고롭게 하며 그 신체를 굶주리게 하고, 그 몸을 빈궁하게 만들고 나아가 그 하는 바가 어그러지고 어지럽게 만든다. 그리하여 마음을 격동시키고

90) 『주역』「대축괘 · 괘사」. "不家食吉, 養賢也."

91) 김흥호, 『주역강해 1』, 사색, 2003, 451쪽 참조.

92) 『다석강의』, 410-411쪽.

93) 『제소리』, 262쪽.

성질을 참게 하여 그가 할 수 없는 바를 증가시킨다."[94]라는 말은 중요한 참고자료가 된다. 그렇다고 한다면 '불가식'은 '개물성무하는 인간'이 크게 깨우쳐 간직해야 할 수양의 요긴한 방법이자 마지막 관문이라고 할 수 있다. 다석에 의하면 개물성무하는 일이란 다른 것이 아니라 이 세상의 의심을 푸는 일이며 하느님을 찾아 그 뜻을 알고 구현하여 시대에 공헌하고 봉사하는 일이다. 그가 "우리가 자꾸 생각의 불꽃을 피우고 모든 물건의 의심을 풀려고 개물성무를 하면 시대에 공헌하게 됩니다. 물건의 변화를 일으켜 시대에 봉사하게 됩니다."[95]라고 한 말이 바로 그것이다. 그래서 다석은 또 변하지 않고 영원히 가는 '참'을 잡고서 하늘과 땅과 사람, 즉 三才를 바로잡고 살리는 일이 개물성무하는 인간의 책무라고 하면서 다음과 같이 말하지 않을 수 없었던 것이다.

> 변천하는 것이 사실인데 변하지 않고 영원히 가는 것이 바른 것입니다. 변할 것 같으면 못씁니다. '참'은 변하지 않습니다. 이것을 절대라고도 할 수 있습니다. 우리는 '正'의 참을 보려고 합니다. '正'이 세상에 없는데도, 이것을 찾는 것은 우리가 '참'을 하려고 할 때 그 범위를 바로 잡으려는 것입니다. …… 하늘과 땅과 사람이 바로 잡히는 이것을 '正'이라고 할 수 있습니다. 이것을 붙잡지 않고서는 본디를 알지 못합니다. 그래서 不易입니다. 항상 갈 길을 바로 잡고 나갈 길을 가면, 결국 바로 잡히는 것이 있음을 믿는 것이 됩니다. 이러한 조건의 '正' 때문에 최후의 승리는 正義에 있다는 말이 생깁니다.[96]

---

94) 『孟子』, 「告子章句下」. "故天將降大任於是人也, 必先苦其心志, 勞其筋骨, 餓其體膚, 空乏其身, 行拂亂其所爲, 所以動心忍性, 曾益其所不能."

95) 『다석강의』, 230쪽.

96) 같은 책, 269-270쪽.

이렇게 볼 때 우리는 개물성무하는 인간이 불가침의 준거로 삼는 것이 '참'이자 절대 그 자체인 하느님이며, 그러한 하느님의 뜻을 현세적으로 구현하는 일이 三才를 바로 잡는 일이라고 추론할 수 있다. 『주역』「乾卦·彖傳」의 "乾道가 변화하여 만물의 性命을 바르게 하고, 크나큰 조화를 지키고 모은다."[97]라는 말이나, 『중용』 22장의 "天地의 化育을 도울 수 있으면 그러한 사람은 천지와 더불어 삼위일체가 된다."[98]라는 말은 이 점을 보다 명료하게 설명해 준다. 그런 점에서 '개물성무하는 인간'은 앞에서 살펴본 '궁신지화'와 '불가식'을 통해 천지의 화육을 도울 수 있는 존재이다. 다석은 이를 다음과 같이 표현하기도 하였다.

> 바람직한 모습, 있어야 할 모습, 본래의 모습을 찾아보자는 것이 인류의 소원이다. 있어야 할 것이 있어야 하고, 이어야 할 것이 이어져야 한다. 있어야 할 것이 없으면 허무요, 이어야 할 것이 아니면 허위다. 몸에 구멍이 뚫려 있어야 할 것이 없어지고, 마음에 그늘져서 이어야 할 것이 가려졌다. 몸의 구멍을 병이라 하고 마음의 그늘을 죄라고 한다.[99]

그리하여 개물성무하는 인간은 '있어야 할 진정한 모습'을 찾고, '이어야 할 것을 반드시 잇는' 일을 통해 병들어 신음하는 三才를 치유하고 살리는데 '誠'해야 하고 '자강불식'해야 하는 것이다. 그것이 天道를 땅 위에 실현하는 일이며 하느님의 뜻을 온전히 받드는 일이자 인간으로서의 책무를 다하는 일이기 때문이다. 그러니 우리는 "평생을 통해 아는 것은 하느님 아버지가 '나'를 낳아주고, 그 생명인 '나'가 하느님 아버지를 발견한

97) 『周易』「乾卦 彖傳」. "乾道變化, 各正性命, 保合大和."
98) 『中庸章句』, 22장. "可以贊天地之化育, 則可以與天地參矣."
99) 『제소리』, 87쪽.

다는 사실입니다."[100]라고 한 말을 긍정하지 않을 수 없는 것이다.

5. 맺는 말

이상에서 우리는 다석의 『강의』와 『어록』 등을 중심 자료로 하여 다석의 주역관을 살펴보았다. 그 결과 우리는 다석이 『주역』을 통해 하느님의 뜻을 찾고 하느님과 교통하는 일에 주력하였음을 발견할 수 있었다. 이를 요약하면 다음과 같다.

1) 다석은 동양에서 가장 오래된 경전 중의 하나인 『주역』을 하느님의 뜻이 담긴 『구약』의 예언서와 같은 것으로 이해하였다. 그런 점에서 『주역』은 사물의 발전된 법칙이나 평등, 자유의 근본정신이 내함된 유교의 핵심 경전이자, 하느님의 말씀이 담긴 『성경』이다. 그래서 다석은 역의 본질적 의미를 變易이나 交易으로 보지 않고 不易으로 본다. 이 점에서 다석의 『주역』에 대한 이해는 '隨時變易'을 중시하는 전통적 주역관과는 차이가 있다.

2) 다석은 『주역』 64괘 가운데 乾卦를 가장 중요시한다. 그것은 건괘가 64괘를 총괄하고 대표하는 괘일 뿐만 아니라 또한 하늘을 상징하고 있는 괘이기 때문이다. 건괘는 만물의 시초가 되는 괘로서 天·上帝·神·父·君 등을 상징한다. 이런 면에서 볼 때 건괘의 특징은 하늘 중심적 사고를 핵심적으로 표현하는 데에 있다. 다석은 이를 바탕으로 '오직 하나이고 절대인 하느님'의 뜻을 밝히고자 하였으며, 『주역』은 이것의 매개체가 되었다. 그래서 그는 『주역』 공부의 목적을 '곧이 곧장 가는 하느님'을 깨닫고

---

100) 『다석강의』, 203쪽.

어른다운 어른 노릇을 하는 데 두었다. 따라서 우리는 하느님을 알아 참나를 회복하고, 또 하느님을 본받고 그 뜻대로 살기 위해서 『주역』 건괘의 공부는 필수적이다. 그것은 건괘가 앞에서도 언급한 바처럼 『주역』을 대표하는 괘이며 하느님의 생명창조 정신을 유감없이 표상하고 있는 괘이기 때문이다.

3) 다석은 『주역』을 開物成務하는 경전으로 이해하였고 인간의 책무는 개물성무하는 데 있다고 보았다. 그에 의하면 개물성무는 사람이 참을 깨닫고 하느님의 신비를 밝히는 데 있어서 가장 좋은 방법이다. 이러한 개물성무는 두 가지 의미를 내함하고 있다. 하나는 변화하는 현상세계의 의문을 푸는 일이고, 다른 하나는 영원 절대의 하느님 존재를 해명하는 일이다. 그렇지만 개물성무의 두 가지 목표 중 더욱 중요한 일은 절대인 하나의 세계, 즉 하느님을 찾아 올라가는 데 있다. 이를 위한 유일한 통로가 '窮神知化하는 일'이고 '不家食'하는 일이다. 여기서 궁신지화는 나와 이 우주의 근원을 궁리하는 일이고, 불가식은 하느님을 알기 위해 出家하는 일이다. 이렇게 보면 궁신지화는 개물성무를 내적 · 개인적 차원에서 구현하는 방법이고, 불가식은 외적 · 사회적 차원에서 구현하는 방법이며, 개물성무는 이 둘을 하나로 묶어 成己 · 成物[101]을 성취하는 일이라고 할 수 있다. 이때 비로소 사람은 하늘과 땅의 화육을 도울 수 있는 三才적 존재가 되는 것이다. 결국 개물성무하는 일이란 다른 것이 아니라 천도를 지상에 실현하는 일이고, 하느님의 뜻을 온전히 받드는 일이며, 이 "눈물의 세상이 되고 진물이 쏟아지는 세상"[102] 속에서도 짐승과는 다른 삶을 사는 일

101) 成己 · 成物이란 『중용』 25장에 나오는 말로서 成己는 자기의 본성을 유감없이 발휘하는 것이고, 成物은 타인과 만물까지 그 본성을 다 발휘하도록 해 주는 것을 가리킨다.

102) 『다석강의』, 88쪽.

이다.

지금까지 살펴본 바처럼 우리의 논의가 다석 주역관의 전모를 밝히려고 진력했지만, 그것을 精緻하게 분석하고 검증하는 데에는 미흡한 점이 많이 보인다. 하지만 이 점에 대해 굳이 변명하자면 부족한 자료의 탓으로 돌릴 수밖에 없다. 그것은 이미 출판된 책을 통해서는 다석의 주역사상을 전문적이고 체계적으로 다룬 글을 찾을 수가 없었기 때문이다. 그렇지만 이 글에서 제시하고 거론한 몇몇 단서나 주장은 다석 주역사상을 본격적으로 연구하는 데 있어서 하나의 초석은 될 수 있다고 생각한다. 그런 점에서 본 논문이 앞으로 다석 주역사상의 연구를 심화시키고, 다석 사상의 체계를 확립하는 데 조그만 보탬이 되기를 바란다.

인산 김일훈의 철학사상과 현실 인식

1. 이끄는 말

이 글은 『인산의학총서』와 『인산 김일훈 선생 일대기』를 바탕으로 독립운동가이며 사상가이자 『神藥』의 저자이기도 한 인산 김일훈(仁山 金一勳, 1909~1992)의 철학사상을 유학적 관점에서 검토하는 데 그 목표를 두고 있다. 주지하다시피 그의 저서는 '의학의 혁명'이자 '혁명의 의학'을 담았다고 일컬어지지만, 아직껏 이에 대한 학술적 접근이 시도된 바가 없다.

이 글이 밝히고자 하는 바는 길고 어두운 시대의 터널을 살았던 한 '독립운동가'이자 '조선의 마지막 儒醫'[1]의 철학사상이라는 범위에만 머무르지 않는다. 그것은 인산이 "거짓이 오히려 진실이라고 당당히 외치며 진실을 거짓인 양 모함하고 미워하고 공격하고 괴롭히는"[2] 시대를 살면서도

---

1) 儒醫라고 하는 말은 "본업은 유학자이면서 의술을 익힌 사람"을 가리킨다. 우리나라에서 이 말은 조선 후기에 양반 지식인들이 의학을 연구하게 됨으로써 생겨난 것이다. 이는 유학자들이 中人의 학문으로 천대를 받던 의학에 과감하게 투신하여 인간 구제를 위한 새로운 학문을 개척하고자 했던 노력의 산물이다. 조광, 「19세기 한국의 사회사상적 특성」, 『도올 동의수세보원 담론』, 미간행도서, 1994, 39쪽 참조.

거기에 매몰되지 않고 그 누구보다도 민중과 함께하는 삶을 통하여 유학의 궁극적 이상인 치국평천하의 세계를 이뤄내고자 노력했기 때문이다. 그가 "석가세존과 공자 · 主耶蘇 등 옛 성자들은 한결같이 인류를 마음의 병으로부터 구제시키기 위해 일생 고행했으나 愚는 앞으로 도래할 公害毒 및 怪疾, 그 밖의 온갖 질병의 고통으로부터 인류를 해방하기 위해 가시밭길을 걸어왔다. 愚는 愚生賤生이나 前聖의 廣濟蒼生을 원하는 마음에서 고행을 계속하니 이 또한 天命이며 天運이다."[3]라고 한 말에서도 이 점을 분명하게 읽을 수가 있다.

새삼스럽게 설명할 필요도 없이 일제강점기나 그 이후의 삶에서 인산이 보여준 지행일치적 삶의 모습은 우리에게 많은 감동과 놀라움을 안겨주고 있다. 당대의 제반 현실적 모순과 이념적 갈등에 대해, 사상가이자 의학자로서 그가 보여준 놀라운 통찰력,[4] 대의와 지조를 목숨처럼 지키면서 인술을 펴 숱한 병자를 구제하는 일에 자신의 전부를 걸었던 삶의 자세는 오늘날에도 "가난한 민초들의 醫聖"[5]으로 불리게 만들었다.

이러한 점에 착안하여 인산 철학사상의 기반을 유학적 관점에서 검토하고 그것을 통하여 인산 철학사상의 연원과 특성이 무엇인지를 밝히고 또 그것이 그가 살았던 당대 현실과 어떤 내적 연관성을 지니고 있는가를 살펴보고자 한다. 이 과제를 달성하기 위해 먼저 인산 철학사상의 기반이 유학임을 규명하고 이를 토대로 인산 철학사상의 구조와 성격 및 특성을 밝

---

2) 최은아, 『신약본초 3』 서문, 인산문화연구원, 2004, 1쪽.

3) 김일훈, 『救世神方』, 제일사, 1981, 85-86쪽.

4) 이 점과 관련하여 인산의 다음 말은 매우 많은 참고가 된다. "아직 우리는 의회 정치를 못해요. 의회 정치라는 건 어디까지나 여야가 없이 오직 옳은 것에는 옳다고 따르면 되는데, 그런 수준이 아직 멀었어. …… 북한에 대해 욕할 건 욕할 수 있지만 우린 북한보다 뛰어나게 더 잘하는 것도 없어." 김일훈, 『活人救世』, 인산출판사, 2002, 375쪽.

5) 유석현, 「민속신약축사」, 『仁山文化』, 창간호, 인산문화연구원, 36쪽.

힐 것이다. 나아가 “광제창생은 天下諸賢의 大任”[6]이라고 하면서 “公害毒과 怪疾의 예방”을 통하여 온 국민의 무병 건강은 물론 복지 국가의 꿈”[7]을 이 땅에 구현하고자 한 인산의 活人救世사상과 현실 인식 및 대응의 문제를 순차적으로 논하고자 한다. 그리하여 오늘날 인산의 철학사상에 관한 체계적인 연구가 전무한 상황에서 인산사상의 철학적 연구를 심화시키고 인산의 지행일치적 삶과 꿈을 정당하게 해석하고 평가하는 데 일익을 담당하고자 한다.

2. 인산 철학사상의 기반

인산의 철학사상을 본격적으로 논의하기에 앞서 그의 철학사상이 지닌 기본 입장과 그 기반을 살펴보고자 한다. 이는 지금까지 인산의 철학사상의 연원이나 기반에 관한 심도 있는 연구가 전무한데다가 그에게 의례 따라붙는 독립운동가 · 한학자 · 『신약』의 저자 · 죽염의 발명가라는 명칭은 그의 철학사상에 대해 성급한 선입견을 강요할 수도 있기 때문이다. 그런 점에서 그의 철학사상에 관한 기반 탐구는 매우 중요한 과제가 아닐 수 없다.

먼저 인산의 生平과 학문적 연원을 소략하게나마 살펴보기로 한다.[8] 인산은 彦陽人으로 兒名은 哲鎭이며 호는 인산이다. ‘一勳’은 해방 후 스스로 改名한 이름이다. 그는 1909년 음력 3월 25일 亥時에 함경남도 홍원군 용

6) 김일훈, 『구세신방』, 11쪽.

7) 같은 책, 90쪽.

8) 2장 서술의 대부분은 김일훈, 『신약』(광제원, 1996)의 「지은이 略傳」과 사단법인 인산의철학회, 『인산 김일훈 선생 일대기』(1999)의 내용을 요약하여 정리한 것이다.

운면 연홍리에서 詩와 거문고에 능했던 유학자 金慶參과 江陵 劉氏 사이에 7남 2녀 중 3남으로 태어났다. 그의 조부는 당시 유학자이자 명의로 이름이 높던 金冕燮이다.[9] 이로 보아 그의 가문은 조선 儒醫의 맥을 잇고 있었다. 인산 역시 이 영향을 크게 받았으며 의학에 대한 어릴 적부터의 남다른 관심 또한 여기에서 비롯되었을 것으로 추정된다.

『일대기』에 의하면 인산은 어려서부터 신동으로 불릴 만큼 총명하고 재주가 뛰어나 5세 때 벌써 한글과 한문을 스스로 깨쳤다고 한다. 다음의 예는 이를 좀 더 분명하게 설명해 준다.

> 한글 自得. 네 살 위의 누나가 당시 유학자이자, 名義로 이름 높던 할아버지 金冕燮으로부터 '가갸거겨….'를 외우며 한글 배우는 것을 곁에서 지켜보다가 한글이 음양오행의 원리에 따라 제정된 것임을 간파하였다. 한글의 구성 원리를 자득한 뒤 옥편을 뒤적이며 한글본 『춘향전』을 읽고 이어 한문본 『춘향전』을 읽은 뒤 계속해서 한문본 『名沙十里』, 『능라도』, 『趙雲傳』, 『忠烈傳』, 『三國志』, 『啓明篇』, 『唐詩』, 『杜詩』, 『康熙字典』 등을 차례로 독파하였다.[10]

이처럼 인산은 총명한 두뇌와 뛰어난 재주를 바탕으로 당시 "여러 곳에서 글방 선생으로 초빙을 받던" 아버지 김경삼으로부터 유가의 기본 경전인 사서삼경은 물론 諸子書와 詩文 등을 두루 배우고 익혔다. 아울러 그는 할아버지 김면섭으로부터 의학에 관한 많은 지식과 비방을 전수받았다. 그가 9세 때에 竹鹽 제조법의 원리를 할아버지에게 설명하였다고 한 『일대기』의 기록은[11] 이를 단적으로 증명해 준다. 그런 점에서 인산의 『신약』

9) 『인산 김일훈 선생 일대기』(이하 『일대기』로 약칭함), 4~5세조 참조.

10) 『일대기』, 9세조.

11) 『일대기』, 9세조.

이론은 김면섭의 의학이론을 직접 계승 · 발전시킨 것이라고 볼 수 있다.

인산은 아버지와 할아버지의 가르침을 정통으로 받들어 자신의 학문적 목표와 삶의 기준으로 삼고 이를 심화시켜 나갔다. 따라서 그는 아버지와 할아버지의 가르침을 통해 배운 修濟治平의 유학과 의학을 철저히 공부하고 현실적으로 실천하기 위해 노력하였는데, 그것은 그가 "이 대기층에 색소층이 완전히 무너져 인류가 멸하는 시기를"[12] 당하여 인류를 구제할 수 있는 유일한 무기가 유교의 효제충신과 『신약』밖에 없다고 확신하였기 때문이다.[13]

이후 인산은 당시의 학문이 '修己之學'에만 너무 치우치는 모순을 깨닫고 유학의 본래 정신인 '治人之學'을 현실적으로 구현하기 위해 고민하다가, 16세 때에는 독립운동에 참여하게 되고 또 독특한 인술을 펴 병고로 신음하는 많은 사람들을 구제하기도 하였다. 다음의 자료는 당시 인산의 '치인지학'을 이해하는 데 많은 도움이 된다.

> 이해 가을, 의주에서 친구들 네 명과 힘을 합해서 당시 한국인 아이들을 괴롭히고 횡포를 일삼던 같은 또래의 일본인 아이 열댓 명을 때려눕힌 뒤 곧바로 압록강을 건너 만주로 가서 광복운동에 투신하였다. 모화산 부대(대장 변창호) 대원으로 몇 번의 전투에 참가했다가 일본 경찰에 쫓겨 소련, 백두산, 묘향산 등지로 도피하였다. 주로 공사판과 금점판, 산판 등을 돌아다니며 막노동으로 연명하였고 때로는 산속에서 약초를 채취하여 그것을 100리 거리의 장터에 나가 팔아서 양식을 마련하기도 하였다. 가는 곳마다 독특한 仁術로써 病苦로 신음하는 환자들을 구제하였다.[14]

12) 김일훈, 『神藥本草』, 광제원, 1994, 776쪽.
13) 같은 책, 241-242쪽 참조.
14) 『일대기』, 16세조.

이 시기 특히 주목되는 사항은 인산의 '치인지학'에서 독립운동과 인술의 병행이 크게 중시되고 있다는 점이다. 그가 19세 때 "죽염을 이용, 만성 위장병 환자들을 치료해 주었고 식이요법과 병용하여 통장진 수력전기 6호 갱에서 일하는 노무자의 진폐증을 고쳐준 일"[15]이라던가, 26세 때 "池乙龍이란 가명으로 독립운동을 하다가 춘천 형무소에서 1년 6개월을 복역하다 탈출한 일"[16] 등은 이 점을 이해하는 좋은 단서가 된다. 그러다가 그의 나이 30세 전후에는 의암 유인석(毅菴 柳麟錫, 1842~1915)의 문인이며 평북 영변에서 학문 연구와 후진 양성에 정성을 기울이고 있던 충재 김두운(充齋 金斗運, 1886~1951)을 찾아가 제자가 되었다. 충재는 일찍이 의암의 문하에 執摯 수학한 인물로서 학식과 덕망이 높았고 효성 또한 지극한 의암의 高弟였다.[17] 그는 또한 스승인 의암을 좇아서 독립운동에 종사한 독립운동가이기도 하였다.[18] 이러한 충재의 삶과 학문관은 인산의 학문과 가치관 형성에 심대한 영향을 미쳤던 것으로 보인다. 이는 梁大淵의 다음 말에서도 선명하게 나타나고 있다.

> 더욱 仁山兄은 李華西의 연원인 유의암의 학통을 받은 充齋 金斗運 선생의 愛弟로 조국 광복을 위하여 독립운동에 헌신하여 온 學行이 俱全한 軒軒丈夫라 일생동안 北馳南驅하면서 체험한 妙方을 두루 모아 이번에 한 책을 엮어 내느니만치 추호도 거짓이 없는 大作이라 칭송을 아끼지 않으며 後篇도 別界後로 미루지

15) 『일대기』, 19세조.

16) 『일대기』, 26세조.

17) 영변군민회, 『寧邊志』, 서울활판사, 1971, 236쪽, 291쪽 참조.

18) 이 문제와 관련하여 오영섭의 다음과 같은 말은 많은 참고가 된다. "1914년 4월에 유인석은 金斗運을 북경의 원세개에게 보냈다. 김두운은 김기한과 함께 북경에 머물며 원세개의 사촌 동생 원세훈을 만나 도움을 요청하였다." 오영섭, 『유림 의병의 선도자 유인석』, 역사공간, 2008, 172쪽.

말으시고 곧이어 繼述하기를 바라는 마음 간절하다.[19]

그리하여 인산은 충재의 교화와 영향으로 참다운 학문이란 천하의 이치를 깨달아서 천하의 임무를 다하는 것이며 나라에 충성하고 백성을 편하게 하는 일임을 몸소 체득하게 되었고, 인술을 통한 廣濟蒼生에 기반을 두면서도 현실문제에 매우 진취적인 태도를 보이게 되었다. 그것은 그가 『救世神方』 序文에서 "廣濟蒼生은 天下諸賢의 大任이니 仁愛之心으로 誓救衆生하면 則天功을 人其代之하리니 然則 億兆蒼生에 恩廣幸深矣리라."[20]라고 한 말이나, 같은 책에서 "이 孤客은 인류의 무병과 조국의 경제 부강을 이룩하는 한편 지금 세대가 후손들에 긴 안목이 없는 조상이 되지 않도록 하기 위해 나의 아는 바를 서술하는 것이다."[21]라고 한 말에서도 극명하게 드러난다.

이렇게 볼 때 인산은 할아버지 金冕燮, 아버지 金慶參, 充齋 金斗運으로부터 지대한 영향을 받았고, 유교는 그의 학문과 사상체계의 뿌리가 되었으며, 그것은 또한 인산의 현실 인식과 인격형성에도 심대한 영향을 미쳤을 것으로 추정된다. 그가 유교적 충효와 '온고지신'의 정신을 현실 인식의 잣대로 설정하고,[22] "질병 없는 사회의 구현"을 위해 온 힘을 쏟아부은 것도 여기에 근거한다.

이처럼 유교적 충효는 인산에게 있어서 인간이 지녀야 할 최고의 가치 즉 인간다운 삶에서 그 중심자리를 차지하는 개념이다. 그것은 또한 인산의 삶과 철학사상 그리고 의학사상의 출발점이자 귀착점이 된다. 인산은

19) 양대연, 『구세신방』 추천사, 제일사, 1981, 6쪽.
20) 같은 책, 『구세신방』, 11쪽.
21) 같은 책, 같은 책, 101쪽.
22) 같은 책, 같은 책의 표지를 참조.

그리하여 이 '충효' 두 글자를 종신토록 받들어 그것을 체득하고 현실적으로 구현하는 일을 자신의 소명으로 받아들였다. 그래서 그는 "목숨 마칠 때까지 (내가) 원하는 바는 충효요 평생의 소원은 인류를 구제하는 일이다."[23]라고 말하지 않을 수 없었던 것이다. 여기에서 우리는 유가의 핵심 덕목인 충효가 인류애의 차원으로 확장되는 과정을 분명히 보게 된다.

> 어떤 교든지 숭배하는 건 좋으나 유교의 孝·悌·忠·信을 나는 제일 숭배하고 있는 사람 중 하나이다. 부모에 효심을 가진 사람, 지극히 효도하는 효자, 또 남편을 위해서 자신의 마음을 다하는 열녀는 하늘이 도와준다. 그래서 그들이 구하면 얼음 속에서도 잉어가 나오고, 겨울 大小寒의 눈 속에서도 수박과 딸기가 나오는 것이다.[24]

이미 살펴보았듯이 인산의 학문적 기초는 할아버지와 아버지로부터 배운 유학이었고, 이는 30세 전후에 充齋 문하에서 '治人之學'을 바탕으로 한 실천적 유학 공부를 통하여 더욱 심화하였다. 즉, 그는 유학의 사회적 책임과 역할을 중시하였던 충재의 교화를 통해서 "華西의 嫡傳者였으며 전국 의병의 지도자였고 경술국치 이후에는 의병과 애국단체의 총연합체를 이끈 전 민족적 지도자였던"[25] 毅菴의 학문적 세계를 몸에 익혀 공자·맹자·주자 등 성인들의 가르침도 새롭게 이해하게 되었던 것이다. 그뿐만 아니라 이런 과정에서 인산은 『주역』의 '變通'과 '自强不息'의 정신을 바탕으로 유학의 폐습을 극복하고자 하였으며 또 신학문을 주체적으로 수용

---

23) 같은 책, 같은 곳.

24) 김일훈, 『신약본초』, 241-242쪽.

25) 송인창, 「절의파의 국가의식과 의리정신」, 『동서철학연구』, 제15호 특집호, 한국동서철학회, 1998, 186쪽.

할 수 있는 기초도 마련하였다. 그가 제자들에게 "지금 화공약 세상에서 사람이 수없이 죽어갈 적엔 그 세상에 실제로 필요한 책이 중한 것이지 허준의 『동의보감』만이 전부는 아니야"라고 하면서 "모든 것은 때를 따라서 필요한 것이야, 공자 때엔 공자가, 맹자 때엔 맹자가 하는 것이면 족해. 이조 5백 년도 족하고. 내가 어렸을 때는 공자 · 맹자에 밝으면 대우받았어요. 그러다가 서양문명을 따르게 된 것이지."[26]라고 말한 것은 바로 이러한 의미였던 것으로 보인다.

그리하여 인산은 유학의 '修己之學'을 외면하지 않으면서도 '治人之學', 곧 경세적 실천에 더 큰 비중을 두어, 지공무사한 태도로 독립운동에 임하고, 인류애적인 정신으로 '活人救世'사상을 몸소 구현해 나갔던 것이다. 그리하여 "사람의 행운은 건강에서 온다. 개개인이 건강하여지면 가정과 나라가 평화롭고 나아가 인류의 평화도 가져오게 되는 것이다. 病魔는 인류 공동의 적이다. 그중에서도 가장 무서운 적은 癌이다"[27]라고 말하기까지 했다.

그가 『신약본초』에서 "육신은 개 값에 못 가도 지혜는 만고의 태양보다 밝은 光明을 전한다."고 하면서 다음과 같이 한 말은 이를 좀 더 분명하게 설명해 준다.

> 나는 사람 세상을 위해서 내 일생을 바치는 거지. 내가 젊어서 쉰밥을 먹으면서 쫓겨 댕길 적에 내가 독립운동만을 한 건 아니야. 조상을 위해서 조상의 피를 더럽히지 않고, 조상의 정신을 세상에 흐려놓고 가지 않도록 하기 위해서 그렇게 노력한 거야. 난 애국보다 그런 것에 더 정신을 썼어. 나는 지금 집에다가

26) 김일훈, 『활인구세』, 인산출판사, 2002, 140쪽.
27) 김일훈, 『구세신방』, 129쪽.

정신을 쓴 것보다 지구촌에 내 정신의 100%를 쓰고 있어…. 옛날에 석가모니가 처자를 위해서 무엇을 했다는 이야긴 전해지지 않아. 老子가 그렇고 공자가 그렇고, 이름난 사람들은 처자를 위해서 일한 거 없어요.[28)]

그는 위에서 유학의 근본정신이 '修己'보다는 '治人'과 '이용후생', 즉 '救世濟民'에 있으며 그것이 또 당대 현실에 전혀 구현되지 못하고 있음을 개탄하고 있다. 이렇게 볼 때 인산은 유교의 근본정신을 '수기'보다는 '치인'에서 찾고 또 그것을 통하여 당시의 위기적 · 절망적 상황을 초극하려고 하였다. 그가 『신약본초』에서 "내 평생이 내게는 행복이란 말은 필요없고 또 運이라는 말도 필요 없어요. 운이 있다면 지구를 위해서 필요한 운이어야 돼요. 지구가 행복하게 될 수 있는 운 말입니다."[29)]라고 말한 것은 그 단적인 예가 될 것이다.

이러한 인산의 입장이 인간의 정신력에 대한 무한한 신뢰를 바탕으로 한 '活人救世'사상에 근거하고 있음은 재언을 요하지 않는다. 이 점은 그가 "인간은 小天地다. 그리하여 인간의 靈力은 泰山도 옮기고 大海도 옮기는 능력을 갖추고 있다."[30)]고 하면서 "노쇠 예방과 만병 예방에는 정신력이 최고요, 다음이 藥力이요, 그 다름이 운동력이다."[31)]라고 말한 데서 분명하게 드러난다. 이처럼 인산은 학문과 삶의 정도를 얻고 구현하는 데에서 할아버지 · 아버지 · 충재의 가르침, 즉 유학을 중심으로 삼았고, 그가 직면하고 있었던 일제강점기, 민족분단과 동족상잔, 군사독재, 산업화와 민주화에 따른 정치 · 사회 · 사상적 혼돈에 대한 위기의식 하에서 더욱 절

28) 김일훈, 『신약본초』, 489쪽.
29) 김일훈, 『신약본초』, 941쪽.
30) 김일훈, 『醫師如來』, 인산출판사, 1997, 120쪽.
31) 김일훈, 『구세신방』, 47쪽.

실한 것으로 그 가르침을 마음에 새겼다. 그래서 인산은 당시의 현실에 대하여 "世衰道微하니 不孝父母하며, 不忠國政하며, 不敬師長하며, 不信朋友하는"[32] 시대로 진단하지 않을 수밖에 없었던 것이다.

인산은 이를 극복할 수 있는 현실적 논리와 힘을 찾고자 하였고, 자신이 모색하는 사상의 근원으로서, 또는 그 정당화의 근거로서 '忠孝'의 제창과[33] '活人救世'를 통한 이용후생의 정신을 구체적으로 발현시키기 위해 '뼈대 있는 인간'과 민족의 정체성을 확립하고자 하였으며, 또한 스스로 그 시대의 참된 선비의 마지막 典範이자 조선의 마지막 儒醫이고자 하였다. 그런 점에서도 민초들의 醫聖으로 추앙받았던 인산의 다음 말은 우리에게 시사하는 바가 매우 크다고 할 수 있다.

> 이조 오백 년에 남을 해치기만 하다가 매국노가 나라를 팔아먹고 말았는데, 오늘은 무엇하는 거냐? 나를 해친다. 내가 얼마 전에도 나는 이 지구가 생긴 후에 전무후무한 사람이라고 했다. 전무후무한 사람이라는 말은 머릿속에는 천지간에서 당할 자가 없다는 증거다. 옛날의 聖者들이 못한 걸 모조리 다하고 갈 수 있는 때가 지금이다. 이 대기층에 색소층이 완전히 무너져가지고 인류가 멸망할 수밖에 없는 시기가 되었는데, 나는 그것을 구할 수 있는 사람이다. 그런 사람을 강제로 막 욕을 하고 박해를 가하려고 하는데 그게 얼마나 불출이며 얼마나 한심한 일인가. 이 정도밖에 되지 못한 사회에 우리가 살고 있어.[34]

32) 김일훈, 『우주와 신약』, 동문출판사, 1980, 9쪽.

33) 이 점과 관련하여 인산의 다음 말은 시사하는 바가 매우 크다. "忠孝는 국가적인 큰 병을 치료하는 데 神藥이라 할 수 있고, 道德은 국가적인 큰 병을 치료하는 데 仙藥이라 할 수 있다." 『구세신방』, 185쪽.

34) 김일훈, 『신약본초』, 776쪽.

3. 인산 철학사상의 특성

앞서 인산 철학사상의 뿌리가 유학의 충효사상과 의술을 통한 '활인구세'에 있음을 검토한 바 있다. 그것은 그가 몸담았던 일제강점기와 부조리로 얼룩진 현대라는 시대적 환경과 무관하지 않으며, 또한 유학의 핵심과제를 '修己'보다 '治人'의 관점에서 받아들이고 몸소 실천하려는 태도와도 깊은 관계가 있다. 그래서 그는 "아는 비밀을 젊은 세대에게 전해주고 가는 것"[35]이 자신의 유일한 희망이고, "아무리 곤란을 받아도 불쌍한 사람을 살려주는 것이 의술의 근본 방책"[36]이라고 믿었다. 이런 점에서도 인산이 그토록 강조했던 '충효'나 '활인구세'는 유학을 개혁적이고 사회 실천적인 측면에서 계승 · 발전시킨 것이라고 말할 수 있을 것이다.

> 포은 · 야은 · 목은 三隱의 힘이 조선을 만들었다. 도덕인륜이 儒道가 아닌가. 고려 말도 개판이었지만 지금은 더 개판이다. 오늘날은 도학의 힘으로 새로운 세상을 만들어야 한다. 하늘은 아버지로서 天倫이고, 땅은 어머니로서 地倫이고, 사람은 人倫이다. 아버지 · 어머니가 하늘과 땅인데, 사람들은 그것도 모르고 노상 반대만 한다. 그러데 어떻게 사람이 하늘과 땅을 반대하고 살 수가 있어. 미친놈이나 아버지 어머니를 반대하지. 사람이 부모 봉양하는 일을 저버리고 어떻게 사람 노릇을 할 수 있겠나? 다 구해야 되고, 다 살려야 한다. 그것은 사람이 이 세상의 주인이기 때문이다. 사람은 하늘도 살리고 땅도 살릴 수 있는 주인공이야, 그런데 사람이 悖常 · 滅倫하고서는 절대 세상을 구할 수가 없어.[37]

---

35) 김일훈, 『활인구세』, 44쪽.
36) 같은 책, 같은 곳.
37) 김일훈, 『神醫原草』, 인산출판사, 1996, 79쪽.

이처럼 인산은 유학의 본령이 충과 효를 통한 '활인구세'임을 분명히 하였다. 따라서 그에게는 무엇을 아느냐 하는 문제보다는 어떻게 살고 어떻게 실천하느냐 하는 문제가 더 중요하고 절실한 것이었다. 인산이 4, 5세라는 어린 나이 때부터 유가 경전을 학습하였고, 또 30세 전후에는 의암의 문인 충재 김두운의 제자가 되었음에도 불구하고 당시 유학계의 최대 관심사였던 리기 · 심성론과 같은 형이상학적 문제에 대해서는 별반 큰 관심을 두지 않았다고 하는 사실이 이를 잘 나타내준다. 그렇다고 인산이 당대의 지배적 이념이자 문화원리인 주자 성리학의[38] 사유방식을 완전히 벗어난 철학을 하였다고 볼 수는 없다. 그가 『醫藥神聖』에서 "大道者는 陰陽之原이며 萬象之本이고, 精靈氣者는 天地之本이며 萬物之原이다."[39]라고 한 말이나, 『우주와 신약』에서 "性은 理니 生物之性은 理요, 生物之命은 氣다. …… 太極은 道요 太極之前 太虛는 氣요, 太虛之前 太空은 理니 性之元이다."[40]라고 한 말은 여기에 많은 참고가 된다. 이 경우 大道나 道, 性은 형이상자로서 理의 원리성을 가리키고 太虛나 음양, 精靈은 형이하자로서 氣의 구체성을 지칭한다. 이 논법은 우주 만물의 生滅變化를 리와 기라는 개념을 가지고 설명하면서 태극 · 형이상자 · 도를 리로, 음양 · 형이하자 · 器를 氣로 규정한 주자 성리학과 별반 다르지 않다. 이렇게 이해하면 인산의 철학은 성리학을 체로 하고 의학을 용으로 하는 체계로 구성되어 있다고 말할 수 있다.

주지하다시피 주자 성리학은 리의 일차성과 우월성을 바탕으로 리와 기를 엄격히 구분한다. 여기에서 리는 사물보다 앞서 존재하게 되고(理在

38) 여기서 말하는 주자 성리학이란 기보다 리를 더 중시하고 가치적으로 리를 우위에 두고 사유하는 理學을 가리킨다.

39) 김일훈, 『醫藥神聖』, 인산출판사, 1998, 160쪽.

40) 김일훈, 『우주와 신약』, 170쪽.

事先). 사물 위에 존재하게 된다(理在事上). 그것은 어떤 사물이 아직 생성되지 않았을 때에도 그 사물의 규율이나 법칙, 또는 원리가 이미 존재한다는 것을 의미한다.[41] 인산 역시 리기이원론적 사유방식 안에서 리를 근원성 · 통일성의 개념으로 이해하고 리와 기의 관계를 체와 용으로 나누어 표현하는 방식의 철학을 하였다.

인산의 저술 속에는 성리학의 핵심 주제인 리기심성의 문제를 체계적으로 다룬 글은 나타나지 않는다. 그렇다 하더라도 인산의 철학사상 속에 내함되어 있는 리 우위적 사고와 마음과 정신을 무엇보다 중시하는 관점마저 부정할 수는 없다. 그가 태극을 만물화생의 근본이라고 하면서 "五核之源은 五素이고 五素之源은 五神이며, 五神之源은 水氣火氣이다. 水火二氣之源은 一理이고 一理之源은 太極이다."[42]라고 한 말이나, "性은 이치(理)이니 천지의 이치요, 생명의 성은 이치이니 자연의 이치다. 생물은 命은 기요 생물이 運은 靈이다."[43]라고 말한 것, 그리고 "醫員이란 모름지기 이치를 통달해야 한다."[44]라고 말한 것은 그 단적인 예가 아닌가 생각된다. 이 문제와 관련하여 인산의 다음과 같은 진술을 더 살펴볼 필요가 있다.

> 사람은 육신 세계에 살더라도 정신세계는 잊지 말아야 한다. 정신이 육신을 위하여 한시도 떠나지 아니하면 건강을 유지할 수 있다. 정신이 번뇌망상에 시달이지 않도록 사는 것이 현명한 사람의 삶이다.[45]

---

41) 陳來, 『송명성리학』, 안재호 옮김, 예문서원, 1997, 241쪽 참조.
42) 김일훈, 『우주와 신약』, 36쪽.
43) 김일훈, 『구세신방』, 80쪽.
44) 같은 책, 186쪽.
45) 같은 책, 77쪽.

만병은 치료할 적에 마음이 전일하고 정신을 통일하면 천지의 명과 성령의 가호가 있을 것이요 마음은 번뇌하고 정신이 망상에 사로잡히면 만병은 치료될 수 없다. 神藥의 힘과 정신의 힘이 모두 있어야 병은 완쾌된다.[46)]

性은 마음의 근원이니 마음이 밝으면 마음속에 성이 있고 七神이 있어서 우주의 모든 신이 마음속으로 다 모인다.[47)]

위의 세 예에서도 인산의 리 우위적 사고와 몸보다 마음과 정신을 더 중시하는 사유방식이 분명하게 표출되고 있다. 그가 여기서 강조하고 있는 것은 육신보다 더 소중한 것이 정신이요 마음이라는 것이다. 여기서 볼 때 정신이나 마음은 리가 되고, 육신은 기가 됨은 명백하다. 인산의 이러한 논법은 주자의 "마음은 몸을 주재하는 것으로서 그 본체가 되는 것은 性이며 그 작용이 되는 것은 情이다."[48)]라는 말과 상당히 일치한다. 이와 같은 인산의 시각은 주자학이 가져온 많은 폐습과 모순을 비판하면서도[49)] 부모형제의 一心과 君臣 일심의 중요성을 강조한 다음의 글에서도 여실히 입증된다.

국가에는 忠이요 사회에는 敬이니 인간은 孝가 법이다. 가정에는 부모와 형제이니 부모의 慈愛之心과 형제의 孝敬之心이면 부모형제는 一心이 된다. 君은

46) 같은 책, 47쪽.

47) 김일훈, 『의사여래』, 인산출판사, 1997, 168쪽.

48) 『朱熹集』 권40, 「答何叔京」. "心主於身, 其所以爲體者性也, 所以爲用者情也."

49) 이 점과 관련하여 인산의 다음 말은 참고할 만하다. "朱子는 생질을 강제로 사위로 삼고 남매간에 不共戴天者라 하고 義絶하니 宗祖에 狂士朱某學派라. 광사주모는 禪門下에 수학하고 孔夫子는 道門下에 수학하니 朱某가 어찌 異端虛無寂寞之道라 狂言하리오." 김일훈, 『의약신성』, 179쪽.

大德者爲君하여 大道로 長短 균형을 이루지 못하면 불길하게 된다. 使臣하고 大義・大節로 訓臣하니 日御命이다. 그리하면 君臣一心이 된다.[50)]

여기서 나타난 인산의 생각은 분명히 군신・부자・형제・부부・붕우 등 五倫을 하나의 리로 묶고 또 그것을 통해 인류의 궁극적 이상을 실현하려고 했던[51)] 주자와 별반 다르지 않다. 그가 『의학신성』에서 "위정자가 孝治天下면 지구는 一家가 되고 萬姓은 동족이 된다. 만인은 一心이다. 一心은 또 효심이다. 가정에서 자손이 효친하면 부부 화락하고 형제 우애하여 家和萬事成이다. 조정에 賢臣之道는 節義로 충성하면 君臣一心이 되고 만민이 감화된다."[52)]고 한 말도 이 문제에 관련된다. 그렇지만 인산은 주자학적 사유와 논리를 수용하면서도 그것을 맹목적으로 따르지는 않았다. 이와 같은 그의 태도는 "廣濟蒼生은 天下諸賢의 大任"[53)]이라고 하면서 "무병장수하고 불로장생하며 나아가 국익에 기여할 수 있는"[54)] '신약'의 개발과 가난한 민초들에게 인술을 베푸는 방식으로 표출되었다.

인산의 이러한 입장은 주자의 리일분수설과 긴밀한 관계를 맺는다. 이 경우 '리일분수'란 하나의 근본 토대 위에서 무수하게 다른 양상들이 전개되는 것을 가리킨다. 이때의 '分'은 각자에게 합당한 본분, 몫, 역할, 직분, 의무 등의 뜻을 지닌다.[55)] 주자가 "리는 오직 하나일 뿐이다. 도리는 같은데 그 직분이 다르기 때문에 君臣에게는 군신의 도리가 있고, 父子에게는 부자의 도리가 있다."[56)]라고 한 말에서 이 점이 보다 분명하게 확인된다.

---

50) 김일훈, 『의학신성』, 174-175쪽.

51) 岩間一雄, 『중국정치사상사연구』, 김동기・민혜진 옮김, 동녘, 1993, 41쪽 참조.

52) 김일훈, 『의약신성』, 175쪽.

53) 길일훈, 『우주와 신약』, 서문, 10쪽.

54) 김일훈, 『구세신방』, 99쪽.

55) 진영첩, 『주자강의』, 표정훈 옮김, 푸른역사, 2001, 245쪽 참조.

그렇게 본다면 인산에게 있어서 '리'는 체이며 주자학을 의미하고, '분'은 용이며 의학을 뜻한다고 할 수 있다. 그래서 인산은 한 특별 강연회에서 "인간 사회에서는 첫째 효가 앞서야 하고, 그러면 충성 '충'자가 따라온다. 충자가 따르면 공경 '경'자도 따라온다. 이 지구상에 '효제충신'이 있는데 무엇이 잘못되겠는가?"[57]라고 말하지 않을 수 없었던 것이다. 이러한 주장의 근저에는 리 우위적 사고가 전제되어 있다. 리를 중시하고 리와 기를 변별하는 인산의 이와 같은 논법은 주자학과 의학을 체와 용으로 나누고 또 의학에서 육신보다 마음 내지 정신을 더 중시했던 태도로 표현되었다. 그가 "마음은 活人하는 마음을 위주하면 天佑神助하여 효능이 神과 같다."[58]고 하면서 "노쇠 예방과 만병에는 정신력이 최고요, 다음이 藥力이요, 그 다음이 운동력이다."[59]라고 한 말을 통해서도 이 점은 분명히 확인된다.

그런 점에서 인산철학이 가지고 있는 사유의 기본 틀은 주자학의 관점을 직·간접적으로 계승·발전시킨 것이라고 볼 수 있다. 그가 어떤 사람도 자신의 본래성으로서의 天心을 회복하게 되면 천지와 하나가 된다고 하면서[60] "苦行과 忍辱이 마음을 닦는 근본이다."[61]라고 말한 것이나, "마음이 天心이면 靈素가 강하게 주장하므로 탁한 기운이 못 들어오게 된다. 그래서 極善者는 薰氣가 돌며 瑞氣롭고, 極惡者는 冷氣가 돌며 찬바람이 인다."[62]라고 말한 것은 이러한 논리에 의한 것이었다고 생각된다. 이러한 입

---

56) 『주자어류』, 권6, 「性理三」. "理只是一箇, 道理則同, 其分不同, 君臣有君臣之理, 父子有父子之理."

57) 김일훈, 『신약본초』, 959쪽.

58) 김일훈, 『구세신방』, 82쪽.

59) 같은 책, 47쪽.

60) 김일훈, 『신의원초』, 509쪽 참조.

61) 김일훈, 『우주와 신약』, 70쪽.

장과 논법은 그의 기에 대한 이해나 해석에도 그대로 적용되어 나타났다.

> 우주의 자연 속에서 인자란 善心을 키우면 금수·어별·곤충도 호흡으로 우주 영력을 흡수하여 천년 후에 완전히 神化한다. 호흡으로 善心養氣하면 神龍으로 화하지만 惡心養氣하면 凶物인 이무기로 화한다.[63]

> 지구 생물은 천지의 정기를 축적하게 되면 電劇物이 된다. 그렇다 할지라도 惡心이 발하면 惡氣로 변하여 震死하게 되고, 일생 善心을 갖게 되면 만년 吉氣, 瑞氣, 生氣로 장생불사하게 된다.[64]

> 우주의 생명은 氣요, 氣의 생명은 靈素·色素이다. 공간은 氣海니, 음기·양기가 있다. 陽氣는 전류니 實用物이요 陰氣는 귀신인데 불가사의한 힘은 있어도 실용물은 아니다.[65]

인산에 의하면 사람의 마음속에 善心과 惡心이 있듯이 우주 자연 속에도 善氣와 惡氣, 음기와 양기가 있다. 이 경우 善心·善氣·陽氣는 理라고 할 수 있고, 惡心·惡氣·陰氣는 氣라고 할 수 있다. 이는 윤리 도덕적 차원에서 氣를 설명한 것이다. 이와 같은 생각이 주자의 리기이원론적 사유와 논리에 근거한 것임은 더 말할 필요가 없다. 여기서 그가 보다 중시한 것은 물론 리로서의 선심이고 선기고 양기이다. 이렇게 리를 높이는 입장은 인산에게 있어서 현실을 인식하고 대응하는 출발점이자 도착점이 된다.

---

62) 김일훈, 『신약』, 413쪽.
63) 김일훈, 『신약』, 389쪽.
64) 김일훈, 『의약신성』, 41쪽.
65) 김일훈, 『구세신방』, 43쪽.

그가 "오늘날 공해세계의 병을 치료하는 데는 옛날 醫書만 가지고는 안 된다."[66]고 하면서 평생 '신약'의 개발과 병자 치료에 진력했던 일이나, 효제충신에 어긋나는 종교, 賣官賣爵하는 탐관오리, 간신배, 역신배, 賣國賊의 爲政社會는 지구상에서 영원히 사라져야 한다."[67]고 목소리를 높였던 일, 그리고 "한글이 세계에서 가장 우수한 언어임을 천명한 일"[68] 등은 그 단적인 예가 된다.

인산은 이러한 사고를 바탕으로 인간의 문제는 인간만이 해결할 수 있다고 강조하면서 다음과 같이 독특한 주장을 펴기도 하였다.

> 사람이 주인공인데 어디가 빌어? 나무에 빌고 돌에 빌고 하느님에게 빌고 부처님한테 빌고, 자기가 스스로 힘을 길러서 제 힘으로 무엇을 이룰 생각은 하지 않고 남한테 빌기만 하면 무엇이 이루어지겠어. …… 이 우주가 전부 날 위해서 필요한 것이야. 이 공간의 색소나 분자가 모두 날 위해서 존재하는 거야. 중요한 것은 나를 위해 그것을 이용할 수 있는 지식이나 지혜가 필요할 뿐이야.[69]

여기서 이른바 "큰 재주 나오면 소인배들이 음해해서 죽이고",[70] "죽을 사람 살리고도 고발 당해 9번씩이나 벌금을 내야 하는 미개한 시대"[71]를 살면서도 거기에 아부하거나 굴하지 않고 오직 "病魔의 지옥으로부터 인간을 구하기 위해"[72] 신명을 바쳤던 인산철학의 이론적 근거가 분명히 드

---

66) 김일훈, 『신의원초』, 322쪽.
67) 김일훈, 『의약신성』, 57쪽.
68) 같은 책, 17쪽 참조.
69) 김일훈, 『신의원초』, 557쪽.
70) 같은 책, 161쪽.
71) 김일훈, 『신약본초』, 699-700쪽.
72) 김일훈, 『구세신방』, 46쪽.

러난다. 그가 『구세신방』에서 "나의 고행은 오직 公害毒과 怪疾의 예방을 위해서다. 나는 비록 寒士貧家의 출신이나 선천적으로 약의 묘한 이치를 터득하여 그 실험을 위해 일생 동안 고행을 불사했다."[73]라고 한 말에서도 이 점이 여실하게 보인다.

이러한 의식의 밑바탕에는 물론 리기이원론적 사유체계와 광제창생과 효제충신만이 사람의 도리를 다하는 유일한 일로 여기는 기본 전제가 깔렸다. 그런 점에서 인산의 이와 같은 논법은 "우주의 모든 것이 사람을 중심으로 하여 이루어졌고, 광선 속의 모든 원료, 즉 색소나 분자가 사람을 중심으로 하고 내려와 모든 에너지를 만든다."[74]는 믿음에서 정향된 시도로 보아야 마땅할 것이다. 이것야말로 인산철학의 특징이자, 주자학을 체로 하고 의학을 용으로 하여 철학과 의학의 통섭을 시도하였고 또 그것을 통해 사람이 사람답게 살 수 있는 질병 없는 세상을 만들고자 했던 인산의 고귀한 뜻이 아니겠는가.

4. 인산의 현실 인식과 대응

이제껏 인산 철학사상의 특성이 주자학적 사유구조 안에서 철학과 의학을 통섭시키고 그것을 기반으로 당대의 문제를 해결하고자 하는 데 있었음을 살펴보았다. 그리고 그 구체적 방법이 다름 아닌 '효제충신'과 '활인구세의 정신'이라는 것도 확인하였다. 이런 관점에서 인산 철학사상을 검토할 때 가장 두드러지게 눈에 띄는 것은 인간의 질병 원인을 우주 만물

73) 같은 책, 85쪽.

74) 김일훈, 『신의원초』, 237쪽.

에까지 연결하고 인간의 질병 치료를 윤리 도덕적으로 접근하고 있다는 점이다.

> 인간의 질병은 자신의 부주의에서 오는 것이 많지만, 다음과 같은 것도 중요한 질병의 원인이 되는 것이다. 조상에게서 받은 병은 유전성이 되고, 家運에서 받은 병은 損財數와 병이 된다. 地運에서 받은 병은 地上公害로 발생하는 괴질로서 금수·蟲魚·초목도 함께 받는 병이 되고, 山川神靈에서 받은 병은 運毒으로 장질부사(장티부스)와 호열자(콜레라) 등의 병이 된다. 국가적 불운에서 받은 병은 核病과 戰鬪重傷의 불구자의 병이 되고, 天運에서 받은 병은 魔王의 작해로 오는 병이 된다. 또 정신병인 魔敎와 邪敎와 雜敎 들은 非倫理이며 非道德이며, 非慈悲이며 非博愛이며, 비인도적인 것이다. 이와 같은 불치의 병들은 오직 신비로운 약과 정신력으로만이 치료할 수 있는 것이다.[75]

> 醫라 하는 것은 마땅 의자(宜字)와 같다. 자연에 마땅하게 하고 大氣에 마땅하게 하고 本分에 마땅하게 하여 그 기운이 造化하면 그 妙를 얻게 되고 그 묘가 조화하면 그 신통한 것을 얻게 되는데 그 얻는 방법은 神과 氣가 같은 이치이다. 옳고 참된 마음은 병이 있을 수 없고 모든 병을 치료하는 데 全知全能하다.[76]

인산에 의하면 인간은 三才的 존재이고, 인간의 참된 건강은 정신력과 윤리력에서 비롯된다. 그가 醫字를 모든 일에 마땅함을 얻는 의미로 해석한 것 또한 이와 무관하지 않다. 바로 여기에서 주자학을 체로 하고 의학을 용으로 하여 '활인구세' 하고자 했던 인산 철학사상과 현실 인식, 그리고

75) 김일훈, 『구세신방』, 46쪽.
76) 같은 책, 186-187쪽.

현실 대응 사이의 독특한 양상이 나타난다. 이 경우 '活人救世'란 "仁愛之心으로 誓救衆生하여 天功을 대신한다."[77]는 의미로서, "우주보물로 무병장수하고 불로장생하는 법과 地上生物로 국익과 국민에게 기여하는 것"[78]을 가리킨다.

그러면 리 우위적 사유방식을 근간으로 하여 '활인구세'에 평생을 걸었던 인산이 생각한 현실의 바람직한 모습은 무엇인가. 인산은 민족의 주체성이 확립되고,[79] 국민 모두가 효제충신을 근본으로 삼으며,[80] 병든자나 불구자가 하나도 없는 세상[81]을 가리킨다. 여기에서 인산은 오로지 '효제충신'과 '활인구세'만이 인간의 보편적 가치이자 실천 덕목이라고 확신했고, 또 그것이 제대로 구현될 수 있는 현실만을 자신의 참된 현실로 인식했던 것이다. 그래서 그는 "우주보물을 알면서 일생을 개발할 財源이 없어서 지구상의 가족을 구원하지 못한 恨이 말년에 괴롭다. 上古의 神人의 한은 알고도 남는다."[82]라고 술회하지 않을 수 없었던 것이다. 따라서 인산에게 참된 현실이란 "종교의 종파로 인한 인류의 분열과 사상분열로 인한 대립과 족벌로 인한 侵害며 복수전이 없고",[83] 孝親·忠君·敬長·愛幼·崇祖·誠神 등과 같은 덕목이 존중되며,[84] "인간이 영원한 세대에 걸쳐 무병장수할 수 있는"[85] 도덕과 의학이 통섭된 도덕적 가치의 세계였다. 인산

77) 김일훈, 『구세신방』, 62쪽.

78) 김일훈, 『의약신성』, 100쪽.

79) 이 점과 관련하여 인산의 다음 말은 매우 의미심장하다. "우리 국민은 시대정신이 습성화하여 자기 나라에 있는 지구 제일의 보물도 모른다." 김일훈, 『의약신성』, 99쪽.

80) 같은 책, 142쪽.

81) 김일훈, 『의약본초』, 86쪽. 114쪽 참조.

82) 김일훈, 『의약신성』 121쪽.

83) 같은 책, 183쪽.

84) 같은 책, 180쪽.

85) 김일훈, 『구세신방』, 130쪽.

이 "효친의 도와 충군의 도와 敬長의 도를 가지고 國敎로 삼아야 한다."[86] 고 주장한 것은 이를 단적으로 요약해 준다.

이러한 '효제충신'과 '활인구세' 정신을 바탕으로 인산은 病者 구제와 신약개발에 진력하게 되었고, 또 저술 · 강연회 등의 많은 활동을 통해 한국민의 주체성 확립과 윤리의식의 고취에도 심혈을 기울이게 된 것이다.[87] 이 경우 '효제충신'은 체가 되고 '활인구세'는 용이 된다. 이를 『大學』의 修齊治平의 논리를 빌려 말한다면 '효제충신'은 修齊에 가깝고, '활인구세'는 治平에 가깝다고 할 수 있다. 이처럼 '효제충신'을 중시하는 관점은 인산이 주자학에 대하여 부정적인 입장을 취하고 있음에도[88] 불구하고 기본 성격에서는 주자 성리학의 범주에 속하는 것으로 보인다.

효제충신이란 人心의 발현으로서 사람이 지키고 따라야 할 도리 가운데에 가장 기본적이며 근본적인 덕목이다. 효제가 내적이고 개인적이라면 충신은 외적이고 사회적이다. 이로써 보면 효제는 對自관계를 가리키는 개념이고, 충신은 對他관계를 지칭하는 개념이라 할 수 있다. 이 둘은 인을 실천하고 인을 완성하는 데 있어서 하나라도 결여되어서는 안 되는 필수적인 덕목이다. 仁道는 內外를 관통하여 안으로는 자신을 완성하고 밖으로는 만물을 완성하는 도이기 때문이다.[89] 공자가 인의 근본으로 효제를 말한 것이나[90] 主忠信을 강조한 것[91]이 이를 잘 말해준다. 인산이 『의약신성』에서 "자신의 몸과 마음이 화평하고 가족의 몸과 마음이 화평하면, 이웃과 국민과 세계 인류의 몸과 마음이 화평하게 된다."[92]라고 말한 것도

86) 김일훈, 『의약신성』, 182쪽.
87) 『인산 김일훈선생 일대기』, 70세조와 72세조 참조.
88) 김일훈, 『의약신성』, 179쪽.
89) 蔡仁厚, 『孔孟荀哲學』, 천병돈 옮김, 예문서원, 2000, 96-100쪽 참조.
90) 『논어』「학이」. "孝悌也者, 其爲仁之本與." 참조.
91) 같은 책, 「안연」. "子張, 問崇德辨惑. 子曰, 主忠信, 徙義, 崇德也." 참조.

같은 의미이다. 그렇다고 할 때 '효제충신' 이란 말은 인산의 현실관을 지탱하는 핵심적인 개념이 되며, 그가 생각한바 인간이 지녀야 할 최상위의 가치가 된다고 할 수 있다. 그가 앞에서도 예를 든 바 있는 "몸이 이 세상을 마칠 때까지 원하는 바는 충성과 효도요(終身之願忠孝)." 라고 힘주어 말한 것도 이런 문맥에서 이해되어야 한다.

인산의 철학사상에서 '현실' 과 '이상' 은 리일분수적인 관계가 있다. 그것은 '효제충신' 이라고 하는 근본토대(理一) 위에서 '활인구세' 을 위한 구체적이고 다양한 방법들(分殊)이 전개되고 있기 때문이다. 이와 같은 입장은 인산의 다음 말에서도 간명하게 읽을 수 있다.

> 인류를 病厄으로부터 구제하는 일은 아무리 위대한 지혜를 지녔다 해도 그것만으로는 불가능하다. 지혜와 함께 陰德을 쌓아야 비로소 蒼生救濟의 대업을 이룰 수 있게 된다.[93]

여기서 '음덕' 이란 『주역』「곤괘 · 문언전」의 "積善之家必有餘慶(선을 쌓은 집안에는 반드시 많은 경사가 있다)." 의 '積善' 과 같은 의미로서 '효제충신' 의 간단없는 실천을 통해 얻어진 德 그 자체를 가리킨다. 이렇게 보면 '음덕' 이나 '효제충신' 은 '理一' 이고 '체' 며 '이상' 이 되고, '활인구세' 는 '分殊' 이고 '용' 이며 '현실' 이 된다. 여기서 인산이 더 중시한 것은 물론 '분수' 의 세계가 아니라 '理一' 의 세계이며, '현실' 세계가 아니라 '이상' 의 세계였다. 그가 『신약』에서 "이루 형언하기조차 어려운 苦行을 감내하며 수많은 사람에게 인술을 베풀어 온 나의 음덕은 앞으로 후세의 인류

92) 김일훈, 『의약신성』, 32쪽.
93) 김일훈, 『신약』, 430쪽.

를 病苦로부터 구제하는 데 밑거름이 될 것이다."[94]라고 한 말은 이런 문맥에서 이해되어야 한다.

그러하기 때문에 인산은 몸보다 마음과 정신을 더 중시하여 "우주의 전능을 완전히 갖춘 존재"[95]로서의 인간이 스스로 자신의 병을 치료할 것을 촉구했고, 또 이를 통해 인류의 진정한 평화와 神人共感하는 세상을 구축하고자 노력했던 것이다. 그래서 그는 "사람이 젖만 떨어지면 자신의 병은 자신이 스스로 고치도록 하는 것이 나의 의학이다. 내가 앞으로 내는 醫書는 매우 간단하다. 사기꾼들이 발을 못 붙이는 의서다. 복잡한 것은 어떻게 보면 사기꾼들이 하는 짓거리이다."[96]라고 말하지 않을 수 없었던 것이다.

따라서 인산이 강조한 '효제충신'이나 '활인구세'는 인류가 평화 공존할 수 있는 기본 바탕이며 대한민국이 인류의 선도자·先進者가 될 수 있게 해줄 수 있는 유일한 방책이기도 하다.[97] 그 결과 그는 "광대무변한 우주에서 자연의 寶庫는 인간의 터전인 지구며 지구에서 자연의 보고는 한국"[98]이라고 하면서 다음과 같은 주장을 제시하기도 하였다.

> 우주의 神妙와 신비는 色素 중에서 化한다. 나는 생기색소와 신비색소의 완전무결한 이용법을 세상에 전하러 왔다. 앞으로 동양 사람은 합심 협력하여 한국 상공의 신묘신비의 생기색소인 人蔘分子 寶庫를 개발하고 한국 명승지에는 수십억 인구를 수용할 시설과 양생식품을 구비하여 자연치료에 힘쓰면 인류의

94) 같은 책, 432쪽.
95) 김일훈, 『의사여래』, 120쪽 참조.
96) 김일훈, 『신의원초』, 319쪽.
97) 김일훈, 『의사여래』, 17쪽 참조.
98) 같은 책, 같은 곳.

모든 현대 난치병이 퇴치될 것이다.[99)]

이로써 볼 때 인산은 '효제충신'을 內와 本으로 삼고 '구세제민'을 外와 末로 삼아 '無病强國'과 인류의 평화공존을 추구했으며 그 속에서 자신의 도덕적 합당성을 확인하였다고 할 수 있다. 그에 의하면 인간의 본질과 인간다움은 도덕성과 사회성에 있으며 그 존재방식은 '수기'하고 '치인'하는 데 있다. 그리하여 그는 이를 바탕으로 주자학과 의학을 통섭하려고 노력하였고 인류가 무병 건강하고 불로장생할 수 있는 비법을 인간세에 전하고자 각고의 노력을 하였다. 그는 이보다 한 걸음 더 나아가 "유학이 온 세상 학문의 바탕이 되며, 동양사상의 근저"[100)]라는 확신을 하고 "核毒의 피해가 극에 달하고"[101)] "화공약 때문에 어린아이들의 수명이 단축되는"[102)] 세상을 고통스럽게 생각하여 이를 극복하고자 손수 사재를 털어 "죽염과 五核丹을 비롯한 수백 가지 신 한방약물을"[103)] 개발하기에 이르렀다. 그러하기 때문에 인산은 다음과 같이 말할 수 있었던 것이다.

사람은 우선 육신적으로 건강해야 한다. 병든 사람이 많고 또 병들어 죽어가는 사람이 많은 나라는 결코 부강한 나라가 될 수 없다. 나라의 힘은 곧 사람의 힘이고, 백성의 힘은 나라의 힘이다. 백성이 전부 병들어 죽는데 나라의 힘이 어떻게 약화되지 않겠는가. 정당끼리 싸우는 것보다 백성이 병들어 일찍 죽는 것이 더 큰 문제다. 나는 하루빨리 모든 민족이 건강했으면 좋겠다.[104)]

---

99) 같은 책, 18쪽.

100) 김일훈, 『신약』, 411쪽.

101) 김일훈, 『신약본초』, 980쪽.

102) 같은 책, 131쪽.

103) 최은아, 「인산 김일훈 선생과 한방암의학 인산의학 소개」, 『인산 김일훈 선생 탄신 100주년기념 함양학 학술대회 발표집』, 인산의철학회, 2009.4.20, 124쪽.

당대는 ‘효제충신’과 ‘활인구세’가 다른 그 어느 때보다 더 절실하게 요구되는 시기이면서, ‘효제충신’이나 ‘활인구세’가 유례없이 외면당하고 무시되는 상황이라고 보는 데서 인산의 철학사상은 사회 정치적 모순에 대한 비판의 칼날이 되고 또 그 존재 의미를 갖게 되는 것이다. 도덕의식이 날로 희박해져 “사기꾼들만 득실거리고,”[105] “조상 제사도 모르고 부모도 모르는 피라미 같은 최저질들이 난무하고,”[106] “이상한 병과 미친 사람의 수효가 급증하는 시대”[107]에 처하며 이를 바로 잡고 극복할 수 있는 유일의 지표가 주자학을 체로 하고 의학을 용으로 하는 ‘효제충신’과 ‘활인구세’의 올바른 구현이라고 그는 생각했다. 유의할 것은 인산의 이러한 논법은 그가 세상을 떠날 때까지 유교에 대한 믿음과 희망을 포기하지 않고,[108] 그것을 의학적으로 실용화시켜 이 땅에서 병든 자 · 불구자가 하나도 없는 세상을 만들고자 했던 위대한 儒醫이자 神醫의 ‘苦行과 忍辱’으로 점철된 삶[109]의 결과라고 해야 할 것이다.

104) 같은 책, 114쪽.

105) 인산은 자신의 시대를 內主張이 너무 강한, 즉 陰이 극성을 부리는 詐欺사회로 진단하고 있다. 김일훈, 『신의원초』, 124쪽 참조.

106) 같은 책, 74쪽.

107) 같은 책, 361쪽.

108) 이 문제와 관련하여 인산의 다음 말은 매우 시사적이다. “종교는 효도 孝字에 들어가서는 둘이 될 수가 없다. 충효라고 하지만 효에서 충이 나오지 충에서 효가 나오는 것이 아니다. 그래서 앞으로 세상은 반드시 효를 앞세우는 세상이 온다.” 김일훈, 『신약본초』, 959쪽.

109) 김일훈, 『의약신성』, 89쪽.

5. 맺는 말

필자는 인산 철학사상에 대한 정당한 이해와 평가를 위한 하나의 전초 작업으로서 인산 철학사상의 기반과 특성, 인산의 현실 인식과 그 대응의 문제를 주자학적 관점에서 해명해 보았다. 그 요점을 정리하면 다음과 같다.

인산 철학사상의 기반은 당시 儒醫였던 할아버지 金冕燮과 유학자인 아버지 金慶參으로부터 배운 유학과 의학이었다. 그는 이 둘을 통섭시켜 '충효의 제창'과 '활인구세'의 정신으로 현실화시켰다. 그런 면에서 인산은 조선 儒醫의 맥을 충실히 계승하였다고 볼 수 있다. 그리고 그의 '치인지학'에 바탕을 둔 유학적 사유체계는 30세 전후 의암 문인이었던 充齋 金斗運과의 만남을 통해 더욱 심화 발전되었는데, 이 만남은 인산이 보다 적극 독립운동에 참여할 수 있었던 계기를 만들어 주었다. 여기에서 우리는 인산의 유학에 대한 이해가 보다 특이하고 남다른 것임을 확인하게 되었다.

인산의 철학사상은 주자학의 리 우위적 사유와 논리 안에서 철학과 의학의 통섭을 시도하고 또 그것을 통해 인류가 무병 건강하고 불로장생할 수 있는 세상을 만들고자 한 데서 그 특성을 찾을 수 있다. 여기에서 그는 리일분수적 관점에서 주자학을 체로 하고 의학을 용으로 하여 인간의 질병과 사회적 모순을 해결하고 그 대안으로서 '효제충신'과 '활인구세'를 주장하였던 것이다. 그런 면에서 인산 철학사상의 전반적 내용과 성격은 주자학적 사유와 논리를 크게 벗어나지 않는다고 볼 수 있다. 그러나 그렇다고 할지라도 세부적인 내용이나 표현방식에는 주자와 많은 차이가 있음도 알게 되었다. 그 단적인 예가 '心'을 天心 · 地心 · 人心으로 나눈 것이나,[110] 사람의 마음을 五行 가운데 하나인 火氣로 본 점,[111] 그리고 孝心 하나면 지

110) 김일훈, 『우주와 신약』, 82쪽 참조.

구상의 모든 종교가 하나로 통일될 수 있다[112]고 하는 등의 주장이다.

여하튼 이를 근거로 인산은 물질이나 육신보다는 정신과 마음을 우위에 두면서 사람이 우주의 중심이 된다는 철학을 수립하였고, 인간의 질병문제나 사회문제를 윤리·도덕적 차원에서 해결하려고 하였다. 그가 『구세신방』에서 "충효는 국가적인 큰 병을 치료하는 데 神藥이라 할 수 있고 도덕은 국가적인 큰 병을 치료하는 데 仙藥이라 할 수 있다."[113]라고 한 말이 바로 그것이다.

인산에 의하면 바람직한 현실은 國格이 바로 서고, 모든 국민이 효제충신을 근본으로 삼아 육신적으로 건강하게 살 수 있는 세상을 가리킨다. 이는 물론 인산이 효제충신만이 사람의 도리를 다하는 유일한 길이고, 그것이 또한 인간의 보편적 가치이자 최고의 덕목이라는 믿음에 그 뿌리를 두고 있다. 여기에서 인산이 오늘날의 질병치료는 옛날 醫書만으로는 안 된다고 하면서 평생 신약을 개발하고 병든 자를 구제하는 데 진력했던 일, 효제충신에 위배되는 종교, 사상, 정치, 이념 등을 혹독하게 비판한 일 및 한글이 세계에서 가장 우수한 언어라고 주장한 일 등의 의미가 분명하게 밝혀진다. 이렇게 보면 인산의 철학사상은 '효제충신'을 內와 本으로 삼고, '활인구세'를 外와 末로 삼아 無病强國과 인류의 평화공존을 이 땅 위에 구현하고자 한 것이라고 요약할 수 있다. 그런 점에서 우리는 "사람은 사람의 도를 따라 살아야 한다. 처자식 봉양은 안 하고 저 혼자 도 닦는 일은 잘못된 일이다."[114]라는 말이나, "이제 본인은 무병 건강하고 불로장생하며 나아가 국익에 기여할 수 있는 길이 있음을 밝히고자 한다."[115]라고

111) 김일훈, 『의약신성』, 113쪽 참조.
112) 김일훈, 『신약본초』, 958-959쪽 참조.
113) 김일훈, 『구세신방』, 185쪽.
114) 김일훈, 『의약신성』, 185쪽.

한 인산의 말을 전폭적으로 긍정하지 않을 수 없는 것이다.

이상의 고찰을 통해 필자가 시도했던 인산 철학사상에 대한 주자학적 검토는 인산 철학사상 연구를 한 단계 끌어올릴 수 있는 계기를 마련했다고 자평도 해보지만 충분한 연구라고 말할 수 없다. 다만 인산을 의약서인 『神藥』을 출간한 醫者로만 보려고 하는 세간의 오해를 불식시키고 독립운동가이자 유학자로서의 뜨거운 삶을 살았던 인산의 진정한 면모를 드러내는 하나의 계기를 마련했다고 하는 점에서 큰 위안을 삼고자 한다.

115) 같은 책, 100쪽.

김종길의 시에 나타난 유교의식

1. 유교에서 시의 의미

이 글은 金宗吉(1926~) 시인의 작품을 분석의 초점으로 하여 한국 현대시에 나타난 유교의식을 살펴보는 데 그 목표를 둔다. 이 과제를 달성하기 위해 본 연구는 유교에서 시의 의미와 그 역할, 김종길 시인의 시에 나타난 유교의식 등의 문제를 순차적으로 검토하고자 한다.

유교의 시론이 지닌 특징과 지향을 검토하는 데에서 『書經』「舜典」의 한 대목인 "詩는 뜻을 말한 것이고 노래(歌)는 말을 길게 읊은 것이다."[1]라는 말은 대단히 중요한 핵심이다. 여기서 우리가 특별히 주목해야 할 것은 詩와 歌가 별개의 것이 아니라 동질적인 의미가 있는 개념이라는 점이다. 때문에 쉬푸관(徐復觀)도 『중국예술정신』에서 "노래에서 가장 중요한 내용은 시라고 할 수 있으며 당시의 시는 음악과 불가분의 관계였다."[2]라고 말하였다. 주자는 '詩言志'와 '歌永言'을 다음과 같이 해석하였다.

---

1) 『書經』, 「虞書」, 〈舜典〉. "詩言志, 歌永言."

2) 徐復觀, 『중국예술정신』, 권덕주 외 역, 동문선, 1990, 34쪽.

마음이 가는 바를 志라 한다. 마음이 가는 바가 있으면 반드시 말에 나타나므로 詩는 뜻을 말한 것이라 하였고, 이미 말에 나타나면 반드시 길고 짧음의 음절이 있으므로 歌는 말을 길게 읊은 것이라 하였다.[3)]

위에서 언급한 '마음'은 인간 본유의 덕성인 인의예지 사덕을 가리킨다. 그 사덕은 인의로 요약되고, 사덕은 인을 내용으로 하고 예를 형식으로 하여 인간세에 구현된다. 그렇게 본다면 詩란 언어와 문자를 가지고 인간의 사덕을 표현한 것이고, 또 이를 바탕으로 하여 올바른 도덕적 경지에 도달하는 이치를 찾는 도구가 된다. 그 결과 이루어지는 궁극적 목표가 다름 아닌 '至善의 세계'요 '天人合一'의 세계이다. 공자가 제자들에게 시의 효용을 역설하면서 "(시를 공부하면) 가까이는 어버이를 섬기고 멀리는 임금을 섬길 수 있으며, 새와 짐승, 풀과 나무의 이름을 많이 알게 한다."[4)] 라는 말을 상기할 때 이 점은 명백하다. 공자에 의하면 사람이 시를 배우지 않고서는 인륜을 지킬 수가 없고, 자연과의 친화적 삶도 기대할 수가 없다.

여기에서 보듯이 유교에서 생각한 시의 효용은 인격의 도야—더 자세하게 말해서 하늘이 賦命한 본유적 덕성을 주체적으로 자각하고 그것을 유감없이 발휘함으로써 참으로 사람다워질 수 있게 하는 存心養性의 기능으로 집약된다. 따라서 시란 "생각을 바르게 함으로써 인간의 性情을 바르게 하는 일이며,"[5)] 인간의 도덕적 자기완성을 함양하는 일이 된다. 荀子가 樂 즉 詩는 인간의 즐거움이나 인간의 정서를 표현하는 일이라고 하면서

3) 『書經』, 「虞書」, 〈舜典〉, 朱子註. "心之所之, 謂之志, 心有所之, 必形於言, 故曰詩言志, 旣形於言, 則必有長短之節, 故曰歌永言."

4) 『論語』, 「陽貨」. "子曰小子何莫學夫詩, …… 邇之事父, 遠之事君, 多識於鳥獸草木之名."

5) 劉勰, 『文心雕龍』, 최동호 역, 민음사, 1994, 91쪽.

"인간의 선한 마음을 감동하게 하고, 그 추악한 기운이 가까이 접근하지 못하게 하는 것"[6]이 이른바 시라고 한 말에서도 이 점은 뚜렷하게 나타난다. 공자가 『詩經』「國風」〈周南〉의 첫 시인 關雎를 평하면서 "관저는 즐거우면서도 지나치지 않고, 슬프면서도 상심케 하지 않는다."[7]고 한 말도 마찬가지 생각의 진술로 보인다. 시는 仁心을 운율로 나타낸 것인 바, 그 표현은 항상 지나침이나 모자람이 없어야 한다는 뜻이다. 주자는 이를 "그 근심은 비록 깊으나 和를 해치지 않고, 그 즐거움이 비록 성대하나 그 바름을 잃지 않았다."[8]는 말로 풀이하고, 인간으로 하여금 性情의 바름을 인식할 수 있게 해주는 것이 다름 아닌 시라고 단정하였다. 마음을 바르게 하고 仁心을 올바로 실천하는 것은 모든 삶의 궁극적 목적이며, 시는 그 요긴한 방법의 하나이다.

이렇게 볼 때 유교의 시는 인간 본유의 덕성을 회복하여 도덕적 인격의 완성에 도달하는 길과 불가분의 관계가 있다고 할 수 있다. 다시 말해서 시는 仁心을 회복하고 또 그것을 유감없이 발휘하여 사람다운 삶을 사는 길을 제시해 주는 '인생의 중요한 수양 수단의 하나'라는 것이다.[9] 그래서 공자는 "사람으로서 仁하지 못하다면 禮는 하여 무엇하며, 사람으로서 仁하지 못하다면 樂은 해서 무엇하겠는가?"[10]라고 하였다. 이를 시에 적용해 논한다면 禮는 시의 형식이 되고 樂은 시의 내용이 될 것이다. 禮와 樂이 둘을 하나로 통합시켜 주는 것은 물론 仁이다. 이 仁을 통해서 예와 악

---

6) 『荀子』, 「樂論」. "夫樂者, 樂也, 人情之所必不免也, …… 足以感動人之善心, 使夫邪汚之氣無由得接焉."

7) 『論語』, 「八佾」. "子曰關雎, 樂而不淫, 哀而不傷."

8) 『論語』, 「八佾」, 〈朱子注〉. "蓋其憂雖深, 而不害於和, 其樂雖盛, 而不失其正, …… 欲學者玩其辭, 審其音, 而有以識其性情之正也."

9) 徐復觀, 앞의 책, 59쪽 참조.

10) 『論語』, 「八佾」. "子曰人而不仁, 如禮何, 人而不仁, 如樂何."

은 존재 의미를 확보하게 되고 그 궁극의 목적 또한 달성되는 것이다.

仁의 정신을 높이고 仁心을 올바르게 드러내는 것이 예와 악의 역할이라면, 유교의 시 또한 이 문제를 크게 벗어나지 않는다. 인간적 삶의 정서의 순화와 욕구의 조절을 통하여 도덕과 시를 하나로 통일시키고자 했던 것이 유교의 시이기 때문이다. 그래서 李澤厚도 유교 시의 특질은 '情과 리의 결합'에 있으며, 유교의 시는 특히 윤리적 성격을 띠고 있는 사회적 정서와 밀접한 관계를 맺고 있다고 말하였던 것이다.[11)]

> 무릇 소리란 인심에서 생긴 것이다. 감정이 마음속에서 일어나므로 그것이 소리가 되어 밖으로 나타나는 것이다. 소리가 글로 되어 나타나면 이를 音이라 부른다. 이런 까닭에 治世의 음은 편안하고 즐거우니 그 정치가 화평하기 때문이다. 亂世의 음은 원망에 차있고 노기를 띠니 그 정치가 어그러졌기 때문이다. 亡國의 음은 슬프고 시름겨우니 백성들이 곤궁하기 때문이다. 이같이 소리가 나타내는 진실은 그대로 정치와 통하게 된다.[12)]

위의 예에서 '소리'(音)이란 詩를 가리키는 말이다. 『樂記』에 의하면 '樂'을 구성하는 세 가지 기본 요소는 시, 노래, 춤이고, 이 세 가지는 사람의 마음에 그 바탕을 두고 있다. 시란 자연스러운 생각의 토로이며 仁心의 운율적 표현이다. 그러므로 유교에서 시의 개념과 인심 중시의 시정신은 떨어질 수 없는 관계를 갖게 되는 것이다.

仁心을 표현하는 시를 공자는 '생각에 간사함이 없다(思無邪).'는 한마

---

11) 李澤厚, 『美的歷程』, 중국사회과학출판사, 1989, 49쪽 참조.

12) 『樂記』, 「樂本」. "凡音者, 生人心者也, 情動於中故, 形於聲, 聲成文謂之音, 是故治世之音, 安以樂, 其政和, 亂世之音, 怨以怒, 其政乖, 亡國之音, 哀以思, 其民困, 聲音之道, 與政通矣."

디 말로 단언하였다.[13] 여기서 우리는 유교의 시정신이 '思無邪'에 있음을 확실히 알게 된다. 思無邪란 直의 뜻이자,[14] 『주역』「건괘」〈문언전〉의 "거짓을 막고 참됨을 보존한다."[15]는 의미이다. 程子는 이를 '誠'이라고 풀이하였다.[16] 이렇게 보면 '사무사'는 인간의 덕성, 즉 仁心을 지칭하는 개념임을 알 수 있다. 꾸밈과 허위가 없이 質直한 것이 인간의 본래성이고, 시는 仁心의 운율적 표현이므로 시 또한 인위적 수식이나 허위가 없어야 한다는 것이 공자의 생각이었다. 이와 같은 관점은 유가 시의 기본 방향을 정초하였을 뿐 아니라 후대의 중국 시학 내지 예술사상에 심대한 영향을 미쳤다.

이로써 우리는 유교의 시가 인간의 사덕에 바탕을 두었으며, 인간의 성정을 도야하는 수단임을 확인할 수 있다.[17] 그래서 유가의 시는 善惡의 판단에 직접 간여하게 되었던 것이다. 바로 여기에서 도덕과 시를 하나로 통합하려고 했던 유교 시의 특성이 성립되었던 것이다.

2. 김종길 시에 나타난 유교의식

1) 효제정신

시는 인간의 사덕에 뿌리를 두고 있고, 인간의 사덕은 純善 그 자체이므

---

13) 『論語』, 「爲政」. "子曰 詩三百, 一言以蔽之, 曰思無邪."

14) 張其昀, 『孔子學說의 현대적 의의』, 華岡敎友會 譯, 형설출판사, 1981, 300쪽 참조.

15) 『周易』, 「乾卦」, 〈文言傳〉. "閑邪存其誠."

16) 『論語』, 「爲政」, 〈程子註〉. "程子曰 思無邪者, 誠也."

17) 이점과 관련하여 공자의 다음 말은 시사하는 바가 매우 크다. "그 사람됨이 온화하고 돈후하며 어리석지 않으면 이것은 詩의 공부에 깊은 자이다." 『孔子家語』, 이민수 옮김, 을유문화사, 2003, 379쪽.

로 시는 언제나 인위적 수식이나 허위가 없어야 한다. 공자는 일찍이 이를 '思無邪'라는 한마디로 요약한 바 있다. 여기서 인간의 사덕이 순선하다 함은 인간 고유의 본질로서 人性이 선하다는 것이요 후천적 경험으로 좌우되는 性善은 아니라는 뜻이다. 인간이 진선미를 추구하는 마음이나 공자가 말한 '思無邪'는 모두 이 性善에 그 근거를 두고 있다.

이제부터 "양질의 전통문화 상속자이자 과묵한 고전주의적 격조의 시인"[18]으로 평가를 받고 있는 김종길 시인의 작품을 예로 들어 우리가 앞에서 거론한 점을 구체적으로 분석해 보고자 한다. 김종길 시인을 굳이 논의의 대상으로 삼은 것은 많은 평론가가 지적하고 있는 것처럼[19] 한국 현대 시인들 가운데 유교적 의식 내지 유교적 덕목을 가장 많이 지니고 있기 때문이다. 그의 대표작 중의 하나인 「聖誕祭」가 이 점을 단적으로 드러내기에 족할 것이다.

어두운 방 안에
바알간 숯불이 피고,

외로이 늙으신 할머니가
애처로이 잦아드는 어린 목숨을 지키고 계시었다.

이윽고 눈 속을
아버지가 藥을 가지고 돌아오시었다.

---

18) 柳宗鎬, 『同時代의 詩와 眞實』, 민음사, 1982, 94쪽.

19) 대표적인 평론가는 아마도 최동호일 것이다. 그는 김종길의 시적 상상이 수직적이며 종적인 체계를 바탕으로 하고 있다고 하면서, 김종길의 시의 특징으로 '유가적 금욕주의'를 들고 있다. 최동호, 『삶의 깊이와 시적 상상』, 민음사, 1995, 104쪽 참조.

아 아버지가 눈을 헤치고 따오신
그 붉은 山茱萸 열매 —

나는 한 마리 어린 짐생,
젊은 아버지의 서느란 옷자락에
熱로 상기한 볼을 말없이 부비는 것이었다.

이따금 뒷문을 눈이 치고 있었다.
그날 밤이 어쩌면 聖誕祭의 밤이었을지도 모른다.

어느새 나도
그때의 아버지만큼 나이를 먹었다.

옛 것이라곤 찾아볼 길 없는
聖誕祭 가까운 都市에는
이제 반가운 그 옛날의 것이 내리는데,

서러운 서른 살 나의 이마에
불현듯 아버지의 서느란 옷자락을 느끼는 것은,

눈 속에 따오신 山茱萸 붉은 알알이
아직은 내 血液 속에 녹아 흐르는 까닭일까.

_「聖誕祭」 전문

김종길 시인은 이 시에서 유교 인본윤리에서 가장 중요한 실천 요목이 되는 '부자유친'의 극치를 '탁월한 상상력과 이미지'를 빌려 절제된 감정으로 노래하고 있다. 그가 이해한 '부자유친'은 자식에 대한 부모의 자애로움과 부모의 자식에 대한 엄정성이 절묘하게 조화되고 있는 세계이다. 그는 이를 〈아버지가 눈 속을 헤치고 따오신 그 붉은 산수유 열매〉니 〈젊은 아버지의 서느란 옷자락〉같은 상징적 표현을 통해 절절하게 그려내고 있다.

여기에서 우리는 공자가 평생을 두고 역설하였고, 유교 철학의 중심개념인 仁 사상의 시적 형상화를 만나게 된다. 이 경우 仁은 순수한 정감의 세계이지 理法이나 논리의 세계는 아니다. 순수 정감만이 인간을 인간답게 만드는 본질이라고 믿었던 것이 공자의 위대함이었다. 그래서 맹자도 '不忍之心'이니 '惻隱之心'이니 하는 말을 가지고 仁을 설명하였던 것이다. 그런 점에서 仁은 사람다움이고,[20] "我와 物이 혼연하게 융합해서 합치되는"[21] 순수 정감의 세계라고 할 수 있다. 김종길 시인에게 있어서 그것은 〈외로이 늙으신 할머니가 / 애처로이 잦아드는 어린 목숨을 지키고 계시었다.〉로, 〈눈 속에 따오신 山茱萸 붉은 알알이 / 아직도 내 血液 속에 녹아흐르는 까닭일까.〉로 표출되었다. 늙으신 할머니가 어린 목숨을 지키고, 산수유 붉은 알들이 내 혈액 속에 녹아 흐르는 세계는 분명 이론적 이성이나 합리적 사고로 따져서 알 수 있는 세계가 아니라 『주역』「계사전」에서 말하는 "感하여 세상의 모든 일에 통한다."[22]는 세계이다. 김종길 시인은 이를 〈서러운 서른 살 나의 이마에 / 불현듯 아버지의 서느란 옷자락을 느끼는 것〉으로 표현하고 있다.

이 시에서 특히 주목되는 부분은 〈눈 속에 따오신 山茱萸 붉은 알알이 /

20) 『孟子』, 「盡心 下」. "仁也者, 仁也."
21) 『二程全書』, 「遺書」, 권2. "仁者混然與物同體."
22) 『周易』, 「繫辭傳 上」, 10장. "感而遂通天下之故."

아직도 내 血液 속에 녹아 흐르는 까닭일까.〉이다. 이 구절에는 유교 인본 윤리의 핵심이 되는 '孝悌원리의 원형'[23]이 숨어 있기 때문이다. 내 혈액 속에는 돌아가신 아버지와 아직 태어나지 않은 나의 자식이 살아 숨 쉬고 있다. 그런 점에서 화자인 나와 눈 속을 헤치며 산수유를 따온 젊은 아버지는 둘이 아니고 하나이다. '지금 바로 여기'에 서 있는 나를 통해 과거와 미래는 하나로 통합되면서 나의 생명은 영속성을 갖게 되는 것이다. 유교에서는 그것을 가능한 현실로 만들어주는 것이 곧 인을 실천하는 근본인 효제라고 확신하였다. 다시 말해서 효제라는 것은 이 '생명의 연결고리'가 끊어지지 않도록 튼튼하게 이어주는 가교와 같은 것이고, 인간의 유한한 생명을 무한으로 이끌어 주는 힘이라는 것이다. 『주역』「계사전」의 "끊임없이 낳고 또 낳는 것을 변역이라고 한다."[24]는 말 속에서도 이점이 선명하게 드러난다. 이렇게 이해할 때, 김종길 시인의 「성탄제」는 유교 윤리에 대한 투철한 이해가 선행되지 않고서는 올바르게 그 뜻을 읽어낼 수 없는 시라고 할 수 있다. 이에 대한 유종호 교수의 다음 해석은 매우 적절하다.

> 이 작품이 家父長的 질서 하의 가족이라는 지극히 東洋的—좀 더 세분해 본다면 중국적 혹은 한국적이라 할 수 있겠다—인 생활상을 다루고 있고 또 유교가 가족 사이의 人倫관계에서 도덕의 기본을 찾고 있다는 점을 상기할 때 우리는 비로소 이 聖家族의 구도를 파악하는 셈이 된다.[25]

유교 윤리는 인에 바탕을 두고 있고 그것은 효제를 통하여 현실적으로 구현된다. 여기에서는 물론 인간의 본래성에 대한 투철한 자각과 자기 자

---

23) 『論語』, 「學而」. "孝悌也者, 其爲仁之本與."

24) 『周易』, 「繫辭傳 上」, 5장. "生生之謂易."

25) 柳宗鎬, 앞의 책, 92쪽.

신의 不仁性에 대한 뼈아픈 각성이 요구된다.

그런 의미에서 가족의 존재는 매우 중요하며, 가족은 일차적으로 부자의 종적 관계와 부부의 횡적 관계로 성립된다. 유교에서 가족은 인간의 인격성을 완성하는 가장 기초적인 단위이고, 그것은 또한 인위적 집단이 아니라 자연 발생적 집단이다. 부자유친의 관계는 계약적인 관계가 아니라 어떤 조건도 개입될 수 없는 친애의 관계이다. 이는 인정의 신성한 드러냄이요 인간애를 체험하는 가장 근원적인 기반이다.[26] 「성탄제」는 이를 심도 있게 시적으로 형상화하는 데 성공한 작품이다. 미국 대학의 교수로 있다가 8년 만에 귀국한 아들이 〈늙고 여위신 아버님 앞에, / 그리고 어머님 앞에, / 眼鏡을 벗자 홍건히 눈물에 젖는〉 풍경을 노래한 「金浦空港에서」도 이 점은 확인된다. 「握手」에서는 보다 애틋하고 직설적인 어조로 이와 같은 주제를 노래하고 있다. 이 시에서도 부자의 관계가 무조건적 친애의 정이고 이 세상의 그 무엇과도 바꿀 수 없는 소중한 관계임을 아버지의 임종 순간을 지키는 화자의 입을 빌려 〈무슨 言語가, 이 순간, / 이 처음이요 마지막인 父子間의 握手보다 / 애틋하고 간절한 사연을 전달할 수 있겠는가.〉라고 증언한다.

2) 충서정신

부자유친의 정을 바탕으로 그것을 다른 사람에까지 미루어 가는 것을 인간애라고 할 수 있다. 이미 살핀 것처럼 효제가 그 출발점이 됨은 물론이다. 그것은 개체 중심으로부터 전체의 조화를 가져오는 가장 적절한 방법이자 개인과 전체를 포용하는 원리이다.[27] 효는 사람을 바탕으로 한 것

26) 柳承國, 『韓國思想과 現代』, 동방학술연구원, 1988, 238쪽 참조.

으로서 인의 실천 요목이고, 제는 공경을 바탕으로 한 것으로서 의의 실천 요목이다. 그런 뜻에서 효제는 사람의 사람다운 삶에서 가장 적절하면서도 매우 역동적이며, 사회적인 도덕원리라고 할 수 있다. 이 관점은 '修己安人'하고 '成己成物'하는 근거이면서 인의 실현방법인 '충서'와 긴밀한 관계를 맺는다. 주지하다시피 인의 생명은 '충서'로 표시된다. 밖으로 내 마음이 다른 사람에게 온전히 전해짐을 유교에서는 '충서'라고 한다. 忠은 남을 위하여 자기의 中心과 誠意를 다하는 것이고, 恕는 恕心으로 다른 사람과 함께 하는 마음이며 자신의 마음과 같이 남의 마음을 이해하고 헤아려주는 마음이다. 주자가 '충서'를 풀이하여 "자기 마음을 다하는 것을 충이라 이르고, 자기 마음을 미루는 것을 서라 이른다."[28]라고 한 것은 이를 단적으로 요약해 준다. 여기서 '서'는 유교 윤리 가운데 가장 중요한 덕목으로 남을 나처럼 용서하는 마음이자, 타자에게 나를 아무런 조건 없이 바치는 하나의 노력이기도 하다. 맹자가 "서를 힘써 행하면 인을 구함이 이보다 가까울 수 없다."[29]라고 말한 데서 이 점은 명료하다. 이렇게 이해할 때, '충서'는 인을 실천하여 덕을 완성하는 구체적인 방법이며 따라서 그것은 사람과 만물을 윤택하게 하고 세상을 아름답게 만드는 인간 삶의 최고 준칙이라고 할 수 있다.[30] 김종길 시인은 이 문제를 「探點」이라는 작품을 통하여 내출혈하듯 평이하지 않은 구조와 '관조의 시선'으로 풀어내고 있다.

---

27) 金忠烈, 『유가윤리강의』, 예문서원, 1994, 43-53쪽 참조.

28) 『論語』, 「里仁」, 〈朱子註〉. "盡己之謂忠, 推己之謂恕."

29) 『孟子』, 「盡心 上」. "强恕而行, 求仁, 莫近焉."

30) 蔡仁厚, 『孔孟荀哲學』, 臺北:學生書局, 1984, 62-63쪽 참조.

너는 키가 큰 편이었지
너는 언제나 곧은 姿勢를 하고 있었지.

내가 학기말 試驗答案을 채점한 것은
新聞의 버스事故 記事 가운데서
너의 이름과 寫眞을 본 뒤였어.

90점이 조금 未達인 點數를
네가 받아 볼 수 없는 評點表에
또박또박 나는 옮겨 적었지.

學友들이 마련한 너의 遺作展을 돌아보았더니,
詩에서도 너는 그만큼 자랐었더군.

〈薔薇가 燈을 밝힌다〉는 〈八月의 뜰에〉
너는 그 큰 키와 곧은 姿勢로 서 있더군.

〈자주 자기의 손금을 읽어본다〉
卒業班 女學生인 너는
여전히 거기 혼자 서 있더군.

_「採點」 전문

불의의 교통사고를 당한 한 제자의 죽음을 계기로 썼다고 보이는 이 작품에서 김종길 시인이 다루는 문제는 '不忍之心'이며 '恕의 정신'이다. 그는 이를 직설적인 감정의 토로나 작위적인 방법으로가 아니라 엄정한 자기 절제와 '思無邪'의 자세로 노래하고 있다. 그 단적인 예가 〈90점이 조금 未達인 點數를 / 네가 받아 볼 수 없는 評點表에 / 또박또박 나는 옮겨 적었지.〉라는 구절이다. 여기에서 우리는 '思無邪'란 '다만 거짓된 꾸밈이 없고 솔직한 것'이라 사실을 새롭게 확인하는 계기를 갖게 된다. 金興圭 교수가 이 작품을 해설하면서 "그는 (김종길) 극히 무심한 듯한 표정과 명료한 동작으로 자신을 지탱하고, 비극적 상황과 대결하는 것이다."[31]라고 한 말도 마찬가지의 의미일 것이다.

나의 마음을 다른 사람에게까지 미루어 가고, 진실로 나의 마음을 다른 사람과 함께 하는 마음이 '恕의 정신'이다. 이렇게 이해하면, 恕는 다만 '仁을 행한다'는 의미이며, 따라서 나를 미루어 피차의 구별을 없애고 만물일체를 통찰하는 순수 정감으로 사람을 대한다는 의미가 된다. 그래서 王船山도 "서는 인의 창문이다."(恕, 仁之牖)라고 말하였던 것으로 보인다.[32] 이렇게 볼 때 김종길 시인이 죽은 제자의 시험답안지를 채점하고 또 그 점수를 평점표에 또박또박 옮겨 적는 행위는 위에서 말한 '恕의 정신'의 실천적 표현이자, 초연한 자세로 자신의 본성을 올곧게 지켜나가고자 하는 유교적 삶의 순수 지향이라 하겠다. 따라서 그에게 있어서 죽은 제자의 시험지는 곧 파기되어 이 세상에서 사라져 버리고 말 휴지조각이 아니라 지금도 그와 함께 살아 따뜻한 숨결과 뜻을 나누는 생명체와 같은 것이다.

그러하기 때문에 그는 언제나 의식적이건 심층적이건 초월적인 것, 신비스러운 것에 대하여는 침묵을 하고, 지금 바로 여기'의 문제만을 엄격한 절제와 일정한 거리두기를 통하여 담담하게 노래한다. 그것은 아마도 김종길 시인의 시의 기반이 유교의 현세적 합리주의에 깊게 침윤되어 있고,

31) 金宗吉詩選, 『河回에서』, 金興圭 해설, 민음사, 1977, 15쪽

32) 蔡仁厚, 앞의 책, 63쪽에서 재인용.

또한 그의 말대로 "詩가 인간 심리의 기미와 삶과 세계의 진실에 대한 통찰력을 길러준다."[33]고 확신하고 있기 때문일 것이다. 그가 「설날 아침에」서 "매양 추위 속에/ 해는 가고 오는 것이지만/ …… 오늘 아침/ 따뜻한 한 잔 술과/ 한 그릇 국을 앞에 하였거든/ 그것만으로도 푸지고/ 고마운 것이라 생각하라./ 세상은/ 험난하고 각박하다지만/ 그러나 세상은 살만한 곳."이라고 노래한 것을 상기하면 이 점은 분명하다. 그가 여기에서 기도한 것은 타자에게 향한 발언이기보다 자기 스스로에 대한 다짐이다. 즉 각박하고 험난한 현실 속에서 그는 자신의 삶을 철저하게 긍정하고 또 그것을 감사의 마음으로 노래함으로써 행복이란 이 地上 밖에 있는 어떤 것이 아니라 바로 여기의 인간세에 있다는 유가적 낙천주의에 동조하고 있는 것이다.

3) 사무사(思無邪)의 정신

위에서 우리는 김종길 시인의 시가 유교적 사유에 그 미적 바탕을 두고 있으며, 그것의 구체적 내용이 다름 아닌 '효제정신'과 '충서정신'이고, 또 그것이 '탁월한 상상력으로 빚은 이미지의 명징성과 고전적 품격'을 통하여 형상화되고 있음을 살펴보았다. 이는 "삶과 시에 있어서 廉潔性을 갖추려는 자세일 것이다."[34] 이러한 인식의 높이와 격조를 보여주는 다음의 「孤高」라는 작품이 주목된다.

北漢山이
다시 그 높이를 회복하려면

33) 김종길, 『시를 어떻게 읽을 것인가』, 고려대학교 출판부, 1998, 8쪽.
34) 김종길, 『天地玄黃』, 이남호 해설, 미래사, 1991, 146쪽.

다음 겨울까지는 기다려야만 한다.

밤사이 눈이 내린,
그것도 白雲臺나 仁壽峰 같은
높은 봉우리만이 옅은 化粧을 하듯
가볍게 눈을 쓰고

왼 산은 차가운 水墨으로 젖어 있는,
어느 겨울날 이른 아침까지는 기다려야만 한다.

新綠이나 丹楓,
골짜기를 피어오르는 안개로는,
눈이래도 왼 산을 뒤덮는 積雪로는 드러나지 않는,

심지어는 薔薇빛 햇살이 와 닿기만 해도 變質하는,
그 孤高한 높이를 회복하려면,

白雲臺와 仁壽峰만이 가볍게 눈을 쓰는
어느 겨울날 이른 아침까지는
기다려야만 한다.

_「孤高」 전문

위에 분명히 드러나듯이 김종길 시인이 가장 간절하게 생각한 문제는 '어느 겨울날 아침까지'의 기다림이다. 이 경우 '기다림'은 신록, 단풍, 안개, 적설 등과 같이 일상적으로 경험되어진 개별적 사물처럼 그렇게 언표

될 수 없는 세계이며, 또 인위적 조작이나 노력으로 성취되는 세계도 아니다. 그것은 우리가 참다운 자기 존재로 살기 위하여 힘써서 반드시 도달해야 하는 '고고한 정신의 높이'이며 '인간 초월의 지향점'이다. 김종길 시인은 이를 어느 겨울날 이른 아침의 北漢山으로 표현하고 있다. 그에게 있어서 북한산의 높이는 물론 본원적으로 자재하는 진실 존재의 높이이고, 그것은 그의 삶과 시가 '절제와 결핍과 인내'를 지니고 추구해 나가는 궁극적 가치의 지향점이다. 따라서 그 세계는 '신록이나 단풍', '왼 산을 뒤덮는 적설' 같은 황홀하고 풍성한 아름다움은, 다시 말해서 우리의 감각을 즐겁게 하거나 현혹하는 세속적인 아름다움은 개입될 수 없는 것이다. 그가 "新綠이나 丹楓,/ 골짜기를 피어오르는 안개로는,/ 눈이래도 왼 산을 뒤덮는 積雪로는 드러나지 않는," 다고 노래한 것은 바로 이러한 의미일 것이다.

이와 같은 생각의 바탕에는 앞에서도 이미 살펴본 바 있는 『논어』「위정편」의 '思無邪'의 정신을 시의 근본으로 여기는 기본전제가 깔렸다. 그가 「다섯 편의 詩 읽기」에서 "시를 읽는다는 작업이 우리의 정신적인 능력을 거의 총동원하는 일이며 그것도 가장 섬세하고 미묘하고 적절한 방식으로 조절하면서 발표시키는 일이라는 점이다."[35]라는 말에서도 이 점은 뚜렷하게 나타난다. 이 점은 「四君子의 어느 것처럼」이라는 작품에서 더욱 선명하게 드러난다.

> 化粧 냄새가 아니라
> 사람됨이 풍기는 향기를
> 그래도 어떤 女先生님들은 풍길 것만 같군요.

---

35) 김종길, 「시를 어떻게 읽을 것인가」, 135쪽.

몸매나 옷차림의 그것이 아니라
사람됨이 지니는 오롯한 매무시를
그래도 어떤 女先生님들은 지니고 있을 것만 같군요.

우리네 안방 미닫이에 그려져 있는
梅蘭菊竹의 어느 것과도 같은

고운 때묻고 조금은 빛 바랬을지라도
그와 같은 향기와 매무시를 다소곳이 간직한
女先生님들이 아직도 틀림없이 계시겠지요.

자라는 것들의 열띤 눈망울,
웃음짓는 보조개, 또는 울먹이는 울대에
햇살로, 바람결로, 빗물로 스며드는 맑은 위엄을

우리네 四君子의 어느 것처럼 말없이 지닌
女先生님들이 틀림없이 아직도 계시겠지요.

_「四君子의 어느 것처럼」 전문

위의 예에서도 볼 수 있듯이 김종길 시인은 "化粧 냄새가 아니라/ 사람됨이 풍기는 향기"라는 말을 써서 思無邪를 설명하고, 思無邪 의미 또한 인위적 수식이나 작위가 없는 것으로 해석했다. 이 경우 '思無邪'란 망령된 사려와 행위를 배제하여 무심의 경지에 들어가는 것을 뜻한다. 『주역』에서는 이를 다음과 같이 말하고 있다.

易은 생각함이 없으며 작위 하는 일도 없다. 고요해서 움직이지 않다가 사물에 감응하여 드디어 천하의 연고에 통달한다. 천하의 지극한 정신이 아니면 그 누가 여기에 동참할 수 있겠는가.[36)]

이처럼 '사무사'란 '情意的 欲求'나 '평가적 태도' 등 일체의 인위적 조작이 포기된 상태에서 가지는 지적 태도로서 "사물의 도리를 정밀하게 탐구하여 神에 들어가 사업을 성취한다."[37)]고 하는 경지를 의미한다. 이렇게 볼 때 사무사는 다만 거짓된 꾸밈이 없고 솔직하다는 의미이며, 또 그것은 天理自然에 맡겨 의도적으로 조작하지 않는, 즉 겉으로 드러난 모습과는 직접 관계하지 않는 순수함의 발로 그 자체를 뜻한다. 김종길 시인은 이를 "몸매나 옷차림의 그것이 아니라/ 사람됨이 지니는 오롯한 매무시"라고 구체적으로 표현한다. 그런 의미에서 사무사는 外物에 덮이고 인욕의 사사로움에 얽매인 마음을 모두 끊어 '의식도 아니고 의식하지 않는 것도 아닌' 마음의 순수상태에 도달할 때 비로소 체득될 수 있는 直觀된 경험의 세계이다.[38)] 위의 인용한 시 부분 중 다섯째 연 "자라는 것들의 열띤 눈망울,/ 웃음짓는 보조개, 또는 울먹이는 울대에/ 햇살로, 바람결로, 빗물로 스며드는 맑은 위엄을"이라는 구절이 이 점을 날카롭게 보여준다.

그러하기 때문에 그는 언제나 쉽게 흥분하거나 분노하지 않는다. 그는 죽음과 같은 가장 심각한 주제 앞에서도 절제된 음성과 무심한 듯한 관조의 시선으로 노래하는 시인이다. 「이 오뉴월」이라는 작품은 그 단적인 예가 될 것이다.

---

36) 『周易』, 「繫辭傳 上」, 제10장. "易, 無思也, 無爲也, 寂然不動, 感而遂通天下之故, 非天下之至神, 其孰能與於此."

37) 『周易』, 「繫辭傳 下」, 제5장. "精義入神."

38) 졸고, 「『周易』에 있어서 感通의 問題」, 『周易研究』, 제3집, 1999, 179쪽.

내가 아는 이들이
그것도 나보다 두세 살 아랫 사람들이

앞서거니 뒤서거니
잇따라 세상을 뜨는 이 오뉴월

유난히 짙푸른 新綠 위로
햇빛이 폭포처럼 쏟아지고 있다.

_「이 오뉴월」 전문

이처럼 김종길 시인의 시가 노래하는 것은 모든 존재자들이 필연적으로 걸머지고 있는 근본적인 속성인 '변화'에 대한 철저한 인식과 자각, 그리고 '존재의 깊은 근원'을 추구하여 완벽한 自己 純化를 추구하고자 하는 노력이다. 이 경우 변화는 물론 보통 사람들이 흔히 생각하듯 덧없고, 부질없고, 허망 무상한 변화가 아니라 생명의 창조과정을 가리키는 개념이다. 이를 『주역』「계사상」 5장에서는 "生生之謂易"이라는 매우 역동적인 말로 표현하고 있고, 위의 인용된 시에서는 짙푸른 신록 위로 폭포처럼 쏟아지는 햇빛으로 묘사되고 있다. 그는 「이 오뉴월」에서 인간이란 조만간 부서지고 사라져야 할 유한한 존재가 아니라 "낳고 또 낳는 것을 끊임없이 되풀이하는 하늘이 賦命한 바 인간의 본래성으로서의 德을 주체적으로 자각하는 존재"로 이해하고 있다. 그래서 그는 「茶를 달이듯」에서는 "靑苔낀 바위틈 물을 떠와서/ 가랑잎을 태우며 茶를 달이듯/ 지금부터는 좀더 슴슴하고 고요해야겠다."고 다짐도 하게 되는 것이다. 바로 여기에서 유교적 시 정신을 바탕으로 하여 자아와 사회적 삶의 조화로운 합일을 시도하고, 그 위에서 '세상을 살 만한 곳'이라고 노래함으로써 『주역』「계사전」의 '樂

天知命'[39]하는 정신에 동조하고자 했던 김종길 시인의 시 세계의 특성이 나타난다. 이 경우 유교적 시 정신이란 '思無邪'를 가지고 인간의 성정을 바로 잡고, 그것의 참된 의미를 추구하고자 하는 정신이다. 이것은 곧 性命의 이치에 순종함이며, '늘 엄정한 均整性으로 세상을 보고' 사는 일이다.

3. 맺는 말

필자는 앞에서 논술한 바를 통하여 김종길 시인의 시가 유교적 윤리의식에 그 바탕을 두고 있음을 새롭게 확인하였다. 이제 이 글을 마무리함에 있어 그 요점을 다음과 같이 정리하고자 한다.

첫째, 유교의 시는 인간의 사덕에 뿌리를 두고 있으며, 그것은 또한 인간의 성정을 도야하는 수단이 된다. 인간의 사덕은 純善 그 자체이다. 따라서 시는 인위적 수식이나 허위가 없어야 한다. 공자는 일찍이 이를 '思無邪'라는 한마디로 요약한 바 있다. 여기서 인간의 사덕이 순선하다 함은 인간 고유의 본질로서 人性이 선하다는 것이요, 후천적 경험으로 좌우되는 性善은 아니라는 뜻이다. 인간이 진선미를 추구하는 마음이나 공자가 말한 '思無邪'는 모두 이 性善에 그 근거를 두고 있다. 그런 점에서 유교의 시는 仁의 정신을 높이고 仁心을 올바르게 드러내는 일이며, 따라서 인간의 성정을 도야하는 수단이 된다. 바로 여기에서 도덕과 시를 하나로 통합하려고 했던 유교 시의 특성이 분명하게 드러나게 되는 것이다.

둘째, 김종길은 한국 현대 시인들 가운데 유교의식이나 유교적 덕목을 가장 많이 지니고 있는 시인이다. 이 점은 대체로 家傳의 한학적 소양에서

39) 『周易』, 「繫辭傳 上」, 4장

이루어진 결과로 보인다. 그의 시에 나타난 유교의식의 구체적 내용은 효제정신, 충서정신, 思無邪의 정신 이 세 가지이다. 그의 시에서 효제정신이 가장 극명하게 표현된 작품은 「성탄제」이다. 그는 이 작품에서 부자유친의 극치, 다시 말해서 효제원리의 원형을 탁월한 상상력과 절제의 미학으로 풀어내고 있다. 여기서 효는 사랑을 바탕으로 한 것으로 인의 실천 요목이고, 제는 공경을 바탕으로 한 것으로 義의 실천 요목이다.

충서의 정신이 내출혈하듯 평이하지 않은 구조와 관조의 시선으로 표현된 작품은 「채점」이다. 불의의 교통사고를 당한 한 제자의 죽음을 계기로 썼다고 보이는 이 작품에서 시인이 다루고 있는 문제는 不忍之心이며 恕의 정신이다. 나의 마음을 다른 사람에게까지 미루어 가고, 진실로 나의 마음을 다른 사람과 함께 하는 마음이 恕의 정신이다.

김종길 시인은 언제나 쉽게 흥분하거나 분노하지 않고 매사를 담담하게 풀어낸다. 思無邪의 정신이 가장 극명하게 드러나고 있는 작품이 「孤高」이다. 그는 여기에서 직설적인 감정의 토로나 작위적인 방법으로서가 아니라 엄정한 자기 절제와 '사무사'의 자세로 유가적 현세주의를 노래하고 있다. 이 경우 사무사란 다만 거짓된 꾸밈이 없고 솔직하다는 의미이며, 그것은 또한 삶과 시에서 격조를 벗어나는 것을 인정치 않으려는 태도이자, 또 삶과 시에서 진실 무망함을 갖추려는 자세일 것이다. 따라서 그의 시에 따르면 우리가 마음을 洗淨하여 존재의 깊은 근원을 추구하여 완벽한 자기 순화를 추구할 때 사무사의 경지에 이르게 된다. 바로 여기에서 유교적 시 정신을 바탕으로 하여 자아와 사회적 삶의 조화로운 합일을 시도하고, 그 위에서 '세상은 살만한 곳'이라고 노래함으로써 유교적 인본주의에 동조하고자 했던 김종길 시인의 시 세계의 특징이 나타난다. 그 핵심은 '감정과 절제의 묘사'를 통하여 시의 내용과 형식을, 또 현대와 고전을 이분화시키지 않고 '思無邪'라는 하나의 큰 틀 안에서 그 둘을 통합시키고 또 그 위에서 심성을 도야하고 '樂天知命'의 정신을 체득 · 구현하고자 하는 일관된 노력이라 할 수 있다. 그것은 김홍규 교수의 지적대로 "잃어져 가는 것들 속에서 뜨겁게 울려오는 고전적 감성의 자기 성찰"[40]이 아니겠는가?

40) 김홍규, 앞의 책, 18쪽 참조.

보론

정의(正義)에 대한 동서 철학적 성찰[1)]

1. 이끄는 말

요즈음 정의에 대한 담론이 세상에 넘쳐나고 있다. 하버드대학 교수인 마이클 샌델의 강의를 통해 정의에 관한 관심이 높아진 것이다. 그가 쓴 『정의란 무엇인가』라는 철학서가 100만 부 이상 팔려 나가고, 정의를 주제로 하는 토론회나 특강의 자리마다 객석을 가득 채우는 청중들의 숫자만 보아도 이를 어느 정도 짐작할 수 있다. 사실 그가 강의에서 논의하는 정의는 서양에서 발달한 정의 개념이다. 그리고 많은 사람이 서양의 정의는 "정말 좋은 것이고", 그러한 정의만이 오늘의 한국사회가 당면하고 있는 지난한 현실의 문제들을 해결할 수 있는 유일한 덕목이자 대안이라고 믿는 것 같다. 이 같은 사회 현상에는 분명히 우리 사회가 정의와는 거리가 너무 멀어지고 있다고 하는 우려와 함께 스스로 정의로운 사회를 만들어 가지 않으면 안 된다고 하는 당위적인 다짐과 분노가 녹아 있다.

---

1) 이 글은 2011년 5월 21일 성균관대학교 다산경제관 32210에서 열렸던 한국철학회 춘계학술대회에서의 기조발표문을 수정 · 보완한 것이다.

이와 같은 정의에 대한 일반 대중의 폭발적 관심을 우리는 어떻게 이해하고 수용해야 할까? 정의는 정말 사회적 불균형과 불공정의 심화가 야기한 우리 사회의 양극화 현상을 해소하고, 또 빈번하게 일어나는 사회 지도층의 부도덕함과 권력 독점 현상을 막아낼 수 있는 강력한 규범이 될 수 있는 것일까? 아니면 이러한 정의의 열풍 현상이 오히려 정의의 참된 의미를 왜곡 · 변질시켜 공정사회의 건설을 가로막고 사회적 양극화를 더욱 심화시키는 결과를 가져오는 것은 아닐까? 우리의 문제는 바로 이러한 열풍이 왜 일어나는 것이며 그 의미는 또한 무엇인가를 철학적으로 해명하고 새로운 대안을 모색하는 일이다. 그런 점에서 우리 철학인들은 참된 정의가 무엇이며 그것이 어떻게 현실적으로 구현되어야 하는지를 진지하게 묻고 또 대답하지 않을 수 없는 것이다.

이 글은 동서양의 정의관 전반에 대해 상세하게 논의하기보다는, 동서양 정의관의 핵심적 내용과 특징, 그리고 그 둘의 근본적인 차이는 어디에 있는가 하는 등의 문제를 중점적으로 논의하고자 한다.

필자는 이를 위해 서양의 정의관과 동양 정의관의 대표적인 사상이라고 할 수 있는 유교의 정의관을 대비하여 검토하고 새로운 시대의 정의관을 모색해 보고자 한다.

2. 서양의 정의관[2)]

인간이 행복하게 살기 위한 조건은 무엇일까? 인간생활의 풍요와 만족

2) 2장 '서양의 정의관' 은 대전대학교 철학과 정영기 교수의 직 · 간접적인 지원에 힘입어 쓴 것임을 밝힌다. 지면을 통해서나마 감사의 마음을 전한다.

은 물질적인 측면과 정신적인 측면이 고루 갖추어져 있을 때만 가능하다. 자연으로부터 무엇을 얻어내고, 그것을 어떻게 생산하여 공급하는 것이 효과적이냐의 문제는 과학적 지식과 기술이 해결해 준다. 반면에 생산된 결과물을 어떻게 분배하고 소비하느냐의 문제는 사회윤리와 사회정의의 원칙에 따라서 해결되어야 한다고 생각한다. 일찍이 플라톤은 정의란 강자의 이익에 지나지 않는다는 트라시마코스의 견해에 반발하여 "국민 각자가 자신에게 합당한 일을 하는 가운데 행복하게 살며 전체가 조화를 이루고 있는 아름다운 상태"[3)]가 정의라고 하며 사회적 질서의 차원에서 정의의 개념을 일반적 덕목의 하나로 규정하였다. 그러나 아리스토텔레스는 정의란 다른 사람과의 상호관계에서의 "어떤 종류의 중용" 또는 "균등"이라고 하며 정의개념을 분배적 측면으로 설명하였다.

이러한 분배적 정의는 인간의 무한한 욕망과 유한한 재화 사이에서 가장 이상적인 분배방식을 찾고자 하는 것이다. 분배적 정의의 문제는 결국 개인의 자유를 최대한 보장해 줄 것인가? 아니면 사회가 어떻게 평등해질 수 있는가?의 문제로 귀착되는데 이 두 가치 중에서 '자유'를 강조하는 입장이 노직의 자유주의 사회정의론이고, '평등'을 강조하는 입장이 마르크스주의 사회정의론이며, 롤즈의 사회정의론은 절충적인 입장에 서 있다.

자유주의적 정의관은 정의를 권리 개념으로 보면서 어떤 경우에도 권리주체로서의 개인의 자유를 침해해서는 안 된다는 정신에 입각해 있다. 로크, 몽테스키외, 칸트, 아담 스미스, 노직 등이 자유주의적 정의관을 지지하는 철학자들이다.

가령 노직은 사람을 단순히 수단으로서만 사용해서는 안 되며 목적 그

---

3) "Plato, Republic", in *History of Political Philosophy*, ed. by L, Strauss, & J. Cropesy., University of Chicago Press, 1972, p.13.

자체로 대우해야 한다는 칸트적 원칙으로부터 출발해서 개인의 권리는 어떤 경우에도 침해될 수 없으며 본인의 동의가 없이 어떤 목적의 달성을 위해 희생되거나 사용되어서는 안 된다고 주장하였다. 또한, 어느 누구도 사회 전체를 위한다는 미명 아래 다른 사람을 이용할 권리를 갖고 있지 못하며 국가나 정부 역시 그런 권리를 가지고 있지 않다고 보았다. 이와 같은 출발은 그로 하여금 개인의 자유권을 옹호하면서 개인 간의 자유로운 경쟁에 직접 개입하거나 영향을 미치는 제도적 장치나 기구를 허용하지 않는 최소한의 정부를 주장하게 된 것이다.[4]

노직은 자신의 철학을 개인의 불가양도 권리, 자연권(natural right)의 절대성에 대한 선언으로 출발하고 있다.[5] 즉 개인의 권리와 그 권리에 대한 윤리 외에 다른 어떤 정의의 원칙도 부정하고 있으며 개인의 권리를 향상하려는 궁극적 목표를 향한 어떤 과정에서도 권리의 침해는 용납될 수 없다는 것이다.

한편 개인의 권리와 함께 자유와 평등이란 개념은 근대사회를 떠받치고 있는 본질적 개념이다. 특히 인류의 역사가 시작된 이래 우리 인간은 평등에 대한 열망을 지속적으로 추구해 왔다. 어떻게 보면 세계사는 평등의 확장사라 이름 붙일 수도 있겠다. 그만큼 평등은 역사의 진전에 따라 그 폭과 넓이와 깊이를 한결 더해왔던 것이다. 근대 이후의 모든 사회문제는 언제나 자유와 평등 사이의 대립관계를 어떻게 풀 것이냐 하는 데 모아졌다고 해도 지나친 말은 아니다.

"근대 이후의 역사는 '평등 없는 자유'(자유주의)에서 출발하여, 한편으로는 '자유 없는 평등'(국가사회주의)의 실험적 拒逆을 거치면서, 다른 한

4) Robert Nozick, *Anarchy, State, and Utopia*, 남경희 옮김, 문학과 지성사, 1983, 49-80쪽.

5) 같은 책, 13쪽.

편으로는 '자유 속에서의 평등'(자유민주주의 및 사회민주주의) 단계로 항진해 왔다"고 할 수 있다.[6] 이러한 맥락에서 마르크스의 평등사상의 철학적 의의는 마르크스가 시종일관 자본주의하의 사회적 불평등에 대해 비판을 제기함에서, 그 비판적인 관점이 '인간의 존엄성'에 기반을 두고 있다는 것이다. 마르크스는 자본주의체제 하의 '사회적 불평등'을 인간에 의한 인간의 지배와 예속으로 보고, 그리고 그로부터 연유하는 인간의 소외 등의 문제를 비판했다.[7] 비록 그는 존 롤즈처럼 체계적인 정의론을 제시하지는 않았지만, 인간과 인간의 관계 재정립 곧, '인간과 인간의 서로 대등하고 독립된 자유로운 관계'라는 정의의 원리를 제시하고 있다. 더불어 이러한 정의로운 상태가 실현되기 위해서는 자본주의 사회의 사회적 불평등의 궁극적 근원인 생산수단의 사적소유를 철폐하고 이를 사회적 소유로 실현해야 한다고 주장한다.

마르크스의 평등사상이 지니는 또 다른 측면의 철학적 의의는, 마르크스가 자본주의 사회의 불평등 상태와 소외 등의 현상을 '인간과 인간의 관계'라는 측면에서 해석했을 뿐 아니라, 그것을 현실자본주의 사회에 대한 과학적 분석을 통해 실증적으로 입증했다는 점이다. 요컨대, 마르크스는 자본주의의 사회적 불평등의 원인을 '생산수단의 사적소유'[8]로 보고, 이러한 사회적 불평등은 자본주의적 생산양식의 '기만'에서 비롯된다는 것이다. 자본주의의 국가는 바로 이러한 자본과 노동의 교환, 즉 상품관계를 '등가교환'으로 보이게 만드는 여러 정치적, 법률적, 이데올로기적 장치들, 예를 들어 자유와 평등의 관념 등으로 무장한다는 것이다. 생산수단의 사적 소유에 기초를 둔 자본주의적 착취는 자본가와 노동자 간의 계급 갈

6) 박호성, 『사회민주주의의 역사와 전망』, 책세상, 2005, 48쪽 참조.
7) 마르크스의 소외 문제에 대하여는 정문길 편, 『疏外』, 문학과지성사, 1984, 71-78쪽 참조.
8) 카를 마르크스, 『자본론 I-1』, 강신준 옮김, 도서출판 길, 2008, 249-250쪽.

등을 격화시킨다. 또한 자본주의 경제 질서 본성에 유래한 무정부주의적 무한경쟁은 자본가와 자본가 그리고 노동자와 노동자 간에 경쟁심을 부추기고, 사회적 소외[9]가 필연적으로 "노동자 해방이라는 정치적 형식의 표현" 으로 귀결된다고 보고 있다.

이와 더불어 마르크스 평등사상이 지니는 철학적 의의는 자본주의체제가 주장하고 있는 평등의 허구성을 드러내고 밝힌 점이다. 마르크스 사상에서 정의나 권리 또는 법체계 등의 문제는 단순한 상부구조적 현상이기 때문에 부차적이고 지엽적인 의미밖에 지니지 못하는 것으로 치부되었다. 그러나 자본주의적 메커니즘을 유지하기 위해서는 자본가와 노동자가 동등하고 자유스러운 상품의 소유자라는 허구적 의식의 창출이 요구되는 바, 이러한 맥락에서 자본주의적 평등개념인 법률적 평등이 제시되었다는 것이 마르크스의 지적이다. 마르크스가 제시하는 평등은, '사회적 평등' 과 '법률적 평등' 이 같은 의미로써 모든 인간이 어디에도 예속되거나 지배당하지 않는 자유로운 삶을 살아갈 수 있는 근거로서 제시되었다.

롤즈 정의론의 핵심은 인간적 정의를 판단하는 기준이 되는 아르키메데스적 점을 찾는 일이다.[10] 이 작업은 종래의 방법과 같이 역사적 우연성에 의거해서도 안 되며 경험과 무관한 선험적 가정에 의한 것이어서도 안 된다. 롤즈는 인간적 정의를 우리가 획득하기 위해 우리들 자신의 입장을 멀리서 바라볼 수 있게 하는 하나의 관점을 필요로 하는데 그것이 우리의 현실적 모습을 바라보지 못할 정도로 멀리 떨어져 있어서는 안 된다고 한다.

그 같은 관점은 이 세계 내에서 합리적 인간이 채택하게 될 생각과 느낌의 어떤 방식이라고 설명하고 있다. 즉 일정한 방식으로 추론하고 도출된

9) 칼 마르크스, 『경제학 - 철학수고』, 김태경 옮김, 이론과 실천사, 1987, 66-67쪽.
10) John Rawls, 『정의론』, 황경식 옮김, 이학사, 2003, 352쪽.

결과에 따르는 것만으로도 정의의 원칙이 설정될 수 있는 충분한 결과를 도출해 낼 수 있다는 것이다. 롤즈는 바로 이 관점이 객관적이며 우리의 자율성을 표현할 기준이라고 생각했다. 이 기준에서 우리는 사회를 자유롭고 평등한 시민들 사이의 공정한 협력체계로 이해할 수 있으며 정의에 대한 이해 가운데 어떠한 것이 자유와 평등을 구현하기 위해 가장 적절한 원칙인지를 분명히 밝힐 수 있는 입장이 나타날 수 있다. 이것이 바로 "정의는 사회제도의 제1덕목"[11]이라고 주장하는 롤즈의 원초적 입장이며 출발점이 되는 것이다.

여기서 원초적 입장이란 순전히 가상적인 상황을 가리키는 말이다.[12] 원초적 상태라는 계약 상황 속에 우연적이고 특수한 사실에 대한 지식이 허용되면 공정한 조건이 불가능해지므로 이러한 지식을 가리는 무지의 베일[13]이 필요하다는 것이다. "칸트의 윤리학에도 함축된"[14] 무지의 베일이란 개념은 정의의 원칙 구성을 위해 최초의 계약에 임하는 당사자들이 그들 자신이 가지고 있는 모든 유리한 여건을 일단 덮어 두어야 한다는 제약장치이다. 개인이 가지고 있는 자연적 천부적인 소질과 능력, 개인이 처해 있는 경제적, 정치적, 세대적, 문화적 배경, 그들이 소속하고 있는 지위나 계층, 개인이 가지는 가치관, 개인의 성향이나 심리적 특성, 개인에게 주어지는 우연적 특수 여건과 같은 것들은 모두 이 무지의 베일로 덮어두어야 할 목록들이다.[15]

롤즈는 공정으로서의 정의 즉, 원초적 입장과 무지의 베일로 구성된 절

11) John Rawls, 같은 책, 36쪽.
12) John Rawls, 같은 책, 52-55쪽.
13) John Rawls, 같은 책, 197-202쪽.
14) John Rawls, 같은 책, 200쪽.
15) John Rawls, 같은 책, 196-197쪽.

차적 정의에 의해 합리적 당사자들이 선택할 수 있는 결과로서 다음과 같은 정의의 원칙을 제시한다. 이 원칙은 롤즈 정의론의 가장 핵심적인 부분이며 정의로운 사회가 가져야 할 기본구조이기도 하다. 첫 번째 정의의 원칙은 평등한 자유의 원칙으로서 한 사회의 구성원 각자는 다른 모든 구성원의 자유와 양립할 수 있을 정도로 기본적인 자유에 대하여 평등한 권리를 가져야 한다는 것이다. 두 번째 원칙은 불평등의 원칙으로서 사회적 경제적 불평등은 다음과 같은 두 조건을 만족하게 하도록 편성되어야 한다는 것이다. 그 하나는 기회평등의 원칙으로서 한 사회의 불평등은 모든 사람에게 개방된 직책과 지위에 결부되어야 한다. 달리 표현하면 한 사회에서 사회적 경제적 불평등을 결과할 수 있는 지위와 직책은 모든 사람에게 개방되어 접근의 기회가 평등하게 제공되어야 한다. 다른 하나는 차등의 원칙으로서 한 사회에서 허용되는 사회적 경제적 불평등은 최소 수혜자에게 최대의 이익이 되는 경우에 한하여 용인될 수 있다는 것이다.[16)]

롤즈가 정의의 원칙이라고 명명한 이러한 내용은 자신이 지향하는 사회정의의 여건, 구체적인 조건 및 정의가 실현된 구체적인 모습과 실천전략을 더욱 분명히 제시하고 있다. 아울러 정의의 원칙 간의 위계적 질서까지 밝혀 놓음으로써 이러한 정의의 문제가 형이상학에서 벗어날 수 있는 계기를 마련해 주었다는 긍정적인 평가를 받고 있다. 이런 맥락에서 롤즈의 분배적 정의론은 자유민주주의에 입각한 자본주의적 복지국가를 정당화하는 수정자본주의의 대표적인 입장으로 간주하고 있다.[17)]

16) 황경식, 『사회정의의 철학적 기초』, 문학과지성사, 1985, 361-364쪽 참조.
17) 황경식, 같은 책, 469쪽 참조.

3. 유교의 정의관

앞에서 우리는 서양철학자들의 정의관에 대하여 대략 살펴보았다. 그 특징을 한마디로 요약한다면 법과 경제 및 제도에 바탕을 둔 개인적 자유와 사회적 평등을 조화롭게 추구하는 정의라고 할 수 있다.

정의의 영어 단어인 justice의 jus는 라틴어로 '법'을 의미한다. 그래서 서양에서 말하는 정의란 원래 법률용어다. 서양에서 법의 이념으로 정의를 드는 것은 일반적인 경향이다. 서양법철학에서 법은 정의에서 나온 것이라고 하였다. 그리스에서도 법(dike)과 정의(dikaion)는 언어적으로 불가분리의 것이다. 로마에서도 법(ius)은 정의(iustitia)에서 유래한 것이며 법은 정의와 형평의 기술이라고 말한 바 있다. 법은 정의의 표현자이며 법에 적합한 것이 곧 정의라는 것이며 법은 정의를 실현하는 것을 고유의 사명으로 여겼다는 것이다.[18)]

아리스토텔레스에 따르면 정의(justice)란 광의로 사용할 경우에는 법을 따른다는 의미이고, 협의에 있어서는 균등(ison)을 의미한다.[19)] 어원론에서도 justice의 jus는 '결합'을 의미하는 범어의 ju(yu)라는 어근에 그 유래를 둔 것으로 본다. 그렇다면 정의란 둘로 나눔으로써 구성원들을 결합해주는 기능을 하는 것으로 볼 수 있다. 서양에서 철학적으로나 신학적으로 정의의 기본개념은 "각자에게 각자의 몫을 주라"는 것으로 표현된다.

이처럼 서양의 정의 즉 justice는 법이나 경제 문제에 바탕을 두고 있으며 그것은 또한 개인적 자유가 기본이 되는 정의이다. 그런데 오늘날 우리 사회는 서양의 justice만을 참된 정의로 인식하고, 동양적 정의(義)에 관해

---

18) 김철수, 『법과 사회정의』, 서울대학교 출판부, 1983, 84쪽 참조.

19) 황경식, 앞의 책, 313쪽 참조.

서는 관심을 두지 않거나 무시하는 형편이다. 여기에서 필자는 '옳을 의(義)' 자를 justice의 개념과 대비시켜 유교의 정의를 생각해보고자 한다.[20] 그것은 인간의 본래적 덕성을 가리키는 개념인 義가 justice의 개념과 유사한 의미가 있는 개념이라고 보기 때문이다. 의는 인의예지 사덕 중의 하나이면서 유교 윤리의 핵심이 되는 덕목이다. 천따치(陳大齊)에 의하면 의에는 세 가지 기능이 있는데, 指導作用, 節制作用, 一貫作用이 바로 그것이다.[21] 이 가운데서 가장 핵심이 되는 것은 지도작용이며, 그것은 모든 인간 행실의 기준 역할을 담당하고 있다. 예컨대 공자가 "이익을 보면 의로움을 먼저 생각한다(見利思義)."[22]라 하고 "이득을 보고 의를 생각한다(見得思義)."[23]라 한 것은 사람된 자, 어떤 이익을 얻음에는 먼저 의에 합당한지 아닌지를 살펴서 그것을 취할 것인지 아니할 것인지 결정해야 한다는 것이다. 이때의 取利與否의 판단 기준이 되는 것이 바로 의다. 그러므로 공자는 "군자는 의에 밝고, 소인은 사리에 밝다."[24]라 하여 군자와 소인의 차이는 그 가치관의 기준을 義에 두느냐 利에 두느냐로 판가름한 것이다. 이처럼 의는 富貴利得을 얻고 버릴 때를 결정하는 기준이 될 뿐만 아니라, 인간의 덕행이 참된 것인지 아닌지를 판단하는 기준이 된다. 그런 점에서 의는 事理의 당연함이며, 사람이 마땅히 따라야 할 행위의 최고 준칙임을 알 수 있다.[25] 이렇게 볼 때 의는 일체의 덕행으로 하여금 그 올바름을 잃지 않게

---

20) 유교의 義와 서양의 justice를 비교하는 일이 매우 잘못되었다고 주장하는 학자도 있다. 이에 따르면 의는 인간 행위나 성품을 주로 다루는 도덕 원칙 내지 도덕 개념이고 justice는 권리와 의무 또는 사회적 재화나 부담을 구성원들에게 배분하는 사회준칙으로서의 정치 개념이다. 그런 점에서 이 둘은 개통성이 전혀 다른 개념이며 서로 등치될 수 없다. 이상익, 『유교전통과 자유민주주의』, 심산, 2004, 231쪽 참조.

21) 陳大齊, 『孔子學說』, 臺北: 國立政治大學, 1977, 125쪽 참조.

22) 『論語』 「憲問」.

23) 같은 책, 「季氏」.

24) 같은 책, 「里仁」, "君子喩於義, 小人喩於利."

하는 필수조건으로서, 어떠한 덕이든 의가 결여되고서는 결코 옳게 제 구실을 다할 수는 없다. 그런 의미에서 의는 또한 成德의 因素로서 여러 덕목을 일관하는 기능을 가졌다고 할 수 있다.[26] 이 점에 대하여 공자의 다음 말은 많은 참고가 된다.

> 군자는 천하의 각종 사정에 대하여 옳다고 고집하지도 않고, 안 된다고 부정하지도 않으며, 오직 의를 따를 뿐이다.[27]

> 군자는 의로써 바탕을 삼고, 예로써 그것을 행하고, 겸손함으로써 그것을 표현하고, 믿음을 지켜 그것을 완성한다. 군자는 이렇게 해야 한다.[28]

이처럼 도덕적 가치판단이나 행동지표의 선택, 그리고 여러 덕목과의 관계성에서 보면 의는 '마땅함과 올바름'을 뜻하는 개념임을 알 수 있다. 한마디로 말하면, 의란 사람된 자가 마땅히 따라야 할 인생의 바른길이라고 하겠다. 『중용』에 "의란 마땅함이다."[29]라 하고, 『맹자』에 "의는 사람이 걸어가야 할 가장 바른길이다."[30]라 한 것이 그 좋은 예다. 그래서 주자도 "의는 마음을 억제하는 것이고, 일을 마땅하게 하는 것이다."[31]라고 풀이한 것으로 보인다.

거듭 이야기하지만 유교 윤리는 인의로 요약된다. 이 경우 인은 체가 되

---

25) 蔡仁厚, 『공자의 철학』, 천병돈 역, 예문서원, 2000, 176쪽 참조.

26) 陳大齊, 『孔子學說論集』, 臺北: 正中書局, 1979, 58-59쪽 참조.

27) 『論語』, 「里仁」, "子曰君子之於天下也, 無適也, 無莫也, 義之與比."

28) 『論語』, 「衛靈公」, "子曰君子義以爲質, 禮以行之, 孫以出之, 信以成之, 君子哉."

29) 『中庸』, 제20장. "義者 宜也."

30) 『孟子』, 「告子章句上」, "義, 人之正路也."

31) 『孟子集註大全』, 梁惠王章句上, 朱子註. "義者, 心之制, 事之宜也."

고, 의는 용이 된다. 때문에 의는 인과 연계시켜 보아야만 그 의미가 분명하게 드러난다. 이로써 본다면 의 곧 정의는 인을 바탕으로 할 때만이 참된 정의가 된다. 이 문제를 『주역』과 연계시켜 좀 더 설명해 보도록 하겠다.[32)]

『주역』에서는 건괘의 괘사에 '건, 원형이정'이라 하여 천의 성정인 바 '건'에는 만물의 '생장수장'의 원리인 '원형이정' 네 가지 덕이 내재한다고 했다. 그리고 건괘 「문언전」에는 건의 네 가지 덕, 즉 모든 선의 근본이 되는 '인', 모든 아름다움을 회통하는 '예', 모든 사물의 分限으로서의 '의', 모든 일(衆事)을 주관하는 '지' 등이 인간의 심성에 구유하여 자아의 인격적 본질인 덕성을 구성하고 있다고 했다. 다음의 설명은 이 점을 보다 상세하게 밝혀주고 있다.

> 원은 착함의 으뜸이고, 형은 아름다움의 모임이고, 리는 의리의 화합이고, 정은 해야 할 일의 뼈대가 된다. 군자가 인을 체득함이 남의 우두머리가 될 만하며, 모임을 아름답게 함이 족히 예에 합하며, 사물을 이롭게 함이 족히 의리에 조화되며, 바르고 굳음[貞固]이 족히 일의 근간이 될 수 있다. 군자는 이 네 가지 덕을 행하는 자이다. 그러므로 건은 원하고 형하고 리하고 정하다 한 것이다.[33)]

이처럼 인간덕성의 내용을 구성하는 인의예지 등의 네 가지 덕은 건의 원형이정 등의 네 가지 덕에 상응한다. 이 네 가지 덕을 매개로 인간의 본

---

32) 이하의 논의는 졸저, 『천명과 유교적 인간학』, 심산, 2011, 제3장 「천명으로 주어진 인간의 덕성」 부분을 발췌하여 정리한 것이다.

33) 『周易』, 乾卦, 「文言傳」, "元者, 善之長也, 亨者, 嘉之會也, 利者, 義之和也, 貞者, 事之幹也, 君子體仁, 足以長人, 嘉會, 足以合禮, 利物, 足以和義, 貞固, 足以幹事, 君子行此四德者, 故曰乾元亨利貞."

래 자아로서의 인격성과 천도의 진리성이 본질에서 일치한다고 설명한다. 하나의 존재원리를 천도적 측면에서는 원형이정 네 가지 덕으로, 인도적 측면에서는 인의예지 네 가지 덕으로 나타낸 것이다. 주자도 이를 근거로 하여 「소학제사」에서 "원형이정은 천도의 떳떳함이요, 인의예지는 인성의 벼리이다."[34]라고 하여 원형이정과 인의예지를 우주와 인간의 본래 존재원리로 강조했다.

이렇게 보면, 인간이 참으로 인간다운 소이는 인간이 자기동일성으로서의 인격적 본질인 덕성을 구유하였다는 점과 또한 인간 생명이 전체로서의 우주적 생명과 상호 교통하고 있다는 데에 있다. 인간은 생래적으로 건의 원형이정 네 가지 덕에 상응하는 인의예지의 네 가지 덕을 갖추고 있으므로 인간의 인간됨이나 세계의 완성을 실현할 수 있게 된다. 그러므로 인간의 선함을 밝힘으로써 인의의 현실적 구현이 인간 본성의 도덕적 구현이라는 점을 강조하였던 맹자는 「공손추장구」 상편에서 인간에게 보편적인 도덕원리, 즉 측은, 수오, 사양, 시비지심의 사단이 없으면 인간이 아니라고까지 극언했던 것이다.[35] 이처럼 사단이란 인간의 관심이 외부 대상과 접촉할 때 인의예지를 지닌 심성에 내적 감응이 일어남으로써, 그것이 知 · 情 · 意의 활동으로 발현되는 도덕 정서작용을 의미한다.[36] 이를 자세히 설명하면 다음과 같다.

인은 그것이 심리작용으로 표현될 때 '두려워하며 조심하고 측은해하는 마음(怵惕惻隱之心)' 이나 '다른 사람을 차마 해치지 못하는 마음(不忍人

---

34) 朱子, 『小學題辭』, "元亨利貞, 天道之常, 仁義禮智, 人性之綱."

35) 『孟子』, 「公孫丑章句上」, "孟子曰人皆有不忍人之心. …… 無惻隱之心, 非人也, 無羞惡之心, 非人也, 無辭讓之心, 非人也, 無是非之心, 非人也." 참조.

36) 申東浩, 「先秦儒學에 있어서의 人本思想의 展開」, 『새마음논총』, 창간호, 충남대학교 부설 새마을연구소, 1977, 65-66쪽 참조.

之心)’이 된다.[37] 이렇게 볼 때 인이란 보편적 인간 본질로서 생명에 대한 외경심 또는 인류애를 의미한다. 그것은 사사로운 자기를 부단히 거부하는 가운데, 의지의 자유와 주체의 독립성을 통해서 이룩되는 지속적이고 전체적인 사랑을 뜻한다. 따라서 인의 시초나 발단으로서의 측은지심은 사적인 사랑이 아니라 공적인 사랑이며, 개별적인 사랑이 아니라 전체적인 의미가 있는 사랑이다. 의의 덕이 심리작용으로 발현될 때는 '수오지심'이 되는데, "수란 자신의 불선함을 부끄러워하는 것이고, 오란 다른 사람의 불선함을 미워하는 것이다."[38]라고 한 주자의 말처럼 불선·불의에 대한 냉철한 비판정신, 말하자면 정의감을 의미한다.

예의 덕은 '사양지심'으로 나타나는데, 이는 『논어』에서 "자기가 서고자 하면 다른 사람을 도와 서게 하고, 자기가 통달하고자 하면 다른 사람을 도와 통달하게 한다."[39]라고 한 바와 같은 것으로서 자신의 好惡를 통하여 다른 사람을 이해하고 자신을 겸양하는 이른바 '추기급인'의 '충서' 정신, 즉 인간관계에서 사회질서를 바로잡는 도덕적 행위규범을 의미한다.

智의 덕이 심리작용으로 발현될 때는 '시비지심'이 되는데, 이는 "是란 옳은 것을 옳다고 판단하는 것이고, 非란 그른 것을 그르다고 판단하는 것"으로서 正邪善惡을 정확히 분별할 줄 아는 우리의 지적 능력 또는 그 활동을 뜻한다.[40]

앞에서 살펴본 바와 같이, 『주역』의 「문언전」에 건의 '원형이정' 네 가지 덕이 사람에게 衆善의 근본으로서의 '인', 衆美를 회통하는 '예', 衆物의 분한으로서의 '의', 衆事를 주간하는 '지' 등, '사람됨'과 '참된 사람'의 네

37) 『孟子』, 「公孫丑章句上」, "孟子曰人皆有不忍人之心…… 皆有怵惕惻隱之心." 참조
38) 『孟子』, 「公孫丑章句上」, 朱子註. "羞, 恥己之不善也, 惡, 憎人之不善也."
39) 『論語』, 「雍也」, "己欲立而立人, 己欲達而達人."
40) 『孟子』, 「公孫丑章句上」, 朱子註, "是, 知其善而爲是也, 非, 知其惡而以爲非也." 참조.

가지 근거로 주어져 인간 본성에 구유한 인격적 덕성을 이루는 것임을 확인하게 되었다. 이에 네 가지 덕을 다시 살펴보면 '인'과 '예', 그리고 '의'와 '지'는 서로 직접적인 관계가 있음을 알 수 있다.

유교의 측면에서 볼 때, 모든 선의 근본인 '인'은 동시에 모든 아름다움의 근본이며, 모든 사물의 분한인 '의'는 또한 모든 일의 분한이다. 그러므로 인은 예의 근간이 되고, 의는 지의 기준이 된다. 환언하면 예는 인에 의해서 지는 의에 의해서 심화하고 완성된다. 즉 참된 예는 인에 근거하여야 실천할 수 있고, 올바른 지는 의에 준거할 때 본래의 제구실을 다할 수 있다. 그런 입장에서 볼 때 자아본질의 전체이며 "끊임없이 낳고 또 낳는 보편 생명의 흐름(流行)인 인"[41]은 예를 실천하는 근본정신이자 지가 추구하는 궁극적인 목표라고 할 수 있으며, 이로움의 근본이 되는 이치(利之理)로 표현되기도 하는 의는[42] 사물을 인식하고 사리를 분별하는 지의 정당성의 기준일 뿐만 아니라 동시에 예가 행위규범의 합당성과 타당성을 가질 수 있는 근거가 된다. 이렇게 보면 인은 앞에서 살펴본 바처럼 보편적인 사랑을, 의는 분한과 차별적인 宜의 裁制를 뜻한다.

그러나 『주역』, 「설괘전」에 "사람의 도를 세워 그것을 인과 의라고 한다."[43]라 하고, 『예기』, 「예운」편에 "인은 의의 근본이고 의는 인의 절도이다."[44]라 한 것을 보면 인과 의는 대립적이라기보다는 상보적이다. 왜냐하면, 의는 인을 구체적 현실의 질서와 차별에 分節한 것이기 때문이다. 따라서 맹자가 인의를 겸칭하고 그것을 유교의 가장 중요한 덕목으로 내세우고자 했다는 데에는 의문의 여지가 없다.

---

41) 『周易』, 「繫辭傳下」, 제1장, "天地之大德曰生, 聖人之大寶曰位, 何以守位曰仁." 참조.

42) 『周易』, 乾卦, 「文言傳」, 程子注. "義者, 利之理." 참조.

43) 『周易』, 「說卦傳」, 제2장, "立人之道曰仁與義."

44) 『禮記』, 「禮運」, "義者仁之節也."

공자가 "뜻있는 선비와 '인'한 사람은, 생을 추구하기 위하여 '인'을 해치는 일은 없고, 자신을 버려서라도 '인'을 이룩한다."[45]고 한 말이나, 맹자가 "생도 내가 바라는 바이고, 의도 내가 바라는 바이나, 두 가지를 다 할 수 없다면, 생을 버리고 의를 취하겠다."[46]고 한 표현은 이를 단적으로 요약해 준다.

그런 점에서 유교의 사덕은 인의로 요약되고, 그것은 사랑을 바탕으로 '최고선'을 실현하기 위한 사회 정의로써, 전체 속에서 피차를 편안하게 하고 공평하게 하는 모든 덕의 기초이자 근거다. 그렇게 본다면 사덕을 대표하는 것은 인의이며, 인은 사랑이며 체가 되고, 의는 품위이며 용이 됨이 분명하다. 의 곧 정의는 인 즉 사랑을 바탕으로 해야 하고, 사랑을 바탕으로 하지 않는 정의는 참된 정의가 될 수 없다. 그래서 정의는 사랑이 있어야 하고, 따뜻한 숨결과 품위가 있어야 한다.

시시비비를 분명하게 가리기를 좋아하는 서구적 정의 개념만으로는 오늘의 우리 사회를 위협하는 각종 위험 요소들, 즉 양극화 현상이나 지역, 이념, 세대, 계층, 노사 간의 갈등을 해소하기 어렵다고 본다. 여기에는 살아 숨 쉬는 따뜻한 정의가 있어야 한다. 앞에서도 예를 든바 있는 『주역』 「건괘 · 문언전」의 한 대목 "이로움은 의리의 화합이다."가 여기에 많은 참고가 된다. 利는 계절로는 만물이 생육을 완성하여 이루는 가을이고, 사람에게는 정의가 되어 자기 분수의 조화를 얻는 것이 된다.[47] 가을은 추수의 계절이다. 추수는 알곡과 쭉정이를 구분하고 나누는 일이다. 여기에서 정의가 문제가 되고, 그 정의는 세상을 이롭게 한다는 뜻을 갖게 된다. 그

---

45) 『論語』, 「衛靈公」, "志士仁人, 無求生以害仁, 有殺身以成仁."

46) 『孟子』, 「告子章句上」, "生亦我所欲也, 義亦我所欲也, 二者不可得兼, 舍生而取義者也."

47) 『周易』, 乾卦, 「文言傳」, 朱子註. "利者生物之遂, ... 故於時爲秋, 於人則爲義, 而得其分之和." 참조.

래서 가을은 시퍼런 칼날과도 같은 정의가 되는 것이다. 정의가 불의와 함께할 수 없고, 불의와 야합하는 정의는 참된 정의가 될 수 없는 이유가 바로 여기에 있다.

그렇다고 할지라도 정의의 진정한 가치는 화해의 차원에서 불의를 용서하고 개과천선할 수 있도록 도와주는 데 있다. 불의를 매도하고 비난하는 것만이 정의의 참된 뜻은 아니다. 세상을 이롭게 하고 화평하게 하는 데는 오직 정의라는 덕목만이 있는 것이 아니기 때문이다. 그런 점에서도 정의는 측은지심을 바탕으로 삼아야 한다. 참된 정의는 세상 사람들을 화평하게 하고 하나 되게 만든다.[48] 後漢의 경학자 荀爽이 "음양이 서로 합하고, 각각 그 마땅함을 얻은 후에야 이롭게 되는 것이다."[49]라고 한 말과, 또 楊萬里가 "인의가 세워져 사람의 도가 외롭지 않게 된다. 천하의 이치가 홀로 외롭게 설 수 있는 것은 없는 법이니, 해가 있으면 반드시 달이 있는 법과 같다."[50]라고 말한 것을 통해서도 이 점은 분명하게 확인된다. 이처럼 정의의 궁극적 목표는 사람과 사람을, 사람과 만물을 소통시켜 화합하게 하고, 이롭게 하는 데 있다. 따라서 정의는 냉철한 이성적 측면과 따뜻한 감성적 측면을 함께 갖추어야 하고, 또 그래야만 모든 사람이 공감할 수 있는 정의가 된다.[51] 그것은 정의를 통해 '크나큰 조화를 지키고 모으는' 즉 保合大和의 세상을 만들기 위해서다. 이것이 유교가 꿈꾸었던 정의로운 사회의 이상적인 모형이다.

---

48) 김홍호, 『주역강해』, 권1, 사색, 2003, 47-48쪽 참조.

49) 張文智, 『周易集解導讀』, 北京 : 齊魯書社, 2005, 93쪽, "荀爽曰, 陰陽相合, 各得其宜, 然後利矣."

50) 楊萬里, 『誠齋易傳』 권19: "仁義立而人之道不孤. 天下之理, 未有孤而能立者. 有日必有月."

51) 양재학, 『주역과 만나다』, 상생출판, 2010, 54-56쪽 참조.

4. 맺는 말

오늘날 우리에게 정말 필요한 정의는 바로 사랑이 바탕이 되는 따뜻한 정의다. 이 경우 사랑은 타자에 대한 무한한 관심에서 나오는 산물이다. 사랑은 사심을 버리고 타자의 처지를 자신의 처지로 생각할 것을 요구한다. 그래서 주자도 정의에는 주체의 자기 각성이 무엇보다 필요함을 역설한 것이다. 때문에 사랑이 결여된 정의는 진정한 정의에 이르지 못하게 된다.[52] 정의가 균형 있는 생명력을 갖추려면 사랑과 용서가 절대 필요하다. 그래서 라인홀드 니버는 『크리스천 윤리』에서 "사랑은 또한 정의를 넘어서고, 실현하고, 부정하고, 판단한다. 사랑은 정의의 요구를 넘어서기 때문에 정의를 초월한다."[53]라고 말하지 않을 수 없었던 것으로 보인다. 그렇게 본다면 참된 정의는 사랑의 바탕이 있어야 하고, 품위라고 하는 형식이 있어야 한다. 따라서 필자는 감히 사랑과 품위가 있는 따뜻한 정의를 제안하고자 한다.

한편 서양의 정의관은 크게 그리스적 정의관과 기독교적 정의관으로 나눠 볼 수 있다. 지극히 간단히 말해 그리스적 정의관은 사회구성원에게 정당한 몫을 어떻게 나눠 주는가 하는, 즉 앞에서 살펴본 노직, 마르크스, 롤즈의 정의론처럼 기본적으로 어떻게 이익과 부담을 공평하게 나누느냐에 초점을 둔 분배적 정의관이라고 볼 수 있다. 반면 기독교적 정의관은 고아나 거지를 비롯한 사회적 약자 등에게는 정당하게 분배할 몫이 없는데 그렇다면 이런 사람을 어떻게 대우할 것인가 하는 물음으로부터 출발하여 그들을 인류애를 바탕으로 인도주의적으로 대우해야 함을 말한다는

52) 카렌 레바크, 『정의에 관한 6가지 이론』, 이유선 옮김, 크레파스, 2000, 188쪽.

53) 같은 책, 190-191쪽에서 재인용.

점에서 분배적 정의관을 넘어선 '변혁적 정의관'이라고 볼 수 있다. 사랑은 정의의 요구를 넘어선다는 니버의 정의론은 기독교적 정의관에 가깝고, 사랑 즉 타자의 아픔에 공감하고 동정하는 마음[仁]을 중시하는 유교적 정의관하고도 상통한다.

3장 유교의 정의관에서 말한 바와 같이, 유교사상에서 의는 인에 근거하는 것이어야 참다운 의라고 말할 수 있으며, 인은 인간의 천부적인 본성이라고 본다. 인간의 본성은 인의예지를 속성으로 하며, 그러한 인간의 본성은 천부적이기 때문에 인간은 그 본성을 따르지 않으면 안 된다고 본다. 『중용』에서는 그러한 인간의 속성을 '성'이라고 보며, 인간의 타고난 본성을 좇아 행동하는 것이 인간의 도인데, 사적인 감정과 욕망으로 인해 그것을 위배하므로 '성'으로 돌아가는 지속적인 공부가 필요하다고 주장한다. '성'으로 돌아가 자기의 사적인 이익이 아니라 공적인 이익을 지속해서 추구할 수 있는 사람이 되어야 진정으로 의를 행하는 사람이 되는 것이다. 그러므로 끊임없이 자기반성과 자기 수양이 필요하다고 보고 있다. 이러한 이유로 동양사상에서는 개인의 심신을 다스리는 수양론이 발달했다. 다시 말하면 유교에서는 서양의 정의관이 담고 있는 객관적인 법과 제도 차원에서의 분배적 정의만을 말하는 것이 아니라 그것을 담당하고 시행하는 인간 자신에게 정의를 시행하는 것이 관건이라고 본다. 인간이 인간을 사랑하는 따뜻한 마음이 결여되면 아무리 제도가 훌륭하고 법이 잘 정비되어 있어도 삭막한 세상, 부조리한 세상, 비인간적인 세상을 연출한다고 보는 것이다. 그리고 지금 우리 사회가 그 어느 때보다도 정의를 말하고 있는 점이 고무적이기도 하지만 이것은 그만큼 우리 사회에 삭막하고 부조리하고 비인간적인 모습이 드러나고 있음을 방증한다고도 볼 수 있다. 그래서 더욱이 유교의 정의관이 요청된다.

그리고 개인의 수양과 타자에 대한 사랑을 바탕으로 한 유교의 정의관이 사회의 구조적 불합리를 객관적인 법과 제도적 장치로 해소함으로써 정의를 실현하려고 하는 서양의 분배적 정의관과 반드시 양립할 수 없는 것도 아니다. 이렇게 말하는 이유는 본 논문의 1장에서 언급한 서양의 정의관 중 롤즈의 분배적 정의론이 유교의 인도주의적 정의관에서 강조하는 타자에 대한 인정, 사랑, 존중, 배려의 가치를 공유하고 있어서 양자 사이의 접점을 찾을 수 있다고 보기 때문이다.

그 접점은 롤즈의 분배적 정의론이 적극적인 측면에서 정의의 구현, 소극적인 측면에서 정의의 구현이라는 두 체계로 이루어졌다고 가정해 볼 때, 그 구조가 유교의 충서의 원리와 궤적을 같이 하고 있기 때문이다. 또 유교가 개인적 수양을 강조하지만, 그것은 사회 정의를 실현하는 치인이 전제된다는 측면을 간과할 수 없기 때문이기도 하다.

먼저 적극적 측면은 자유주의 체제의 무한 경쟁 사회에서 자유로운 경쟁을 인정하되 경쟁에 따른 최종 결과가 각자의 능력에 따른 결과라고 하더라도, 분배되는 이익 또는 쾌락의 차이가 크지 않도록 지나친 차등을 보완해 주는 것을 말한다. 즉 정의 실현의 필수 조건은 약자와 소수자에 대한 배려를 고려해야 한다는 점을 강조한 것이다. 그런데 사실 이것은 평등의 가치를 실현한다는 측면보다도 오히려 개인의 자유를 최대한 실현한다는 계기가 더 중요한 의미가 있다. 왜냐하면, 평등과 정의 실현은 진정으로 개인과 사회가 자유로울 때만이 의미가 있기 때문이다. 이런 점은 충서에서의 '忠'의 덕목과 비슷하다.

소극적 측면은 위에서 말하는 자유로운 경쟁이 실제로 그렇게 자유롭지도 공정하지도 않은 경쟁이라는 점에 초점이 있다. 즉 인간의 지적, 심리적, 신체적, 경제적 조건들은 선천적으로나 아니면 후천적으로 각기 다른 조건에 놓여 있다. 따라서 개인 간 또는 사회구성원들 간에 '상호 인정'할만한 공정한 조건을 마련함으로써 애초에 공정한 경쟁이 되도록 하는 것은 매우 중요하다. 다시 말해 공정한 기회균등의 조건을 마련해 주어야 한다는 것이다. 그러면 어떻게 이익과 부담을 공평하게 나누느냐를 생각해보았을 때 그것은 적어도 타인에게 부당한 부담을 짊어지게 하지 말라는 '소극적' 측면에서의 맥락과 맞닿아 있다. 이 점은 자기의 부담을 타인에게 전가하지 말라고 하는 '서'의 덕목과 비슷하다.

모든 사람이 자유로울 때 가장 평등하며, 모든 사람이 평등할 때 진정한 자유가 보장될 수 있고, 자유와 평등이라는 두 원칙이 조화를 이룰 때 비로소 정의가 실현된다. 그런 사회를 '정의가 실현된 사회'라고 할 수 있고, 그런 안정된 사회에서 사는 개인이야말로 진정으로 행복한 삶을 누리게 될 것이다.

그러나 인류 역사에서 인간은 완전한 자유와 평등을 달성해 본 적이 없다. 우리는 그러한 사회가 현실적으로 불가능하고, 오히려 무모하게 그런 사회를 이루려는 실천이 인류에게 해악이 된다는 점도 알고 있다. 그렇다면 타자에 대한 '인정', 약자에 대한 '배려'가 '정의가 실현되는 사회'를 구현하는 데에 필수적으로 요청될 수밖에 없다.

개인의 수양과 타자에 대한 배려와 사랑을 바탕으로 하는 유교의 정의관은 정치학이나 경제학이 아니라 인간학을 그 중심에 두고 있으며, 인간 심성의 보편적인 정서에 근거하고 있다고 할 수 있다. 인간이 인간답게 살아야 한다는 뜻은 생명을 존중하고 인권을 아끼는 따뜻한 마음을 갖지 않고서는 안 된다는 말이며, 비인도적인 인간이나 정치, 경제는 도태되어야 한다는 것이 유교사상에 담긴 정의관의 핵심이다. 결론적으로 정의는 그 무엇보다 생명과 인권을 존중하는 인도주의에 기초할 때 참다운 정의가 된다는 것이 유교 정의관의 핵심이며 이러한 인도적 정의관은 오늘날 새롭게 요청되어야 할 정의관이라고 생각한다. 여기에서 유교의 정의관은 인간 사이의 관계를 주요 대상으로 하여 인륜을 중심으로 하는 도덕체계

와 문화전통을 만들어 내게 되었던 것이다.[54)]

54) 정병석, 「李澤厚의 文化心理 構造와 實用理性」, 『철학논총』, 제55집, 새한철학회, 2009, 52쪽 참조.

백제유학에 나타난 도의정신

1

이 글은 百濟儒學에 나타난 道義精神을 살펴보는 데 목표를 둔다. 이 과제를 달성하기 위하여 백제유학의 기반, 백제유학의 특성, 백제인의 도의정신 등의 문제들을 차례로 검토할 것이다.

백제는 『三國史記』의 기록에 의하면, 북방 夫餘族의 일파가 남하하여 현재 서울 일원의 漢水流域에 있던 여러 부족을 통합하여 세운 국가이다. 백제의 건국 주체는 고구려·부여계의 流移民 집단이었고, 백제를 구성하고 있는 인구 대부분은 古代 三韓의 하나였던 馬韓계통의 토착민들이었다. 『周書』「異域傳」百濟條의 "백제국은 그 先代가 馬韓의 속국으로서 夫餘의 별종이다."[1]라는 기록에서도 이 점은 확인된다. 백제의 토착민들은 고유한 생활경험과 사고방식, 그리고 신앙 등을 가지고 있었다.

백제가 나라의 터를 잡고 발전해 간 한수유역은 온난한 기후, 비옥하고 넓은 토지, 풍부한 水量 등으로 일찍부터 농경 정착생활이 가능했던 곳이

1) 『周書』, 卷49, 「異域傳」, 百濟條. "百濟者, 其先蓋馬韓之屬國, 夫餘之別種."

며, 또한 남방문화와 북방문화를 광범하게 융합·확장시킬 수 있는 국제 교역의 요충지였다. 그래서 『新唐書』 百濟條에서도 "백제는 서쪽으로 越州, 남쪽으로 倭國, 북쪽으로 고구려와 국경선을 가르고 있었는데 모두 바다를 건너다녔으며, 동쪽에는 신라가 있었다."[2]라고 기록했던 것이다. 이처럼 유리한 자연적·지리적 조건 때문에 한수유역은 蓋鹵王 21년(475)에 都城을 熊津으로 옮길 때까지 500년 가까이 백제의 중심지 역할을 담당했다. 그런 점에서 百濟는 三國 가운데에서 가장 좋은 자연환경을 가진 나라였다고 하겠다. 백제가 서해를 통해 중국의 여러 왕조와 교통하면서 중국의 학술과 사상을 접할 수 있었고, 당시 후진국이었던 일본과 긴밀한 관계를 유지하면서 그곳에 많은 문물을 전파할 수 있었던 것은 바로 이러한 조건의 바탕에 힘입은 바 크리라 여겨진다.[3] 예컨대 백제는 近肖古王 21년(372) 晋의 簡文帝시대에 중국과 교통하였고,[4] 동시대에 阿直岐와 博士 王仁, 辰孫王 등을 일본에 보내 유교경전을 비롯한 多種의 문화를 전수하였다.[5]

이와 같은 부족적 복합성, 천혜의 자연조건에서 비롯된 풍요와 다양성은 문화에도 반영되었으니, 백제문화 속에 내포된 북방 부여계의 强健性과 남방 마한계적 柔順性이 바로 그것이다. 앞에서도 언급한 바처럼 백제는 한수유역의 토착문화와 고구려 계통의 북방문화가 결합하면서 발전하였다. 백제문화가 갖는 이러한 兩面性은 백제의 사상이나 정신을 이해하고 파악하는 데에 매우 중요한 특질이 된다. 백제가 전통문화를 계승하고 중국문화를 수입하는 과정에서 고구려나 신라의 경우와는 현저하게 다른

---

2) 『新唐書』, 卷220, 列傳145, 「東夷傳」, 百濟條.

3) 이병도, 『한국유학사』, 아세아문화사, 1987, 25쪽 참조.

4) 『晋書』, 卷9, 帝紀9, 簡文帝 咸安 2년 참조.

5) 李弘直, 『韓國古代史의 硏究』, 신구문화사, 1971, 372-374쪽 참조.

방향으로 전개되었다고 하는 점도 이와 무관하지 않다.[6] 이렇게 볼 때, 백제문화의 특징을 개방과 다양성에서 찾고, "백제의 유교사상은 원시유가의 효제충신 같은 윤리적인 면과 漢儒의 典章制度, 五經 등 漢學 爲主의 유교문화를 형성했다."라고 요약한 견해[7]는 매우 적절하다. 이를 통해 우리는 두 가지 사실을 짐작할 수 있다. 그 하나는 백제유학과 선진유학과의 관계이며, 다른 하나는 백제유학과 漢代經學과의 관계이다.

주지하다시피 백제는 북방 부여족의 일파가 남하하여 마한의 전역을 개척·통합하여 세운 나라이다. 그리고 마한은 燕人 衛滿에게 쫓겨 측근의 신하만을 거느리고 뱃길로 남하하여 스스로 馬韓王이 된 古朝鮮 準王이 통치한 곳이다. 마한이 古朝鮮 準王의 治所였음을 『三國志』 魏書 東夷傳 韓條는 다음과 같이 밝히고 있다.

> 고조선의 準王이 위만의 공격을 받아 멸망된 후에 좌우 궁인과 수천의 부하를 거느리고 해로를 따라 南下하여 馬韓지역에 거주하면서 스스로 韓王이라고 칭하였다. 그 후에 멸망하여 대가 끊어진 후에도 지금까지 韓의 사람 중에는 그의 제사를 받들고 있는 자가 있다.[8]

準王의 마한 지배와 고조선 유민들의 대거 남하는 마한문화의 변화와 발전에 중요한 촉매작용을 하였다. 따라서 백제유학의 역사적 연원은 멀리 고조선시대까지 소급될 수밖에 없다. 그렇다고 할 경우 準王朝의 문화는 마한을 매개로 하여 국민 대중의 문화로서 백제에 전승되었을 것이라고 하는 논리가 성립한다. 다시 말하여 準王이 馬韓王이 됨으로써 고조선

6) 金哲俊, 『韓國古代社會研究』, 지식산업사, 1975, 45쪽 참조.
7) 김충렬, 『고려유학사』, 고려대학교 출판부, 1984, 87쪽.
8) 『三國志』, 「魏書」, 東夷傳, 韓條 참조.

문화가 마한으로 移植되었으며, 수백 년 후에 백제가 다시 마한을 합병함으로써 마한문화가 백제로 계승되었다는 것이다.[9] 물론 여기에는 고조선 문화가 선진유학적 성격을 강하게 지니고 있다는 인식이 전제된다. 뒷받침할 만한 예가 『漢書』「地理志」'燕條'에 보이는 다음의 기록이다.

> 殷나라의 道가 쇠해지자 箕子가 朝鮮으로 가서 그 백성으로 하여금 禮義에 힘쓰고, 농사짓고 누에 쳐서 길쌈을 하도록 가르쳤다. 또 樂浪의 朝鮮 백성들에게 금하는 법 8조목을 만들었다. 그것은 대개 사람을 죽인 자는 즉시 죽이고, 남에게 상해를 입힌 자는 곡식으로 갚는다. 도둑질을 한 자는 그것이 남자일 경우는 그 집 남자 종을 만들고, 여자일 경우에는 역시 여자 종을 만든다. 자기가 용서받고자 하는 자는 한 사람 앞에 50만 전을 내게 한다. 비록 용서를 받아 보통 백성이 되어도 풍속에 역시 그들은 부끄러움을 씻지는 못하며, 결혼하고자 해도 짝을 구할 수 없다. 이렇게 해서 그 백성들은 종시 도둑질을 하지 않아서 대문을 닫고 사는 법이 없었다. 여자들은 모두 정조를 지키고 신용이 있어 음란하고 편벽된 짓을 하지 않았다.[10]

위에 인용된 대목은 고조선의 후반부인 이른바 箕子朝鮮[11]에 관한 역사 기록이며 그 문화 내용임은 더 말할 필요도 없다. 여기서 주목할 것은 八條敎化說의 전체 내용을 一貫하고 있는 것이 유교의 禮義思想이며, 고조선 사회를 움직여 간 도덕법칙이나 규범이 선진유학에서 강조하는 禮義原理에 입각한 社會的 정의와 윤리적 정절이라는 점이다. 한마디로 표현하면 仁賢

---

9) 柳南相, 「百濟儒學의 基盤과 本質探究를 위한 試圖」, 『百濟研究』, 제6집, 충남대학교 백제연구소, 1976, 30쪽 참조.

10) 『漢書』, 卷28, 「地理志」, 燕條.

11) 箕子東來說에 관하여는 柳南相, 위의 책, 31-33쪽 참조.

柔順한 인간의 본래성에 근원한 禮義精神의 강조라고 할 수 있다.

이와 아울러 주목되는 사항은 고조선의 문화가 부여를 거쳐 백제의 지배계층에 의해 백제문화로 전승·이식되었다는 점이다. 불가피하게 단순화의 위험을 동반하는 이 문제에 대해 우리는 북방부여족의 일파가 남하하여 백제를 건국함으로써 백제의 중심세력을 형성했다고 하는 역사적 사실에서 그 해답의 길을 찾을 수 있을 듯하다. 단적으로 지적하여, 백제문화는 백제의 지배계층에 의해 부여족의 문화가 전승되고 이식된 것이다. 백제의 禮俗과 法制를 논할 때 흔히 인용되는 『周書』 百濟條의 "반역을 꾀한 자, 전쟁터에서 도망친 자, 살인을 한 자는 모두 목을 베었고, 도둑질을 한 자는 유배시킴과 동시에 훔친 물건의 두 배를 징수하였다. 또 부인으로서 간통한 경우는 남편 집의 종으로 삼았다."[12]라는 대목과, 부여의 풍속과 윤리의 구체적인 내용을 한눈에 파악할 수 있는 『三國志』「東夷傳」 夫餘條의 "죄인을 다스림에는 嚴急해서 살인한 자는 죽이고 그 가족은 몰수하여 노비로 삼았다. 도둑질한 자는 열두 배를 보상케 했으며, 남녀가 음란하고 부인이 투기하면 모두 죽였다."[13]라는 기록을 비교해 볼 때 이 점은 분명하게 나타난다. 위의 대목들을 살필 때 부여나 백제가 유교적 예의사상을 국가 사회적으로 전파하고 구현시키는데 적지 않은 노력과 힘을 쏟았음을 보게 된다. 이 점은 예의와 염치를 무엇보다도 중시하는 선진유학적 관점의 계승으로서, 바로 앞에서 살펴본 고조선의 '八條法禁'과 상통하는 것이라 하겠다.

요컨대 백제유학은 고조선 이래 전승되어온 선진유학사상을 계승·소화하면서 그 나름으로 매우 독특한 체계를 형성했다. 그것은 國家的 不忠,

12) 『周書』, 卷49, 列傳41, 「異域上」, 百濟條.

13) 『三國志』, 卷30, 「魏書」, 東夷傳, 夫餘條.

人道的 不仁, 社會的 不義, 倫理的 不貞의 제거에 역점을 둔 '정치윤리적 체계'라고 할 수 있을 것이다. 그런데 백제는 일찍부터 서해를 통해 중국과 교통하였으므로 중국의 유학을 접할 기회가 비교적 많았다. 특히 漢郡縣의 변천과 樂浪·帶方과의 충돌, 그리고 빈번한 漢人들의 남하는 백제가 중국의 유학사상을 수용함에 있어서 커다란 요인으로 작용하였다.[14] 이때 백제에 들어온 유학이 訓詁를 중심으로 하는, 국가의 통치이념과 典章制度의 근거로 활용되었던 五經 중심의 漢代經學이었음은 재언을 필요치 않다. 백제는 고대국가로서의 체제를 정비하면서 행정상의 필요 때문에 漢代의 經學思想을 적극 수용한 것이 아닌가 한다. 이렇게 백제는 건국 초기부터 漢代經學을 도입하고 이를 문물제도에까지 활용하면서 국가체제를 확립해 나갔던 것이다. 이 점은 백제가 漢代의 五經博士制度를 도입하고 經學研究를 제도화한 데서 단적으로 나타났다. 그 결과 백제의 유학은 백제사 전반을 통하여 도교사상이나 불교사상보다도 더욱 강하게 영향을 끼쳤고, 그 수준은 中國과 비교해도 별반 손색이 없었다. 『周書』를 비롯하여 中國史書에 보이는 여러 기록들은 이를 분명하게 말해주고 있다.

> 백제인의 습속은 말타기와 활쏘기를 중히 여기고 아울러 經典과 史書를 애독하였다. 그중 뛰어난 사람은 글을 잘 지었고, 陰陽五行說을 이해하였다. 宋나라 元嘉曆을 사용하여 寅月로써 正月을 잡았다. 또한 醫藥과 점치는 법과 관상 보는 법도 알고 있었다.[15]

> 書籍으로는 五經과 諸子書 및 史書가 있으며, 또 表疏文은 中國의 法式에 따랐다.[16]

---

14) 신형식, 『백제사』, 이화여자대학교 출판부, 1992, 231쪽 참조.

15) 『周書』, 卷49, 列傳41, 「異域上」, 百濟條.

위의 예문에 선명히 드러나듯이, 백제유학은 漢代經學에 뿌리를 두고 있다. 그런데 여기에서 특히 흥미로운 점은 백제인이 五經·諸子書·史書는 물론 음양오행설이나 蓍龜·卜筮·占相術 및 曆法 등을 이해하고 있었다는 사실이다. 그것은 백제유학의 기반이 멀리는 고조선 시대까지 소급될 수 있다는 것이다. 다시 말해서 백제인은 고조선 즉 기자조선의 문화를 계승하면서 고조선 문화의 종교적·정치적 저류로서 중요한 역할을 담당한 箕子의 洪範思想과 『周易』 十翼의 蓍龜·卜筮思想 등을 漢代學術的으로 연구하였던 것이다. 『書經』 周書의 洪範篇과 『周易』의 十翼만을 근거로 단안을 내리기는 어려우나 이 현상은 다른 부분에서도 확인될 가능성이 높다. 그렇다면 백제의 유학이 고조선 이래 전승되어 온 선진유학을 바탕으로 하면서 그 위에 다시 한대의 경학사상을 수용하여 이를 학술적인 면과 현실적인 면에서 발전시켜 나갔다고 말할 수 있을 것이다.

2

그러면 백제유학의 특성은 어디에 있는가? 백제문화는 고조선 유랑민으로 형성된 마한문화를 원초적 바탕으로 하고 그 위에 다시 漢代의 유교문화를 수용하면서 발전을 거듭하였다. 이 과정에서 漢의 郡縣이었던 樂浪·帶方과 잦은 접촉을 하게 되었고 이에 따라 커다란 영향을 받게 되었다. 따라서 백제의 지식층은 개국 이전부터 漢文을 습득하고 있었던 것으로 보인다. 『梁書』 「諸夷傳」 百濟條의 "모자를 冠이라 하고 저고리를 複衫이라 하며, 바지를 褌이라 한다. 그들의 말은 중국과 비슷한데 이것은 역시

16) 『舊唐書』, 卷199, 列傳149, 「東夷」, 百濟條.

진한 때의 遺俗이다."[17]라고 한 기록은 이를 단적으로 증명해준다. 이렇게 백제문화에서 유교문화의 영향은 불교문화나 도교문화보다 훨씬 더 깊고 넓었던 것으로 추정된다. 이 경우, 유교문화의 내용이 '선진유가적 요소와 한대 경학적 요소의 복합적 特徵'임은 더 말할 필요도 없다. 그렇다고 할 때 백제유학의 특성을 백제문화 속에 내포된 이 두 가지 면에서 찾아보는 것은 자연스러운 일일 것이다.

백제문화의 경학적 요소를 뚜렷하게 보여주는 사례는 史書編纂과 學術思想에서 발견된다. 『三國史記』의 다음의 두 기록은 이를 살피는 데 긴요한 도움이 되리라 생각한다.

> 古記에 이르기를 '백제가 나라를 창건한 이래로 문자로써 일을 기록한 것이 없었다가 이때에 와서 博士 高興에 의하여 비로소 문자로 쓴 기록이 있게 되었다.'고 하였다. 그러나 高興의 이름이 일찍이 다른 서적에 나타난 일이 없으니 그가 어떤 사람인지 알 수 없다.[18]

> 王이 梁나라에 사신을 보내어 조공하고 겸하여 표문을 올려 毛詩博士와 涅槃 등의 經義와 工匠·畵師 등을 보내주기를 청하니 梁에서 이를 승인하였다.[19]

전자는 南遷 이전의 기록이고, 후자는 南遷 이후의 기록이다. 백제의 經學은 漢城時代부터 국가적 연구 사업을 통해 이루어지고 체계화되었던 것이다. 그리고 그 결과로 이루어진 것이 곧 博士 高興에 의해 편찬된 百濟書記이었다. 여기에서 博士는 經學博士를 가리킨다. 이렇게 해서 초기적 바

17) 『梁書』, 「諸夷傳」, 百濟條.
18) 『三國史記』, 卷24, 「百濟本紀」, 第2, 近肖古王, 三十年條.
19) 『三國史記』, 卷26, 「百濟本紀」, 第4, 聖王, 十九年條.

탕을 마련한 백제의 경학연구는 近肖古王 · 近仇首王 이래 꾸준히 발전하고 성장해 마침내 阿直岐 · 王仁 등을 일본에 보내어 漢學을 전파하고, 梁에 사신을 보내어 毛詩의 전문 학자를 요청하는 등의 탁월한 수준으로 나타났다. 이처럼 백제의 경학연구는 양적인 확대와 질적인 세련을 보이면서 꾸준히 발전해 나갔던 바, 가령 蓋鹵王이 魏 孝文帝에게 보낸 表文[20]에 나타난 典故의 능숙한 운용과 언어적 세련은 이를 연상케 하기에 충분하다. 그것은 백제유학에서 경학연구가 한 극점에 다다랐음을 시사하는 일이기도 하다.

> 풍속에 騎射를 숭상하고 古書와 史書를 읽고 관리의 일도 잘 보았다.[21]

> 文籍이 있고 年, 月을 기록하는 것은 중국 사람과 같았다.[22]

> 梁나라 때에 百濟國이 表를 올려 講禮博士를 구하였으므로 詔하여 詡로 하여금 가게 했다.[23]

위의 기록들이 일부 시사하듯이 백제인들은 經學을 비롯하여 諸子學, 文學, 史學 등 다방면에 능통하였으며 그 수준도 상당히 높았던 것으로 짐작된다. 그 가운데서도 경학은 중국에서 박사를 초빙하고, 『易林』과 式占 등을 들여올 만큼[24] 중요한 위치를 차지했으며 그 연구 수준이 국제적이었

---

20) 『三國史記』, 卷25, 「百濟本紀」, 第3, 蓋鹵王, 十八年條.

21) 『隋書』, 卷81, 列傳46, 「東夷傳」, 百濟條.

22) 『新唐書』, 卷220, 列傳145, 「東夷傳」, 百濟條.

23) 『陳書』, 卷33, 列傳27, 「儒林傳」, 陸詡條.

24) 『宋書』, 卷97, 列傳57, 「夷蠻」, 百濟條 참조.

다. 이로써 우리는 백제 학술문화의 핵심부를 형성하고 있는 것이 다름 아닌 경학임을 알 수 있다. 그런데 이 시대에는 경학이 지배적인 철학의 위치를 점유한 것은 아니지만, 실천적인 윤리, 교양 및 관료층의 실무적 활동에 소용되었으므로, 그 성격 또한 실천적이고 실용적인 면이 매우 강했다. 그러한 면을 단적으로 보여주는 예는 백제의 典章制度였다. 예컨대, 古爾王 때에 官制를 중국화하여 六佐平과 十六官等을 설치하고 官階에 따라 服色과 冠帶의 색깔을 정한 것[25]과 二十二官部를 궁중사무를 관장하는 內官 十二部와 일반국무를 관장하는 外官 十部로 二分化한 것,[26] 그리고 泗沘時代에 수도의 행정구획을 上部 · 前部 · 中部 · 下部 · 後部로 나누고 각부를 다시 五巷으로 나눈 것[27] 등이 바로 그것이다. 이는 漢代에 유행하던 음양오행사상을 수용하여 국민 생활이나 국가통치에 적용한 것으로서, 이는 箕子의 洪範思想[28]과도 전혀 무관하지 않다고 하겠다. 주지하다시피 홍범사상은 경학을 중심으로 하는 한대유학에 커다란 영향을 끼쳤을 뿐 아니라 또한 그 철학적 기반을 이루고 있기 때문이다. 그 결과 백제유학은 경학적인 면과 선진유학적인 면이 동시에 표출되면서 백제문화 발전의 기반 또는 誘因으로 작용하였던 것이다. 이 중에서도 특히 선진유가적 요소는 국가이념을 확립하고 숭고한 도덕정치의 이상을 펴는 데 있어서 막대한 힘을 발휘하였다. 다음의 자료에서 比流王의 養民正策이 맹자의 왕도정치와 본질적으로 일치함을 볼 수 있다.

比流王 9년, 봄 2월에 王은 사신을 파견하여 백성들의 疾苦를 탐문하고 홀아

25) 『三國史記』, 卷24, 「百濟本紀」 2, 古爾王, 二十七年條 참조.

26) 『周書』, 卷49, 列傳41, 「異域上」, 百濟條 참조.

27) 『北史』, 卷94, 列傳82, 百濟條 참조.

28) 『書經』, 「周書」, 洪範 참조.

비(鰥), 과부(寡), 고아(孤), 자식 없는 늙은이(獨)들로서 제힘으로 살 수 없는 자들에게 한 사람당 곡식 3석씩을 하사하였다.[29)]

위의 대목에는 '鰥寡孤獨'이라는 구절이 보인다. 그것은 『맹자』 梁惠王章句 下篇에 나오는 이른바 천하에 의탁할 곳이 없는 四窮民을 의미한다.[30)] 맹자는 이들을 최우선적으로 돌보고 보살피는 것이 왕도정치의 첫걸음이라고 하였다. 王道는 覇道와 대비되는 말로서 仁義道德을 근본으로 하면서 또한 민생문제의 해결을 선결조건으로 하는 정치이다. 그런 점에서 『周書』 百濟條의 "세금은 베(布), 명주(絹絲), 삼베(麻), 쌀을 흉년과 풍년에 따라 차등 있게 징수하였다."[31)]고 한 기록이나, 『三國史記』 「百濟本紀」 溫祚王條의 "38년 봄 2월에 왕이 돌아다니면서 백성들을 위무하기 위하여 동쪽으로는 주양, 북쪽으로는 패하까지 갔다가 50일 만에 서울로 돌아왔다. 3월에는 사신들을 파견하여 농업과 양잠을 권장하게 하고, 그다지 급하지 않은 일로 백성들을 괴롭히는 역사는 전부 중지하도록 하였다."[32)]고 한 기록은 이의 대표적인 典據라고 하겠다. 이러한 관점은 맹자가 도덕적 이상사회 건설을 위한 경제정책의 구체적 실천방안으로 제시한 이른바 '井田法', '薄稅', '輕形' 등의 제도와도 일맥상통한다.[33)] 여기서 우리는 愛民·重民을 강조하고 있는 선진유가적 덕치사상의 한 전형을 보게 된다.

이와 같은 백제유학의 특징은 선진유가 경전에 대한 높은 관심과 백제 지배계층의 윤리의식에서도 극명하게 표출되었던 것이다.

---

29) 『三國史記』, 卷24, 「百濟本紀」, 第2, 比流王, 九年條.

30) 『孟子』, 「梁惠王章句下」. "老而無妻曰鰥, 老而無夫曰寡, 老而無子曰獨, 幼而無父曰孤, 此四者, 天下之窮民而無告者, 文王發政施仁, 必善斯四者" 참조.

31) 『周書』, 卷49, 列傳41, 「異域上」, 百濟條.

32) 『三國史記』, 卷23, 「百濟本紀」, 第1, 始祖溫祚王, 三十八年條.

33) 『孟子』, 「梁惠王章句上」. "王如施仁政於民, 省形罰, 薄稅歛, 深耕易耨" 참조.

① 백제의 국왕인 照古王(近肖古王)이 암말과 수말 각 한 필을 아찌키시(阿知吉師)에게 부쳐 보내고, 또 큰 칼과 거울을 보내왔다. 그리고 천황은 백제국에 '만약 賢人이 있거든 보내달라'고 하니, 명을 받고 와니키시(知瀰吉師)라고 하는 이를 보내왔는데, 이 사람이 『論語』 10권과 『千字文』 1권 모두 11권을 가지고 와서 주었다.[34)]

② 義慈王은 무왕의 맏아들이다. 그는 용감하고 대담하며 결단성이 있었다. 王은 무왕 재위 33년에 태자가 되었는데, 부모를 효성으로 섬기고 형제간에 우애가 있어서 당시에 海東曾子라고 불리었다. 2년 봄 2월에 王은 州·郡을 순행하면서 백성을 위무하고, 죄수들을 재심사하여 사형수를 제외하고는 모두 석방하여 주었다.[35)]

①은 백제가 近肖古王 때에 일본의 요청에 따라 학자를 파견하여 『논어』와 『천자문』을 일본에 전수한 역사적 사실을 기록한 것이고, ②는 의자왕이 어려서부터 유가윤리를 익히고, 유가적 덕치주의 이념으로 政事를 편 내용을 기록한 것이다. 여기서 다른 무엇보다 주목할 사항은 백제가 선진유가의 근본경전의 하나인 『논어』를 일본에 전수했다고 하는 점이다. 이것은 백제유학에서 중심적인 위치를 차지하고 있었던 『논어』가 백제 지배계층으로 하여금 治者의 교양과 덕성의 함양을 위한 教化의 효용을 지닌 가장 중요한 경전으로 인식되고 있었음을 말해주는 단적인 증거이다. ②의 예문의 한 구절 "의자왕은 부모를 효성으로 섬기고 형제간에 우애가 있어서 당시에 海東曾子라고 불리었다."를 상기할 때 이 점은 확실하다. 이러

34) 『古事記』, 中卷, 應神天皇, 20年條 참조.

35) 『三國史記』, 卷28, 「百濟本紀」, 第6, 義慈王條.

한 입장은 修己安人 즉 개인의 道德修行과 사회적 윤리실천을 강조하는 선진유가적 사유의 근본정신과 긴밀한 관계를 가진다. 그리고 그 정신은 다음 장에서 살펴볼 백제인의 유교적 생활관과 윤리의식을 통해서 풍부하게 나타나고, 또한 현실적으로 구현·실천되었다.

3

백제유학의 특성은 선진유가사상을 체로 하고 한대의 경학사상을 용으로 하여[36] 국가의 문물제도를 정비하고 유교적 덕치주의의 이상을 구현하려고 한 데에서 찾을 수 있다. 다시 말하여, 天賦의 德性을 인간의 생래적 본질로 규정하고 있는 선진유가적인 면과 한대의 발전된 음양오행사상이 내포된 백제유학은 정치적, 사상적 저류로서 중요한 역할을 담당하였을 뿐 아니라, 백제인의 윤리의식 확립에도 결정적인 영향을 끼쳤던 것이다. 선진유가는 '修己治人'을 강조하여 숭고한 도덕적 정치이상을 펴는 것이었던 데다가 한대 경학에서는 禮樂의 현실적·교화적 기능을 특히 중시하였기 때문에 백제의 유학은 전반적으로 강렬한 실천성·교훈성을 보인다. 그것은 백제인의 인생관 또는 윤리관에도 반영되었으니, 백제인의 道義精神 또한 이 문제에 관련된다. 백제유학의 이와 같은 특성은 고구려·신라와의 차이를 분명하게 방향 지었고 또 그 차이에 의해 성격을 더욱 뚜렷이 부각하기도 했다. 물론 여기에서 말하는 차이란 백제인의 세계와 현실을 인식하고 대하는 사고방식이나 행동원리의 상이점을 의미한다. 이러한 차

36) 여기서 백제유학의 특성을 體와 用으로 나누어 설명한 것은 백제유학이 선진유가적 요소와 한대 경학적 요소라는 이원적 요소의 결합으로 이루어졌음을 보다 분명하게 밝히기 위한 하나의 방편적인 시도일 따름이다.

이점은 백제 멸망 후에 나타난 백제인의 끈질긴 국권회복운동으로 명료하게 확인된다.[37]

백제인의 삶을 검토할 때 가장 두드러지게 눈에 띄는 것은 선진유가적 도의정신이다. 이 경우 '도의'란 『주역』「계사전 상」 7장의 "이루어진 본성을 간직하고 간직하는 것이 道義의 문이다."[38]와 같은 의미이다. 『三國史記』에서 이를 입증하는 단서로 의자왕 16년의 다음 기록이 주목된다.

> 봄 3월에 왕이 궁녀들을 데리고 음란과 향락에 빠져서 술 마시고 노는 것을 그치지 않으므로 좌평 成忠이 극간하니, 왕은 노하여 그를 옥에 가뒀다. 이로 말미암아 감히 말하는 자가 없었다. 성충은 옥에서 말라 죽었다. 그가 죽을 때 왕에게 글을 올려 말하기를 '충신은 죽어도 임금을 잊지 않는다 하니 원컨대 한 말씀만 드리고 죽겠습니다. 신이 항상 시세의 변화를 관찰하였는데 반드시 전쟁이 일어날 것 같습니다. 대체로 싸움에는 반드시 장소를 가려야 하는 바 상류에서 대적을 맞아야만 군사를 보전할 수 있습니다. 만일 다른 나라 군사가 오거든 육로로는 탄현을 넘지 못하도록 하시고 수군은 기벌포의 언덕으로 들어오지 못하게 하고, 험준한 곳들로써 방어하여야만 견딜 수 있습니다.' 하였으나, 왕은 이를 살피지 아니하였다.[39]

위의 대목은 백제 말기의 충신 成忠(?~656)의 최후에 관한 내용의 記事로, 죽음도 불사하고 왕의 秕政과 不義를 극간한 우국충정의 비장한 분위기가 紀傳體의 전형적인 문체를 통해 잘 나타나고 있다. 여기서 특히 유의

37) 柳南相, 「百濟精神의 歷史的 考察」, 『百濟研究』, 제3집, 충남대학교 백제연구소, 1973, 129쪽 참조.

38) 『周易』, 「계사전 상」, 제7장. "成性存存, 道義之門."

39) 『三國史記』, 卷28, 「百濟本紀」, 第6, 義慈王條.

할 점은 "충신은 죽어도 임금을 잊지 않는다."고 한 성충이 마지막까지 신하의 도리를 지킨 사실이다. 그것은 至公無私한 마음으로 자기 책임과 의무를 다하고, 진정한 가치를 위해 自尊을 지키고 최선을 다하는 행위라고 할 수 있다. 이는 역사적 삶을 긍정하고 불의한 세계에서 사랑(仁)과 정의로움(義)의 실현을 향해 나아가고자 했던 인물의 필연적인 자기 확인이라고 해도 좋을 것이다. 이와 같은 成忠의 생각과 행동이 선진유가의 忠思想과 부합됨은 단순한 우연이라 하기 어려울 듯하다. 예컨대 다음과 같은 공자의 말을 비교해 볼 때 그러하다.

> 자리에 있으면 게을리하지 말고, 행하기를 忠으로 해야 한다.[40]

> 말이 충성되고 신실하며 행실이 돈독하고 공경스러우면 비록 오랑캐의 나라라 하더라도 받아들여질 수 있을 것이다.[41]

> 忠과 信을 주로 하고, 義로 옮겨가는 것이 德을 높이는 것이다.[42]

위에서도 드러나듯이 忠은 中心을 가리킨다. 中心은 말 그대로 直이며, 하나 된 마음이며, 眞心이며, 지극히 공평하고 무사한 마음으로서 인간 자신의 인격적 본질을 뜻한다.[43] 그래서 맹자는 "사람들을 善으로 가르치는 것을 忠이라 한다."[44]고 했고, 楊倞은 이를 '誠'으로 풀이하였고[45], 주자는

40) 『論語』, 「顔淵」.
41) 『論語』, 「衛灵公」.
42) 『論語』, 「顔淵」.
43) 『馬融』, 「忠經」, 天地神明 참조.
44) 『孟子』, 「滕文公章句上」.

자기를 다하는 것[46]으로 주석하였던 것이다. 그렇다면, 成忠의 국가에 대한 충성심이나 죽어도 임금을 잊지 않는 臣道精神은 선진유가의 忠思想과 무관한 것이 아니며, 그것은 오히려 "충성과 신의를 위주로 한다."[47], "이익을 보면 의를 생각한다."[48], "삶을 버리고 의를 취한다."[49] 등을 도덕의 근간으로 여기는 孔·孟的 관점에 정확하게 일치한다고 볼 수 있다.

그리고 이러한 成忠의 忠義精神은 忠言으로서 국난 극복의 올바른 계책을 제시했던 백제 말기의 忠臣 興首(생몰년 미상)를 통해서도 극명하게 표출되었다.[50] 『三國史記』의 기록에 의하면, 興首의 나라를 구할 만한 계책은 물론 받아들여지지 않았다. 그 당시 의자왕을 비롯한 백제 지배계층에는 "하늘과 땅을 감동하게 할 수 있고, 神明을 움직일 수도 있는"[51] 홍수의 忠情을 읽을 만한 인물들이 하나도 없었기 때문이다. 홍수는 오랜 귀양살이에도 불구하고 자신을 벌준 왕을 원망하지 않고 오직 진실하고 한결같은 마음으로 臣道를 발휘했다. 이와 같은 그의 태도는 "하늘을 원망하지 않고, 다른 사람을 탓하지 않는다."[52]고 한 『論語』의 한 대목을 연상케 한다. 그것은 현실의 이익보다 인간의 올바른 도리를 자각하고 실천하는 데 더 가치의 비중을 두는 태도이다. 물론 이것이 선진유가의 본디 정신이자 가르침임에는 재언을 요하지 않는다. 階伯(?~660)이 오천의 결사대와 더불어 장렬히 최후를 마감한 비극적 사실에서도 이 점은 단적으로 나타난다.

---

45) 『筍子』, 「禮論」, 楊倞注. "忠, 誠也."

46) 『論語』, 「里仁」, 忠恕條에 대한 朱子注.

47) 『論語』, 「學而」. "主忠信."

48) 『論語』, 「憲問」. "見利思義."

49) 『孟子』, 「告子章句上」. "舍生而取義."

50) 『三國史記』, 卷28, 「百濟本紀」, 第6, 義慈王條 참조.

51) 『馬融』, 「忠經」, 第一章.

52) 『論語』, 「憲問」.

다음의 자료는 『三國史記』「列傳」 階伯條 중 한 대목이다.

> 의자왕 20년에 당 고종은 소정방을 신구도대총관으로 삼아 군사를 거느리고 바다를 건너와서 신라와 함께 백제를 공벌하였다. 이때에 계백은 장군이 되어 결사대 오천 명을 뽑아서 이를 방어하게 되었다. 그는 말하기를 '일국의 군사로써 당나라와 신라의 대군을 상대하게 되었으니 나라의 존망을 알지 못하겠다. 나의 처자가 사로잡혀서 노비로 될까 염려된다. 살아서 치욕을 당하는 것보다 통쾌하게 죽는 것이 낫다.' 하고 드디어는 자기의 처자를 손수 다 죽여버렸다. 그리고 황산벌에 이르러 세 곳에 진을 치고 있다가 신라의 군사들을 만나 그들과 싸우려 할 때에 병사들에게 맹세하기를 '옛날에 越나라의 句踐은 5천 명의 군사로써 吳나라의 70만 대군을 격파하였다. 오늘 모든 장병은 각자가 분발하여 승리를 쟁취함으로써 나라의 은혜에 보답하도록 하자.' 하고 드디어는 악전고투하니, 한 사람이 천 명을 당하지 못하는 자가 없었으므로 신라 군사가 그만 퇴각하였다.[53]

위의 예문에는 "살아서 치욕을 당하는 것보다 차라리 통쾌하게 죽는 것이 낫다."라는 구절과 "나라의 은혜에 보답하도록 하자."라는 구절이 보인다. 그것은 계백에 대한 이해뿐만 아니라 백제인의 도의정신을 살펴보는 데도 매우 중요한 단서가 된다. 계백의 이 말은 삶의 가능성이 가장 압박받는 상황에서 무너진 道와 인간다운 삶을 회복하고자 하는 비극적 자기존재 증명의 절규이다. 다시 말해서, 자신의 삶에 의미를 부여하던 국가라는 질서가 무너졌을 때 그는 身命을 바쳐 自己定位를 확인하려고 하였던 것이다. 따라서 계백에게 있어 妻子를 자기 손으로 죽인 것과 같은 극단적

53) 『三國史記』, 卷47, 「列傳」, 第7, 階伯條.

결단은 멸망해 가는 조국에의 마지막 헌신인 동시에, 소모되고 定向을 잃은 세계 속에서 정도를 구현하고 참된 자아를 증명하려는 격조 높은 행위라고 생각된다. 이 관점은 앞에서도 거론한 '舍生取義'를 강조하는 선진유가적 윤리관과 호응한다. 그래서 계백은 비굴하게 구차히 존명하기를 거부하고 국가라는 大義 앞에 자신을 던졌던 것이다. 이러한 의미에서 그는 국가적 절의와 義勇을 겸하여 실천한 대표적인 인물이자 또한 백제인의 도의정신을 후세에까지 빛낸 한 전형으로 손꼽을 수 있을 것이다.

이러한 계백의 신명을 바친 구국행위와 투철한 정신력의 기본을 이룬 힘이 선진유가에서 나온 춘추대의 정신에 의거한 것임은 물론이다. 이 경우 춘추대의 정신이란 행위에 대한 인간의 자기 책임성을 분명히 하고자 하는 의미이며, 역사와 현실 속에서 어떤 물리적인 힘이나 名利 앞에서도 굴복하지 않고 참된 자아를 확립하고 지키고자 하는 의미이다. 그것은 또한 대의와 명분을 중시하는 정신이다. 이와 같은 정신은 백제 宮女들의 집단적인 節死에서도 간명하게 읽을 수 있다.[54] 이는 정절을 생명보다 더 중시하는 선진유가적 윤리관의 계승으로써, 앞에서 이미 살펴본 階伯류의 忠節精神과도 서로 통하는 것이라 하겠다. 그런데 여기에서 말하는 충절이니 정절이니 하는 개념은 도의정신의 내용을 구체적으로 표현한 것으로 서로 구별할 수 없는 같은 의미이다.

이렇게 보건대 백제인의 삶에서 道義精神은 제일의 가치를 갖는 관념이었고, 인간의 정치적 · 사회적 행위를 판단하고 설명하는 중요한 잣대였다. 동시에 그것은 시대현실의 변화 및 그 속에서의 是非 · 正邪 · 善惡을 판별하는 전범 또는 가치원리이기도 했다. 蓋鹵王 때 일개 미천한 백성의 아내로서 절대권력에 대항하여 貞節을 지키고자 死力을 다했던 都彌夫人

54) 『三國史記』, 卷1, 「紀異」, 第2, 太宗春秋公條.

의 지혜로운 행동이라든가[55], 나라가 망한 후 福信(?~663)을 중심으로 하여 뭉쳐 일어났던 백제인의 줄기차고도 끈질긴 국권회복항쟁에서도[56] 이 점은 명백하게 확인된다.

이렇게 볼 때, 삶의 최고 가치와 행동원리를 선진유가적 도의정신에서 찾는 것은 당시 백제인의 일반적인 분위기였다고 여겨진다. 그 단적인 예가 바로 위에서 언급한 도미부인의 節行과 망국 후의 백제인의 거국적인 復辟運動이다. 따라서 個人的 貞節과 國家的 節義 및 義勇精神 등을 내용으로 하는 道義精神은 이러한 입론에 근거한, 백제의 사상 내지 정신사를 이해하는 데에 가장 중요한 잣대가 된다. 물론 여기에서 그 핵이 되는 개념은 개인적 정절과 국가적 절의이다. 이것은 개인의 도덕적 타락을 막고 부당한 정치권력에 대하여 비판하는 힘이다. 이는 오늘날에도 매우 중요한 의미가 있다.

우리는 이러한 일련의 검토를 통해 백제유학의 중심 뿌리가 고조선 이래 전승되어온 선진유가사상에 있고 그 주된 특징이 도의사상의 현실적 구현에 있음을 확인하였다. 그 핵심을 요약한다면 개인적으로는 주체성을 확립하고, 사회적으로는 정의를 구현하고, 국가적으로는 주권을 확보하는 정신이다. 여기에서 우리는 바로 나보다는 우리를, 개인적 삶보다는 사회적 삶을 먼저 생각하고 앞세우는 정신을 통해 진실로 삶과 죽음을 초탈하는 신념에서 신명을 바쳐 위급한 나라를 구하고자 진력한 백제인의 감동의 순간을 만나게 된다. 그 감동은 백제인과 우리 사이에 가로 놓여 있는 천오백여 년이라는 세월을 뛰어넘어 서로 공통된 의미의 장에서 만나게 하는 도의정신의 힘이다. 그런 점에서도 우리는 "백제의 이러한 도의정신

55) 『三國史記』, 卷48, 「列傳」, 第8, 都彌條 참조.

56) 『三國史記』, 卷28, 「百濟本紀」, 第6, 義慈王條.

은 백제사의 종말과 더불어 散華 되면서, 地緣的으로 관계가 깊었던 後代 李朝儒教精神史에 멀리 强烈한 빛을 던져 주었다."[57]라는 말을 부정할 수 없을 것이다.

57) 柳南相, 「百濟精神의 歷史的 考察」, 『百濟硏究』, 제3집, 충남대학교 백제연구소, 1973, 133쪽.

참고 문헌

원전류

I. 원전류

『牧隱藁』, (한국문집총간 3 · 4 · 5), 민족문화추진회, 1987
『退溪集』, (한국문집총간 29 · 30 · 31), 민족문화추진회, 1989
『국역 퇴계전서』, 퇴계학 연구원, 2001
『栗谷全書』, (한국문집총간 44 · 45), 민족문화추진회, 1989
『沙溪遺稿』, (한국문집총간 57), 민족문화추진회, 1990
『韓國經學資料集成(易經)』, 성균관대학교 대동문화연구원, 1996
『四友堂集』(恩津宋氏 孝貞公 四友堂派宗中, 1986)
은진송씨 사우당효정공파 종중, 『四友堂實記 略抄輯』, 향지문화사, 1992
『愚伏集』(한국문집총간 68), 민족문화추진회, 1991
『雪峯遺稿』(한국문집총간 103), 민족문화추진회, 1993
『晩悔集』(한국문집총간 104), 민족문화추진회, 1992
『국역 만회집』, 道山學術硏究院, 1997
『炭翁集』(한국문집총간 104), 민족문화추진회, 1993.
『국역 탄옹문집』, 道山學術硏究院, 1997
『同春堂文集』(上 · 中 · 下), 은진송씨 동춘당 문정공파 종중, 1986
『同春堂集』(한국문집총간 106, 107), 민족문화추진회, 1993
『국역동춘당집(전 8책)』, 한국고전번역원, 2008
『宋子大全』(한국문집총간 108-116), 민족문화추진회, 1993
『국역송자대전』(전 15책), 민족문화추진회, 1988
『滄洲遺稿』(한국문집총간 119), 민족문화추진회, 1993
『明齋遺稿』(한국문집총간 135, 136), 민족문화추진회, 1995
『雷峰集(국립중앙도서관소장)』
『陶菴集』(한국문집총간 194, 195), 민족문화추진회, 1997
『南塘集』(한국문집총간 201, 202), 민족문화추진회, 1997
『櫟泉集』(한국문집총간 221), 민족문화추진회, 1999
『雲坪集』(한국문집총간 225), 민족문화추진회, 1999
『鹿門集』(한국문집총간 228), 민족문화추진회, 1999
『性潭集』(한국문집총간 244, 245), 민족문화추진회, 2001

『蘆沙集』(한국문집총간 310), 민족문화추진회, 2003
『艮齋先生文集』(충남대학교 도서관 영인본, 1999)
『동국문묘십팔현연보』, 경문사, 1980
『국역 牧民心書』, 茶山硏究會 譯註, 創作과 批評社, 1978
『국역 명재언행록』, 파평윤씨 노종파병사대종중, 1994
『鼓山集(한국문집총간 314)』, 민족문화추진회, 2003
『白巖 朴殷植全集』, 백암 박은식선생전집 편찬위원회 편, 동방미디어, 2002
『丹齋 申采浩全集』, (상 · 중 · 하, 별집), 단재 신채호선생 기념사업회, 형설출판사, 1995
『周易』, 『正易』, 『書經』, 『詩經』, 『禮記』, 『春秋左傳』, 『樂記』, 『周易正義』, 『周易傳義大全』, 『周易本義』, 『周易內傳』, 『周易折中』, 『四書大全(全三冊)』, 『四書章句集注』, 『四書或問』, 『孔子家語』, 『荀子』, 『忠經』, 『心經 · 近思錄』, 『心經附註』, 『二程集』, 『通書』, 『性理大全』, 『朱熹集』, 『朱子大全』, 『朱子語類』, 『易學啓蒙』, 『北溪字義』, 『三國史記』, 『漢書』, 『周書』, 『三國志』, 『魏書』, 『晋書』, 『宋書』, 『梁書』, 『陳書』, 『北史』, 『隋書』, 『舊唐書』, 『新唐書』, 『古事記』
『국역 선조실록』, 민족문화추진회, 1989
『국역 인조실록』, 민족문화추진회, 1990
『국역 효종실록』, 민족문화추진회, 1990
『국역 현종실록』, 민족문화추진회, 1991
『국역 현종개수실록』, 민족문화추진회, 1991
『국역 숙종실록』, 세종대왕기념사업회, 1987
『국역 영조실록』, 세종대왕기념사업회, 1989
『국역 순조실록』, 세종대왕기념사업회, 1991
『국역고종실록』, 사회과학출판사, 1990
『국역 국조인물고』, 세종대왕기념사업회, 2001
『국역 연려실기술』, 민족문화추진회, 1967
금강대도 총본원, 『聖訓通攷』, 1954
금강대도 총본원, 『大聖蹟編年』, 1954
금강대도 총본원, 『大聖經(전4책)』, 2001
금강대도 총본원, 『성적제강』, 1954
금강대도 총본원, 『개도백년사』, 2010
금강대도 총본원, 『대성적편년』, 2010
금강대도 총본원, 『대도입문』, 2000
김일훈, 『神藥』, 廣濟院, 1996
______, 『宇宙와 神藥』, 동문출판사, 1980
______, 『救世神方』, 제일사, 1981
______, 『神藥本草』, 廣濟院, 1994

______, 『神醫原草』, 인산출판사, 1996
______, 『醫師如來』, 인산출판사, 1997
______, 『醫藥神聖』, 인산출판사, 1998
______, 『活人救世』, 인산출판사, 2002
______, 『神藥本草3』, 인산문화연구원, 2004
『한밭인물지』, 대전광역시, 1993

II. 연구서

강만길, 『한국근대사』, 창작과 비평사, 1984
강천봉, 『啓蒙傳疑硏究』, 개마서원, 1980
국민대학교 국사학과, 『금강문화권』, 역사공간, 2005
곽신환, 『조선조 유학자의 지향과 갈등』, 철학과 현실사, 2005
권영원, 『正易句解』, 상생출판, 2011
금장태, 『유교사상과 종교문화』, 서울대학교 출판부, 1994
______, 『한국 현대의 유교문화』, 서울대학교 출판부, 1999
______, 『한국유학의 탐구』, 서울대학교 출판부, 1999
______, 『한국유교의 현실 인식과 변혁론』, 집문당, 2006
______, 고광직, 『續儒學近百年』, 여강출판사, 1999
김길환, 『조선조 유학사상 연구』, 일지사, 1986
김문준, 『송시열의 생애와 사상』, 민속원, 2007
______, 『우암 송시열이 추앙한 위대한 선현들』, 민속원, 2010
김석철, 『희망의 한반도 프로젝트』, 창비, 2005
김수중 외, 『공동체란 무엇인가』, 이학사, 2002
김수청, 『송대 신유학의 인격수양론』, 신지서원, 2006
김용옥, 『도올의 국가 비젼』, 통나무, 2004
______, 『효경 한문역주』, 통나무, 2009
김용흠, 『조선후기 정치사 연구1』, 혜안, 2006
김인환 옮김, 『주역』, 나남, 1997
김정호, 『근세 동아시아의 개혁사상 』, 논형, 2003
김종길, 『詩를 어떻게 읽을 것인가』, 고려대학교 출판부, 1998
______, 『天地玄黃』, 이남호 해설, 미래사, 1991
______, 『詩에 대하여』, 민음사, 1986
김철수, 『법과 사회정의』, 서울대학교 출판부, 1983
金哲俊, 『韓國古代社會硏究』, 지식산업사, 1975
김충열, 『고려유학사』, 고려대학교 출판부, 1984

______, 『유가윤리강의』, 예문서원, 1994
김 현, 『임성주의 생의 철학』, 한길사, 1995
김형효 외, 『退溪의 사상과 그 현대적 의미』, 한국정신문화연구원, 1997
김형찬 외, 『논쟁으로 보는 한국철학』, 예문서원, 1995
金興圭 해설, 金宗吉詩選, 『河回에서』, 민음사, 1977
______, 『조선후기의 詩經論과 詩意識』, 고려대학교 민족문화연구소, 1982
김홍호, 『주역강해』, 사색, 2003
______ 편, 『제소리』, 솔, 2002
김홍호, 이정배 편, 『다석 류영모의 동양사상과 신학』, 솔, 2002
다석학회, 『다석강의』, 현암사, 2006
배용일, 『박은식과 신채호 사상의 비교연구』, 경인문화사, 2002
박재순, 『다석 류영모』, 현암사, 2008
박영호, 『다석 류영모』, 두레, 2001
______, 『다석 류영모의 유교사상』, 문화일보, 1995
______, 『다석 류영모의 생각과 믿음』, 문화일보, 1995
______ 엮음, 『다석 류영모 어록』, 두레, 2006
______ 역해, 『다석 류영모 명상록』, 두레, 2000
______ 엮음, 『죽음에 생명을, 절망에 희망을』, 홍익재, 1993
박충석 · 유근호, 『조선조의 정치사상』, 평화출판사, 1980
박충석, 와타나베 히로시 공편, 『국가이념과 대외인식 17~19세기』, 아연, 2002
박학래, 『奇正鎭 철학사상 연구』, 고려대학교 민족문화연구원, 2004
박호성, 『사회민주주의의 역사와 전망』, 책세상, 2005
배용일, 『박은식과 신채호 사상의 비교 연구』, 경인문화사, 2002
배종호, 『한국유학사』, 연세대 출판부, 1990
______, 『한국유학의 과제와 전개(II)』, 범학사, 1980
사계 · 신독재 양선생기념사업회, 『沙溪사상연구』, 남정문화사, 1991
송건호, 『한국현대인물사론』, 한길사, 1984
송상도, 『騎驢隨筆』, 국사편찬위원회, 1955
송영배 외, 『한국유학과 리 · 기철학』, 예문서원, 2000
송인창, 『천명(天命)과 유교적 인간학』, 심산, 2011
______, 『화해와 포용의 예학자 송준길』, 성균관대학교 출판부, 2009
송인창, 박태옥 편저, 『기호유학의 융화정신』, 다운샘, 2004
송정희 편저, 송창준 역, 『덕은가승(2)』, 향지문화사, 1998
신동호, 『東洋哲學思想論稿』, 충남대학교 출판문화원, 2011
신용하, 『朴殷植의 社會思想硏究』, 서울대학교 출판부, 1982
______, 『신채호의 사회사상 연구』, 한길사, 1984

신정근, 『사람다움이란 무엇인가』, 글항아리, 2011
______, 『사람다움의 발견』, 이학사, 2005
최광식 역주, 『天鼓』, 아연, 2004
신일철, 『신채호의 역사사상연구』, 고려대학교 출판부, 1981
신형식, 『백제사』, 이화여자대학교 출판부, 1992
양재학, 『주역과 만나다』, 상생출판, 2010
영변군민회, 『寧邊志』, 서울활판사, 1971
오명섭, 『유림 의병의 선도자 유인석』, 역사공간, 2008
오석원, 『한국 도학파의 의리사상』, 성균관대학교 출판부, 2005
유남상 편저, 『周·正易經合編』, 연경원, 2011
유명종, 『조선 후기 성리학』, 이문출판사, 1985
______, 『韓國思想史』, 이문출판사, 1981
유미림, 『조선후기의 정치사상』, 지식산업사 2002
유봉학, 『조선 후기 학계와 지식인』, 신구문화사, 1998
______, 『燕巖一派 北學思想 연구』, 일지사, 1995
柳承國, 『韓國思想과 現代』, 동방학술연구원, 1988
______, 『동양철학연구』, 근역서재, 1983
柳宗鎬, 『同時代의 詩와 眞實』, 민음사, 1982
윤사순, 『退溪哲學의 硏究』, 고려대학교 출판부, 1980
______, 『한국의 성리학과 실학』, 열음사, 1987
______, 『한국유학사상론』, 예문서원, 1997
______, 『조선시대 성리학의 연구』, 고대민족문화연구원, 1998
李家源, 『退溪詩譯注』, 정음사, 1987
이광호 옮김, 『성학십도』, 홍익, 2001
이길구, 『계룡산』, 대문사, 1996
이경구, 『17세기 조선 지식인 지도』, 푸른역사, 2009
이덕일, 『송시열과 그들의 나라』, 김영사, 2000
이동준, 『유교의 인도주의와 한국사상』, 한울, 1997
이만열 편, 『朴殷植』, 한길사, 1980
이선근 편, 『한국민족사상대계(근현대편)』, 형설출판사, 1978
이민수 옮김, 『孔子家語』, 을유문화사, 2003
이병도, 『한국유학사』, 아세아문화사, 1987
이상은, 『퇴계의 생애와 학문』, 예문서원, 1999
이상익, 『기호성리학연구』, 한울, 1998
이승환, 『유가사상의 사회철학적 재조명』,고려대학교 출판부, 2001
李迎春, 『조선후기 왕위계승 연구』,집문당, 1998

이우성, 『한국의 歷史像』, 창작과 비평, 1982
李銀順, 『朝鮮後期黨爭史硏究』, 일조각, 1988
이재현, 『건곤부모님과 금강대도의 진리』, 미래문화사, 2003
______, 『금강대도 종리학 연구론』, 미래문화사, 2005
이정배, 『없이 계신 하느님, 덜 없는 인간』, 모시는 사람들, 2009
______, 『다석 류영모의 동양사상과 신학』, 솔, 2002
이정용, 『易의 신학』, 이세형 옮김, 대한기독교서회, 1998
이정호, 『훈민정음의 구조원리』, 아세아 문화사, 1975
______, 『국역주해 정역』, 아세아문화사, 1988
이춘식, 『中華思想의 이해』, 신서원, 2002
이태진, 『조선시대 정치사의 재조명』, 범조사, 1985
______, 『韓國儒敎社會社論』, 지식산업사, 1989
李弘直, 『韓國古代史의 硏究』, 신구문화사, 1971
인산의철학회, 『인산 김일훈선생일대기』, 인산출판사, 1999
임경석·차혜영, 『『개벽』에 비친 식민지 조선의 얼굴』, 모시는 사람들, 2007
林　殷, 『한의학과 유교문화의 만남』, 문재곤 옮김, 1999
장세호, 『사계 김장생의 예학사상』, 경인문화사, 2006
장승구, 『정약용과 실천의 철학』, 서광사, 2001
정성철, 『조선철학사 2』, 이성과 현실, 1988
정옥자, 『조선후기 역사의 이해』, 일지사, 1993
______, 『조선후기 조선 중화사상연구』, 일지사, 1998
정재훈, 『조선시대의 학파와 사상』, 신구문화사, 2008
정해염 편역, 『신채호 역사논설집』, 현대실학사, 1995
조성산, 『조선후기 낙론계 학풍의 형성과 전개』, 지식산업사, 2007
주자사상연구회편, 『朱子思想과 조선의 儒者』, 해안, 2003
최동호, 『삶의 깊이와 시적 상상』, 민음사, 1995
최영진, 『조선조 유학사상사의 양상』, 성균관대학교 출판부, 2005
______, 『原典으로 읽는 周易』, 민족문화문고, 2005
최영성, 『한국유학사상사 I-VII』, 아세아문화사, 1995
최창규, 『근대 한국정치사상사』, 일조각, 1973
충남대학교 유학연구소 편, 『明齋 尹拯의 생애와 사상』, 청계, 2001.
____________________, 『務實과 實心의 유학자 명재 윤증』, 청계, 2001.
충청남도, 『계룡산지』, 1994
충청남도 계룡출장소, 『계룡소고』, 1993
하승우, 『희망의 사회윤리 똘레랑스』, 책세상, 2003
한국문중문화연구원 편저, 『사계 신독재의 유학사상』, 누마루, 2011

한국역사연구회 17세기 정치사 연구반, 『조선중기 정치와 정책』, 아카넷, 2003
한국정신문화연구원, 『한국 사회의 도덕적 위기 극복을 위한 철학적 처방』, 금명문화사, 1993
한국철학회 편, 『차이와 갈등에 대한 철학적 성찰』, 철학과 현실사, 2007
한명기, 『정묘 · 병자호란과 동아시아』, 푸른역사, 2009
한우근, 『조선시대 사상사연구 논고』, 일조각, 1996
한형조, 『주희에서 정약용으로』, 세계사, 1996
허태용, 『조선중기 중화론과 역사인식』, 아카넷 , 2009
玄相允, 『朝鮮儒學史』, 民衆書舘, 1977
호서명현 학술대회 추진위원회, 『호서사림의 형성과 대전』, 대전시, 2011
홍순창, 『한말의 민족사상』, 탐구당, 1975
황경식, 『사회정의의 철학적 기초』, 문학과지성사, 1985
황선명, 『조선조 종교사회사 연구』, 일지사, 1985
황의동, 『율곡학의 선구와 후예』, 예문서원, 1999
金景芳, 呂紹綱, 『易의 철학』, 한국철학사상연구회 기철학분과 옮김, 예문지, 1993
羅 光, 『中國哲學思想史(先秦篇)』, 學生書局, 台北, 1982
______, 『中國哲學的精神』, 學生書局, 臺北, 1990
南懷瑾, 『주역강의』, 신원봉 옮김, 문예출판사, 1997
唐君毅, 『中國人文精神之發展』, 臺北: 學生書局, 1979
戴東原, 『原善』 戴東原先生文集, 文化書局, 臺北, 1978
來知德, 『易經來註圖解』, 惠文出版社, 台北, 1976
廖明春 外, 『주역철학사』, 심경호 옮김, 예문서원, 1994
牟宗三, 『中國哲學的特質』, 學生書局, 臺北, 1978
蒙培元, 『中國心性論』, 學生書局, 1990
______,『性理學의 개념들』, 홍원식 외, 예문서원, 2008
方東美, 『中國人의 生哲學』, 정인재 역, 탐구당, 1983
范壽康, 『中國哲學史綱要』, 開明書店, 臺北, 1964
徐芹庭, 『易經詳解(下)』, 聖環圖書, 1994
徐復觀, 『중국예술정신』, 권덕주 외 역, 동문선, 1990
孫映逵, 楊亦鳴, 『주역』, 박삼수 옮김, 현암사, 2007
楊國榮, 『유교적 사유의 역사』, 황종원 외 옮김, 성균관대학교 출판부, 2006
楊萬里, 『誠齋易傳』, 九州出版社, 2008
韋政通, 『中國哲學辭典』, 臺北: 大林出版社, 1978
劉篠紅, 『오행, 그 신비를 벗긴다』, 송인창 · 안유경 옮김, 국학자료원, 2008
劉 勰, 『文心雕龍』, 최동호 역편, 민음사, 1994
李澤厚, 『美的歷程』, 중국사회과학출판사, 1989

張豈之 主編, 『中國儒學思想史』, 陝西人民出版社, 西安, 1990
張其昀, 『中國思想의 根源』, 中國文化硏究所譯, 문조사, 1984
______, 『孔子學說의 現代的 意義』, 華岡校友會譯, 형설출판사, 1981
張立文 주편, 『리의 철학』, 안유경 옮김, 예문서원, 2004
張文智, 『周易集解導讀』, 齊魯書社, 2005
丁原明, 『橫渠易說導讀』, 齊魯書社, 2004
曹德本, 『중국봉건사회의 정치사상』, 김덕균 옮김, 동녘, 1990
朱伯崑, 『先秦倫理學槪論』, 北京大學出版社, 1984
朱伯崑, 『주역산책』, 김학권 옮김, 예문서원, 1999
陳大齊, 『孔子學說論集』, 國立政治大學出版部, 臺北, 1969
______, 『孔子學說』, 國立政治大學, 台北, 1977
陳 來, 『송명성리학』, 안재호 옮김, 예문서원, 1997
진영첩, 『주자강의』, 표정훈 옮김, 푸른역사, 2001
蔡仁厚, 『孔孟荀哲學』, 學生書局, 臺北, 1984; 천병돈 역, 예문서원, 2000
高橋 進, 『李退溪와 敬의 철학』, 안병주 · 이기동 역, 신구문화사, 1986
구스모토 마사쓰구, 『송명유학사상사』, 김병화 외 옮김, 예문서원, 2005
金谷治, 『孟子』, 岩波書店, 東京, 1966
______, 『주역의 세계』, 김상래 옮김, 한울, 1999
기무라 간, 『조선 · 한국의 내셔널리즘과 소국의식』, 산처럼, 2007
日原利國編, 『中國思想史典』, 硏文出版, 東京 1984
島田虔次, 『朱子學과 陽明學』, 김석근 · 이근우 역, 까치, 1986
守本順一郞, 『동양정치사상사연구』, 김수길 옮김, 동녘, 1985
시마다겐지, 『주자학과 양명학』, 김석근 외 옮김, 까치, 1986
안도 오사무, 『명상의 정신의학』, 민족사, 2009
岩間一雄, 『중국정치사상사연구』, 김동기 · 민혜진 옮김, 동녘, 1993
오오하마 아끼라, 『주자의 철학』, 임헌규 옮김, 인간사랑, 1997
와쓰지 데쓰로, 『인간의 학으로서의 윤리학』, 최성묵 옮김, 이문출판사, 1993
伊藤長胤 通解, 『周易經翼通解』, 林枝鄕校訂, 華聯出版社, 1977
赤塚忠, 金谷治 외, 『중국사상개론』, 조성을 옮김, 이론과 실천, 1987
Aristoteles, 『니코마코스 윤리학』, 최명관 역, 창, 2007
"Plato, Republic", in *History of Political Philosophy,* ed. by L, Strauss, & J. Cropesy., University of Chicago Press, 1972
Robert Nozick, Anarchy, State, and Utopia, 남경희 옮김, 문학과지성사, 1983
John Rawls, 『정의론』, 황경식 옮김, 이학사, 2003
제임스 버나드 팔레, 『유교적 경세론과 조선의 제도들』, 김범 옮김, 산처럼, 2008
카를 마르크스, 『자본론 I－1』 강신준 옮김, 도서출판 길, 2008

칼 마르크스, 『경제학－철학수고』, 김태경 옮김, 이론과 실천사, 1987
카렌 레바크, 『정의에 관한 6가지 이론』, 이유선 옮김, 크레파스, 2000
디팩 초프라, 『마음의 기적』, 도솔 옮김, 황금부엉이, 2005
신기욱, 마이클 로빈슨 편저, 『한국의 식민지 근대성』, 도면회 역, 삼인, 2006
앙드레 슈미드, 『제국 그 사이의 한국 1895～1919』, 정여울 옮김, 휴머니스트, 2007
조너선 스미스, 『자리잡기』, 방원일 옮김, 이학사, 2009
허버트 핑가레트, 『공자의 철학』, 송영배 옮김, 서광사, 1993

III. 연구논문

김기현, 「퇴계철학의 인간학적 이해」, 고려대 박사논문, 1988
김문준, 「우암 송시열의 철학사상에 관한 연구」, 성균관대 박사논문, 1996
김세봉, 「17세기 湖西山林勢力研究」, 단국대 박사논문, 1995
金永友, 「丁若鏞의 易學思想研究」, 서울대 박사논문, 2000
김영현, 「炭翁 權諰의 연구」, 충남대 박사논문, 1993
노관범, 「대한제국기 朴殷植과 張志淵의 자강사상 연구」, 서울대 박사논문, 2007
문석윤, 「조선후기 湖洛論爭의 성립사 연구」, 서울대 박사논문, 1995
박광용, 『조선후기 '蕩平' 연구』, 서울대 박사논문, 1994
박정심, 「백암 박은식의 철학사상에 관한 연구」, 성균관대 박사논문, 2000
안진오, 「理哲學에 관한 연구」, 동국대 박사논문, 1988
______, 「宋尤庵의 철학사상」, 『우암사상』 연구논총, 사문학회, 1992
양정숙, 「金剛大道의 誠·敬思想에 관한 철학적 탐구」, 대전대 석사논문, 2008
오석원, 「19세기 한국 도학파의 의리사상에 관한 연구」, 성균관대 박사논문, 1992
禹景燮, 「송시열의 세도정치사상연구」, 서울대 박사논문, 2005
우인수, 「17세기 산림의 세력기반과 정치적 기능」, 경북대 박사논문, 1993
이남영, 「동춘당 송준길의 도학정신」, 『유학연구』, 제4호, 충남대 유학연구소, 1996
李光虎, 「李退溪 學問論의 體用的 構造에 관한 연구」, 서울대 박사논문, 1993
이봉규, 「宋時烈의 性理學說 연구」, 서울대 철학과 박사논문, 1996
이상곤, 「남당 한원진의 기질성리학 연구」, 원광대 박사논문, 1991
이상익, 「기호성리학에 있어서의 理의 주재 문제」, 철학 제46집, 한국철학회, 1996
이애희, 「조선후기의 人性과 物性에 대한 논쟁의 연구」, 고려대 박사논문, 1990
이영춘, 「朝鮮後期 王位繼承의 正統性論爭研究」, 한국학대학원, 박사논문, 1994
홍정근, 「호락논쟁에 관한 임성주의 비판적 지양 연구」, 성균관대 박사논문, 2002
곽신환, 「艮齋 田愚의 尊性明氣의 철학」, 『간재사상연구논총』, 제1집, 1994
권정안, 「권시의 도학사상과 근대정신」, 『기호학파의 철학사상』, 예문서원, 1995
김기승, 「백암 박은식의 사상적 발전과정」, 『역사학보』, 제114집, 역사학회, 1987

김기현, 「유교사상에 나타난 公과 私의 의미」, 『동아시아 문화와 사상』, 9호, 열화당, 2002
______, 「艮齋의 處世觀과 守道意識」, 『간재사상연구논총』, 제1집, 간재사상연구회, 1994
金吉煥, 「宋時烈의 哲學思想」, 『韓國哲學史(中)』, 東明社, 1987
김상기, 「단재 신채호의 生長과 학문」, 『단재 신채호의 사상과 민중운동』, 충남대 충청문화연구소, 2010
都民宰, 「『科潭別集』에 나타난 艮齋의 義理精神」, 『제10회 간재학회 학술발표회 자료집』, 간재학회, 2001
박노자, 「1990년대 초반 신채호 '민족' 개념의 계보와 동아시아적 맥락」, 『인문과학논총』, 제25집, 순천향대, 2010
박태옥, 「면암 최익현의 철학사상에 나타난 위정척사의 문제」, 『한중인문학연구』, 26집, 한중인문학회, 2009
박홍식, 「仁山 金一勳의 醫哲學」, 『인산 김일훈 선생 탄신 100주년 기념 함양학 학술 대회 발표집』, 인산의철학, 2009
배종호, 「韓國思想史에 있어서의 主理와 主氣의 문제」, 『한국사상사학』, 2집, 한국사상사학회, 1988
______, 「奇盧沙와 任鹿門의 철학 비교」, 『한국유학의 과제와 전개(II)』, 범학사, 1980
백은기, 「朱子의 公에 관하여」, 『범한철학』, 16집, 범한철학회, 1998
三浦國雄, 「17세기 조선에 있어서의 정통과 이단」, 『민족문화 제8호』, 민족문화추진회, 1983
성봉현, 「雲坪 宋能相의 생애와 사상」, 『宋子學論叢』, 4집, 송자연구소, 1997
송인창, 「송준길 경사상의 철학체계와 융화정신」, 『철학연구』, 제86집, 대한철학회, 2003
______, 「先秦儒學에 있어서 天命思想에 관한 연구」, 충남대 박사논문, 1987
______, 「동춘당 철학에 있어서 예의 문제」, 『동양철학연구』, 제18집, 1998
______, 「櫟泉 宋明欽의 主敬思想과 현실 대응」, 『한국사상사학』, 14집, 한국사상사학회, 2000
______, 「절의파의 국가의식과 의리정신」, 『동서철학연구』, 제15호 특집호, 한국동서철학회, 1998
______, 「『周易』에 있어서 感通의 問題」, 『周易研究』, 제3집, 1999
申東浩, 「權晩悔의 理一元論的 哲學體系」, 『道山學報』, 第4集, 道山學術研究院, 1995
______, 「先秦儒學에 있어서의 人本思想의 展開」, 『새마음논총』, 충남대부설 새마을연구소, 1977
______, 「권만회의 理一元論的 철학체계」, 『道山學報』, 4집, 도산학술연구원, 1995
______, 「계룡산 신흥종교인의 미래관 연구」, 『철학연구』 제8집 부록, 1969
安晉吾, 「宋尤庵의 철학사상」, 『우암사상 연구논총』, 사문학회, 1992

양재학, 「후천개벽의 필연성」, 『증산도 사상』, 제4집, 증산도사상연구소, 2001
오종일, 「艮齋의 性師心弟說과 조선조 성리학사적 위치」, 『한종만박사화갑기념논총』, 원광대출판부, 1991
柳南想, 「河洛象數論에 관한 연구(一)」, 『논문집』, 제V권 제1호, 충남대 인문과학연구소, 1978
______, 「正易의 圖書象數原理에 관한 연구」, 『논문집』, 제VIII권 제2호, 충남대 인문과학연구소, 1981.
______, 「여말 선초의 유학과 대덕」, 『대덕군지』, 대덕군지편찬위원회, 1979
______, 「우암의 심성이기론과 의리사상에 관한 연구」, 『우암사상 연구논총』, 사문학회, 1992
______, 「宋尤庵의 義理思想에 관한 硏究」, 논문집 제10권 제2호, 충남대부설 인문과학연구소, 1983
______, 「百濟儒學의 基盤과 本質探究를 위한 試圖」, 『百濟硏究』, 제6집, 충남대 백제연구소, 1976
______, 「百濟精神의 歷史的 考察」, 『百濟硏究』, 제3집, 충남대 백제연구소, 1973
유명종, 「晩悔 權得己 선생의 理氣哲學」, 『道山學報』, 창간호, 도산학술연구원, 1992
______, 「艮齋 性尊心卑의 性學」, 『간재학 논총』, 제3집, 간재학회, 2000
유승국, 「沙溪 金長生의 禮學에 관한 연구」, 『東西哲學의 諸問題』, 苔巖 金奎榮박사 화갑기념논문집 간행위원회, 1979
윤사순, 「인성 물성의 동이 논변에 대한 연구」, 『한국유학사상사론』, 예문서원, 1997
______, 「朝鮮末期 主理派 思想의 意義」, 『第2回東洋文化國際學術會議論文集』, 성균관대 대동문화연구원, 1980
______, 「유학의 '公利' 추구 의식」, 『전통과 현대』, 7호, 1999 봄호
______, 「人性·物性에 대한 同異論辯의 사상사적 가치」, 『퇴계학보』, 102집, 퇴계학연구원, 1999
______, 「근대(조선말기) 유학에 관한 연구-성리학과 실학의 구분점을 중심으로」, 『동양학』, 제12집, 단국대학교 동양학연구소, 1982
이봉규, 「예송의 철학적 분석에 대한 재검토」, 『大同文化硏究』, 제31집, 성균관대 대동문화연구원, 1996
이시우, 「『주역』 '生生之謂易'을 통해 본 유가의 사생관 고찰」, 『동서철학연구』, 58호, 2010
李政祐, 「18세기 중반 老論山林의 '위상'과 '反蕩平' 활동」, 『호서사학』, 26집, 호서사학회, 1999
이종상, 「의암 유인석의 철학사상 연구」, 성균관대 박사논문, 2002
이태진, 「炭翁 權諰 선생의 養民論」, 『道山學報』, 창간호, 도산학술연구원, 1992
______, 「조선 성리학의 역사적 기능」, 『창작과 비평』, 제9권 제3호, 1974년, 가을호

장승구, 「토암사상의 철학적 고찰」, 『종교학연구』, 제2호, 금강대도종교학회, 2002
張立文, 「李退溪의 理數思惟略論」, 『퇴계학보』, 제67집, 퇴계학연구원, 1990
정병석, 「李澤厚의 文化心理 構造와 實用理性」, 『철학논총』, 제55집, 새한철학회, 2009
정옥자, 「17세기 思想界의 再編과 禮論」, 『韓國文化』, 제10집, 서울대 한국문화연구소, 1989
정윤재, 「단재 신채호의 국권회복을 위한 사상과 행동」, 『동양정치사상사』, 제1권 2호, 한국동양정치사상사학회, 2002
趙 光, 「조선후기사상계의 전환기적 특성」, 『한국사 전환기의 문제들』, 지식산업사, 1993
조남국, 「沙溪 禮學思想에 있어서의 主體性」, 『沙溪思想研究』, 사계 · 신독재 양선생 기념 사업회, 1991
조동걸, 「단재 신체호의 삶과 遺訓」, 『한국사학사학보』, 3호, 한국사학사 학회, 2001
조성산, 「18세기 湖洛論爭과 老論 思想界의 分化」, 『한국사상사학』, 8집, 한국사상사학회, 1997
崔根德, 「尤庵先生의 經學思想」, 『尤庵思想의 現代的 照明』, 우암선생 300주년기념학술회의, 斯文學會, 1989
최근묵, 「尤庵 宋時烈의 文廟 및 院祠從祀에 關한 研究」, 전북대 박사논문, 1987
최영진, 「退 · 栗의 理氣論과 世界認識」, 『大東文化研究』, 제28집, 성균관대 대동문화연구원, 1993.
______, 「16세기 性理學者들의 經典 해석」, 『대동문화연구』, 제35집, 성균관대 대동문화연구원, 1999.
______, 「人物性同異論의 생태학적 해석」, 『유교사상연구』, 10집, 한국유교학회, 1998
______, 「奇盧沙의 理一分殊說에 관한 고찰」, 『동양철학연구』, 제1집, 동양철학연구회, 1980
최은아, 「인산 김일훈 선생과 한방암의학 인산의학 소개」, 『인산 김일훈선생 탄신 100주년기념 함양학 학술대회 발표집』, 인산의철학회, 2009
한기영, 「동아시아 담론과 민족주의」, 『한국사학사학보』, 3호, 한국사학사 학회, 2001
한기범, 「사계 김장생과 신독재 김집의 예학사상 연구」, 충남대 박사논문, 1991

찾아보기

ㄴ

ㄷ

ㄹ

ㅁ

ㅊ